水污染防治法规标准规划政策体系研究与广东实践

陈 瑜 罗育池 郑文萍 邹富桢 等 编著

中国环境出版集团·北京

图书在版编目（CIP）数据

水污染防治法规标准规划政策体系研究与广东实践/陈瑜等编著. —北京：中国环境出版集团，2024.6
ISBN 978-7-5111-5893-2

Ⅰ. DI27.650.268.4

中国国家版本馆 CIP 数据核字第 2024LY5024 号

责任编辑 史雯雅
封面设计 岳　帅

出版发行 中国环境出版集团
（100062　北京市东城区广渠门内大街 16 号）
网　　址：http://www.cesp.com.cn
电子邮箱：bjgl@cesp.com.cn
联系电话：010-67112765（编辑管理部）
发行热线：010-67125803，010-67113405（传真）
印　　刷 北京中科印刷有限公司
经　　销 各地新华书店
版　　次 2024 年 6 月第 1 版
印　　次 2024 年 6 月第 1 次印刷
开　　本 787×1092　1/16
印　　张 28.25
字　　数 600 千字
定　　价 128.00 元

《水污染防治法规标准规划政策体系研究与广东实践》

编著委员会

主　编：陈　瑜　罗育池

副主编：郑文萍　邹富桢

编　委：袁　强　陈　静　李婉璇　胡佳欣
熊津晶　刘　畅　唐俊逸　蒋婧媛
李　燕　罗　凡　刘晋涛　张文博
黄振雄　许泽婷　薛弘涛　祝明月

前　言

水是生命之源、生产之要、生态之基。水环境保护事关人民群众切身利益，事关实现中华民族伟大复兴中国梦。水污染防治法规标准与规划政策作为水环境保护的重要抓手，在保护和改善环境、防治水污染、保护水生态、保障饮用水安全、维护公众健康、推进生态文明建设、促进经济社会可持续发展等方面发挥着不可替代的支撑和保障作用。

20 世纪 70 年代以来，经过几十年的探索和努力，我国水环境保护法制体系建设从初创到成熟、从不完善到逐步完善，建立了一套由法律、法规、标准、规划和政策等组成的完整、系统的水污染防治法规标准与规划政策体系，有力推动了我国水环境质量的持续改善。广东省作为我国改革开放的前沿地区，经过几十年的快速发展，经济总量常年位居全国第一。随着社会经济的快速发展，资源环境压力也持续加大。与此同时，经济发展的红利也在不断释放，水污染防治法规标准与规划政策体系不断完善。尤其是党的十八大以来，为贯彻落实习近平生态文明思想，深入打好污染防治攻坚战，广东省探索和推行了一系列水污染防治法规、标准、规划和政策，构成了具有广东特色的地方法规标准与规划政策体系，有力支撑了全省水污染防治工作从良到优的跃升。

本书是编者在多年从事水污染防治技术支撑工作的基础上编写的，既有对国内外相关法规标准与规划政策的梳理总结，也有参与广东省重要法规标准与规划政策制定的经验体会，还有对新形势下水污染防治工作的思考建议，以期能够对我国水环境保护法制体系建设提供有益参考。

全书分为三篇，共九章。上篇为理论篇，包括三章内容，为全书的第一章至第三章。该篇主要梳理了国内外特别是广东省水污染防治历程，以及治理体系、法规标准体系和规划政策体系的框架、特点，并进行了对比分析。中篇为实践篇，包括四章内容，为全书的第四章至第七章。其中，第四章为《广东省水污染防治条例》制定研究，介绍了广东省首部水环境综合法规《广东省水污染防治条例》的立法背景、基本思路及立法建议；第五章为广东省地方水污染物排放标准制（修）订研究，选取《小东江流域水污染物排放标准》(DB 44/2155—2019)、《农村生活污水处理排放标准》(DB 44/2208—2019)、《水污染物排放限值》(DB 44/26—2001),介绍了流域型、行业型和综合型水污染物排放标准制(修)订思路、技术方法及主要内容;第六章为《广东省水生态环境保护"十四五"规划》研究,介绍了新时期流域水生态环境保护规划的编制思路、技术方法及主要内容;第七章为广东省"三线一单"水环境分区管控研究,介绍了"三线一单"分区管控体系、水环境质量底线与分区管控要求确定的技术路线及主要内容。下篇为展望篇,包括两章内容,为全书的第八章和第九章。该篇主要基于新时期水污染防治形势与挑战,提出了面向美丽中国建设的水污染防治思路和策略。

本书由广东省环境科学研究院陈瑜、罗育池主持编写,并负责统稿和校稿工作。广东省环境科学研究院郑文萍、邹富桢作为副主编参与了编写框架设计、部分章节编写和统稿工作。参与本书编写工作的还有广东省环境科学研究院袁强、陈静、李婉璇、胡佳欣、熊津晶、刘畅、唐俊逸、蒋婧媛、李燕、罗凡、刘晋涛、张文博、黄振雄、许泽婷、薛弘涛、祝明月等。其中,第一章由郑文萍、陈瑜、李婉璇、袁强执笔;第二章由邹富桢、罗育池、袁强、胡佳欣执笔;第三章由郑文萍、胡佳欣、李婉璇执笔;第四章由罗育池、陈瑜、熊津晶、刘畅、唐俊逸、陈静执笔;第五章由罗育池、陈瑜、李燕、黄振雄、袁强、祝明月执笔;第六章由陈瑜、罗育池、郑文萍、邹富桢、陈静、许泽婷执笔;第七章由陈瑜、蒋婧媛、陈静、袁强、罗凡、刘晋涛、张文博执笔;第八章由陈瑜、邹富桢、袁强、李婉璇、薛弘涛执笔;第九章由罗育池、陈瑜、郑文萍、邹富桢执笔。广东省环境科学研究院汪永红教授级高级工程师、张永波教授级高级工程师、王刚教授级高级工程师以及生态环境部华南环境科学研究所房怀阳正高级工程师在本书编写过程中给予了大力支持和悉心指导。在此,向所有为本书编写付出努力的人员表示感谢!

本书编写过程中参考了大量国内外文献,引用了许多专家和学者的研究成果,在此向有关作者表示感谢!

鉴于编者知识水平和工作经验有限,书中难免存在不足和不当之处,恳请专家、学者及广大读者批评指正!

编者

2023 年 12 月

目　录

上篇　理论篇

中篇　实践篇

上篇　理论篇

导语： 20 世纪 70 年代以来，我国水环境保护法制体系建设从初创到成熟、从借鉴国外做法到立足本国实情，建立了一套完整、系统的水污染防治法规标准与规划政策体系，有力推动了我国水环境质量持续改善。本篇系统梳理了国内外水污染防治历程，以及治理体系、法规标准体系和规划政策体系的框架、特点，并进行了对比分析，以期读者能够对水污染防治法规标准与规划政策体系有比较全面的了解。

第一章　水污染防治历程与治理体系

第一节　水污染防治历程

一、国外水污染防治历程

从整体性和系统性考虑的综合管理是水环境保护的发展趋势。美国、欧盟、日本等发达国家和地区在这方面采取了不同的措施和方法。美国采取了排放许可制度和最大日负荷限值，建立了完善的水环境管理和污染控制体系，此外还注重提升水生态的健康水平；欧盟水环境管理也从水环境质量标准、排放标准管理，逐步进入了以水生态系统为核心的管理阶段；日本则注重立法支持，建立了较为完善的水污染防治法律体系，强调综合防治区域污染，最早提出环境容量理论，制定了基于水生态系统保护的污染物容量总量控制制度，并广泛使用近自然修复技术来防治水污染。这些发达国家和地区在水环境管理方面的共同点是实现了从水污染物控制向水生态系统管理的战略转型。

（一）美国

美国联邦政府关注水污染问题可以追溯至 19 世纪末。回顾其治理历程，可分为点源治理为主、点面源结合防治、水生态健康提升 3 个阶段。

1．点源治理为主阶段（1899—1986 年）

随着美国工业革命的开始和壮大，工业污染问题逐渐产生并日益加剧。面对一系列的水污染问题，相关水污染治理政策开始出台。1899—1924 年，美国政府先后出台了《河流与港口法》（1899 年）、《废料排放法案》（1899 年）、《石油污染控制法案》（1924 年）等法律，对部分重点行业及区域工业废水的排放行为提出了明确要求。20 世纪 30 年代初，美国开始关注污水处理设施建设。1931—1938 年，公共污水设施数量上升了 46%，污水处理覆盖率达到总人口的 85%以上。20 世纪 40 年代末，美国开始探索水污染控制综合性法规政策的制定，前后通过并签署了《联邦水污染控制法》（1948 年）、《联邦水环境质量法》（1965 年）、《清洁水恢复法》（1966 年）、《水质改善法》（1970 年）等相关法律。

1972 年，《联邦水污染控制法》经修正后更名为《清洁水法》，在此之前，美国水污染立法只涉及模糊狭窄的“可航水域”所涵盖范围，《清洁水法》将其适用范围扩展到美国境内的所有水域和领海。1977 年的《清洁水法》修正案提出实施排放许可制度和最大日负荷限值，对有毒物质的管理也提出了明确要求。

2．点面源结合防治阶段（1987—2002 年）

1987 年的《清洁水法》修正案将污染源划分为点源和面源两类，要求必须同时控制两类污染，加强面源污染管控。随后，经过多年研究摸索，相继颁布了农业、林业、城市等多类型面源污染管控要求及具体措施。随着《清洁水法》的不断应用实践和修订，美国建立了较完善的水环境管理及污染控制体系，水污染治理成效显著。1995 年，美国开始定期制订实施环境保护战略规划，其中水环境保护为重点任务之一。1997—2002 年，制订实施第二轮环境保护战略规划，加强对水污染物排放的规划和管理，包括点源、面源污染物的控制及预防。

3．水生态健康提升阶段（2003 年至今）

2003 年后的环境保护战略规划从对水污染物排放的控制转变为对水环境质量的管理，此外开始关注水生态健康水平状况的改善。2003—2011 年的规划要求水质达标率不断提升，降低入侵物种的增长速度，维持重点区域水生态系统健康评价等级不下降。同时，强调加强前沿领域的科学研究和先进科学技术的应用，开展了一系列河流、湖泊和湿地水生态系统研究。2011—2018 年的规划要求不断提升“五大湖”（苏必利尔湖、密歇根湖、休伦湖、伊利湖和安大略湖）及重点海湾的水生态健康水平。2018—2022 年的规划开展基础设施融资计划，以促进环境效益和经济增长，同时更加强调饮水安全保障和水生态环境质量的提升。

（二）欧盟

欧盟水环境治理工作起源于 1972 年欧洲共同体（简称欧共体，1967 年成立，1993 年改组为欧盟）成员国国家和政府首脑高峰会议的召开。会议首次提出在欧共体内部建立共同保护环境的政策框架，这也是欧盟定期发布环境行动方案的开端。回顾其治理历程，可分为公共卫生水体保护、污染源综合治理、水生态系统保护 3 个阶段。

1．公共卫生水体保护阶段（1973—1980 年）

1973 年欧共体制订了第一个环境行动计划，将水资源加以独立地管理和保护。1975—1980 年，针对境内自然水体不断恶化的状况，欧共体开展了第一批有关水的立法工作，制定并发布了《饮用水水源地地表水指令》（1975 年）、《危险物质指令》（1976 年）、《洗浴用水指令》（1976 年）、《渔业用水指令》（1978 年）、《贝类养殖水指令》（1979 年）、《饮用水质量指令》（1980 年）等一系列指令。此阶段工作主要侧重于与人体健康及公共卫生相关的水环境保护目标的制定。

2．污染源综合治理阶段（1981—1999 年）

1981—1990 年，欧共体更加关注工业污染物排放的控制，对污染物的排放限值作出了统一规定，如《汞排放限值指令》（1982 年）、《镉排放限值指令》（1983 年）、《六氯环己烷排放限值指令》（1984 年）、《特殊危险物质排放限值指令》（1986 年）等。1991—1999 年，欧共体相继发布了《城市污水处理指令》《农业面源硝酸盐指令》，开始关注城市废水和农业面源造成的污染。1996 年欧盟通过《综合污染预防和控制指令》（IPPC），旨在对环境实施综合管理。这些指令针对特定污染源取得了一定成效。

3．水生态系统保护阶段（2000 年至今）

2000 年，欧盟正式发布了《水框架指令》（2000/60/EC），确立了水环境及水资源全方位综合管理的政策，引导水环境保护工作进入全新的阶段。水框架指令提到的水环境保护范围包括地表水、地下水、半咸水和沿海水域等水域类型，保护内容包括水量、水质、水生态系统等。2001 年，为了实现良好地表水化学状态的目标并控制优先污染物含量，欧盟对优先污染物作出了规定，发布了《水政策领域优先物质名单》（2455/2001/EC）。2014 年发布了《水框架指令》（2014/101/EU），对指令中包括浮游植物标准、大型植物和底栖动物标准等在内的质量要素监控标准进行修改，建立了与欧洲经济区有关的水环境领域的共同体行动框架。2020 年，《欧洲绿色新政》正式实施，要求保护湖泊、河流和湿地的生物多样性，2021 年谋划出台《水、空气、土壤零污染行动计划》，致力于到 2050 年将水污染降低至对人类健康和自然生态系统无害水平，从而打造一个“零污染”的环境。

（三）日本

日本对水污染问题的关注可以追溯到明治维新时期。回顾其治理历程，可分为污水治理、污染源管控、生态环境恢复、水循环发展 4 个阶段。

1．污水治理阶段（1896—1950 年）

明治维新以后，日本开始进行工业化建设和现代化改革，但由于对水环境污染认识不足，工厂排放的废水给生态环境带来了巨大的压力和影响。为了应对现代化进程带来的水环境问题，1896 年日本发布了《河川法》，作为国土厅统一协调水管理的法律基础。其后，日本相继颁布了《下水道法》（1900 年）、《水害组合法》（1908 年）、《运河法》（1914 年）、《公用水面填平法》（1922 年）等与水相关的法律，并于 1922 年设立了第一座污水处理厂。此阶段日本水环境治理工作主要围绕污水处理及排放，为后期水污染防治系统快速发展奠定了基础。

2．污染源管控阶段（1951—1980 年）

20 世纪 50 年代至 70 年代末，日本经济迅速发展的同时，水污染范围和程度也日益扩大和严重。为满足快速工业化、城市化带来的用水需求，日本城市涉水基础设施的建设规模和运行管理水平快速提升。1957 年发布的《水道法》明确了干净、充足、低价的城市供水要求。1958 年发布的《工业用水法》规定了特定地区工业用水的合理供应，同年修订的《下水道法》确定了城市排水设施分类和建设管理标准。面对涉水问题的集中爆发，日本也更加注重水环境保护。1961 年日本发布《水资源开发促进法》，确定了护水养水相辅相成的原则。1964 年修订的《河川法》进一步明确了河流管理的主体责任。1970 年发布的《水污染防治法》，基于环境容量理论引入了总量控制概念，对污水排放制定了管理规定、排放标准和处罚原则。1971 年首次发布了环境水质标准和水污染物排放标准，1978 年开始实施重点流域总量控制计划，控制指标包括化学需氧量、氮、磷等，涉及工业企业、生活污染、农业、畜牧业等不同行业和不同设施。

3．生态环境恢复阶段（1981—1999 年）

进入 20 世纪 80 年代，日本涉水工作的总体框架基本形成。这一阶段日本在进一步强化污染控制的同时，开始推进水生态环境恢复。20 世纪 80 年代以后，日本生活污水的污染负荷占比逐年上升，并逐渐成为公共水体的主要污染源。对此，在《下水道法》（1958 年）和《净化槽法》（1985 年）两部法律的框架下，日本形成了以城市下水道、农业村落排水和净化槽 3 种模式为主的全域污水治理格局。1990 年对《水污染防治法》进行修改，加大对生活污水的处理力度。在水生态环境方面，为系统解决湖泊问题，日本开始制定《湖泊水质保全特别措施法》（1984 年）等湖泊治理相关法规，20 世纪 80 年代中期“近自然型河道生态修复”技术迅速发展起来，提倡有条件的河段尽可能利用天然材料修建生态河堤。20 世纪 90 年代日本再次修订《河川法》（1997 年），加入“改善和保护河湖环境”的内容。在环境省的指导下，日本进行了大量河湖水系生态修复的尝试，如日本政府在 20 世纪八九十年代实行了“琵琶湖综合开发计划”，经过治理，琵琶湖水生态环境得到了明显恢复。

4．水循环发展阶段（2000 年至今）

2000 年，日本制定了《全国综合水资源计划》（又称“21 世纪水计划”），提出构筑可持续的用水体系，适应循环型社会发展的要求，但由于种种原因这一理念在涉水工作发展进程中并未被完全落实。随后十几年内，日本发布了一系列技术标准，用于指导兼顾水生生物在内的河流整体生态建设。由于发现局部的涉水工作难以解决整体问题，2014 年日本发布了《水循环基本法》，旨在综合性一体化推进健康水循环理念，规定政府有义务制订水循环基本规划，同时设置了水循环政策本部，综合协调相关工作的开展。2017—2018 年，日本已经有 35 个城市或流域公布水循环规划，水污染防治进入通过全流域、全领域、全生命周期方式保持健康水循环的新时期。

美国、欧盟、日本等国家和地区水污染防治历程见图 1-1。

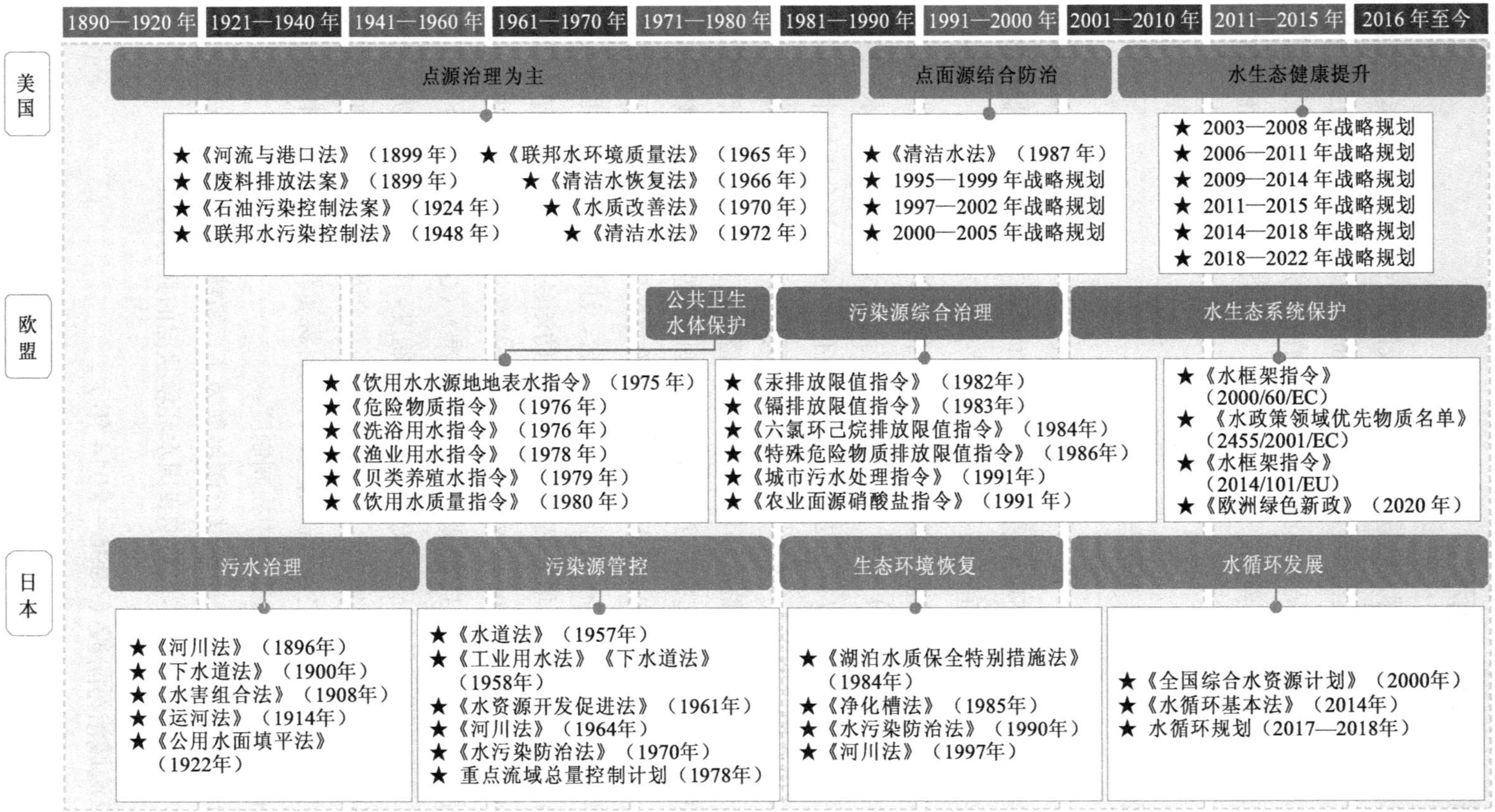

图 1-1　美国、欧盟、日本等国家和地区水污染防治历程

二、我国水污染防治历程

相较于美国、欧盟、日本等发达国家和地区，我国水污染防治工作起步较晚。20 世纪 70 年代初，我国从追求工业化向经济社会环境全面发展转变，开始关注水环境问题。1972 年北京官厅水库污染治理是我国流域水污染防治的标志性事件，自此我国开始探索有特色的水环境保护道路，主要经历了点源治理为主、重点流域治污、全面系统治水 3 个阶段。

（一）点源治理为主阶段（1972—1995 年）

1973 年，国务院召开了第一次全国环境保护会议，制定了我国第一部环境保护法规性文件——《关于保护和改善环境的若干规定》，同年出台了“三同时”制度和环境影响评价制度，旨在减少新污染物的产生，有效预防工矿企业污染。1978 年，国务院对严重污染环境的工矿企业进行限期治理，第一批限期治理的工矿企业涉及冶金、石油、化工、轻工、纺织、建材等行业。1984 年开展了全国工业污染源调查，工业废水的综合利用和主要污染物的净化处理等工作取得了进展。1985 年召开了第一次全国城市环境保护工作会议，提出开展以消除“四害”（废水、废气、废弃物和噪声）为主要内容的“城市环境综合整治”，实施城市环境综合整治和城市环境综合整治定量考核，同时把工业污染防治与城市基础设施建设有机结合起来，由单纯污染治理向调整产业结构和城市布局转变。

与此同时，此阶段是我国构建水环境管理体系的重要时期，涉水的环境保护法律法规、标准和政策制度等在 20 世纪八九十年代相继出台。法律法规包括《中华人民共和国水污染防治法》（1984 年）、《中华人民共和国水污染防治法细则》（1989 年）等。标准包括《农田灌溉水质标准》（GB 5084—85）、《污水综合排放标准》（GB 8978—88）、《渔业水质标准》（GB 11607—89）、《景观娱乐用水水质标准》（GB 12941—91）等。政策制度主要为 1989 年提出的环境保护三大政策和八项管理制度，即预防为主、防治结合，谁污染谁治理和强化环境管理的三大政策，以及“三同时”制度、环境影响评价制度、排污收费制度、城市环境综合整治定量考核制度、环境目标责任制度、排污申报登记和排污许可证制度、限期治理制度和污染集中控制制度。

总体上，此阶段我国水污染防治以点源治理为主，系统治理观念仍未形成，“有河皆污，有水皆脏”是 20 世纪 90 年代初期我国水环境状况的真实写照。

（二）重点流域治污阶段（1996—2014 年）

1994 年，淮河再次爆发水污染事故，流域水质已经从局部河段变差向全流域恶化发展，决定了我国必须在流域层面开展大规模治污。此阶段水污染防治工作主要围绕重点流域水污染防治规划这一顶层设计开展。重点流域水污染防治规划制度在1996年修正的《中华人民共和国水污染防治法》中首次予以明确，淮河、海河、辽河（简称“三河”）和太湖、巢湖、滇池（简称“三湖”）在《国民经济和社会发展“九五”计划和2010年远景目标纲要》中被确定为国家的重点流域，也就是当时的“33211”重点防治工程，自此大规模的流域治污工作全面展开。同时，提出环境质量管理目标责任制和推进“一控双达标”，即污染物排放总量控制、工业污染源达标排放、空气和地表水环境质量按功能区达标。“十五”计划在继续推进实施“九五”计划的基础上，适当调整补充。“十一五”规划首次明确了“五到省”原则，即“规划到省、任务到省、目标到省、项目到省、责任到省”，依据2008年修订的《中华人民共和国水污染防治法》中“地方政府对当地水环境质量负责”，突出水污染防治地方政府责任，中央政府进行宏观指导，重点保障饮用水水源地水质安全，实施跨省界水质考核和协调解决跨省界纠纷。“十二五”规划采用水污染物总量控制和环境质量改善双约束，在全国层面实施总量控制目标考核、重点流域层面实施规划水质目标完成情况和规划项目实施进展情况的考核。

（三）全面系统治水阶段（2015年至今）

2015年出台的《水污染防治行动计划》（简称“水十条”），明确了地方政府水环境质量目标责任，开启了以水质改善为核心、突出水环境质量目标刚性约束的水环境保护新时期。2017年修正了《中华人民共和国水污染防治法》，加大各级政府对本行政区域水环境质量的责任，明确超标排污等违法行为并加大处罚力度，重点水污染物排放总量控制制度得到进一步强化。2018年，部署开展了污染防治攻坚战，围绕水源地保护、黑臭水体治理、长江保护修复、渤海综合治理、农业农村污染治理攻坚战等，着力打好碧水保卫战。同时进一步完善水环境监督管理制度，大力提升水环境监管效率，一方面建立并实施中央生态环境保护督察制度，以中央名义对地方党委政府进行督察，进一步压实地方生态环境保护责任；另一方面健全和完善分析预警、调度通报、督导督察相结合的流域环境管理综合督导机制，组建七大流域（海域）生态环境监督管理机构，推动全流域协调保护、统筹管理。“十三五”期间，我国水环境质量实现了历史性和转折性变化，大江大河水质持续改善，2015—2020年，全国地表水达到或优于III类的比例增加了17.4%，劣V类比例降低了9.1%。进入“十四五”时期，围绕“有河有水、有鱼有草、人水和谐”目标，以水生态保护为核心，统筹水资源、水生态、水环境等要素，巩固深化碧水保卫战成果，开展水生态调查、长江流域水生态考核试点等工作。2023年印发实施了《重点流域水生态环境保护规划》，将水污染防治拓展为水生态环境保护。

我国水污染防治历程见图1-2。全国地表水断面水质比例变化趋势（1996—2022年）见图1-3。

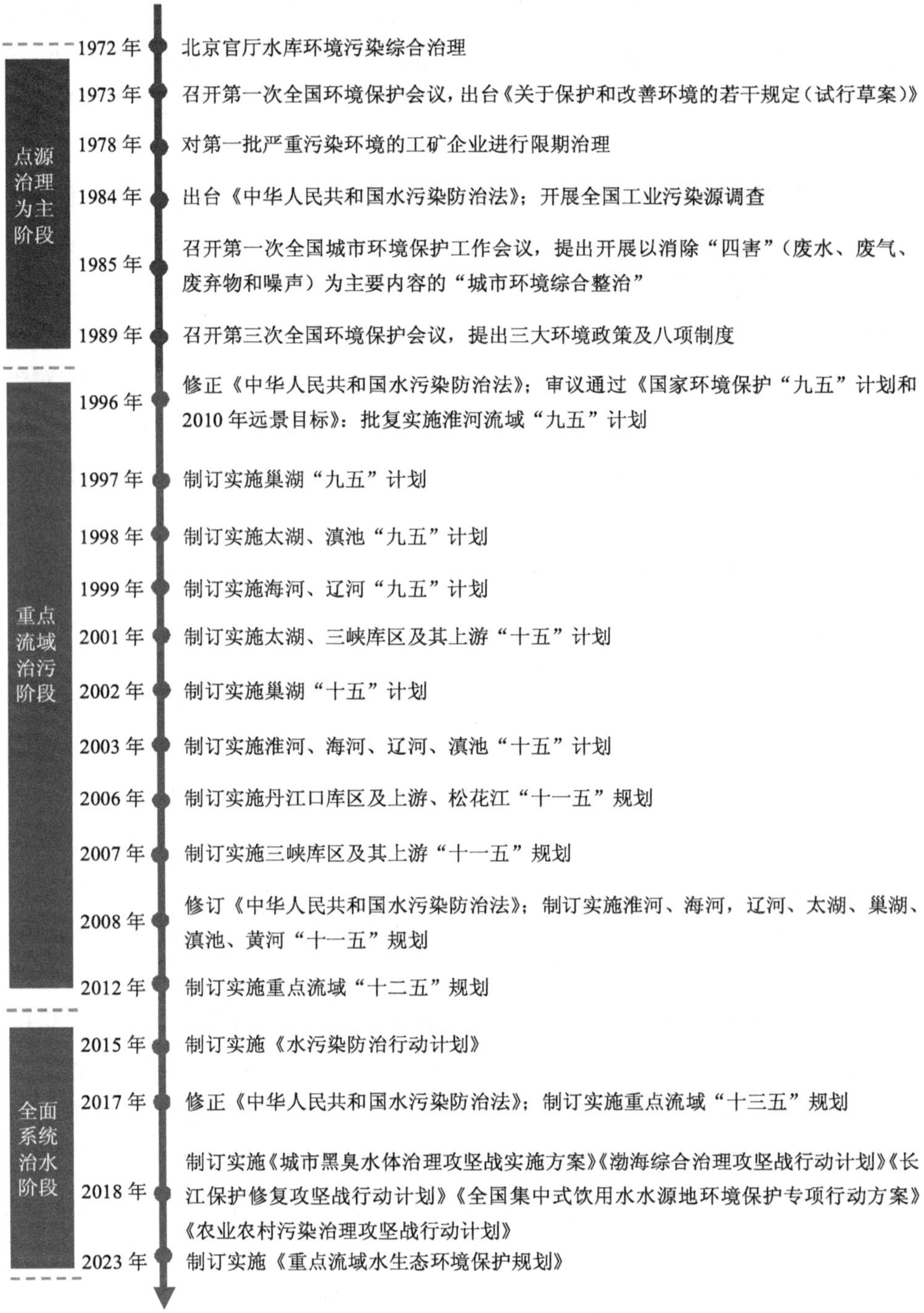

图 1-2　我国水污染防治历程

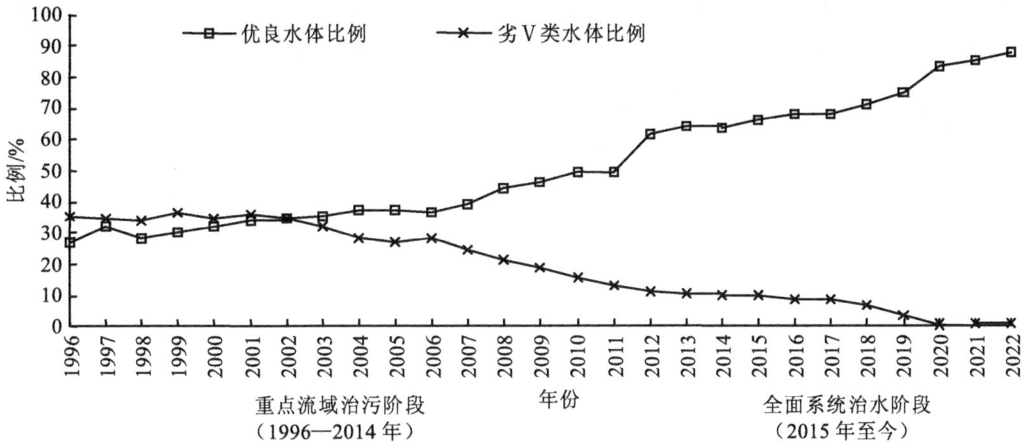

图 1-3　全国地表水断面水质比例变化趋势（1996—2022 年）

注：点源治理为主阶段（1972—1995 年）无水质数据。

资料来源：徐敏等，2021。

三、广东省水污染防治历程

广东省作为全国改革开放的先行区，水污染问题出现较早，水污染治理起步也较早，治水历程与我国水污染防治路径相似，经历了初步治理、整体推进、系统攻坚 3 个阶段。

（一）初步治理阶段（1973—1995 年）

1973 年，广东省成立了“治理工业‘三废’领导小组”，同年出台《广东省治理工业“三废”“四五”规划》，随后开展了工业污染源调查、限期治理、依法加强管理等工作。随着 1985 年全国城市环境综合整治的启动，广东省针对城市化进程加速的特点，在全省各市开展城市环境综合整治及定量考核，并且将这一工作与各级政府环境保护目标任期责任制结合进行，城市污水处理厂建设也逐步纳入议事日程，至 1995 年，全省城市污水处理率达到 10%左右。总体来说，此阶段工作重点为工业污染源治理和城镇污水处理基础设施建设。

（二）整体推进阶段（1996—2014 年）

进入 20 世纪 90 年代后期，广东省经济快速发展的同时也带来了日益突出的水环境问题，水体污染和由此引发的水质性缺水成为制约社会经济发展的重要因素。为此，广东省政府进一步加大治水力度，水污染防治工作进入整体推进时期。1997 年，针对广东省水环境普遍受到工业和城市生活污水污染，以及同一流域上下游互相影响的状况，广东省印发实施了《广东省碧水工程计划》，以三年为期逐步开展治理江河湖库、处理城市工业生活污水、水质保护法规建设等工作，总投资超过 200 亿元，实施了六大项 115 个子项的系统工程。该计划对遏制广东省水环境恶化趋势、改善重点区域水环境质量起到了积极作用。计划到期后，广东省又于 2002 年年底作出了《关于加强珠江综合整治工作的决定》，提出“一年初见成效、三年不黑不臭、八年江水变清”的整治目标，由此开启了新一轮综合整治工程，2010 年年底，珠江流域所有市（县）均建成污水处理厂。2013 年，广东省印发实施了《南粤水更清行动计划（2013—2020 年）》，得益于该计划的实施，“十二五”期间，基本实现了计划提出的“三年新突破”阶段目标，石马河、淡水河、茅洲河、佛山水道、小东江等重污染河流水质持续改善。

与此同时，此阶段广东省水污染防治法制体系也不断完善。自 1998 年起，广东省先后颁布了《广东省珠江三角洲水质保护条例》（1998 年）、《广东省韩江流域水质保护条例》（2001 年）、《广东省东江水系水质保护条例》（2002 年）、《广东省跨行政区域河流交接断面水质保护管理条例》（2006 年）、《广东省饮用水源水质保护条例》（2007 年）等多部涉水法规，初步构建了全省“区域+流域+要素”的水污染防治法制体系，为推动重点区域、重点流域和重点水体水环境保护提供了法治保障。

（三）系统攻坚阶段（2015 年至今）

2015 年，广东省印发实施了《广东省水污染防治行动计划实施方案》（以下简称“粤水十条”），全省进入水污染防治工作新阶段。2017 年，结合“粤水十条”等新要求，印发了《南粤水更清行动计划（修订本）（2017—2020 年）》。2018 年，广东省成立污染防治攻坚战指挥部，印发实施了《广东省打好污染防治攻坚战三年行动计划（2018—2020 年）》，全省治水力度空前加大，各项水污染防治重点工作取得飞跃式进展，污水处理能力居全国首位，2020 年，国考断面优良比例达 87.3%，劣Ⅴ类断面全面清零，茅洲河、练江等重污染河流重换新颜。进入“十四五”时期，广东省首次对全省范围的重点河湖实施水生态调查评估，印发实施了《广东省水生态环境保护“十四五”规划》（2021 年）、《广东省碧水保卫战五年行动计划（2021—2025 年）》（2022 年），水污染防治工作向水资源、水环境、水生态“三水统筹”转变。随着一系列治水工程的实施，全省断面优良比例不断上升、劣Ⅴ类断面比例不断下降，2018 年以来成效尤为显著，2022 年优良比例首次跻身全国优秀行列，达到 92.6%，劣Ⅴ类断面比例为 0。

与此同时，此阶段广东省水污染防治法规标准体系也不断完善。法规方面，2020 年出台了首部水污染防治综合性法规——《广东省水污染防治条例》。标准方面，在广东省《水污染物排放限值》（DB 44/26—2001）、《汾江河流域水污染物排放标准》（DB 44/1366—2014）两部已有标准的基础上，先后发布了《电镀污染物排放标准》（DB 44/1597—2015）、

《工业废水铊污染物排放标准》（DB 44/1989—2017）、《小东江流域水污染物排放标准》（DB 44/2155—2019）、《农村生活污水处理排放标准》（DB 44/2208—2019）等多项涉水标准，初步构建了“综合型+行业型+通用型+流域型”的水污染物排放标准体系，对控制水污染物排放意义重大。

广东省水污染防治历程见图 1-4。广东省地表水断面水质比例变化趋势（1996—2022 年）见图 1-5。

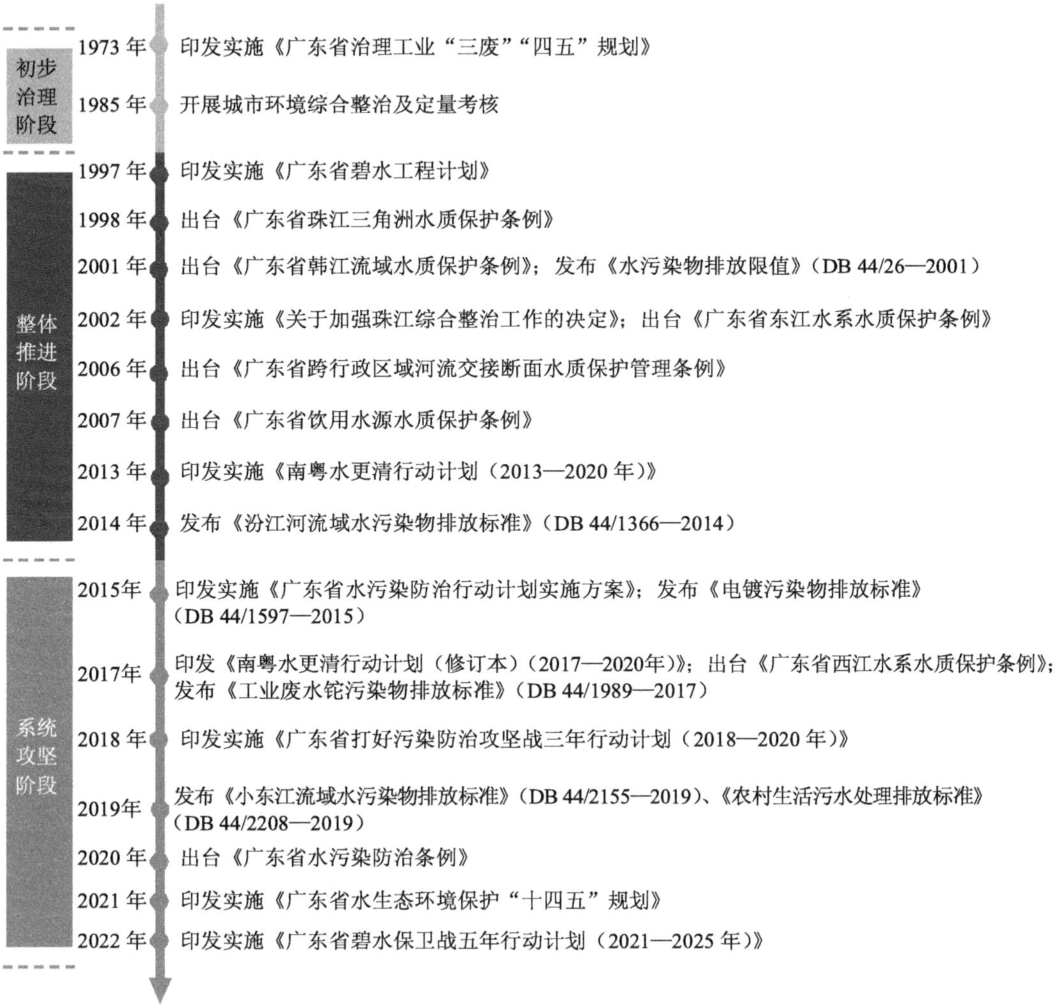

图 1-4　广东省水污染防治历程

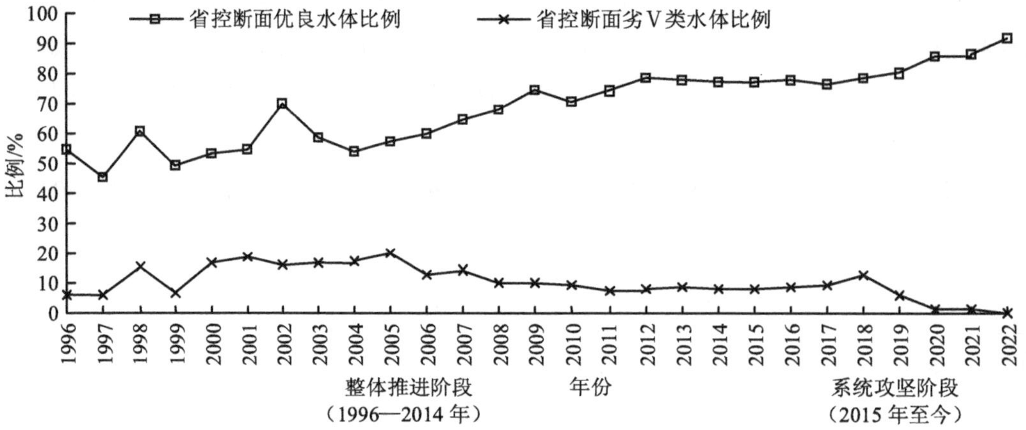

图 1-5　广东省地表水断面水质比例变化趋势（1996—2022 年）

注：初步治理阶段（1973—1995 年）无水质数据。

资料来源：广东省历年生态环境状况公报。

四、水污染防治历程对比

从治理思路来看，综观美国、欧盟、日本等发达国家和地区的水污染防治历程，普遍经历了“先污染后治理”“先末端后前端”“先单一后系统”的发展历程（田英等，2018），治理思路也逐步从污染控制向水质改善，再向水生态系统保护转变。1972 年，美国《清洁水法》提出要恢复和维持国家水域的化学、物理和生物的完整性的目标要求，实施以“流域水生态分区—基准确定—容量控制—排污许可”为主线的技术体系。2000 年，《水框架指令》提出生态良好水体保护要求，把保护和恢复水生生态系统的结构和功能作为流域管理的目标指向，强调对流域的生物指标、水文地貌指标、物理化学指标进行监督管理。20 世纪 80 年代，日本提出应“近自然工事”，要求采用具有生态和自然景观等环境功能、与自然相协调的治理措施，采取种植水生植物等多种措施，增加水环境容量（金小伟等，2017；赵英民，2017；彭文启等，2018）。我国水污染防治路径整体上与发达国家相近，但水生态系统保护修复起步较晚，“十四五”规划提出了污染减排与生态扩容两手发力，推动水生态环境管理从以水污染防治为主向“三水统筹”转变。

从治理成效来看，我国水环境质量与发达国家基本相当，水资源保障与发达国家尚有差距，水生态状况与发达国家差距较大（徐敏等，2021）。水环境质量方面，从水质改善与经济社会发展水平进程来看，美国人均 GDP 达到 4 万美元后，水质达到或优于Ⅲ类比例（基于溶解氧、生化需氧量和总磷 3 项指标）基本稳定在 80%以上，欧洲达 3 万美元后基本稳定在 80%以上，我国达 1 万美元后基本稳定在 85%以上，广东省达 1.5 万美元后基本稳定在 85%以上（表 1-1、图 1-6），我国近 30 年的水质改善速度远超欧美发达国家水平，在某种程度上我国用近 30 年的时间，水质理化指标基本实现与发达国家相当。中国特色社会主义制度是我国水环境保护取得历史性进展的制度保障，针对过去多年高增长积累的水污染问题，我国充分发挥制度优势，坚持全国“一盘棋”，集中力量办大事。尤其是党的十九大以来，我国社会主要矛盾转变为人民日益增长的美好生活需要和不平衡不充分的发展之间的矛盾，人们对美好自然生态环境的需求显得更加迫切，为此我国坚持以人民为中心，部署污染防治攻坚战，全面打响碧水保卫战及水源地保护、黑臭水体治理、长江保护修复、渤海综合治理、农业农村污染治理等标志性战役，全面加强水环境保护，促进人与自然和谐共生。此外，我国水环境治理中始终注重对国外先进理念及治理方法的学习借鉴及本土化应用，充分发挥后发优势，同时加快水生态环境科技发展，实现由全球环境治理参与者到引领者的重大转变，以理念创新、技术创新和制度创新为水污染防治攻坚战提供有力支撑。水资源保障方面，美国在 2000 年前后考虑水资源优化配置和生态流量需求，确定了重点河流生态流量的量级、季节性、频率、持续时间等精准管理要求。我国水利部先后发布并实施了《河湖生态需水计算规范》（2014 年）和《关于做好河湖生态流量确定和保障工作的指导意见》（2020 年），分 4 批制定了 171 个重点河湖生态流量保障目标。水生态修复方面，美国、欧盟从 21 世纪初就开始强调实施水生态保护修复，水生态状况已越过历史最差阶段，土著鱼类逐步恢复。我国水生态保护工作尚处于起步阶段，有关水生态的监测及评价体系还有待完善。

表 1-1　水环境质量比较

人均 GDP	水体优良比例/%			
	美国	欧盟	中国	中国广东省
5 000 美元左右	71.5（1970 年）	73.3（1974 年）	60.9（2011 年）	68.1（2008 年）
1 万美元左右	71.3（1978 年）	82.4（1982 年）	85.6（2019 年）	77.6（2015 年）
1.5 万美元左右	69.8（1983 年）	67.8（1990 年）	—	92.4（2021 年）
2 万美元左右	70.2（1987 年）	69.2（1996 年）	—	—
2.5 万美元左右	75.0（1992 年）	79.7（2004 年）	—	—
3 万美元左右	75.9（1997 年）	81.7（2006 年）	—	—
3.5 万美元左右	79.8（2000 年）	87.9（2014 年）	—	—
4 万美元及以上	基本达 80 以上（2004 年以后）	—	—	—

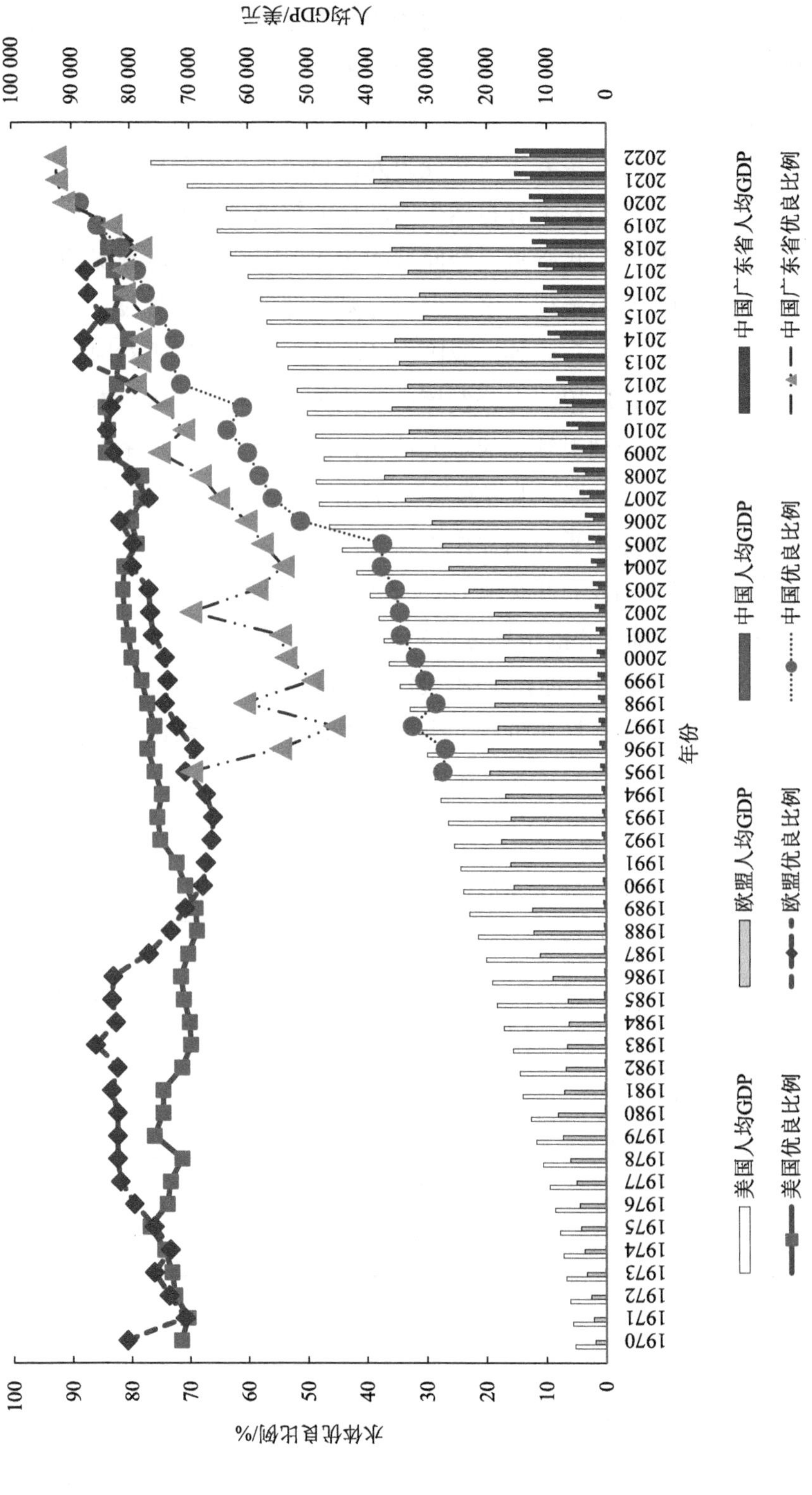

图 1-6　历年水环境质量与经济增长的关系

资料来源：徐敏等，2021；广东省历年生态环境状况公报。

发达国家和地区的治水经验表明，水资源、水环境与水生态是水域生态系统相互联系、相互支撑的一个有机整体。从水资源与水环境的关系来看，充足的水量和良好的水动力条件有利于污染物的迁移和降解，从而改善水环境质量、为水生生物提供良好的生境；而水环境质量改善，有利于提升水资源的使用价值，为水资源配置提供更大的空间。从水生态、水资源与水环境的关系来看，结构稳定、物种多样的适生生物群落可增加水环境容量，同时具有涵养水源、调节径流等功能，从而促进水资源和水环境保护。按照木桶理论，“三水”中任何“一水”出现短板，都会削弱水域生态系统对经济社会可持续发展的支撑作用（徐敏等，2021）。因此，面向美丽中国、美丽广东建设的新时代水生态环境保护要从维持水生态系统的完整性出发，强化对“山水林田湖草是一个生命共同体”的系统认识，更加强调水对生态系统的保护，从而实现对水生态系统的整体保护、系统修复和综合治理。

第二节　水环境治理体系

一、国外水环境治理体系

19 世纪末，随着全球水环境问题的日益加剧，世界各国更加注重政府在水环境治理中所发挥的重要职能，这也成为有效处理环境问题的根本手段。以美国、欧盟、日本为代表的发达国家和地区对水环境问题的关注较早，建立了一套行之有效的水环境治理体系。

（一）美国

美国的水环境治理以保障人体健康和水生态安全为最终目标，实现既定水环境质量目标的主体包括立法体系、执行体系和监督体系。以总统为领导的政府机构为环境管理的执行系统，其中美国国家环境保护局（EPA）在美国环境治理中处于中心地位。监督体系由司法监督和社会监督构成。法规标准和规划政策是改善美国水环境质量的基础保障。美国《清洁水法》规定了所有与水污染控制相关的政策，水质标准是水环境管理的红线，排放限值是保证水质达标的核心。水污染防治规划是执行美国《清洁水法》的重要内容，通过立法成为正式法律文件，具有法律效力，统领所有相关政策。水污染防治政策是推动和指导美国经济与环境可持续协调发展的重要依据和措施，其中国家污染物排放消除制度是落实排放限值的基础制度，具体而严格的州实施计划使各项控制措施在法律的要求内强制执行，并不断调整和改进。

在政府机构环境管理执行系统，依据美国《国家环境政策法》的规定，联邦政府在制定和实施国家环境目标、环境政策、基本管理制度和环境标准等方面居于主导地位，州和地方政府在实施环境法规方面承担重要责任。在联邦层面，除了 EPA 这一核心机构，与水环境治理相关的机构还有环境质量委员会、国会和政府间关系办公室、管理和预算办公室、自然保护部、公共健康部、农业部、经济发展及贸易部、能源部、国防部、财政部和联邦统计局等。在州层面，主要的环保机构是州环保局。州环保局并不隶属 EPA，而是向州政府负责，依照州法律独立履行职责，或经授权代表 EPA 执行联邦环保计划。州环保局人员由各州自行决定，预算由州议会审核批准生效。州环保机构在环境政策执行过程中出现的冲突，由地方法院裁决（车国骊等，2012）。

（二）欧盟

欧盟通过《水框架指令》统一了水环境治理体系的各方面，是各成员国开展水环境管理工作的主要依据。该指令制定了水资源及环境保护目标，主要包括以下 5 个方面：①减少污染，防止水生态系统状况的恶化并改善其状况；②促进水资源的可持续利用；③减少有害物质造成的污染；④逐步减少地下水污染；⑤减轻洪灾与旱灾的影响。为实现此目标，《水框架指令》将水环境管理、规划、政策、标准和监测纳入一个体系，形成了完整的水环境法规框架体系、覆盖主要河流的流域规划体系、完整的水管理目标体系、可操作性强的约束监督机制，并明确了水环境各类目标完成的时限，实现了广义水环境治理的有机统一。

在水环境治理执行层面，各成员国主要以政府为治理主体，利用公众监督的方式落实各管理部门的职责。目前欧盟以政府为治理主体的水污染防治管理机构主要有两种模式：一是流域管理系统，如法国共有六大流域，每个流域都有一个流域管理委员会和水资源管理局，主要参与水资源开发和管理总体规划的起草，环境部对二者进行监督；二是以行政区划为基础的管理系统，其管理权是分散的，许多国家采用了这种模式，如德国联邦、州和市级机构之间实行明确的分权体制，形成了跨不同层级政府的水资源管理模式。

（三）日本

日本水环境治理体系以水环境质量改善为目标，在公众的推动中形成了政府管理、企业实施、公众监督的环境治理执行主体，3 个主体相互制约、相互促进。一系列的法规标准、规划政策是日本政府实施水环境治理的制度保障，包括通过制定完备的水环境保护法，为水环境质量改善提供法律保障；通过水环境标准防止水环境污染，维护水生态平衡；通过环境综合规划、水资源专项规划、排水专项规划、水循环理念专项规划，共同指导日本水污染防治工作的有序实施；通过健全组织和完善责任追究制，为水污染防治提供组织和制度保障；通过制订实施科学合理的总量削减计划，为水环境保护成效提供行动保障；通过必要的投资和优惠政策，为水环境保护提供政策保障；通过开发处理技术、加强技术推广，为水污染物总量削减提供技术保障；通过普及环保知识、发挥公众参与监督作用，为促进水环境质量改善提供社会保障。

在政府管理执行主体层面，日本环境管理体制可分为中央政府和地方自治体两级。中央政府行政管理机构形成了一个由国土交通省牵头，厚生劳动省、环境省（1971 年成立环境厅，2001 年升格为环境省）、农林水产省与经济产业省相互协调的机制，共同处理水系统相关问题。虽然采取“多龙治水”的结构设置和职能安排，但是中央涉水管理部门责任、职权之间较为清晰，在出现工作衔接时有章可循、有法可依。地方自治体的城市水系统分别由都道府县、市町村下设的水道局、下水道局等公共事业部门来负责建设、管理和运维（郝天等，2021）。

二、我国水环境治理体系

（一）环境治理体系的发展

20 世纪 70 年代以来，经过多年的探索和努力，我国已经形成了一套完整、系统的环境治理体系（陈润羊，2022）。总体而言，我国环境治理体系经历了 3 个阶段（图 1-7）。在以政府起主导作用的时代，开启了“单一主体保护”的第一阶段环境治理；党的十六大以后，则进入由政府、社会团体、民众个体、国际组织共同参与和相互影响，“政府为主，多元参与”的第二阶段环境治理；党的十八大以来，开启了以生态文明建设为思想指引、多元共治的第三阶段环境治理（蒋金荷等，2019）。

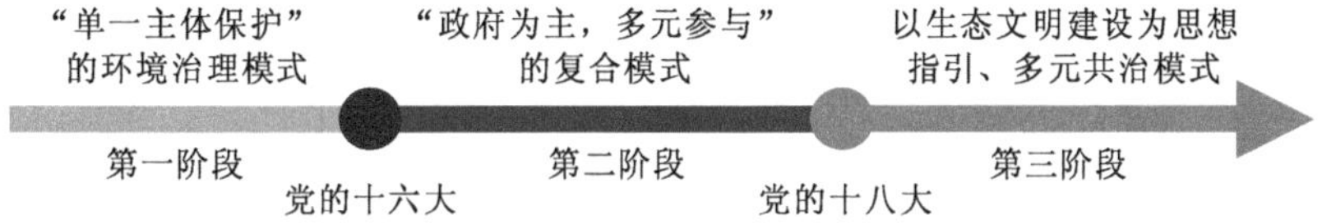

图 1-7　我国环境治理体系发展历程

1. 环境治理模式的变化

随着经济发展水平的提高，我国对环境保护工作日益重视，从中华人民共和国成立初期以重工业发展为中心这一阶段的环境意识缺乏、治理措施缺位，到社会主义现代化建设阶段的环境保护被提升为国策，以终端控制为主要目标，再到可持续发展、科学发展观阶段的全流程控制，我国环境治理模式不断发生变化，直到新时代进入生态文明建设阶段，逐渐构建起系统的环境治理体系。

中华人民共和国成立初期百废待兴，在我国以重工业发展为中心的计划经济体制下，

“高速度、高消耗、高污染、低效益”的粗放式发展方式不可避免地带来了严重的环境污染。直到 1972 年，我国派团参加联合国第一次人类环境会议，环保问题才引起重视。1973 年召开的第一次全国环境保护会议，真正意义上推动了我国环境保护工作的起步。

1978 年党的十一届三中全会召开之后，我国发展重心转为社会主义现代化建设，改革开放全面推进的同时环境保护问题受到重视。1983 年环境保护被确立为基本国策，对我国环境保护工作的开展起到了巨大推动作用。这个阶段的环境保护措施以终端控制为主要目标，其中主要措施包括排污收费和建设项目环境影响评价，以及污染集中控制、排污许可证和企业环境目标责任制等。这些措施发挥了较大作用，有效提高了环境保护成效，如大中型建设项目的“三同时”执行率由 1979 年的 44%提高到 1989 年的 99%。

改革开放以来，环保工作成绩明显提升，但在双轨制经济条件下，部分地方政府追求 GDP 政绩而忽视环境甚至以牺牲环境为代价，环保措施的实施受到影响，未能有效遏制环境恶化。1993 年召开的全国第二次工业污染防治工作会议提出清洁生产要实行 3 个转变，即由末端治理向生产全过程控制转变，由浓度控制向浓度与总量控制相结合转变，由分散治理向分散与集中控制相结合转变，表明从源头治理工业污染的指导思想开始付诸实践。随着社会主义市场经济体制初步建立，这一阶段环保领域的经济手段日渐发挥作用，重点包括试点建立环保投资公司、环境影响评价市场引入竞争机制、全面推行排污许可证制度等，用市场机制引导企业自觉开展环境保护。

2002 年党的十六大以后，我国经济发展规模实现了跨越式增长。这一阶段环境保护措施主要是从生产、流通、消费等环节出发，综合技术管理手段提高资源利用效率，建设资源节约型、环境友好型社会，全社会逐步树立生态文明观念。但由于结构性矛盾和粗放型增长方式叠加，资源矛盾凸显，重大环境污染事件频发。

随着环境质量持续恶化，生态环境日渐成为严重的社会问题，党的十八大将生态文明建设提升到战略地位，并纳入中国特色社会主义事业总体布局，从国土空间规划开发、技术创新和结构调整、资源节约循环利用、自然生态和环境保护、制度体系建设等方面全面开展生态文明建设，按照市场规律要求建立生态环境保护机制，充分运用价格、税收、财政、信贷、金融等手段，调控市场主体行为，保护生态环境。全国各地在大气、水、土壤等领域全面推进污染防治攻坚战，生态恶化趋势得到遏制，环境质量显著改善。

2. 环保法规政策制度的更替

随着我国对环境保护工作的重视程度不断加深，环境保护政策的制定从初期只有针对性的制度措施，到 1978 年经重新修改的《中华人民共和国宪法》为环境保护工作确立法律基础，1989 年《中华人民共和国环境保护法》正式颁布，我国环境保护法治建设工作提速，到党的十八大之后生态文明建设阶段，已逐渐建立起全面而完善的环境保护政策体系。

中华人民共和国成立初期，环境治理并未获得足够的重视，相应的法律法规建设欠缺，针对经济建设过程中存在的环境污染问题，这个阶段主要是一些以行政命令为主的防治措施，重点有针对工厂建设和“三废”利用的“三同时”制度，针对污染严重的城镇、企业、江河湖泊的限期治理政策。1973 年出台的《关于保护和改善环境的若干规定（试行草案）》是我国第一部环境保护相关政策文件，对做好国民经济规划、合理工业布局、改善老城市环境、工业“三废”综合利用等共 10 个方面提出了要求，对我国环境保护产生了重要影响。

1978 年，第五届全国人民代表大会第一次会议通过的《中华人民共和国宪法》第一次对环境保护作出了明确规定，为环境保护工作提供了宪法保障。1979 年，《中华人民共和国环境保护法（试行）》颁布，提出“谁污染，谁治理”原则，确立了排污收费制度、环境影响评价制度、限期治理制度的法律地位，对此后我国的环境保护工作有着重要而深远的影响。

1989 年，《中华人民共和国环境保护法》正式颁布，标志着我国环境法治建设取得重大进展，为各种环境保护手段的实施提供了法律依据，之后我国环境立法工作全面提速。到 21 世纪初期，我国颁布施行了一系列环境保护基础性法律法规，包括《中华人民共和国海洋环境保护法》《中华人民共和国水污染防治法》《中华人民共和国清洁生产促进法》等，以及多项实施细则或条例，这一时期颁布的一系列保护资源的法律法规，使环境保护法律体系得到进一步完善，为环境保护工作提供了良好的法治基础。

2012 年，党的十八大作出“大力推进生态文明建设”战略决策，并纳入中国特色社会主义事业“五位一体”总体布局。2013 年，党的十八届三中全会提出建立系统完整的生态文明制度体系。2014 年，通过了修订的《中华人民共和国环境保护法》。2015 年，中共中央办公厅、国务院办公厅联合印发《党政领导干部生态环境损害责任追究办法（试行）》，使地方各级党委和政府对本地区生态环境和资源保护的责任进行了细化。2016 年《中华人民共和国环境保护税法》、2017 年修订的《中华人民共和国水污染防治法》将“推进生态文明建设”作为立法目的，2018 年《中华人民共和国宪法修正案》将“推动生态文明协调发展”作为国家的根本任务，“引导和管理生态文明建设”作为国务院的职权。

自此，我国从自然资源资产产权、国土空间开发保护、资源总量管理、生态补偿、健全环境治理、完善评价考核和责任追究等方面确立了基本制度框架，从国家战略到法律制度体系建设，从环保监管考核到社会力量参与，都取得了长足发展，我国环保事业进入一个新的历史发展阶段。

3．环境管理体制的变革

随着我国环境问题与经济社会发展的矛盾日益突出，环境管理越来越受到党和政府的重视。紧随经济体制转变，环境管理体制由计划经济时期的单一行政管控转向改革开放后的多元管理，以行政控制为主的同时逐渐引入市场化手段，进入新时代后市场机制在资源配置方面开始充分发挥作用，环境管理体制得到不断改革与完善。这期间，环保部门的职责也不断加强，在 1988 年从城乡建设部中独立出来成立国家环境保护局，1998 年升格为国家环境保护总局，2008 年成为国务院组成部门——环境保护部，2018 年组建生态环境部，表明党和政府致力改变以牺牲环境为代价的经济发展方式的决心。

改革开放之后，社会主义现代化建设成为我国发展的重点，原有计划经济时期环境治理的行政管理体制在市场化改革过程中问题凸显，无法有效解决日益复杂、严峻的环境问题，法律管理与经济管理模式被逐步引入环境管理体制改革，与行政管理共同构成多元管理体制。1988 年政府机构改革，设立了国家环境保护局，依法实施环境保护的监督管理，对加强我国环境管理起到了重大作用。

随着可持续发展战略的实施和社会主义市场经济体制的初步建立，环境管理在国民经济发展中的地位也进一步提升，环境管理体制进一步适应市场经济发展，行政管理逐步弱化，环境多元管理体制进一步完善。在 1998 年政府机构改革中国家环境保护局升格为国家环境保护总局，2001 年建立全国环境保护部际联席会议制度，有效推动了各部门在环境保护方面的协作。党的十六大提出“促进人与自然的和谐”作为全面建设小康社会的目标之一，党的十七大提出建设生态文明战略目标，2006 年第六次全国环境保护大会提出了环境管理的“三个转变”，即从重经济增长轻环境保护向保护环境与经济增长并重转变，从环境保护滞后于经济发展向环境保护和经济发展同步转变，从主要用行政办法保护环境向综合运用法律、经济、技术和必要的行政办法解决环境问题转变，我国进入人与自然关系的深化发展阶段。

2008 年，国务院进行机构改革调整，国家环境保护总局提升为国务院组成部门——环境保护部，环境管理上升到与工业、农业、交通、能源等同样重要的地位，这一改革消除了环境综合管理中管理机构的地位和职能障碍，在环境管理实践中开始综合运用各项管理手段，追求环境管理的综合性、科学性、全局性和前瞻性。2018 年组建的生态环境部，职责为制定并组织实施生态环境政策、规划和标准，统一负责生态环境监测和执法工作，监督管理污染防治、核与辐射安全，组织开展中央环境保护督察等工作，实现了污染防治与生态保护的统一，成立了长江、黄河、淮河、海河、珠江、松辽、太湖流域生态环境监督管理局，主要依据法律、行政法规规定，负责水资源、水生态、水环境方面的生态环境监管工作。持续推进完成省以下生态环境保护机构监测监察执法垂直管理，深化生态环境保护综合行政执法等改革。除国家环保机构逐渐升级、由小环保发展到大环境外，地方政府环保机构设置也不断完善，大多数地方到乡镇一级的环保机构都成为政府组成部门，或成立了管理生产、行业、环保的综合机构。至此，生态环境保护在国家经济活动中话语权不断扩大、影响力不断提高，环境与经济协调发展在机构设置和职能履行层面得到了重要保障。

（二）现代环境治理体系框架

回顾我国环境治理体系的发展历程，可以发现，环境治理体系建设根植于生态文明体制改革的发展脉络，并随着生态环境管理实践不断完善和深化。环境治理体系的现代化建设是一个不断完善的过程（张建宇，2020）。

1．以生态文明制度建设为基础的建立阶段

2015 年，《生态文明体制改革总体方案》首次将环境治理体系确立为生态文明制度体系的八大基础性支柱之一，明确了环境治理体系与生态文明制度建设的内在联系。环境治理体系构建要以改善环境质量为导向，着力解决污染防治能力弱、监管职能交叉、权责不一致、违法成本过低等突出问题。2017 年，党的十九大报告对环境治理体系的主体进行了明确，提出要"构建政府为主导、企业为主体、社会组织和公众共同参与的环境治理体系"。至此，环境治理体系建设的框架基本形成。

2．以污染防治攻坚战为重点的改革阶段

随着环境质量的持续好转，生态文明建设进入了压力叠加、负重前行的关键期，满足人民日益增长的优美生态环境需要的攻坚期，有能力解决生态环境突出问题的窗口期。污染防治作为三大攻坚战之一，2018 年印发的《关于全面加强生态环境保护　坚决打好污染防治攻坚战的意见》对生态环境治理体系内涵以及重点改革方向进行了揭示，提出包括生态环境监管体系、经济政策体系、法治体系、能力保障体系、社会行动体系在内的"五大体系"结构框架，为污染防治攻坚战阶段性目标的实现提供了重要的制度保障。

3．以高质量发展为目标的完善阶段

2019 年，《中共中央关于坚持和完善中国特色社会主义制度　推进国家治理体系和治理能力现代化若干重大问题的决定》明确了生态文明制度体系在国家治理体系中的重要地位，环境治理体系成为国家治理体系的重要组成部分。紧密结合推进生态环境治理体系和治理能力现代化的要求，2020 年中共中央办公厅、国务院办公厅印发的《关于构建现代环境治理体系的指导意见》提出建立健全环境治理领导责任体系、企业责任体系、全民行动体系、监管体系、市场体系、信用体系和法律法规政策体系。这"七大体系"从行为主体、管理机制、实施保障等方面构成了一个辩证统一的有机整体。

我国现代环境治理体系框架见图 1-8。

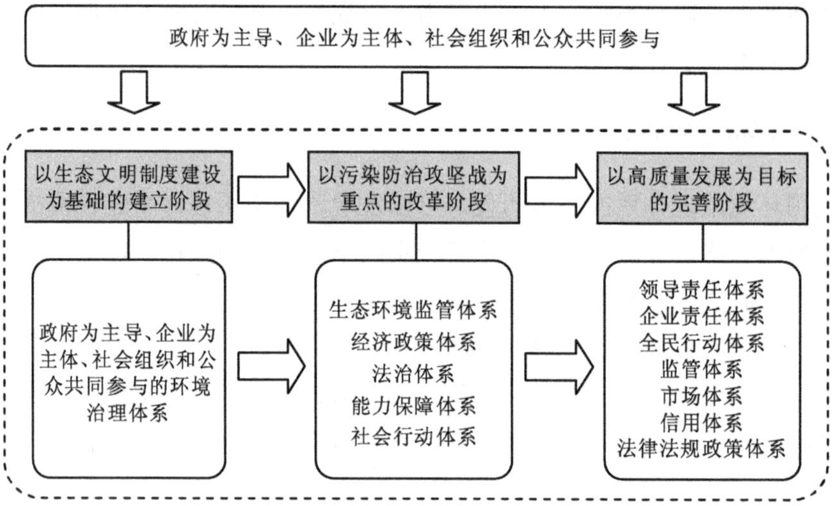

图 1-8 我国现代环境治理体系框架

（三）水环境治理体系框架

水环境治理是国家治理能力现代化和科学治理体系的重要组成部分。党的十九大报告提出了“构建政府、企业、社会和公众共同参与的环境治理体系”的指导思想，而“多元共治”环境治理模式契合了党的十九大报告中的这一思想，是在摒弃旧有环境治理模式缺陷的基础上提出的一种新型环境治理模式。“多元共治”水环境治理模式是将多主体治理与协作性治理统合起来，通过引入多元主体的参与、互动与合作，期冀克服单一治理主体的缺陷，发挥多元主体间的协同治理效应，构建一种新型水环境治理模式，为解决水环境治理中的问题提供了新的思路。

目前，我国水环境治理是以水环境质量改善为目标，对实现该目标的执行层主体和保障层措施的一种系统安排。该体系既是一个基于质量管理的环境系统工程，更是现代治理能力的集中体现（王金南等，2016）。该体系覆盖组织执行、制度保障两个层面，是以落实政府、企业和公众三大主体责任为核心，以法规标准、规划政策、体制改革、监督管理、市场机制等体系建设为保障的水环境治理体系，如图 1-9 所示。在组织执行层上，党的集中统一领导是统领，强化政府主导作用是关键，深化企业主体作用是根本，社会组织和公众共同参与是支撑。在制度保障层上，法规标准是基础，规划政策是保障，体制改革是驱动，监督管理是关键，市场机制是导向。

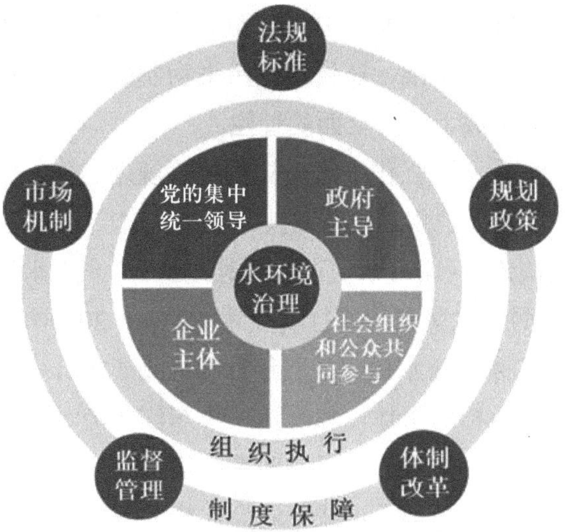

图 1-9 我国水环境治理体系框架

三、广东省水环境治理体系

20 世纪 70 年代以来，广东省经历了初步治理、整体推进、系统攻坚 3 个阶段，环境治理体系也在不断完善。尤其是党的十八大以来，广东省坚定不移地走生态优先、绿色发展之路，高质量发展不断走深走实，把生态环境保护放在贯彻落实粤港澳大湾区建设等国家重大战略、构建“一核一带一区”区域发展格局工作的优先位置，融入全省经济社会发展全过程各领域，协同推进经济高质量发展和生态环境高水平保护，环境治理能力显著增强，“大环保”“大监管”“大治理”新体系加速形成。在国家环境治理体系框架下，广东省水环境治理体系经历了由政府独立主导的环境治理阶段，到政府、市场二元并立阶段，再发展到政府、市场、社会多元主体阶段，目前形成了以“党的集中统一领导、政府主导、企业主体、社会组织和公众共同参与”为主线，以法规标准、规划政策、监管体制、市场机制等为保障的治理体系框架，贯穿水污染防治工作的全过程。

法规标准方面，广东省多年来不断建立健全地方水环境保护法规体系，1998 年以来先后出台《广东省珠江三角洲水质保护条例》《广东省韩江流域水质保护条例》《广东省东江水系水质保护条例》《广东省环境保护条例》《广东省跨行政区域河流交接断面水质保护管理条例》《广东省饮用水源水质保护条例》《广东省西江水系水质保护条例》，并适时开展修订工作，形成多流域、多领域水质保护条例协同保护的地方水环境保护法规体系。2020 年出台《广东省水污染防治条例》，自此构建了以水污染防治条例为核心的地方水污染防治法规体系。此外，广东省水污染物排放标准体系也在不断完善，2001 年发布了综合型排放标准《水污染物排放限值》，此后陆续发布了畜禽养殖业、电镀行业、农村生活污水等行业型排放标准，并在2014年起陆续出台了汾江河、淡水河、石马河、练江、茅洲河、小东江等流域型排放标准，还针对铊污染物制定了通用型水污染物排放标准，对重点行业水污染物排放形成了较为全面的管控。

规划政策方面，广东省不断强化水污染防治统筹规划工作，将水污染防治工作作为重点纳入每个“五年”环境保护规划，并陆续印发实施《广东省碧水工程计划》《关于加强珠江综合整治工作的决定》《南粤水更清行动计划》《广东省水污染防治行动计划实施方案》《广东省打好污染防治攻坚战三年行动计划（2018—2020年）》《广东省水生态环境保护“十四五”规划》《广东省碧水保卫战五年行动计划（2021—2025年）》，逐年分解水污染防治任务。对水质未达标的水体，如练江、小东江等流域，制定限期达标规划或整治方案，进一步体现了水污染防治的科学性和系统性。在环境管理政策上，从环评的源头准入、企业排污许可到末端治理，形成了一套比较完整的制度体系。多年来严格实行环评和“三同时”制度，出台《广东省区域差别化环保准入指导意见》，“十三五”进一步深化环评“放管服”改革，建立“三线一单”分区管控体系。构建以排污许可制为核心的固定污染源监管制度，持续推进排污许可制改革，完善排污许可证信息公开制度，截至2022年年底，广东省核发排污许可证3.9万张，超过52万家企业填报排污登记表，发证数和登记企业数均列全国第一。

监管体制方面，1991年开始，广东省在全国率先开展地方政府环保责任考核工作，考核工作由当初省政府有关部门开展考核工作上升到由省委、省政府联合开展考核工作，考核指标增加了珠江综合整治、污染减排等重要指标，考核结果每年向社会公布，并作为组织部门考察领导干部的重要内容。“十三五”率先出台省级生态环境保护责任清单，落实“党政同责、一岗双责”，推动生态环境保护有责部门全覆盖。全面建立省、市、县三级生态环境保护委员会，推进五级河长制、湖长制体系，构建起齐抓共管的“大环保”工作格局，对生态文明建设和生态环境保护工作的组织领导不断加强。2018年，机构改革将分散的生态环境保护职责进行有机整合，生态环境部门统一行使生态和城乡各类污染排放监管与行政执法职责，着力实现“一个贯通”和“五个打通”。省以下环保机构监测监察执法垂直管理制度改革提升了生态环境监测监察执法的独立性、统一性、权威性，生态环境保护综合行政执法改革实现了行政执法职能和资源的统筹配置。建立“1+4”生态环境保护监察体系，健全省级生态环境保护督察制度，推动落实生态环境保护督察整改。

市场机制方面，自2016年以来，广东分别与广西、福建、江西签订了关于九洲江、汀江-韩江、东江的流域上下游横向生态补偿协议，同时也积极探索省内流域生态保护补偿机制，制定了《广东省东江流域省内生态保护补偿试点实施方案》《江门市潭江流域生态保护补偿办法》，促进上游省（区、市）加大整治力度，不断建立健全生态补偿机制，跨界断面水质逐年改善。此外，多年来广东省加大环境经济政策实施力度，“十二五”期间推进环境污染责任保险试点、启动排污权有偿使用和交易试点、深入实施环保信用评级管理，“十三五”以来实施水污染物环境保护税适用税额征收，推进绿色金融标准建立、绿色产业和企业融资，并构建财政直投、PPP 模式、发行债券、企业自筹、设立专项基金等多元化环保投入机制，建立健全环境信用评价，强化市场经济政策对生态环境保护的调节激励作用。

四、水环境治理体系对比

从治理模式来看，美国、欧盟、日本等主要发达国家和地区都形成了以政府行政直接管理为主、以市场经济管理手段为辅，并鼓励企业和公民自发行为的多元化环境保护管理制度（孙敏等，2022）。多元化治理强调政府部门、企业、社会组织和个人的参与，虽然政府在环境公共治理方面有不可推卸的责任，但是在具体问题的执行上，市场机制的引进，政府、市场甚至是社会三方的互动，将更有效率地进行资源配置，提高环境治理的效率。其中，国外在环境治理方面非常重视公众参与和社会的力量。如美国强调社区建设，通过社区自下而上的参与，如自我服务项目和志愿服务项目，达到环境公共治理的自我供给。任何社会组织、公民和企业，只要是环境利益的相关群体，都可以申请这些项目的经费支持或者参与其中共同进行治理。我国的政治体制、经济社会发展状况等因素都在相当的程度上影响着我国水环境治理模式和政策工具的演变过程，早期的治理模式表现出非常浓厚的计划经济色彩，命令性、强制性的制度、法律和法规往往贯穿治理过程的始终。伴随从计划经济体制向市场经济体制的转变，治理模式和政策工具经历了从单一使用行政管制工具阶段到行政管制工具、市场化工具并用阶段，再到行政管制工具、市场化工具和公众参与工具综合运用阶段的演变过程。现阶段，我国正在逐步健全“党的集中统一领导、政府主导、企业主体、社会组织和公众共同参与”的环境治理体系，拓宽公众环境参与的制度平台，完善公众意见接纳和反馈机制，推动多元主体参与环境治理。

从管理体制来看，国外主要发达国家和地区在环境监管部门的体系设置上有比较大的差别，有的采取联邦制管理体系，有的采取分权式管理体系，有的采取大部门制管理体系（郭少青，2016）。联邦制的环境监管体系主要以美国、德国等国为代表。美国环境保护管理体制主要分为联邦和州两个层面：在联邦层面，主要包括 EPA 和国家环境质量委员会，EPA 主管全国各种形式的污染防治工作，同时 EPA 还在全国设立了 10 个地区分局，其任务之一就是协调和地方政府的关系；在州层面，主要的环保机构是州环保局，各州的环境管理独立于联邦环境管理体系，各州环保机构依据本州法律履行职责。在德国，环境监管体系分为联邦、州和地方三级：州政府主要负责保证联邦政府的各项环境政策有效执行，同时负责制定部分环境政策；地方政府负责相对更为具体的环境管理事务以及对联邦级、州级环保政策的执行，接受其直接委派的环境管理任务等。日本是分权式的环境监管体系代表，2001 年日本政府在中央省厅进行了大规模的行政体制改革，提升了环境保护部门的地位，将原来的环境厅升格为了环境省；日本各地方政府也设立了相应的环保管理机构。但是与我国的地方生态环境局不同的是，日本的地方环境管理机构仅对当地政府负责，环境省与地方环境管理机构之间是相互独立的，没有上下级的领导关系。法国是大部门制的环境管理体制的经典范例：在中央层面，环境职能部门的全称为环境与可持续发展部，其职能范围不仅涉及自然保护，还包括国土整治、住房和自然整治、能源和气候、基础设施、交通和海洋、民航和风险预防；在地方层面，法国的基本行政级别为大区、省和市。我国水污染防治监督管理实行“统一监督管理、分级分部门监督管理”相结合的体制，国务院生态环境主管部门负责对全国水污染防治实施统一监督管理；县级以上生态环境主管部门负责本辖区的水污染防治统一监督管理工作；县级以上人民政府发展改革、工业和信息化、财政、自然资源、住房和城乡建设、交通运输、水行政、农业农村、卫生健康等主管部门以及海事管理机构，根据各自的职责对水污染防治实施监督管理。广东省水污染防治监督管理也是实行生态环境部门统一监督管理、相关部门在各自职责范围内监督管理的模式。我国通过逐步完善水污染防治监管体系，多部门协调联动、合力开展水环境治理，推动水环境质量持续改善。

第二章　水污染防治法律法规标准体系

第一节　国外水污染防治法律法规标准体系

一、水污染防治法律法规标准体系

（一）法律法规体系

为应对日趋严峻的水环境形势，世界许多国家和地区逐步建立了由宪法、涉水法律、行政法规等组成的水法律法规体系，使水事活动有法可依。如以美国、欧盟、日本为代表的发达国家和地区制定了一系列行之有效的水污染防治法律法规，在解决水资源利用粗放、水污染严重、水管理混乱等问题上发挥了重要作用。

1. 美国

美国是世界上法律法规制定最为完善的国家之一。目前，联邦的治水体系是由《国家环境政策法》（1969 年）作为顶层设计，以《清洁水法》（1987 年修订）和《安全饮用水法》（1996 年修订）为基础保障，以及《流域保护和防洪法》（1954 年）、《水质法》（1987 年修订）、《水资源规划法》（1971 年修订）、《水土资源保护法》（1977 年）等多部法案组成（表 2-1）。美国现有水法几乎涵盖了水资源开发、利用、保护和管理的全过程，构建了相对完善的水资源开发利用、水资源保护、水污染防治、水体维护和恢复的法律法规框架（范卓玮等，2022）。

表 2-1　美国涉及水污染防治的主要法律法规

序号	法律法规名称	颁布（修订）时间	主要内容
1	《流域保护和防洪法》	1954 年	授权农业部负责小流域综合治理，规定了洪水保险和紧急事件应对措施、工程措施和非工程措施等法律制度和原则
2	《水质法》	1965 年（1987 年）	提出联邦水质标准，要求各州建立州际水域的环境水质标准及污染防控执行方案

序号	法律法规名称	颁布（修订）时间	主要内容
3	《水资源规划法》	1965 年（1971 年）	协调水和有关土地资源规划，优化开发国家自然资源，改善联邦部门协调和实施项目的效率
4	《国家水委员会法案》	1968 年	成立全国水委员会，负责审查与研究水资源开发的经济效益和社会效益，并向总统和全国水资源理事会提出有关水资源开发建议
5	《国家洪水保险法》	1968 年	规定各州对易发生洪水的地区必须采取可行措施调整土地利用状况
6	《国家环境政策法》	1969 年	从宏观方面调整国家基本政策的法律，使环境保护成为联邦政府的新增职能，并将之法律化，主要内容有：宣布国家环境政策和国家环境保护目标；明确国家环境政策的法律地位；规定环境影响评价制度；设立国家环境委员会
7	《清洁水法》	1972 年（1987 年）	规定了水环境保护立法的目标，所有与水污染控制相关的政策均包含在其中，使联邦在水污染控制中占据主导地位
8	《水土资源规划的原则与标准法案》	1973 年（1978 年）	提出编制水土资源规划的目标，是水资源政策比较全面的法案
9	《安全饮用水法》	1974 年（1996 年）	对全国公共饮用水供水系统进行规范管理
10	《水土资源保护法》	1977 年	授权并指导农业部定期对全国土壤、水和其他相关资源进行收集、分析与评估
11	《水资源开发法案》	1986 年	建立港口、内陆航运和防洪工程项目成本分担公式，并规定受益地方分摊投资比例

资料来源：范卓玮等，2022；孙金华等，2015；有修改。

《清洁水法》于 1972 年由美国国会制定，是 1948 年《联邦水污染控制法》的修正案，也是美国水环境保护历史上的里程碑。《清洁水法》明确指出，水环境管理的最终目标即“恢复和保持国家水体化学的、物理的和生物方面的完整性”。该法律于 1977 年、1987 年进行了修改，所有与水污染控制相关的政策均包含在其中，是美国最全面的水污染控制联邦法律。

《安全饮用水法》最初于 1974 年由美国国会制定，其目的是通过对美国公共饮用水供水系统的规范管理，确保公众的健康。该法律于 1986 年和 1996 年进行了修改，要求采取行动来保护饮用水及其水源（河流、湖泊、水库、泉水和地下水水源），并授权 EPA 建立基于保障人体健康的国家饮用水标准，以防止饮用水中的自然和人为污染。

2．欧盟

1972 年，欧共体成员国国家和政府首脑高峰会议首次提出在欧共体内部建立共同保护环境的法律框架。此后，欧共体为保护湖泊、河流、地下水和沿海水域，将污染降低到安全浓度水平范围内，在水环境领域制定了系列指令。如 75/440/EEC 将地表水划分为 3 类，并规定第 3 类不能饮用；76/464/EEC 规定了减少和消除向内陆和海岸排放危险物质；91/271/EEC、91/676/EEC 分别与有关城镇污水厂污水处理控制、农业面源硝酸盐污染控制相关。欧盟涉及水污染防治的主要法律法规见表 2-2。

表 2-2 欧盟涉及水污染防治的主要法律法规

序号	指令名称	发布编号	现行编号	主要内容
1	《饮用水水源地地表水指令》	75/440/EEC	2000/60/EC	将地表水划分为 3 类（第 3 类不能饮用），并确定其应达到的限值和指导值
2	《洗浴用水指令》	76/160/EEC	2006/7/EEC	规定了海岸和淡水游泳区的水质要求以及污染物浓度标准
3	《危险物质指令》	76/464/EEC	2000/60/EC	规定减少和消除向内陆和海岸排放危险物质，并配套其他指令明确各危险物质排放限值
4	《渔业用水指令》	78/659/EEC	2000/60/EC	规定淡水鱼类养殖的水质标准，以保护或改善鱼类生存和繁殖的淡水质量
5	《鸟类指令》	79/409/EEC	2009/147/EC	指定保护某些鸟类的特殊保护区
6	《贝类养殖水指令》	79/923/EEC	2000/60/EC	规定贝类用水的质量标准
7	《地下水指令》	80/68/EEC	2006/118/EC	禁止具有毒性、持久性和生物蓄积性污染物直接排放
8	《饮用水质量指令》	80/778/EEC	2020/2184/EU	规定微生物、化学、指示性和生活配水系统风险评估等 56 项水质指标限值要求
9	《汞排放限值指令》	82/176/EEC、84/156/EEC	2008/105/EC（《优先污染物水环境质量标准指令》）	对污染物汞、镉、六氯环己烷以及特殊危险物质（主要为 DDT、五氯苯酚）的排放限值和质量目标作出规定
10	《镉排放限值指令》	83/513/EEC		
11	《六氯环己烷排放限值指令》	84/491/EEC		
12	《特殊危险物质排放限值指令》	86/280/EEC		
13	《环境影响评价指令》	85/337/EEC	97/11/EC	对环境影响评价进行分类管理
14	《下水道淤泥指令》	86/278/EEC	86/278/EEC	保护农业中使用污泥时的环境
15	《城市污水处理指令》	91/271/EEC	91/271/EEC	涉及城市污水的收集、处理、排放和某些工业部门可生物降解废水的处理和排放
16	《硝酸盐指令》	91/676/EEC	91/676/EEC	减少和防治来自农业源的硝酸盐污染，是第一个控制农业面源污染的指令
17	《植物保护产品指令》	91/414/EEC	1107/2009/EC	有关植物保护产品
18	《栖息地指令》	92/43/EEC	92/43/EEC	指定保护某些自然栖息地和野生动植物的特殊保护区域
19	《重大事故指令》	96/82/EC	2012/18/EU	限制重大事故对人（安全和健康方面）和环境的后续影响
20	《洪水指令》	2007/60/EC	2007/60/EC	加强防洪管理，并降低洪水的风险危害

序号	指令名称	发布编号	现行编号	主要内容
21	《污染综合防治指令（工业排放）》	2010/75/EC	2010/75/EC	规定各成员国在最佳可行技术（BAT）的基础上，对能源工业（4个）、矿产工业（5个）、化学工业（6个）、废物管理（4个）及其他工业（造纸、纺织、制革、屠宰、食品等）等33个相关工业行业的水污染物制定排放限值
22	《水框架指令》	2000/60/EC	2014/101/EU	整合欧盟原有零散的水环境法规，涵盖水资源利用、水资源保护、防洪抗旱和栖息地保护等方面

资料来源：陶艳茹等，2021；有修改。

2000 年，欧盟议会和理事会正式批准通过《水框架指令》（2000/60/EC），将环境管理、环境规划、环境标准和环境监测纳入一个体系，为欧洲所有水域（包括地表水、地下水、过渡性水域和沿海水域）的管理与保护制定了一种共同方法，实现了广义环境管理的有机统一。该指令整合了欧盟原有零散的水环境法规，涵盖水资源利用（饮用水、地下水等）、水资源保护（城市污水、重大事故、污染综合防治、环境影响评价等）、防洪抗旱和栖息地保护等方面，形成了一套完整的法律指令（表 2-2），并规定了各项任务的完成期限，对各项措施的实施方法给出了基础性解释。该指令是各国开展水管理工作的法律依据，在指导各国开展水管理工作方面具有很强的法律效力和权威性。

2000 年后，欧盟在 2000/60/EC 的完善过程中，对原有多项法律进行了清理，通过废除、替代、合并和更新等不同方式，一些内容先后被一系列相关指令修订，如《水政策领域的优先物质清单》（2455/2001/EC）、《环境质量标准》（2008/105/EC）、《二氧化碳地质储存指令》（2009/31/EC）、《水环境优先物质指令》（2013/39/EU）、《水框架指令》（2014/101/EU）等。2003 年年底，《水框架指令》被纳入各成员国的相关法律，并于 2007 年取代了指令 75/440/EEC、77/795/EEC、79/869/EEC，于 2013 年取代了指令 76/464/EEC、78/659/EEC、79/923/EEC。

3. 日本

日本水资源的法律调控起步较早，相应的法律法规相对完善，立法、执法经验十分丰富。1993 年通过的《环境基本法》是日本政府开展环境治理的主要法律依据，2007 年通过的《21 世纪环境立国战略》统一指导日本的治水战略方针，是日本 21 世纪环境保护的顶层设计；《河川法》（1964 年）和《水质污染防治法》（1970 年）是日本水资源管理与水污染防治的基础法律，核心的涉水法律还包括《水道法》（1957 年）、《下水道法》（1958 年）、《水资源开发促进法》（1961 年）等 10 余部（表 2-3），覆盖了河流水系、水资源、供水、用水、排水、水环境和健康水循环理念等多角度、全要素内容。

表 2-3　日本涉及水污染防治的主要法律法规

序号	法律法规名称	颁布（修订）时间	主要内容
1	《工业用水法》	1956 年（1965 年）	规定特定地区工业用水的合理供应
2	《水道法》	1957 年（2018 年）	明确干净、充足、低价的城市供水要求
3	《下水道法》	1958 年（2015 年）	确定城市排水设施分类和建设管理标准
4	《水资源开发促进法》	1961 年（2003 年）	确定护水养水相辅相成的原则，构建了“多龙治水”格局
5	《水资源开发公团法》	1961 年	创建水资源开发公团，专门从事指定水系的水资源开发活动，以独立法人资格进行工程建设与运行管理
6	《河川法》	1964 年（2017 年）	规定河川的分级、河川的管理、用水许可、大旱年的用水协商、对违法者的处罚等，明确了河流管理的主体责任
7	《水质污染防治法》	1970 年（2017 年）	引入总量控制概念，对污水排放制定管理规定、排放标准和处罚原则
8	《水源地对策特殊措施法》	1973 年（2016 年）	规定水源地区的建设须向政府申请
9	《净化槽法》	1983 年	农村分散式污水处理的主要法律依据
10	《湖沼水质保护特别措施法》	1984 年	对重要湖泊制订水质保护措施的实施计划
11	《环境基本法》	1993 年	规定污染控制和自然保护的基本原则，是日本政府开展环境治理的主要法律依据
12	《21 世纪环境立国战略》	2007 年	统一指导日本的治水战略方针
13	《水循环基本法》	2014 年（2016 年）	规定政府有义务制订水循环基本规划，规划每 5 年调整一次

资料来源：郝天等，2021 年；范卓玮等，2022；有修改。

《河川法》是日本水法体系中最基本的法律，其立法目的在于以流域为单元对河流进行综合管理，在防止河流受到洪水、高潮灾害影响的同时，维持流水的正常功能，并在国土整治和开发方面发挥应有作用，以维持公共安全、增进公共福利。《河川法》立法的基本精神，一是强调流域水资源统一管理，规定全国水资源由一个部门主管，协调多个分管部门，主管部门负责规划，分管部门负责具体的开发利用项目；二是强调防洪与水资源利用的协调。

《水质污染防治法》由 1958 年的《关于保全公共水域水质的法律》和《关于控制工厂排水等的法律》两部法律合并而成，是日本水环境污染控制的基础法律。该法律对排水控制对象作了严格的立法解释，即“从设置特定设施的企业往公共水域排出的水”，并规定了两类排放标准：一是“统一标准”，它包括“有害物质”和“生活环境项目”两种容许限度，主要为规范从工业企业和商业设施向公共水域排放污染物；二是比统一标准更为严格的标准。此外，《水质污染防治法》引入了总量控制概念。

（二）标准体系

水环境标准是水环境法律法规的重要组成部分，它直接关系和体现了一个国家的环境管理水平、监督执法水平、科学技术发展水平和人民生活健康水准。美国、欧盟、日本等发达国家和地区对于水环境标准的研究开展较早，标准体系也较为完善。

1. 美国

美国的环境标准以环境法律法规的形式颁布，《清洁水法》和《美国联邦行政法典》（CFR 第 40 主题，也表示为 40-CFR）对水质标准作出了详细规定，主要包括水环境质量标准和水污染物排放标准以及技术标准等（图 2-1、表 2-4）。

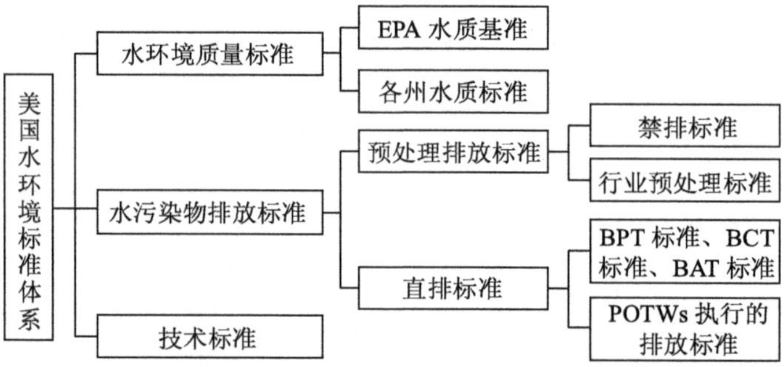

图 2-1　美国水环境标准体系框架

注：BPT 表示最佳现行可行技术；BCT 表示最佳控制技术；BAT 表示最佳可行技术；POTWs 表示公共废水处理系统。

表 2-4　美国主要水环境标准

序号	标准类型	标准名称	颁布（修订）时间	主要内容
1	水环境质量标准	《国家推荐水质基准》	1968 年（1986 年修订为“金皮书”）	提出 100 多种污染物基准，包括保护水生生物的水质基准、保护人体健康的水质基准、防止水体富营养化的营养物基准和生物基准等
2		《华盛顿州地表水水环境质量标准》	2003 年（2021 年）	将地表水分为 5 个等级，分别规定了 6 个指标的标准限值，并对湖泊进行单独要求
3	水污染物排放标准	《清洁水法》	1972 年（1987 年）	规定间接排放源的禁排标准
4		《美国联邦行政法典》	1995 年	第 40 主题规定工业行业的行业预处理标准和 BPT 标准、BCT 标准、BAT 标准
5	技术标准	《水质标准手册》	1983 年（1994 年）	指导各州制定并执行水质标准的技术指南
6		《健康水质基准方法学》	2000 年	指导人体健康水质基准的制定
7		《水和废水化学分析方法》	分别于 1973 年、1976 年、1979 年颁布，先后被纳入联邦法规（40-CFR 第 136、141、142 部分）	用于美国各类水体的物理性质、无机物和特定有机物分析测定
8		《城市和工业废水中有机化学物质分析方法》		主要用于废水中有机污染物的分析测定
9		《饮用水中有机化合物的测定方法》		主要用于饮用水中有机污染物的分析测定

（1）水环境质量标准

美国以国家层面制定水质基准，再通过该基准指导各州各自制定水质标准。《清洁水法》要求 EPA 制定水质基准，并要求各州在制定水质标准过程中采用或修正水质基准。1968 年，美国发布了《国家推荐水质基准》，随后不断修订完善，目前已提出 100 多种污染物基准，包括保护水生生物的水质基准、保护人体健康的水质基准、防止水体富营养化的营养物基准和生物基准等，涉及合成有机物、农药、金属、无机物、基本物理化学特性和细菌等。

各州在 EPA 提供的水质基准的基础上，依据当地的条件和水体功能制定各州和流域的水质标准，一般包括 3 个部分，即水体指定用途、保护水体用途的定量和定性指标以及防止水质恶化条款。例如，《华盛顿州地表水水环境质量标准》将地表水分为特定水资源、极好、优质、良好和普通 5 个等级，分别规定了溶解氧、溶解性气体、水温、细菌（肠球菌）、pH、浊度 6 个指标的标准限值，并对湖泊进行单独要求。

（2）水污染物排放标准

根据废水排放途径的不同，美国水污染物排放标准体系可分为两类：排入公共废水处理系统（POTWs）的废水预处理排放标准，以及直接排入通航河道的废水直排标准。

1）间接排放源执行的废水预处理排放标准

预处理排放标准主要是指针对排入 POTWs 的污染源，控制 POTWs 无法处理的有毒有害污染物以及会破坏废水处理系统、损害废水处理工作人员健康的污染物而制定的标准。废水预处理排放标准包括禁排标准和行业预处理标准，其中禁排标准是《清洁水法》直接规定的；行业预处理标准由 EPA 制定，其法规体系体现在 40-CFR 的相关章节中，目前涉及的工业行业涵盖铝制品、电池生产、炭黑生产、垃圾处理、电子电器等。

2）直接排放源执行的直排标准

直排标准是针对直接排放至通航河道中的污染源而制定的标准，主要分为 BPT 标准、BCT 标准、BAT 标准及 POTWs 执行的排放标准。

基于 BPT 的排放限值适用于常规污染物、有毒污染物以及非常规污染物，但通常主要用于五日生化需氧量（BOD_5）、总悬浮物（TSS）等常见的污染物；基于 BAT 的排放标准限值主要适用于有毒污染物和非常规污染物；基于 BCT 的排放限值主要适用于常规污染物，且基于 BCT 的排放限值应不得宽松于基于 BPT 的排放限值。EPA 为 55 个不同的工业行业类制定了这些标准，并在 40-CFR 的 Part 405～499 中颁布。

1972 年，《清洁水法》规定所有 POTWs 在 1977 年 7 月 1 日前均要达到第 301 条所规定的二级生物处理水平。由于美国制定了预处理标准，POTWs 只需对进水进行常规处理，因此 POTWs 执行的标准只控制了 BOD_5、TSS、pH 等常规污染物的排放限值。

（3）技术标准

美国水环境技术标准主要包括技术指南和监测方法。如 1983 年发布的《水质标准手册》用于指导各州制定并执行水质标准；2000 年发布的《健康水质基准方法学》用于指导人体健康水质基准的制定。联邦监测方法分为《清洁水法》分析方法和《安全饮用水法》分析方法，它们本身具有法律效力，分别是执行《清洁水法》污染物排放消除制度（NPDES）和《安全饮用水法》水质安全监管的必选方法，因方法法规号分别为 40-CFR Part 136 和 40-CFR Part 141，也被称为 Part 136 和 Part 141 方法，分别被用于分析废水和地表饮用水与地下水中的污染物。

2．欧盟

欧盟的环境标准以指令形式发布，是欧盟水框架内的一部分，主要包括水环境质量标准、污染物排放（控制）标准和其他相关标准等（表 2-2、图 2-2）。

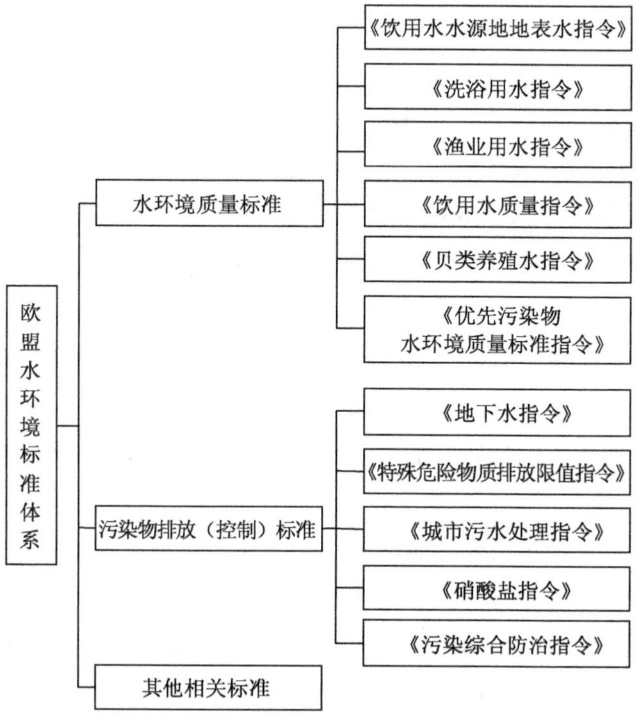

图 2-2　欧盟水环境标准体系框架

（1）水环境质量标准

欧盟的水环境质量标准主要涵盖饮用水水源地地表水、洗浴用水、渔业用水、饮用水、贝类养殖水等方面。例如，《饮用水水源地地表水指令》是欧盟颁布的第一个与水环境保护有关的指令，最开始为 1975 年发布的 75/440/EEC 指令，后经 79/869/EEC 指令和 91/692/EEC 指令修订，集中规范了饮用水水源的水质标准与管理目标，通过确保饮用水水源水体质量符合规定的最低标准，保护公众的健康。2008/105/EC 指令规定了 33 个优先污染物的环境质量标准，涵盖内陆地表水体和其他地表水体的平均浓度和最大可容许浓度。

（2）污染物排放（控制）标准

欧盟的污染物排放标准主要涉及地下水保护、特殊危险物质排放、城市污水处理以及硝酸盐污染控制等。例如，2010/75/EC 指令规定了各成员国需在 BAT 的基础上，对能源工业（4 个）、矿产工业（5 个）、化学工业（6 个）、废物管理（4 个），以及其他工业（造纸、纺织、制革、屠宰、食品等）等 33 个相关工业行业的水污染物制定排放限值。

（3）其他相关标准

其他相关标准中包括具有总领性的环境行动计划、成员国间法律协调、跨流域的国际合作等。欧盟发布了共同体参加欧洲范围内有关水和海洋、湖泊保护的一些国际条约和有关协调成员国法律的专门指令等，如保护海洋不受地表物质污染的 75/437 号决定、保护地中海不受船舶和航空器污染的 77/585 号决定等。

3. 日本

日本的水环境标准体系包括水环境质量标准、水污染物排放标准和技术规范及监测准则等，由环境省负责制定（图 2-3、表 2-5）。

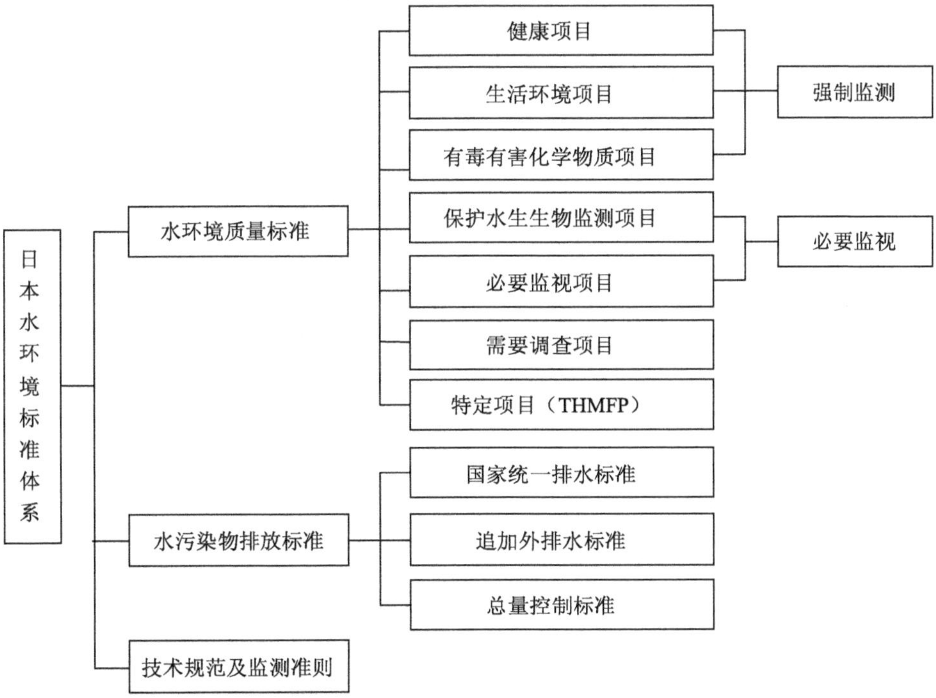

图 2-3　日本水环境标准体系框架

表 2-5 日本主要水环境标准

序号	标准类型	标准名称	颁布（修订）时间	主要内容
1	水环境质量标准	《生活饮用水水质标准》	1958 年（2017 年）	规定生活饮用水 51 项水质基准项目、26 项水质管理目标设定项目以及 47 项讨论项目的标准限值
2		《水环境质量标准》	1971 年（2009 年）	规定地表水 37 项环境质量标准项目（27 项健康项目、10 项生活环境项目）的标准限值，制定有毒有害化学物质对水质和底质造成污染的环境质量标准，以及 3 项保护水生生物必要监视项目、26 项必要监视项目、300 项需要调查项目、5 项消毒副产物特定项目的标准限值
3		《地下水环境质量标准》	1997 年（2009 年）	规定地下水 28 项环境质量标准项目、24 项必要监视项目的标准限值
4		《海域生活环境质量标准》	1971 年（2012 年）	规定 9 项环境质量标准项目、3 项必要监视项目的标准限值，并制定海水浴场水质判定标准
5	水污染物排放标准	《国家统一排水标准》	1970 年	国家废水统一排放标准，包括保护生活环境项目（17 项）和保护人类健康项目（27 项）及其排放限值
6		《琵琶湖富营养化防治条例》	1979 年	规定琵琶湖流域工厂或排入公共用水水域废水中氮、磷的排放标准
7		《濑户内海地区水污染防治法总量控制标准》	1978 年	对封闭性海域濑户内海进行 COD 总量控制，并指导削减磷的排放总量
8	技术规范及监测准则	《水质调查方法》	1971 年	规定公共用水水域的水质常规监测的原则
9		《关于水质监测方式效率化指针》	1999 年	对于监测点位、监测项目、监测频次、分析方法 4 个方面提出"效率化"目标
10		《海洋环境监测指针》	2000 年	日本海洋环境监测调查的技术依据
11		《氮、磷自动监测仪测定水质污染负荷量测定方法手册》	2001 年（2007 年）	规定氮、磷自动监测仪的测定方法

（1）水环境质量标准

日本的水环境质量标准主要涵盖饮用水、地表水、地下水、海域水环境等方面，其水环境质量标准项目根据监控要求、监测频次、控制力度和手段，分为强制监测、必要监视、需要调查等项目。例如，日本水环境质量标准规定了地表水 37 项环境质量标准项目（27 项健康项目、10 项生活环境项目）的标准限值，制定了有毒有害化学物质对水质和底质造成污染的环境质量标准，以及 3 项保护水生生物必要监视项目、26 项必要监视项目、300 项需要调查项目、5 项消毒副产物特定项目的标准限值。

健康项目、生活环境项目和有毒有害化学物质项目为强制监测。健康项目属于国家严格控制并通过法律法规确定的监测项目，监测频次多，必须随时保持达标，不得出现超标情况，以保护人类健康。生活环境项目也属于国家质量标准范围，但允许通过制定达标期限等措施，逐步治理和防范污染物。有毒有害化学物质项目包括其对水质和底质造成污染的物质。

保护水生生物必要监视项目和必要监视项目虽不是法定质量标准，但作为必要监视和监控的污染物，也纳入国家监测体系进行监测。其项目选定的是根据在水环境监测中污染物检出情况，从保护人类健康的角度出发，需要进行监测并积累数据的一类污染物，其监测频次少于质量标准项目，但也可能会根据科学发展和污染物风险程度及检出情况补充到质量标准项目中。具体包括公共用水水域必要监视项目和保护水生生物的必要监视项目。

从防患于未然的角度出发，需要调查项目选择 300 种“水环境污染的化学风险物质”开展调查和监测。除此之外，消毒副产物三卤甲烷前体物（THMF）作为特定项目也纳入日本公共用水水域的监测项目体系。

（2）水污染物排放标准

日本水污染物排放标准包括国家统一排水标准、追加外排水标准和总量控制标准。

1）国家统一排水标准

为规范工业企业和商业设施向公共水域排放污染物的行为，《水质污染防治法》要求制定国家排放标准。该标准发布时指定适用的行业与设施，但实施中不分行业，实行统一的排放值，包括保护生活环境项目（17 项）和保护人类健康项目（27 项）。对于处理技术难以达到统一标准的行业，可执行较为宽松的暂行行业排水标准，并逐步转为执行统一标准。

2）追加外排水标准

日本都道府县根据其自然条件和社会状况，在某一水域采用国家统一的水污染物排放标准仍无法充分保障人体健康和生存环境时，可以制定更为严格的追加排放标准。对排放有害物质统一标准不适用的非特定企事业单位，都道府县乃至市、镇、村均可制定地方排放标准加以限制，且无须报环境省备案。如为防止琵琶湖富营养化，滋贺县 1979 年通过《琵琶湖富营养化防治条例》，规定了工厂或排入公共用水水域废水氮、磷的排放标准。

3）总量控制标准

水域总量控制标准由都道府县制定，但环境省可根据达标需要，制定指定水域污染物总量削减方针并以总理府令形式发布，都道府县据此制订总量削减计划，并为每一主要污染源规定总量控制标准。如日本在 1980 年对封闭性海域（东京湾、伊势湾、濑户内海）进行 COD 总量控制。目前日本水质总量控制指标包括 COD、氮及磷。

（3）技术规范及监测准则

在制定环境质量标准后，为开展有效规范的监测工作，日本环境省根据法律法规要求制定发布了一系列监测方法、技术规范和分析方法等。根据日本环境省法规数据库公布的法律法规和各种专项监测报告内容，日本地表水监测规范和方法有调查方法、测定手册、报告要点等类型。

二、水污染防治法律法规标准体系特点

（一）法律法规体系

1. 建立完整的水环境法律法规体系

发达国家和地区已构建了一套完整的水环境法律法规体系。纵向上，发达国家和地区法律法规可分为国家层面和区域层面，如美国、德国等联邦制国家除了联邦法律外，各州可根据各自特点和要求分别立法来管理各州的水资源、水权和水事等；日本针对封闭性水域污染难以改善、富营养化严重等状况，颁布了《濑户内海环境保护特别措施法》《关于有明海及八代海再生的特别措施法》等。横向上，发达国家和地区水环境法律法规体系涉及范围较为广泛，涵盖水资源开发利用、水资源保护、水污染防治、水体维护和恢复等方面。

2. 建立国际条约、国际协议

欧盟因经常遇到跨国的水环境问题，颁布了许多国际条约，用于协调各成员国对河流、湖泊和海洋进行保护，如 1950 年，瑞士、法国、卢森堡、德国和荷兰五国联合成立了保护莱茵河国际委员会，并于 1963 年签订《保护莱茵河伯尔尼公约》，以此作为开展国际合作的法律依据。美国跨界河流较多，因此也签署了许多国际协议，如 1968 年美国和加拿大的《五大湖流域条约》、1972 年美国和加拿大的《大湖水质协定》、2005 年美国和加拿大的《大湖-圣劳伦斯河流域水资源条约》和《大湖-圣劳伦斯河流域可持续水资源协议》等。

（二）标准体系

1. 具有完善的法律制度保障

国外环境标准体系的建立具有坚实的法律基础，大部分环境标准都是依据法律相关规定进行制定，部分国家和地区环境标准直接是相关法律的组成部分，因此标准执行具有强有力的保障。美国的环境标准以环境法律法规的形式颁布，环境保护标准是美国环境法规体系的一个子集，如美国《清洁水法》采用了以污染控制技术为基础的排放限值和水质标准相结合的管理方法，对于有关水质标准的法律规定十分详尽，使美国水质标准具有很强的操作性。欧盟《水框架指令》是其水环境标准体系中的一部分，水环境标

准指令在实施之前，成员国须将指令的所有内容转化为其国内法律。日本《水质污染防治法》规定了工业企业和商业设施向公共水域排放污染物的国家统一排放标准。

2. 及时修订环境标准

发达国家和地区的环境标准体系总体比较完善，且根据社会发展需求，频繁进行标准的修订，这一措施充分保障了环境标准对环境问题的快速响应，使环境管理工作能够满足环境保护需求。美国《清洁水法》规定，国家水质基准至少每 5 年修订一次，这也是国际通行的修订时限。英国在饮用水水源保护标准体系方面出台了《水法》《水务法》《饮用水质量规程》等 10 余部法律法规，同时还执行世界卫生组织的相关标准，这些标准每 5 年至少要修订一次。

3. 注重水环境基准研究

环境基准是制定环境质量标准的重要科学依据。美国水质基准的基础和应用研究工作始于 20 世纪 60 年代，相继出台了“绿皮书”（1968 年）、“蓝皮书”（1972 年）、“红皮书”（1976 年）和“金皮书”（1986 年）等一批水质基准；1980 年，EPA 初步制定了获取水质基准的技术指南，并于 1983 年和 1985 年进行了修订，已形成了一套较为完善、科学的水环境基准体系。欧盟提出的水环境生态基准是在保护水生态系统中绝大多数生物物种少受或免受不利的影响，并制定了一套相对完整的水质基准研究体系，各成员国在将欧盟的指令转化为本国法律法规时需经过大量基准研究，使其更符合本国国情。

4. 注重对人类健康和水生生物的保护

国外环境标准大多以保障人体健康为首要制定依据，多数国家的环境标准制定都最大限度地服务于保障人体健康，其次才是保护生存环境，体现出“以人为本”的根本理念。如美国水环境保护的最终目标是保障人体健康和水生态安全；欧盟《水框架指令》注重对人类健康和水生生物的全面保护，特别是保护独特的和有价值的生物栖息地，形成了水体可持续利用和保护的最低措施保障，实现了“保护人类健康”的重大目标。

第二节　我国水污染防治法律法规标准体系

一、水污染防治法律法规体系

（一）环境保护法律法规体系

改革开放 40 多年来，我国环境保护法治建设从初创到成熟、从不完善到逐步完善，建立了由法律、行政法规、地方性法规、部门规章和地方性政府规章等组成的完整的环境保护法律法规体系（图 2-4），为保障和促进经济社会可持续发展作出了积极贡献。截至 2022 年，我国现行有效的环境保护类法律有 30 余部、行政法规 100 余件、地方性法规 1 000 余件，初步构建起以环境保护法为统领，涵盖水、气、声、渣等各要素和山水林田湖草沙等各类自然生态系统，务实管用、严格严密的环境保护法律法规体系。

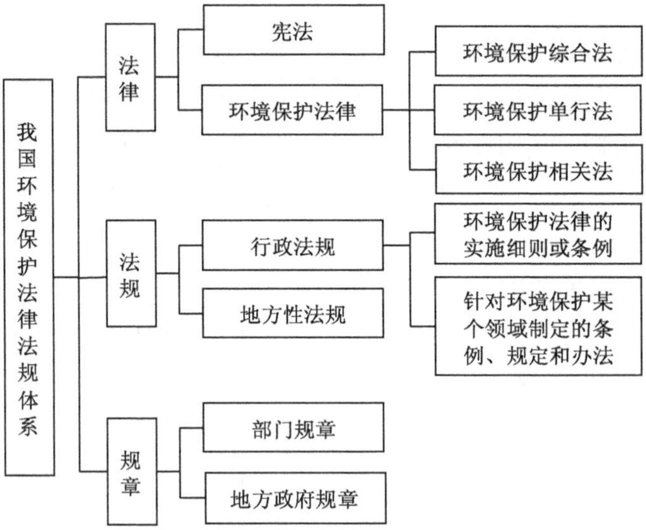

图 2-4 我国环境保护法律法规体系框架

1. 法律

法律有广义、狭义两种理解。广义上讲，法律指国家机关以强制力保证实施的、具有普遍约束力的行为规范的总和；狭义上讲，仅指全国人民代表大会及其常委会制定的规范性文件，即拥有国家立法权的全国人民代表大会和全国人民代表大会常务委员会通过后，由国家主席签署主席令予以公布，一般均以“法”字配称。

（1）宪法

我国环境保护法律法规体系以《中华人民共和国宪法》中对环境保护的规定为基础。《中华人民共和国宪法》序言明确“推动物质文明、政治文明、精神文明、社会文明、生态文明协调发展”，第二十六条第一款规定“国家保护和改善生活环境和生态环境，防治污染和其他公害”，这些规定是环境保护立法的依据和指导原则。

（2）环境保护法律

环境保护法律主要包括环境保护综合法、环境保护单行法和环境保护相关法。

环境保护综合法是指《中华人民共和国环境保护法》，定位为环境领域的基础综合性法律，主要规定环境保护的基本原则和基本制度。

环境保护单行法是针对特定的环境保护对象、领域或特定的环境管理制度而进行的专门立法，主要包括污染防治类法，如《中华人民共和国水污染防治法》《中华人民共和国大气污染防治法》《中华人民共和国土壤污染防治法》《中华人民共和国固体废物污染环境防治法》《中华人民共和国放射性污染防治法》《中华人民共和国环境影响评价法》等；生态保护类法，如《中华人民共和国长江保护法》《中华人民共和国黄河保护法》《中华人民共和国湿地保护法》等。

环境保护相关法是指一些自然资源保护和其他有关法律，如《中华人民共和国水法》《中华人民共和国渔业法》《中华人民共和国水土保持法》《中华人民共和国清洁生产促进法》等均涉及环境保护的相关要求，也是环境保护法律法规体系的一部分。

2. 法规

法规包括行政法规和地方性法规。“法规”一般用“条例”“规定”“办法”等称谓。

（1）行政法规

行政法规由国务院根据宪法和法律制定，并由国务院总理签署国务院令公布。环境保护行政法规主要包括两类：一是根据法律授权制定的环境保护法律的实施细则或条例，如《中华人民共和国环境保护税法实施条例》；二是针对环境保护某个领域制定的条例、规定和办法，如《建设项目环境保护管理条例》《畜禽规模养殖污染防治条例》。

（2）地方性法规

地方性法规由省、自治区、直辖市的人民代表大会及其常务委员会制定，并由大会主席团或常委会发布公告予以公布，如《广东省环境保护条例》《北京市水污染防治条例》。

设区的市人民代表大会及其常务委员会在不同宪法、法律、行政法规和本省、自治区的地方性法规相抵触的前提下，可对城乡建设与管理、生态文明建设等方面的事项制定地方性法规，并报省、自治区的人民代表大会常务委员会批准后施行，如《广州市饮用水水源污染防治规定》《珠海市防治船舶污染水域条例》。

3. 规章

规章包括部门规章和地方政府规章。规章由本部门首长或省长、自治区主席、市长、自治州州长签署命令予以公布。规章一般称“规定”“办法”，但不能用“条例”。

（1）部门规章

部门规章是国务院组成部门及具有行政管理职能的直属机构在它们的职权范围内，依据法律、法规制定的规范性文件。部门规章规定的事项应当属于执行法律或者国务院行政法规、决定、命令的事项，如《排污许可管理办法（试行）》《城镇污水排入排水管网许可管理办法》。

（2）地方政府规章

地方政府规章是省、自治区、直辖市人民政府以及设区的市、自治州的人民政府，在它们的职权范围内，依据法律、法规制定的规范性文件。地方政府规章规定的事项一般为执行法律、行政法规、地方性法规的规定需要制定规章的事项，以及属于本行政区域的具体行政管理事项，如《广东省碳排放管理试行办法》。

（二）环境保护法律法规各层次间关系

宪法具有最高的法律效力，一切法律、行政法规、地方性法规、规章都不得同宪法相抵触。宪法在我国生态环境保护法律法规体系中处于最高地位，是各项生态环境保护法律、法规、规章制定的依据和基础。

法律的效力高于行政法规、地方性法规、规章。在法律层次上不管是生态环境保护的综合法、单行法还是相关法，其中对环境保护的要求，法律效力是一样的。如果法律规定中有不一致的地方，一般遵循后法优于先法。

行政法规的效力高于地方性法规、规章，仅次于法律。环境保护行政法规是国务院按照法定程序通过或颁布的关于环境保护方面的行政法规，其效力低于环境保护法律，是对法律中环境保护方面规定的制度的细化，为各级政府依法行政提供规范指引。

地方性法规和地方政府规章均不得违背法律和行政法规的规定，只在制定法规、规章的辖区内有效。地方性法规的效力高于本级和下级地方政府规章。省、自治区的人民政府制定的规章的效力高于本行政区域内的设区的市、自治州的人民政府制定的规章。

部门规章之间、部门规章与地方政府规章之间具有同等效力，在各自的权限范围内施行。

（三）水污染防治法律法规体系

1. 法律

我国已形成比较完善的水污染防治法律法规体系。目前我国涉及水环境保护或水污染防治的法律主要包括 10 余部，覆盖了污染防治、资源利用、水土保持、环境影响评价、固体废物管理等方面，形成了以环境保护法、水污染防治法为核心的法律体系（表 2-6）。

表 2-6　我国涉及水污染防治的主要法律

序号	法律名称	颁布（修订/修正）时间
1	《中华人民共和国环境保护法》	1989 年（2014 年）
2	《中华人民共和国水污染防治法》	1984 年（1996 年、2008 年、2017 年）
3	《中华人民共和国水法》	1988 年（2002 年、2009 年、2016 年）
4	《中华人民共和国海洋环境保护法》	1982 年（1999 年、2013 年、2016 年、2017 年）
5	《中华人民共和国渔业法》	1986 年（2000 年、2004 年、2009 年、2013 年）
6	《中华人民共和国水土保持法》	1991 年（2010 年）
7	《中华人民共和国固体废物污染环境防治法》	1995 年（2004 年、2013 年、2015 年、2016 年、2020 年）

序号	法律名称	颁布（修订/修正）时间
8	《中华人民共和国环境影响评价法》	2002年（2016年、2018年）
9	《中华人民共和国清洁生产促进法》	2002年（2012年）
10	《中华人民共和国循环经济促进法》	2008年（2018年）
11	《中华人民共和国环境保护税法》	2016年（2018年）
12	《中华人民共和国长江保护法》	2020年
13	《中华人民共和国湿地保护法》	2021年
14	《中华人民共和国黄河保护法》	2022年

注：统计时间截至2023年年底，下同。

《中华人民共和国环境保护法》是我国环境保护法律法规体系中综合性的实体法，是为保护和改善环境，防治污染和其他公害，保障公众健康，推进生态文明建设，促进经济社会可持续发展而制定的。2014年新修订的《中华人民共和国环境保护法》，将保护环境是基本国策写入法律，明确了环境保护坚持保护优先、预防为主、综合治理、公众参与、损害担责的原则，对监督管理、保护和改善环境、防治污染和其他公害、信息公开和公众参与、法律责任等方面作出了全面规定。

《中华人民共和国水污染防治法》是针对水污染防治领域的专门性法律，对水污染防治工作作了全面规定，确立了水污染防治的管理体制和基本制度。现行《中华人民共和国水污染防治法》于1984年颁布，先后经过1996年、2008年和2017年三次修改，不断补充完善，为我国水污染防治工作提供了坚实的法治保障。尤其是2017年修改后的《中华人民共和国水污染防治法》，贯彻党中央关于推进生态文明建设的新要求，与2014年新修订的《中华人民共和国环境保护法》以及《水污染防治行动计划》相衔接，责任更加明确，重点更加突出，监管更加全面，惩处更加严格，对于防治水污染、保护水资源、保障水生态安全发挥了重要作用。现行《中华人民共和国水污染防治法》共8章103条，对水污染防治的标准和规划、水污染防治的监督管理、水污染防治措施、饮用水水源和其他特殊水体保护、水污染事故处置、法律责任等方面进行了详细的规定。

以《中华人民共和国环境保护法》《中华人民共和国水污染防治法》为核心，水污染防治法律法规体系包括横向的与水污染防治相关的各种法律。如《中华人民共和国水法》是以合理开发、利用、节约和保护水资源，实现水资源的可持续利用为目的的法律，在水资源管理体制、水资源权属、水资源规划、水资源节约和保护以及法律责任等方面进行了规定，是促进我国水资源可持续利用的法律。《中华人民共和国环境影响评价法》是以控制污染源产生为目的的法律，规定了规划和建设项目的环境影响评价的要求，以及违反环境影响评价相关要求的法律责任，是从源头控制水污染物的法律。《中华人民共和国水土保持法》是以预防和治理水土流失、保护和合理利用水土资源为目的的法律，对水土保持的任务、措施和组织管理以及违法违规行为的查处等作了具体规定。《中华人民共和国清洁生产促进法》是以促进清洁生产、提高资源利用效率、减少和避免污染物产生为目的的法律，规定了清洁生产的推行、实施、鼓励措施及违反清洁生产的法律责任等，是对污染产生过程实施控制的法律。《中华人民共和国固体废物污染环境防治法》是防治固体废物污染环境的法律，它规定工业固体废物储存、处置的设施、场所以及生活垃圾处置场所必须采用无害化设施并符合环境保护标准要求，是避免固体废物储存、处置设施污染水环境的法律。《中华人民共和国环境保护税法》是为减少污染物排放，对直接向环境排放应税污染物（包括水污染物）的企业事业单位和其他生产经营者要求按照规定缴纳环境保护税。《中华人民共和国长江保护法》是我国首部全国性流域立法，针对长江特点和存在的突出问题，采取特别的制度措施，为实施流域综合治理提供了法律依据，为推动长江经济带高质量发展提供有力法治保障。

2．行政法规及地方性法规

水污染防治法律法规体系还包括纵向的水污染防治方面的行政法规。水污染防治方面的行政法规主要包括环境影响评价、排污许可、畜禽规模养殖、城镇排水与污水处理、医疗废物管理、危险化学品管理、河道管理、地下水管理、政府信息公开、城市供水等方面的专门法规，以及针对特定流域的法规，如《淮河流域水污染防治暂行条例》《太湖流域管理条例》（表 2-7）。

表 2-7　我国涉及水污染防治的主要行政法规

序号	行政法规名称	颁布（修订/修正）时间
1	《中华人民共和国河道管理条例》	1988 年（2011 年、2017 年、2018 年）
2	《防止拆船污染环境管理条例》	1988 年（2016 年、2017 年）
3	《城市供水条例》	1994 年（2018 年、2020 年）
4	《淮河流域水污染防治暂行条例》	1995 年（2011 年）
5	《建设项目环境保护管理条例》	1998 年（2017 年）
6	《危险化学品安全管理条例》	2002 年（2011 年、2013 年）
7	《政府信息公开条例》	2007 年（2019 年）
8	《规划环境影响评价条例》	2009 年
9	《太湖流域管理条例》	2011 年
10	《畜禽规模养殖污染防治条例》	2013 年
11	《城镇排水与污水处理条例》	2013 年
12	《国家突发环境事件应急预案》	2014 年
13	《中华人民共和国环境保护税法实施条例》	2017 年
14	《地下水管理条例》	2021 年
15	《排污许可管理条例》	2021 年

除行政法规外，近年来大多数省、自治区、直辖市都制定了一系列相关的水污染防治地方性法规，这些地方性法规在各地水环境管理中都发挥了重要作用（表 2-8）。

表 2-8　我国涉及水污染防治的主要地方性法规

序号	地方性法规名称	颁布（修订/修正）时间
1	《河北省水污染防治条例》	1997 年（2014 年、2018 年）
2	《浙江省水污染防治条例》	2008 年（2013 年、2017 年、2020 年）
3	《北京市水污染防治条例》	2010 年（2018 年、2019 年、2021 年）
4	《湖北省水污染防治条例》	2014 年（2018 年、2019 年、2022 年）
5	《天津市水污染防治条例》	2016 年（2017 年、2018 年、2020 年）
6	《贵州省水污染防治条例》	2017 年（2018 年）
7	《海南省水污染防治条例》	2017 年
8	《山东省水污染防治条例》	2018 年（2020 年）
9	《辽宁省水污染防治条例》	2018 年（2022 年）
10	《河南省水污染防治条例》	2019 年
11	《山西省水污染防治条例》	2019 年
12	《内蒙古自治区水污染防治条例》	2019 年
13	《广西壮族自治区水污染防治条例》	2020 年
14	《宁夏回族自治区水污染防治条例》	2020 年
15	《广东省水污染防治条例》	2020 年（2021 年）
16	《江苏省水污染防治条例》	2020 年（2021 年）
17	《甘肃省水污染防治条例》	2020 年
18	《重庆市水污染防治条例》	2020 年
19	《福建省水污染防治条例》	2021 年

3．部门规章

目前生态环境部现行有效的规章共 80 余部，其中针对水环境管理的主要制度和水污染防治的特定领域制定的涉及水污染防治方面的部门规章主要包括环境影响评价、环境监测、清洁生产、环境标准管理、限期治理、环境统计、排污申报、环境信息公开、畜禽养殖污染控制、饮用水水源保护、渔业污染事故处理、突发环境事件、新化学物质管理等方面的办法或规定。此外，国家发展改革委、水利部、住房和城乡建设部、农业农村部、交通运输部等部门也制定了水环境保护与管理相关的规章（表 2-9）。

表 2-9　我国涉及水污染防治的主要部门规章

序号	部门规章名称	颁布（修订/修正）时间	颁布部门
1	《饮用水水源保护区污染防治管理规定》	1989 年（2010 年）	国家环境保护局、卫生部、建设部、水利部、地矿部
2	《污染源自动监控管理办法》	2005 年	国家环境保护总局
3	《环境监测管理办法》	2007 年	
4	《建设项目环境影响评价文件分级审批规定》	2009 年	环境保护部
5	《环境行政处罚办法》（已废止）	2010 年	
6	《突发环境事件信息报告办法》	2011 年	
7	《污染源自动监控设施现场监督检查办法》	2012 年	
8	《环境监察办法》	2012 年	
9	《突发环境事件调查处理办法》	2014 年	
10	《突发环境事件应急管理办法》	2015 年	
11	《环境保护公众参与办法》	2015 年	
12	《建设项目环境影响后评价管理办法（试行）》	2015 年	
13	《建设项目环境影响登记表备案管理办法》	2016 年	
14	《排污许可管理办法（试行）》	2018 年（2019 年）	
15	《环境影响评价公众参与办法》	2018 年	生态环境部
16	《建设项目环境影响报告书（表）编制监督管理办法》	2019 年	
17	《固定污染源排污许可分类管理名录（2019 年版）》	2019 年	
18	《新化学物质环境管理登记办法》	2020 年	
19	《生态环境标准管理办法》	2020 年	
20	《企业环境信息依法披露管理办法》	2021 年	
21	《环境监管重点单位名录管理办法》	2022 年	
22	《清洁生产审核办法》	2016 年	国家发展改革委、环境保护部
23	《珠江河口管理办法》	1999 年（2017 年）	水利部
24	《建设项目水资源论证管理办法》	2002 年（2015 年、2017 年）	
25	《入河排污口监督管理办法》	2004 年（2015 年）	
26	《取水许可管理办法》	2008 年（2015 年、2017 年）	
27	《城市供水水质管理规定》	2007 年	建设部
28	《城镇污水排入排水管网许可管理办法》	2015 年（2022 年）	住房和城乡建设部
29	《生活饮用水卫生监督管理办法》	1996 年（2016 年）	建设部、卫生部
30	《渔业水域污染事故调查处理程序规定》	1997 年	农业部
31	《中华人民共和国防治船舶污染内河水域环境管理规定》	2005 年（2015 年、2022 年）	交通运输部

二、我国水污染防治标准体系

（一）生态环境标准体系

环境标准，是指由国务院生态环境主管部门和省级人民政府依法制定的环境保护工作中需要统一的各项技术要求。1973 年我国发布第一个环境标准《工业“三废”排放试行标准》，奠定了我国环境保护标准的基础。1999 年发布的《环境标准管理办法》将我国环境标准分为“两级五类”，2020 年发布的《生态环境标准管理办法》进一步完善标准体系及类别划分，在“两级五类”标准体系的基础上，增加“生态环境风险管控标准”类别，并调整和明确各类标准的作用定位与制定原则，增加标准实施评估和信息公开相关规定。经过多年的发展，我国已形成了“两级六类”的生态环境标准体系，现行国家生态环境标准总数达 2 200 多项，覆盖了水、大气、土壤、固体废物、化学品、噪声与振动、生态、放射性物质、电磁辐射等领域。根据《生态环境标准管理办法》（生态环境部令第 17 号），“两级”指国家级和地方级，“六类”指生态环境质量标准、生态环境风险管控标准、污染物排放标准、生态环境监测标准、生态环境基础标准和生态环境管理技术规范等六类。

1．生态环境标准分级

（1）国家生态环境标准

国家生态环境标准是指由国务院生态环境主管部门批准发布、在全国范围内或者在特定区域内适用的标准，由生态环境部负责生态环境标准的制定、解释、监督和管理。国家生态环境标准适用于全国的环境保护工作，针对全国范围内的一般环境问题，其控制指标是依据全国平均水平和要求确定的，包括国家生态环境质量标准、国家生态环境风险管控标准、国家污染物排放标准、国家生态环境监测标准、国家生态环境基础标准和国家生态环境管理技术规范。

（2）地方生态环境标准

地方生态环境标准是指由省级人民政府批准发布、在该行政区域内适用的标准，是对国家环境标准的补充和完善，由省、自治区、直辖市人民政府制定，包括地方生态环境质量标准、地方生态环境风险管控标准、地方污染物排放标准和地方其他生态环境标准。

2．生态环境标准分类

（1）生态环境质量标准

生态环境质量标准为保护生态环境、保障公众健康、增进民生福祉、促进经济社会可持续发展、限制环境中有害物质和因素制定，包括大气环境质量标准、水环境质量标准、海洋环境质量标准、声环境质量标准、核与辐射安全基本标准。

（2）污染物排放标准

污染物排放标准为改善生态环境质量，控制排入环境中的污染物或者其他有害因素，根据生态环境质量标准和经济、技术条件制定，包括大气污染物排放标准、水污染物排放标准、固体废物污染控制标准、环境噪声排放控制标准和放射性污染防治标准等。国家污染物排放标准是对全国范围内污染物排放控制的基本要求。地方污染物排放标准是地方为进一步改善生态环境质量和优化经济社会发展，对本行政区域提出的国家污染物排放标准补充规定或者更加严格的规定。

（3）生态环境风险管控标准

生态环境风险管控标准为保护生态环境、保障公众健康、推进生态环境风险筛查与分类管理、维护生态环境安全、控制生态环境中的有害物质和因素制定，包括土壤污染风险管控标准以及法律法规规定的其他环境风险管控标准。

（4）生态环境监测标准

生态环境监测标准为监测生态环境质量和污染物排放情况，开展达标评定和风险筛查与管控，规范布点采样、分析测试、监测仪器、卫星遥感影像质量、量值传递、质量控制、数据处理等监测技术要求制定，包括生态环境监测技术规范、生态环境监测分析方法标准、生态环境监测仪器及系统技术要求、生态环境标准样品等。

（5）生态环境基础标准

生态环境基础标准为统一规范生态环境标准的制订技术工作和生态环境管理工作中具有通用指导意义的技术要求制定，包括生态环境标准制订技术导则，生态环境通用术语、图形符号、编码和代号（代码）及其相应的编制规则等。

（6）生态环境管理技术规范

生态环境管理技术规范为规范各类生态环境保护管理工作的技术要求制定，包括大气、水、海洋、土壤、固体废物、化学品、核与辐射安全、声与振动、自然生态、应对气候变化等领域的管理技术指南、导则、规程、规范等。

3. 生态环境标准执行

根据《生态环境标准管理办法》，有地方生态环境质量标准、地方生态环境风险管控标准和地方污染物排放标准的地区，应当依法优先执行地方标准。其中，污染物排放标准按照下列顺序执行：

1）地方污染物排放标准优先于国家污染物排放标准；地方污染物排放标准未规定的项目，应当执行国家污染物排放标准的相关规定。

2）同属国家污染物排放标准的，行业型污染物排放标准优先于综合型和通用型污染物排放标准；行业型或者综合型污染物排放标准未规定的项目，应当执行通用型污染物排放标准的相关规定。

3）同属地方污染物排放标准的，流域（海域）或者区域型污染物排放标准优先于行业型污染物排放标准，行业型污染物排放标准优先于综合型和通用型污染物排放标准。流域（海域）或者区域型污染物排放标准未规定的项目，应当执行行业型或者综合型污染物排放标准的相关规定；流域（海域）或者区域型、行业型或者综合型污染物排放标准均未规定的项目，应当执行通用型污染物排放标准的相关规定。

（二）生态环境标准各层次间关系

我国生态环境标准体系呈现出的是具有三角形强力支撑的内在梯级结构，这种体系结构上的三角形强力支撑，保障了体系的稳定性和先进性，体系的支撑点体现在法律支撑、技术支撑和理论支撑三个层面上。

位于梯级结构顶端的是环境质量标准，质量标准的建立，确定了污染物的环境容量以及整体环境的发展目标，具有识别和评价环境质量优劣的功能，同时反映了一个国家的环境意识、科技水平和综合实力，因此环境质量标准在体系中占据着主导核心地位。在梯级结构的第二层次设立了污染物排放标准，对环境中各类污染因子的排放上限提出了制约污染物排放标准，针对所有的排污单位以控制污染物的浓度、总量、速率和强度的方式，采取强制手段，在污染源和环境之间设置了一道屏障，为达到环境质量标准所确定的环境目标提供了法律支撑。

技术支撑方面主要是环境监测方法标准及环境管理技术规范，这些标准组成了一个技术方法标准群体，这个群体同时体现了环境质量标准和污染物排放标准度量上的精确性和执法上的严肃性。由此可见，这个技术方法群体对于环境检测、环保技术、环境管理等方面的各环节都进行了质量控制和技术规范，从而构成了对环境质量标准、污染物排放标准乃至整个标准体系的技术方法支撑。

生态环境标准体系的理论支撑反映在梯级结构底部的环境基础通用标准。基础通用标准是对环境标准中需要统一的技术术语、分类及导则等所做的统一规定，为整个标准体系的构建和发展提出了指导原则，规定了技术路线和方法手段。

（三）水环境保护标准体系

我国的水环境保护标准体系可概括为“五类二级”（图 2-5），包括水环境质量标准、水污染物排放标准、水环境基础标准、水环境监测标准和水环境管理技术规范“五类”，以及国家级和地方级“二级”。

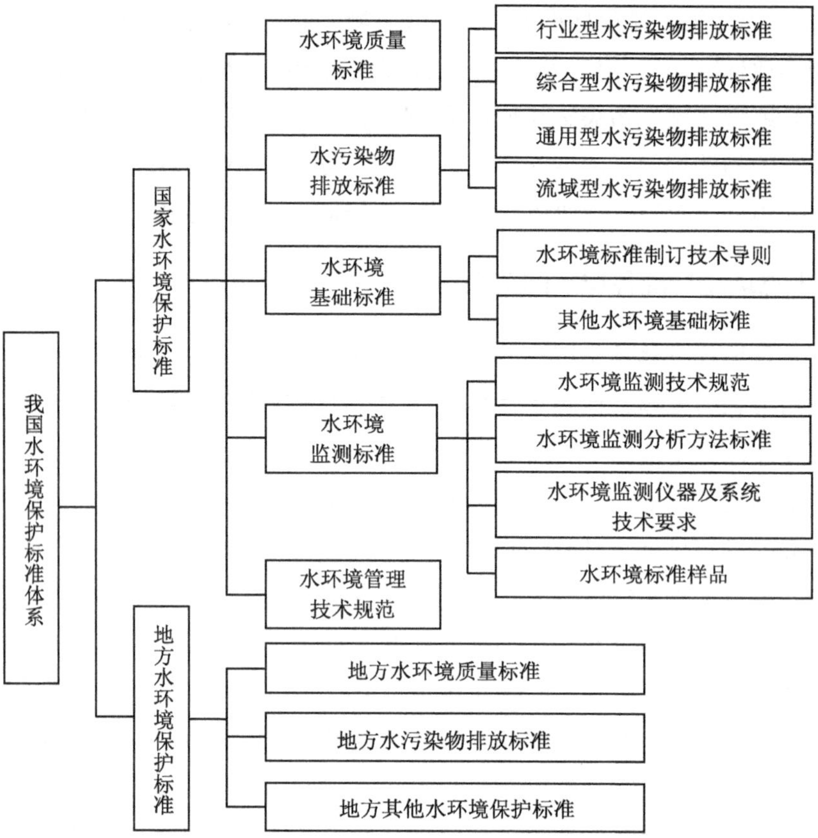

图 2-5　我国水环境保护标准体系框架

1. 国家水环境保护标准

（1）水环境质量标准

水环境质量标准是以保障人群健康、维护生态环境和保障社会物质财富为目的的，基于环境风险判断，对水环境中污染物（有害因素）浓度（量）所作出的限制规定。它是保护人体健康和生态环境所应当达到和维持的，可以用之评价水环境是否受到污染以及污染程度的标准。目前，我国水环境质量相关标准共计 6 项，涵盖地表水环境质量、地下水质量、渔业水质、海水水质、农田灌溉水质、生活饮用水等方面（表 2-10）。

其中，《地表水环境质量标准》是水环境管理的尺度，在推动我国水污染防治、公众健康与水生态安全保障等方面发挥着十分重要的作用。2002 年，第三次修订的《地表水环境质量标准》（GB 3838—2002），不仅进一步强化了水域功能划分，从高到低设置了五类水域环境功能和目标要求，实现了对水生态环境按功能分类进行保护，而且把水质项目增至 109 项，分为基本项目、地表水水源地补充项目和特定选测项目 3 类。至此，我国基本建成了反映我国当前水环境污染特点，符合国家社会经济发展国情状况和管理特点，适用于在全国层面进行统一评价管理的标准体系。

表 2-10 我国主要水环境质量标准

序号	标准名称	标准编号
1	《渔业水质标准》	GB 11607—1989
2	《海水水质标准》	GB 3097—1997
3	《地表水环境质量标准》	GB 3838—2002
4	《地下水质量标准》	GB/T 14848—2017
5	《农田灌溉水质标准》	GB 5084—2021
6	《生活饮用水卫生标准》	GB 5749—2022

（2）水污染物排放标准

水污染物排放标准是法律允许的水环境污染物排放活动应遵循的行为规范，依法具有强制效力，是控制污染物排放的基本法律手段。水污染物排放标准根据适用对象分为行业型、综合型、通用型、流域型水污染物排放标准。行业型水污染物排放标准适用于特定行业或者产品污染源的排放控制；综合型水污染物排放标准适用于行业型水污染物排放标准适用范围以外的其他行业污染源的排放控制；通用型水污染物排放标准适用于跨行业通用生产工艺、设备、操作过程或者特定水污染物、特定排放方式的排放控制；流域型水污染物排放标准适用于特定流域范围内的水污染源排放控制。

目前，我国已形成“综合型（1 项）+行业型（64 项）”的水污染排放标准体系（表 2-11）。《污水综合排放标准》（GB 8978—1996）的发布和实施在我国的水污染物排放标准体系上具有里程碑式的意义，提出了综合性、全面性的水污染物排放要求，同时该标准根据污染物排放特点、处理技术水平等来确定排放限值，按照年限区分新建企业和现有企业，综合使用浓度和排水量控制指标对排污总量进行控制，加强对难降解有毒污染物的控制等思路和原则至今仍延续在水污染物排放标准的制（修）订中。该标准发布实施后，国家重点加强了对行业型水污染物排放标准的制（修）订工作。从覆盖面来看，行业型水污染物排放标准涉及造纸、农副食品加工、纺织、钢铁、制药、化学原料及化学品制造、畜禽养殖、城镇污水处理厂等水污染物排放管理重点行业，覆盖工业、农业、生活等主要水污染物排放源，在水污染物减排与总量控制、水环境风险防范、水环境质量改善等方面发挥了巨大的作用。

表 2-11 我国主要水污染物排放标准

序号	标准名称	标准编号
1	《肉类加工工业水污染物排放标准》	GB 13457—92
2	《航天推进剂水污染物排放标准》	GB 14374—93
3	《污水综合排放标准》	GB 8978—1996
4	《畜禽养殖业污染物排放标准》	GB 18596—2001

序号	标准名称	标准编号
5	《污水海洋处置工程污染控制标准》	GB 18486—2001
6	《兵器工业水污染物排放标准　火炸药》	GB 14470.1—2002
7	《兵器工业水污染物排放标准　火工药剂》	GB 14470.2—2002
8	《城镇污水处理厂污染物排放标准》	GB 18918—2002
9	《味精工业污染物排放标准》	GB 19431—2004
10	《啤酒工业污染物排放标准》	GB 19821—2005
11	《医疗机构水污染物排放标准》	GB 18466—2005
12	《煤炭工业污染物排放标准》	GB 20426—2006
13	《皂素工业水污染物排放标准》	GB 20425—2006
14	《制糖工业水污染物排放标准》	GB 21909—2008
15	《羽绒工业水污染物排放标准》	GB 21901—2008
16	《制浆造纸工业水污染物排放标准》	GB 3544—2008
17	《杂环类农药工业水污染物排放标准》	GB 21523—2008
18	《混装制剂类制药工业水污染物排放标准》	GB 21908—2008
19	《生物工程类制药工业水污染物排放标准》	GB 21907—2008
20	《中药类制药工业水污染物排放标准》	GB 21906—2008
21	《提取类制药工业水污染物排放标准》	GB 21905—2008
22	《化学合成类制药工业水污染物排放标准》	GB 21904—2008
23	《发酵类制药工业水污染物排放标准》	GB 21903—2008
24	《合成革与人造革工业污染物排放标准》	GB 21902—2008
25	《电镀污染物排放标准》	GB 21900—2008
26	《镁、钛工业污染物排放标准》	GB 25468—2010
27	《铜、镍、钴工业污染物排放标准》	GB 25467—2010
28	《铅、锌工业污染物排放标准》	GB 25466—2010
29	《铝工业污染物排放标准》	GB 25465—2010
30	《淀粉工业水污染物排放标准》	GB 25461—2010
31	《酵母工业水污染物排放标准》	GB 25462—2010
32	《硫酸工业污染物排放标准》	GB 26132—2010
33	《硝酸工业污染物排放标准》	GB 26131—2010
34	《油墨工业水污染物排放标准》	GB 25463—2010
35	《陶瓷工业污染物排放标准》	GB 25464—2010
36	《稀土工业污染物排放标准》	GB 26451—2011
37	《发酵酒精和白酒工业水污染物排放标准》	GB 27631—2011
38	《磷肥工业水污染物排放标准》	GB 15580—2011
39	《橡胶制品工业污染物排放标准》	GB 27632—2011
40	《钒工业污染物排放标准》	GB 26452—2011
41	《弹药装药行业水污染物排放标准》	GB 14470.3—2011
42	《汽车维修业水污染物排放标准》	GB 26877—2011
43	《铁矿采选工业污染物排放标准》	GB 28661—2012
44	《麻纺工业水污染物排放标准》	GB 28938—2012
45	《毛纺工业水污染物排放标准》	GB 28937—2012
46	《缫丝工业水污染物排放标准》	GB 28936—2012
47	《纺织染整工业水污染物排放标准》	GB 4287—2012

序号	标准名称	标准编号
48	《炼焦化学工业污染物排放标准》	GB 16171—2012
49	《铁合金工业污染物排放标准》	GB 28666—2012
50	《钢铁工业水污染物排放标准》	GB 13456—2012
51	《柠檬酸工业水污染物排放标准》	GB 19430—2013
52	《制革及毛皮加工工业水污染物排放标准》	GB 30486—2013
53	《合成氨工业水污染物排放标准》	GB 13458—2013
54	《电池工业污染物排放标准》	GB 30484—2013
55	《锡、锑、汞工业污染物排放标准》	GB 30770—2014
56	《石油炼制工业污染物排放标准》	GB 31570—2015
57	《石油化学工业污染物排放标准》	GB 31571—2015
58	《合成树脂工业污染物排放标准》	GB 31572—2015
59	《无机化学工业污染物排放标准》	GB 31573—2015
60	《再生铜、铝、铅、锌工业污染物排放标准》	GB 31574—2015
61	《烧碱、聚氯乙烯工业污染物排放标准》	GB 15581—2016
62	《船舶工业污染物排放标准》	GB 4286—2018
63	《船舶水污染物排放控制标准》	GB 3552—2018
64	《电子工业水污染物排放标准》	GB 39731—2020

（3）水环境基础标准

水环境基础标准包括水环境标准制订技术导则，水环境通用术语、图形符号、编码和代号（代码）及其相应的编制规则等（表 2-12）。

表 2-12　我国主要水环境基础标准

序号	类别	标准名称	标准编号
1	水环境标准制订技术导则	《制订地方水污染物排放标准的技术原则与方法》	GB 3839—83
2		《国家水污染物排放标准制订技术导则》	HJ 945.2—2018
3		《流域水污染物排放标准制订技术导则》	HJ 945.3—2020
4		《地方水产养殖业水污染物排放控制标准制订技术导则》	HJ 1217—2023
……		……	……
1	其他水环境基础标准	《水质　词汇　第一部分》	HJ 596.1—2010
2		《水质　词汇　第二部分》	HJ 596.2—2010
3		《水质　词汇　第三部分》	HJ 596.3—2010
4		《水质　词汇　第四部分》	HJ 596.4—2010
5		《水质　词汇　第五部分》	HJ 596.5—2010
6		《水质　词汇　第六部分》	HJ 596.6—2010
7		《水质　词汇　第七部分》	HJ 596.7—2010
8		《排污单位编码规则》	HJ 608—2017
9		《中国地表水环境水体代码编码规则》	HJ 932—2017
10		《集中式饮用水水源编码规范》	HJ 747—2015
……		……	……

水环境标准制订技术导则主要涉及流域水污染物排放标准、国家水污染物排放标准、地方水污染物排放标准等标准制订技术导则。其他水环境基础标准主要涉及排污单位、中国地表水环境水体代码、集中式饮用水水源编码规则，以及水质词汇等。

（4）水环境监测标准

水环境监测标准为监测水环境质量和水污染物排放情况，规范布点采样、分析测试、监测仪器、卫星遥感影像质量、量值传递、质量控制、数据处理等监测技术要求制定，主要包括水环境监测技术规范、水环境监测分析方法标准、水环境监测仪器及系统技术要求以及水环境标准样品等（表 2-13）。

表 2-13 我国主要水环境监测标准

序号	类别	标准名称	标准编号
1	水环境监测技术规范	《水质 采样技术指导》	HJ 494—2009
2		《水质 采样方案设计技术规定》	HJ 495—2009
3		《水质 样品的保存和管理技术规定》	HJ 493—2009
4		《地表水自动监测技术规范（试行）》	HJ 915—2017
5		《排污单位自行监测技术指南 总则》	HJ 819—2017
6		《排污单位自行监测技术指南 造纸工业》	HJ 821—2017
7		《污水监测技术规范》	HJ 91.1—2019
……		……	……
1	水环境监测分析方法标准	《水质 铜、锌、铅、镉的测定 原子吸收分光光度法》	GB 7475—87
2		《水质 悬浮物的测定 重量法》	GB 11901—89
3		《水质 总磷的测定 钼酸铵分光光度法》	GB 11893—89
4		《水质 五日生化需氧量（BOD_5）的测定 稀释与接种法》	HJ 505—2009
5		《水质 溶解氧的测定 电化学探头法》	HJ 506—2009
6		《水质 氨氮的测定 纳氏试剂分光光度法》	HJ 535—2009
7		《水质 氨氮的测定 水杨酸分光光度法》	HJ 536—2009
8		《水质 挥发性卤代烃的测定 顶空气相色谱法》	HJ 620—2011
9		《水质 总氮的测定 碱性过硫酸钾消解紫外分光光度法》	HJ 636—2012
10		《水质 挥发性有机物的测定 吹扫捕集/气相色谱-质谱法》	HJ 639—2012
11		《水质 氰化物等的测定 真空检测管-电子比色法》	HJ 659—2013
12		《水质 总大肠菌群和粪大肠菌群的测定 纸片快速法》	HJ 755—2015
13		《水质 氰化物的测定 流动注射-分光光度法》	HJ 823—2017
14		《水质 挥发酚的测定 流动注射-4-氨基安替比林分光光度法》	HJ 825—2017
15		《水质 阴离子表面活性剂的测定 流动注射-亚甲基蓝分光光度法》	HJ 826—2017
16		《水质 化学需氧量的测定 重铬酸盐法》	HJ 828—2017
17		《水质 叶绿素 a 的测定 分光光度法》	HJ 897—2017
18		《水质 石油类的测定 紫外分光光度法（试行）》	HJ 970—2018
19		《水质 pH 值的测定 电极法》	HJ 1147—2020
……		……	……

序号	类别	标准名称	标准编号
1	水环境监测仪器及系统技术要求	《pH 水质自动分析仪技术要求》	HJ/T 96—2003
2		《电导率水质自动分析仪技术要求》	HJ/T 97—2003
3		《浊度水质自动分析仪技术要求》	HJ/T 98—2003
4		《氨氮水质自动分析仪技术要求》	HJ/T 101—2003
5		《总氮水质自动分析仪技术要求》	HJ/T 102—2003
6		《总磷水质自动分析仪技术要求》	HJ/T 103—2003
7		《铅水质自动在线监测仪技术要求及检测方法》	HJ 762—2015
8		《镉水质自动在线监测仪技术要求及检测方法》	HJ 763—2015
9		《砷水质自动在线监测仪技术要求及检测方法》	HJ 764—2015
10		《总铬水质自动在线监测仪技术要求及检测方法》	HJ 798—2016
11		《COD 光度法快速测定仪技术要求及检测方法》	HJ 924—2017
12		《便携式溶解氧测定仪技术要求及检测方法》	HJ 925—2017
13		《汞水质自动在线监测仪技术要求及检测方法》	HJ 926—2017
14		《化学需氧量（COD_{Cr}）水质在线自动监测仪技术要求及检测方法》	HJ 377—2019
15		《六价铬水质自动在线监测仪技术要求及检测方法》	HJ 609—2019
16		《氨氮水质在线自动监测仪技术要求及检测方法》	HJ 101—2019
17		《水污染源在线监测系统（COD_{Cr}、NH_3-N 等）运行技术规范》	HJ 355—2019
18		《水污染源在线监测系统（COD_{Cr}、NH_3-N 等）验收技术规范》	HJ 354—2019
19		《水污染源在线监测系统（COD_{Cr}、NH_3-N 等）数据有效性判别技术规范》	HJ 356—2019
20		《水污染源在线监测系统（COD_{Cr}、NH_3-N 等）安装技术规范》	HJ 353—2019
……		……	……
1	水环境标准样品	《水质　pH 标准样品》	GSB 07-3159—2014
2		《水质　生化需氧量标准样品》	GSB 07-3160—2014
3		《水质　化学需氧量标准样品》	GSB 07-3161—2014
4		《水质　高锰酸盐指数标准样品》	GSB 07-3162—2014
5		《水质　硬度标准样品》	GSB 07-3163—2014
6		《水质　氨氮标准样品》	GSB 07-3164—2014
7		《水质　亚硝酸盐氮标准样品》	GSB 07-3165—2014
8		《水质　硝酸盐氮标准样品》	GSB 07-3166—2014
9		《水质　磷酸盐标准样品》	GSB 07-3167—2014
10		《水质　总氮标准样品》	GSB 07-3168—2014
11		《水质　总磷标准样品》	GSB 07-3169—2014
12		《水质　总氰化物标准样品》	GSB 07-3170—2014
……		……	……

水环境监测技术规范主要涉及水质采样、地表水自动监测、污水监测、排污单位自行监测等技术规范、规定、指南，具体包括监测方案制定、布点采样、监测项目与分析方法、数据分析与报告、监测质量保证与质量控制等内容。水环境监测分析方法标准为保证水样采集的可代表性、统一全国的水质分析方法制定，主要是各项监测指标的测定分析方法，具体包括监测指标的试剂材料、仪器与设备、样品、测定操作步骤、结果表示等内容。水环境监测仪器及系统技术要求主要涉及水质自动分析仪、自动在线监测仪、水污染源在线监测系统、快速测定仪等仪器或系统的技术要求，具体包括测定范围、性能要求、检验方法、操作说明及校验等内容。水环境标准样品主要针对各项监测指标（如 pH、高锰酸盐指数、氨氮等）的标准样品。

（5）水环境管理技术规范

水环境管理技术规范为规范水环境保护管理工作而制定，包括水环境管理技术指南、导则、规程、规范等，涉及饮用水水源规范化建设、水质基准制定、污染防治可行技术指南、工业废水治理工程技术规范、污染源源强核算技术指南、排污许可证申请与核发技术规范、环境影响评价技术导则、建设项目竣工环境保护验收技术规范、清洁生产标准等（表 2-14）。

表 2-14　我国主要水环境管理技术规范

序号	标准名称	标准编号/文号
1	《饮用水水源保护区标志技术要求》	HJ/T 433—2008
2	《集中式饮用水水源地规范化建设环境保护技术要求》	HJ 773—2015
3	《集中式饮用水水源地环境保护状况评估技术规范》	HJ 774—2015
4	《饮用水水源保护区划分技术规范》	HJ 338—2018
5	《湖泊营养物基准制定技术指南》	HJ 838—2017
6	《人体健康水质基准制定技术指南》	HJ 837—2017
7	《染料工业废水治理工程技术规范》	HJ 2036—2013
8	《制糖工业污染防治可行技术指南》	HJ 2303—2018
9	《污染源源强核算技术指南　制革工业》	HJ 995—2018
10	《排污许可证申请与核发技术规范　纺织印染工业》	HJ 861—2017
11	《规划环境影响评价技术导则　流域综合规划》	HJ 1218—2021
12	《环境影响评价技术导则　地表水环境》	HJ 2.3—2018
13	《建设项目竣工环境保护验收技术规范　纺织染整》	HJ 709—2014
14	《清洁生产标准　制革工业（羊革）》	HJ 560—2010
……	……	……

2．地方水环境保护标准

地方水环境保护标准主要包括地方水环境质量标准、地方水污染物排放标准和地方其他水环境保护标准。根据《中华人民共和国水污染防治法》，地方水环境质量标准和地方水污染物排放标准可以对国家相应标准中未规定的项目作出补充规定，也可以对国家相应标准中已规定的项目作出更加严格的规定。其中，地方水污染物排放标准近年发展迅速，与国家水污染物排放标准以及相关政策法规共同在水环境质量改善过程中发挥了重要作用。截至 2022 年年底，地方现行有效的水污染物排放标准共 100 多项，地方主要的水污染物排放标准类型包括行业型、流域型和通用型，以行业型和流域型排放标准为主（表 2-15）。从标准体系特征来看，地方综合型水污染物排放标准主要分布在北京市、天津市、山西省、辽宁省、上海市、福建省厦门市、广东省、贵州省。地方流域型水污染物排放标准主要分布在山东、河南、广东、河北 4 个省份。此外，广东、湖南、江西针对废水中铊发布了特定污染物通用型水污染物排放标准，浙江针对废水中氮、磷间接排放发布了特定污染物通用型水污染物排放标准。

表 2-15　我国主要地方水污染物排放标准

序号	类别	地区	标准名称	标准编号
1	综合型	广东省	《水污染物排放限值》	DB 44/26—2001
2		北京市	《水污染物综合排放标准》	DB 11/307—2013
3		上海市	《污水综合排放标准》	DB 31/199—2018
4		辽宁省	《污水综合排放标准》	DB 21/1627—2008
5		贵州省	《环境污染物排放标准》	DB 52/864—2013
6		天津市	《污水综合排放标准》	DB 12/356—2018
7		福建省厦门市	《厦门市水污染物排放标准》	DB 35/322—2018
8		山西省	《污水综合排放标准》	DB 14/1928—2019
……		……	……	……
1	流域型	山东省	《流域水污染物综合排放标准　第 1 部分：南四湖东平湖流域》	DB 37/3416.1—2018
2		山东省	《流域水污染物综合排放标准　第 2 部分：沂沭河流域》	DB 37/3416.2—2018
3		山东省	《流域水污染物综合排放标准　第 3 部分：小清河流域》	DB 37/3416.3—2018
4		山东省	《流域水污染物综合排放标准　第 4 部分：海河流域》	DB 37/3416.4—2018
5		山东省	《流域水污染物综合排放标准　第 5 部分：半岛流域》	DB 37/3416.5—2018
6		河南省	《河南省贾鲁河流域水污染物排放标准》	DB 41/908—2014

序号	类别	地区	标准名称	标准编号
7	流域型	河南省	《河南省惠济河流域水污染物排放标准》	DB 41/918—2014
8		河南省	《双洎河流域水污染物排放标准》	DB 41/908—2014
9		河南省	《蟒沁河流域水污染物排放标准》	DB 41/776—2012
10		河南省	《省辖海河流域水污染物排放标准》	DB 41/777—2013
11		河南省	《清漯河流域水污染物排放标准》	DB 41/790—2013
12		河南省	《河南省黄河流域水污染物排放标准》	DB 41/2087—2021
13		广东省	《汾江河流域水污染物排放标准》	DB 44/1366—2014
14		广东省	《淡水河、石马河流域水污染物排放标准》	DB 44/2050—2017
15		广东省	《练江流域水污染物排放标准》	DB 44/2051—2017
16		广东省	《茅洲河流域水污染物排放标准》	DB 44/2130—2018
17		广东省	《小东江流域水污染物排放标准》	DB 44/2155—2019
18		河北省	《大清河流域水污染物排放标准》	DB 13/2795—2018
19		河北省	《子牙河流域水污染物排放标准》	DB 13/2796—2018
20		河北省	《黑龙港及运东流域水污染物排放标准》	DB 13/2797—2018
21		湖北省	《湖北省汉江中下游流域污水综合排放标准》	DB 42/1318—2017
22		四川省	《四川省岷江、沱江流域水污染物排放标准》	DB 51/2311—2016
……		……	……	……
1	行业型	江苏省	《太湖地区城镇污水处理厂及重点工业行业主要水污染物排放限值》	DB 32/1072—2018
2		北京市	《城镇污水处理厂水污染物排放标准》	DB 11/890—2012
3		山东省	《纺织染整工业水污染物排放标准》	DB 37/533—2005
4		福建省	《制浆造纸工业水污染物排放标准》	DB 35/1310—2013
5		河南省	《化学合成类制药工业水污染物间接排放标准》	DB 41/756—2012
6		广东省	《电镀水污染物排放标准》	DB 44/1597—2015
7		重庆市	《榨菜行业水污染物排放标准》	DB 50/1050—2020
8		江苏省	《半导体行业污染物排放标准》	DB 32/3747—2020
9		湖南省	《水产养殖尾水污染物排放标准》	DB 43/1752—2020
10		广东省	《畜禽养殖业污染物排放标准》	DB 44/613—2009
11		贵州省	《农村生活污水处理水污染物排放标准》	DB 52/1424—2019
……		……	……	……
1	通用型	广东省	《工业废水铊污染物排放标准》	DB 44/1989—2017
2		江西省	《工业废水铊污染物排放标准》	DB 36/1149—2019
3		湖南省	《工业废水铊污染物排放标准》	DB 43/968—2021
4		浙江省	《工业企业废水氮、磷污染物间接排放限值》	DB 33/887—2013
……		……	……	……

三、水污染防治法律法规标准体系特点

（一）法律法规体系特点

1．环境法治稳步发展，水环境立法体系不断完善

改革开放以来，随着我国经济社会的高速发展和人民生活水平、生活质量的不断提高，水资源的需求量也不断增加，严重的水污染和水环境破坏不断发生、水枯竭和水危机不断产生，进而导致水环境保护状况发生变化并推动我国水环境保护立法的不断发展完善（图 2-6）。环境保护立法发展可以大致分为三个阶段：1978—1988 年是环境法治初创阶段，1979 年首部环境保护法律《中华人民共和国环境保护法（试行）》标志着中国环境保护法律体系开始建立，之后《中华人民共和国海洋环境保护法》（1982 年）、《中华人民共和国水污染防治法》（1984 年）、《中华人民共和国水法》（1988 年）等发布，水环境法治开始起步；1989—2012 年是环境法治基本形成时期，1989 年《中华人民共和国环境保护法》正式发布后，我国环境法治建设迎来了一个快速发展的黄金期，环境保护立法无论在数量上还是质量上都有了较大提高，《中华人民共和国水污染防治法》进行了两次修改，以《中华人民共和国环境保护法》《中华人民共和国水污染防治法》为核心的中国特色社会主义水环境保护法律体系初步形成；2012 年之后，环境立法进入新阶段，先后修订（修正）了《中华人民共和国环境保护法》《中华人民共和国水污染防治法》《中华人民共和国环境影响评价法》等法律，并通过了《中华人民共和国环境保护税法》《中华人民共和国长江保护法》《中华人民共和国湿地保护法》《中华人民共和国黄河保护法》等法律，我国环境法治建设取得了新的发展，水环境保护法律体系日趋完善。

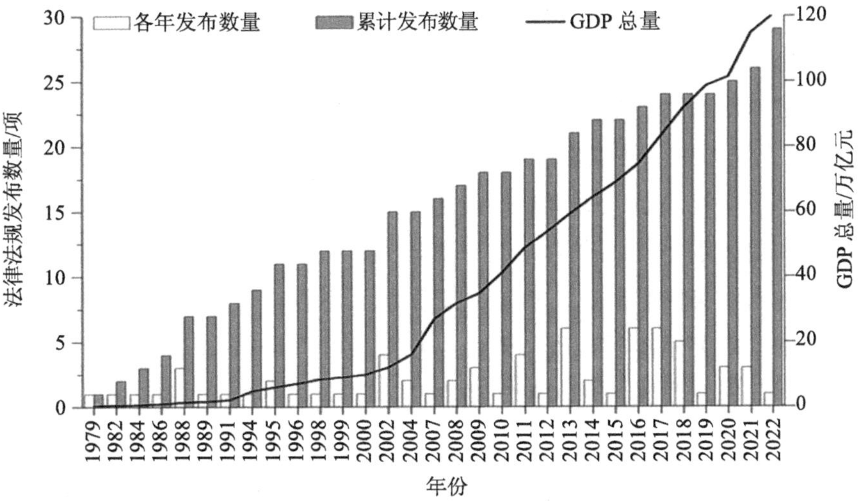

图 2-6　我国历年涉水相关法律法规数量与经济增长的关系

2．坚持从规律出发，正确处理好经济社会发展和环境保护的关系

经济社会发展和环境保护是辩证统一、相辅相成的关系。优质的生态环境能保证经济社会持续健康稳定发展，为高质量发展提供基础环境、生态资源和新的经济增长点。《中华人民共和国宪法》明确规定，贯彻新发展理念，推动物质文明、政治文明、精神文明、社会文明、生态文明协调发展。《中华人民共和国环境保护法》明确规定，国家采取有利于节约和循环利用资源、保护和改善环境、促进人与自然和谐的经济、技术政策和措施，使经济社会发展与环境保护相协调。《中华人民共和国水污染防治法》提出了促进经济社会可持续发展的目的、意义。其他相关法律通过源头治理、生态保护补偿、环境资源监测预警机制、区域限批、水环境目标考核制等规定给予制度上的支撑。在环境保护与经济发展的具体协调上，实现了由“使环境保护工作同经济建设和社会发展相协调”到“使经济社会发展与环境保护相协调”的转变，清晰体现出生态优先原则，表明从环境保护视角审视和保障经济社会发展质量。可以说，我国环境保护立法自始至终贯彻了绿水青山就是金山银山理念，妥善处理了经济社会发展和环境保护的关系。

3．以改善环境质量为核心，用最严格的法律制度保护生态环境

《中华人民共和国环境保护法》《中华人民共和国水污染防治法》等生态环境保护法律中明确规定了以改善生态环境质量为目标，与之相应，地方各级人民政府要对本行政区域内的生态环境质量负责。这标志着我国从单一目标即总量目标、减排目标，转变为以改善生态环境质量为核心。改善生态环境质量是整个生态环境保护基本制度的“牛鼻子”，各项制度都是围绕着这一核心目标展开的。新修改、制定的环境保护法律，不但强化或调整了环境标准、总量控制、环境影响评价、“三同时”、排污许可、目标考核等制度，还增加了约谈、生态保护补偿、环境公益诉讼、公众参与等制度，并按照最严格的制度的要求，规定了目标责任制、约谈、查封扣押、按日连续处罚、行政拘留等刚性制度。升级版的老制度和新制度一起，共同构建了较为完善的生态文明法律制度体系，使生态文明建设进入法治化、制度化轨道，并建立起强有力的法治保障。

4．坚持以人民为中心的理念，解决损害群众利益的突出生态环境问题

优美的生态环境能满足人民群众日益增长的美好生活需要，为高质量发展提供人的活力、创造力和更高水平的生产力。过去我国资源约束趋紧，生态环境状况整体上不容乐观，部分地区水污染问题突出，城市黑臭水体大量存在，饮用水安全保障有待加强，成为建成美丽中国的突出短板，也与人民群众对美好生活的向往不相适应。为解决人民群众关心的环境问题，我国的水污染防治立法，坚持预防为主、防治结合、综合治理的原则，强调保护饮用水水源优先，全面提出加强饮用水水源保护的要求；针对工业、城镇、农业面源和船舶等重点领域强化了相关举措，推进城市黑臭水体整治，着力水环境质量持续改善。为顺应人民群众对母亲河保护的美好期盼，近年来我国先后出台了《中华人民共和国长江保护法》《中华人民共和国黄河保护法》两部流域专门立法，将党中央的治水之策上升为法律，推动流域良法善治，反映了江河治理从观念、策略、制度各方面全要素的转变，标志着流域的治理与保护进入新的历史阶段。

（二）标准体系特点

1. 形成了多层次、多领域的水环境标准体系

1973 年，我国发布第一个环境保护标准《工业“三废”排放试行标准》，标志着环境保护标准正式启航，20 世纪 80 年代发布了《污水综合排放标准》《地面水环境质量标准》《农田灌溉水质标准》《渔业水质标准》等综合性标准；20 世纪 90 年代又陆续发布了造纸、印染、合成氨、磷肥、烧碱、聚氯乙烯工业等多个工业行业水污染物排放标准；2000 年以来，相关法律明确“超标即违法”的思想，环境标准在环境管理中的地位得到进一步加强，多项水环境质量标准和水污染物排放标准陆续开展了制（修）订，水环境标准进入全面发展阶段。经过近 50 年的发展，我国水环境标准体系经历了从无到有，从单一到系统，从污染排放总量控制到以环境质量为核心，兼顾总量、防范风险，从标准制定到标准管理评估的发展变化，水环境标准体系逐步完善，形成了“五类二级”标准体系，涵盖了水环境质量标准、水污染物排放标准、水环境监测标准、水环境基础标准和水环境管理技术规范的多个领域，区分了国家级和地方级两个层次，形成了一个多层次、多领域的较完整的标准体系。

2. 强制性和指导性相结合

我国生态环境标准体系建立在完善的法律法规体系之上，包括《中华人民共和国环境保护法》《中华人民共和国水污染防治法》等一系列法律法规，明确了水环境质量标准和水污染物排放标准的相关规定，为标准的制定和实施提供了法律依据。我国水环境标准体系中，水环境质量标准和水污染物排放标准是强制性的，是生态环境保护的靶向标尺和执法准绳，必须遵守执行；有些标准是指导性的，可以作为企业自愿遵守的标准。这种强制性和指导性相结合的方式，既能保证水环境保护标准的执行力度，又能给企业一定的自主选择权。

3. 逐步完善水污染物排放标准体系

目前，我国水污染物排放标准体系形成综合型和行业型排放标准并行的结构体系，既能突出对污染防治重点行业的排放管理，又能满足全面防控的需求。从标准的结构设置来看，始终体现了“分区、分级、分类、分期”的管理思想，“分区”和“分级”主要体现在按受纳水体不同环境功能要求，制定不同排放限值，在 2008 年以后的标准中设置的“特别排放限值”则是对分区和分级理念的进一步科学体现；“分类”体现在适当区分工艺特点等，制定不同的排放控制要求，“分期”则主要体现在区分新建企业和现有企业

等。在污染物控制项目和控制水平方面，涉及的污染物控制项目不断丰富完善，现行标准规定的水污染物项目共 158 项，与美国同类标准的规定大体一致，基本满足当前我国水环境管理的需求；现行标准规定的常规污染物和重金属排放限值，与发达国家基本相当，其中特别排放限值达到国际先进水平。从污染物分类上，区分了第一类污染物和第二类污染物，严格控制第一类污染物的排放，防范环境风险，这一管理模式已成为我国废水排放环境管理的基本模式之一。

4．体现技术经济可行性

随着经济社会的快速发展和水污染防治技术进步，近年来我国水污染物排放标准呈现数量增加的趋势，水环境标准体系不断完善（图 2-7）。尤其是 2008 年水污染防治法修订以来 50 多项标准的出台，大幅提高了水污染物排放的控制要求，使得一些以前主要依靠牺牲环境来获得竞争优势的落后工业企业面临环境准入的危机，迫使企业采用更先进的工艺、更清洁的生产技术和更有效的污染治理措施，发挥规模效益，切实削减污染物排放，使企业逐渐向环境友好的方向发展，从而促进我国产业结构调整和经济发展模式优化。多年来我国充分发挥标准引领环境管理战略转型的作用，同时标准排放限值的确定充分考虑经济、技术发展和相关方的承受能力相适应，既大幅降低了主要污染物排放量，也有力倒逼了行业技术进步和产业结构升级，促进社会经济健康可持续发展，推进科学治污向纵深发展。

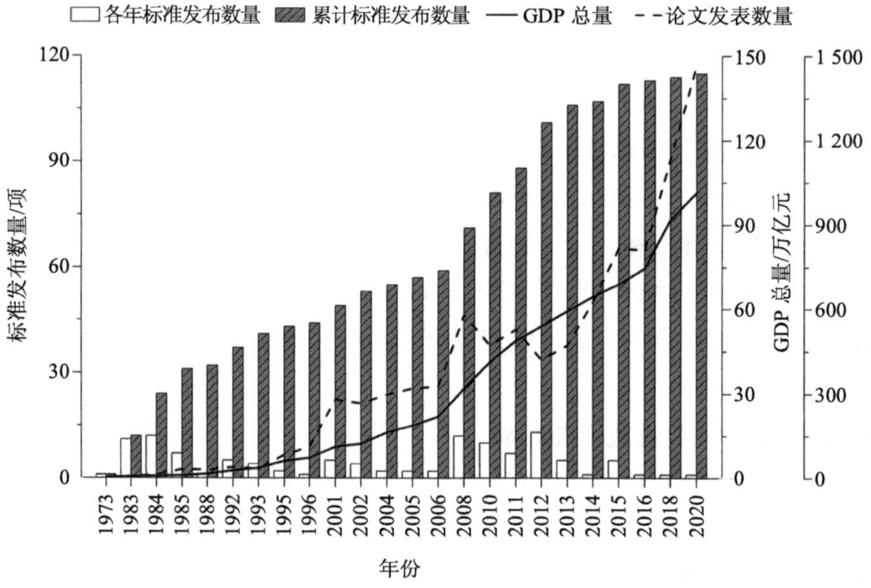

图 2-7　我国历年水污染物排放标准数量与经济增长、水污染防治技术发展的关系

第三节 广东省水污染防治法规标准体系

一、水污染防治立法体系

2020年以前，广东省水污染防治立法体系是以《广东省环境保护条例》为基础，多流域、多领域水质保护条例协同保护的地方水环境保护法规体系。之后逐步形成了目前以《广东省环境保护条例》为基础，《广东省水污染防治条例》为核心的水污染防治法规体系（表2-16）。

表2-16 广东省涉及水污染防治的主要地方性法规

序号	法规名称	颁布（修订）时间	有效性
1	广东省环境保护条例	2004年（2015年、2018年、2019年、2022年）	有效
2	广东省水污染防治条例	2020年（2021年）	有效
3	广东省东江水系水质保护条例	2002年（2010年、2014年、2018年）	废止
4	广东省韩江流域水质保护条例	2001年（2014年、2018年）	废止
5	广东省西江水系水质保护条例	2017年（2018年）	废止
6	广东省跨行政区域河流交接断面水质保护管理条例	2006年（2018年）	废止
7	广东省饮用水源水质保护条例	2007年（2018年）	废止
8	广东省珠江三角洲水质保护条例	1998年（2010年、2014年）	废止

《广东省环境保护条例》是广东省环境保护领域的综合性地方法规，主要规定环境保护的各项基本原则和制度，在上位法基础上对监督管理、防治污染和其他公害、保护和改善环境、环境保护经济政策、法律责任等方面作出了细化和补充规定。

《广东省东江水系水质保护条例》《广东省韩江流域水质保护条例》《广东省西江水系水质保护条例》分别是针对广东省东江、韩江和西江三个重点流域水质保护制定的地方性法规。三个流域水质保护条例不仅为生态环境立法提供了有力实践依据，是保护流域水污染的有力抓手，也为保护饮用水水源发挥了重要作用。除了流域立法，广东省还针对重点保护对象、重点区域以及重点领域制定了地方性法规。《广东省饮用水源水质保护条例》是广东省饮用水水源水质保护的专门性法律，尤其针对饮用水水源保护区内的禁止行为进行了细化规定，为广东省饮用水水源水质保护提供了法律依据。《广东省珠江三角洲水质保护条例》是针对广东省珠江三角洲经济区的地表水体水质保护制定的，对珠江三角洲地区的水质保护发挥了重要作用。《广东省跨行政区域河流交接断面水质保护管理条例》是为加强跨行政区域河流交接断面水质保护管理、防止河流水质污染和水质污染纠纷制定的，重点对交接断面水质保护责任、断面确定、水质状况监测、跨行政区河流污染纠纷等作出了规定。

《广东省水污染防治条例》于 2020 年经广东省第十三届人民代表大会常务委员会第二十六次会议通过，自 2021 年 1 月 1 日实施。作为广东省首部水污染防治的专门立法，该条例整合了东江、韩江、西江、饮用水源、跨行政区域河流交接断面 5 部水质保护法规，共 9 章 68 条，包括总则、水污染防治的规划和标准、水污染防治的监督管理、水污染防治措施、饮用水源保护和流域特别规定、区域水污染防治协作、风险防范与事故应急处置、法律责任等，对广东省水污染防治作出了全面规定。

二、水污染防治标准体系

目前，广东省暂未发布地方水环境质量标准，共发布了 10 项地方水污染物排放标准，包括 1 项综合型标准、3 项行业型标准、5 项流域型标准和 1 项通用型标准。此外，广东省还发布了 9 项水环境监测与管理的推荐性标准，其中 6 项为监测（仪器）技术要求，2 项为废水治理工程技术规范，1 项为饮用水水源保护区划分技术指引（表 2-17）。

表 2-17　广东省主要水污染防治地方标准

序号	标准类型		标准名称	标准编号
1	水污染物排放标准（强制性）	综合型	《水污染物排放限值》	DB 44/26—2001
2		行业型	《畜禽养殖业污染物排放标准》	DB 44/613—2009
3			《电镀水污染物排放标准》	DB 44/1597—2015
4			《农村生活污水处理排放标准》	DB 44/2208—2019
5		流域型	《汾江河流域水污染物排放标准》	DB 44/1366—2014
6			《淡水河、石马河流域水污染物排放标准》	DB 44/2050—2017
7			《练江流域水污染物排放标准》	DB 44/2051—2017
8			《茅洲河流域水污染物排放标准》	DB 44/2130—2018
9			《小东江流域水污染物排放标准》	DB 44/2155—2019
10		通用型	《工业废水铊污染物排放标准》	DB 44/1989—2017
11	水环境监测标准（推荐性）		《水华程度分级与监测技术规程》	DB 44/T 2261—2020
12			《地表水自动监测系统数据传输规范》	DB 44/T 2028—2017
13			《生物毒性水质自动在线监测仪技术要求　发光细菌法》	DB 44/T 1946—2016
14			《铜水质自动在线监测仪技术要求》	DB 44/T 1719—2015
15			《锌水质自动在线监测仪技术要求》	DB 44/T 1823—2016
16			《镍水质自动在线监测仪技术要求》	DB 44/T 1718—2015
17	水环境管理技术规范（推荐性）		《饮用水水源保护区划分技术指引》	DB 44/T 749—2010
18			《印染行业废水治理工程技术规范》	DB 44/T 621—2009
19			《印制电路板行业废水治理工程技术规范》	DB 44/T 622—2009

对于综合型标准，《水污染物排放限值》（DB 44/26—2001）于 2002 年 1 月 1 日起开始实施，是广东省最早发布的地方环境保护标准，也是全国最早发布的综合型地方水污染物排放标准。该标准分时段规定了 74 种水污染物排放限值，与国家《污水综合排放标准》（GB 8978—1996）相比，增加了第一类和第二类污染物指标，根据广东省主要涉水行业实际细化或收严了部分指标的排放限值。该标准对推动企业加强水污染物排放控制、促进企业清洁生产技术和污染防治技术的进步和推广应用具有重要意义。

对于行业型标准，广东省主要执行国家行业水污染物标准，其中针对畜禽养殖业和电镀行业制定了地方标准《畜禽养殖业污染物排放标准》（DB 44/613—2009）和《电镀水污染物排放标准》（DB 44/1597—2015）。两个标准根据广东省实际情况进行了分区管控并对国家相应行业标准进行收严，其中《畜禽养殖业污染物排放标准》（DB 44/613—2009）收严了珠三角地区化学需氧量、悬浮物等 5 项常规指标排放限值要求（收严幅度在 5%～20%），《电镀水污染物排放标准》（DB 44/1597—2015）收严了非珠三角地区 12 项指标排放限值要求（收严幅度在 33%～80%）。此外，为规范农村生活污水排放，广东省制定了《农村生活污水处理排放标准》（DB 44/2208—2019）。

对于流域型标准，广东省针对水污染整治重点河流“四河”［小东江、广佛跨界河流（含汾江河）、茅洲河、练江］及“两河”（淡水河、石马河），陆续制定了 6 个流域水污染物排放标准，对重点流域、重点行业实行更严格的水污染物排放规定，为重点流域水环境整治工作提供了有力支撑。广东省流域型排放标准定位为对流域范围内重点行业重点污染物的控制，6 个流域标准主要涉及城镇污水处理厂、畜禽养殖、食品加工制造、电镀、印染、造纸、制药、化工等行业或设施的重点水污染物管控。

对于通用型标准，广东省针对当时国家及省相关标准未能涵盖矿山、金属等铊污染物排放重点行业，为加强重金属排放企业的管理，防范铊污染环境风险，制定了《工业废水铊污染物排放标准》。该标准不区分行业，对工业废水铊污染物的排放限值进行了规定。

三、水污染防治法规标准体系特点

（一）法规体系特点

广东省高度重视水环境保护立法，多年来颁布了东江、韩江、西江、珠江三角洲、饮用水源、跨行政区域河流交接断面等多个水质保护条例，构成了有广东特色的地方水环境保护法规体系，为全省水污染防治工作发挥了重要作用。其中，东江、韩江和西江三个水质保护条例颁布实施以来对重点流域水环境保护发挥了重要作用，对国家和其他省份在流域立法及良好水体保护方面提供了很好的经验借鉴，发挥了“先行先试”的示范作用。为进一步加强水污染防治工作，广东省按“立、改、废”的总要求，坚持问题导向，吸纳近年来水污染防治工作成功经验，进一步明确细化上位法有关规定，补充完善水污染防治配套制度，并将五个条例行之有效的制度予以保留，制定了《广东省水污染防治条例》，形成系统、全面、统一的水污染防治法规体系。该条例的颁布实施为广东省全面加强水污染防治、保护水生态环境提供更加有力的法治保障，对依法推动深入打好污染防治攻坚战、维护人民群众健康、促进经济社会高质量发展具有重要意义。

（二）标准体系特点

在水污染防治标准体系方面，广东省从维护流域水生态安全、重点行业排放管理、排污单位的全覆盖管控、特定污染物控制等 4 个方面出发，分别制定了地方流域型、行业型、综合型、通用型水污染物排放标准，其中，行业型标准和综合型标准主要是在国家基础上增加指标或收严相关指标标准限值，流域型标准对重点流域内重点行业的主要水污染物进行管控，与综合型、行业型标准共同发挥水环境管理作用。目前广东省已形成“综合型+行业型+通用型+流域型”的地方水污染物排放标准体系，标准类型及数量在全国处于前列，对重点行业形成了较为全面的污染物排放管控。

第三章　水污染防治规划政策体系

第一节　国外水污染防治规划政策体系

一、水污染防治规划政策体系

（一）规划体系

水污染防治规划作为水环境保护行动的先导与依据，发挥着“指挥棒”“方向标”的作用。美国、欧盟、日本等发达国家和地区的水环境一度受到严重污染，为应对严峻的水质污染和生态破坏问题，自 20 世纪 70 年代以来，欧盟、美国、日本先后编制水环境保护规划，就各个时期水污染防治工作作出系统谋划和战略部署，对推动各地区水环境管理与保护起到了积极的作用。

1．美国

美国的水污染防治规划体系是在联邦、区域办公室和州三级政府的协作下，针对水污染防治、饮用水安全保障等方面而制订的一系列规划（图 3-1、表 3-1）。美国联邦政府（EPA）负责制订环境保护战略规划；州政府在满足联邦政府的要求下制订各州的水质管制规划（谢阳村等，2013；李涛等，2018）；区域办公室主要负责执行 EPA 的规划政策，与各州、部落、地方政府协调，并提供技术援助，不负责制订规划。环境保护战略规划和水质管制规划分别作为联邦政府、州政府层面的环境规划，共同指导美国各级政府水污染防治工作。

联邦层面的环境规划主要为 EPA 编制的环境保护战略规划。《2018—2022 年环境保护战略规划》是美国联邦政府实施的第 9 轮环境保护战略规划，以“提供清洁和安全的水体”为环境保护的四项任务（改善空气质量、提供清洁和安全的水体、土壤污染防治、确保化学品安全）之一，围绕保护人体健康、保护和恢复水质、加大水资源基础设施的投资、促进环境效益和经济增长等方面制定了具体的子目标和实施对策，用于指导 EPA 未来五年的水污染防治工作。

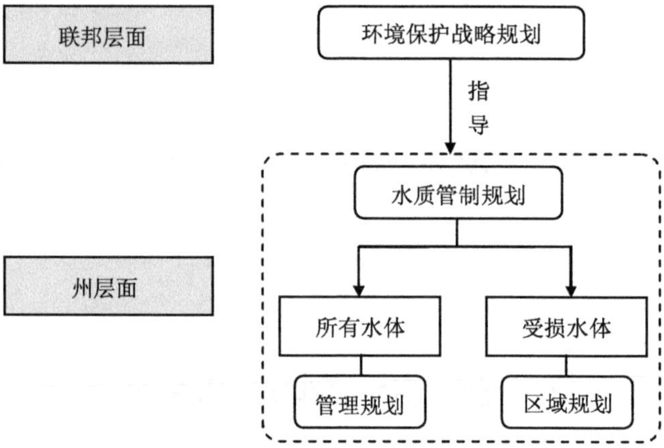

图 3-1　美国水污染防治规划体系框架

表 3-1　美国主要水污染防治规划

<table>
<tr><th>类别</th><th colspan="2">名称</th><th>发布部门</th><th>主要内容</th><th>规划文件</th></tr>
<tr><td>联邦层面</td><td colspan="2">环境保护战略规划</td><td>EPA</td><td>主要包括清洁空气和全球气候变化、清洁安全的水、执行和环境管理、土地保护和修复、健康社区和生态系统等方面内容</td><td>《1995—1999 年环境保护战略规划》
《1997—2002 年环境保护战略规划》
《2000—2005 年环境保护战略规划》
《2003—2008 年环境保护战略规划》
《2006—2011 年环境保护战略规划》
《2009—2014 年环境保护战略规划》
《2011—2015 年环境保护战略规划》
《2014—2018 年环境保护战略规划》
《2018—2022 年环境保护战略规划》</td></tr>
<tr><td rowspan="2">州层面</td><td rowspan="2">水质管制规划</td><td>管理规划</td><td>州水质管理局/州水资源管理局</td><td>适用于州内所有水体。主要包括水质监测和数据处理、点源和非点源的污染控制措施及执法要求、计划达标的时间表、计划实施保障等内容</td><td>《内陆地表水、封闭海湾和河口规划》</td></tr>
<tr><td>区域规划</td><td>州水质管理局/州水资源管理局</td><td>以受损水体为关注重点。明确以流域为基础，同时考虑流域地理情况、水文条件、当地社会经济和文化等各方面因素，确定流域内的水体用途及水质目标，提出了保障流域水体达标的监测计划和措施</td><td>《区域规划》</td></tr>
</table>

州层面的水污染防治规划是在联邦政府的指导下各州制订的水质管制规划。EPA 公布的环境保护战略规划是美国联邦政府机构制订的未来五年环境规划，战略规划的细化

与落实则主要由州政府执行。在水污染防治方面，州政府会在满足联邦政府要求的情况下，结合本地的水环境状况，制订各州具体的管理规划，即水质管制规划。水质管制规划主要包括两类，一类是适用于州内所有水体的，不分地理位置、流域位置，适合整个州范围的管理规划，涵盖范围比较大。管理规划的水质指标覆盖了水生态系统所有组成的质量状况，包括营养物标准、有毒污染物标准、水体物理化学标准等，具体指标由各州环保部门结合当地的水资源与水环境条件自行制定（李涛等，2018）。另一类是适合某一特定地区水环境保护的区域规划，区域规划是以流域为基础，同时在考虑流域地理情况、水文条件、当地社会经济和文化等各方面因素之后，由州水质管理局或州水资源管理局负责制定。区域规划以《清洁水法》第 303 条（d）项中所列受损水体为关注重点，为本区域所有地表水指定用途、建立水质标准、制定达到水体指定用途的各项规划和项目、阐明所需要的监督检查行动保障、评估规划实施的时间表。

2. 欧盟

欧盟的水污染防治规划体系是在共同的法律框架和政策指导下，针对水资源管理、水环境保护等方面而制订的一系列规划。自 1973 年欧共体制定《第一个环境行动规划》（1973—1976 年），欧盟的水环境保护规划及治理工作已经开展近 50 年，取得了一定成效。在这个过程中，环境行动规划、《水框架指令》、《欧洲水资源保护蓝图》三部重要环境规划分别作为环境规划总纲领、水环境保护规划、水资源管理规划，构建了欧盟水污染防治规划体系（图 3-2、表 3-2），对推动欧盟成员国水污染防治工作起到了重要作用。

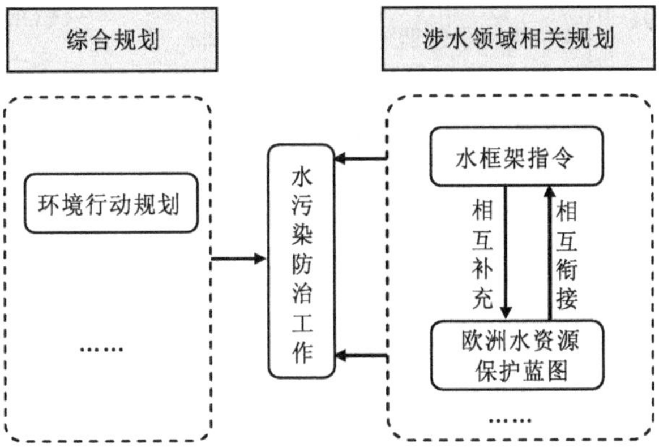

图 3-2 欧盟水污染防治规划体系框架

表 3-2　欧盟主要水污染防治规划

类别	名称	发布部门	主要内容	规划文件
综合规划	环境行动规划	欧盟委员会	主要包括保护自然资本，发展资源节约、绿色和有竞争力的低碳经济，使欧盟公民的健康免于环境的压力和危险，促进欧盟城市的可持续发展等方面内容	《第一个环境行动规划》(1973—1976 年)、《第二个环境行动规划》(1977—1981 年)、《第三个环境行动规划》(1982—1986 年)、《第四个环境行动规划》(1987—1992 年)、《第五个环境行动规划》(1993—2000 年)、《第六个环境行动规划》(2002—2012 年)、《第七个环境行动规划》(2014—2020 年)
涉水领域相关规划	水框架指令	欧盟委员会	针对流域管理规划的制定和实施主要提出了以下要求：2002 年 12 月 22 日前，各成员国对本国流域内包括地下水、河口和离岸 1.852 km 之内的海水进行鉴定，并落实到流域管理区；2009 年前，确定流域水环境主要问题，制订并公布第一个流域管理规划；2012 年前，确保各项规划措施到位；2015—2027 年，实施第二轮、第三轮 6 年规划	《水框架指令》(2000/60/EC)、《水框架指令》(2455/2001/EC)、《水框架指令》(2008/32/EC)、《水框架指令》(2008/105/EC)、《水框架指令》(2009/31/EC)、《水框架指令》(2013/39/EU)、《水框架指令》(2014/101/EU)……
	欧洲水资源保护蓝图	欧盟委员会	以确保对水资源和水环境有影响的所有活动应要考虑可持续性发展，从而确保大家可以可持续和公平地使用优质水为长期目标，针对如何实现水状态良好的问题，提出了欧盟水域化学状态和污染、欧盟水体脆弱性等 6 个方面的问题与解决方案，并明确了各解决方案实施者和完成时间	《欧洲水资源保护蓝图》(COM/2012/0673)

环境行动规划作为欧盟极具代表性的环境规划，形成了欧盟一致要求或共同决定的欧洲环境行动时效性政治纲领，涵盖了水、大气、生物、气候等多个领域（刘学之等，2017）。《第七个环境行动规划》(2014—2020 年）是欧盟实施的第 7 个环境行动规划，该规划的发展目标是于 2050 年构建生态和谐的可持续发展的经济模式，实现生物多样性和自然资源的可持续管理。在水污染防治方面，该规划提出了 2020 年前要努力解决城市水污染问题，并确保使欧洲的水环境处于良好状态。

《水框架指令》是针对水污染防治、水资源保护等涉水领域的一部规划政策，于 2000 年颁布实施，整合了欧盟原有零散的水环境法规，涵盖了水资源开发、水环境保护（城市污水处理、污染防治等）、栖息地保护等多个方面，明确了水资源及环境保护的目标，并规定了各项目标的完成期限（Faust M. et al.，2019；郑军等，2022）。《水框架指令》不仅明确欧盟层面的水环境保护目标和各项目标完成期限，还要求每个流域地区拥有专门的管理机构，制订流域管理规划（包括分阶段水质目标及其保障措施）（陶艳茹等，2021）。欧盟通过对各流域的规划开展情况进行评估审查，确定各流域的流域管理规划是否科学、实用和高效等。同时各成员国依据《水框架指令》的要求对各自国内和地区的流域环境进行评估和监督，并对评估项目提供计划和帮助（L.S.安德森等，2009）。

《欧洲水资源保护蓝图》主要强调改善土地利用，解决水污染，提高用水效率和水的自净能力，通过水资源管理来改善水环境治理。它除了对欧盟各成员国用水量管理水平、用水效率等方面提出了相关问题和解决途径，还对水污染防治作了相关要求和规划，如要求各成员国加大水质监测力度、提高废水处理达标率并制订具体行动规划等。《欧洲水资源保护蓝图》中所提水资源及水环境目标并非新目标，早在《水框架指令》已首次指出欧盟水环境面临的挑战，并提出相应的目标和举措。因此《欧洲水资源保护蓝图》是与《水框架指令》相互补充、相互衔接的。

3. 日本

日本的水污染防治规划体系是在国土规划和国内社会经济发展状况的基础上，针对水资源、排水、健康水循环理念等制订的一系列规划（图 3-3、表 3-3）。日本环境省、国土交通省、农林水产省等多个政府部门提出了环境基本规划、《国家水资源综合规划》、《下水道整备规划》、《全国水循环基本规划》等多个环境规划，分别作为环境综合规划、水资源专项规划、排水专项规划、水循环理念专项规划。其中，各专项规划均涉及水污染防治工作目标与任务内容，各规划之间互相补充和衔接，共同指导日本水污染防治工作的有序实施。

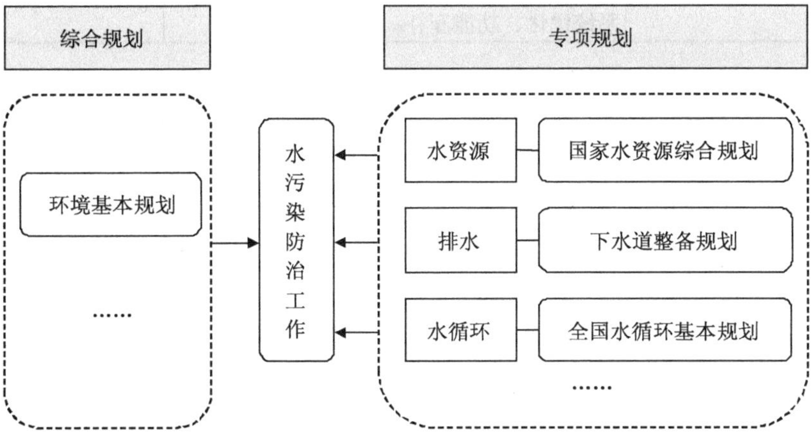

图 3-3 日本水污染防治规划体系框架

表 3-3 日本主要水污染防治规划

类别	名称	发布部门	主要内容	规划文件
综合规划	环境基本规划	环境省	规划以 6 年为周期，明确了构建绿色经济体系实现可持续生产与消费、利用地区资源进行可持续地区建设、开发普及支撑可持续性的技术等六项重点战略，提出建设循环社会、保护生物多样性、加强环境风险管理、强化基础性政策措施等六方面支撑政策。在水污染防治方面，明确了“维护和恢复健康的水循环”“维护和恢复健康、丰饶的水环境”“推进水污染治理”等重点任务	《第一次环境基本规划》 《第二次环境基本规划》 《第三次环境基本规划》 《第四次环境基本规划》 《第五次环境基本规划》
专项规划	国家水资源综合规划	国土交通省	以建设可持续发展的水资源利用型社会为基本目标，阐述了与水资源开发、保护和利用有关的中长期规划问题，并从建立可持续用水系统、保护和维护水环境、恢复和养殖水产养殖三方面制定了实施措施	《国家水资源综合规划（水规划 21）》
	下水道整备规划	环境省、农林水产省、国土交通省	以改善生活用水、生活杂排水为目标，明确了各部门的责任分工：农林水产省负责农业集落排水设施、环境省负责合并处理净化槽、国土交通省负责公共下水道。此外，还要求都道府县制订都道府县规划，市町村需参与讨论都道府县规划的编制	《下水道整备规划》
	全国水循环基本规划	内阁水循环政策本部	以健康水循环为理念，明确了 9 项健康水循环对策，包括流域一体化管理、储存涵养水源、水的合理有效利用、鼓励民间团体、健康水循环教育、调查研究、科学技术和人才培养等，实现了城市涉水工作的统筹衔接、系统优化、功能互补	《全国水循环基本规划》

综合性环境规划是以《环境基本法》（第十五条规定：“为了有效推进保护环境的措施，政府必须制定保护环境的基本规划”）为指导而制订的环境基本规划。《第五次环境基本规划》（2018 年颁布）是基于对国内社会、经济、环境当前形势的综合考虑发布的环境保护综合性、长期性施政大纲，提出了全国未来 6 年环境保护的基本方针和具体实施措施，明确了“推进水污染防治”“维护和恢复健康的水循环”为重点任务之一。

水资源专项规划是以《国家发展综合规划》《国土综合开发法》为指导而制订的国家水资源综合规划（牛锐等，2021）。《国家水资源综合规划（水规划 21）》提出了构筑可持续的用水体系，适应循环型社会发展的要求，并以“保护和改善水环境”为基本目标之一，提出了相应的一系列措施和指标。

排水专项规划是以《下水道法》为指导而制订的关于下水道及相关污水处理设施的整备规划，即《下水道整备规划》。《下水道整备规划》由环境省、农林水产省、国土交通省多个部门，都道府县、市町村多个层级共同负责实施推进，旨在改善生活用水、生活杂排水的处理情况。

水循环理念专项规划是以《水循环基本法》为指导而制定的《全国水循环基本规划》。目前已经发布的《全国水循环基本规划》提出了 4 个主要理念，明确了 9 项健康水循环对策，强调了流域综合性一体化管理，旨在综合性一体化推进健康水循环理念，加强河川、湖泊等水域的综合治理，防治水污染的扩散和累积。此外，《全国水循环基本规划》也要求各城市或者流域开展水循环规划。2017—2018 年，日本有 35 个城市或流域公布水循环规划。日本通过《全国水循环基本规划》将涉水工作以健康水循环理念为指导实现统筹衔接、系统优化、功能互补，水污染防治工作也从分项工作提质增效向全面体系优化转变（郝天等，2021）。

（二）政策体系

美国、欧盟、日本等发达国家和地区的水污染防治多开始于命令控制型政策，后期逐渐加入经济刺激型、劝说鼓励型政策，形成了以命令控制为主、以经济刺激为辅、以劝说鼓励为补充的水污染防治政策体系。命令控制型政策也可称为直接管制政策，主要用来控制社会经济生产中所产生的污染物排放，或在一定时期和相关区域内可能会对生态环境产生污染的行为；经济刺激型政策主要引入市场机制，通过一系列经济行为来刺激或者改变生产者和消费者的行为，并引导他们在各自的生产和消费过程中对其行为进行效益评估；劝说鼓励型政策是一种建立在政府、企业和公众自愿参与和实施的基础之上的政策工具，一般不具有强制性的要求（宋国君，2019）。

1. 美国

20 世纪中后期，美国水污染防治政策随着相关法律法规的制定而逐步发展与完善，在美国水环境保护方面发挥了重要作用（表 3-4）。

表 3-4 美国水污染防治政策体系

类别	名称	主要内容	相关文件或依据
命令控制型	环境影响评价制度	要求机构为所有“立法和其他对人类环境质量有重大影响的联邦行动的提议”编制并公开发布环境影响报告书	《国家环境政策法》（1969 年）
	环境报告制度	规定联邦政府的一切部门应将其制定的环境影响评价和意见书“向公众公布”	《国家环境政策法》（1969 年）

类别	名称	主要内容	相关文件或依据
命令控制型	国家污染物削减许可证制度（NPDES）	美国水污染防治的基本制度，规定排污者从点源排放任何污染物都必须获得水污染物排放许可证	《清洁水法》（1977 年）第 402 条
	污染物最大日负荷总量制度（TMDLs）	要求各州政府必须对没有达到水质标准的水域制订最大日负荷总量计划（TMDLs），将排入水体的所有污染物进行分析，计算出在不违反水质标准的情况，水体中每日能承受的最大污染物负荷，并将削减任务分配到各个污染源，通过将进入水体的污染物削减到环境容量所能允许的范围内，使受损水体逐步恢复并达到水质标准	《清洁水法》（1977 年）第 303 条（d）项
经济刺激型	水质交易	1979 年 EPA 提出了排污权交易，并将其水排污权交易定名为“水质交易”，水质交易领域包括点源与点源之间、点源与非点源之间和厂内排污口之间	《最终水质交易政策》（2003 年）
	环境会计制度	通过相关规章制度明确环境会计科目设置，用经济手段推动环境保护	《财务报表第5号准则》（1975年） 《环境会计和报告的立场公告》（1998 年）
	环境审计制度	形成了以政府审计为主导，内部审计、社会审计与政府审计三位一体的环境审计监督体系。政府审计更注重对政府公共环境管理责任的评价与鉴证，内部审计是为了促进组织内部环境保护责任的履行，社会审计则注重对组织环境使用责任履行程度的鉴证。美国审计总署于 1978 年下设了自然资源利用与保护司，从环保资金的使用情况和效果方面进行环境审计	《政府的机构、计划、项目、活动和职责的审计准则》（1972 年）
	环境税制度	依据该法案规定，美国开始征收末端环境税。此阶段美国推出了多项环境税种，主要包括燃料消费税、运输消费税、二氧化硫税、能源税、固体废物税、排污税。 环保税由税务机构统一征收上缴至联邦财政部，再由联邦财政部将税款分别纳入普通基金预算和信托基金，信托基金还下设超级基金，由 EPA 负责管理，主要用来专门服务专项的环保事业	《综合应对、赔偿和责任法》（1980 年）
	生态保护补贴制度	通过实施土地休耕、水土保持、湿地保护、草地保育、野生生物栖息地保护、环境质量激励等方面的生态保护补贴计划，以现金补贴和技术援助的方式把这些资金分发到农民手中或用于农民自愿参加的各种生态保护补贴项目，使农民直接受益	《农业法》（2002 年）

类别	名称	主要内容	相关文件或依据
劝说鼓励型	公众参与制度	为公众参与行政过程提供了基本的程序规范，主要包括正式程序和非正式程序。正式程序要求通过会议记录对利害关系人所参与的听证作出决定。非正式程序要求在作出影响公众私权利的行政行为时，必须通过通告评议程序对该行政行为以及行为目的作出解释并发布在《联邦登记》上，从而形成了公众参与行政过程的核心	《行政程序法》（1946 年） 《国家环境政策法》（1969 年）
	信息自由制度	公民可向包括 EPA 及各州的环保局在内的任何一级政府机构提出查阅、索取环境相关信息及文件复印件的申请，若公民查询信息的申请被拒绝，可向司法部门提起诉讼。EPA 需在公众提出申请信息公开要求的 10 个工作日内予以答复	《信息自由法》（1967 年）
	公民诉讼制度	所有人都可以以自己的名义对据称违法的自然人及组织（包括在宪法第十一修正案许可的范围内对合众国、EPA 和其他政府部门和机关）提起公民诉讼	《清洁空气法案》（1970 年）

美国是世界上较早采用命令控制型政策模式治理水污染的国家之一，该模式初步形成于 1956—1970 年 5 次对水污染控制法的修改和联邦政府控制水污染权力范围的逐步扩大。1972 年《联邦水污染控制法》修正案确立了命令控制型政策在美国水污染防治中的主导地位。美国的命令控制型政策主要包括环境影响评价（EIA）制度、国家污染物消减许可证制度（NPDES）、污染物最大日负荷总量制度（TMDLs）、环境报告制度等。

20 世纪 70 年代，美国开始利用经济刺激型政策治理环境污染，依靠市场的力量促使企业主动守法。其中，排污权交易政策是最为典型的经济刺激手段，美国是最早将排污权交易付诸实践的国家，EPA 将其水排污权交易定名为“水质交易”。

公众参与是命令控制和经济刺激手段的重要补充，在命令控制政策和经济刺激政策蓬勃发展的 20 世纪六七十年代，美国发展起了公众参与制度、信息自由制度及公民诉讼制度等劝说鼓励型政策，保障了公民的环境权，并形成了对行政法律制度的制衡和对环境调节市场机制的监督，有利于改变环境保护的困境。

2．欧盟

欧盟的命令控制型政策主要在政府颁布的法令和法规指导下实施，体现在对污染物排放的最高限值和对产品的技术要求两个方面。对此，欧盟《综合污染防治指令》（IPPC 指令）确立了综合污染防治制度，将末端治理和源头管控、废物控制和产品控制的措施和制度结合起来，并通过项目、规划和计划等不同决策层次的环境影响评价协同，形成了环境影响评价和战略环境评价交织互补的制度合力。

欧盟的水污染防治政策还采用经济刺激手段来治理水污染，主要包括排污收费、环境税、投资、补贴等，其中环境税制度在欧盟经济刺激型政策中占据重要位置。进入21世纪以来，基于市场的政策手段得到了更多运用。2003年6月，欧盟立法委员会通过了“排污权交易计划”指令，并且拟创立全球第一个国际性的排污权交易市场。

欧盟作为国家联盟，权力不如国家集中，在治理过程中难免会出现政策权威性不够强大的问题。获得欧洲民众的广泛支持是加强政策权威性的重要途径。为更加彻底地实行水污染防治政策，欧盟在选择命令控制型政策和经济刺激型政策的基础上更多加入了劝说鼓励型政策工具的使用，主要包括环境信息公开和生态标签制度，进一步促进了社会层面对欧盟环境政策的广泛认同和支持（表3-5）。

表3-5　欧盟水污染防治政策体系

类别	名称	主要内容	相关文件或依据
命令控制型	环境影响评价制度	对环境影响评价进行分类管理。对于对环境有重大影响项目［《环境影响评价指令》（EIA，1985年）附件Ⅰ所列项目］，强制要求所有成员国进行环评；对于附件Ⅱ所列项目，成员国具有酌情筛选权，国家当局可通过特定的筛选程序来决定是否需要环境影响评估	《环境影响评价指令》（EIA，1985年）
	综合污染防治制度	扩大污染控制的方法领域，将有关预防、治理、管理污染的各种措施和制度结合起来，将末端治理和源头管控、废物控制和产品控制的措施和制度结合起来，将各种形式的污染和各环境因子实行整体的、系统的控制	《综合污染防治指令》（IPPC，1996年）
经济刺激型	环境税	环境税是指专门针对调节对象单独设置税种，对需要限制的行为或产品进行征税，主要包括污染税、环境专项税、资源税、能源税以及其他的环境税等。除能源税外，税收因成员国而异。荷兰、德国等国家对地表水污染征税	《关于重组共同体能源产品和电力征税框架的理事会指令》（2003/96/EC） 荷兰《地表水污染防治法》（1970年） 德国《废水纳税法》（1994年）
	押金返还机制	押金是对可能造成污染的产品的销售征收的附加费，当符合某些条件时，如把用过的或废弃的物品送到集中地，从而避免了污染，这笔费用就可退还	德国《包装物法案》（1991年）
	排污许可交易	英国进行了水污染物排污权交易	《“排污权交易计划”指令》（ETS，2003年）
劝说鼓励型	环境信息公开制度	政府等主管部门将环境信息通过书面、图像或者数据库的方式及时向民众公开，让民众知晓，这保障了公民参与环境治理以及对环境的知情权	《关于自由获取环境信息的指令》（1990年） 《在环境问题上获得信息、公众参与决策和诉诸法律的公约》（1998年）

类别	名称	主要内容	相关文件或依据
劝说鼓励型	环境诉讼制度	保障包括非政府组织在内所有市民三项权利：①环境信息获取权；②环境决策参与权；③获得司法参与权。获取环境信息的请求未能实现的个人为实现该权利而享有某种诉讼权	《在环境问题上获得信息、公众参与决策和诉诸法律的公约》（2001 年）
	生态标签	在除医药产品、食品、危险品、有害品外的工业产品和服务上使用生态标签，生态标签可以授予符合条例第 1 条规定的目标并符合共同体健康、安全和环境要求的产品	《关于共同体生态标签奖励计划的理事会条例》（880/92/EEC）

3. 日本

20 世纪六七十年代，日本水环境污染爆发，甚至出现世界知名的几大公害污染事件，如痛痛病、水俣病等。这种情况下，日本建立了公害健康损害补偿制度、防治公害计划等一系列独具特色的公害防治政策，以应对水污染造成的公害。除此之外，日本还制定并实施了总量控制制度、环境影响评价制度、改善命令制度等命令控制型政策，规范污染减排、污染源控制、污染后整治等环节的开展。

20 世纪末期，日本经历了从治理环境污染向预防环境污染这一理念上的转变。到了 2000 年，日本政府提出了建设“循环型经济社会”的目标。为配合这些战略规划，日本政府制定了一系列法律、法规和总量控制准则，为环境税制度和环境会计制度的实施奠定了基础，通过市场行为调控减少水环境污染。

在命令控制与经济刺激之余，日本主要采用了环境信息公开制度、环境诉讼制度及生态标志制度等劝说鼓励型政策，充分调动政府、企业及公民的力量，在提高企业和公众环保意识的同时平衡水环境治理和经济发展，为日本水污染防治提供了良好的基础条件（表 3-6）。

表 3-6　日本水污染防治政策体系

类别	名称	主要内容	相关文件或依据
命令控制型	环境影响评价制度	按照《环境影响评价法》的规定，日本有 13 类项目需要进行环评，包括道、河川、铁道、机场、发电站、废弃物处置、土地、住宅区、填埋及围海造地、工业用地开发、基础设施、商业中心和海港建设	《基本环境法》（1993 年） 《环境影响评价法》（1997 年）
	总量控制制度	实行地区排放总量和大型点源排放总量控制	《水质污染防治法》（1978 年）
	改善命令	都、道、府、县知事认为企业有可能不符合排放标准的外排水，或者有可能排放不符合总量控制标准时，可以命令企业限期改善特定设施的构造、使用方法或者临时停止其外排水的排放	《水污染防治法》（1998 年）

类别	名称	主要内容	相关文件或依据
命令控制型	公害健康损害补偿制度	不仅针对水污染造成的公害健康损害，同时对大气污染造成的公害健康损害作出了规定，依据该法律全面建立起了作为政府行政行为的患者认定以及企业民事补偿的补偿系统	《关于公害健康损害的赔偿等的法律》（1974 年）
	防治公害计划	内阁总理大臣应当向指定区域有关的都道府知事发布指示，指示在这些地区实施环境污染控制政策的基本方针及制订有关环境污染控制计划	《公害对策基本法》(1967 年)
经济刺激型	环境税制度	对水资源污染控制的设备，减征所得税及固定资产税；对污染防治及资源回收设备按其成本 30% 计提折旧	《环境税方案》（2005 年）
	环境会计制度	对环境会计的对象、目标、计量方法、环境会计原则等方面有明确的定义，而且就对外环境报告的编制及对内部环境管理报表的格式都有具体的建议	《环境会计指南》（2005 年）
劝说鼓励型	环境信息公开制度	通过公开行政机关所拥有的信息，使政府更好地承担起向国民说明其所开展的各种施政活动的义务，同时获得日本国民的理解	《行政机关保有信息公开法》（法律第 42 号，1997 年）
	环境诉讼制度	当环境权利受到损害时，公民可提起环境诉讼。日本的环境诉讼始于公害诉讼	《环境基本法》（1993 年）
	生态标志制度	宣传产品环境影响方面的知识并鼓励消费者选择环境无害化产品。这个目标的实现是通过授权某些产品使用生态标志而实现的，这些产品可以减少日常活动对环境的影响，从而为保护环境作出贡献	1989 年日本环境协会正式开始生态标志认证工作，1995 年按照 ISO 14024 要求重新审定生态标志的认证标准和方法

二、水污染防治规划政策体系特点

（一）规划体系

1. 建立完善的目标指标体系

20 世纪初，欧盟提出要全域实现“水生态良好”目标。欧盟《水框架指令》要求各成员国制订对地表水、地下水及保护区的水生态、化学状况和水文状况等多个方面的监测计划。美国的水环境战略规划中提出了较为全面的指标要求，除了涉及传统污染物指标，还对有分泌干扰物、纳米材料等新型污染物和鱼类、贝类等生物指标进行规定，对水生态的恢复起到了重要作用。美国、欧盟以保障水生态环境健康为导向制订规划，严格制定水生态目标，增加鱼类、水生植物等水生态指标，逐步建立完善的目标指标体系。

2. 建立完善的规划保障体系

完善的规划保障体系是环境规划得以实施的基础。美国、欧盟、日本等发达国家和地区的环境规划制度保障机制方面相对成熟，在环境规划的执行、实施、评估和监督等各个方面都有详细的规定，保障规划行之有效。美国水环境保护战略规划年限为 5 年，每 3 年会根据规划执行情况而调整一次环境保护目标；欧盟对其水环境治理的实施措施进行评估审查，并根据评估审查结果对其进行修改，各成员国则根据欧盟层面的规划调整而适时跟进；日本的环境基本规划、国家水资源综合规划等水污染防治规划均在相关法律的指导下制订，其相关法律赋予了规划的重要地位，保障了规划实施的推进、协调和执行。

（二）政策体系

1. 以市场为导向实施管理

美国、欧盟、日本等发达国家和地区的成功经验表明，水污染防治政策市场化是未来发展趋势。美国、日本、德国、荷兰等国家均制定了专门的水污染税法，或在水污染防治法律中对水污染税加以规定，主要针对收入、消费、财产等环节征税，通过市场经济刺激有力推动了水污染控制。在排污纳税的基础上，美国、英国等国家还对水污染物排污权进行交易，拓宽了交易市场，实现水环境质量改善的同时具有积极的经济意义。

2. 重视社会各界参与

美国、欧盟、日本等发达国家和地区在环境治理的过程中比较重视公众意见，通过信息自由制度或环境信息公开制度明确公民对环境信息的知情权，并通过建立公民诉讼制度保障公民环境权利，提高公众的环境意识及水污染防治政策制度的民主性，积极发挥司法机关在水环境保护中的作用。此外，美国还确立了公众参与制度，为包含利害关系人、利益团体及非政府组织在内的公众参与过程提供了基本的程序规范及法律保障。

第二节　我国水污染防治规划政策体系

一、水污染防治规划体系

我国水污染防治工作起源于 20 世纪 70 年代官厅水库治理，但大规模、系统性地治水是在 1996 年《中华人民共和国水污染防治法》确立按流域或区域推行水污染防治规划制度之后。多期水污染防治规划的编制实施，对我国水环境质量改善发挥了统领性作用（徐敏等，2021）。

（一）水污染防治规划体系概况

1. 现行规划体系架构

以规划引领经济社会发展，是我们党治国理政的重要方式，是中国特色社会主义发展模式的重要体现。《中共中央　国务院关于统一规划体系更好发挥国家发展规划战略导向作用的意见》（中发〔2018〕44 号）提出，“坚持下位规划服从上位规划、下级规划服务上级规划、等位规划相互协调，建立以国家发展规划为统领，以空间规划为基础，以专项规划、区域规划为支撑，由国家、省、市、县各级规划共同组成，定位准确、边界清晰、功能互补、统一衔接的国家规划体系”（图 3-4）。

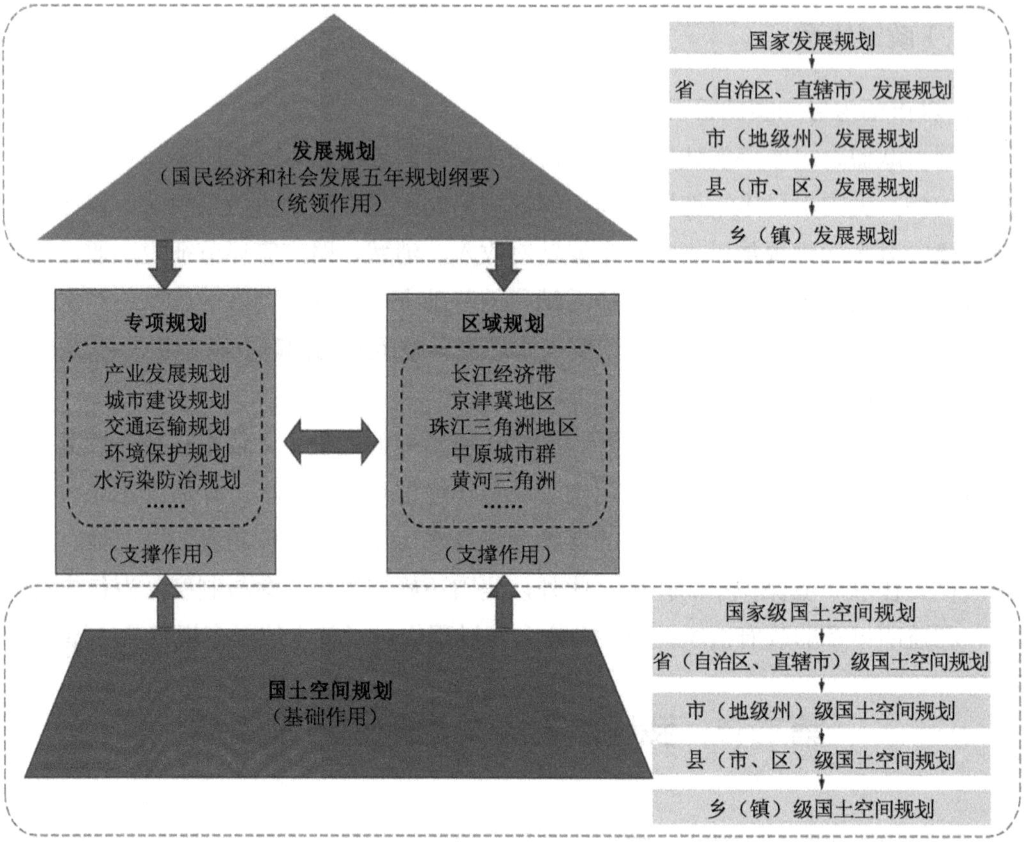

图 3-4　我国规划体系架构

国家发展规划，即中华人民共和国国民经济和社会发展五年规划纲要，是社会主义现代化战略在规划期内的阶段性部署，主要是阐明国家战略意图、明确政府工作重点、引导规范市场主体行为，是经济社会发展的宏伟蓝图，是政府履行经济调节、市场监管、社会管理、公共服务、生态环境保护职能的重要依据。国家发展规划根据党中央关于制订国民经济和社会发展五年规划的建议，由国务院组织编制，经全国人民代表大会审查批准，居于规划体系最上位，是其他各级各类规划的总遵循。

国土空间规划以空间治理和空间结构优化为主要内容，是实施国土空间用途管制和生态保护修复的重要依据。国家级国土空间规划要细化落实国家发展规划提出的国土空间开发保护要求，对国家级专项规划具有空间性指导和约束作用。

区域规划是指导特定区域发展和制定相关政策的重要依据。国家级区域规划主要以国家发展规划确定的重点地区、跨行政区且经济社会活动联系紧密的连片区域以及承担重大战略任务的特定区域为对象，以贯彻实施重大区域战略、协调解决跨行政区重大问题为重点，突出区域特色，指导特定区域协调协同发展。国家级区域规划要细化落实国家发展规划对特定区域提出的战略任务，由国务院有关部门编制，报国务院审批。

专项规划是指导特定领域发展、布局重大工程项目、合理配置公共资源、引导社会资本投向、制定相关政策的重要依据。国家级专项规划要细化落实国家发展规划对特定领域提出的战略任务，由国务院有关部门编制，报国务院审批，党中央有明确要求的除外。

省级规划、市县级规划依据国家发展规划制定，既要加强与国家级专项规划、区域规划、空间规划的衔接，形成全国“一盘棋”，又要因地制宜，符合地方实际，突出地方特色。

2. 水污染防治规划体系内容

水污染防治规划是《中华人民共和国水污染防治法》规定的、国家规划体系中不可或缺的专项规划之一，与经济社会发展规划、国土空间规划、水资源综合规划等规划有着密切的相容性或相关性。此外，为确保水污染防治规划目标如期实现，有关部门根据需要制订相应的计划（一般期限为三年及以下）、方案（其中，针对不达标水体制定限期达标方案），主要是细化、落实水污染防治规划。经过近 30 年的努力探索和实践，我国水污染防治规划取得了一系列重要成果，已形成自上而下、与各相关规划相互协调衔接的规划体系（图 3-5）。

依照《中华人民共和国水污染防治法》第十六条规定，我国的水污染防治规划分为两大类：一是流域水污染防治规划，二是区域水污染防治规划。二者均是我国水污染防治规划体系中的重要类型，经国家或者省批准的流域水污染防治规划是区域水污染防治规划制订的依据。

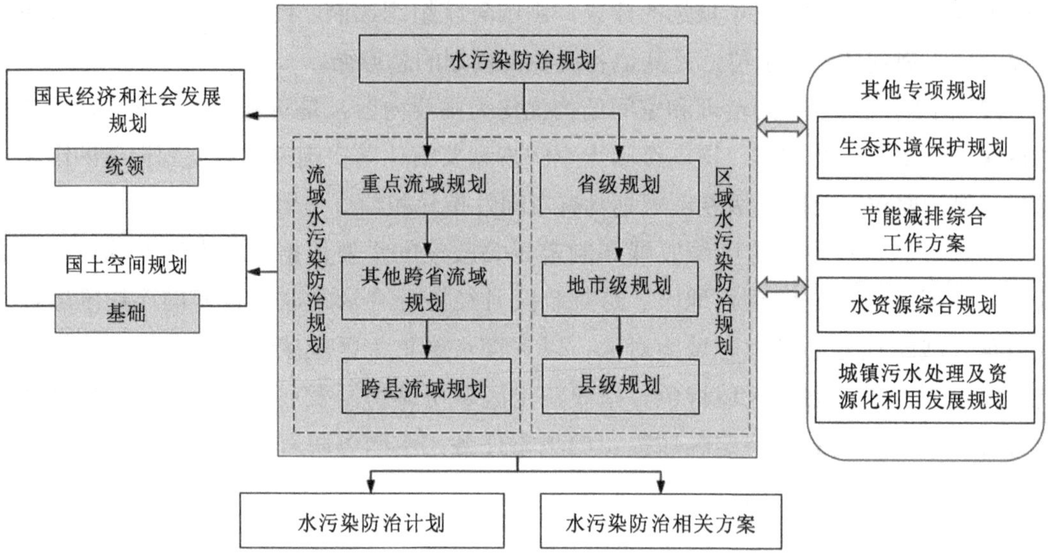

图 3-5 我国水污染防治规划体系框架

（1）流域水污染防治规划

根据《中华人民共和国水污染防治法》，我国流域水污染防治规划包括三个层次：一是国家确定的重要江河、湖泊的流域水污染防治规划，由国务院生态环境主管部门会同国务院经济综合宏观调控、水行政等部门和有关省、自治区、直辖市人民政府编制，报国务院批准。二是除国家确定的重要江河、湖泊外的其他跨省江河、湖泊的流域水污染防治规划，由有关省、自治区、直辖市人民政府生态环境主管部门会同同级水行政等部门和有关市、县人民政府编制，经有关省、自治区、直辖市人民政府审核，报国务院批准。三是省、自治区、直辖市内跨县江河、湖泊的流域水污染防治规划，由省、自治区、直辖市人民政府生态环境主管部门会同同级水行政等部门编制后，报省、自治区、直辖市人民政府批准，并报国务院备案。

（2）区域水污染防治规划

根据《中华人民共和国水污染防治法》，地方各级人民政府对本行政区域的水环境质量负责，县级以上人民政府作为水环境保护的第一责任人，应当根据国家或者省依法批准的流域水污染防治规划，组织制订本行政区域的水污染防治规划，对本行政区域的水污染防治目标、任务、措施等作出具体要求。

（二）水污染防治规划与相关规划的关系

1. 与国家发展规划的关系

国民经济和社会发展规划统筹安排和指导全国或某一地区的社会、经济、文化建设工作，它规定了经济和社会发展的总目标、总任务和所要发展的重点、所要采取的战略部署和重大政策与措施，是全国或某一地区经济、社会发展的总体纲要。水污染防治也是国民经济和社会发展规划的重点内容之一，十三届人大四次会议审议通过的《中华人民共和国国民经济和社会发展第十四个五年规划和2035年远景目标纲要》就提出了“深入开展污染防治行动”的重要任务。水污染防治规划与国民经济和社会发展规划的密切关系主要包括以下两个方面：一是因经济社会发展产生的污染，包括城镇生活污染、工业污染、农业农村污染和移动源污染等，始终是水污染防治的主要对象，必须度量经济发展规模和模式对水环境造成的影响；二是生产力的布局和产业结构，许多水环境问题都是由产业结构和生产力布局不合理引起的，因此其对水环境问题有根本性的影响。水污染防治工作纳入国民经济和社会发展规划可以从环境保护角度提出人口控制和经济发展的合理政策、促进生产力布局和产业结构优化的建议，并从预防为主的理念出发，由末端治理向全过程控制转变，将污染防治与技术改造、设备更新、工艺改革以及提高生产效益结合起来，实现环境与经济的协调发展（王金南等，2021）。

2．与国土空间规划的关系

建立国土空间规划体系并监督实施，将主体功能区规划、土地利用规划、城乡规划等空间规划融合为统一的国土空间规划，实现“多规合一”，强化国土空间规划对各专项规划的指导约束作用，是党中央、国务院作出的重大部署。2021年，自然资源部组织编制了《全国国土空间规划纲要（2021—2035年）》，省级及以下国土空间总体规划和重要区域国土空间规划编制实施工作也在加快推进。国土空间规划是国家空间发展的指南、可持续发展的空间蓝图，是各类开发保护建设活动的基本依据。水污染防治规划的空间布局和需求应纳入国土空间规划进行统筹考虑。随着国土资源的大量开发和消耗，国土资源稀缺性和生态环境压力日益突出，《全国国土空间规划纲要（2021—2035年）》强调要以资源环境承载能力和国土空间开发适宜性评价为基础，坚持“以水定城、以水定地、以水定人、以水定产”等原则，综合分析各地资源环境禀赋、开发保护需求、水利工程项目建设等因素，统筹划定生态保护红线、永久基本农田、城镇开发边界，合理布局生态空间、农业空间、城镇空间，优化形成与水资源、水环境、水生态、水安全相匹配的国土空间结构，要加强对水源涵养空间、河湖水域空间和洪水高风险区域空间的规划、管控与治理，助推我国生态保护和经济社会高质量发展。

3．与水资源综合规划的关系

水资源综合规划是指根据经济社会发展需要和水资源开发利用现状编制的开发、利用、节约、保护水资源和防治水害的总体部署，是一项重要的资源环境战略性规划。2010年，国务院批复了《全国水资源综合规划（2010—2030年）》，提出了开发利用与节约保护的一系列控制性指标，按照水资源可利用量实施总量控制，按照河流生态环境用水要求进行断面水量控制，按照节水型社会建设要求进行用水定额控制，按照水域纳污能力进行入河排污总量控制，规划的实施对我国水资源开发利用、节约保护、合理配置和科学管理工作产生重大的影响，取得了显著的经济、社会和生态效益。水资源综合规划的开发利用状况、用水总量和用水效率目标设置、“三生”用水配置及生态需水保障、水资源优化配置方案等都对水污染防治规划目标制定和任务措施安排有重要的影响。

4. 与节能减排综合工作方案的关系

“十一五”以来，国务院在每个五年规划期均制定节能减排综合工作方案，对全国节能减排工作进行总体部署，对加快经济社会绿色转型发挥了重要作用。节能减排综合工作方案确定了节能减排约束性目标，如《“十四五”节能减排综合工作方案》提出到2025年，全国化学需氧量、氨氮排放总量较2020年均下降8%以上，并部署了农业农村节能减排、重点区域污染物减排、环境基础设施水平提升等重点工程，明确了具体目标任务。其中，重点区域污染物减排方面提出“持续打好长江保护修复攻坚战，扎实推进城镇污水垃圾处理和工业、农业面源、船舶、尾矿库等污染治理工程，到2025年，长江流域总体水质保持为优，干流水质稳定达到Ⅱ类。着力打好黄河生态保护治理攻坚战，实施深度节水控水行动，加强重要支流污染治理，开展入河排污口排查整治，到2025年，黄河干流上中游（花园口以上）水质达到Ⅱ类”。节能减排综合工作方案中，这些主要污染物减排目标和减排措施与水污染防治规划的水环境质量目标确定、规划任务措施的设计密切相关。

5. 与城镇污水处理及资源化利用发展规划的关系

污水收集处理及资源化利用设施是城镇环境基础设施的核心组成，是深入打好污染防治攻坚战的重要抓手，对于改善城镇人居环境，推进城市治理体系和治理能力现代化，加快生态文明建设，推动高质量发展具有重要作用。城镇污水处理及资源化利用发展规划提出了城镇污水处理及资源化利用的主要目标、重点建设任务、设施运行维护要求以及保障措施，是指导各地有序开展城镇污水处理及资源化利用工作的重要依据。2021年，国家发展改革委、住建部联合印发了《“十四五”城镇污水处理及资源化利用发展规划》（发改环资〔2021〕827号），旨在有效缓解我国城镇污水收集处理设施发展不平衡不充分的矛盾，系统推动补短板强弱项，全面提升污水收集处理效能，加快推进污水资源化利用，提高设施运行维护水平，有效改善我国城镇水生态环境质量。城镇生活污染防治是水污染防治规划的重要任务之一，尤其是“十一五”以来大规模的城镇污水处理设施及配套管网的建设，对水污染物排放总量的削减和城市水环境质量的改善发挥了巨大作用。

6. 与水污染防治相关计划、方案的关系

为确保水污染防治规划目标如期实现，有关部门往往会根据需要制订相应的计划（一般期限为三年及以下）、方案（其中，针对不达标水体制定限期达标方案），通过合理安排工作重点和行动时序，使规划能够分阶段、分步骤、分层次地有效推进。“十三五”时期，为贯彻落实国家印发的《重点流域水污染防治规划（2016—2020 年）》，许多地区相应制定了相关计划、方案，如重庆市制定了《重庆市重点流域水污染防治规划实施方案（2016—2020 年）》，天津市制定了《〈重点流域水污染防治规划（2016—2020 年）〉天津市实施方案》，河北省印发并实施了《河北省碧水保卫战三年行动计划（2018—2020 年）》。通过计划、方案的实施，进一步细化落实规划目标和任务，建立了政府牵头、各部门分工合作，各负其责、齐抓共管的工作机制和重点项目实施机制、考核机制，把水污染防治工作的主要任务落到实处。

（三）水污染防治规划编制实施情况

对流域或者区域的水污染防治实行统一规划，是实现有关流域或者区域水污染防治目标的基础和保障。我国对水资源的开发利用以及水污染防治一直坚持按流域或区域统一规划的原则。

1. 重点流域水污染防治规划

重点流域水污染防治规划是“九五”以来国家层面指导水污染防治工作的重要抓手，对于推进我国水环境质量持续改善发挥了重要作用。“九五”以来，国家从治理“三河三湖”（淮河、辽河、海河、太湖、巢湖、滇池）开始，连续实施了五期重点流域水污染防治五年专项规划，以治理淮河为先导，五期重点流域规划范围不断扩大。在“九五”计划治理“三河三湖”的基础上，“十五”计划增加了三峡库区及其上游，“十一五”规划增加了松花江、黄河中上游，“十二五”规划增加了长江中下游；“十三五”之后将珠江流域纳入重点流域范围，三峡库区及其上游、丹江口库区及其上游、长江中下游、太湖、巢湖、滇池等流域均纳入长江流域范围，规划范围包括长江、黄河、珠江、松花江、淮河、海河、辽河等七大流域，以及浙闽片河流、西南诸河、西北诸河，形成覆盖全国的重点流域水污染防治规划（徐敏等，2019）（表 3-7）。

表 3-7　我国“九五”至“十四五”重点流域水污染防治规划（计划）

规划（计划）	覆盖范围	规划名称	批复单位	批复时间
“九五”	“三河三湖”（淮河、辽河、海河、太湖、巢湖、滇池）	淮河流域水污染防治规划及“九五”计划	国务院	1996 年
		巢湖水污染防治“九五”计划及 2010 年规划	安徽省人民政府	1997 年
		太湖水污染防治“九五”计划及 2010 年规划	国务院	1998 年
		滇池流域水污染防治“九五”计划及 2010 年规划	国务院	1998 年
		海河流域水污染防治规划	国务院	1999 年
		辽河流域水污染防治“九五”计划及 2010 年规划	国务院	1999 年

规划（计划）	覆盖范围	规划名称	批复单位	批复时间
“十五”	“三河三湖”、三峡库区及其上游和南水北调东线	太湖流域水污染防治“十五”计划	国务院	2001 年
		三峡库区及其上游水污染防治规划	国务院	2001 年
		巢湖流域水污染防治“十五”计划	国务院	2002 年
		淮河流域水污染防治“十五”计划	国务院	2003 年
		海河流域水污染防治“十五”计划	国务院	2003 年
		辽河流域水污染防治“十五”计划	国务院	2003 年
		滇池流域水污染防治“十五”计划	国务院	2003 年
“十一五”	“三河三湖”、三峡库区及其上游、松花江、黄河中上游、丹江口库区及上游	丹江口库区及上游水污染防治和水土保持规划	国务院	2006 年
		松花江流域水污染防治规划（2006—2010 年）	国务院	2006 年
		三峡库区及其上游水污染防治规划（修订本）	国务院	2007 年
		淮河流域水污染防治规划（2006—2010 年）	国务院	2008 年
		海河流域水污染防治规划（2006—2010 年）	国务院	2008 年
		辽河流域水污染防治规划（2006—2010 年）	国务院	2008 年
		太湖水环境综合治理方案	国务院	2008 年
		巢湖流域水污染防治规划（2006—2010 年）	国务院	2008 年
		滇池流域水污染防治规划（2006—2010 年）	国务院	2008 年
		黄河中上游水污染防治规划（2006—2010 年）	国务院	2008 年
“十二五”	“三河三湖”、松花江、黄河中上游、三峡库区及其上游、丹江口库区及上游、长江中下游	长江中下游流域水污染防治规划（2011—2015 年）	国务院	2011 年
		重点流域水污染防治规划（2011—2015 年）	国务院	2012 年
		丹江口库区及上游水污染防治和水土保持“十二五”规划	国务院	2012 年
		太湖流域水环境综合治理总体方案（2013 年修编）	国务院	2013 年
“十三五”	长江、黄河、珠江、松花江、淮河、海河、辽河等七大流域，以及浙闽片河流、西南诸河、西北诸河	重点流域水污染防治规划（2016—2020 年）	国务院	2017 年
		丹江口库区及上游水污染防治和水土保持“十三五”规划	国务院	2017 年
“十四五”	长江、黄河、珠江、松花江、淮河、海河、辽河等七大流域，以及浙闽片河流、西南诸河、西北诸河	重点流域水生态环境保护规划	国务院	2023 年

2．区域水污染防治规划

区域水污染防治规划是流域水污染防治规划得以具体落实的基础，县级以上地方的水污染防治规划对流域水污染防治规划的实施具有重要意义。《中华人民共和国水污染防治法》第十六条第五款对各地方的水污染防治规划的制定作了明确规定，即各地方的水污染防治规划的编制依据为经依法批准的江河、湖泊流域水污染防治规划；县级以上地方人民政府对本行政区域的水污染防治规划负有责任，应当及时组织制定本行政区域的水污染防治规划。目前，我国已有多个省（市）编制实施了区域水污染防治规划，如浙江省2016年出台了《浙江省水污染防治“十三五”规划》，江苏省2017年出台了《江苏省“十三五”水污染防治规划（2016—2020）》，武汉市2019年出台了《武汉市水污染防治规划（2016—2030年）》（表3-8）。

表3-8 我国主要区域水污染防治规划

序号	规划名称	批复单位	批复时间
1	浙江省水污染防治“十三五”规划	浙江省人民政府	2016年
2	江苏省“十三五”水污染防治规划（2016—2020）	江苏省人民政府	2017年
3	南京市“十三五”水污染防治专项规划	南京市人民政府	2017年
4	武汉市水污染防治规划（2016—2030年）	武汉市人民政府	2019年
5	南通市“十三五”水污染防治规划	南通市人民政府	2016年
6	宿迁市“十三五”水污染防治规划（2016—2020）	宿迁市人民政府	2017年
7	丽水市水污染防治规划（2016—2020）	丽水市人民政府	2017年
8	慈溪市水污染防治五年规划（2017—2021年）	慈溪市人民政府	2017年
9	淮上区水污染防治专项规划	淮上区人民政府	2017年
10	江夏区水污染防治规划	江夏区人民政府	2019年
……	……	……	……

二、水污染防治政策体系

自20世纪70年代我国水污染防治起步以来，经过近50年的发展，我国基本形成了较为完善的水污染防治政策体系，在改善水环境质量方面实效性和生命力不断展现，发挥了不可替代的支持和保障作用。

（一）体系发展过程

我国早期水污染防治政策主要包括八项管理制度。1989年，第三次全国环境保护会议系统地确定了环境保护三大政策和八项管理制度，即预防为主、防治结合，谁污染谁治理和强化环境管理的三大政策，以及“三同时”制度、环境影响评价制度、排污收费制度、城市环境综合整治定量考核制度、环境目标责任制度、排污申报登记和排污许可证制度、限期治理制度和污染集中控制制度。这些政策和制度，先以国务院政令颁发，后进入各项污染防治法律法规在全国实施，初步形成了符合我国国情的水污染防治政策制度体系。2006年，国务院召开的第六次全国环境保护大会明确提出要加快实现三个转变，强调要从主要用行政办法保护环境转变为综合运用法律、经济、技术和必要的行政办法解决环境问题，这标志着我国水环境保护多种政策综合调控开始受到重视。经过多年的变迁和发展，我国已初步形成以行政管理政策为主、市场经济政策为辅、公众等多元主体参与的政策体系，为顺利完成水生态环境规划目标和打好打赢水污染防治攻坚战提供了充分支撑与保障（图 3-6）。

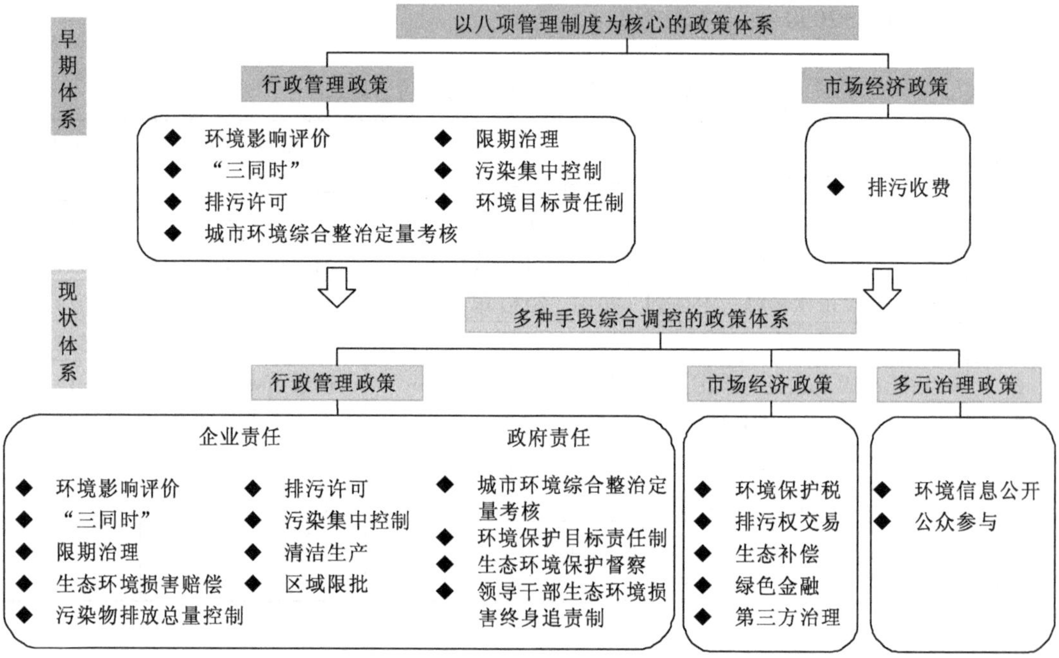

图 3-6　我国水污染防治政策体系的发展过程

（二）行政管理政策

环境管理的行政手段是指依靠行政组织，运用行政措施，按照行政方式来管理环境。其主要特点是在民主集中制的基础上，各级政府机构凭借上下级之间的权威和服从关系，对下属各级企事业单位的环境管理活动进行适当的干预，以达到防治污染、保护环境的目的。长期以来，我国水污染防治工作主要依赖行政手段。我国早期形成的八项制度中，除排污收费政策外，环境影响评价、"三同时"、环境保护目标责任制、城市环境综合整治定量考核、排污许可、污染集中控制和限期治理等 7 项均为行政管理政策，并长期作为我国生态环境管理的主体结构，发挥着重要作用。此后，随着生态环境管理实践的逐步深入，我国又先后实行了污染物排放总量控制、清洁生产、区域限批、生态环境损害赔偿、生态环境保护督察、领导干部生态环境损害终身追责制度等，推动落实党委、政府和企业的生态环境保护责任（葛察忠等，2019）。

1．落实企业主体责任相关政策

（1）政策组成

在强化企业水污染防治责任方面，我国行政管理政策主要有环境影响评价、“三同时”、污染物排放总量控制、清洁生产、排污许可、污染集中控制、限期治理、区域限批、生态环境损害赔偿等，其目的在于通过加强企业水污染物排放行为减少水污染物排放，从而实现水环境质量改善。王金南等（2011）根据政策的控制阶段，将企业水污染防治相关政策分为前期预防、中期管理、末端控制三类。属于前期预防的政策主要有环境影响评价、“三同时”、污染物排放总量控制、区域限批，属于中期管理的有清洁生产、排污许可，属于末端控制的有污染集中控制、限期治理、生态环境损害赔偿等，构成我国企业水污染物排放全过程管控政策体系（图 3-7、表 3-9）。

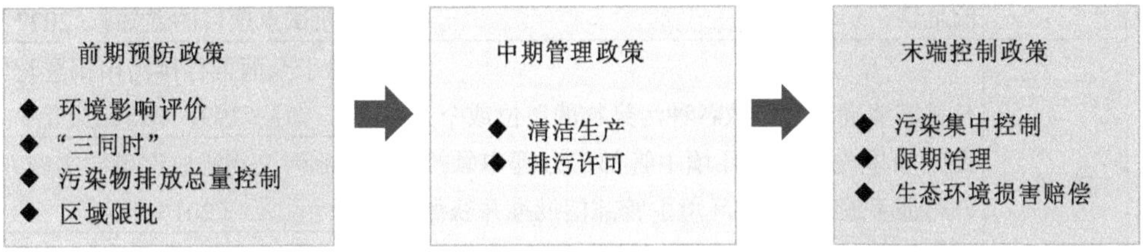

图 3-7　我国水污染防治企业主体责任全过程管控体系

表 3-9　我国主要水污染防治行政管理政策

类型	名称	主要内容	主要政策文件
落实企业主体责任相关政策	环境影响评价	对规划和建设项目实施后可能造成的环境影响进行分析、预测和评估，提出预防或者减轻不良环境影响的对策和措施、进行跟踪监测的方法与制度。通过实施环境影响评价，从源头上预防与减缓不良环境影响、规避决策失误及其生态环境风险	《关于执行建设项目环境影响评价制度有关问题的通知》（1999 年，已废止）
			《关于以改善环境质量为核心加强环境影响评价管理的通知》（2016 年）
			《关于做好国土空间总体规划环境影响评价工作的通知》（2023 年）
	“三同时”	一切新建、改建、扩建的基本建设项目、技术改造项目、自然开发项目、区域开发建设项目以及可能对环境造成损害的工程建设，在设置或安装防污设施或其他环保设施时，必须与主体工程同时设计、同时施工、同时投产（杨洪刚，2011）	《关于进一步完善建设项目环境保护“三同时”及竣工环境保护自主验收监管工作机制的意见》（2021 年）
	污染物排放总量控制	将某一控制区域作为一个完整的系统，采取措施将排入这一区域内的污染物总量控制在一定数量内，以满足该区域的环境质量要求	《主要水污染物总量分配指导意见》（2006 年，已废止）
			《关于规划环境影响评价加强空间管制、总量管控和环境准入的指导意见（试行）》（2016 年）

类型	名称	主要内容	主要政策文件
落实企业主体责任相关政策	区域限批	对超过重点水污染物排放总量控制指标或者未完成水环境质量改善目标的地区，省级以上人民政府生态环境主管部门应当暂停审批新增重点水污染物排放总量的建设项目的环境影响评价文件，倒逼地方政府采取措施，加大整治力度，切实节能减排，改善环境质量（陆浩等，2017）	《建设项目环境影响评价区域限批管理办法（试行）》（2015 年）
	清洁生产	采取改进设计、使用清洁的能源和原料、采用先进的工艺技术与设备、改善管理、综合利用等措施，从源头削减污染，提高资源利用效率，减少或者避免生产、服务和产品使用过程中污染物的产生和排放，以减轻或者消除对人类健康和环境的危害	《关于推行清洁生产的若干意见》（1997 年，已废止） 《关于加快推行清洁生产的意见》（2003 年，已废止） 《关于同意实施第一批清洁生产审核创新试点项目的通知》（2022 年）
	排污许可	凡是需要向环境排放各种污染物的单位或个人，都必须事先向生态环境主管部门办理申领排污许可证手续，经生态环境主管部门批准并获得排污许可证后方能向环境排放污染物	《关于全面推行排污申报登记的通知》（1997 年，已废止） 《控制污染物排放许可制实施方案》（2016 年） 《关于加强排污许可执法监管的指导意见》（2022 年）
	污染集中控制	在特定区域、特定污染状况条件下，对某些同类污染运用政策的、管理的、工程技术等手段，采取综合的、适度规模的控制措施，以达到污染控制效果最好，环境、经济、社会效益最佳（杨洪刚，2011）	《国务院关于进一步加强环境保护工作的决定》（1990 年）
	限期治理	对严重污染环境的污染源或区域发出命令，要求污染者在一定期限内完成治理任务、达到治理目标（杨洪刚，2011）	《关于对逾期未完成限期治理任务的企事业单位加收超标准排污费及实施处罚问题的复函》（1998 年，已废止）
	生态环境损害赔偿	违反国家规定造成环境要素、生物要素及生态系统不利改变的，依法追究生态环境损害赔偿责任	《关于推进生态环境损害赔偿制度改革若干具体问题的意见》（2020 年） 《关于深化生态保护补偿制度改革的意见》（2021 年）
压实政府责任相关政策	环境保护目标责任制	通过责任书的签订（环境行政合同），对环境行政机关和相对人在环保中的责、权、利关系加以确认。运用目标化、定量化、制度化的管理办法，对环保目标的完成情况进行考核，并给予奖惩（杨洪刚，2011）	《国务院关于实行环境保护目标责任制的通知》（2006 年）
	城市环境综合整治定量考核	以量化的环境质量、污染防治、环境建设和管理指标体系综合评价城市政府在城市环境综合整治工作中所取得的成效（杨洪刚，2011）	《关于城市环境综合整治定量考核的决定》（1989 年，已废止）

类型	名称	主要内容	主要政策文件
压实政府责任相关政策	生态环境保护督察	上级政府通过听取汇报、调阅资料、调研座谈、调查问询、个别谈话、受理举报、现场抽查、下沉督察等手段，对下级行政区域突出环境问题及处理情况、环境保护和生态文明建设决策部署情况、环境保护和生态文明建设责任落实情况进行督促检查，以推动相关环保法规、政策、决定的贯彻落实（宋国君，2019）	《环境保护督察方案（试行）》（2015 年）
	领导干部生态环境损害终身追责制	针对领导干部的环境决策造成严重生态环境损害而实行的后果惩罚制度。其意义在于倒逼领导干部转变政绩观，从源头重视生态文明建设	《党政领导干部生态环境损害责任追究办法（试行）》（2015 年）

（2）主要政策间的关系

各政策相互衔接配合，协同推进水污染防治企业责任落实。

排污许可与环境影响评价：环境影响评价制度是建设项目的环境准入门槛，是申请排污许可证的前提和重要依据。排污许可制是企事业单位生产运营期排污的法律依据，是确保环境影响评价提出的污染防治设施和措施落实落地的重要保障。

排污许可与污染物排放总量控制：排污许可制是落实企事业单位污染物排放总量控制要求的重要手段，通过两项政策的衔接，建立由下向上的企事业单位总量控制制度，将总量控制的责任回归到企事业单位，从而落实企业对其排放行为负责、政府对其辖区环境质量负责的法律责任。

环境影响评价与“三同时”：环境影响评价、“三同时”都是以新建、改建、扩建项目为控制对象的行政管理政策，都属于防止项目建成后对环境造成新的污染的政策。前者是项目决策阶段的环境管理，后者是项目实施阶段的环境管理，前者为后者提出防治环境污染和破坏的对策措施，后者是前者的继续和实施。

污染物排放总量控制与区域限批：《中华人民共和国水污染防治法》要求“对超过重点水污染物排放总量控制指标或者未完成水环境质量改善目标的地区，省级以上人民政府环境保护主管部门应当会同有关部门约谈该地区人民政府的主要负责人，并暂停审批新增重点水污染物排放总量的建设项目的环境影响评价文件”。因此，区域限批是保证污染物排放总量控制的任务要求落到实处的重要举措。而区域限批是靠通过暂停审批建设项目的环境影响评价文件来实现的。

2．压实政府责任相关政策

政府在我国水污染防治中一直发挥着主导作用，因此压实政府责任是水污染防治政策的重要组成部分。20 世纪 80 年代以来，逐步探索出一条具有中国特色的环境保护目标责任体系和问责机制（王金南等，2019）；1989 年，第三次全国环境保护会议上提出环境保护目标责任制和城市环境综合整治定量考核；“十一五”开始实施主要污染物减排目标责任考核；“十二五”增加了主要污染物减排指标，减排目标责任体系注重约束性指标完成情况，开始关注政府相关部门常态化的环境保护分工机制；“十三五”期间，环境目标考核从强调主要污染物总量减排调整到以环境质量为核心，特别是水污染防治攻坚战的考核体系得到了进一步加强，强调建立生态环境保护领域相关部门常态化的分工机制。同时引入了生态环境保护督察制度，通过建立领导干部生态环境损害终身追责制度和生态环境保护督察制度来落实“党政同责、一岗双责”（表 3-9）。

（三）市场经济政策

水污染防治市场经济政策是按照市场经济规律的要求，运用价格、税收、财政、信贷、收费、保险等经济手段，调节或影响市场主体的行为，以实现经济建设与水环境保护协调发展的政策手段（李志青，2017）。与行政管理政策手段相比，市场经济政策具有激励效果强、更加注重对经济主体的内生调控等特点，有利于激发经济主体实施环境行为的积极性和主动性、建立环境保护的长效机制，是水污染防治政策的重要组成部分。2006 年，国务院召开的第六次全国环境保护大会明确提出，要从主要用行政办法保护环境转变为综合应用法律、经济、技术和必要的行政办法解决环境问题。我国在水污染防治工作中越来越广泛地运用市场经济政策，手段越来越多，调控范围也从生产环节扩展到整个经济过程，作用方式也从过去的惩罚性为主向惩罚和激励双向调控转变。目前，我国已经形成了环境保护税、生态补偿、排污权交易、绿色金融等在内的市场经济政策体系，在筹集环保资金、激励企业环境行为、提供水污染防治动力方面发挥了重要作用（王金南等，2019）（表 3-10）。

表 3-10　我国主要水污染防治市场经济政策

名称	主要内容	主要政策文件
排污收费	对排放污染物超过排放标准的企业事业单位征收超标排污费，然后将其中的大部分返还给被征收的单位，用于治理污染。（王金南等，2003）排污收费是我国最早实施的环境保护经济政策，2018 年环境保护费改税后，排污单位不再缴纳排污费，改为缴纳环境保护税	《关于征收污水排污费的通知》（1993 年，已废止）
		《关于执行调整排污费征收标准政策有关具体问题的通知》（2015 年，已废止）
环境保护税	政府基于对公共事务的管理权，对与环境相关的特定税基所征收的具有强制性、无偿性和一般性的税收收入，大致可分为对污染物或污染行为征收的排污税、对生态破坏行为征收的税以及为保护环境筹集资金而征的税（宋国君，2019）	《关于环境保护税有关问题的通知》（2018 年）
		《关于明确环境保护税应税污染物适用等有关问题的通知》（2018 年）

名称	主要内容	主要政策文件
排污权交易	在污染物排放总量基础上，通过颁发许可证的方式分配排污指标，并允许指标在市场上交易（杨洪刚，2011）	《关于进一步推进排污权有偿使用和交易试点工作的指导意见》（2014年）
生态补偿	以保护和可持续利用水环境的生态服务为目的，以从事对水环境产生或可能产生影响的生产、经营、开发、利用者为调整对象，以水环境保护、整治和恢复为主要内容，以经济手段为主，调节相关主体之间权利义务关系（陆浩等，2017）	《关于开展生态补偿试点工作的指导意见》（2007年）
		《关于健全生态保护补偿机制的意见》（2016年）
		《关于加快建立流域上下游横向生态保护补偿机制的指导意见》（2016年）
		《关于深化生态保护补偿制度改革的意见》（2021年）
绿色金融	对环保、节能、清洁能源、绿色交通、绿色建筑等领域的项目投融资、项目运营、风险管理等所提供的金融服务，以动员和激励更多社会资本投入绿色产业	《关于落实环境保护政策法规防范信贷风险的意见》（2007年）
		《关于环境污染责任保险的指导意见》（2007年）
		《关于构建绿色金融体系的指导意见》（2016年）

（四）多元治理政策

水资源是一种公共产品，其污染问题具有鲜明的广泛性、动态性、复杂性等特征，单纯依靠政府机制、市场机制抑或社会机制去解决环境问题难免失之偏颇，无法有效实现供需平衡（詹国彬等，2020）。党的十九大报告针对生态环境保护与治理问题提出了“共抓大保护”“构建政府、企业、社会和公众共同参与的环境治理体系”的指导思想，这一科学论断与指导思想彰显出浓郁的“合作治理”意蕴，突出地强调共建共治共享的理念，明确主张在环境治理中构建基于多元主体共同参与的新型环境治理模式，以期最大限度发挥政府机制、市场机制和社会机制在环境治理中的协同治理效应。中华人民共和国成立70年来，我国的水污染防治发展史也是一个不断强化治理主体责任、保护相关环境权益、推进环境共同治理的过程，实现了从初始的政府直控型治理转向社会制衡型治理、从单维治理到多元共治的根本转变，充分发挥各个治理主体的功能，逐步形成了政府主导、市场推动、企业实施、社会组织和公众共同参与的多元共治模式（王金南等，2019）。其中与强化企业、社会组织与公众参与相关的政策主要有推进第三方治理、环境信息公开、鼓励公众参与等（图3-8、表3-11）。

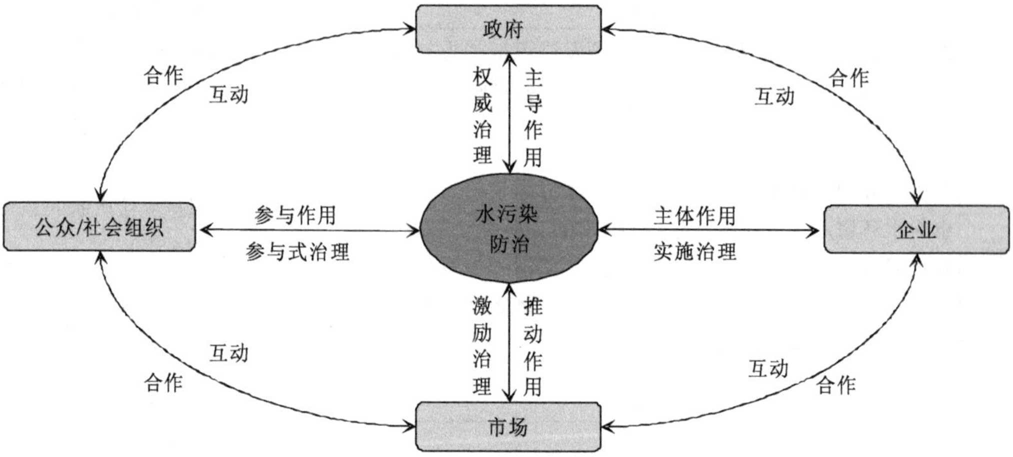

图 3-8　我国水污染防治多元共治模式

资料来源：詹国彬等，2020，有修改。

表 3-11　我国主要水污染防治多元治理政策

名称	主要内容	主要政策文件
第三方治理	环境污染第三方治理是排污者通过缴纳或按合同约定支付费用，委托环境服务公司进行污染治理的新模式。第三方治理是推进环保设施建设和运营专业化、产业化的重要途径，是促进环境服务业发展的有效措施	《国务院关于推行环境污染第三方治理的意见》（2014 年）
		《环境保护部关于推进环境污染第三方治理的实施意见》（2017 年）
环境信息公开	环境信息公开是指管理者依据一定的规则，定期或者不定期地公布环境信息，如污染事故的通报、国家或地区环境状况报告，以及污染可能对人体健康造成的影响等（杨洪刚，2011）	《关于企业环境信息公开的公告》（2003 年）
		《关于进一步加强环境保护信息公开工作的通知》（2012 年）
		《环境保护部关于加强污染源环境监管信息公开工作的通知》（2013 年）
公众参与	水污染防治中的公众参与是指在水污染防治的相关事务中，自然人、法人和社会组织有权通过一定的程序参与水污染防治相关的活动，使这些活动符合全民的利益（张栋，2012）	《关于培育引导环保社会组织有序发展的指导意见》（2010 年）
		《关于推进环境保护公众参与的指导意见》（2014 年）
		《关于推动生态环境志愿服务发展的指导意见》（2021 年）

三、水污染防治规划政策体系特点

（一）规划体系特点

1．与时俱进的规划理念

改革开放以来，随着我国经济社会不断发展，治水理念不断升级，重点流域水污染防治工作的关注对象从单纯减污治污向社会-经济-资源-环境的全面统筹和系统治理转变，从治污为本向以人为本、生态优先转变。污染防治理念从重视点源污染治理向流域区域环境综合整治发展，从侧重末端控制向管理减排，结构减排和中、前端的全过程控制发展，从分散的点源治理向污染物集中控制与分散治理相结合转变。我国经济的日益发展、人民物质生活水平的日益提高，老百姓对景观娱乐、文化休闲等生态环境功能的需求与日俱增，对水生态环境保护工作提出了更高的要求，水生态环境保护逐步从单纯的水质改善转变为更加注重水生态保护修复。

2．“四位一体”的治污总体思路

我国水污染防治规划一直遵循“质量-总量-项目-投资”四位一体的技术路线。在各期规划（计划）中，“质量”表现为列入规划（计划）中的规划断面并对断面设置水质目标；“总量”表现为流域总量控制目标并分解到相关省份；“项目”是为落实规划目标和任务而设置各种类型的水污染防治项目，不同阶段水污染防治项目的类型有不同的侧重；“投资”是实施各种治理项目所需投入的资金（徐敏等，2019）。虽然“十三五”规划未明确给出总量控制目标和规划项目列表，但在实际水环境管理中，未完成《水污染防治目标责任书》规定的地表水优良比例和劣Ⅴ类断面比例的省份，对其总量控制目标实施考核；规划项目建立中央和省级项目库，由各地自主实施（陈岩等，2010）。

3．分级保护的流域水质目标

优先保护高功能水体和水质良好水体、限期改善污染严重水体水质、逐步恢复水体使用功能，是我国水污染防治规划水质目标确定的重要经验。优先保护高功能水体和水质良好水体，其核心是饮用水水源和Ⅰ～Ⅲ类优良水体保护，高功能水体高要求保护。为更好地适应生态环境保护管理要求，反映全国地表水环境质量状况及其变化趋势，我国在 20 世纪 80 年代初建立了国家地表水环境质量监测网并逐步发展完善，与水环境质量监测体系相匹配的是，每一期重点流域水污染防治规划均制定了饮用水水源地等高功能水体、水质良好水体、污染严重水体等相关规划断面及水质目标要求。

4．分区控制的流域管理体系

实施流域分区管理是我国水生态环境保护长期坚持的基本方略，流域分区可为实施精准治污、科学治污提供基础性的空间框架。“九五”期间，淮河流域规划就建立了“控制区-控制单元-控制子单元”分区体系（马乐宽等，2020）。《重点流域水污染防治“十二五”规划（2012—2015 年）》首次建立了“流域-控制区-控制单元”三级分区管理体系，形成了流域一体化和行政区域分层相结合的管理模式（王谦等，2015）。经过各期计划/规划不断发展完善，“十三五”时期建立了覆盖全国十大流域片的分区管理体系，共划分 341 个水生态控制区、1 784 个水环境控制单元，并实施分级（580 个优先控制单元和 1 204 个一般控制单元）、分类管理（水质改善型和防止退化型），流域分区、分级、分类的针对性管控措施进一步强化，精细化管理水平进一步提升。

5．更新迭代的规划技术方法

规划编制工作刚起步时，数据模拟、空间表达等技术条件落后，图形表达少，且大多数靠手工完成。20 世纪 90 年代前后，计算机辅助设计等技术开始在规划工作中加以应用。21 世纪前后，以“3S”技术为代表的地理信息技术蓬勃发展，给规划信息化技术提供了技术支撑。近年来，随着生态环境管理转型的不断推进，水生态环境治理更加关注与社会经济系统的交互影响和水生态环境系统治理以及源头管控。在此形势下，数据库技术、模型模拟技术、可视化技术等逐步得到应用，拓展了规划技术方法的广度和深度，提升了规划编制的精细化、信息化和空间化水平。

（二）政策体系特点

1．在政策目标上，由被动治理向积极主动应对转变

我国的环境政策是伴随工业化发展逐渐演变的，与美国、欧盟、日本等国家和地区相比，我国的工业化过程被压缩在很短的时间内，需要同时处理好经济增长、社会转型和环境治理三者的关系。水污染防治政策的制定和执行必须服务于我国宏观的经济发展战略，在保护环境的同时要实现经济社会的现代化转型。改革开放之前和之初，我国环境政策以保经济增长为中心，采取“先污染后治理”和“边污染边治理”的政策目标，但经济规模的急剧扩大和与之相随的环境问题的日益突出，环境事件引发的环境压力成为环境政策演变的直接动力，进而确立了“环境优先、保护优先”的可持续发展目标，政策目标由被动治理转向积极主动应对。

2．在政策作用点上，注重同时从根源上预防和从后果上治理

我国水污染防治政策所处的特殊时刻是：工业化进程中已出现了大量水污染问题，同时我国已认识到这些问题是与经济发展过程密切相关的。因此，水污染防治政策既要处理已经出现的后果，又要采取措施预防新的环境问题，这就必然使我国水污染防治政策出现全面出击、两者兼顾的局面，从而使我国水污染防治政策有比较多的作用点，例如，既有环境影响评价、“三同时”、污染物排放总量控制、区域限批等预防性政策，又有清洁生产、排污许可等过程管控政策，还有限期治理、生态环境损害赔偿等补救性措施。

3. 在环境政策执行机制上，注重政府管制的作用

我国水污染防治政策中的各种具体措施，特别是各项管理制度，大部分是由政府部门直接操作，并作为一种行政行为而通过政府体制实施的，这就使我国水污染防治政策具有浓郁的政府行为色彩。政府在水环境治理中的主导地位是由内外两方面因素决定的，一是弥补市场经济局限性的必然要求，市场经济这只“看不见的手”在环境资源配置过程中发挥着重要作用，而市场经济本身具有局限性，“市场失灵”往往会带来环境保护领域的“公地悲剧”“负外部性”等问题；二是政府基本职能的内在要求，水环境治理是一个具有公共性、复杂性和长期性等特点的系统性工程，只有发挥好政府主导作用才能充分动员各方力量进行水环境治理。

4. 在环境政策实施手段上，强调各类手段的并重与结合

在我国水污染防治政策中，命令控制类手段占主导地位，同时经济刺激类手段与劝说鼓励类手段发展也较快，注重多种政策手段的组合使用，以政策“组合拳”支撑水环境保护工作。我国水污染防治政策体系形成初期，“命令-控制”式的行政管控色彩浓厚，伴随从计划经济体制向市场经济体制的转变，经济手段的高效性日益受到人们的注意，随后环境保护税、生态补偿、排污权交易、绿色金融等经济政策不断出现及完善，虽然环境问题由于其外部性的存在，并不适合完全采用单纯的市场手段来调节，但是作为环境政策主体的政府通过对经济手段的应用，一定程度上实现了政府对环境资源的合理配置，保证了环境政策的效果。随着经济进入中高速增长时期，公众的环保意识越来越强烈，对美好生活的向往日益强烈，水污染问题的显性化、社会关注的广泛化、大众媒体的聚焦化，使水污染防治公众监督及参与成为必然趋势，环境信息公开、第三方治理、公众参与等政策应运而生。

第三节 广东省水污染防治规划政策体系

一、水污染防治规划体系

广东省制订省级层面的规划，与国家规划体系相衔接，初步形成了以省规划纲要为统领，专项规划、区域规划、空间规划和市县规划等各类规划定位清晰、功能互补、纵向对接、横向衔接的规划体系。

省发展规划重点聚焦事关全省长远发展的大战略、跨部门跨行业的大政策、具有全局性影响的跨区域大项目，统筹重大战略和重大举措时空安排，是全省其他各级各类规划的总遵循。省级专项规划、区域规划、空间规划和市县规划依据省发展规划编制，省级空间规划发挥基础作用，专项规划、区域规划起支撑作用。省级专项规划主要涉及科技创新、制造业高质量发展、新型城镇化、生态文明、卫生与健康事业发展等领域。

在水污染防治规划体系方面，广东省一直以来主要以行动计划、方案为抓手，细化落实国家水污染防治规划及相关领域规划有关水污染防治的任务，“十四五”将水污染防治规划列入省级专项规划，水污染防治规划体系不断完善（表 3-12）。

表 3-12　广东省主要水污染防治相关规划、计划及方案

类型	规划名称	批复单位	批复时间
规划	韩江流域水质保护规划（2017—2025 年）	广东省人民政府	2017 年
	粤桂两省区九洲江流域水污染防治规划	广东省人民政府、广西壮族自治区人民政府	2017 年
	广东省水生态环境保护“十四五”规划	广东省人民政府	2021 年
计划	广东省碧水工程计划	广东省人民政府	1997 年
	南粤水更清行动计划（2013—2020 年）	广东省人民政府	2013 年（2017 年修订）
	广东省水污染防治行动计划实施方案	广东省人民政府	2015 年
	广东省打好污染防治攻坚战三年行动计划（2018—2020 年）	广东省人民政府	2018 年
方案	广东省珠江水环境综合整治方案	广东省人民政府	2002 年
	东江流域生态环境保护方案	广东省人民政府	2017 年
	练江流域水环境综合整治方案（2015—2020 年）	广东省人民政府	2015 年
	小东江流域水环境综合整治方案（2015—2020 年）	广东省人民政府	2015 年
	深圳市龙岗河、坪山河流域水环境综合整治达标方案	深圳市人民政府	2008 年
	深圳市观澜河（石马河）流域水环境综合整治达标方案	深圳市人民政府	2010 年
	潮州市枫江流域水质达标方案（2017—2020 年）	潮州市人民政府	2017 年

1．规划

“十四五”之前，广东省未将水污染防治规划纳入省级专项规划，仅在韩江、九洲江等探索实施水污染防治规划，制定并实施了《韩江流域水质保护规划（2017—2025 年）》《粤桂两省区九洲江流域水污染防治规划》等重点流域规划。“十四五”广东省将水污染防治规划纳入省级专项规划，2021 年 12 月印发了《广东省水生态环境保护“十四五”规划》。

2．计划

从 1997 年开始，广东省先后制定出台了《广东省碧水工程计划》《南粤水更清行动计划（2013—2020 年）》《广东省水污染防治行动计划实施方案》《广东省打好污染防治攻坚战三年行动计划（2018—2020 年）》，深入贯彻落实我国重点流域水污染防治工作要求，为推进广东省水环境质量持续改善发挥了重要作用。

3．方案

广东省 2002 年发布实施了《广东省珠江水环境综合整治方案》。针对东江水质保护，2017 年编制实施了《东江流域生态环境保护方案》。同时，广东省以跨界重污染河流为重点，大力推进“两河”（淡水河、石马河）和“四河”（广佛跨界河流、茅洲河、练江、小东江）等重污染河流综合整治，编制实施了《练江流域水环境综合整治方案（2015—2020 年）》《小东江流域水环境综合整治方案（2015—2020 年）》《深圳市观澜河（石马河）流域水环境综合整治达标方案》等。

二、水污染防治政策体系

在国家“以行政管理政策为主、市场经济政策为辅、公众等多元主体参与”的水污染防治政策整体框架下，广东省出台了一系列指导意见、实施方案等政策文件（表 3-13），制定了符合本省实际情况的具体实施路径。初步构建起了一套具有地方特色的水污染防治政策体系及实施模式，为推动水污染防治工作提供了良好的支持。

表 3-13　广东省主要水污染防治政策

类型		名称	主要政策文件
行政管理	落实企业主体责任相关政策	环境影响评价	《广东省人民政府关于进一步做好我省规划环境影响评价工作的通知》（2010 年）
			《广东省人民政府关于深化我省环境影响评价制度改革指导意见》（2020 年）
			《广东省“三线一单”生态环境分区管控方案》（2020 年）
		“三同时”	《广东省生态环境厅关于加强建设项目环境保护“三同时”和竣工环境保护自主验收监管工作的通知》（2021 年）
		污染物排放总量控制	《广东省环境保护厅关于实行建设项目环保管理主要污染物排放总量前置审核制度的通知》（2008 年，已废止）
		区域限批	《广东省对不能满足环境要求区域、流域环保限批的实施意见》（2007 年）
		清洁生产	《广东省人民政府办公厅关于加快推进清洁生产工作的意见》（2007 年，已废止）
			《关于加强全省重点企业清洁生产审核工作的通知》（2009 年，已废止）
			《关于进一步加强广东省重点企业清洁生产审核工作的通知》（2011 年，已废止）
			《广东省关于全面推进绿色清洁生产工作的意见》（2016 年）
			《广东省工业和信息化厅　广东省生态环境厅关于加快推进重点行业清洁化改造工作的通知》（2018 年）
		排污许可	《广东省环境保护厅关于实施国家排污许可制有关事项的公告》（2018 年）
		污染集中控制	《关于我省山区及东西两翼与珠江三角洲联手推进产业转移的意见（试行）》（2005 年）
		限期治理	《广东省进一步加强淘汰落后产能工作实施方案》（2010 年，已废止）
		生态环境损害赔偿	《广东省生态环境损害赔偿制度改革实施方案》（2018 年）

类型		名称	主要政策文件
行政管理	压实政府责任相关政策	环境保护目标责任制	《广东省环境保护责任考核指标体系》(2012年)
			《广东省生态环境保护工作责任清单》(2017年)
		城市环境综合整治定量考核	《广东省城市环境综合整治定量考核办法》(1989年，已废止)
		生态环境保护督察	《广东省环境保护督察方案(试行)》(2016年)
		领导干部生态环境损害终身追责制	《广东省党政领导干部生态环境损害责任追究实施细则》(2016年)
市场经济		排污收费	《广东省发展改革委　广东省财政厅　广东省环境保护厅关于调整排污费征收标准实行差别收费政策的通知》(2015年，已废止)
		环境保护税	《关于广东省大气污染物和水污染物环境保护税适用税额的决定》(2017年)
		排污权交易	《广东省环境保护厅　广东省财政厅关于在我省开展排污权有偿使用和交易试点工作的实施意见》(2013年，已废止)
			《广东省环境保护厅　广东省财政厅关于印发广东省排污权有偿使用和交易试点管理办法的通知》(2014年)
			《广东省排污权有偿使用和交易试点工作方案》(2014年)
			《广东省环境保护厅关于进一步深化我省排污权有偿使用和交易试点工作的通知》(2017年)
		生态补偿	《汀江-韩江流域上下游横向生态补偿协议》(2016年)
			《九洲江流域水环境补偿的协议》(2016年)
			《东江流域上下游横向生态补偿协议》(2016年)
			《广东省东江流域省内生态保护补偿试点实施方案》(2020年)
		绿色金融	《关于开展环境污染责任保险试点工作的指导意见》(2012年，已废止)
			《广东银监局关于广东银行业加快发展绿色金融的实施意见》(2018年)
多元治理		第三方治理	《广东省人民政府办公厅关于加快推进我省环境污染第三方治理工作的实施意见》(2016年)
		环境信息公开	《广东省环境保护厅政府信息公开工作制度》(2011年)
			《广东省关于进一步做好重点排污单位环境信息公开的通知》(2020年)
		公众参与	《广东省建设项目环保管理公众参与实施意见》(2007年)
			《广东省环境保护厅环保公众参与窗口建设指导意见》(2014年)

1. 行政管理政策

包括落实企业主体责任和压实政府责任两个方面。落实企业主体责任方面，在前期预防-中期管理-末端治理企业水污染物排放全过程管控政策体系框架上，“十三五”出台《关于深化我省环境影响评价制度改革指导意见的通知》，以建立精简高效、衔接顺畅的管理制度体系，提升环境管理精细化水平为目标，推进排污许可制与环评制度改革，探索环评与排污许可深度融合，着力构建固定污染源环境管理体系。压实政府责任方面，自1991年起，广东省在全国率先开展地方政府环保责任考核工作，经过近30年的发展，已经逐步形成了具有广东特色的政府环保责任考核制度，大大强化了各级地方领导的环保责任，促进了各级党委、政府将环境保护摆上更重要的位置，提高了环境与发展的综合决策能力。在“十三五”期间，广东省建立了“1+4”生态环境保护监察体系，健全省级生态环境保护督察制度，实现了重点不达标水体水污染防治督导督办全覆盖。同时，创新实行“一市一策一专班”督导服务模式，对各地市实施挂点督导，深入基层开展督导服务，协助地市打好打赢水污染防治攻坚战。

2. 市场经济政策

广东省作为沿海发达省份，在市场经济发展与环境保护工作需求的双重推动下，是国内开展水污染防治市场经济政策研究实践较早、进展较快的省份之一。排污收费是广东省首个水污染防治市场经济政策，自1980年实施以来，在向污染者提供持续的经济刺激以促使污染治理、减少污染物排放以及通过收费筹集资金为污染控制提供资金支持方面发挥了一定作用。“十二五”探索推进环境污染责任保险试点、排污权有偿使用和交易试点。“十三五”推进环境保护费改税等绿色税制改革，实现排污收费向环境保护税平稳过渡。此外，广东省还积极开展流域生态补偿工作，建立跨省九洲江、韩江、东江和省内东江、潭江等跨界流域生态补偿机制，促进受益地区与保护地区共同发展。

3. 多元治理政策

在构建政府主导、市场推动、企业实施、社会组织和公众共同参与的多元共治模式方面，除以上落实政府和企业责任、强化市场经济刺激相关政策外，广东省还推进第三方治理、强化信息公开、鼓励公众参与，构建全民治水格局。推进第三方治理方面，广东省印发实施《关于加快推进我省环境污染第三方治理工作的实施意见》，对参与模式、监管体系等方面作了明确规定，环境公用设施、工业污染治理等重点领域第三方治理取得显著进展。环境信息公开方面，在政府官网定期向社会公布水环境质量状况、水污染工作进展情况，同时借助报纸、电视、网站、微信、微博等载体，开设饮用水水源地环境保护专项行动、水污染防治攻坚等专栏，对水污染治理成效亮点进行持续跟踪宣传报道。鼓励公众参与方面，推动生态环境保护社会监督员制度，建设信息公开和公众投诉网络平台，鼓励公众积极参与对生态环境保护工作的日常监督。

三、水污染防治规划政策体系特点

（一）规划体系特点

广东省不断深入推进水污染防治工作，尤其是“十三五”以来，全力推动科学、精准、依法治污，水污染防治规划体系逐步完善。规划的特点主要体现在以下方面：一是坚持从区域流域整体出发，实施水污染系统防治与精准施策，形成了“一河一策、多源共治”的流域水环境治理模式，特别在针对“两河”“四河”等重污染河流的整治上，坚持流域统一规划、统一治理。二是建立监督机制，强化政府责任，走出了一条“人大监督、政府主导、部门协同、政绩考核”的流域水环境管理路径。通过《南粤水更清行动计划》等的实施，建立起政府牵头、各部门分工合作、各负其责、齐抓共管的工作机制和重点项目实施机制、考核机制，把水污染防治工作的主要任务落到实处。三是推动跨行政区域合作，共同解决区域重大水环境问题，建立了“定期会商、联合监测、联合执法、应急联动”的区域水污染联防联治机制。例如，为了推进九洲江跨界河流整治，粤、桂两省区政府 2014 年签署《粤桂九洲江流域跨界水环境保护合作协议》，两省区联合制订《粤桂两省区九洲江流域水污染防治规划》，共同出资用于流域上游环境基础设施建设和污染治理工作，共同优化流域产业结构和布局，联合开展水质监测和污染治理，协同处理跨省突发水环境事件等，“九洲江模式”成为跨省界河流水污染防治的典范（罗育池等，2020）。

（二）政策体系特点

广东省构建了以行政管理政策为主、市场经济政策为辅、公众等多元主体参与的政策体系，体系内容较为完整、实施路径较为清晰。行政管理政策方面，企业责任及政府责任两手抓，在政策执行方面探索出了“1+4”生态环境保护监察体系、“一市一策一专班”等好的做法，可为其他省（市）提供参考。市场经济政策方面，广东省作为沿海发达省份，在市场经济发展与水环境保护需求的双重推动下，是国内开展环境经济政策研究实践较早、进展较快的省份之一，建立了从第三方治理市场到排污权交易市场、从环境保护税改革到流域生态补偿和创新绿色金融的多领域环境经济政策体系（李志青等，2017）。多元治理政策方面，突出政府主导、社会参与，强化环境信息公开的同时倡导公众参与，构建全民治水、群策群力、共建共享的治水体系。

中篇　实践篇

导语：20 世纪 90 年代以来，尤其是党的十八大提出大力推进生态文明建设总体要求以来，广东省探索和推行了一系列水污染防治法规、标准、规划和政策，构成了具有地方特色的法规标准与规划政策体系，有力支撑了全省水污染防治工作从良到优的跃升。本篇系统介绍了编者参与广东省典型水污染防治法规、标准、规划、政策编制的经验做法，以期能够对从事水污染防治法规、标准、规划、政策研究的工作者有所启示。

第四章 《广东省水污染防治条例》制定研究

第一节 研究背景及思路

一、条例制定意义

广东省历年来颁布了《广东省珠江三角洲水质保护条例》（1998年）、《广东省韩江流域水质保护条例》（2001年）、《广东省东江水系水质保护条例》（2002年）、《广东省跨行政区域河流交接断面水质保护管理条例》（2006年）、《广东省饮用水源水质保护条例》（2007年）、《广东省西江水系水质保护条例》（2017年）等多项水质保护条例，这些条例的颁布实施在广东省水污染防治工作方面发挥了重要作用。但“十三五”全省水环境质量仍不容乐观，水污染形势依然严峻。截至2018年，全省71个地表水国考断面仍有9个为劣V类断面，占比12.7%，水质优良率（Ⅰ～Ⅲ类）78.9%，距离目标还有较大差距。2018年9月，广东省人大常委会通过了《关于大力推进水污染防治的决定》，要求加快生态环境保护和污染防治立法，并提出在水环境保护领域积极开展先行性、创新性立法。为贯彻落实新修订的《中华人民共和国水污染防治法》等法律的规定和省人大常委会立法计划的要求，2019年1月，广东省生态环境厅在立法前期工作的基础上组织启动《广东省水污染防治条例》草案制定研究工作。2020年11月，广东省第十三届人民代表大会常务委员会第二十六次会议通过了《广东省水污防治条例》，自2021年1月1日起施行。

制定《广东省水污染防治条例》（以下简称《条例》）是贯彻落实国家及省工作部署和健全地方生态环境法治体系的需要，对进一步推动广东省水污染防治工作、保护和改善水环境意义重大。

一是贯彻落实国家和省关于加强水污染防治工作决策部署的迫切需要。2015年4月，国务院印发《水污染防治行动计划》，2015年12月，省人民政府印发《广东省水污染防治行动计划实施方案》，切实推进水污染防治工作。2018年9月，省委办公厅、省政府办公厅联合印发《广东省打好污染防治攻坚战三年行动计划（2018—2020年）》，吹响了广东省污染防治攻坚战的总攻号角，同年9月，省人大常委会第五次会议审议通过了《关于大力推进水污染防治的决定》，要求把水污染防治工作纳入法治化轨道，切实做好水污染防治立法监督工作。《条例》制定研究是贯彻落实《水污染防治行动计划》等党中央、国务院政策文件，并将省“水十条”及相关水污染防治攻坚方案等规范性文件法治化的需要。

二是制定水污染防治的专门立法，建立健全地方生态环境法治体系的需要。2017 年 6 月 27 日，第十二届全国人民代表大会常务委员会第二十八次会议通过了新修订的《中华人民共和国水污染防治法》，修订后的水污染防治法进一步细化和完善了现阶段我国关于水污染防治的法律制度，提出了水污染防治的新要求。《广东省环境保护条例》和大气、固体废物、土壤等生态环境各要素的专门立法已于近年修订或通过，广东省历年也陆续颁布了韩江、东江、西江以及饮用水源水质保护条例，从立法体系上看，尚缺少水污染防治的专门立法。因此，为贯彻落实《中华人民共和国水污染防治法》，有必要研究制定一部全省适用、专门规范水污染防治的地方性法规，将水污染防治工作纳入法治化轨道，依法依规推动解决水环境突出问题，进一步强化广东省生态环境法治保障。

三是保护和改善水环境，打好污染防治攻坚战的现实需要。近年来，广东省以水环境质量改善为核心，以多源共治为主要抓手，全面推进水污染防治工作，进一步加强饮用水水源保护，积极开展河道综合整治和生态修复，水环境质量取得明显改善。但目前全省部分区域水环境改善基础仍不牢固，结构性、布局性污染问题依然突出，水污染治理设施短板依然存在，工业和城镇生活污染治理成效仍需巩固深化，农业面源污染防治“瓶颈”亟待突破，水生态环境安全风险防控有待加强，水污染形势依然严峻。制定《条例》是推进水污染防治工作的重要抓手，为广东省打好打赢污染防治攻坚战提供法律保障。

二、条例立法定位

《条例》作为广东省首部水污染防治综合性法规，其立法范围宜适用于省内的所有江河、湖泊、运河、渠道、水库等地表水体和地下水体的污染防治。立法基本原则应当统筹山水林田湖草沙一体化保护和系统治理，遵循预防为主、防治结合、综合治理、公众参与、损害担责的原则，对水污染防治进行系统全面的规定，优先保护饮用水水源，严格控制工业污染、城镇生活污染，防治农业农村污染、船舶污染，积极推进生态环境治理工程建设，预防、控制和减少水环境污染和生态破坏，持续推动水环境质量改善。通过《条例》的制定及颁布实施，为广东省全面加强水污染防治、保护水生态环境提供更加有力的法治保障，对依法推动打好污染防治攻坚战、维护人民群众健康、促进经济社会高质量发展具有重要意义。

三、条例基本思路

作为地方性法规，《条例》制定应当遵循“不重复、不抵触、有特色、可操作”的基本原则，充分衔接《中华人民共和国环境保护法》《中华人民共和国水污染防治法》等上位法及相关法律法规，结合广东省实际研究制定更细化、有针对性、可操作性强的规定。在立法过程中，主要遵循基本思路如下：

一是吸收实践经验。从水污染防治的需求及新形势、新要求出发，以《水污染防治行动计划》《广东省水污染防治行动计划实施方案》《广东省打好污染防治攻坚战的三年行动计划》等为重要参考依据，贯彻落实党中央战略决策以及省委工作部署，以国家有关法律法规为依据，结合广东实际，吸纳近年来全省水污染防治工作成功经验，坚持问题导向，进一步明确细化上位法有关规定，补充完善水污染防治配套制度。

二是充分衔接细化。充分梳理《中华人民共和国环境保护法》《中华人民共和国水污染防治法》《中华人民共和国水法》等上位法的要求，对于《中华人民共和国水污染防治法》有明确规定的，《条例》不再重复；此外，还应当与国家相关法规制度进行衔接。

三是注重系统整合。对于《广东省跨行政区域河流交接断面水质保护条例》《广东省饮用水源水质保护条例》及《广东省韩江流域水质保护条例》《广东省东江水系水质保护条例》《广东省西江水系水质保护条例》3 个流域条例中的具体规定，做好涵盖、保留和沿用。

四是坚持开门立法。充分吸纳各部门、各地市及专家、公众对《条例》起草的意见建议，并借鉴吸收其他省份的好经验、好做法。

四、条例立法框架

《条例》在充分衔接上位法《中华人民共和国水污染防治法》的基础上，设置总则、水污染防治的规划和标准、水污染防治的监督管理、水污染防治措施、饮用水水源保护和流域特别规定、区域水污染防治协作、风险防范与事故应急处置、法律责任、附则等九个章节，各章节立法框架和主要内容如下：

一是明确职责，全面压实责任。“总则”章节为《条例》的引导部分，坚持党委领导、政府主导、企业主体、公众参与，密切配合、协同发力，主要从立法目的、适用范围、立法原则、水污染防治职责、公众参与等方面进行原则性、总体性规定，重点明确政府及其部门的水污染防治职责及排污单位主体责任，促使各部门形成工作合力。

二是细化规定，保障规划效力。“水污染防治的规划和标准”章节主要从水功能区划、水污染防治规划、限期达标规划和地方标准制定等方面进行规定，明确水功能区划和水污染防治规划的编修要求，规定本省水环境质量标准和水污染物排放标准的制定原则，从多方面切实保障规划标准效力。

三是完善制度，加强监督管理。“水污染防治的监督管理”章节主要通过对环境影响评价、总量控制、区域限批、排污许可、排污口监管、水污染防治设施运营、企业水污染物排放监测、水环境监测与信息发布等制度进行细化和补充，从多方面提高政府及其部门水污染防治工作监管能力，并进一步压实排污单位的主体责任。

四是多措并举，强化防治措施。“水污染防治措施”章节主要通过细化《中华人民共和国水污染防治法》中各类污染源防治措施相关内容，并结合广东省实际，有针对性地提出工业、城镇、农业农村、船舶等重点领域的污染防治措施，形成突出重点与全面治理的污染防治机制。

五是系统全面，强化水源保护。“饮用水水源保护和流域特别规定”章节主要通过对饮用水水源保护区划定、规范化建设、保护要求，以及东江、西江、韩江、北江等重点流域保护进行规定，系统全面强化对饮用水水源及重点流域的保护。

六是强化协作，推进区域共治。“区域水污染防治协作”章节重点突出流域系统治水，对省际和省内水污染联防联控、粤港澳大湾区水污染防治协作、跨行政区域河流交接断面水质保护、水环境生态补偿等进行规定。通过加强地区间协作，强化跨界河流联防联治，上下游、左右岸协同治理，形成联动协作机制和水质保护工作合力。

七是防范风险，健全处置机制。“风险防范与事故应急处置”章节通过明确构建风险防范体系，提高区域水污染事故预警能力，加强环境安全监督检查、隐患排查和风险评估工作，完善流域上下游应急联动机制，强化应急处置措施要求。

八是突出重点，完善法律责任。“法律责任”章节按照地方立法“一般不重复上位法规定”的原则，针对法规中重点规范和禁止的行为，对上位法的法律责任规定依法作出补充和细化，严格设置违反《条例》有关规定等行为的法律责任。

九是“附则”章节，主要对《条例》涉及的特殊名词进行解释，明确《条例》的施行时间，以及废止的相关要求。

第二节　水污染防治管理专题研究

一、水污染防治规划和标准

（一）水功能区划

1. 管理现状

水功能区是为满足水资源合理开发、利用、节约和保护的需求，根据水资源的自然条件和开发利用现状，按照流域综合规划、水资源与水生态系统保护和经济社会发展要求，依其主导功能划定范围并执行相应水环境质量标准的水域。2011 年，国务院批复了《全国重要江河湖泊水功能区划（2011—2030 年）》（国函〔2011〕167 号），共划定了 4 493 个水功能区，涉及总河长 17.8 万 km，湖库总面积 4.33 万 km^2。广东省现行的地表水功能区划体系包括经省政府批准印发的《广东省水功能区划》（粤水资源〔2007〕6 号）和《广东省地表水环境功能区划》（粤环〔2011〕14 号）。水功能区划共划分 712 个功能区，其中河流水功能区 353 个，水库水功能区 359 个；地表水环境功能区划共划分 1 343 个功能区，其中河流环境功能区 870 个，水库环境功能区 473 个。水功能区划主要为流域面积 1 000 km^2 以上的河流和 1 000 km^2 以下的重要河流，覆盖河长 1.65 万 km，水环境功能区划覆盖面更广至 100 km^2，覆盖河长 2.67 万 km；两套区划中，水库均涵盖所有中型以上及具有饮用功能的重要小型水库。两套区划实施以来，为广东省开展水资源和水环境保护管理作出了重大贡献，但由于其区划编制部门不同，两区划从体系上的对象范围、划分方法、命名编码到具体上的区划单元范围、水质目标等都有差异，导致同一水体有两套水质管理目标，不利于水环境保护与管理。因此，开展地表水功能区划整合编制，对优化水生态环境管理、形成水生态环境保护和区域发展战略相适应的水功能区划体系具有重要意义。

2．相关要求

《中华人民共和国水法》第三十二条对水功能区的编制进行了规定，将水功能区划分为三个层级，国家确定的重要江河、湖泊水功能区划，跨省、自治区、直辖市的江河、湖泊水功能区划以及其他江河、湖泊水功能区划，分别由国务院相关水行政主管部门、有关流域管理机构以及县级以上地方人民政府水行政主管部门拟定，报国务院或者其授权的部门以及同级人民政府或者其授权的部门批准。《水功能区监督管理办法》（水资源〔2017〕101 号）明确了水功能区一级区和二级区的不同管理要求以及有关监督管理制度等，并在第十八条规定县级以上地方人民政府水行政主管部门可以会同有关部门对辖区内其他水功能区划提出补充完善和调整建议。《广东省环境保护条例》第三十三条规定，省人民政府划定地表水环境功能区。《关于做好入河排污口和水功能区划相关工作的通知》（环办水体〔2019〕36 号）提出，2018 年党和国家机构改革将编制水功能区划职责由相关部门划转至生态环境部，各级生态环境主管部门和各流域生态环境监督管理局要高度重视水功能区划相关工作。

3．立法建议

（1）水功能区划编制

经批准的水功能区划是水资源开发利用与保护、水污染防治和水环境综合治理的重要依据。目前，广东省水功能区、水环境功能区部分河流水质保护目标、水体功能、覆盖水体、起止范围不一致，不利于水环境管理。按照2018年中共中央印发的《深化党和国家机构改革方案》相关要求，编制水功能区划的职责由水利部门划归至生态环境部门，因此有必要由省级生态环境主管部门组织开展水功能区、水环境功能区整合编制工作，构建全省统一的水功能区划体系。编制和批准主体方面，宜遵循《中华人民共和国水法》第三十二条，并参照《广东省环境保护条例》第三十三条、《关于做好入河排污口和水功能区划相关工作的通知》的有关要求，明确由省人民政府生态环境主管部门会同有关部门，根据水资源禀赋、环境容量等情况以及国土空间规划等编制全省水功能区划，其批准主体为省人民政府；对未纳入全省水功能区划的其他水体，可根据水环境保护的需要，由地级以上市人民政府生态环境主管部门会同同级有关部门组织编制其水功能区划，其批准主体为同级人民政府，并需要报省人民政府生态环境主管部门和水行政主管部门备案。编制市水功能区划时，应当充分衔接国家和省水功能区划确定的水体环境功能和水环境质量目标以及同级国土空间规划，考虑干支流关系和开发保护建设活动等。

（2）水功能区划调整

随着社会经济的发展，如水功能区划不能满足城市发展总体规划、无法保障水环境安全、达不到水环境管理要求，而且确需要优化调整的，各地在统筹优化区域、流域层面供、排水格局的基础上，可对区划进行全区域范围的优化调整。对此，《水功能区监督管理办法》（水资源〔2017〕101号）第十八条规定，“县级以上地方人民政府水行政主管部门可以会同有关部门对辖区内其他水功能区划提出补充完善和调整建议，报原批准机关审查批准，并报原备案部门备案”。立法时应参考上述办法相应要求，明确水功能区划的调整程序与编制程序一致，并报原批准主体审查备案。

（二）水污染防治规划

1. 管理现状

我国的水污染防治规划分为两大类：一是流域水污染防治规划，二是区域水污染防治规划。“九五”以来，国家连续实施了五期重点流域水污染防治五年专项规划，其中“十三五”《重点流域水污染防治规划（2016—2020年）》首次将珠江流域纳入重点流域范围。广东省主要制订了《韩江流域水质保护规划（2017—2025年）》《粤桂两省区九洲江流域水污染防治规划》等跨县流域规划，并以行动计划、方案为抓手，细化落实国家水污染防治规划及相关领域规划有关水污染防治的任务，如《南粤水更清行动计划（2013—2020年）》《广东省水污染防治行动计划实施方案》（2015年）及《广东省打好污染防治攻坚战三年行动计划（2018—2020年）》等。此外，广东省生态环境厅、水利厅、住房城乡建设厅、农业农村厅、海事局等部门印发了多项涉水专项规划或方案，如《广东省城市饮用水水源地环境保护规划（2011—2020年）》、《广东省水资源综合规划》（2011年）、

《广东省珠江三角洲河涌整治与修复规划》（2013 年）、《广东省城乡生活污水处理设施建设“十三五”规划（2016—2020 年）》、《广东省防治船舶及其有关作业活动污染水域环境应急能力建设规划（2018—2025 年）》、《广东省打赢农业农村污染治理攻坚战实施方案》（2019 年）等，指导特定领域发展、布局重大工程项目，是深入打好水污染防治攻坚战的重要抓手。

水污染防治限期达标规划是针对未达到水污染防治规划确定水环境质量改善目标要求的区域或流域而制定的限期达标方案，主要是细化、落实水污染防治规划。“十三五”期间，针对未达到《广东省水污染防治目标责任书》水环境质量改善目标要求的区域和流域，部分地区制定了一批限期达标方案，如《茂名市水污染防治达标方案（2016—2020 年）》、《广州市水环境质量达标方案》（2017 年）、《江门市未达标水体达标方案》（2017 年）、《东莞市东引运河-寒溪河流域水体达标方案（2017—2020 年）》等，指导各区域或流域的水污染防治具体工作，实现精细化治污，为广东省“十三五”水环境质量改善目标的按期实现提供了重要技术支撑。

2．相关要求

《中华人民共和国环境保护法》第十三条规定，县级以上地方人民政府环境保护主管部门应会同有关部门编制本行政区域的环境保护规划。《中华人民共和国水污染防治法》第十六条规定，县级以上地方人民政府应当根据流域水污染防治规划组织制订本行政区域的水污染防治规划；第十七条规定，有关市、县级人民政府应当按照水污染防治规划确定的水环境质量改善目标的要求，制订限期达标规划；第三十一条规定，跨行政区域水环境纠纷由有关人民政府或者其共同的上级人民政府协调解决。《广东省环境保护条例》第八条规定，各种开发和建设活动应当符合环境保护规划的要求，并要求环境保护规划、城乡规划和土地利用总体规划等相互衔接。《广东省西江水系水质保护条例》第十五条提出，城镇生活污水处理、饮用水水源地安全保障、农业面源污染防治、河涌整治、船舶污染防治等专项规划或者方案，应当根据水污染防治规划编制。

3．立法建议

（1）水污染防治规划

水污染不仅是局部的区域问题，更是流域问题，如果单纯按照行政区域实行水污染防治工作，就变成了“静态治水”，难以实现全流域水环境质量的整体提高。流域水污染防治规划基于建立的“流域-控制单元-汇水范围-行政区域”空间管控体系，通过控制断面将流域保护责任层层落实到行政区域。因此，制订和实施流域水污染防治规划是防治流域水污染的基础和前提，也是系统、全面防治水体污染的重要依据。广东省重点流域大部分跨不同区县，一个流域通常被分割为若干个行政区域进行管理，区县内部的决策与行动往往缺乏流域系统性的综合考虑。以国家或省批准的流域水污染防治规划为依据制订区域水污染防治规划，可将流域规划制定的目标任务分解落实到具体行政区域，上下游区县的水污染防治工作在方案、实施时间、治理程度等方面也可以做到步调一致，在系统全面防治水体污染的基础上更便于行政监督管理。立法时宜遵循《中华人民共和国环境保护法》第十三条和《中华人民共和国水污染防治法》第十六条规定，将县级以上人民政府作为水环境保护的第一责任人，根据国家或者省依法批准的流域水污染防治规划制订本行政区域的水污染防治规划。

（2）水污染防治规划与其他相关规划的衔接

我国规划体系以空间规划为基础，以专项规划、区域规划为支撑。其中，国土空间规划是国家空间发展的指南、可持续发展的空间蓝图，是各类开发保护建设活动的基本依据，对各类专项规划具有空间性指导和约束作用；水污染防治规划作为国家规划体系中不可或缺的专项规划之一，是防治水污染的基本依据。《中华人民共和国土地管理法》第十八条规定，“编制国土空间规划应当坚持生态优先，绿色、可持续发展，科学有序统筹安排生态、农业、城镇等功能空间”。《关于建立国土空间规划体系并监督实施的若干意见》（中发〔2019〕18 号）提出，国土空间总体规划要统筹和综合平衡各相关专项领域的空间需求。《省级国土空间规划编制指南（试行）》（自然资办发〔2020〕5 号）中指出，“量水而行，以水定城、以水定地、以水定人、以水定产，形成与水资源、水环境、水生态、水安全相匹配的国土空间布局”。水污染防治规划涉及的水域空间、水体纳污能力、水源地保护、生物多样性等对生态空间布局具有重要的支撑意义，因此编制国土空间规划时需统筹兼顾水污染防治规划的空间布局。一方面，国土空间规划要结合主体功能定位，为水污染防治规划确定的重大战略任务落地实施提供空间保障；另一方面，要坚持底线思维，充分发挥国土空间规划在国家规划体系中的基础作用，发挥好对专项规划的指导约束作用，促进经济社会发展格局、城镇空间布局、产业结构调整与水环境承载力相适应。立法时宜遵循上述相关要求，并参照《广东省环境保护条例》第八条有关规定，明确编制国土空间规划时需统筹考虑水污染防治规划的空间布局和需求，将水污染防治规划的相关要求落实到各类开发建设活动，确保水污染防治工作的顺利推进。

水污染防治工作牵涉自然、资源、经济、社会的方方面面，生态环境、水利、交通、农业农村、海事等部门制订的各类专项规划或方案均是深入推进水污染防治工作的重要抓手，如饮用水水源保护、城镇生活污水处理、农业农村污染防治、船舶污染防治、水资源开发利用、河涌整治等领域。为确保各部门水污染防治目标任务的一致性，各类专项规划或方案需与水污染防治规划相互结合。立法时可吸纳《广东省西江水系水质保护条例》第十五条相关规定，加强各专项规划或方案与水污染防治规划相关目标及主要任务措施的相互衔接。

（3）限期达标规划

限期达标规划是推动地方政府改善水环境质量、确保水污染防治规划目标如期实现的重要措施。立法时应遵循《中华人民共和国水污染防治法》第十七条相关规定，严格实行该制度，明确由有关地级以上市、县级人民政府，对未达到水污染防治规划确定的水环境质量改善目标要求的区域和流域制订限期达标规划，并在各阶段节点对规划实施进展情况开展评估，对于未达到预定阶段性目标的，应对规划予以动态修编。涉及跨行政区域的情形，由流域上下游、左右岸、干支流等有关地方政府统筹保护和协同治理，才能更有力地提高解决跨界污染问题的实效。立法时应遵循《中华人民共和国水污染防治法》第三十一条规定，跨行政区域的限期达标规划由所在地人民政府协商制订，协商不成的由上级人民政府协调制定。

（三）水环境保护标准

1. 管理现状

我国生态环境标准分为国家生态环境标准和地方生态环境标准两级。国家生态环境标准强调综合管控，主要针对全国范围内的一般生态环境问题。地方生态环境标准结合当地的经济技术条件和环境特点而制定，是对国家生态环境标准的补充或者更加严格的规定，在地方生态环境管理中发挥着重要的作用，主要包括地方环境质量标准和地方污染物排放标准。目前，广东省暂未制定地方水环境质量标准。根据水环境保护的需要，全省颁布了多项地方水污染排放标准，如《水污染物排放限值》（DB 44/26—2001）、《畜禽养殖业污染物排放标准》（DB 44/613—2009）和《电镀水污染物排放标准》（DB 44/1597—2015）均在国家相应标准基础上细化或收严了部分指标的排放限值，《农村生活污水处理排放标准》（DB 44/2208—2019）对国家标准中未作规定的农村生活污水处理设施水污染物排放提出要求，《工业废水铊污染物排放标准》（DB 44/1989—2017）则对部分国家排放标准中未作规定的项目铊提出统一排放要求。此外，针对水污染整治重点河流“四河”［小东江、广佛跨界河流（含汾江河）、茅洲河、练江］及“两河”（淡水河、石马河），广东省陆续制定了上述 6 个流域的水污染物排放标准，对重点流域、重点行业实行更严格的水污染物排放规定。目前，广东省已形成“综合型+通用型+行业型+流域型”的地方水污染物排放标准体系，标准类型及数量在全国处于前列，对重点行业形成了较为全面的污染物排放管控。

2. 相关要求

《中华人民共和国环境保护法》第十五条、第十六条以及《环境标准管理办法》（国家环境保护总局令　第 3 号）第九条均规定了省、自治区、直辖市人民政府可以制定地方环境质量标准和地方污染物排放标准。《中华人民共和国水污染防治法》第十二条和第十四条进一步规定，省、自治区、直辖市人民政府可以对国家水环境质量标准中未作规定的项目制定地方标准，对国家水污染物排放标准中未作规定的项目可以制定地方水污染物排放标准，对国家水污染物排放标准中已作规定的项目可以制定更严格的地方水污染物排放标准。《关于加强地方环保标准工作的指导意见》（环发〔2014〕49 号）明确了四种制定地方污染物排放标准的重点区域，并鼓励各地对国家环境质量标准未规定的项目制定地方环境质量标准。

3．立法建议

（1）水环境质量标准

水环境质量标准是为保护人体健康、水的正常使用功能和生态功能而对水体中污染物或其他物质的最高容许浓度所作的规定，是开展水生态环境质量目标管理的技术依据。根据《中华人民共和国水污染防治法》第十二条规定，地方水环境质量标准制定的前提是国家水环境质量标准中未规定的项目，共包括两种类型：一是国家已经制定了某一方面的水环境质量标准，但对该方面水环境质量标准中的某些具体项目尚未作出规定；另一种是国家尚未对某一方面的水环境质量标准作出规定。而有国家水环境质量标准的，各地必须执行国家水环境质量标准，不得另行制定。目前，广东省暂未制定地方水环境质量标准，后续根据水环境保护需要，对于国家水环境质量标准暂无规定的某一具体项目以及国家暂未制定的某一方面水环境质量标准的“真空地带”，可通过制定地方水环境质量标准的途径予以完善和规范。立法时应遵循和参照《中华人民共和国环境保护法》第十五条、《中华人民共和国水污染防治法》第十二条、《环境标准管理办法》第九条有关规定，明确省级人民政府可对国家水环境质量标准中未作规定的项目制定本省地方水环境质量标准。

（2）水污染物排放标准

水污染物排放标准是为了实现水环境质量标准，结合经济、技术条件和环境特点，限制排入环境中的污染物或者对造成环境危害的其他因素作出的规定。通过制定水污染物排放标准可控制水污染源的排污量，进而实现水环境质量标准。根据《中华人民共和国水污染防治法》第十四条规定，省级人民政府在以下两种情况下有权制定地方水污染物排放标准：一是在国家水污染物排放标准未对某项目进行规定时，可以制定相关的地方标准，作为对国家标准的补充；二是对国家水污染物排放标准中已作规定的项目，如需制定地方标准，则必须严于国家水污染物排放标准。广东省实践表明，地方水污染物排放标准的实施对严格控制污染源的排污水平，改善区域或流域水环境质量具有重要意义，并且可以引领污染防治技术的进步，推动环保产业的发展。立法时应遵循和参照《中华人民共和国环境保护法》第十六条、《中华人民共和国水污染防治法》第十四条、《环境标准管理办法》第九条以及《关于加强地方环保标准工作的指导意见》有关规定，明确省级人民政府可对国家水污染物排放标准中未作规定的项目制定本省地方水污染物排放标准，对国家水污染物排放标准中已作规定的项目可制定严于国家水污染物排放标准的本省地方水污染物排放标准。

二、水污染防治监督管理制度

（一）环境影响评价制度

1. 管理现状

环境影响评价是指对规划和建设项目实施后可能造成的环境影响进行分析、预测和评估，提出预防或者减轻不良环境影响的对策和措施，进行跟踪监测的方法与制度。1979 年颁布的《中华人民共和国环境保护法（试行）》确定环评为重要的环境管理制度之一，2003 年《中华人民共和国环境影响评价法》颁布实施，环评制度有了更坚强的法律保障。广东省 1994 年发布了《广东省建设项目环境保护管理条例》，2006 年发布了《广东省建设项目环境影响评价文件分级审批管理办法》（粤府〔2006〕122 号），2010 年出台了《广东省人民政府关于进一步做好我省规划环境影响评价工作的通知》（粤府函〔2010〕140 号），2020 年出台了《广东省人民政府关于深化我省环境影响评价制度改革指导意见》（粤办函〔2020〕44 号），同时发布了《广东省生态环境厅建设项目环境影响评价文件审批程序规定》（粤环发〔2019〕8 号）、《广东省实行环境影响评价重点管理的建设项目名录（2020 年版）》（粤环函〔2020〕109 号）、《广东省"三线一单"生态环境分区管控方案》（粤府〔2020〕71 号）等相关配套指导文件，形成了较为完善的环评制度体系，在约束建设项目与规划环境准入方面发挥了重要作用，源头预防环境污染和生态破坏成效明显。

2. 相关要求

《中华人民共和国水污染防治法》第十九条规定，建设项目及其他水上设施均应进行环境影响评价，对于涉及通航、渔业水域的环评文件，审批时应征求交通、渔业主管部门意见。《中华人民共和国环境影响评价法》进一步对环境影响评价的内容、程序以及相应的法律责任作了全面系统的规定，其中第三条规定，建设对环境有影响的项目应进行环境影响评价。《广东省环境保护条例》第二十九条规定，建设项目应进行环境影响评价。《广东省跨行政区域河流交接断面水质保护管理条例》第十四条规定，对可能影响交接断面水质的规划，其环评文件应征求相邻人民政府的意见。《广东省韩江流域水质保护条例》第十二条规定，对可能引发跨界污染的建设项目，其环评文件应征求相邻区域的意见。此外，《"十三五"环境影响评价改革实施方案》（环环评〔2016〕95 号）提出要强化"三线一单"在项目环境准入的强制约束作用。

3. 立法建议

（1）建设项目环境影响评价

环境影响评价制度在源头上预防与减缓不良环境影响、规避决策失误及其生态环境风险方面具有重要意义。我国根据建设项目特征和所在区域的环境敏感程度，综合考虑建设项目可能对环境产生的影响，对建设项目的环境影响评价实行分类管理。其中可能造成重大环境影响的，应当编制环境影响报告书，对产生的环境影响进行全面评价；可能造成轻度环境影响的，应当编制环境影响报告表，对产生的环境影响进行分析或专项评价；对环境影响很小、不需要进行环境影响评价的，应当填报环境影响登记表。为强化建设项目源头控制，立法时应遵循《中华人民共和国水污染防治法》第十九条、《中华人民共和国环境影响评价法》第三条，并衔接《广东省环境保护条例》第二十九条，提出严格实行环评制度，无论是新建、改建还是扩建，无论是直接还是间接向水体排放污染物的建设项目和其他水上设施，都应当依法进行环境影响评价。

“三线一单”是指以生态保护红线、环境质量底线、资源利用上线为基础，编制生态环境准入清单，用“线”管住空间布局、用“单”规范发展行为，构建生态环境分区管控体系的环境管理机制，是推进环评体系改革的重要手段之一。为强化生态环境准入清单在优布局、控规模、调结构、促转型中的作用，以及对项目环境准入的强制约束作用，立法时应参照《“十三五”环境影响评价改革实施方案》中对项目环境准入的要求，将“三线一单”与环境影响评价的衔接应用纳入考虑，提出新建、改建、扩建设项目及其他水上设施需符合生态环境准入清单要求。

（2）环境影响评价文件审批

根据《中华人民共和国环境影响评价法》，环境影响评价文件由有审批权的生态环境主管部门审批，涉水项目通常除水污染问题外，也可能对水生态环境造成其他不良影响，如闸坝等水利设施的建设改变了原有水力条件，阻断了水系连通，对防洪、通航、鱼类迁徙有一定影响，清淤疏浚、岸坡整治等河湖整治建设项目可能对河堤稳固性造成不良影响，涉及水利、交通、农业农村、海事等多部门；同时由于水环境具备流动性特征，本区域建设项目有可能对相邻区域的水环境造成不良影响。因此，立法时应将环评文件审批时的跨部门、跨区域意见征求纳入考虑。跨部门方面，应遵循《中华人民共和国水污染防治法》第十九条对可能影响通航、渔业的环评文件的意见征求规定，同时将对防洪、河堤安全的影响纳入考虑，规定对于可能影响防洪、通航、渔业及河堤安全的环评文件的审批，生态环境主管部门应征求水利、交通运输、农业农村等主管部门和海事管理机构意见，尽量保证各部门工作相互协调。跨区域方面，应参照《广东省跨行政区域河流交接断面水质保护管理条例》第十四条及《广东省韩江流域水质保护条例》第十二条分别对规划环评和建设项目环评跨区域意见征求的规定，要求在审批可能造成跨行政区域水环境污染的环境影响评价文件时，应当征求相关县级以上人民政府或有关部门的意见，推动流域上下游、左右岸统筹保护和协同发展，减少跨界纠纷。

（二）总量控制制度

1. 管理现状

水污染物排放总量控制制度是指通过向一定地区和排污单位分配特定水污染物排放量指标，将一定地区和排污单位产生的特定水污染物数量控制在规定限度内的污染控制方式及其管理规范的总称。1996 年《国务院关于环境保护若干问题的决定》（国发〔1996〕31 号）中首次提出要实施污染物排放总量控制，自此我国每五年制订总量控制指标及减排计划，实行自上而下的主要污染物总量控制制度。《广东省环境保护“十五”计划》（粤府办〔2001〕46 号）将废水中化学需氧量排放量纳入控制指标，“十一五”制定了《广东省“十一五”主要污染物总量减排工作方案》（粤府〔2007〕99 号），“十二五”印发实施《广东省“十二五”主要污染物总量控制规划》（粤环〔2011〕110 号），增加了氨氮总量控制指标，“十三五”印发实施《广东省节能减排“十三五”规划》（粤发改资环〔2017〕76 号），持续实施废水化学需氧量和氨氮等主要污染物总量减排。实行总量控制制度以来，广东省污染物排放得到了有效削减，2001—2019 年，化学需氧量和氨氮排放量分别减少了 42%和 50%。但由于广东省经济体量大、人口众多，污染物排放基数较大，2019 年广东省化学需氧量、氨氮排放量分别为 63.5 万 t、4.5 万 t，在全国 31 个省、自治区、直辖市中居首位，以全国约 2%的土地承载了 11.2%的 COD、9.7%的氨氮排放，水污染物排放总量和单位面积排放强度仍然较大，应深入开展污染减排，持续减少主要污染物排放总量。

2. 相关要求

《中华人民共和国环境保护法》第四十四条明确规定，我国实行重点污染物排放总量控制制度，总量控制指标由国务院下达，省、自治区、直辖市人民政府分解落实。《中华人民共和国水污染防治法》第二十条明确了总量控制指标的制定、下达实施等程序，并规定各省（市）可对国家重点水污染物之外的其他水污染物排放实行总量控制。《广东省环境保护条例》第二十条对国家下达重点污染物排放总量控制指标的落实、本省特征性污染物控制因子的排放总量控制作了明确规定，并提出地级以上市、县级人民政府应当根据上级要求制定实施重点污染物排放总量控制方案。《广东省韩江流域水质保护条例》第八条规定，省级人民政府确定总量控制指标并逐级分配到各市、县所辖河段，第九条规定各市、县人民政府应根据本行政区域所辖河段的总量控制指标，进一步确定企业水污染物排放量。《水污染防治行动计划》（国发〔2015〕17 号）提出要深化总量控制的指标体系。

3．立法建议

（1）重点水污染物总量控制

总量控制是控制污染物排放的有效手段，也是实行排污许可的重要基础。目前，我国对化学需氧量、氨氮两项主要水污染物实施总量控制，《水污染防治行动计划》（国发〔2015〕17号）规定，要深化污染物排放总量控制，选择对水环境质量有突出影响的总氮、总磷、重金属等污染物，研究纳入流域、区域污染物排放总量控制约束性指标体系，《中华人民共和国水污染防治法》第二十条规定，省、自治区、直辖市人民政府可以根据本行政区域水环境质量状况和水污染防治工作的需要，对国家重点水污染物之外的其他水污染物排放实行总量控制。自实施总量控制制度以来，广东省水污染物减排成效显著，但排放总量及单位面积排放强度仍然较大，立法时应遵循《中华人民共和国环境保护法》第四十四条、《中华人民共和国水污染防治法》第二十条关于实施重点水污染物排放总量控制的相关规定，继续严格执行区域内总量控制，加快推进水污染物排放减排工作，根据国家要求及本省流域特色确定重点水污染物。

（2）总量控制指标分解与落实

“十三五”期间，广东省重点水污染物排放总量控制指标采取由上而下逐级分解的形式，国务院下达广东省总量减排指标后，广东省进一步分解至各地级市，各地市结合实际情况落实具体减排措施，如遏制高排放项目发展、建设项目等量或减量置换、积极谋划污染源减排工程、完善排污权交易等市场经济政策等，以保证污染物减排工作的顺利实施。这一做法对完成污染物减排任务、改善水环境质量起到了明显效果。立法时宜继续沿用该做法，衔接《广东省环境保护条例》第二十条及《广东省韩江流域水质保护条例》第八条、第九条，要求地级以上市人民政府严格落实国家和省下达的重点水污染物排放总量控制指标，压实地市重点水污染物排放控制责任。此外，根据广东省具体情况，不同区域水质现状和污染状况不尽相同，因此各地市总量控制工作除需满足国家和省下达任务外，还应与自身水环境改善需求相适应，要求各地市充分考虑本市产业构成、污染物类型等具体情况，结合水环境改善要求及水污染防治工作的需要，控制和削减本行政区域的重点水污染物排放总量，实现区域发展与水环境保护相协调。

（三）区域限批制度

1．管理现状

实施重点水污染物总量控制的重要手段之一是控制建设项目新增重点水污染物排放量，特别是对重点水污染物排放总量已经超过控制指标以及未完成水质改善目标的区域，通过严格控制新增重点水污染物的建设项目，能够有效削减和控制该区域重点水污染物排放。暂停审批上述地区新增水污染物排放总量建设项目环境影响评价文件，关乎一个地区的经济发展，必然促进该地区加快完成总量控制指标或者水环境质量考核指标。2005年《国务院关于落实科学发展观加强环境保护的决定》（国发〔2005〕39号）首次提出“区域限批”的要求。2007年，广东省印发了《广东省对不能满足环境要求区域、流域环保限批的实施意见》，自实施区域限批制度以来，对水质污染严重、长期达不到功能区要求的广佛跨界区域、练江、茅洲河、淡水河、石马河、小东江、大燕河等流域实行了区域限批，尤其“十三五”以来对未完成《水污染防治行动计划》（国发〔2015〕17号）工作任务、重点污染物排放超总量的5个流域和11个区域实施了项目环评限批，对主要市（县）进行了约谈。限批规定实施后，各地人民政府高度重视地区水污染防治工作，一方面严格限制高污染企业准入，倒逼企业清洁化改造和绿色转型；另一方面积极实施污染减排重大工程，对推动区域重点水污染物总量减排以及水环境质量改善产生了重要作用。

2. 相关要求

《中华人民共和国水污染防治法》第二十条规定，对超过重点水污染物排放总量控制指标或者未完成水环境质量改善目标的地区，省级以上人民政府环境保护主管部门应当约谈该地区人民政府的主要负责人，并暂停审批新增重点水污染物排放总量的建设项目的环境影响评价文件。《广东省环境保护条例》第二十九条也对建设项目环境影响评价区域限批作出了相关规定。《建设项目环境影响评价区域限批管理办法（试行）》（环发〔2015〕169号）和《广东省生态环境厅建设项目环境影响评价区域限批工作程序规定》（粤环办〔2019〕59号）规定，被限批地区的地方人民政府应当制定整改方案，全面落实整改要求。

3. 立法建议

（1）区域限批规定

实践表明，区域限批是督促地方政府履职环境保护责任的重要手段，对倒逼重点水污染物总量超标及水质不达标地区所在地加快解决水环境问题发挥了重要作用，立法时应遵循和衔接《中华人民共和国水污染防治法》第二十条、《广东省环境保护条例》第二十九条规定，严格实行区域限批制度，即无论是超过国家或省下达的主要水污染总量控制指标，还是未完成水环境质量改善目标的，只要存在这两种情形中的任意一种，省级人民政府生态环境主管部门应当对该地区实施环评限批，暂停审批该地区新增超标指标的水污染物排放总量的建设项目环境影响评价文件，从而倒逼地方政府采取措施，加大整治和减排力度，改善水环境质量。此外，约谈是行政机关内部的监督制度，是预防和解决地方人民政府不作为、乱作为和违法行政的有效手段，约谈与区域限批两项制度构成了政府履行环保职责强有力的“硬约束”。为推动地方政府高度重视并落实水环境保护责任，立法应遵循《中华人民共和国水污染防治法》第二十条规定，要求省级人民政府生态环境主管部门和有关部门还应对限批地区人民政府的主要负责人进行约谈，明确约谈情况应当向社会公开，从而保障公众的知情权，发挥社会监督作用。

（2）问题整改落实

实施区域限批的最终目的是推动解决突出生态环境问题。为加快推动被限批区域重点水污染物总量削减和水环境质量改善任务的落实，立法时应参考《建设项目环境影响评价区域限批管理办法（试行）》第十条和《广东省生态环境厅建设项目环境影响评价区域限批工作程序规定》第十条关于被限批地区开展整改的相关规定，明确实施区域限批后问题整改落实的相关要求，被暂停审批的地区应当制定整改方案，严格按照方案全面落实各项整改任务，通过采取有效的整改措施削减区域内重点水污染物排放总量，限期达到水环境质量改善目标。被限批地区按要求完成整改任务后，才可按照相关规定申请解除限批。

（四）排污许可制度

1. 管理现状

固定污染源是我国污染物排放主要来源，排污许可管理制度是依法规范企业排放污染物行为、管控固定污染源的一项基础性环境管理制度。我国从 20 世纪 80 年代后期开始实践排污许可制度，2008 年修订的《中华人民共和国水污染防治法》对排污许可制度的法律地位逐步加以明确，2016 年《控制污染物排放许可制实施方案》（国办发〔2016〕81 号）标志着我国排污许可制度正式开启改革。为强化固定污染源环境监管，广东省先行先试，2001 年制定了《广东省排放污染物许可证管理办法》（粤府函〔2001〕286 号），开始了排污许可制的探索历程。2005 年施行的《广东省环境保护条例》规定了企业持证排污、按证排污的主体责任，为推行排污许可制度奠定了法治基础。2009 年，广东省环境保护厅发布了《广东省排污许可证实施细则》（粤环〔2009〕74 号），明确了排污许可证核发监管的基本要求和操作细则，指导各地市开展污染源摸底调查和排污许可技术基础研究工作。2013 年，广东省政府印发《广东省排污许可证管理办法》（粤府令第 199 号），进一步明确了排污许可证的实施规范和相关要求，为国家全面推行排污许可制度改革提供了有益借鉴。根据第二次污染源普查数据，广东省固定污染源数量达到 60 多万家，居全国首位，同时是排污许可全覆盖任务最重的省份。2017—2019 年，广东按年度、分行业核发国家排污许可证，2020 年全力推动固定污染源清理整顿与排污许可发证登记，实现固定污染源排污许可全覆盖。截至 2020 年年底，广东全面完成约 69 万多家排污单位的摸排，其中已核发排污许可证约 3.8 万家，实行排污登记 40 万余家，限期整改 2 900 余家，已永久关闭、长期停产或者无实体企业等特殊情形的约 25 万家，摸排排污单位数、核发排污许可证数和排污登记数均列全国第一。并以此作为广东总量控制、落实企事业单位减排责任的重要手段，在污染源监管中取得了积极成效，也为深化排污许可制改革积累了有益经验。

2．相关要求

《中华人民共和国环境保护法》第四十五条规定，实行排污许可管理的企业事业单位和其他生产经营者应当按照排污许可证的要求排放污染物。《中华人民共和国水污染防治法》第十条规定，排放水污染物不得超过国家或者地方规定的水污染物排放标准和重点水污染物排放总量控制指标；第二十一条规定，直接或间接向水体排放工业废水、医疗废水等的企事业单位和其他生产经营者，应当取得排污许可证，排污许可证应当明确排放水污染物的种类、浓度、总量和排放去向等要求，禁止无证或者违反排污许可证规定排放。《广东省环境保护条例》第二十一条对本省排污许可管理制度的实行提出了具体要求，明确禁止未依法取得排污许可证或者违反排污许可证的要求排放污染物。《排污许可管理办法（试行）》对排污许可证申请、审核、发放及管理等作出了明确的规定，并在第十六条、第十七条分别规定排污单位执行更加严格的排放浓度或者重点污染物排放总量控制指标的，应当在排污许可证副本中规定。《控制污染物排放许可制实施方案》（国办发〔2016〕81 号）对完善控制污染物排放许可制度、实施企事业单位排污许可证管理作出总体部署和系统安排。

3．立法建议

（1）排污单位按证排污规定

排污许可证制度是落实企事业单位减排责任的重要手段，是强化工业污染防治的关键，多年来在污染源监管中取得了积极成效，立法时应遵循《中华人民共和国环境保护法》第四十五条和《中华人民共和国水污染防治法》第十条、第二十一条的规定，明确对直接或者间接向水体排放废水、污水的企事业单位和其他生产经营者实行排污许可管理，排污单位应当按照规定向生态环境主管部门申领排污许可证，并按照排污许可证载明的排放水污染物种类、浓度、总量和排污口位置、排放去向等要求排放水污染物，排放水污染物不得超过国家或地方规定的水污染物排放标准和重点水污染物排放总量控制指标。

一般情况下，根据国家和地方污染物排放标准来确定排污单位排放口相应污染物的许可排放浓度，但在环境质量不达标或者环境容量不足等的地区，按照法定排放标准不能满足区域环境质量改善的需求，则需要对排污单位提高排放标准或收严污染物许可排放总量。《控制污染物排放许可制实施方案》提出了多项以排污许可证为载体，不断降低污染物排放量，从而促进改善环境质量的规定：一是环境质量不达标地区，要通过提高排放标准或加严许可排放量等措施，对企事业单位实施更为严格的污染物排放总量控制，推动改善环境质量；二是地方政府制定的环境质量限期达标规划、重污染天气应对措施中对企事业单位有更加严格的排放控制要求的，应当在排污许可证中予以明确。因此，为规范排污单位执行更严格排放要求的相关规定，立法时可参考《排污许可管理办法（试行）》

《控制污染物排放许可制实施方案》相关要求，明确排污单位执行更加严格的水污染物排放浓度限值或者重点水污染物排放总量控制指标的，应当在排污许可证副本中规定。

（2）排污许可的禁止规定

排污许可证制度的管理核心是要求排污单位只有持有排污许可证方有权排污，同时要求其必须按照许可证规定的范围和要求排污。实践中部分持证单位还不能规范排污许可管理要求，存在无证排污或者不按证排污的行为，立法时应遵循和衔接《中华人民共和国水污染防治法》第二十一条、《广东省环境保护条例》第二十一条规定，针对以下两种情形进行规定：一是禁止企业事业单位和其他生产经营者未依法取得排污许可证排放水污染物，主要包括未取得排污许可证排放废水、污水；排污许可证有效期届满未申请延续或者延续申请未经批准排放废水、污水；被依法撤销、注销、吊销排污许可证后排放废水、污水；依法应当重新申请取得排污许可证，未重新申请取得排污许可证排放废水、污水等情形。二是禁止违反排污许可证的规定排放，主要包括违反排污许可证规定的允许排放量、排放浓度和排放时限等要求向水体排放水污染物等情形。

（五）排污口监管制度

1. 管理现状

排污口是指直接或者通过沟、渠、管道等设施向江河、湖泊排放污水的排放口。排污口的设置及规范化是指依照法律、行政法规和生态环境主管部门的部门规章与技术规范，使排污口达到便于采集样品、监测计量以及日常监督检查的管理要求。国家环境保护总局 1995 年发布的《环境保护图形标志——排放口（源）》规定了各排放口设置与之相适应的环境保护图形标志牌，随后发布的《排污口规范化整治技术要求（试行）》（环监〔1996〕470 号）、《关于开展排放口规范化整治工作的通知》（环发〔1999〕24 号）对污水排污口规范化整治提出了明确要求。2004 年，水利部印发了《入河排污口监督管理办法》，对入河排污口监督管理进行了全面规定。2018 年，国家和省机构改革将入河排污口设置管理职责由水利部门划转至生态环境部门。为摸清入河排污口底数，2020 年广东省生态环境厅、省河长办联合印发《广东省入河（海）排污口排查整治专项行动工作方案》，全面启动覆盖七大流域长度约 3.6 万 km 的河流、库容约 257 亿 m^3 的水库入河排污口“查、测、溯、治”工作，建立入河排污口名录清单，按照“依法取缔一批、清理合并一批、规范整治一批、优化提升一批”的要求，分类推进入河排污口整治。目前，排污口管理中主要存在责任主体不明、事中事后监管不到位等问题，有必要强化全省排污口监督管理，推动形成权责清晰、监控到位、管理规范的入河排污口监管体系。

2. 相关要求

《中华人民共和国水污染防治法》第二十二条规定，向水体排放污染物的企业事业单位和其他生产经营者，应当按照相关规定设置排污口；第六十四条规定，在饮用水水源保护区禁止设置排污口；第七十五条规定，在风景名胜区水体、重要渔业水体和其他具有特殊经济文化价值的水体的保护区内不得新建排污口。《中华人民共和国水法》第三十四条对排污口的设置作出了相应规定，在江河、湖泊设置排污口应当经过有管辖权的水行政主管部门或者流域管理机构同意。《广东省环境保护条例》第二十五条规定，排污单位应当按照国家和本省规定设置和管理排污口，并按照规定在排污口安装标志牌。《入河排污口监督管理办法》进一步对入河排污口的定义、适用范围、监督管理权限、设置审批流程、登记存档管理和违法责任等方面进行了规范。《污水综合排放标准》（GB 8978—1996）、《水污染物排放限值》（DB 44/26—2001）和《广东省水污染防治行动计划实施方案》（粤府〔2015〕131 号）均明确《地表水环境质量标准》（GB 3838—2002）中Ⅰ、Ⅱ类水域和Ⅲ类水域中划定的保护区禁止新建排污口的要求。

3．立法建议

（1）排污口规范化设置

规范设置排污口是实现污染物科学化、定量化管理的前提条件，也是控总量、保水质的重要抓手。《中华人民共和国水污染防治法》第二十二条、《广东省环境保护条例》第二十五条均对排污口规范化设置作出了规定，《中华人民共和国水污染防治法》第六十四条和第七十五条、《中华人民共和国水法》第三十四条还规定饮用水水源保护区及重要水体保护区内禁止设置排污口。为加强排污口监管，立法时应遵循上述法律法规相关要求，明确向水体排放污染物的企业事业单位和其他生产经营者，应当按照国家和省的规定设置和管理排污口，并按照规定在排污口安装标志牌。此外，为减少排污口设置对江河、湖泊水资源和水环境的不利影响，应按照《入河排污口监督管理办法》第三条规定，明确排污口的设置还应当符合水功能区划、水资源保护规划和防洪规划的要求，经论证可能使水域水质达不到水功能区要求、直接影响合法取水户用水安全或者不符合防洪要求的，不予同意设置入河排污口。

（2）禁止设置排污口规定

排污口是连接岸上和水里的关键节点，是水污染物进入水体的最后一道关口，直接影响受纳水体的水环境质量，因此合理布局排污口关乎流域水质改善。广东省工业企业众多，为控制水污染、保护和改善水环境，广东省结合《广东省水污染防治行动计划实施方案》（粤府〔2015〕131 号）、《污水综合排放标准》（GB 8978—1996）、《水污染物排放限值》（DB 44/26—2001）的要求，实施“高功能水体高标准保护”，对于地表水Ⅰ、Ⅱ类水域和Ⅲ类水域中划定的保护区、游泳区以及一类海域禁止新建排污口，现有排污口执行一级标准且不得增加污染物排放总量，对保护“好水”发挥了重要作用。因此，立法应充分吸收现有做法，明确对于地表水Ⅰ、Ⅱ类水域和Ⅲ类水域中的保护区、游泳区，禁止新建排污口。已建成的排污口不仅需按照国家相关规定实行污染物总量控制，还不得增加污染物排放总量。

（3）排污口规范化管理

加强入河排污口规范化管理，从源头推动污染减排，是保障水环境安全、改善水生态环境的重要支撑。2018 年，国家和省机构改革将入河排污口设置管理职责由水利部门划转至生态环境部门，根据 2019 年广东省生态环境厅《关于做好过渡期入河排污口设置管理工作的通知》，入河排污口设置由县级以上人民政府生态环境主管部门按照环评建设项目的管理权限审批，其中环境影响报告书需要报生态环境部审批的，其入河排污口设置由珠江流域南海海域生态环境监督管理局审批。为进一步明确排污口设置审批监管职责，立法时应吸纳《中华人民共和国水法》第三十四条规定，并按照机构改革后的入河排污口职能分工，明确对于入河排污口位置和排放方式发生变化的，包括在江河、湖泊新建、改建或者扩建排污口的，排污单位应当向有管辖权的生态环境主管部门或者流域生态环境监督管理机构申请。为推动各地不断完善入河排污口档案和规范化管理制度，立法时宜参考上述通知规定，明确由县级以上生态环境主管部门按照管理权限对排污口的设置、审批及排污情况建立档案，会同有关部门组织开展排污口核查、整治和规范化管理，加强对排污口的监督管理，建立长效机制规范管理。

（六）水污染防治设施建设运营制度

1．管理现状

建设项目“三同时”制度，是我国对新建、改建、扩建建设项目实施环境管理重要的法律制度，要求建设项目的水污染防治设施与主体工程同时设计、同时施工、同时投入使用，保证水污染防治设施及时把生产过程中产生的污染予以治理，从源头上减少各类建设项目可能产生的污染。水污染防治设施运营主要包括自行运营和委托第三方治理等方式。我国先后印发《环境保护部建设项目“三同时”监督检查和竣工环保验收管理规程（试行）》（环发〔2009〕150 号）、《关于进一步推进建设项目环境监理试点工作的通知》（环办〔2012〕5 号），建立完善污染防治设施“三同时”监督检查机制。多年来，广东省按照国家和《广东省建设项目环境保护管理条例》的要求，严格实行“三同时”制度，研究统计数据显示，近年来向有关部门办理申报手续的建设项目“三同时”执行率基本达到 100%。为推进环境污染第三方治理，国务院于 2014 年出台了《关于推行环境污染第三方治理的意见》（国办发〔2014〕69 号），对第三方治理的推行工作提出了总体要求。“十三五”以来，广东省不断完善第三方治理政策体系和试点模式，2016 年印发《关于加快推进我省环境污染第三方治理工作的实施意见》（粤府办〔2016〕45 号），推动环境污染第三方治理工作加快发展，提升环境污染专业化治理水平，东莞、中山、珠海、佛山等地对第三方治理进行了有益探索。但目前企业不正常运行水污染设施的情况仍时有发生、排污单位和第三方治理存在权责不清等问题，有必要进一步强化排污单位和第三方治理单位对水污染防治设施运行管理。

2. 相关要求

《中华人民共和国环境保护法》第四十一条、《中华人民共和国水污染防治法》第十九条规定了水污染防治设施“三同时”制度，明确建设项目的水污染防治设施，应当与主体工程同时设计、同时施工、同时投入使用，水污染防治设施应当符合经批准或者备案的环境影响评价文件的要求，不得擅自拆除或者闲置。《广东省环境保护条例》第二十三条除了规定污染防治设施“三同时”制度，还明确规定企业事业单位和其他生产经营者不得擅自拆除、闲置防治污染设施，并对防治污染设施拆除、闲置以及发生故障不能正常运行的情形作出了具体规定。为加快推进和规范环境污染第三方治理，国务院办公厅于 2014 年印发了《关于推行环境污染第三方治理的意见》（国办发〔2014〕69 号），环境保护部于 2017 年印发了《关于推进环境污染第三方治理的实施意见》（环规财函〔2017〕172 号），对第三方治理的推行工作提出了总体要求和推进措施，并明确了相关方责任界定。

3. 立法建议

（1）水污染防治设施建设“三同时”制度

“三同时”制度与环境影响评价制度紧密相关，是体现水污染防治“预防为主”原则的重要法律制度，为建设项目污染治理奠定了基础条件。《中华人民共和国环境保护法》第四十一条、《中华人民共和国水污染防治法》第十九条、《广东省环境保护条例》第二十三条均提出了关于建设项目水污染防治设施的“三同时”制度要求，立法时应遵循上述法律法规规定，明确排污单位应当按照经批准或者备案的环境影响评价文件要求建设水污染防治设施，且水污染防治设施应当与主体工程同时设计、同时施工、同时投入使用。

（2）水污染防治设施运行管理

从实践来看，有些企业虽然建有水污染防治设施，但为减少运行成本，闲置、拆除污染防治设施或者使污染防治设施不正常运行的情况时有发生。不正常运行水污染防治设施是指未按操作程序和技术要求运行水污染防治设施，从而导致废水得不到正常有效处理的情形。因此，为保障水污染设施正常运行、保证污染治理的效果，立法时应当充分参考《广东省环境保护条例》第二十三条规定，明确排污单位应当采取措施保障水污染防治设施正常运行，不得擅自闲置或者拆除；如确需闲置、拆除的，应当提前十五日向所在地生态环境主管部门书面申请，经批准后方可闲置、拆除；对于水污染防治设施不能正常运行的，区分缓急，将其分为立即停止排放和采取有效措施保证达标排放两个层次：首先要求排污单位应当按照有关规定立即停止排放污染物，然后经采取措施达到国家或者地方规定的排放标准后方可排放，并及时向所在地生态环境主管部门报告。

（3）水污染防治设施第三方运营

环境污染第三方治理是排污者通过缴纳或按合同约定支付费用，委托环境服务公司进行污染治理的新模式，是推进污染防治设施建设和运营专业化、产业化的重要途径，可有效履行环保责任，弱化环保风险和降低人力安全风险，刺激环保企业和产业的发展。但目前广东省第三方治理行业还处在发展过程中，在制度完善、权责明晰、资金保障等方面还有不少问题需要解决。为规范和加强第三方治理监管，立法时可参考《关于推行环境污染第三方治理的意见》《关于推进环境污染第三方治理的实施意见》相关规定，鼓励排污单位委托第三方治理单位运营水污染防治设施，并进一步明确排污单位和第三方治理单位的治理责任，排污单位承担污染治理的主体责任，可依法委托第三方开展治理服务，依据与第三方治理单位签订的环境服务合同履行相应责任和义务，对第三方治理单位的运营管理进行监督；第三方治理单位应按有关法律、法规以及排污单位的委托要求，承担相应的污染治理责任。

（七）企业水污染物排放监测制度

1. 管理现状

排污单位自行监测是贯彻落实排污许可制度的污染源监测形式之一，是强化污染源监管，督促企业落实环境治理主体责任的重要举措。企业对污染物排放状况开展自行监测，并在全国排污许可证管理信息平台上公开污染物自行监测数据，是排污单位应尽的责任和义务。2008 年，国家环境保护总局发布了《污染源自动监控设施运行管理办法》（环发〔2008〕6 号），对重点污染源自动监控系统的监督管理提出要求。为规范排污单位自行监测行为，近年来生态环境部共发布了 40 多项排污单位自行监测技术指南。广东省 2013 年印发的《广东省排污许可证管理办法》（粤府令第 199 号）对污染源自动监控设施进行定期检定、按照规定进行监测作出了要求。为大力推行污染源自动监控等非现场执法方式，广东省 2020 年印发了《关于进一步加强污染源自动监控管理工作的通知》（粤环办函〔2020〕20 号），要求各地健全监控值守与现场执法的联动配合机制，做好污染源自动监控安装联网工作，强化污染源自动监控值守工作，建立超标（异常）预警督办处置机制等。但实践中排污单位篡改、伪造监测数据等逃避监管的方式违法排放污染物，第三方环境监测机构监测不规范甚至数据造假等问题屡见不鲜。2019 年，生态环境部组织对珠三角地区开展了排污单位自行监测质量专项检查、抽测和比对监测，结果显示珠三角地区 300 家中监测不规范的有 34 家，5 家企业废水排放超标。

2. 相关要求

《中华人民共和国水污染防治法》第二十三条、第二十四条，《排污许可管理条例》第十九条、第二十条和《排污许可管理办法（试行）》第三十四条均规定实行排污许可管理的排污单位，应当按照国家有关规定和监测规范开展自行监测、保持原始监测记录，并对监测数据的真实性和准确性负责；重点排污单位还应安装水污染物排放自动监测设备，与环境保护主管部门的监控设备联网。《中华人民共和国水污染防治法》第三十九条规定，禁止排污单位以篡改、伪造监测数据等逃避监管的方式排放水污染物；《广东省环境保护条例》第十二条规定，环境监测机构应当按照环境监测规范从事环境监测活动，不得弄虚作假，隐瞒、伪造、篡改环境监测数据，且任何单位和个人不得伪造、变造或者篡改环境监测报告。《排污许可管理条例》第二十九条、《生态环境监测条例》（草案征求意见稿）第二十三条对环境执法监测作出规定，明确生态环境主管部门对排污单位自行监测情况开展监督检查。

3. 立法建议

（1）排污单位自行监测规定

排污单位开展自行监测，是排污单位及时监测污染物排放情况和有效控制污染排放的必要手段。根据《排污许可管理办法（试行）》要求，已核发国家排污许可证的排污单位应当按照《排污单位自行监测技术指南》编制自行监测方案，按照方案开展自行监测。自行监测有两项要求：一是按照国家有关规定和监测规范，如《排污单位自行监测技术指南》明确了排污单位自行监测的监测方案制定、监测质量保证和质量控制、信息记录和报告的基本内容和要求，排污单位需要按照本行业自行监测技术指南要求，根据自身条件和能力，利用自有人员、场所和设备自行监测，不具备自行监测能力的必须委托其他有资质的检（监）测机构代其开展自行监测；二是保存原始监测记录，不得擅自调整监测点位，对监测数据的真实性和准确性负责。因此，立法时应遵循《中华人民共和国水污染防治法》第二十三条、第二十四条，《排污许可管理条例》第十九条以及《排污许可管理办法（试行）》第三十四条规定，明确实行排污许可管理的排污单位应当按照国家有关规定和监测规范，对所排放的水污染物自行监测，并保存原始监测记录，不得擅自调整监测点位，对监测数据的真实性和准确性负责，不得篡改、伪造；对于不具备监测能力的排污单位，应当委托有资质的环境监测机构进行监测。

（2）排污单位自动监测规定

自动监测是自行监测的重要开展形式，是指由对污染源主要污染物排放实施监控的数据收集子系统和信息综合子系统组成的系统进行的监测。《中华人民共和国水污染防治法》第二十三条、《排污许可管理条例》第二十条、《排污许可管理办法（试行）》第三十四条规定，重点排污单位应当安装水污染物排放自动监测设备，与生态环境主管部门的监控设备联网，并保证监测设备正常运行。自动监测的主体是重点排污单位，重点排污单位安装水污染物排放自动监测设备，与环境保护、水行政主管部门的监控设备联网，有利于加强污染源监管。立法时应遵循上述法律法规要求，明确重点排污单位应当安装水污染物排放自动监测设备，自行开展运营或委托专业化维护运营单位运营，保证自动监测设备正常运行，定期对自动监测设备开展质量控制和质量保证工作，确保自动监测数据完整、有效，并与生态环境主管部门的监控设备联网。

（3）环境诚信监测与监管

企业事业单位和其他生产经营者保证监测数据的真实性和准确性是一项基本要求。2017 年 5 月，中央全面深化改革领导小组第三十五次会议强调，要把依法监测、科学监测、诚信监测放在重要位置，这就要求企业通过环境诚信监测组织和改进生产，使环境诚信监测成为企业发展的基础条件。针对目前排污企业以及第三方环境监测机构存在采样监测不规范、数据造假等问题，为保证排污单位和环境监测机构的数据真实性，杜绝伪造、篡改等行为，立法时可参照《中华人民共和国水污染防治法》第三十九条、《广东省环境保护条例》第十二条分别关于排污单位和第三方监测机构的监测数据弄虚作假的行为作出禁止规定，无论是开展自行监测的排污单位，还是受委托的环境监测机构，均要求按照环境监测规范从事环境监测活动，不得有隐瞒、伪造、篡改环境监测数据等弄虚作假行为，且任何单位和个人不得伪造或篡改环境监测机构的环境监测报告。此外，为加强对企业环境执法监管，更好地监督排污单位自行监测，避免其弄虚作假，立法时可参考《生态环境监测条例》（草案征求意见稿）第二十三条，明确生态环境主管部门对排污单位污染物排放状况实施环境执法监测，对排污单位自行监测情况开展监督检查。

（八）水环境监测与信息发布制度

1. 管理现状

水环境监测是水环境保护的基础工作，也是衡量水环境保护实际效果的基本手段。党的十八大以来，党中央、国务院高度重视环境监测工作，相关部门先后印发了《生态环境监测网络建设方案》（国办发〔2015〕56 号）、《关于深化环境监测改革　提高环境监测数据质量的意见》（厅字〔2017〕35 号）、《关于推进生态环境监测体系与监测能力现代化的若干意见》（环办监测〔2020〕9 号）等文件，明确提出由生态环境部统一负责生态环境监测工作，有效解决了部门间生态环境监测职责职能交叉、重复建设的问题。“十三五”以来，广东省先后印发了《广东省生态环境监测网络建设实施方案》（粤府办〔2017〕19 号）、《广东省生态环境监测“十三五”规划》（粤环〔2017〕8 号）等指导文件，积极推进水环境监测网络建设。截至 2020 年，广东省共布设有 5 000 余个地表水水质手工监测断面和自动断面，覆盖所有区县、一级支流、市县饮用水水源、主要工业园区以及考核断面，国考和省考断面实现自动监测全覆盖。全省每年制定水环境质量监测方案，涵盖了地表水水质监测、跨界河流交界断面水质监测、集中式饮用水水源地水质监测和入海河流监测等内容，初步建立起了较为完整的水环境监测网络，并由各级生态环境主管部门通过环境状况年度公报、地级以上城市集中式生活饮用水水源水质状况月度公报、重点河流水质状况季度公报等形式统一发布有关信息，为公众了解水环境质量信息提供了权威信息来源。但对标监测体系和监测能力现代化建设的需求，广东省目前还存在以下问题：一是监测断面和点位布局尚存进一步提升优化空间；二是环境监测信息发布渠道过多，甚至出现监测信息相互矛盾；三是监测信息共享不充分，生态环境、水利、自然资源、农业农村、海洋等有关部门根据各自管理需要建立了相应的监测网络，但数据信息共享的规范性、丰富性和时效性有待提升。为此，有必要进一步规范水环境监测的法律地位、职能任务、信息发布渠道、信息共享等，确保监测管理依法行政、监测工作依法开展。

2. 相关要求

《中华人民共和国水污染防治法》第二十五条规定，国家建立水环境质量监测和水污染物排放监测制度。《广东省环境保护条例》第十二条规定，省人民政府环境保护主管部门对全省环境监测工作实施统一监督管理，会同有关部门完善省环境监测网络和环境监测数据库，健全环境监测预警机制。《关于深化环境监测改革　提高环境监测数据质量的意见》（厅字〔2017〕35 号）提出由环境保护部门统一发布环境质量和其他重大环境信息。《关于推进生态环境监测体系与监测能力现代化的若干意见》（环办监测〔2020〕9 号）提出要推动建立部门合作、资源共享工作机制，加大监测工作统筹与协同力度。

3. 立法建议

（1）水环境监测网络布设

水环境监测是水环境管理的重要组成部分，也是评价水环境政策效果、指导水环境治理措施、保障公众知情权和参与权的必要手段。目前，广东省水环境监测网络布设尚待进一步优化，立法时应遵循和参照《中华人民共和国水污染防治法》第二十五条、《广东省环境保护条例》第十二条以及《关于深化环境监测改革　提高环境监测数据质量的意见》（厅字〔2017〕56 号）、《关于推进生态环境监测体系与监测能力现代化的若干意见》（环办监测〔2020〕9 号）等有关要求，明确由省人民政府生态环境主管部门制定全省水环境监测方案，根据流域特征、污染源分布、生态功能等因素，科学合理地统一规划水环境质量监测断面和点位的设置，实现对各类水体的全覆盖监测，并提高重点流域、重要支流及集中式饮用水水源等重要水体水质风险的监测预警能力，构建一个立体化、综合化的水环境监测网络。

（2）水环境监测信息发布与共享

环境信息公开对维护公众的环境知情权和参与权，提高政府部门的科学决策和监管能力具有十分重要的现实意义。建立环境监测信息共享机制有助于打破监测的部门和地区壁垒，避免重复监测引起资源浪费。目前，广东省环境监测信息发布渠道不统一，相关部门间环境监测数据信息共享的规范性、丰富性和时效性有待提升。为进一步加强水环境信息的公开与共享，立法时应参考《关于深化环境监测改革　提高环境监测数据质量的意见》（厅字〔2017〕56 号）、《关于推进生态环境监测体系与监测能力现代化的若干意见》（环办监测〔2020〕9 号）有关要求，明确由生态环境主管部门统一发布本行政区域的水环境状况信息，并加强生态环境部门与水利、自然资源、农业、海洋等有关部门水环境状况监测数据的有效集成、互联共享，实现水环境监测及相关数据跨地域、跨层级、跨部门、跨业务的互联互通与协同共享，为生态文明建设提供有力数据支撑。

（九）河长制、湖长制

1. 管理现状

河长制、湖长制是由各级党政主要负责人担任河长湖长，负责组织领导相应河湖治理和保护的一项生态文明建设制度创新。2016 年 12 月，中共中央办公厅、国务院办公厅印发了《关于全面推行河长制的意见》（厅字〔2016〕42 号），对推行河长制的指导思想、基本原则、工作职责、组织保障等作出规定。为落实国家有关要求，广东省先后出台了《广东省全面推行河长制工作方案》（粤委办〔2017〕42 号）、《关于贯彻落实〈广东省全面推行河长制工作方案〉实施意见的函》（粤水办函〔2017〕1171 号）、《关于在全省湖泊实施湖长制的意见》（粤办发〔2018〕24 号）等指导文件，为河长制提供了实施蓝图。自全面推行河湖长制以来，全省已构建责任明确、协调有序、监管严格、保护有力的省、市、县、镇、村五级河长湖长体系：省委书记担任省第一总河长，省政府主要负责同志担任省总河长，省委专职副书记和省委常委、常务副省长担任省副总河长；各市、县、镇设立本级总河长，由同级党委或政府主要负责同志担任，或实行双总河长制；流经各区域内主要河湖，分别由省、市、县、镇党委或政府负责同志和村（居）负责同志担任本级河长。湖长的设置与各级河长设置充分结合，各级总河长对本行政区内的湖泊管理保护负总责；涉及跨行政区的湖泊，由上一级负责同志担任湖长。全省河湖长人数总计达 8 万名，累计巡河 1 300 万次，先后开展河湖“清四乱”“五清”“让广东河湖更美”等专项行动，整改主要问题 57 万个，各地级以上市基本消除建成区黑臭水体，河湖面貌实现历史性好转。

2. 相关要求

《中华人民共和国水污染防治法》第五条规定省、市、县、乡建立河长制，分级分段组织领导本行政区域内江河、湖泊的水资源保护、水域岸线管理、水污染防治、水环境治理等工作。《关于全面推行河长制的意见》（厅字〔2016〕42 号）和《关于在湖泊实施湖长制的指导意见》（厅字〔2017〕51 号）分别提出全面建立省、市、县、乡四级河长和湖长体系。在国家要求设立四级河长湖长的基础上，《广东省河道管理条例》第六条提出，建立区域与流域相结合的省、市、县、镇、村五级河长湖长体系，并在第七条对省、市、县、镇级河长湖长的河道管理职责作出了具体规定，包括水资源保护、水安全保障、水污染防治、水环境治理、水生态修复、水域岸线管理等。

3．立法建议

河长制、湖长制创新了管理制度，破解了“多龙治水”的顽疾，丰富了“党政同责、一岗双责”的治水内涵。广东省河（湖）长制实施以来，全省主要河湖基本无成片垃圾漂浮物，全面消除“十三五”劣Ⅴ类国考断面及地级以上市建成区黑臭水体，河湖面貌持续改善，群众满意度不断提高。立法时应在遵循《中华人民共和国水污染防治法》第五条，以及参照《关于全面推行河长制的意见》（厅字〔2016〕42号）、《关于在湖泊实施湖长制的指导意见》（粤办发〔2018〕24号）等文件要求设立省、市、县、乡四级河长湖长的基础上，充分衔接《广东省河道管理条例》第六条有关要求，将河长湖长体系延伸至村一级，建立区域与流域相结合的省、市、县、镇、村五级河长湖长体系，打通河湖管护“最后一公里”，解决农村河湖管理主体“缺位”问题。各级河长湖长应组织领导本行政区域内相应河流、湖泊的河长制、湖长制工作，统筹考虑水资源保护、水安全保障、水污染防治、水环境治理、水生态修复、水域岸线管理等，进一步促进水环境质量的改善。

（十）公众参与制度

1．管理现状

环境保护公众参与制度是指公民、法人和其他组织作为主体，在其权利义务范围内有目的地介入和监管环境保护活动的制度，是公众环境权的具体体现形式之一。1996年印发的《国务院关于环境保护若干问题的决定》（国发〔1996〕31号）明确要建立公众参与机制，近年发布《关于推进环境保护公众参与的指导意见》（环办〔2014〕48号）、《环境保护公众参与办法》（2015年）、《环境影响评价公众参与办法》（2018年）等促进环境保护公众参与有序发展，规范建设项目环境影响评价公众参与。为进一步规范和推进建设项目环保管理公众参与工作，广东省2007年印发《广东省建设项目环保管理公众参与实施意见》（粤环〔2007〕99号），2014年《广东省环境保护厅环保公众参与窗口建设指导意见》对环境政策及规划、环评审批和环境监督等信息公开、公众参与作出规定，每年在官网定期向社会公布水环境质量状况、水污染防治工作进展情况，同时借助报纸、电视、网站、微信、微博等载体，开设饮用水水源地环境保护专项行动、水污染防治攻坚等专栏，对水污染治理成效亮点进行持续跟踪宣传报道，加强水环境信息公开；推动生态环境保护社会监督员制度，建设信息公开和公众投诉网络平台，畅通12369举报渠道，为公众参与和监督水污染防治提供便利，鼓励公众积极参与对水环境保护工作的日常监督；积极开展“六五”环境日主题宣传、污染防治攻坚战典型案例征集宣传、生态环境科学知识竞答、青少年环保创意大赛等活动，倡导公众积极践行绿色生活理念，自觉参与水生态环境保护。

2. 相关要求

《中华人民共和国环境保护法》第六条、第五十三条、第五十七条，《中华人民共和国水污染防治法》第十一条，《广东省环境保护条例》第五条，《环境保护公众参与办法》第十一条均明确规定，任何单位和个人都有保护环境的义务，也依法享有获取环境信息、参与和监督环境保护的权利，并有权对污染损害水环境的行为进行检举。《环境保护公众参与办法》第十七条规定，环境保护主管部门在其职责范围内加强宣传教育工作；《广东省环境保护条例》第五条还提出鼓励和支持基层群众性自治组织、社会组织、企业事业单位和其他生产经营者等开展环境保护宣传普及的要求。

3. 立法建议

（1）公众保护水环境的义务和权利

强化公众参与，是推动社会各方全面、自觉参与水污染防治工作的重要途径和方式，是法律有效实施的重要补充措施。因此，立法时应遵循《中华人民共和国环境保护法》第六条、第五十三条、第五十七条，《中华人民共和国水污染防治法》第十一条以及《广东省环境保护条例》第五条关于单位和个人权利义务的规定，一是明确公民、法人和其他组织都有保护水环境的义务，需自觉遵守相关法律法规关于保护水环境、防治水污染的法律法规的规定，自觉梳理并践行绿色生产、生活的理念和方式，既要洁水，也要节水，要像保护眼睛一样保护环境。二是明确公民、法人和其他组织都有依法享有获取水环境信息、参与和监督水污染防治的权利，保证公众的环境知情权、参与权和监督权：环境知情权具体为公众、法人和其他组织对行政机关所持有的水环境信息拥有适当的获得权利，包括政府公开的水环境信息和企业公开的水环境信息；环境参与权为公众可以参与地区的水环境管理全过程，如通过参与立法、行政听证以及环境决策等方式，提出相关意见建议等；环境监督权为公众有对污染、破坏水环境的行为进行监督、检举和控告的权利，有权向生态环境主管部门或者其他负有水污染防治监督管理职责的部门举报污染损害水环境的行为。

（2）水环境保护宣传教育

加强水环境保护的宣传教育可以使全社会充分理解水污染防治的必要性，同时，水环境保护的宣传教育是水污染防治的基础性工作，是为水污染防治工作奠定群众基础的重要途径，通过宣传教育可以让公众了解水污染防治的相关知识，有利于增强公众的水污染防治意识，使公众理解和支持水环境的保护。各级人民政府及其有关部门是加强水环境保护宣传和普及的重要主体，因此，立法时应参考《广东省环境保护条例》第五条、《环境保护公众参与办法》第十七条关于宣传教育的相关规定，明确各级人民政府及其有关部门应当加强水环境保护的宣传教育，通过多种渠道、多种形式组织开展水环境保护的宣传教育，广泛、深入地宣传普及水环境保护法律法规和水环境保护知识，努力增强公众水环境保护意识，拓展公众参与水环境保护渠道，充分听取公众对重大决策的意见，引导公众依法参与水环境保护。此外，各级人民政府及其有关部门除做好自身的水环境保护宣传普及工作外，还要鼓励基层群众性自治组织、社会组织和志愿者开展水环境保护的宣传、监督等活动，如通过举办水环境保护讲座、发放水环境保护宣传资料等方式，营造保护水环境的良好社会风气。

（十一）公益诉讼制度

1. 管理现状

环境公益诉讼是指由于自然人、法人或其他组织的违法行为或不作为，使环境公共利益遭受侵害时，法律允许其他的机关和有关组织为维护公共利益而向人民法院提起的诉讼。环境具有显著的公益性特征，但我国的诉讼法对于提起环境公益诉讼的主体规定不够明确。如《中华人民共和国民事诉讼法》规定原告必须是与本案有直接利害关系的公民、法人或其他组织。公共利益、国家利益并不是个体利益，但可能作为公益诉讼的“被告”之行为，所以即使损害了公共利益或国家利益，由于未直接侵犯“原告”个体的合法利益，也未对“原告”个体的权利义务产生实际影响，普通公民对此无权起诉。在这种制度困境中，党的十八届四中全会通过的《中共中央关于全面推进依法治国若干重大问题的决定》突破性地提出“探索建立检察机关提起公益诉讼制度”。2015 年十二届全国人大常委会第十五次会议授权在北京、广东等 13 个省（市）检察机关以生态环境和资源保护、国有资产保护、国有土地使用权出让、食品药品安全等领域为重点，开展提起公益诉讼试点。广东省人民检察院印发了《广东省高级人民法院关于部分环境类民事案件实行集中管辖的通知》（粤高法发〔2016〕1 号）、《关于调整环境民事公益诉讼集中管辖法院及管辖区域范围的通知》（粤高法〔2019〕163 号），按照省委“一核一带一区”区域发展新格局，以及全省山川水域分布情况，最终确定广州、深圳、珠海、汕头、湛江、清远六市中级人民法院和广州海事法院集中管辖相关环境公益诉讼案件，对推动实行最严格的生态环境保护制度、决战决胜污染防治攻坚战具有积极意义。据统计，2019 年广东省各级法院共审结环境资源类案件 2.1 万件，审结环境公益诉讼案件 138 件，通过专业化审判落实最严格的源头保护、损害赔偿和责任追究制度，积极参与广东生态环境治理相关工作，以司法审判促进美丽广东建设，服务广东高质量发展。

2. 相关要求

《中华人民共和国民事诉讼法》第五十五条和《中华人民共和国环境保护法》第五十八条规定，对污染环境、损害社会公共利益的行为，法律规定的机关或符合条件的有关组织可以向人民法院提起诉讼。《中华人民共和国水污染防治法》第九十九条规定，环境保护主管部门和有关社会团体可以依法支持因水污染受到损害的当事人向人民法院提起诉讼，并鼓励法律服务机构和律师为水污染损害诉讼中的受害人提供法律援助。《广东省法律援助条例》第十二条规定，社会组织依法对污染环境、破坏生态等损害社会公共利益的行为向人民法院提起民事公益诉讼的，法律援助机构根据其申请可以提供法律援助。

3. 立法建议

（1）环境公益诉讼

环境司法在保障水污染损害当事人的合法权益、化解社会矛盾方面具有重要作用，其所具有的“定分止争”功能是行政管理不具备的。充分发挥环境司法的积极作用，尤其是在民事损害赔偿方面，更应当鼓励受害人通过司法途径获得救济。目前，我国不同的法律对环境公益诉讼的提出主体具有不同的规定，如《中华人民共和国民事诉讼法》第五十五条提出，法律规定的机关和有关组织可以向人民法院提起环境诉讼，并规定人民检察院在发现损害社会公共利益行为而相关机关和组织不提起诉讼时可以提起诉讼；《中华人民共和国环境保护法》第五十八条赋予了社会组织依法开展环境公益诉讼的权益。《中华人民共和国水污染防治法》第九十九条规定环境保护主管部门和有关社会团体均可依法诉讼。因此，立法时宜遵循上位法有关规定，明确符合法律规定的机关和有关组织可以提出环境公益诉讼。

（2）环境公益诉讼的保障措施

法律援助是指由政府设立的法律援助机构组织法律援助的律师，为经济困难或特殊案件的人无偿提供法律服务的一项法律保障制度。由于环境诉讼费用和环境损害司法鉴定费用不菲，对经济能力微薄的社会组织提起公益诉讼造成困难。因此，由法律援助机构对依法提起公益诉讼的组织给予法律援助支持是非常有必要的。对生态环境及其他有关部门而言，对水污染防治的监督管理是其法定职责，对环境公益诉讼给予支持也是其监督管理工作的一部分。《关于在检察公益诉讼中加强协作配合依法打好污染防治攻坚战的意见》（高检会〔2019〕1 号）在检察公益诉讼中加强各部门协作配合，合力打好污染防治攻坚战，共同推进生态文明建设形成了协作意见。因此，立法时应在吸纳《广东省法律援助条例》第十二条的基础上，明确生态环境主管部门和在水污染防治工作中具有监督管理职责的其他部门，对依法提起公益诉讼的有关机关和组织提供支持，如提供科学知识方面的数据等，积极推动环境公益诉讼的开展。

公益法律服务是指法律服务机构、律师为公民、法人和其他组织提供的无偿法律服务。《中华人民共和国律师法》第四十二条规定，“律师、律师事务所应当按照国家规定履行法律援助义务，为受援人提供符合标准的法律服务，维护受援人的合法权益”。《司法部关于印发〈关于促进律师参与公益法律服务的意见〉的通知》（司发通〔2019〕105 号）明确指出，要增强服务时效，突出服务重点，围绕满足群众基本法律需求，主动为脱贫攻坚、污染防治等国家重大发展战略服务。水污染环境纠纷中涉及的受害人较多，且多为普通老百姓，以个人的经济能力很难承担水污染环境纠纷诉讼需要支付的各项费用。为此，《中华人民共和国水污染防治法》第九十九条将水污染损害诉讼中受害方的援助纳入法律援助的范围。立法时应遵循上位法有关规定，鼓励法律服务机构和律师为水污染损害诉讼中的受害人提供公益法律服务。

第三节　水污染防治措施专题研究

一、工业水污染防治

（一）工业规划布局

1. 布局现状

工业布局是工业生产的空间组织形式，它将工业生产要素进行合理的地域组合，以达到充分利用各地区发展工业生产的有利条件，发挥地区优势，促进整个国民经济协调发展的目的。工业集聚发展有利于经济要素的集约和优化配置，有利于资源的共享和循环利用，有利于对污染的集约化控制，是推进工业合理布局、转变生产方式的重要途径。1973 年，第一次全国环境保护大会提出了包括“全面规划、合理布局”在内的 32 字环境保护工作方针，国家先后印发了《关于促进产业集聚发展和工业合理布局工作的通知》（工信部产业〔2009〕第 103 号）、《关于促进化工园区规范发展的指导意见》（工信部原〔2015〕433 号）、《水污染防治行动计划》（国发〔2015〕17 号）等文件，大力推进工业布局优化及工业园区（集聚区）建设。广东省 2003 年印发了《关于加快推进广东新型工业化的意见》（粤府办〔2003〕44 号），加强工业园区的规划和建设，推动企业向园区聚集，促进工业化的集约发展；2008 年印发实施了《广东省电镀、印染等重污染行业统一规划统一定点实施意见（试行）》（粤环〔2008〕88 号）；2020 年印发了《关于推动工业园区高质量发展的实施方案》（粤府〔2015〕131 号），进一步推进工业园区空间整合优化、强化园区环保能力建设。经过多年实践，广东省工业产业布局逐步趋于合理和优化，工业园区（集聚区）不断发展，2020 年广东省共有经济技术开发区、高新技术产业开发区、出口加工区、产业转移园等省级以上工业园区（集聚区）151 个，这些工业集聚区已成为全省经济社会快速发展的强力支撑，同时对实现水污染综合治理和集中控制起到重要作用。当前，广东省区域发展不平衡问题仍然存在，部分地区产业布局不尽合理，工业区与居民区混杂，城市建成区内仍存在一些重污染企业，工业集聚区基础配套不够完善，空间开发格局有待优化。因此，有必要持续推进工业布局优化、工业集聚区规范建设，推动工业高质量发展。

2. 相关要求

《中华人民共和国水污染防治法》第四十四条明确规定，国务院有关部门和县级以上地方人民政府应当合理规划工业布局。《广东省环境保护条例》第三十条、第三十一条分别对产业发展布局及工业园区建设作出了明确规定，要求严格控制高污染、高能耗项目的建设、鼓励和支持无污染或者轻污染产业的发展，以及引导工业企业入驻工业园区、工业园区应当配套防污设施。《水污染防治行动计划》（国发〔2015〕17 号）及《广东省水污染防治行动计划实施方案》（粤府〔2015〕131 号）规定合理确定发展布局、结构和规模，要充分考虑水资源、水环境承载能力，以水定城、以水定地、以水定人、以水定产。《关于推动工业园区高质量发展的实施方案》（粤府〔2015〕131 号）提出工业园区规划布局要与国土空间规划等相衔接。

3. 立法建议

（1）工业布局规划

随着工业污染防治实践的不断深入，工业污染防治已逐步从末端治理向源头和生产全过程控制转变，其中优化工业产业布局，是工业污染源头防控的重要环节。《中华人民共和国水污染防治法》第四十四条明确规定，“县级以上地方人民政府应当合理规划工业布局”，这就要求县级以上地方人民政府应当发挥在城市及产业发展规划上的主导作用，在规划工业布局时做到统筹兼顾、合理安排，充分考虑自然地理格局、资源环境承载能力、国土空间开发适宜性等基础条件，将工业布局优化与城市功能优化相结合，处理好城市生产生活和生态环境保护的关系，以保持地区经济发展与生态平衡。为落实相关要求，《水污染防治行动计划》（国发〔2015〕17 号）提出，合理确定发展布局、结构和规模，要充分考虑水资源、水环境承载能力；《关于推动工业园区高质量发展的实施方案》（粤府〔2015〕131 号）强调，各地研究编制工业园区专项规划时，要充分考虑工业园区的用地需求，并与国家、省级开发区有关规划及当地国土空间规划相衔接，科学规划工业园区用地布局。近年来，广东省工业布局逐步趋于优化，但部分地区工业布局仍不尽合理，立法时应强化工业布局优化要求，在遵循《中华人民共和国水污染防治法》有关规定的基础上进一步细化原则要求，提出县级以上地方人民政府应当统筹考虑本行政区域的资源环境承载能力与水环境质量需求，并与当地国土空间规划相衔接，合理规划工业布局。

（2）规范工业集聚区

引导工业企业入驻工业集聚区并规范工业集聚区建设，能够通过集零为整、集中处理的方式，实现污染的集约化控制。近年来，广东省大力推动产业集聚发展，从项目入园源头上引导工业集聚发展，特别是着力推动电镀、印染等重污染行业统一规划统一定点入园管理，同时大力加强工业集聚区环保设施建设，推进集中治污，工业水污染防治工作卓有成效。立法时应充分吸收已有经验做法，衔接《广东省环境保护条例》第三十一条关于工业园区建设的规定，提出要推进工业集聚发展，引导工业企业入驻工业集聚区，并规范工业集聚区及其污水集中处理设施建设。

（3）发展绿色产业

产业是连接和平衡经济发展与生态保护的纽带，一个地区的产业结构特征在相当程度上决定了该地区的能耗与污染排放的分布格局，绿色产业能够在推动产业的绿色化发展过程中实现环境效益、社会效益、经济效益。大力发展绿色产业，壮大和培育绿色发展的新动能，是加快发展方式绿色转型、实现绿色发展的重要途径。一方面，要加快推进传统产业结构转型升级，加快淘汰“两高一资”落后产能，以提高环保标准倒逼经济结构优化；另一方面，要创新开发绿色低碳技术和产品，增加绿色产品的有效供给，大力发展绿色、循环、低碳的新经济模式，积极引导低消耗、低排放和高效率的先进制造业和现代服务业发展。近年来，广东省全面贯彻落实绿色发展要求，着力推动产业绿色转型和高质量发展，目前广东传统高污染产业仍占一定比重，绿色发展水平仍有待提升，立法时应充分衔接《广东省环境保护条例》第三十条关于产业发展的规定，进一步强化绿色发展要求，严格控制高污染、高能耗项目的建设，鼓励和支持无污染或者轻污染产业的发展，推动产业结构持续优化。

（二）工业废水收集和处理

1. 防治现状

工业废水收集处理并达标排放作为一项重要的末端治理措施，是不可或缺的水污染防治手段。国家先后印发了《进一步加强环境保护工作的决定》（国发〔1990〕65 号）、《关于加强重点工业污染源环境监管的通知》（环发〔2006〕9 号）、《水污染防治行动计划》（国发〔2015〕17 号）、《关于实施工业污染源全面达标排放计划的通知》（环环监〔2016〕172 号）等文件，持续推进工业污染源系统整治。近 30 年来，广东省持续强化工业企业排污监管，推动实现工业企业全面达标排放，1997 年印发实施了《广东省碧水工程计划》（粤府办〔1997〕29 号），将“治理重点工业污染源，提高工业废水处理率和达标率”列为重点任务；2002 年制定了《广东省珠江水环境综合整治方案》（粤环〔2002〕164 号），实施重点工业水污染源全面达标计划；2013 年印发实施了《南粤水更清行动计划（2013—2020 年）》，对超标、超总量排放水污染物的排污单位进行限期治理。为强化废水收集处理力度，广东省持续推进工业集聚发展，将工业企业逐步迁入废水处理设施较为完善的工业园区（集聚区），以实现工业废水集中收集、统一处理。“十三五”以来，广东省深入实施《水污染防治行动计划》，大力推进工业集聚区水污染治理，截至 2020 年年底，全省 112 个省级以上工业集聚区建成污水集中处理设施并实现在线监测联网，工业废水收集处理和排污监管能力显著提升。目前，广东省部分区域工业企业偷排、超标、超总量排放等现象依然存在，部分工业集聚区尚未建成污水处理设施或存在污水处理能力不足的问题，工业废水收集和处理水平仍需进一步提升。

2. 相关要求

《中华人民共和国水污染防治法》第四十五条规定，企业应当收集和处理产生的全部废水，向污水集中处理设施排放工业废水的应当进行预处理，含有毒有害水污染物的工业废水应当分类收集和处理且不得稀释排放，工业集聚区应当配套建设污水集中处理设施并安装自动监测设备。《城镇排水与污水处理条例》第二十一条规定，从事工业、建筑、餐饮、医疗等活动的企业事业单位、个体工商户向城镇排水设施排放污水的，应当向城镇排水主管部门申请领取污水排入排水管网许可证。排水户应当按照污水排入排水管网许可证的要求排放污水。《山东省水污染防治条例》第三十六条规定，按照环境影响评价文件和审批意见的要求，需要进行初期雨水收集的企业事业单位和其他生产经营者应当将初期雨水收集处理，不得直接向外环境排放。《水污染防治行动计划》（国发〔2015〕17 号）还规定，对于工业集聚区逾期未完成污水集中处理设施建设的，一律暂停审批和核准其增加水污染物排放的建设项目。

3. 立法建议

（1）企业排污要求

污染物达标排放是企业事业单位环境守法底线。推动企业落实生态环境保护主体责任，对改善生态环境质量、推动经济高质量发展具有重要意义。近年来，广东省大力实施工业污染源全面达标排放计划，工业水污染得到有效控制，但部分区域工业企业偷排、超标、超总量排放等现象依然存在，立法时应强化对企业排污的管理要求，充分衔接《中华人民共和国水污染防治法》第四十五条对企业排污的规定，要求排放工业废水的企业应当采取有效措施，收集和处理产生的全部生产废水，防止污染水环境。此外，对于某些企业可能将含有毒有害水污染物的工业废水未分类处理或稀释排放的情况，由于各类废水未能进行分类处理，污水处理厂工艺缺乏针对性，还会导致处理成本提高，不利于中水回用；而稀释排放虽然可能实现浓度达标，但水污染物的总量没有削减，依然对水体环境造成污染，因此立法时还应遵循《中华人民共和国水污染防治法》第四十五条关于含有毒有害水污染物的工业废水的有关规定，明确含有毒有害水污染物的工业废水应当分类收集和处理，不得稀释排放。

目前，随着广东省工业集聚区污水收集处理设施不断建设完善，越来越多工业企业污水采用纳管形式排入集中污水厂处理设施进行处理。实际上，公共污水处理设施根据不同设计工艺，其自身处理能力是有限的，不能处理所有进入的污水和污染物，排水超过公共污水处理设施设计进水标准时，或者可能干扰污水处理设施的正常运行，或者可能穿透污水处理设施排放造成环境污染，未达纳管标准要求的工业废水进入生活污水管网也可能会造成管道腐蚀等危害。为保障生活污水管网与处理系统运行安全，立法应遵循《中华人民共和国水污染防治法》第四十五条及《城镇排水与污水处理条例》第二十一条的有关规定，进一步强化对工业废水排入生活污水管网与处理系统的管理要求。对于向工业集聚区污水集中处理设施或者城镇污水集中处理设施排放工业废水的，要求应当按照国家有关规定进行预处理，达到集中处理设施处理工艺要求后方可排放。其中，排入生活管网的，要求排水户应当向城镇排水主管部门申请领取污水排入排水管网许可证，对于未依法领取污水排入排水管网许可证的，不得直接向生活污水管网与处理系统排放工业废水。

（2）工业初期雨水的收集与处理

初降雨时所形成的雨水径流会挟带地面和屋面上的各种污染物，是雨水中污染最严重的部分，其中有色金属冶炼、石油加工、化工、焦化、电镀等行业企业的原辅料和废弃物含有较多有毒有害物质，在生产运输过程中可能存在不同程度的“跑冒滴漏”现象，初期雨水的成分更加复杂，对环境危害更大，对这些工业企业初期雨水加以有效控制具有重要意义。《化工建设项目环境保护工程设计标准》（GB 50483—2019）、《化学工业污水处理与回用设计规范》（GB 50684—2011）、《危险废物处置工程技术导则》（HJ 2042—2014）等多项规范标准将初期雨水或污染雨水纳入管控范围。目前，上位法及广东省已有法律法规暂未对工业初期雨水的收集与处理提出有关规定，为加强工业初期雨水收集处理，立法时宜参考山东省立法经验，将工业初期雨水收集处理的有关措施要求纳入考虑，对于按照规定或者环境影响评价文件和审批意见的要求需要进行初期雨水收集的企业，要求相关企业应当对初期雨水进行收集处理，达标后方可排放，减少对水环境的污染。

（3）工业集聚区污水集中处理设施建设

工业废水集中处理有利于充分发挥资金、技术优势，体现废水处理的规模效益，容易实现废水处理设施的市场化运营，同时有利于统一监管。针对广东省目前仍存在部分工业集聚区污水集中处理设施不完善的问题，应充分衔接《中华人民共和国水污染防治法》第四十五条及《水污染防治行动计划》（国发〔2015〕17 号）关于工业集聚区污水设施建设的有关规定，提出工业集聚区应按规定建设相应的污水集中处理设施，并安装自动在线监控装置。对未完成污水集中处理设施建设的工业集聚区，暂停审批和核准其增加水污染物排放的建设项目，通过限批手段，倒逼工业集聚区加快完善污水集中处理设施，提升工业废水收集和处理水平。

（三）工业企业清洁生产

1. 防治现状

清洁生产通过源头预防、过程控制和末端治理的全过程控制理念与实践，实现“节能、节水、减污、降碳、降耗、增效”，推行清洁生产是实现减污降碳协同增效的重要手段，是加快形成绿色生产方式、促进经济社会发展全面绿色转型的有效途径。自 1992 年，我国工业污染防治开始实行“三个转变”（从末端治理向生产全过程控制转变，从单纯浓度控制向浓度与总量控制相结合转变，从分散治理向分散与集中治理相结合转变），清洁生产开始逐步推行。2001 年，广东省发布了《广东省清洁生产联合行动实施意见》（粤经贸资源〔2001〕972 号），在全国率先全面启动了清洁生产工作；2007 年印发了《关于加快推进清洁生产工作的意见》（粤府办〔2007〕77 号），提出以企业为主体，政府指导推动，积极培植高标准、规范化的清洁生产企业；2016 年印发了《广东省全面推进绿色清洁生产工作意见的通知》（粤经信节能〔2016〕235 号），进一步全面深入推进企业实施清洁生产。据不完全统计，“十三五”期间，广东省超过 1 万家次企业开展了清洁生产审核，涉及电子电器、钢铁、石化、化工、制药等多个行业，共实施清洁生产方案 89 610 项，投入 8.3 亿元，产生经济效益 22.2 亿元。通过清洁生产，企业节能减排效益显著，每年可节水 4 948 万 t，节能 158 万 t 标准煤；削减 COD 产生量 4 万 t、二氧化硫产生量 9 375 t、氮氧化物产生量 2.7 万 t、VOCs 产生量 5 352 t、二氧化碳产生量 62.6 万 t，为全省完成节能减排任务目标，加快产业转型升级作出了重要贡献。

2. 相关要求

《中华人民共和国环境保护法》第四十条及《中华人民共和国水污染防治法》第四十八条规定，企业应当采用原材料利用效率高、污染物排放量少的清洁工艺，减少污染物的产生。《中华人民共和国清洁生产促进法》对政府及有关部门推行清洁生产的责任、生产经营者的清洁生产要求、政府对实施清洁生产的政策和鼓励措施等均作出了相应规定，其中第十九条规定企业应当根据需要对生产和服务实施清洁生产审核。《湖北省水污染防治条例》第十五条规定，县级以上人民政府应当鼓励企业实行清洁生产，对为减少水污染进行技术改造或者转产的企业，通过财政、金融、土地使用、能源供应、政府采购等措施予以鼓励和扶持。《广东省清洁生产审核及验收办法》（粤经贸法规〔2009〕35 号）、《广东省人民政府办公厅关于推动新一轮技术改造促进产业转型升级的意见》（粤府办〔2014〕51 号）及《广东省全面推进绿色清洁生产工作意见的通知》（粤经信节能〔2016〕235 号）也明确了一系列清洁生产及技术改造的鼓励性措施。

3. 立法建议

（1）企业实施清洁生产

清洁生产通过降低生产全过程和产品全生命周期的资源消耗及污染排放，达到节能降碳减污的目的，加快推进清洁生产工作对推进高质量发展具有重要的意义。企业是开展清洁生产的主体，《中华人民共和国水污染防治法》第四十八条、《中华人民共和国环境保护法》第四十条及《中华人民共和国清洁生产促进法》等要求企业在进行技术改造过程中，应当采用资源利用率高、污染物产生量少的工艺和设备，替代资源利用率低、污染物产生量多的工艺和设备，并应当对生产和服务过程中的资源消耗以及废物的产生情况进行监测，根据需要对生产和服务实施清洁生产审核，其中，“双超双有高耗能”（“双超”指产生和排放超过国家污染物排放标准或者污染物排放总量超过国家或地方人民政府核定的控制指标；“双有”指使用有毒、有害原料进行生产或者在生产中排放有毒、有害物质；“高耗能”指超过单位产品能源消耗限额标准构成高耗能）企业应当实施强制性清洁生产审核。为进一步促进企业清洁生产，立法时应遵循《中华人民共和国水污染防治法》第四十八条、《中华人民共和国环境保护法》第四十条及《中华人民共和国清洁生产促进法》有关规定，强化企业实施清洁生产的义务要求，充分发挥企业实施清洁生产的主体作用，提出企业应当采用原材料利用效率高、污染物排放量少的清洁工艺，并加强管理，按照规定实施清洁生产审核，从源头上预防和控制污染物产生。

（2）政府鼓励清洁生产

清洁生产审核是推动清洁生产工作的有效手段，我国实施企业自愿性和强制性清洁生产统一管理，推动“双超双有高耗能”企业全面实施强制性清洁生产审核，引导其他行业自觉自愿开展审核。在实际推行过程中，少数企业对清洁生产的重视度不够、积极性不高，这就需要充分发挥政府对清洁生产的指导推动作用，建立长期激励机制，促进企业自愿实施清洁生产。为鼓励企业开展清洁生产，《广东省清洁生产审核及验收办法》《广东省人民政府办公厅关于推动新一轮技术改造促进产业转型升级的意见》《广东省全面推进绿色清洁生产工作意见的通知》在财政、金融、用地保障等方面规定了一系列相关鼓励措施；《湖北省水污染防治条例》第十五条规定，“县级以上人民政府应当鼓励企业实行清洁生产，按照清洁生产的要求进行技术改造，提高水循环利用率，减少废水和水污染物排放量，对为减少水污染进行技术改造或者转产的企业，通过财政、金融、土地使用、能源供应、政府采购等措施予以鼓励和扶持”，立法时应充分吸收已有经验做法及借鉴湖北省立法经验，提出政府应当鼓励企业实行清洁生产，采取财政、金融、土地使用、能源供应、政府采购等措施，对为减少水污染进行技术改造或者转产的企业予以扶持。

二、城镇水污染防治

（一）城镇污水集中处理设施建设

1. 建设现状

城镇污水处理是市政公用事业的重要组成部分，直接关系到社会公共利益和公共卫生安全，关系到人民群众的生活质量和环境质量，关系到城镇经济社会的可持续发展。集中处理城镇污水可以有效提高城镇污水的处理率、提升污染物去除效率，同时能够体现规模化效益，节省投资，降低污水处理成本。“十三五”期间，国家先后印发实施了《水污染防治行动计划》（国发〔2015〕17 号）、《城镇污水处理提质增效三年行动方案（2019—2021 年）》（建城〔2019〕52 号），加快推进城镇污水处理设施建设与改造。为落实相关要求，广东省印发了《广东省水污染防治行动计划实施方案》（粤府〔2015〕131 号）、《广东省城镇污水处理提质增效三年行动方案（2019—2021 年）》（粤建城〔2019〕52 号），全面加快推进城镇污水集中处理。截至 2020 年年底，广东省城市（县城）已建成运行生活污水处理设施 386 座，处理能力达到 2 798 万 t/d，连续多年居全国首位；全省城市（县城）累计建成生活污水管网约 6.8 万 km，全省 1 125 个建制镇生活污水处理设施覆盖率达 100%，全省城镇生活污水处理设施和配套管网建设不断提速，污水处理量及主要污染物削减量逐年增加，污水处理效能显著提高，水环境质量明显改善。当前，广东省城镇污水收集处理仍存在发展不平衡、不充分问题，部分地区城镇污水集中处理设施与管网不配套，粤东西北地区老旧城区、城中村等区域管网历史欠账多，城镇污水的收集率和处理率偏低，2020 年全省城市生活污水集中收集率为 66%左右，部分地区甚至低于 30%。因此，广东省有必要强化和规范城镇污水集中处理设施及配套管网建设，进一步提高城镇污水的收集率和处理率。

2. 相关要求

《中华人民共和国水污染防治法》第四十九条明确规定，县级以上地方人民政府应当统筹安排建设城镇污水集中处理设施及配套管网。《城镇排水与污水处理条例》在城镇污水集中处理设施的建设布局、任务、保障措施等方面作出了更细致的规定，其中第八条规定，城镇排水与污水处理规划应当依据国民经济和社会发展规划、城乡规划、土地利用总体规划、水污染防治规划等规划进行编制。《广东省环境保护条例》第二十八条提出，各级人民政府应当统筹规划建设本行政区域城镇污水集中处理设施及配套管网，并进一步规定新建、改建、扩建建设项目的污水不能并入城镇集中处理设施以及管网的，应当单独配套建设污水处理设施。《城镇污水处理提质增效三年行动方案（2019—2021 年）》（建城〔2019〕52 号）明确提出生活污水收集和处理能力要与服务片区人口、经济社会发展、水环境质量改善要求相匹配，并要求市政污水管网未覆盖的应当依法建设污水处理设施达标排放。

3．立法建议

（1）城镇污水集中处理设施的规划建设

统筹开展城镇污水收集与处理规划建设，科学进行顶层设计，对促进城乡一体化、可持续发展具有十分重大的现实意义。城镇污水的收集、处理设施作为公益性基础设施，属于公共事业范畴，政府应对此起主导作用。针对广东省城镇污水收集处理发展不平衡、不充分问题，立法时应衔接《中华人民共和国水污染防治法》第四十九条、《城镇排水与污水处理条例》第八条及《城镇污水处理提质增效三年行动方案（2019—2021年）》的有关规定，提出县级以上地方人民政府应当统筹安排建设城镇污水集中处理设施及配套管网。在规划城镇污水处理设施建设时，做到统筹兼顾，协调发展：一是城镇污水处理设施建设规划应当与国土空间规划和水污染防治规划相衔接，从城市功能整体协调和水生态环境保护等角度统筹考虑污水处理设施的布局、规模；二是城镇污水集中处理设施的建设规模应当与城镇污水产生量相匹配，根据城镇发展规模以及未来人口增长趋势，合理设计污水处理规模，既要能保证将产生的城镇污水应收尽收，减少城镇污水直排或溢流污染水环境，又要防止不切实际的盲目超前建设，造成设施闲置浪费问题；三是城镇污水集中处理设施应建设配套管网，管网的建设要满足城镇发展规模需要并正常运行，保证城镇污水的收集率和处理率。

（2）污水设施覆盖范围外的生活污水处理

城镇郊区位于城镇排水与污水处理设施覆盖范围之外，部分区域一些企业事业单位、旅游区、居住小区往往未自行建设污水收集处理设施，其生活污水可能无序排放，对周边水环境造成影响。针对城镇排水与污水处理设施覆盖范围外生活污水的排放管理，目前上位法及广东省已有法律法规暂未提出相关规定，为减少城镇排水与污水处理设施覆盖范围外生活污水直排对水环境造成的污染，立法时应衔接《广东省环境保护条例》第二十八条与《城镇污水处理提质增效三年行动方案（2019—2021年）》的相关规定，提出城镇排水与污水处理设施覆盖范围外的企业事业单位和其他生产经营者、旅游区、居住小区等应采取分散式污水处理模式等有效措施，收集和处理产生的生活污水，确保达标排放。

（二）雨污分流和初期雨水收集

1．防治现状

我国城镇排水体制分为雨污分流制和雨污合流制两种。其中，雨污分流即采用分流制排水体制，是将雨水和污水分别用管道输送，进行排放或后续处理的排污方式。雨污分流是有效解决目前排水系统存在的雨污合流、污水直排等问题的重要途径，未开展雨污分流的地区常因雨污混流直排而造成水环境污染。此外，初期雨水也是城镇河流、湖泊等受纳水体的重要污染源之一。有关研究表明，初期雨水污染占到城镇水环境污染负荷的近 1/3，其化学需氧量（COD）污染浓度有时每升高达上千毫克，高于生活污水的浓度值。近年来，国家印发实施了《水污染防治行动计划》（国发〔2015〕17 号）、《城镇污水处理提质增效三年行动方案（2019—2021 年）》（建城〔2019〕52 号）等文件，加快推进雨污分流改造，并要求有条件的地区推进初期雨水收集处理。广东省积极推进雨污分流与初期雨水污染治理，2015 年印发了《广东省水污染防治行动计划实施方案》（粤府〔2015〕131 号），提出“加快实施雨污分流改造，有条件的地区要推进初期雨水收集、处理和资源化利用”的任务要求；2019 年印发实施了《广东省城镇污水处理提质增效三年行动方案（2019—2021 年）》（粤建城〔2019〕52 号），进一步推进雨污分流改造。“十三五”期间，广东省累计完成老旧管网改造 5 372 km，取得了显著成效。目前，广东省仍存在部分区域管网合流渠箱暗涵雨污分流不彻底，汛期污水直排环境现象仍普遍存在，初期雨水污染问题依然突出，雨污分流及初期雨水收集有待进一步推进。

2. 相关要求

《城镇排水与污水处理条例》第十九条规定，新区建设应当实行雨污分流，实行雨污合流的地区应当进行雨污分流改造，有条件的地区应当逐步推进初期雨水收集与处理；第二十条规定，在雨水、污水分流地区，不得将污水排入雨水管网。《城镇污水处理提质增效三年行动方案（2019—2021 年）》（建城〔2019〕52 号）提出，新区污水管网规划建设应当与城市开发同步推进，除干旱地区外均实行雨污分流。《水污染防治行动计划》（国发〔2015〕17 号）及《广东省水污染防治行动计划实施方案》（粤府〔2015〕131 号）对现有合流制排水系统和城镇新区排水系统建设也作出了具体规定，要求现有合流制排水系统应加快实施雨污分流改造，难以改造的合流制排水系统应采取截流、调蓄和治理等措施；城镇新区建设均实行雨污分流，有条件的地区要推进初期雨水收集、处理和资源化利用。

3. 立法建议

（1）实施雨污分流

采用雨污分流制排水，雨水流经雨水管道汇集后排入河道，污水通过污水管网汇集后经过污水处理厂处理达标后再排放，一方面避免雨水对污水处理厂造成冲击，另一方面也避免污水未经处理被直排至河道引发水体污染。当前，广东省污水管网建设仍存在不平衡、不充分的问题，粤东西北地区老旧城区、城中村等区域污水管网建设不完善，管网合流渠箱暗涵雨污分流、清污分流不彻底。立法时应充分衔接《城镇排水与污水处理条例》第十九条、第二十条以及《城镇污水处理提质增效三年行动方案（2019—2021 年）》《广东省水污染防治行动计划实施方案》等关于雨污分流的规定，提出新区建设和旧城区改造，应当同步规划建设污水、雨水收集管网，实行雨污分流。在推进雨污分流时，应当因地制宜开展，一是对于已实行雨污分流的区域，针对一些地区仍不同程度存在小型餐饮企业、路边早餐和烧烤摊点、洗车场、车辆维修点等单位或个体工商户利用雨水口排放污水的问题，应当禁止向雨水收集口、雨水管道排放污水；二是对于有条件但尚未实行雨污分流的区域，为强化水环境污染防治，应当按照要求推进有条件的地区逐步开展雨污分流改造；三是对于老城区无空间改造、雨涵无法改造等暂时不具备分流条件的地区，为防止污水溢流直排，应当采取沿河截污、调蓄和治理等措施进行处理后利用或排放，防止污染水环境。

（2）初期雨水处理

目前，初期雨水已成为城镇河流、湖泊等受纳水体的重要污染源之一，一些地方旱季“藏污纳垢”、雨季“零存整取”现象较为普遍，初雨污染问题不容忽视。为缓解初期雨水污染问题，一些具备条件的地区通过建设初雨集中调蓄池，对流域内初雨进行有效收集和错峰处理，在缓解污水箱涵截污压力、推动区域污水收集处理拓能增效、保障流域水质提升等方面发挥了重要作用，取得了显著成效。因此，有必要将相关经验做法在有条件的地区进一步推广，立法时应充分衔接《城镇排水与污水处理条例》第十九条以及《水污染防治行动计划》关于初期雨水处理的规定，提出在有条件的地区，应当逐步推进初期雨水调蓄处理和利用，减少对水环境的污染。

（三）城镇污水集中处理设施的运行监管

1. 管理现状

确保城镇污水集中处理设施正常运行，是保障污水达标排放的重要措施。自 2004 年，住房和城乡建设部先后印发了《加强城镇污水处理厂运行监管的意见》（粤建建字〔2004〕175 号）、《全国城镇污水处理信息报告、核查和评估办法》（建城〔2007〕277 号）、《城镇污水处理工作考核暂行办法》（建城〔2017〕143 号）等文件，推动提高城镇污水处理厂的运行管理水平，保障城镇污水处理设施正常运行和污水达标排放。近年来，广东省在加快补齐城镇生活污水收集处理设施短板的同时，大力加强城市排水与污水处理监测系统建设，完善城镇排水与污水处理监管体系，城镇污水处理设施运营监管能力不断提升。目前，广东省部分地区排水户与市政管网的接驳井水质异常现象时有发生，一些污水处理厂运行效率不高，运行管理不规范，影响了城镇污水处理厂正常功能的发挥，污水厂出水水质不能稳定达标的问题时有发生。广东省生态环境厅公布的国家重点监控企业严重超标和处罚情况显示，2020 年，共有 8 家（次）国控重点企业严重超标被处罚，其中 3 家是污水处理厂。因此，有必要持续加强排水监管及城镇污水集中设施规范化运行管理。

2. 相关要求

《中华人民共和国水污染防治法》第五十条规定，向城镇污水集中处理设施排放水污染物，应当符合国家或者地方规定的水污染物排放标准；城镇污水集中处理设施的运营单位，应当对城镇污水集中处理设施的出水水质负责；环境保护主管部门应当对城镇污水集中处理设施的出水水质和水量进行监督检查。《城镇排水与污水处理条例》对保障污水设施安全运行的各方责任主体（政府、相关企事业单位及个人）、措施和权利义务等内容作了具体规定，其中第二十三条规定，城镇排水主管部门应当加强对排放口设置以及预处理设施和水质、水量检测设施建设的指导和监督；第二十九条规定，城镇污水处理设施维护运营单位应当保证出水水质符合国家和地方规定的排放标准；第三十四条规定，城镇排水主管部门应当对城镇污水处理设施运营情况进行监督和考核。《城镇污水排入排水管网许可管理办法》（住建部令 第 21 号）第十六条规定，城镇排水主管部门应当加强对排水户的排放口设置、连接管网、预处理设施和水质、水量监测设施建设和运行的指导和监督。《广东省城镇污水处理厂监督管理办法》（粤建建字〔2006〕31 号）第十五条也对城镇污水集中处理设施运营单位的责任义务作了明确规定，要求污水处理厂运营单位应当保证污水处理设施正常运转，排放污染物符合规定的标准。

3. 立法建议

（1）排水户的责任义务及其监管

城镇污水处理设施在实际运营过程中，由于部分排水户（指向城镇排水设施排放污水的从事工业、建筑、餐饮、医疗等活动的企业事业单位、个体工商户）连续或间断地排放高浓度污水，污水进水超标的现象时有发生，立法时应衔接《中华人民共和国水污染防治法》第五十条、《城镇排水与污水处理条例》第二十三条及《城镇污水排入排水管网许可管理办法》第十六条等相关规定，强化城镇污水处理设施进水的监管，明确排水户排污的责任义务及有关部门的监管职责。对于排水户，向城镇污水集中处理设施排放水污染物，应当符合国家或者地方规定的水污染物排放标准。对于相关监管部门，县级以上地方人民政府城镇排水与污水处理主管部门（以下简称城镇排水主管部门）负责本行政区域内城镇排水与污水处理的监督管理工作，对排水户排水有指导监督的职责，城镇排水主管部门应当加强对排水户的排放口设置、连接管网、预处理设施和水质、水量监测设施建设和运行的指导和监督。

（2）运营单位的责任义务及其监管

保证城镇污水处理厂的正常运行，保障污水处理达标，不仅关系到公共财政资金投入的效益，而且直接影响到城镇的生态环境，关系到广大人民群众的切身利益，关系到城镇的可持续发展。当前，广东省部分地区城镇污水集中处理设施出水水质不能稳定达标的问题依然存在，立法时应遵循《中华人民共和国水污染防治法》第五十条，《城镇排水与污水处理条例》第二十九条、第三十四条及《广东省城镇污水处理厂监督管理办法》第十五条等相关规定，进一步强化城镇污水处理设施出水的监管力度，明确城镇污水集中处理设施运营单位的责任义务及有关部门的监管职责。对于城镇污水集中处理设施的运营单位，应当保障城镇污水集中处理设施正常运行，根据污水处理厂运行维护及其安全技术规程等制定保障污水处理厂正常运行的生产管理制度和突发事故应急预案，对城镇污水集中处理设施的出水水质负责，确保出水达标；并应当为进出水在线监测系统的安全运行提供保障条件，确保数据真实、有效，便于相关部门进行监管。对于城镇排水主管部门与生态环境部门等相关监管部门，城镇排水主管部门是对城镇污水集中处理设施运营情况进行全过程监督和考核的实施主体，应当结合本地区实际，建立健全城镇污水集中处理设施运营情况的监督和考核机制，制定监督和考核实施办法；生态环境部门应当对城镇污水集中处理设施的出水水质和水量进行监督检查，对城镇污水集中处理设施超过水污染物排放标准排放水污染物的，进行依法查处。

（3）实验室废水排放的管理

学校、科研院所、医疗机构等单位进行实验、检验和化验时产生的废水中污染物成分复杂，可能包括强酸、强碱、重金属、病原微生物、放射性物质等有毒有害物质，产生的这些有毒有害物质能够破坏污水管道或者无法被污水集中处理设施处理，进入环境对周边的土壤和水体造成污染，影响人体健康。为强化对上述单位有毒有害废水排放的监管，立法时应明确相关规定，提出医疗机构、学校、科研院所、企业等单位的实验室、检验室、化验室等产生的有毒有害废水，应当按照有关规定收集处置，不得违法倾倒、排放。

（四）污水再生利用

1. 实施现状

污水再生利用是将污水厂达标排放的尾水进一步净化改善后，将其纳入区域水资源调配，统筹用于生产、生态、生活的污水资源化利用模式。城市污水的再生利用是开源节流、减轻水体污染程度、改善生态环境、解决城市缺水问题的有效途径之一。2011 年中央一号文件《中共中央　国务院关于加快水利改革发展的决定》明确提出要“大力推进污水处理回用”；2012 年国务院 3 号文件《国务院关于实行最严格水资源管理制度的意见》又将再生水纳入水资源开发利用的范畴，并明确提出了“逐步提高城市污水处理回用比例”。近年来，广东省积极推动再生水利用工作，2015 年印发的《广东省水污染防治行动计划实施方案》（粤府〔2015〕131 号），提出促进再生水利用，以六河流域为重点，完善再生水利用设施，工业生产、城市绿化、道路清扫、车辆冲洗、建筑施工以及生态景观等用水优先使用再生水。据《2018 年广东省水资源公报》统计，全省污水处理回用量 1.2 亿 m^3，主要为广州、深圳、东莞等珠三角城市，回用于景观用水、河道补水及市政杂用等方面。2020年，广东省平均再生水利用率不足40%，且再生水用途较为单一，再生水利用水平有待进一步提升。

2．相关要求

《城镇排水与污水处理条例》第三十七条明确规定，国家鼓励城镇污水处理再生利用，再生水纳入水资源统一配置，县级以上地方人民政府水行政主管部门应当依法加强指导。《广东省节约用水办法》（粤府令　第240号）第二十七条规定，县级以上人民政府进行城镇新区建设、旧城改造和市政基础设施建设，应当配套建设雨水利用和再生水利用设施，以及有条件使用再生水的单位应当优先使用再生水。《广东省水污染防治行动计划实施方案》（粤府〔2015〕131号）提出促进再生水利用的具体要求，明确提出工业生产、城市绿化、道路清扫、车辆冲洗、建筑施工以及生态景观等，应当优先使用再生水。

3．立法建议

（1）再生水利用要求及去向

污水再生利用是统筹解决水资源短缺、水环境污染和水生态损害问题的重要途径。对污水厂达标排放的尾水进行深度处理，可以进一步减少污染物排放到水体，深度处理后的尾水可用于对水质要求相对较低的城市绿化、道路清扫、工业生产、车辆冲洗、建筑施工以及生态景观等领域，不仅有利于减少对周边水体的影响，还能够提升尾水的再利用程度，有效缓解当地水资源紧张、短缺的现状。针对广东省再生水利用水平仍然较低的问题，立法时应充分衔接《城镇排水与污水处理条例》第三十七条、《广东省节约用水办法》第二十七条及《广东省水污染防治行动计划实施方案》等关于再生水利用的规定，强化推进污水再生利用，鼓励、支持污水处理厂进行尾水深度处理，有条件使用再生水的单位，以及工业生产、城市绿化、道路清扫、车辆冲洗、建筑施工以及生态景观等用水，应当优先使用再生水。

（2）政府促进再生水利用的职责

城镇污水处理与再生利用设施作为公益性基础设施，属于公共事业范畴，政府应对此起主导作用。再生水利用事业公益性强，目前尚处于起步阶段，需要大量资金投入，且技术性要求较高，这就要求政府在资金、技术、配套设施等方面给予一定扶持，促进再生水利用。立法中应衔接《城镇排水与污水处理条例》第三十七条及《广东省节约用水办法》第二十七条的有关规定，提出县级以上人民政府应当鼓励城镇污水处理再生利用，制定促进再生水利用的保障措施，在资金、技术等方面扶持再生水利用项目，并在进行城镇新区建设、旧城改造和市政基础设施建设时，配套建设再生水利用设施。

三、农业和农村水污染防治

（一）农村环境基础设施建设

1. 建设现状

农村环境基础设施是指为提升和改善农村地区生态环境而提供的公共服务设施的总称，主要包括排水和污水处理设施，垃圾收集、运输和处理设施，农村厕所等。中共中央、国务院印发的《乡村振兴战略规划（2018—2022年）》提出要持续改善农村人居环境，加快补齐农村基础设施短板，着力提升村容村貌，建立健全整治长效机制。广东省相继印发了《广东省水污染防治行动计划实施方案》（粤府〔2015〕131号）、《广东省农村环境保护行动计划（2014—2017年）》（粤环〔2016〕36号）、《广东省农村人居生态环境"十三五"规划（2016—2020年）》（粤建村商〔2017〕25号）、《广东省打好污染防治攻坚战三年行动计划（2018—2020年）》（粤办发〔2018〕29号）、《中共广东省委　广东省人民政府关于推进乡村振兴战略的实施意见》、《广东省实施乡村振兴战略规划(2018—2022年)》。截至"十三五"末，全省农村生活污水治理率由2018年不到20%提升至40%以上，卫生户厕普及率达95%，生活垃圾"村收集、镇转运、县处理"收运处置体系基本实现全覆盖，农村环境基础设施建设取得初步成效。但全省农村环境基础设施建设短板依然突出，全省约60%的自然村未完成建设污水处理设施，部分已建设施存在闲置、停运等运行管理问题：一是部分地区开展农村污水治理时缺乏具体的规划指导，统筹谋划不足；二是农村环境基础设施的建设和运行的资金、机制等保障不足。因此，有必要进一步完善农村环境基础设施建设，持续改善农村生态环境质量。

2. 相关要求

《中华人民共和国水污染防治法》第五十二条规定，地方各级人民政府应当统筹规划建设农村污水、垃圾处理设施，并保障其正常运行。《广东省环境保护条例》第四十八条明确，乡镇人民政府应当统筹建设农村生活污水处理设施，完善生活垃圾收运设施。《广东省水污染防治行动计划实施方案》（粤府〔2015〕131号）提出要加快推进生活垃圾和污水处理设施建设，建立和完善长效运营管理机制，改善农村人居生态环境。《广东省打好污染防治攻坚战三年行动计划（2018—2020年）》（粤办发〔2018〕29号）提出加快推进农村"厕所革命"，全面普及乡村旅游区等公共厕所，建立健全农村无害化卫生厕所长效管护机制。

3. 立法建议

（1）农村环境基础设施建设

加强农村环境基础设施建设，如提高农村卫生厕所普及率，提升污水、垃圾治理水平，能有效改善农村生态环境质量，提升村容村貌，对实现乡村振兴具有重要意义。针对农村环境基础设施的建设和运行的资金、机制等保障不足等问题，需要充分发挥政府的主导作用，做好统筹规划建设，明确污水、垃圾收集、处理设施，农村厕所等环境基础设施的布局。立法时应遵循《中华人民共和国水污染防治法》第五十二条、《广东省环境保护条例》第四十八条关于地方各级人民政府统筹规划农村污水、垃圾处理设施的有关规定，并结合《广东省打好污染防治攻坚战三年行动计划（2018—2020年）》等关于农村厕所改造，因地制宜实施雨污分流的实施经验，明确政府应当统筹规划农村环境基础设施建设，根据地方治理的实际需求、农村人口规模、聚集程度、地形特征及已有的相关基础设施，科学确定合适的污水收集处理方式和垃圾收运处理方式，建设和完善污水、垃圾收集和处理设施，实施农村厕所改造，因地制宜实施雨污分流，将有条件的农村和城镇周边村庄纳入城镇污水、垃圾处理体系，完善农村环境基础设施，提升农村生活污水处理率。另外，农村环境基础设施建设和运营资金需求大，立法时应提出当地政府应当做好资金保障的相关规定，发挥政府投资的引导和撬动作用，如建立政府和社会资本合作模式，引导社会资本投向农村基础设施领域，按照“公益性项目、市场化运作”理念，推进政府购买服务，创新农村基础设施建设和运营模式。

（2）农村地区从事生产经营活动监管

随着乡村振兴的全面推进，农村地区的加工制造业、旅游业、餐饮业等快速发展。但因农村地区相对偏远，一般未纳入城镇排水覆盖范围，同时缺少监管，在从事经营活动的过程中存在污水直排污染水环境的问题。因此，立法时有必要加强农村地区从事生产经营活动的污染防治监管，明确在农村地区从事生产加工、旅游、餐饮等经营活动的水污染防治要求：一是在农村地区从事经营活动的单位或个体户，应该按照国家和省的规定排放污水；二是政府有关部门如农业农村、住建、生态环境等部门应按职责指导排污单位建设污水收集管网、选择合适的污水处理工艺，加强污水处理设施运营监督管理，减少水污染物排放。

（二）畜禽、水产养殖水污染防治

1. 防治现状

畜禽、水产养殖业在我国农业中占有较大比重，其造成的污染也是农业污染的主要来源之一。治理畜禽、水产养殖污染是深入打好农业农村污染防治攻坚战的重要组成，是实施乡村振兴战略的重要举措。为防治畜禽、水产养殖污染，我国已相继出台《畜禽养殖业污染物排放标准》（GB 18596—2001）、《畜禽养殖污染防治管理办法》（国家环境保护总局令　第9号）、《关于加快推进水产养殖业绿色发展的若干意见》（农渔发〔2019〕1号）等文件。广东省近年来先后印发了《广东省农村环境保护行动计划（2014—2017年）》

（粤环〔2014〕55 号）、《广东省水污染防治行动计划实施方案》（粤府〔2015〕131 号）、《广东省畜禽养殖水污染防治方案》（粤农〔2016〕222 号）、《广东省打赢农业农村污染治理攻坚战实施方案》（粤环发〔2019〕3 号），大力推进畜禽养殖污染防治和水产生态健康养殖，养殖业水污染防治取得初步成效。但广东省畜禽、水产养殖数量大，当前规模化程度和治污水平总体不高，监管机制尚不健全，水产养殖污染防治技术模式、尾水排放标准等一系列技术标准亟须建立完善，畜禽、水产养殖业绿色高质量发展水平有待进一步提升。因此，有必要持续推进畜禽、水产养殖水污染防治，助力畜禽、水产养殖业绿色高质量发展。

2．相关要求

《中华人民共和国环境保护法》第四十九条规定，畜禽养殖场、养殖小区、定点屠宰企业等的选址、建设和管理应当符合有关法律法规规定，并要求从事畜禽养殖和屠宰的单位和个人对废弃物进行科学处置。《中华人民共和国水污染防治法》第五十六条规定，畜禽养殖场、养殖小区应当保证其畜禽粪便污水达标排放，第五十七条提出要科学确定水产养殖密度，合理投饵和使用药物。《畜禽规模养殖污染防治条例》第十三条规定，畜禽养殖场、养殖小区应当建设相应的畜禽养殖废弃物综合利用和无害化处理设施。《广东省环境保护条例》第四十九条对划定禁养区作出具体规定，提出县级以上人民政府可根据当地环境承载能力和污染物排放总量控制要求，划定畜禽禁养区和限养区。《广东省西江水系水质保护条例》第四十三条规定，水产养殖户应当加强水质调控和管理，采取生态养殖技术，加强养殖投入品管理，避免污染水体。《关于加快推进水产养殖业绿色发展的若干意见》（农渔发〔2019〕1 号）提出大力发展生态健康养殖，并要求推动出台水产养殖尾水污染物排放标准。

3．立法建议

（1）禁养区的划定

禁养区是指县级以上人民政府依法划定的禁止建设养殖场或禁止建设有污染物排放的养殖场的区域，包括畜禽禁养区和水产养殖禁养区。禁养区的划定主要参照《畜禽养殖禁养区划定技术指南》（环办水体〔2016〕99 号）、《养殖水域滩涂规划编制工作规范》（农渔发〔2016〕39 号）等要求，综合考虑各区域主体功能定位及生态功能重要性，在与生态保护红线格局相协调前提下，以饮用水水源保护区、自然保护区的核心区和缓冲区等区域为重点，兼顾江河源头区、重要河湖周边等对水环境影响较大的区域，科学合理划定。禁养区划定的目的在于优化养殖产业布局、控制农业面源污染及防范环境风险，事关当地生态环境质量的改善，但也关系到群众的“菜篮子”，必须统筹兼顾环境保护与经济社会发展需求，避免盲目划定禁养区，立法时宜衔接《广东省环境保护条例》第四十九条对禁养区划定的规定，并按照《广东省打赢农业农村污染治理攻坚战实施方案》“优化畜禽养殖禁养区，依法科学划定水产禁止养殖区、限制养殖区和养殖区”的有关要求，提出依法科学合理划定禁养区范围，优化养殖产业布局，促进环境保护和畜禽、水产养殖业协调发展。

（2）畜禽养殖主体的环境保护责任

养殖业主体承担畜禽粪污收集处理利用和污染防治义务。根据设计的畜禽出栏规模或存栏规模，畜禽养殖可分为畜禽养殖场、养殖小区、养殖专业户和畜禽散养户。目前，广东省畜禽养殖治污水平总体不高，散养数量大且难以监管，为加强养殖业污染源头管控，应严格落实各类畜禽养殖主体的环境保护责任，明确“谁污染、谁治理”的责任制度。对于畜禽养殖场、养殖小区，《中华人民共和国水污染防治法》第五十六条、《中华人民共和国环境保护法》第四十九条、《畜禽规模养殖污染防治条例》第十三条对其污染防治均有明确规定，立法时宜遵循上位法，提出畜禽养殖场、养殖小区应根据养殖规模和污染防治需要对畜禽养殖废弃物实施综合利用和无害化处理。对于畜禽养殖专业户、散养户，全省数量大且难以监管，需要加强对畜禽养殖专业户、散养户的约束，规范其污染物排放，立法时宜遵循《中华人民共和国环境保护法》第四十九条规定，明确养殖专业户、畜禽散养户应当科学处置畜禽粪便、尸体和污水等废弃物，防止其污染环境。此外，广东省还存在“公司+农户”养殖模式，即由公司提供鸡苗、饲料、药物、技术、销售等服务，合作农户只需负责养殖，存在污染防治责任不明确等问题。因此，立法时需明确委托农户养殖的企事业单位和其他生产经营者的环境保护责任，在委托农户开展畜禽养殖时，应当指导农户采取措施做好畜禽养殖污染防治工作，并协助农户对畜禽养殖废弃物进行综合利用和无害化处理。

（3）水产养殖污染防治的主要措施

水产养殖活动过程中会向外环境排放养殖尾水，主要集中在清塘、夏季高温季节、收获及其他特殊需要换水的情况，存在排放集中、污染负荷大等特点，如若处置不当，易引起较为严重的环境污染问题。因此，立法时宜遵循《中华人民共和国水污染防治法》第五十七条规定，并吸收《广东省西江水系水质保护条例》第四十三条要求，明确水产养殖从业者在开展养殖活动过程中应当科学确定养殖密度，合理投饵和使用药物，采用疫苗免疫、生态防控等病害防控方法，加强水质调控和管理，减少养殖污染物的产生；同时采取进排水改造、人工湿地、种植水生蔬菜花卉等技术措施开展养殖尾水治理，促进实现水产养殖尾水资源化综合利用或达标排放。针对水产养殖行业，广东省缺少统一的强制性排放标准，养殖尾水排放管理缺乏强有力的约束，立法时宜参照《关于加快推进水产养殖业绿色发展的若干意见》有关要求，推动出台水产养殖尾水污染物排放标准，落实养殖尾水排放属地监管职责和生产者环境保护主体责任。

（三）农业种植污染控制

1. 防治现状

种植业是农业农村经济的基础产业，农业种植活动中产生的溶解态或固态污染物，如农田中的土粒、氮素、磷素、农药、重金属等有机或无机物质在降水和径流冲刷作用下，通过农田地表径流和排水进入受纳水体形成面源污染，易引起水质下降、水体富营养化等问题。国家先后印发实施《中共中央 国务院关于推进社会主义新农村建设的若干意见》（中发〔2006〕1 号）、《关于加强农村环境保护工作的意见》（国办发〔2007〕63 号）、《关于打好农业面源污染防治攻坚战的实施意见》（农科教发〔2015〕1 号）、《农业农村污染治理攻坚战行动计划》（环土壤〔2018〕143 号）等，强化农业面源污染治理与监督指导。为加强农业种植污染控制，广东省先后印发了《广东省农村环境保护行动计划（2014—2017 年）》（粤环〔2014〕55 号）、《广东省水污染防治行动计划实施方案》（粤府〔2015〕131 号）、《广东省打赢农业农村污染治理攻坚战实施方案》（粤环发〔2019〕3 号），切实抓好农业种植污染源头控制、过程管理和废弃物资源化利用。经过多年实践，广东省农业种植污染防治取得初步成效，化肥、农药施用量和农用塑料薄膜使用量呈逐年下降，分别从 2015 年的 256.5 万 t/a、11.4 万 t/a、4.7 万 t/a 下降至 2019 年的 225.8 万 t/a、8.75 万 t/a、4.4 万 t/a。此外，2019 年，全省秸秆综合利用率约为 91%，农膜覆膜量回收率约为 71.1%。但全省化肥、农药施用量仍较大、利用率较低，根据广东省统计年鉴数据，2019 年全省种植业化肥施用强度高达 59.45 kg/（亩[①]·a），接近发达国家警戒线的 4 倍，农药施用量为 2.41 kg/（亩·a），超过发达国家对应限制的 5 倍。因此，有必要进一步加强农业种植污染控制，促进种植业绿色发展。

2. 相关要求

《中华人民共和国环境保护法》第四十九条，《中华人民共和国水污染防治法》第五十四条、第五十五条规定，各级人民政府及其有关部门和机构应当指导农业生产经营者科学种植和养殖，科学合理施用农业投入品和处置农业废弃物。《中华人民共和国固体废物污染环境防治法》第六十四条提出，县级以上人民政府农业农村主管部门应加强对农业固体废物依法收集、贮存、运输、利用、处置的监督管理。《山东省水污染防治条例》第四十七条提出，各级人民政府应当优化种植业结构和产业发展布局，促进生态农业发展。《关于进一步加快推进农作物秸秆综合利用和禁烧工作的通知》（发改环资〔2015〕2651 号）明确要求农业农村、环保等多个部门加强配合，建立农作物秸秆综合利用协调机制，推动产业化发展。《广东省水污染防治行动计划实施方案》（粤府〔2015〕131 号）提出控制农

---

① 1 亩≈666.67 m^2。

业面源污染和调整种植业结构与布局，并明确新建高标准农田要达到相关环保要求。

3．立法建议

（1）农业种植结构和布局

种植业面源污染作为全省农村水环境污染的主要来源之一，给农村生态环境保护造成较大压力。农业种植结构布局不合理，如供给侧结构性矛盾、农业生产与地方主体功能区定位不匹配等，可能导致长期过度开发下农业资源环境承载能力达到了极限，农业增长存在对化肥、农药的依赖及内源性污染现象。根据农业污染特点和治理难度，采取农业产业结构调整、优化布局、发展生态农业等源头管控方式是种植面源污染治理的最重要手段。立法时应参考《广东省水污染防治行动计划实施方案》及《山东省水污染防治条例》第四十七条相关规定，提出县级以上人民政府应当通过优化农业种植业结构，调整粮食与经济作物、需肥需药量低与高作物、用水量少与多作物、环境效益好与差作物等的比例，合理规划种植业布局，推动生态农业发展，增强农业发展后劲。

（2）化肥和农药合理施用

农业种植过程中施用化肥和农药可分别为农作物生长提供营养元素和预防有害生物，从而达到提高农业产量的效果，但化肥和农药的过量施用和低利用率往往会导致严重的环境污染，降低农产品品质，过期失效农药及农药包装物的不合理处置也可能导致有毒物质和周围环境的水体、土壤混合，影响农作物甚至人类。基于全省化肥、农药施用量大的特点，科学合理施用化肥和农药是解决农业面源污染和增加农业产量的重要环节。由于从事农产品生产的大多为农户，对科学种植和合理施用化肥、农药的知识获取渠道相对有限，因此需要有关部门加强对农业投入品及农业废弃物安全使用的指导，立法时应遵循《中华人民共和国环境保护法》第四十九条，《中华人民共和国水污染防治法》第五十四条、第五十五条对农业主管部门和其他有关部门的指导与监管责任要求，提出县级以上人民政府农业主管部门和其他有关部门应当指导农业生产者科学、合理施用化肥和农药，组织开展病虫害统一预防、统一治理，实现分散防治向规模化防治转变，并通过推广精准施肥、节水灌溉技术和高效低毒低残留农药，提高化肥、农药施用效率的同时降低灌溉用水量，不断提高病虫害防治的效率；生产过程中还应加强对生产、销售、施用农药和处置过期失效农药及农药包装物的综合监督管理，减少农业面源污染。

（3）农业固体废物监管

农业固体废物主要包括谷物种植产生的农作物秸秆、废弃农用薄膜等，具有量大面广、性质复杂的特性，若不妥善处置，如秸秆燃烧、畜禽粪便随意排放、农用薄膜一堆了之等，会造成面源污染等突出隐患。广东省目前秸秆综合利用率、农膜覆膜量回收率还存在提升空间，农业固体废物资源化利用能力有待提高，因此有必要进一步加强农业固体废物管理，立法时应遵循《中华人民共和国固体废物污染环境防治法》第六十四条规定，并参考《关于进一步加快推进农作物秸秆综合利用和禁烧工作的通知》，提出县级以上人民政府农业农村主管部门应当加强对农业固体废物的收集、贮存、运输、利用和处置的引导以及加强秸秆等农业废弃物综合利用的监管，做好农业固体废物污染防治。

（4）种植业面源污染防治

早期建设的部分农田侧重产能提升而对改善农田生态环境重视不够，农业生产活动中的营养盐等污染物可能通过农田地表径流和农田渗漏等途径污染地表和地下水环境。为改善农田环境，近年来我国大力推进土地开发整理及高标准农田建设，《全国土地开发整理规划》（国土资发〔2003〕69 号）规定，土地整理要与基本农田建设相结合，完善基础设施，以建设促保护；《高标准基本农田建设标准》（TD/T 1033—2012）提出，高标准基本农田建设内容包括农田防护与生态环境保持工程，应采取岸坡防护、沟道治理等工程防止或减少污染。因此，土地开发整理及农田建设过程中应加强基础设施建设，充分利用农田已有沟、塘、低洼易涝地等，建设生态沟渠、生态净化塘、地表径流集蓄池等农田面源污水生态净化设施，实现对农田径流及其所含流失营养元素的净化，地表径流集蓄池还能收集流失营养元素并返还回灌到农田，减轻面源污染的同时提高水肥利用率。当前，广东省农田面源治理仍处于起步阶段，为加强农田建设和环境保护，立法时应参考《广东省水污染防治行动计划实施方案》有关规定，明确农田建设、土地开发整理应当达到《高标准基本农田建设标准》等相关要求，进一步加强农田基础设施建设，对于饮用水水源保护区、重要水库汇水区等区域附近的农田，提出因地制宜建设生态沟渠、生态净化塘、地表径流蓄流池等措施，提高农田建设质量，降低农业面源污染，保障饮用水水源等重要区域的水体安全。

四、船舶水污染防治

（一）船舶水污染防治措施

1. 防治现状

船舶水污染主要是指船舶在航行、停泊、作业过程中对周围水环境产生的污染，主要表现为含油污水、生活污水、含有毒液体物质的污水和船舶垃圾等带来的污染，具有复杂性、流动性和较大的危害性。近年来，国家先后印发《珠江水运科学发展行动计划（2016—2020）》《珠江水运发展规划纲要》《关于珠江水运发展助力粤港澳大湾区建设的实施意见》等，加强船舶污染防治，推动珠江航运节能减排和绿色循环低碳发展。广东省相继印发实施《广东省水污染防治行动计划》（粤府〔2015〕131 号）、《南粤水更清行动计划（修订本）（2017—2020 年）》（粤环〔2017〕28 号）、《广东省打好污染防治攻坚战三年行动计划（2018—2020 年）》（粤办发〔2018〕29 号）等，提出加强船舶污染控制、积极治理船舶污染的要求。截至 2019 年年底，广东省共有客船 460 艘，载客量 5.6 万客位；货运船舶 6 604 艘，总载重量 2 690 万吨位。经过多年实践，广东省在控制船舶污染控制方面取得了一定成效，2018 年年底各地级市均已完成防治船舶污染及其有关作业活动污染水域环境应急能力建设规划的编制及发布，建立健全船舶污染水域事故应急机制，最大限度减少船舶污染水域事故的损失。珠江沿线已有 38 艘液化天然气（LNG）船投入使用，加快内河船舶绿色发展。目前，广东省船舶水污染防治措施仍需进一步加强，部分地区船舶未配套生活污水设施或环保设施不完善、新能源与清洁能源利用率不高等问题依然存在。

2．相关要求

《中华人民共和国水污染防治法》第五十九条和第六十条要求船舶按规定配备防污设备和器材，不得违反规定向水体排放污染物。《广东省西江水系水质保护条例》第四十四条明确不符合排放规定的船舶污染物应当交由港口、码头、装卸站或者有资质的单位接收处理。《中华人民共和国防治船舶污染内河水域环境管理规定》第十三条提出船舶不得违反法律、行政法规、规范、标准和交通运输部的规定向内河水域排放污染物，并在第十八条提出鼓励船舶使用清洁能源。《400 总吨以下内河船舶水污染防治管理办法》（交海规〔2020〕10 号）对 400 总吨以下内河船舶产生的生活污水、垃圾、含油污水、残油（油泥）、含有毒液体物质的污水等水污染物的处理处置要求作了全面系统的规定，其中第四条至第七条提出船舶进行涉及水污染物排放的作业应当严格遵守法律、行政法规、标准、规范和交通运输部的规定，以及不符合排放规定的船舶水污染物应当交由接收设施接收处理。此外，《湖北省水污染防治条例》第四十二条对在具有饮用水水源功能的湖泊、水库航行或者停泊的船舶提出使用清洁能源的规定。

3．立法建议

（1）船舶水污染物排放

船舶在航行、停泊、作业等过程中由于动力系统运行、船上人员的生活、装卸货物残留等会产生大量含油污水、生活污水、船舶垃圾等，若不严格控制使其排入环境，将对水环境造成严重污染。为加强船舶污染防治工作，应当对船舶投入使用要求、污水排放要求、污染物排放的作业记录等方面进行全过程控制。立法时应遵循《中华人民共和国水污染防治法》第五十九条和第六十条，并参照《广东省西江水系水质保护条例》第四十四条、《400 总吨以下内河船舶水污染防治管理办法》第四条至第七条、《中华人民共和国防治船舶污染内河水域环境管理规定》第十三条，明确要求船舶按规定配备防污设备和器材，且不得违反规定向水体排放污染物；不符合排放规定的船舶污染物应当交由港口、码头、装卸站或者有资质的单位接收处理。此外，为防止船舶污水滴、漏、跑、冒，还应提出除应急旁通管路外不得设置其他可以将污水直接排入水体的外排口要求，以及对于航经饮用水水源保护区等特殊排放要求区域时，明确污水排污口全程关闭等相关要求，防止其造成水环境污染，影响饮用水水源安全。

（2）清洁能源推广使用

强化源头防控是船舶水污染防治的关键环节，如推广船舶使用清洁能源，不但能减少含油废水的产生，还可有效降低油品燃料、含油污水泄漏的风险，立法时应参照《中华人民共和国防治船舶污染内河水域环境管理规定》第十八条，提出鼓励船舶使用清洁能源。此外，在具有饮用水水源功能的湖库和水库航行、停泊、作业的船舶，应当优先使用液化天然气等清洁能源，避免使用燃油等传统燃料在湖泊、水库等相对封闭、水动力及扩散条件差的水域发生泄漏等，从而影响饮用水水源安全。因此可借鉴《湖北省水污染防治条例》第四十二条，规定在具有饮用水水源功能的湖泊、水库航行或者停泊的船舶，应当优先使用清洁能源。

（二）港口、码头水污染防治措施

1. 防治现状

船舶航行或作业时产生的污染物，最主要的处理方式就是收集上岸处理。根据《400总吨以下内河船舶水污染防治管理办法》（交海规〔2020〕10号）的规定，含油污水、残油（油泥）、含有毒液体物质的污水和船舶垃圾等污染物均需船上储存、交岸接收处置，因此到岸的港口、码头需具备相应的收集、转运、处理船舶污染物的能力。为加强港口、码头水污染防治能力，近年来，国家先后印发《船舶与港口污染防治专项行动实施方案（2015—2020年）》（交水发〔2015〕133号）、《关于建设世界一流港口的指导意见》（交水发〔2019〕141号）等，大力推进港口、码头船舶污染物接收、转运、处置设施建设。广东省先后印发《广东省绿色港口行动计划（2014—2020）》（粤交港〔2014〕176号）、《广东省水污染防治行动计划》（粤府〔2015〕131号）、《广东省船舶与港口污染物接收转运及处置联合专项整治行动方案》（粤交港〔2017〕46号），明确各主要行政主管部门间的监督职责和任务分工，加快内河港口的船舶水污染物接收设施建设，合力推进港口、码头水污染防治。截至2019年年底，全省港口有生产性泊位2 296个，其中万吨以上泊位322个，亿吨大港5个，初步形成以珠三角港口集群为核心，粤东、粤西港口集群为发展极的“一核两极”发展格局。这些港口、码头已成为全省航运快速发展的强力支撑，同时对实现船舶水污染综合治理和集中控制起到重要作用，但当前部分地市港口码头在实际执行中仍存在船舶污染物、废弃物接收和处置设施不足，以及部分接收设施与当地的环保处理设施不能有效衔接等问题。

2. 相关要求

《中华人民共和国水污染防治法》第六十一条对地市、县级人民政府，港口，码头和从事船舶污染物、废弃物接收作业的单位均提出要求，即规定地市、县级人民政府应当统筹规划建设船舶污染物、废弃物的接收、转运及处理处置设施，港口、码头应当设置足够的接收、转运及处理处置设施，以及从事船舶污染物、废弃物接收作业的单位应具备与其运营规模相适应的接收处理能力。《广东省西江水系水质保护条例》第四十五条、《广东省珠江三角洲水质保护条例》第二十一条明确要求未设置船舶污染物回收设施的港口、码头限期建成有关设施。《船舶与港口污染防治专项行动实施方案（2015—2020 年）》（交水发〔2015〕133 号）规定，沿海和内河港口、码头、装卸站、船舶修造厂应具备船舶含油污水、化学品洗舱水、生活污水和垃圾等接收能力，做好与城市市政公共处理设施的衔接。

3. 立法建议

（1）接收、转运及处理处置设施规划建设

港口、码头作为船舶污染物“船—港—城”“收集—接收—转运—处置”的关键一环，在推进船舶水污染防治过程发挥了重要作用。考虑到船舶污染物接收、转运、处置涉及多个环节，港口码头的接收、转运及处理处置设施建设需要发挥政府的主导作用，一是要做好统筹规划，明确船舶污染物、废弃物接收、转运及处理处置设施的布局，建立完善的船舶污染物分类收集、转运和处置体系；二是要发挥监管和引导作用，建立港口和船舶污染物接收、转运及处置的运行管理和监督管理制度，落实企业主体责任、部门监管责任、政府协调责任。因此，立法时应遵循《中华人民共和国水污染防治法》第六十一条对港口、码头、装卸站和船舶修造厂所在地市、县级人民政府的有关规定，明确港口、码头、装卸站和船舶修造厂所在地的地级以上市、县级人民政府统筹规划建设船舶污染物等的接收、转运及处理处置设施，建立相应的接收、转运、处理处置多部门联合监管制度。

（2）船舶污染物、废弃物接收设施要求

近年来，广东省水运发展速度持续稳步增长，全省水运客运量、水路货运量分别从 2010 年的 2 241 万人次、4.31 亿 t 增长至 2019 年的 2 614 万人次、10.84 亿 t，港口、码头的船舶污染物、废弃物接收、转运及处理处置的需求也随之增大。针对港口、码头船舶污染物、废弃物接收和处置设施不足以及部分接收设施不能有效衔接等问题，立法时应遵循《中华人民共和国水污染防治法》第六十一条对港口、码头、装卸站和船舶修造厂的相关规定，并参考《广东省西江水系水质保护条例》第四十五条、《广东省珠江三角洲水质保护条例》第二十一条和《船舶与港口污染防治专项行动实施方案（2015—2020 年）》的相关要求，细化现有和新建、改建、扩建等港口、码头、装卸站和船舶修造厂的相关要求，一是明确港口、码头、装卸站和船舶修造厂应当备有足够的船舶污染物、废弃物的接收设施；二是对于现有港口、码头、装卸站和船舶修造厂，应当逐步配套建设相应的船舶污染物、废弃物的接收设施，而尚未建成接收设施的，应当委托经备案符合船舶污染物、废弃物接收资质的专业单位负责接收，确保船舶水污染物做到“应收尽收”；三是对于新建、改建、扩建港口、码头、装卸站和船舶修造厂，应当配套建设相应的船舶污染物、废弃物的接收设施，并做好与城市公共转运、处理设施有效衔接，确保船舶水污染物做到“应收尽收，应处尽处”。

（3）船舶污染物、废弃物接收单位要求

船舶在进行航行、洗舱等活动时产生的废水中污染物成分复杂，可能包括重金属、挥发性有机化合物、病原微生物等有毒有害物质，因此要求污染物、废弃物接收单位应当具备相应的接收处理能力。立法时应遵循《中华人民共和国水污染防治法》第六十一条规定，从事船舶污染物、废弃物接收作业或者从事装载油类、污染危害性货物船舱清洗作业的单位，应当满足《船舶污染物接收和船舶清舱作业单位接收处理能力要求》（JT/T 673—2006），配备足够、有效且符合国家或者地方环境保护标准和安全要求的包装工具，中转和临时存放设施、设备，有保证危险废物经营安全的规章制度、污染防治措施和事故应急救援措施，并能按要求自行或委托有处置能力的单位对所接收的污染物进行无害化处置。

（三）船舶水污染防治监管

1. 防治现状

开展船舶水污染防治监督管理是加强事故预防和源头治本的重要举措，也是推行船舶污染物接收转运处置全过程闭环管理的关键所在。为加强船舶水污染防治监管，近年来，国家先后印发《船舶与港口污染防治专项行动实施方案（2015—2020 年）》（交水发〔2015〕133 号）、《港口和船舶污染物接收转运及处置设施建设方案编制指南》（交办水函〔2016〕976 号）、《关于建立完善船舶水污染物转移处置联合监管制度的指导意见》（交办海〔2019〕15 号）等，广东省交通运输厅联合原省环境保护厅、住房城乡建设厅等单位相继印发《广东省船舶与港口污染物接收转运及处置联合专项整治行动方案》（粤交港〔2017〕46 号）、《广东省船舶污染物接收转运及处置联合监管指导意见》等，根据各主要行政主管部门间的监督职责和任务分工，借助河（湖）长制平台等监管信息平台，对西江、东江、珠江等重点水域多次开展联合专项整治行动，进一步加强船舶与港口污染物接收转运与处置工作的规范化、制度化和专业化，建立健全船舶污染物接收转运处置联单制度和联合监管制度。此外，还联合开发广东省港口船舶水污染物监测平台，强化船舶申报及接收、转运、处置各环节全过程监管，确保全过程可监测、可追溯。广东省航道资源丰富，船舶种类和数量较多，部分类型船舶作业活动涉及排污、船舶运输和水上交通安全等，存在水环境隐患，有必要进一步强化部门联合执法，明确监管部门职责，建立健全船舶水污染防治全过程监管体系。

2. 相关要求

《中华人民共和国水污染防治法》第六十二条规定海事管理机构、渔业主管部门应当加强对船舶及有关作业活动的监督管理。《关于建立完善船舶水污染物转移处置联合监管制度的指导意见》（交办海〔2019〕15号）对建立完善船舶水污染物转移处置联合监管制度提出较为全面系统的指导意见，明确海事、交通运输（港口）、生态环境等部门要在当地政府的牵头组织下，建立完善和实施船舶水污染物转移处置联合监管制度，明确各自监管职责，共同打击船舶水污染物和危险废物非法转移处置行为。《船舶与港口污染防治专项行动实施方案（2015—2020年）》（交水发〔2015〕133号）对加强污染物排放监测和监管作出规定，明确要强化监测和监管能力建设和建立完善船舶污染物接收、转运、处置监管联单制度。《广东省船舶与港口污染物接收转运及处置联合专项整治行动方案》（粤交港〔2017〕46号）对建立部门联动与合作机制作出规定，明确各级交通、环保、住建和海事管理等部门要加强检查、执法以及行政处罚的联动，共同推进船舶和港口污染治理工作。

3. 立法建议

（1）船舶污染全程监督管理

由于船舶排污具有分散性、隐蔽性强和不易监测的特点，现场监管取证难，相关部门对船舶偷排等现象缺乏有效手段，现场监管难度大。对此，联动执法是内河水网地带实施船舶水污染防治有效监管的行之有效的执法手段，为强化现场控制力、保障内河水网水环境安全发挥了重要作用。立法时宜参考《船舶与港口污染防治专项行动实施方案（2015—2020年）》《广东省船舶与港口污染物接收转运及处置联合专项整治行动方案》等有关规定，明确县级以上人民政府应当组织交通运输、生态环境、住房城乡建设、质量监督等部门建立船舶水上污染防治执法联动机制，对船舶污染物实行从船上到岸上的全程监管。

（2）重点关注船舶的监督管理

广东省河网密布且濒临南海，航道资源丰富，船舶种类和数量较多，部分类型船舶如渔业船舶、洗砂船、趸船开展有关作业活动时涉及排污、船舶运输和水上交通安全等多个环节，存在水环境污染的隐患，需要重点关注。渔业船舶是指从事渔业生产的船舶以及属于水产系统为渔业生产服务的船舶，也存在部分将渔业船舶用于生活起居现象。趸船是指无动力装置的矩形平底船，固定在岸边、码头，以供船舶停靠，上下旅客，装卸货物，也有利用趸船从事餐饮、商业等活动。旅游船是指设有观光区域和卧席客舱，为乘客提供旅游、观光、娱乐、食宿等服务的客船。洗砂船是从事水洗砂活动的船只，洗砂过程中洗砂船抽取大量淡水冲洗海砂后会产生洗砂废水，废水中的主要污染因子是化学需氧量和悬浮物，而高浓度悬浮物将形成大量的泥浆水。水上加油船是指固定于某一水域，具有收发、储存油品功能，通过加油机（或流量机）以零售形式向运输船舶、渔业船舶、工程船舶和其他船舶供应油品的加油船，其作业风险较高，一旦油品泄漏会对水体造成污染。为加强渔业船舶、趸船、洗砂船等上述类型船舶的监督管理，实行船舶污染全程监督管理，明确各部门的监管职责，立法宜参考《关于建立完善船舶水污染物转移处置联合监管制度的指导意见》的相关规定，进一步明确渔业船舶、趸船和洗砂船、旅游船和从事成品油供应的水上加油船等重点排放水污染船只的监管部门职责，建立健全协同高效的跨部门综合监管工作机制。

第四节　饮用水水源保护专题研究

一、饮用水水源保护区划定与规范化建设

（一）饮用水水源保护区划分

1. 管理现状

饮用水水源保护区是为防止饮用水水源地污染、保障水源地水质而划定，并要求加以特殊保护的一定范围的水域和陆域，分为一级保护区和二级保护区，必要时可划定准保护区。1984 年颁布的《中华人民共和国水污染防治法》提出县级以上人民政府可以对生活饮用水水源地划定保护区。广东省从 20 世纪 90 年代末就开展了饮用水水源保护区划定工作，完成了地级以上市、县城和部分乡镇集中式饮用水水源保护区的划定。2019 年按照《关于推进乡镇及以下集中式饮用水水源地生态环境保护工作的指导意见》（环水体函〔2019〕92 号）的要求，大力推进乡镇及以下集中式饮用水水源保护区划定，重点开展实际供水人口在 10 000 人或日供水在 1 000 t 以上农村水源地水源保护区的划分。截至 2019 年年底，全省共划定饮用水水源保护区 1 108 个，其中市级 120 个，县级 124 个，乡镇及以下 864 个。通过划定保护区并依法开展保护区规范化建设、环境问题清理整治及监测监管，全省水源地水质不断提升，除 2018 年、2019 年东莞市东江干流两个水源地因感潮、气候等自然因素造成个别月份溶解氧超标外，2016 年以来全省县级及以上在用集中式饮用水水源水质达标率为 100%。

2. 相关要求

《中华人民共和国水污染防治法》第六十三条规定了饮用水水源保护区划分等级、划定主体及报批程序（含跨界饮用水水源保护区）。《饮用水水源保护区污染防治管理规定》第三条规定了水源保护区划分等级，第二十一条规定了保护区划定主体及报批程序。《广

东省饮用水源水质保护条例》第九条明确了保护区分为一级、二级保护区，必要时可划定准保护区。《广东省环境保护厅关于加强和规范饮用水水源保护区划分和优化调整工作的通知》（粤环函〔2018〕672 号）提出了供水规划调整、取水口迁移、供水格局改变、汇水条件发生变化、现行区划方案明显不符合国家和省相关技术规范等保护区可调整的情形。

3．立法建议

（1）饮用水水源保护区分级管理

保护区实行分级管理，分为一级、二级和准保护区。饮用水水源一级保护区是以取水口（井）为中心，为防止人为活动对取水口的直接污染，确保取水口水质安全而划定需加以严格限制的核心区域。饮用水水源二级保护区是在一级保护区之外，为防止污染源对饮用水水源水质的直接影响，保证饮用水水源一级保护区水质而划定，需加以严格控制的重点区域。饮用水水源准保护区是依据需要，在二级保护区外，为涵养水源、控制污染源对饮用水水源水质的影响，保证饮用水水源二级保护区的水质而划定，需实施水污染物总量控制和生态保护的区域。为持续强化水源保护区分级管理和科学保护，立法时应遵循《中华人民共和国水污染防治法》第六十三条，衔接《饮用水水源保护区污染防治管理规定》第三条、《广东省饮用水源水质保护条例》第九条关于保护区划分等级的规定，明确饮用水水源保护区分为一级、二级保护区，必要时可以在饮用水水源保护区外围划定一定的区域作为准保护区。

（2）饮用水水源保护区划定

为科学合理划定饮用水水源保护区，在开展划定工作时应充分考虑当地的供水现状、供水规划、国土空间规划等。区域供水规划对一定空间及时间范围内的供水格局包括水源地、供水量作出具体安排，国土空间规划对一定区域国土空间开发保护在空间和时间上作出了安排，两个规划均为饮用水水源保护区划定及调整的重要依据。为确保划定的保护区与供水格局、国土空间开发格局相适应，立法时应将供水规划和国土空间规划明确为保护区划定的主要依据，在遵循《中华人民共和国水污染防治法》第六十三条划定主体及报批程序规定的基础上，进一步细化依据要求，提出有关地级以上市、县人民政府根据当地国土空间规划、供水现状和规划，按照国家和省的有关规定提出划定方案，报省人民政府批准。

（3）饮用水水源保护区调整

随着社会经济高速发展和城市化进程加快，各地供水格局、水源地取水量、水质状况等都不断发生变化，不可避免会出现已划定饮用水水源保护区的水源地不能满足饮水安全的情况，需要对其进行调整。立法时可参照《广东省环境保护厅关于加强和规范饮用水水源保护区划分和优化调整工作的通知》，对存在供水规划调整、取水口迁移、供水格局改变、汇水条件发生变化、现行区划方案明显不符合国家和省相关技术规范等情形，在确保饮用水安全的前提下，由有关地级以上市、县人民政府提出饮用水水源保护区调整方案，按饮用水水源保护区划定程序报批。

（二）农村饮用水水源管理

1. 管理现状

农村饮用水水源地是向乡（镇）、村供水，有简易净化措施或无净化措施的现用和规划饮用水水源地，分为集中式和分散式。2010—2015 年，环境保护部印发了《关于进一步加强分散式饮用水水源地环境保护工作的通知》（环办〔2010〕132 号）、《关于加强农村饮用水水源保护工作的指导意见》（环办〔2015〕53 号），出台了《分散式饮用水水源地环境保护指南（试行）》（2010 年）、《农村饮用水水源地环境保护技术指南》（HJ 2032—2013），2019 年生态环境部印发了《关于推进乡镇及以下集中式饮用水水源地生态环境保护工作的指导意见》（环水体函〔2019〕92 号），推动整合农村分散的水源、开展集中供水及农村水源地保护区划分和保护工作。为保障农村饮水安全，广东省先后印发实施了《南粤水更清行动计划（修订本）（2017—2020 年）》《广东省打赢农业农村污染治理攻坚战实施方案》（粤环发〔2019〕3 号）等，统筹城乡供水，强化村镇集中式水源地尤其是“千吨万人”水源地的保护。截至 2020 年年底，广东省已全面完成农村“千吨万人”以上集中式饮用水水源保护区划定，但对于广东省已建成的约 2 万宗农村集中供水工程，尚有部分未划定保护区，且部分工程存在水源分散、建设标准低的问题，需进一步优化整合。

2. 相关要求

《中华人民共和国水污染防治法》第七十条、《农村饮水安全工程建设管理办法》（发改农经〔2013〕27 号）第四条和《关于推进乡镇及以下集中式饮用水水源地生态环境保护工作的指导意见》（环水体函〔2019〕92 号）均要求合理安排、布局农村饮用水水源，对于有条件的地区，可采取城镇供水管网延伸或建设跨村镇联片集中供水工程等方式发展规模集中供水。《水污染防治行动计划》（国发〔2015〕17 号）要求加强农村饮用水水源保护和水质检测。《关于推进乡镇及以下集中式饮用水水源地生态环境保护工作的指导意见》（环水体函〔2019〕92 号）要求加快推进饮用水水源保护区划定，对于已建成投入运行的农村供水工程，以及新建、改建、扩建的农村供水工程，均应开展保护区的划定或调整工作。

3. 立法建议

（1）农村饮用水水源布局

科学合理布局农村饮用水水源，有利于建设规模化集中式供水设施，保障供水水质和水量，同时也便于集中开展水源保护和风险防范工作。为解决农村地区受山区地形和经济条件影响导致农村水源地数量多、规模小、分布散，不利于监督管理的问题，立法时应遵循《中华人民共和国水污染防治法》第七十条，衔接《农村饮水安全工程建设管理办法》第四条以及《关于推进乡镇及以下集中式饮用水水源地生态环境保护工作的指导意见》中关于合理布局农村水源的内容，提出县级以上地方人民政府应当合理安排、布局农村饮用水水源，有条件的地区可以采取城镇供水管网延伸或者建设跨村、跨乡镇联片集中供水工程等方式，发展规模集中供水，推动形成城乡一体化的饮用水水源保护机制；同时参考《水污染防治行动计划》中关于加强农村饮用水水源保护和水质检测的要求，加强农村饮用水水源的保护和治理，做好水质检测和卫生防护等工作。

（2）农村饮用水水源保护区划定

农村集中供水工程是从水源集中取水，经统一净化处理消毒后，通过输配水管网及其附属设施输送至用户或集中供水点，为农村居民和单位提供生活、生产及其他用水活动的供水工程，包括城市供水管网延伸供水工程、乡镇或联村供水工程等。农村集中供水工程事关农村居民饮水安全问题，与城镇集中供水工程仅在供水规模上有区别，应按照相关法律法规及技术规范开展饮用水水源保护区划定工作，奠定农村集中供水工程水源地规范管理的法律基础，切实保障水源安全。立法时应参照《关于推进乡镇及以下集中式饮用水水源地生态环境保护工作的指导意见》中关于农村供水工程饮用水水源保护区划定的要求，提出新建、改建、扩建的农村集中供水工程，应同步开展饮用水水源保护区的划定工作。

（三）饮用水水源保护区规范化建设

1．管理现状

饮用水水源保护区规范化建设包括保护区划分、标志及隔离防护设施建设、环境问题清理整治、监控能力建设、风险防控与应急能力建设、管理制度建设等。开展饮用水水源保护区规范化建设是落实饮用水水源保护区制度，提高饮用水水源环境管理效率和水平，防止饮用水水源地污染、保障水质安全的重要措施。2008 年修订的《中华人民共和国水污染防治法》要求在饮用水水源保护区的边界设立明确的地理界标和明显的警示标志。近年来，国务院及生态环境部（原环境保护部）先后分别印发了《水污染防治行动计划》（国发〔2015〕17 号）、《全国集中式饮用水水源地环境保护专项行动方案》（环环监〔2018〕25 号）等文件，推动开展保护区规范化建设，发布了《饮用水水源保护区标志技术要求》（HJ/T 433—2008）、《集中式饮用水水源环境保护指南（试行）》（环办〔2012〕50 号）、《集中式饮用水水源地规范化建设环境保护技术要求》（HJ 773—2015）等技术指南及标准规范，指导各地科学开展水源地规范化建设。广东省近年来印发实施《广东省水污染防治行动计划实施方案》（粤府〔2015〕131 号）、《广东省打好污染防治攻坚战三年行动计划（2018—2020 年）》（粤发办〔2018〕29 号）、《广东省集中式饮用水水源地环境保护专项行动实施方案》（粤环函〔2018〕647 号）等，积极推进饮用水水源保护区规范化建设。截至 2020 年年底，广东省县级以上集中式饮用水水源保护区规范化建设完成率达 100%，目前正在加快推进农村集中式饮用水水源保护区规范化建设工作。其中，约 69.2%“千吨万人”水源保护区标志设置完善，约 57%已设置围栏围网隔离防护设施，部分保护区存在标志牌、隔离网遭人为破坏的问题，需依据相关规定加强保护和监管。

2．相关要求

《中华人民共和国水污染防治法》第六十三条规定，应在饮用水水源保护区边界设立明确的地理界标和明显的警示标志。《广东省西江水系水质保护条例》第五十六条要求，加强饮用水水源地隔离防护设施建设，并规定任何单位和个人不得拆除、覆盖、移动、涂改和损坏地理界标、警示标志或者隔离防护设施。《山东省水污染防治条例》第五十八条规定，水源保护区边界应设置地理界标、警示标志，一级保护区周边人类活动频繁的区域设置隔离防护设施，且禁止损毁、擅自移动地理界标、警示标志和隔离防护设施。《广东省水污染防治行动计划实施方案》（粤府〔2015〕131 号）提出，完成饮用水水源保护区规范化建设工作，在人类活动频繁影响较大的一级水源保护区设置隔离防护设施。《广东省打好污染防治攻坚战三年行动计划（2018—2020 年）》（粤发办〔2018〕29 号）提出，加快推进饮用水水源保护区规范化建设，在边界设立明确地理界标和警示标志。

3．立法建议

（1）饮用水水源地规范化建设

通过在饮用水水源保护区的边界设立明确标识保护区范围的地理界标和明显的交通警示牌及宣传牌等警示标志，可将保护区的划分范围及保护要求告知公众，使其能自觉遵守保护区的管理规定并对违法行为监督举报，有助于水源保护区的保护工作。隔离网及生物隔离带等隔离防护设施可阻隔人类活动对水源地的影响。在取水口周围安装监控设备，能够对水源地情况进行实时监控预警，进一步保障水源地水质安全。根据《集中式饮用水水源地规范化建设环境保护技术要求》（HJ 773—2015）和《饮用水水源保护区标志技术要求》（HJ/T 433—2008），在一级保护区人类活动频繁的区域设置隔离防护设施，日供水规模超过 10 万 m^3（含）的地表水饮用水水源地，在取水口、一级保护区及交通穿越的区域安装视频监控，日供水规模超过 5 万 m^3（含）的地下水饮用水水源地，在取水口、一级保护区安装视频监控。针对当前广东省仍存在部分饮用水水源保护区未按要求开展规范化建设或未完成水源地规范化建设的问题，为强化水源地保护，立法时应遵循《中华人民共和国水污染防治法》第六十三条，衔接《广东省西江水系水质保护条例》第五十六条以及《广东省水污染防治行动计划实施方案》《广东省打好污染防治攻坚战三年行动计划（2018—2020 年）》中关于水源保护区基础设施建设和管理的规定，提出饮用水水源保护区的划定或者调整方案经批准后，有关地方人民政府应当组织开展饮用水水源保护区规范化建设，在饮用水水源保护区边界设立明确的地理界标和明显的警示标志；参照《集中式饮用水水源地规范化建设环境保护技术要求》（HJ 773—2015），在饮用水水源一级保护区周边人类活动频繁的区域设置隔离防护设施以及在取水口周围安装监控设备。

（2）基础设施保护

饮用水水源保护区的地理界标、警示标志、隔离防护设施及监控设备是保障人民群众饮水安全的重要基础设施，应加强保护与管理。立法时应吸纳和参考《广东省西江水系水质保护条例》第五十六条、《山东省水污染防治条例》第五十八条关于地理界标、警示标志和隔离防护设施的管理规定，提出不得拆除、覆盖、擅自移动、涂改和损坏饮用水水源保护区地理界标、警示标志、隔离防护设施或者监控设备。

二、饮用水水源保护区管控

（一）饮用水水源保护区管控规定

1．管理现状

开展饮用水水源保护区管控，明确保护区内的建设项目管理要求及禁止行为，可从源头上预防建设项目或相关行为对水源地水质的污染。1989 年，国家环境保护局联合卫生部等四部门发布的《饮用水水源保护区污染防治管理规定》，明确了水源保护区内的禁止性行为及建设项目管理要求。2009 年以来，环境保护部联合有关部门先后印发了《关于进一步加强饮用水水源安全保障工作的通知》（环办〔2009〕30 号）、《全国城市饮用水水源地环境保护规划（2008—2020 年）》、《全国集中式饮用水水源地环境保护专项行动方案》（环环监〔2018〕25 号），推动取缔饮用水水源一级、二级保护区内违法建设项目。广东省高度重视水源保护区监督管理工作，2007 年颁布的《广东省饮用水源水质保护条例》在国家管理规定的基础上细化新增了水源保护区禁止性行为规定。对于二级保护区内不排放污染物的项目，2015 年广东省环境保护厅印发了《关于饮用水源保护区调整及线性工程项目穿越饮用水源保护区可行性审查办理程序的通知》（粤环函〔2015〕1372 号），明确将要穿越饮用水水源二级保护区、准保护区的线性工程项目的选址唯一性和环境可行性纳入环境影响评价一并论证和审批。按照国家工作部署，广东省于 2018 年、2020 年先后开展了全省集中式饮用水水源地环境保护专项行动和县级及以上地表水型饮用水水源地清理整治“回头看”，完成了 2 985 个饮用水水源一级保护区内违法建设项目的清理整治、1 412 个县级以上饮用水水源地环境问题整治。通过强化饮用水水源地环境执法监管，减少了饮用水水源保护区环境风险，不断巩固水源地水质。根据各地水源保护区日常监管情况，部分保护区内仍存在游泳、垂钓等可能污染水源水质的行为，部分乡镇级水源保护区内存在排放污染物的建设项目，为保障饮水安全，亟须依据有关规定加强监管及整治。

2. 相关要求

《中华人民共和国水法》第三十四条规定，禁止在饮用水水源保护区内设置排污口。《中华人民共和国水污染防治法》第六十四条规定了保护区内禁止设置排污口，第六十五条规定了一级保护区内建设项目管控要求及禁止性行为，第六十六条规定了二级保护区内排放污染物建设项目管控要求及禁止性行为。《饮用水水源保护区污染防治管理规定》第十一条、第十二条和第十九条分别规定了地表水和地下水饮用水水源保护区内的禁止性行为。《广东省环境保护条例》第五十一条规定，禁止在保护区设置排污口和从事采矿、采石、取土等可能污染水体的活动，禁止在一级保护区内放养畜禽和从事网箱养殖等可能污染水体的活动。《广东省饮用水源水质保护条例》第十五条规定了保护区内 16 种禁止性行为，第十六条补充规定了一级保护区内的禁止性行为。《关于饮用水源保护区调整及线性工程项目穿越饮用水源保护区可行性审查办理程序的通知》（粤环函〔2015〕1372 号）提出，工程建设项目确实无法避绕饮用水水源二级或准保护区的，须对项目选址的唯一性进行充分论证。

3. 立法建议

（1）饮用水水源保护区禁止性行为

《广东省饮用水水源水质保护条例》第十五条对饮用水水源保护区内 16 种禁止性行为作出了全面而细致的规定，为开展广东省饮用水水源保护区水质安全的监督管理提供了有力的依据。为持续强化保护区的保护，避免饮用水水源保护区因设置排污口，油类及其他有毒有害物品、废弃物储存、堆放的空间，及储存罐、仓库、堆栈、回收场、加工场，危险化学品或剧毒物品运输发生泄漏等，影响饮用水水源安全，立法时应遵循《中华人民共和国水法》第三十四条，《中华人民共和国水污染防治法》第六十四条、第六十五条、第六十六条，衔接《饮用水水源保护区污染防治管理规定》第十一条、第十二条、第十九条以及《广东省环境保护条例》第五十一条关于保护区禁止性行为的规定，并吸纳《广东省饮用水源水质保护条例》第十五条（二）设置排污口，（三）设置油类及其他有毒有害物品的储存罐、仓库、堆栈、油气管道和废弃物回收场、加工场，（六）排放、倾倒、堆放、填埋、焚烧剧毒物品、放射性物质以及油类、酸碱类物质、工业废渣、生活垃圾、医疗废物、粪便及其他废弃物，（七）从事船舶制造、修理、拆解作业，（八）利用码头等设施装卸油类、垃圾、粪便、煤、有毒有害物品，（九）利用船舶运输剧毒物品、危险废物以及国家规定禁止运输的其他危险化学品，（十）运输剧毒物品的车辆通行，（十六）其他污染水源的项目等特有的保护区禁止性行为规定。

（2）一级保护区管控规定

饮用水水源一级保护区是以取水口（井）为中心，为防止人为活动对取水口的直接污染，确保取水口水质安全而划定的严格限制核心区域。地表饮用水水源一级保护区内的水质基本项目限值不得低于《地表水环境质量标准》（GB 3838—2002）中的Ⅱ类标准，且补充项目和特定项目应满足该标准规定的限值要求。为保障水源水质及供水安全，必须在饮用水水源一级保护区内采取最严格的污染控制措施。立法时应衔接《中华人民共和国水污染防治法》第六十五条，提出禁止在饮用水水源一级保护区内新建、改建、扩建与供水设施和保护水源无关的建设项目；已建成的与供水设施和保护水源无关的建设项目，由县级以上人民政府责令拆除或者关闭；禁止在饮用水水源一级保护区内从事网箱养殖、旅游、游泳、垂钓或者其他可能污染饮用水水体的活动；同时吸收《广东省饮用水源水质保护条例》第十六条（四）放养畜禽和从事网箱养殖活动和（六）停泊与保护水源无关的船舶、木（竹）排的禁止性行为规定，明确饮用水水源一级保护区内不得停泊与保护水源无关的船舶、木排、竹排，不得从事放养畜禽活动。

（3）二级保护区管控规定

饮用水水源二级保护区是在一级保护区之外，为防止污染源对饮用水水源水质的直接影响，保证饮用水水源一级保护区水质而划定，需加以严格控制的重点区域。为保障饮用水水源二级保护区内的水质基本项目限值不低于《地表水环境质量标准》（GB 3838—2002）中的Ⅲ类标准，且补充项目和特定项目不超过标准限值，二级保护区内不应存在有排放污染物的建设项目，立法时应遵循《中华人民共和国水污染防治法》第六十六条，提出禁止在饮用水水源二级保护区内新建、改建、扩建排放污染物的建设项目；已建成的排放污染物的建设项目，由县级以上人民政府责令拆除或者关闭；在饮用水水源二级保护区内从事网箱养殖、旅游等活动，应当按照规定采取措施，防止污染饮用水水体。对于二级保护区内不排放污染物的建设项目（如部分线性工程），还应结合《关于饮用水源保护区调整及线性工程项目穿越饮用水源保护区可行性审查办理程序的通知》等相关规定明确相关管理要求。一是对于与供水设施和保护水源无关且不排放污染物的建设项目，首先应尽量避让饮用水水源二级保护区。二是要对该类项目的选址唯一性进行充分论证，经组织论证确实无法避让的，应当依法严格审批。三是经依法批准的建设项目，建设方应当严格落实工程设计方案，并根据项目类型和环境风险防控需要，提高施工和运营期间的环境风险防控、突发环境事件应急处置等各项措施的等级；有关主管部门应当在项目施工及运营期间加强对环境风险预警和防控工作的监督和指导。

（二）饮用水水源涵养和补偿方式

1. 管理现状

水源涵养是指生态系统（如林地、草地等）通过其特有的结构对降水进行截留、渗透、蓄积，并通过蒸散发实现对水流、水循环的调控。水源涵养可以缓和地表径流、补充地下水、减缓河流流量的季节波动、滞洪补枯、减少水土流失，保护水源地的水质和水量。国家高度重视水源涵养和水源安全保障工作，早在2005年印发的《国务院办公厅关于加强饮用水安全保障工作的通知》（国办发〔2005〕45号）就提出严格禁止破坏涵养林和水资源保护设施的行为，因地制宜地进行水源安全防护、生态修复和水源涵养等工程建设。2012年以来，印发的《国务院关于实行最严格水资源管理制度的意见》（国发〔2012〕3号）、《水污染防治行动计划》（国发〔2015〕17号）、《关于全面推行河长制的意见》等文件均要求禁止破坏水源涵养林，加强水源涵养区保护或水源涵养林建设。广东省全力推进水源涵养林建设工作，2002年全面启动“四江”（东江、西江、北江、韩江）流域水源涵养林建设工程，2014年和2015年，广东省林业厅、广东省财政厅安排了专项资金支持“四江”流域水源涵养林及防护林建设。“十三五”以来，广东省共完成造林和生态修复1 911.05万亩，对涵养水源、调节径流、减少洪灾、改善水质、护岸固堤等发挥重要作用。根据水质监测数据，东江、西江、北江中上游水质保持在Ⅱ类以上，新丰江等大型水库水质保持Ⅰ类标准，全省森林发挥着“绿色水库”的作用。对于因饮用水水源保护区划定或调整造成的损害补偿，《广东省饮用水源水质保护条例》规定由有关人民政府承担，目前广东省尚未出台相关补偿标准或办法，相关补偿机制有待进一步完善。

2. 相关要求

《中华人民共和国水污染防治法》第六十八条规定，根据水源保护需要，在准保护区采取工程措施或建造湿地、水源涵养林等保障饮水安全。《广东省饮用水源水质保护条例》第十二条规定，因划定或者调整饮用水源保护区造成合法权益损害的，有关人民政府应补偿；第十四条规定可征用一级保护区内的土地用于涵养水源。《广东省水污染防治行动计划实施方案》（粤府〔2015〕131号）提出要推行一级水源保护区土地征用、二级水源保护区土地租用、水源涵养区生态补偿、聘用水源保护专管员模式。《南粤水更清行动计划（修订本）（2017—2020年）》要求严格限制重要水库汇水区生态保护与水源涵养区域变更土地利用方式。

3. 立法建议

（1）饮用水水源保护区水源涵养

水源涵养可以通过截留和过滤降水、抑制蒸发，增加径流量和净化水质，对保障饮用水水源水量充足和水质安全具有重要意义。《广东省饮用水源水质保护条例》第十四条规定，县级以上人民政府可以依法征用饮用水水源一级保护区内的土地，用于涵养饮用水水源，保护饮用水水源水质；《广东省水污染防治行动计划实施方案》（粤府〔2015〕131 号）提出推行一级水源保护区土地征用、二级水源保护区土地租用、水源涵养区生态补偿、聘用水源保护专管员模式。立法时应充分遵循《中华人民共和国水污染防治法》第六十八条，衔接《广东省饮用水源水质保护条例》第十四条和《广东省水污染防治行动计划实施方案》关于涵养水源的规定，县级以上人民政府可以依法征用或者租用饮用水水源保护区内的土地，用于涵养饮用水水源。为加强对饮用水水源汇水区的管理，立法还应参照《南粤水更清行动计划（修订本）（2017—2020 年）》关于严格限制重要水库汇水区生态保护与水源涵养区域变更土地利用方式的要求，加强对饮用水水源汇水区内的生态保护与水源涵养区域变更土地利用方式的管控。

（2）饮用水水源保护区内损害补偿

按照饮用水水源保护区建设项目管理规定，饮用水水源保护区划定后，对公民、法人和其他组织的合法权益可能造成损害，但广东省目前尚未出台相关补偿办法及标准。立法时应衔接《广东省饮用水源水质保护条例》第十二条关于合法权益损害补偿的规定，对因划定或者调整饮用水水源保护区，造成保护区内的公民、法人和其他组织的合法权益损害的，有关人民政府应当依法予以补偿。

三、饮用水水源应急、监测与异地引水保护

（一）应急、备用饮用水水源建设

1. 管理现状

应急水源是为应对突发性水源污染而建设，水源水质基本符合要求，且具备与常用水源快速切换运行能力的水源，通常以最大限度满足城市居民生存、生活用水为目标。备用水源是为应对极端干旱气候或周期性咸潮、季节性排涝等水源水量或水质问题导致的常用水源可取水量不足或无法取用而建设，能与常用水源互为备用、切换运行的水源，通常以满足规划期城市供水保证率为目标。2005 年印发的《国务院办公厅关于加强饮用水安全保障工作的通知》（国办发〔2005〕45 号）要求各大、中城市建立特枯年或连续干旱年的供水安全储备，规划建设城市备用水源，制定特殊情况下的区域水资源配置和供水联合调度方案。《国务院关于实行最严格水资源管理制度的意见》（国发〔2012〕3 号）、《水污染防治行动计划》（国发〔2015〕17 号）等文件提出建立应急或备用水源。水利部于 2016 年、2017 年印发的《水利部关于加强水资源用途管制的指导意见》（水资源〔2016〕234 号）、《关于印发加强城市应急备用水源建设的指导意见的通知》（水规计〔2017〕454 号）均要求加快推进城市备用水源建设。2013 年，广东省印发实施的《南粤水更清行动

计划（2013—2020 年）》推动全省加强应急备用水源建设；2015 年印发的《广东省水污染防治行动计划实施方案》（粤府〔2015〕131 号）要求加快完成城市及县城应急备用水源建设。截至 2020 年年底，全省共批复备用水源饮用水水源保护区 176 个，其中 63 个县级以上城市建设了备用水源。但部分已经开展应急备用水源工程建设的城市仍存在应急备用水源供水设施建设滞后的问题，应急状态下难以保障供水需求。

2. 相关要求

《中华人民共和国水污染防治法》第七十条、《广东省饮用水源水质保护条例》第十一条均要求单一水源供水城市的人民政府建设应急水源或者备用水源。《广东省饮用水源水质保护条例》第十一条还规定，确定为备用饮用水水源的，应当采取措施加强保护。《广东省西江水系水质保护条例》第五十二条规定，单一集中式饮用水水源地的城市应当规划、建设备用水源，划定饮用水水源保护区并采取保护措施。《关于印发加强城市应急备用水源建设的指导意见的通知》（水规计〔2017〕454 号）要求高度重视城市应急备用水源建设、准确把握城市应急备用水源建设的总体思路、合理制定城市应急备用水源建设方案、健全完善城市应急备用水源建设运行体制机制。《广东省水污染防治行动计划实施方案》（粤府〔2015〕131 号）提出，单一水源供水的地级及以上城市应于 2020 年年底前基本完成备用水源或应急水源建设，有条件的地方可以适当提前。

3. 立法建议

（1）应急备用水源建设

加强城市应急备用水源建设，是构建城市水源安全保障体系不可或缺的重要组成部分，也是提升城市风险防控能力的重要内容，对于提高区域水安全保障能力、促进城市现代化建设具有重要作用。《中华人民共和国水污染防治法》第七十条和《广东省饮用水源水质保护条例》第十一条、《广东省西江水系水质保护条例》第五十二条、《广东省水污染防治行动计划实施方案》、《关于印发加强城市应急备用水源建设的指导意见的通知》均要求单一水源供水城市的人民政府建设应急水源或者备用水源。为保障人民群众在突发水污染事件、干旱、咸潮、排涝等应急情况下的饮用水安全问题，立法时应遵循《中华人民共和国水污染防治法》第七十条，衔接《广东省饮用水源水质保护条例》第十一条以及相关文件关于应急备用水源建设的规定，提出单一饮用水水源供水城市的人民政府应当建设应急水源或者备用水源，有条件的地区可以开展区域联网供水。

（2）应急备用水源管理

饮用水水源地（包括备用的或者规划的）都应设置饮用水水源保护区。《广东省西江水系水质保护条例》第五十二条规定，单一集中式饮用水水源地的城市应当规划、建设备用水源，划定饮用水水源保护区；《广东省饮用水源水质保护条例》第十一条规定，确定为备用饮用水水源的，应当采取措施加强保护。结合广东省部分地市存在应急备用水源供水设施建设滞后、无法及时启用供水的情况，立法时应衔接《广东省西江水系水质保护条例》第五十二条、《广东省饮用水源水质保护条例》第十一条的相关规定，提出确定为应急或备用水源的，应划定饮用水水源保护区并配备供水设施，采取措施加强保护。

（二）饮用水水源水质监测评估和信息公开

1. 管理现状

加强饮用水水源水质监测评估是掌握水质状况及变化趋势的重要手段。饮用水水源水质信息公开可以促进维护社会稳定，同时增加社会对水源水质的关注、吸引公众参与到监督和保护水源的行动中。按照《关于印发〈全国集中式生活饮用水水源地水质监测实施方案〉的函》（环办函〔2012〕1266 号）、《广东省水污染防治行动计划实施方案》（粤府〔2015〕131 号）、《生态环境部　农业农村部关于印发农业农村污染治理攻坚战行动计划的通知》（环土壤〔2018〕143 号）、《广东省生态环境厅　广东省农业农村厅关于印发〈广东省打赢农业农村污染治理攻坚战实施方案〉》（粤环发〔2019〕3 号）的要求，广东省饮用水水源水质监测与评估主要由生态环境主管部门负责，地级以上城市饮用水水源地每月、县级城市和“千吨万人”饮用水水源地每季度开展监测。县级以上集中式饮用水水源地的水质监测结果由广东省生态环境厅和地市生态环境局分别在其公众网公开，公开内容包括监测对象、监测点位、监测项目、评价标准、评价方法及评价结果等。广东省供水水厂出厂水水质监测和评估工作由各供水单位负责，供水水厂水质状况主要由地市水务或住建部门至少每季度公开一次，公开内容包括《生活饮用水卫生标准》（GB 5749—2006）中部分项目的监测数据，以及供水水厂水质是否符合《生活饮用水卫生标准》（GB 5749—2006）等。用户水龙头水质监测和评估由卫生健康部门负责，每季度公开一次。

2. 相关要求

《中华人民共和国水污染防治法》第七十二条规定，县级以上地方人民政府应当组织有关部门监测、评估本行政区域内饮用水水源、供水单位供水和用户水龙头出水的水质等饮用水安全状况，至少每季度公开一次饮水安全状况信息。《生活饮用水卫生监督管理办法》（卫生部令　第 53 号）第十六条明确了卫生计生主管部门对本行政区域内饮用水卫生监督监测的工作职责。《广东省水污染防治行动计划实施方案》（粤府〔2015〕131 号）和《南粤水更清行动计划（修订本）（2017—2020 年）》均明确了县级以上人民政府和供水单位的饮水安全状况监测评估职责，要求从水源到水龙头全过程监管饮用水安全，每季度公开饮水安全状况信息。《关于印发广东省用户水龙头水质监测信息公开工作指引（2019 版）的通知》（粤卫办〔2019〕15 号）要求卫生健康部门对用户水龙头开展监测、评估，每季度公开一次用户水龙头出水水质状况。

3．立法建议

（1）水源地水质监测评估

定期开展水质监测和评估，是全面掌握和了解水源水、出厂水和龙头水水质安全状况的有效手段，对饮用水水源保护、居民用水安全与健康方面起着至关重要的作用。《中华人民共和国水污染防治法》第七十二条规定，县级以上地方人民政府应当组织有关部门监测、评估本行政区域内饮用水水源、供水单位供水和用户水龙头出水的水质等饮用水安全状况。《生活饮用水卫生监督管理办法》《广东省水污染防治行动计划实施方案》《南粤水更清行动计划（修订本）（2017—2020 年）》《关于印发广东省用户水龙头水质监测信息公开工作指引（2019 版）的通知》明确了不同部门水质监测评估的职责。目前，广东省生态环境主管部门负责饮用水水源水质监测与评估，各供水单位负责供水水厂出厂水水质监测和评估，卫生部门负责本区域内饮用水卫生监督监测，立法时应明确由县级以上人民政府组织生态环境、供水、卫生健康等主管部门，监测和评估本行政区域内饮用水水源、供水单位供水和用户水龙头出水的水质等饮用水安全状况。

（2）水质监测信息公开

公开饮用水安全状况信息，既是政府信息公开的要求，也是保障群众知情权、接受群众监督的有效手段。为持续保障广东省人民群众对饮水安全状况的知情权、监督政府继续做好饮水安全保障工作，立法时应遵循《中华人民共和国水污染防治法》第七十二条，参照《广东省水污染防治行动计划实施方案》《南粤水更清行动计划（修订本）（2017—2020 年）》《关于印发广东省用户水龙头水质监测信息公开工作指引（2019 版）的通知》关于信息公开的规定，县级以上人民政府有关部门应当至少每季度向社会公开一次饮用水安全状况信息。

（三）异地引水工程保护

1．管理现状

异地引水工程是从一个行政区的水源地通过取水建筑物、输水建筑物引水至另一个行政区需水地的水利工程，可为缺水地区提供稳定可靠的水源，有力支撑经济社会协调发展。广东省水资源时空分布不均，与生产力布局不相匹配，资源性缺水、水质性缺水、工程性缺水同时并存。为解决省内用水供需矛盾的问题，广东省已建成东深供水工程、东部供水工程、广州西江引水工程等 10 项异地引水工程，目前正积极推进珠江三角洲水资源配置工程和环北部湾广东水资源配置工程 2 项国家水网骨干工程、重大水利工程。为加强异地引水工程安全保障，2012 年以来，广东省人民政府先后颁布了《广东省西江广州引水工程管理办法》（广东省人民政府令　第 177 号）、《广东省东深供水工程管理办法》（广东省人民政府令　第 195 号），分别对取水口至各水厂沿线的输水泵站、输水管道及其附属设施、其他配套设施，以及专用水工建筑物、机电、通信设备及其附属设施和其他配套设施的建设、保护、管理及其他相关活动作出了规定，对保障异地引水工程正常运行、安全供水发挥了重要作用。水资源是地方可持续高质量发展的重要战略支撑，由于取水点与受水点位于不同的行政区域，异地引水工程输水距离较长，在保持供水设施完好、正常运行，保障输水水质安全等方面存在较大风险隐患，且省内异地引水工程在跨区域协作保护、联防联治方面相对薄弱，需进一步强化管理。

2. 相关要求

《中华人民共和国水法》第四十三条规定，在水工程保护范围内禁止从事影响水工程运行和危害水工程安全的爆破、打井、采石、取土等活动。《广东省西江水系水质保护条例》第五十三条提出，异地引水工程应在取水口一定范围内的水域和陆域划定水源保护区，并明确了异地引水工程管理范围和保护范围内的禁止性行为，包括爆破、打井、采石、陡坡开荒、排放或者堆放污染物，侵占、损毁输水管道、阀门、泵站，在未采取加固措施的输水管道上方行驶或者停放车辆以及大量堆放砂石、砖瓦、金属、木材等物品，在异地引水工程管理范围内敷设可能对输水管道及其附属设施产生侵蚀的管道或者其他构筑物以及种植根系发达、可能损坏输水管道防腐层的植物等。《广东省西江广州引水工程管理办法》（广东省人民政府令　第177号）第十一条、第十二条、第十四条、第十五条规定了西江广州引水工程管理范围和保护范围内禁止危害工程安全运行的行为。《广东省东深供水工程管理办法》（广东省人民政府令　第195号）第十三条规定了东深供水工程管理范围内和保护范围内的禁止性行为。《湖北省南水北调工程保护办法》（湖北省人民政府令　第390号）第四条规定，建立健全跨区域和跨部门协调工作机制，南水北调工程沿线各级人民政府应当切实履行对本行政区域内南水北调工程保护工作的具体组织协调职责。

3. 立法建议

（1）异地引水工程保护区划定

目前，广东省已建及在建的12项异地引水工程均为跨地级以上市饮用水水源输水工程。跨行政区的异地引水工程主要通过封闭管道或非封闭河（渠）道输送原水，其中对于非封闭的河（渠）道管道，因其水质易受周边污染源汇入的影响，亟须加强保护。立法时宜衔接《广东省西江水系水质保护条例》第五十三条关于在取水口及沿线一定范围依法划定饮用水水源保护区的规定，结合《饮用水水源保护区划分技术规范》（HJ 338—2018）对非完全封闭式饮用水输水河（渠）道保护区的划分要求，提出跨地级以上市建设作为饮用水水源的异地引水工程，应当在取水口和非完全封闭式饮用水输水河道或者渠道一定范围内的水域和陆域划定饮用水水源保护区。

（2）异地引水工程设施保护

异地引水工程作为饮用水工程，沿途分布有输水泵站、管道及其附属设施、其他配套设施等，存在外界人为活动损毁输水管道、阀门、泵站等设施造成供水中断的风险。《中华人民共和国水法》第四十三条，《广东省西江水系水质保护条例》第五十三条，《广东省西江广州引水工程管理办法》第十一条、第十二条、第十四条、第十五条和《广东省东深供水工程管理办法》第十三条对异地引水工程管理范围和保护范围内危害工程运行的禁止性行为和活动作出了细致的规定。为强化异地引水工程安全保障，立法时应遵循《中华人民共和国水法》第四十三条，充分衔接《广东省西江水系水质保护条例》第五十三条，《广东省西江广州引水工程管理办法》第十一条、第十二条、第十四条、第十五条和《广东省东深供水工程管理办法》第十三条，提出在异地引水工程的管理和保护范围内，不得从事危及工程安全运行的爆破、打井、采石、陡坡开荒、排放或者堆放污染物等活动；任何单位和个人不得侵占或者损毁输水管道、阀门、泵站等异地引水工程设施；禁止在未采取加固措施的输水管道上方行驶或者停放车辆以及大量堆放砂石、砖瓦、金属、木材等物品，禁止在异地引水工程管理范围内敷设可能对输水管道及其附属设施产生侵蚀的管道或者其他构筑物以及种植根系发达、可能损坏输水管道防腐层的植物。另外，由于异地引水工程路线较长，涉及区域较多，难以形成合力，因此要强调加强跨流域水资源配置工程的跨区域联防联治。目前，上位法及广东省已有法律法规对此暂未提出联防联治相关规定，《湖北省南水北调工程保护办法》第四条规定，“县级以上人民政府应当加强对南水北调工程保护工作的领导，建立健全跨区域和跨部门协调工作机制”，立法时宜参考湖北省立法经验，将跨流域水资源配置工程联防联治纳入考虑，提出由沿线相关地级以上市、县级人民政府加强水污染防治，共同做好水质保障工作。

第五节　重点流域保护专题研究

一、流域环境保护

（一）水生态保护

1. 保护现状

水环境、水资源与水生态是一个有机联系的整体。水环境是保障水资源可利用、水生态可维持的基础；水资源是生命的载体，对维系河流、湖泊等水生态系统的结构和功能起着至关重要的作用；水生态既是水环境、水资源可持续发展的保障，又是最终实现

"人水和谐"美好愿景的展现。《水污染防治行动计划》(国发〔2015〕17 号)提出科学保护水资源、保护水和湿地生态系统的目标要求。广东省高度重视水资源管理和水生态保护工作,先后制定了《广东省水污染防治行动计划实施方案》(粤府〔2015〕131 号)、《广东省湿地保护条例》、《广东省节水行动实施方案》(2019 年)、《广东省河湖生态流量管控工作方案》(2019 年)、《广东万里碧道总体规划(2020—2035 年)》(2020 年)等文件,深入推进水资源与水生态保护。广东省多年平均水资源总量 1 830 亿 m^3,水资源总量较丰沛,但人均水资源量低于全国平均水平;局部供需矛盾突出,部分河流开发利用程度较高(东江秋香江口以上开发利用率达到 37%、韩江为 30.4%,均已超过或接近国际公认的 30%~40%生态警戒线),部分区域经济社会用水挤占了河流天然径流量,河湖生态流量保障面临的压力越来越大,生态环境承载力已趋上限。广东省水生生物物种丰富,生物群落结构整体较为健康,但生态系统功能有待进一步优化,部分河湖呈富营养化状态,自然岸线受到侵占。因此,有必要加强流域基本生态用水保障及水生态保护修复,维持水体的生态功能、提升流域生态环境承载力。

2. 相关要求

《中华人民共和国水法》第三十条和《中华人民共和国水污染防治法》第二十七条均规定,在制定水资源开发、利用规划和调度水资源时,应当注意维持江河的合理流量和湖泊、水库以及地下水的合理水位,保障基本生态用水,维护水体的生态功能。《中华人民共和国水污染防治法》第二十九条规定,县级以上地方人民政府应当根据流域生态环境功能需要,组织开展江河、湖泊、湿地保护与修复。《水污染防治行动计划》(国发〔2015〕17 号)、《广东省水污染防治行动计划实施方案》(粤府〔2015〕131 号)均提出,科学保护水资源、科学确定生态流量、保护水和湿地生态系统。

3. 立法建议

(1)河湖水资源保护

长期以来,由于用水需求日益增加,占用自然生态系统依赖的河湖水量也不断增多。当河湖剩余的水量低于一定限度时,就会因流量不足而引发生态问题,影响河流及其周边生态健康和经济社会的可持续发展。广东省水资源总量虽大,但人均水资源量低,生态用水保障工作面临着水资源时空分布不均、水环境压力大、小水电众多、生态流量工作基础薄弱等诸多压力和挑战。因此,地方人民政府应建立全面、科学、严格的水资源管理制度,坚持节水优先,通过对水资源在时间、空间上的优化配置与调度,协调人类社会用水和生态用水的平衡,最大限度地使两者同时得到满足。立法时应遵循《中华人民共和国水法》第三十条、《中华人民共和国水污染防治法》第二十七条,并参照《水污染防治行动计划》《广东省水污染防治行动计划实施方案》等有关规定,明确县级以上人民政府应完善水资源管理和节约用水机制,并在开发、利用和调节、调度水资源时充分平衡水量、水位、水体生态功能三方面的因素，维持江河湖库的合理流量和合理水位，维护水体的生态功能。

（2）流域生态环境保护

流域治污实际上是“一点两线”，“一点”就是水环境质量，是一个不断变化的状态点。“两线”，一条是污染减排，另一条是生态扩容，也就是增加环境承载力。只有减排、扩容两手发力，水资源、水环境、水生态协同推进，流域生态环境质量才会持续改善。党的十九大报告提出“统筹山水林田湖草系统治理”。2018 年全国生态环境保护大会提出“全方位、全地域、全过程开展生态文明建设”。因此，流域环境保护应遵循生态系统的整体性，深入落实“山水林田湖草是一个生命共同体”理念，推进生态环境的整体保护、系统修复以及综合治理。科学开展人工湿地、水源涵养林、沿河沿湖植被缓冲带等生态环境治理与保护工程是提升水环境承载力和实现扩容增量的有效手段，对于恢复水生态系统、实现人水和谐具有重要意义。新形势下，我国水生态环境保护工作将更加注重“人水和谐”，在水环境改善的基础上更加注重水生态保护修复，立法时宜遵循《中华人民共和国水污染防治法》第二十九条，并参照《水污染防治行动计划》《广东省水污染防治行动计划实施方案》相关要求，明确县级人民政府需加强山水林田湖草系统治理，组织开展江河、湖泊、湿地保护与修复，鼓励农民退耕还林、退耕退养还湿地，针对河湖特点因地制宜采取合适的生态修复和保护措施，提升水环境承载力，实现扩容增量，从而改善水环境治理、恢复水生态系统。

（二）黑臭水体治理

1. 治理现状

城市黑臭水体是指城市建成区内呈现令人不悦的颜色和（或）散发令人不适气味的水体的统称，不仅给群众带来了极差的感官体验，也是直接影响群众生产生活的突出水环境问题。2015 年 4 月，国务院发布实施《水污染防治行动计划》（国发〔2015〕17 号），将“整治城市黑臭水体”作为重要工作内容，并随后印发了《城市黑臭水体整治工作指南》（建城〔2015〕130 号）、《城市黑臭水体治理攻坚战实施方案》（建城〔2018〕104 号）等指导文件。“十三五”时期，广东省列入住建部《城市黑臭水体整治监管平台》备案的黑臭水体共 527 条，全省 21 个地市中除韶关无黑臭水体外，其他 20 个地市建成区均存在黑臭水体。为深入推进黑臭水体整治工作，广东省先后印发了《关于全面开展城市黑臭水体整治工作的通知》（粤建城〔2016〕95 号）、《关于印发广东省城市黑臭水体整治计划的通知》（粤建城〔2016〕260 号）、《广东省城市黑臭水体治理攻坚战实施方案》（粤建城〔2018〕230 号）、《广东省城市黑臭水体整治技术指引》（粤建城〔2017〕108 号）等文件。截至 2020 年年底，纳入国家监管平台的 527 条黑臭水体已全面消除黑臭，极大改善了人居环境，有力促进了城市高质量发展。但目前黑臭水体治理成效有待进一步巩固，一是部分黑臭水体控源截污不彻底，长效管控不到位，存在返黑返臭现象；部分黑臭水体治理效果不稳定，仍出现晴天新增排污口、雨天水质恶化的情况。二是黑臭水体治理覆盖范围不全，县级、乡镇级以及农村黑臭水体治理工作有待进一步深入推进。因此，有必要深化黑臭水体长效治理机制，巩固提升黑臭水体治理成效。

2. 相关要求

《中华人民共和国水污染防治法》第二十九条规定，县级以上地方人民政府应整治黑臭水体。《水污染防治行动计划》（国发〔2015〕17号）对2020年、2030年分别提出“地级及以上城市建成区黑臭水体均控制在10%以内”“城市建成区黑臭水体总体得到消除”的指标任务。《城市黑臭水体整治工作指南》（建城〔2015〕130号）提出了“控源截污、内源治理、生态修复”的技术路线，并要求建立城市黑臭水体整治信息发布和公众举报平台。《广东省城市黑臭水体治理攻坚战实施方案》（粤建城〔2018〕230号）提出，坚持统筹兼顾、整体施策，系统推进城市黑臭水体治理，并提出鼓励公众发挥监督作用。

3. 立法建议

黑臭水体是群众身边的突出生态环境问题，是群众身边的烦难事、糟心事，关乎着群众的美好生活和幸福人生。因此，整治黑臭水体是改善城市水环境质量的客观需要，也是人民群众的殷切期盼。目前，广东省黑臭水体治理成效有待进一步巩固，为杜绝黑臭水体治理后再次返黑返臭，并深入推进县级以及农村黑臭水体治理工作，立法时宜遵循《中华人民共和国水污染防治法》第二十九条，并参照《水污染防治行动计划》《城市黑臭水体整治工作指南》《广东省城市黑臭水体治理攻坚战实施方案》等相关规定，进一步加强黑臭水体整治，为广东省黑臭水体整治及长效管理提供制度保障。一是要明确政府主导作用，黑臭水体整治作为系统性工程，应当明确由地方人民政府统一组织、领导、决策，并对实施效果负责。二是要明确整治技术，宜坚持统筹兼顾、整体施策，采取“控源截污、内源治理、生态修复”的技术路线，系统推进城市黑臭水体治理。三是要加强公众参与，让公众全过程参与黑臭水体筛查、治理、评价等工作，监督地方政府黑臭水体整治成效，既能有效推动黑臭水体整治工作顺利开展，也能让群众切身感受到黑臭水体治理进展，增强老百姓的获得感、幸福感、安全感。因此，政府部门应当定期发布黑臭水体整治工作进展情况，鼓励公众参与、接受公众评议、接受公众监督，确保公众及时了解相关治水信息，并且有渠道参与其中，形成黑臭水体多元共治的新局面。

（三）地下水保护

1. 保护现状

陆地水体包括地表水体和地下水体。地下水体是指存在于地表以下岩土空隙、裂隙和洞穴中各种不同形态的水体，是宝贵的自然资源。为加强地下水超采区管理与保护工作，国家先后印发了《关于加强地下水超采区水资源管理工作的意见》（水资源〔2003〕118号）、《全国地下水污染防治规划（2011—2020年）》（环发〔2011〕128号）、《关于开展全国地下水超采区评价工作的通知》（办资源〔2012〕285号）、《关于加强地下水资源管理和保护的函》（水资源函〔2015〕67号）等文件。2011年，广东省批复了《广东省地下水保护与利用规划》（粤水资源函〔2011〕377号），划定了全省三个地下水超采区（湛江市霞山区、赤坎区和硇洲岛），并随后制定了《广东省湛江市地下水超采区治理方案》（2016—2020年）、《广东省地下水污染防治实施方案》（粤环函〔2020〕342号）等文件，不断加强地下水超采区的治理与保护。2020年，广东省地下水资源量为399.1亿m^3；地下水源供水量11.1亿m^3，占总供水量2.7%，其中地下水开采利用较多的是粤西雷州半岛地区，占全省地下水开采总量的54.0%。局部地区因长期过量开采地下水，导致地下水严重超采，并引发或加重了地下水资源枯竭、生态系统退化等问题，给经济社会可持续发展和生态环境带来了严重危害。此外，阳江市阳东区、茂名市电白区和湛江市麻章区还因过度开采地下水出现海水入侵现象，区域土壤出现盐渍化，部分区域呈现重度盐渍化。因此，有必要进一步规范地下水开采制度，避免地下水过量开采。

2. 相关要求

《中华人民共和国水法》第三十六条明确规定，在地下水超采地区，县级以上地方人民政府应当采取措施，严格控制开采地下水。《广东省环境保护条例》第五十条规定，合理开发利用地下水，防止水源枯竭和地面沉降。《全国地下水污染防治规划（2011—2020年）》（环发〔2011〕128号）提出“研究制定地下水超采区的压采和限采方案”的主要任务。《水污染防治行动计划》（国发〔2015〕17号）要求严控地下水超采。《关于加强地下水资源管理和保护的函》（水资源函〔2015〕67号）要求地下水超采区制定治理方案。《广东省地下水保护与利用规划》（粤水资源函〔2011〕377号）提出严格实行地下水开采总量控制，并明确了地下水超采区控制和治理目标任务。《广东省地下水污染防治实施方案》（粤环函〔2020〕342号）提出对地下水超采区实施限采和压采。

3. 立法建议

地下水的长期超量开采会带来区域性地下水水位下降、地下水降落漏斗不断扩展、地下水资源亏损严重等问题。同时，由于地下水超采，打破了地下水资源的采补平衡，改变了地下水流场，并造成地下水化学场的变化，可能引起部分化学组分超标，使地下水质量下降。广东省局部地区因长期过量开采地下水，引发或加重了地下水资源枯竭、生态系统退化等问题，粤西部分沿海地区因过度开采地下水出现海水入侵现象。为加强对地下水开采的管理，保护地下水水质，立法时应遵循《中华人民共和国水法》第三十六条，并参照《广东省环境保护条例》第五十条以及《全国地下水污染防治规划（2011—2020年）》《水污染防治行动计划》《关于加强地下水资源管理和保护的函》《广东省地下水保护与利用规划》《广东省地下水污染防治实施方案》等相关要求，提出对于过量开采地下水导致水质恶化不宜继续开采情况的，由县级以上人民政府采取有效措施，停止或者限制开采地下水。

二、重点流域管理

（一）废弃物处理场控制

1. 管理现状

固体废物是指生产、生活和其他活动中产生的丧失原有利用价值或者虽未丧失利用价值但被抛弃或者放弃的固态、半固态和置于容器中的气态的物品、物质，主要包括生活垃圾、工业固体废物、农业固体废物、建筑垃圾和危险废物等。固体废物若弃置于水体会使水质直接受到污染，而在水体周边堆积的固体废物经过雨水的浸渍和废物本身的分解，其渗滤液和有害化学物质的迁移和转化，也会对河流湖库及地下水系造成污染。为防治固体废物污染环境，自 1995 年起我国出台并多次修订《中华人民共和国固体废物污染环境防治法》，近年来发布了《"无废城市"建设试点工作方案》（国办发〔2018〕128 号）、《关于坚决遏制固体废物非法转移和倾倒 进一步加强危险废物全过程监管的通知》（环办土壤函〔2018〕266 号）等文件，大力推进固体废物源头减量、资源化利用和无害化处置。广东省先后印发《广东省固体废物污染防治三年行动计划（2018—2020 年）》（粤环发〔2018〕5 号）、《关于加强工业固体废物污染防治工作的指导意见》（粤环发〔2018〕10 号）、《关于加快推进危险废物处理设施建设工作的通知》（粤环发〔2018〕10 号）等文件，全面加强固体废物污染防治。到 2020 年年底，广东省已建成生活垃圾处理场（厂）147 座，总处理能力 14.1 万 t/d，超过生活垃圾产生量；全省共有 137 家危险废物利用处置设施，具备年处理能力 772.8 万 t，其中无害化处置能力达到 107.2 万 t/a，但仍存在生活垃圾处理不平衡、危险废物处置能力结构性及区域性失衡等问题，非法转移倾倒固体废物仍时有发生。东江、西江、韩江和北江等流域位于广东省内水系上游，是全省的主要供水通道和重要饮用水水源地，为加强重点流域固体废物污染防治，《广东省东江水系水质保护条例》《广东省韩江流域水质保护条例》《广东省西江水系水质保护条例》三个条例均明确了在东江、韩江、西江等重点流域干支流两岸一定范围内禁止新建或扩建废弃物堆放场和处理场的管理规定，对保护上游重点流域水质、保障全省供水安全具有重要意义。

2. 相关要求

《中华人民共和国水污染防治法》第三十八条、《中华人民共和国固体废物污染环境防治法》第二十条规定，禁止任何单位或者个人向江河、湖泊、运河、渠道、水库及其最高水位线以下的滩地和岸坡以及法律法规规定的其他地点倾倒、堆放、贮存固体废物。《广东省固体废物污染环境防治条例》第三十二条也提出禁止在江河、湖泊、运河、渠道、水库及其最高水位线以下的滩地和岸坡等倾倒、堆放固体废物的规定。《广东省东江水系水质保护条例》第二十四条、《广东省韩江流域水质保护条例》第二十二条、《广东省西江水系水质保护条例》第四十七条分别提出在东江、韩江、西江干支流两岸最高水位线水平外延 500 m 范围内禁止建设废弃物堆放场和处理场的规定，并对已有的堆放场和处理场明确了相关管控要求。

3．立法建议

（1）水体周边固体废物污染防治

水体周边堆放的固体废物中的有害物质一部分会随着天然降水和地表径流流入或者随风迁移进入河流湖泊，污染地表水体；还有一部分可能渗滤到土壤中，进入地下水，因此加强河道两岸的固体废物监管尤为重要。为防止固体废物污染水体，立法时应当遵循和衔接《中华人民共和国水污染防治法》第三十八条、《中华人民共和国固体废物污染环境防治法》第二十条、《广东省固体废物污染环境防治条例》第三十二条规定，明确全省所有流域禁止在江河、湖泊、运河、渠道、水库最高水位线以下的滩地和岸坡堆放、存贮包括工业固体废物、生活垃圾、危险废物等固体废物及其他污染物；如违反上述规定，应按照《中华人民共和国水污染防治法》第八十五条规定，由县级以上地方人民政府环境保护主管部门责令停止违法行为，限期采取治理措施，消除污染，处二万元以上二十万元以下的罚款；逾期不采取治理措施的，环境保护主管部门可以指定有治理能力的单位代为治理，所需费用由违法者承担。

（2）重点流域废弃物处理场控制

东江、韩江、西江是全省的重要饮用水水源地，其中东江担负着深圳、我国香港地区和广州东部广大地区约 4 000 万人口生活与生产供水任务，是广东省重要的“政治水、经济水、生命水”；韩江是粤东地区重要的饮用水水源，承载着粤东地区 1 000 多万人的用水重任；西江水资源丰富，是沿线肇庆、云浮乃至珠江三角洲的重要水源地。若在东江、韩江、西江干支流两岸设置废弃物堆放场、处理场，一旦防渗措施等不到位，极可能污染周边水体，影响饮用水水源安全，存在较大的环境风险。因此，为强化重点流域废弃物堆放场和处理场的要求，立法时应当充分吸收《广东省东江水系水质保护条例》第二十四条、《广东省韩江流域水质保护条例》第二十条、《广东省西江水系水质保护条例》第四十七条关于流域干支流两岸最高水位线水平外延 500 m 范围内禁止新建或扩建废弃物堆放场和处理场的规定，明确在东江干流、西江干流、韩江干流和其所有一级支流、韩江干流所有二级支流两岸及西江流域内所有湖泊、水库最高水位线水平外延五百米范围内不得新建废弃物堆放场和处理场，即堆放工业、农业、生活废弃物（如采矿废石、生活垃圾、秸秆等）或对此类废弃物进行处理处置的场地均不得新建；已有的堆放场和处理场应当采取防扬散、防流失、防渗漏等有效的防治污染措施，防止污染水体，对于危及水体安全的，由县级以上人民政府责令限期搬迁。

（二）产业项目限制

1. 管理现状

国家产业政策由国家制定，是引导国家产业发展方向、引导推动产业结构升级、协调国家产业结构、使国民经济健康可持续发展的政策。我国一直以来对“十五小”“新六小”等重污染小企业严格实施清理取缔，主要包括《国务院关于加强环境保护若干问题的决定》（国发〔1996〕31 号）中明令取缔关停的 15 种重污染小企业，以及原国家经贸委、国家发展改革委限期淘汰和关闭的破坏资源、污染环境、产品质量低劣、技术装备落后、不符合安全生产条件的企业。2005 年，国务院发布实施《促进产业结构调整暂行规定》，规定由国家发展改革委发布《产业结构指导调整目录（2005 年本）》，对产业结构进行调整。《产业结构指导调整目录（2005 年本）》自发布之日起施行，并先后于 2011 年、2013 年、2016 年、2019 年进行调整修改，形成了《产业结构调整指导目录（2019 年本）》，并自 2020 年 1 月 1 日起施行。该目录是引导投资方向、政府管理投资项目，制定和实施财税、信贷、土地、进出口等政策的重要依据，目录由鼓励类、限制类和淘汰类三类产业组成，其中限制类和淘汰类项目禁止投资。广东省早在 1990 年颁布《广东省当前产业政策实施办法》（粤府〔1990〕24 号），结合本省实际陆续出台《广东省产业结构调整指导目录（2007 年本）》《广东省主体功能区产业发展指导目录（2014 年本）》等文件，每年制定推动落后产能退出工作方案，严格环境准入，逐步优化完善产业结构；2018 年印发《广东省“散乱污”工业企业（场所）综合整治工作方案》（粤府函〔2018〕289 号），推进以关停取缔、整合搬迁、升级改造的方式实施分类整治。近年来，全省产业发展规模不断扩大、结构持续优化、竞争力显著增强，但仍存在产业结构性布局性污染突出、“散乱污”企业清理整治难度大等问题。

2. 相关要求

《中华人民共和国水污染防治法》第四十七条规定，国家禁止新建不符合国家产业政策的小型造纸、制革、印染等 16 个行业以及其他严重污染水环境的生产项目。为确保东江供水安全，《广东省东江水系水质保护条例》在产业准入方面分别明确了禁止和严格控制的产业项目的具体规定。《广东省水污染防治行动计划实施方案》（粤府〔2015〕131 号）、《南粤水更清行动计划（修订本）（2017—2020 年）》（粤环〔2017〕28 号）均提出淘汰落后产能相关规定，要求依法取缔“十小”生产项目，并明确东江流域严控水污染项目建设，北江流域严格实行重金属污染物减量置换。

3. 立法建议

（1）产业准入政策

严格产业环境准入，限制高污染、高耗水行业，是提高水资源利用效率、控制工业水污染的有效途径。长期以来，产业结构不合理、经济增长方式粗放一直是广东省部分地区水环境污染严重的主要原因之一，特别是一些小造纸、小皮革、小印染等严重污染水环境的项目，加剧了水环境污染；"二污普"数据显示，纺织、造纸、食品制造等传统行业产值占广东省工业产值比例不足 9%，但其废水和主要水污染物排放量占比超过40%，结构性问题依然突出。为此，要严格落实国家产业政策，淘汰高消耗、高排放、低效益的落后生产能力，持续推动产业结构优化升级，加快发展先进制造业，更好地服务和促进经济高质量发展。国家产业政策是普适性要求，在立法时应明确在全省所有流域新建、改建、扩建的项目，都应该遵循《中华人民共和国水污染防治法》《产业结构调整指导目录》等国家产业政策规定。

（2）重点流域产业项目限制

东江是广东省重要的"政治水、经济水、生命水"，除《广东省东江水系水质保护条例》对产业限制进行规定外，广东省人民政府 2011 年、2013 年相继发布《关于严格限制东江流域水污染项目建设进一步做好东江水质保护工作的通知》（粤府函〔2011〕339 号）、《关于严格限制东江流域水污染项目建设进一步做好东江水质保护工作的补充通知》（粤府函〔2013〕231 号），对东江的产业准入作出更详细的规定。对于东江流域内产业准入要求，应充分吸收《广东省东江水系水质保护条例》以及上述政策文件关于东江流域产业限制的要求，提出对于农药、铬盐、钛白粉生产，稀土分离，炼砒，炼铍，纸浆制造，氰化法提炼产品，开采和冶炼放射性矿产等严重污染水环境的项目，流域内不得新建；对于造纸、制革、味精生产、电镀、漂染、印染、炼油、发酵酿造、非放射性矿产冶炼，以及使用含汞、砷、镉、铬、铅的原料的产业等污染相对较大的项目，流域内应严格控制，原则上不准新建，如确需新建，要求生产工艺与装备先进，主要污染物排放标准要达到项目所在区域环境质量控制标准。

北江流域是广东省重要的生态屏障和水源涵养地，同时拥有丰富的矿产资源，有色金属矿储量大、分布广，是涉重金属企业密集的区域。近年来，由于矿山开采和金属冶炼，重金属污染风险较大，2005 年曾发生北江镉污染、2010 年曾发生北江铊污染事件，因此，北江流域重金属污染风险防范需要重点关注。针对北江流域重金属污染风险，立法时可参考《广东省水污染防治行动计划实施方案》《南粤水更清行动计划（修订本）（2017—2020 年）》关于北江流域重金属防控要求，对北江流域实行重金属污染物排放总量控制，严格控制新建涉重金属排放的项目，新建、改建、扩建的项目严格实行重金属污染物排放总量控制，严格控制新建重金属排放的项目，新建、改建、扩建的项目严格实行重金属等特征污染物排放减量置换。

（三）财政资金保障

1. 管理现状

财政资金投入是开展水污染防治工作的重要保障。近年来，国家不断加大环境保护的财政投入，2015 年财务部和环境保护部制定了《水污染防治专项资金管理办法》（财建〔2015〕226 号），每年安排中央水污染防治专项资金用于开展全国范围内水环境保护和水污染治理工作。为规范和加强水污染防治资金的使用管理，广东省 2002 年出台了《广东省水污染防治专项资金使用管理办法》，2016 年印发《广东省省级财政专项资金管理试行办法的通知》（粤府〔2016〕86 号），每年安排环保专项资金或打好污染防治攻坚战专项资金用于省级和各相关地市开展水污染防治工作。中央和省级水污染防治资金作为引导性财政专项转移支付资金，带动了广东省地方财政与社会资金积极投入，推动了全省水污染防治基础设施加快建设。"十三五"期间，广东省上下举力攻坚，在水污染防治资金助力和带动下，累计投入的水污染治理资金达 7 500 亿元，水污染防治工作取得了显著成效，保障了全省水环境质量持续改善。为加强东江流域水质保护，广东省制定了《广东省东江水系水质保护经费使用管理办法》（粤府〔1993〕36 号）、《广东省东江水系水质保护条例》，专门设置了东江上、中游水质保护经费，有力保障了东江干流及大部分支流水质长期保持优良。

2. 相关要求

《中华人民共和国环境保护法》第八条、《广东省环境保护条例》第五十七条要求各级人民政府应当加大保护和改善环境、防治污染和其他公害的财政投入，提高财政资金的使用效益，鼓励、引导社会资金投入环境保护及相关产业。《广东省东江水系水质保护条例》第十七条对东江水系水质保护专项资金作出规定，省人民政府应当每年从财政预算中安排东江水系水质保护专项资金，用作上、中游水系水质保护经费。《广东省水污染防治行动计划实施方案》（粤府〔2015〕131 号）提出加大政府资金投入的相关要求。

3. 立法建议

（1）水污染防治资金保障

水污染防治是一项社会公益性事业，涉及基础设施、治理工程、科学研究、决策管理等诸多内容，而这些项目的实施都需要稳定的资金投入，因此建立与水污染防治工作相适应的资金投入和保障机制尤为重要。实践证明，持续稳定的资金投入对推动水污染治理、改善水环境发挥了重要作用，但目前水污染防治财政投入比重总体还比较低，与发达国家相比还存在差距，需要进一步提高投入水平。为强化全省水污染防治财政资金投入，确保财政对于水环境保护的支出稳定增长，立法时应当遵循和参考《中华人民共和国环境保护法》第八条、《广东省环境保护条例》第五十七条、《广东省水污染防治行动计划实施方案》关于财政资金保障的相关规定，对于全省所有流域，明确县级以上人民政府应当加大保护和改善水环境、防治水污染的财政资金投入，通过强化对水环境保护、水污染防治的资金保障要求，推动流域水污染防治工作有效推进。

（2）重点流域水质保护资金保障

东江是广东省重要的“政治水、经济水、生命水”，《广东省东江水系水质保护条例》《广东省东江水系水质保护经费使用管理办法》规定，东江水系水质保护经费不仅包括东江上、中游水质保护经费，还包括东深供水工程饮用水水源水质保护经费。为有效保护东江水系的水质，防治水污染，保障水系沿岸城乡用水及对我国香港地区供水，立法时应当吸收《广东省东江水系水质保护条例》《广东省东江水系水质保护经费使用管理办法》关于资金保障的相关内容，提出省人民政府应当每年从财政预算中安排东江水系水质保护专项资金，用作上、中游水系水质保护经费，东江水质保护经费的使用管理办法由省人民政府规定。

第六节　风险防范与区域协作专题研究

一、突发水污染事件风险防范

（一）环境风险防范体系

1. 管理现状

环境风险是指突发性事故对环境造成的危害程度及可能性。习近平总书记在2018年全国生态环境保护大会上指出，要把生态环境风险纳入常态化管理，系统构建全过程、多层级生态环境风险防范体系。广东省是经济强省，市场主体多，涉行业领域广，安全风险隐患底数较大，如水陆交通事故、企业事业单位和其他生产经营者非正常排污、管网泄漏等都可能引发突发性水污染事件，因此需要构建完善的风险防范体系加以应对。近年来，广东省先后印发实施了《南粤水更清行动计划（2013—2020年）》（粤府函〔2013〕26号）、《广东省人民政府办公厅关于开展全省突发事件风险隐患排查和整改工作的通知》（粤府办明电〔2014〕77号）、《广东省水污染防治行动计划实施方案》（粤府〔2015〕131号）、《广东省突发环境事件应急预案》（粤府函〔2017〕280号）、《广东省企业事业单位突发环境事件应急预案编制指南（试行）》（粤环办〔2020〕51号）等，全面排查广东省突发事件风险隐患，定期开展对饮用水水源保护区及沿江河湖库风险源排查评估，并落实防控措施，从政府部门、企业事业单位等层面建立健全全省突发环境事件应对工作机制，提高突发环境事件应对能力，在源头及过程对风险加以防范。广东省环境风险防范机制逐步建立健全，有效防范化解环境风险，突发环境事件发生频率明显下降，由 2017 年全年 48 起下降至 2020 年全年 24 起，但突发环境事件仍有发生，各类环境风险的不稳定不确定因素依然存在，有必要加强环境风险常态化管理，进一步完善环境风险防范体系。

2. 相关要求

《中华人民共和国环境保护法》第四十七条规定，各级人民政府及其有关部门和企业事业单位应当做好突发环境事件应对工作。《中华人民共和国突发事件应对法》第二十条明确，县级以上人民政府应当做好危险源、危险区域的调查、登记及风险评估工作并责令有关单位采取安全防范措施。《中华人民共和国水污染防治法》第六十九条、第七十六条，《广东省饮用水源水质保护条例》第二十条、第二十四条及《广东省西江水系水质保护条例》第五十九条、第六十一条规定，县级以上地方人民政府应当组织环境保护等部门，对饮用水水源地、饮用水水源保护区、地下水型饮用水水源的补给区及供水单位周边区域的环境状况和环境风险进行调查评估和筛查监督，采取相应的风险防范措施，编制饮用水水源水质污染事故应急预案，保障供水安全。

3. 立法建议

环境风险防范体系一方面要求覆盖不同空间尺度，重视多层级环境风险防范；另一方面强调贯穿各领域全过程，实行事前环境风险识别管控与预警、事中环境应急处置、事后评估恢复的全过程环境风险防范，加强环境风险隐患排查整治，完善应急响应处置机制，提升应急响应处置能力。广东省工业企业分布较广，路网、油气管网等和水网纵横交错，四通八达的交通网络为全省工业经济增长提供了有力支撑，也增加了泄漏等突发事件带来的水域污染风险，而省内大江大河干流多是主要供水通道，承担重要饮用功能，有必要做好风险源排查工作并对排查出的风险源制定落实风险控制对策，将风险防范化解在早，问题隐患治理在早。立法时应遵循《中华人民共和国环境保护法》第四十七条、《中华人民共和国水污染防治法》第七十六条规定，要求县级以上人民政府做好突发水污染事故的应急准备、应急处置和事后恢复等工作，构建风险防范体系；还应重点关注饮用水水源功能为主的水体，遵循和衔接《中华人民共和国水污染防治法》第六十九条、《中华人民共和国突发事件应对法》第二十条、《广东省饮用水源水质保护条例》第二十条和第二十四条、《广东省西江水系水质保护条例》第五十九条和第六十一条中相关规定，要求县级以上人民政府应当组织相关部门加强对饮用水水源功能为主的江河、湖泊、水库风险源排查评估，筛查可能存在的污染风险因素，并采取相应的风险防范措施。

（二）水环境应急能力标准化建设

1. 管理现状

加强应急能力建设是环境风险防范体系的重要保障，也是提升应急管理水平、科学应对突发性水环境事件的关键所在。环境保护部先后印发《关于加强环境应急管理工作的意见》（环发〔2009〕130 号）、《全国环保部门环境应急能力建设标准》（环发〔2010〕146 号），提出加强环境应急能力建设，并明确了各级部门环境应急能力建设的标准。2011 年以来，广东省先后印发《关于进一步加强应急管理能力建设的意见》（粤府办〔2011〕80 号）、《关于对全省应急救援资源潜力进行调查摸底的通知》（粤安办〔2019〕52 号）、《关于加强全省乡镇街道应急管理能力建设的意见》（粤应急〔2020〕116 号）等，统筹推进应急管理能力建设。近年来，广东省加快配备涵盖水体理化、化学与生物毒理等多项指标的在线监测设备，构建了覆盖东江、西江、北江、韩江、鉴江、榕江、小东江、高州水库、鹤地水库等重要水体的水环境预警监控网络；建成运行广东省环境风险源与应急资源信息数据库平台，实现环境风险源信息动态管理；不断充实应急物资储备库，推动全省应急物资综合信息管理系统建设，实现省、市、县三级应急物资共用共享，截至 2020 年，11 个地市通过自建、出资与企业共建或签订协议委托企业等途径配置了市级应急物资储备库；强化专业应急救援队伍和专家库建设，建成 3 支国家级和 22 支省级危险化学品应急救援队伍及省市多级应急专家库，定期开展应急演练。全省应急管理能力不断提升，但目前人才培养、应急物资、装备配备等保障仍有待加强，区域应急储备不平衡现象依然存在，水环境预警监控网络尚未全面覆盖，有必要进一步加强应急能力标准化建设，提升突发事件预防预警和应急处置效率。

2. 相关要求

《中华人民共和国突发事件应对法》第三十二条规定，县级以上人民政府根据实际情况保障应急物资、生活必需品和应急处置装置的生产及供给。《广东省西江水系水质保护条例》第十七条规定，省人民政府环境保护主管部门应当会同有关主管部门健全水环境监测、预警、应急系统，提高监测、预警和应急处置能力。根据《突发环境事件应急管理办法》（环境保护部令　第 34 号），县级以上地方环境保护主管部门应加强环境应急能力标准化建设。为指导和推动各级环保部门开展环境应急能力标准化建设，2009 年环境保护部印发《关于加强环境应急管理工作的意见》（环发〔2009〕130 号），要求各地研究制订环境应急管理能力建设的专项规划和实施方案；2010 年印发《全国环保部门环境应急能力建设标准》（环发〔2010〕146 号），各有侧重地制定了省、市、县三级环保部门环境应急能力建设标准。

3．立法建议

环境应急能力标准化建设内容包括环境应急管理机构与人员、硬件装备、业务用房等。近年来，广东省在人员储备、设备物资、应急信息化等方面开展了大量工作，逐步强化应急救援准备，风险防范化解成效明显，但当前全省水环境预警监控网络尚未完善，部分地区应急储备库仍需建立完善，整体应急能力有待提升。为保障人民群众生命财产安全，应从应急资源配备等方面加强水环境应急能力建设，提高区域水污染事故预警能力。立法时应在遵循《中华人民共和国突发事件应对法》第三十二条的基础上，充分衔接和参考《广东省西江水系水质保护条例》第十七条、《突发环境事件应急管理办法》第二十一条、《全国环保部门环境应急能力建设标准》、《关于加强环境应急管理工作的意见》相关规定，按照预防为主、预防与应急相结合的原则，提出县级以上人民政府及相关主管部门应当从管理机构、人员配备、硬件装备、业务用房等方面加强水环境应急管理能力标准化建设，保障应急监测仪器设备和装备配备，确保应急监测快速有效，提升区域水污染事故预警能力和应急管理水平，最大限度减轻重大突发事件的影响。

（三）环境安全监督检查

1．管理现状

环境风险防范坚持预防为主，对于环境风险要进行源头防控、消除隐患，而开展环境安全监督检查是加强事故预防和源头治本的重要举措。2002 年以来，国家陆续颁布印发了《中华人民共和国安全生产法》《国务院安全生产委员会成员单位安全生产工作职责》（安委〔2010〕2 号）等，规定企业排查安全风险隐患、推进问题整改的主体责任，并明确了各部委的安全监督管理职责。广东省的突发性水污染事故以生产储存、交通运输、非正常排污等社会经济活动为主要风险源，为做好环境风险全过程管理，从源头有效防范环境安全风险，广东省先后印发了《广东省安全生产督查检查办法》（粤安〔2014〕14 号）、《广东省生产安全事故隐患排查治理办法》（粤府办〔2015〕55 号）、《广东省安全生产大检查工作实施方案》（粤安〔2017〕11 号）等，对危险化学品安全、非煤矿山安全、水上交通和渔业船舶等开展企业自查与政府督查，并根据《企业突发环境事件风险评估指南（试行）》（环办〔2014〕34 号）开展环境风险评估，落实突发环境事件风险防控措施。近年来，广东省相继组织开展了岁末年初环境安全大检查、汛期环境安全检查、环境安全大检查工作、环境安全隐患排查治理工作、环境安全大检查“回头看”等多项安全监督检查行动，对环境风险源企业事业单位污染治理设施的运行情况等进行监督检查，进一步落实政府部门监管及企业安全主体责任，及时发现和消除事故隐患，“十三五”期间全省生产安全事故起数下降 57%，重特大事故得到有效遏制。为长效有力维护人民群众生命财产安全和社会大局稳定，有必要继续彻底排查各种风险隐患，做好安全监督检查工作，坚决防范遏制重大突发污染事故发生。

2. 相关要求

《中华人民共和国突发事件应对法》第二十条规定，县级以上人民政府应当对本行政区域内的危险源、危险区域进行调查、登记及风险评估，并责令有关单位采取安全防范措施。《中华人民共和国水污染防治法》第三十条和第三十二条、《广东省环境保护条例》第四十一条明确，企业事业单位和排放有毒有害水污染物的其他生产经营者应当定期评估环境风险，排查环境安全隐患，环境保护等相关主管部门有权进行现场检查。《广东省韩江流域水质保护条例》第十七条规定环境保护行政主管部门应当对水污染防治设施进行监督检查。《贵州省水污染防治条例》第七十一条进一步明确了负有水污染防治监督管理职责的部门进行环境安全监督检查的职责。《突发环境事件应急管理办法》（环境保护部令 第34号）第八条、第九条、第十条、第十二条对企业事业单位进行隐患排查及风险评估作了明确规定，并要求县级以上地方环境保护主管部门进行抽查或者突击检查。

3. 立法建议

（1）政府部门职责

政府对防范化解环境风险负有监管职责，加强监督检查工作有利于压实企业事业单位主体责任，从源头有效防范和坚决遏制重特大事故的发生。广东省作为工业大省及全球制造业重要基地，工业企业数量多、分布广，水污染防治设施及排污口底数大，水环境安全隐患不容小觑。一般情况下，工业企业、建设项目等都配置有相适应的水污染防治设施，对外排废水进行处理，再通过排污口向外环境排放。但设施运行故障、非正常操作等原因都可能导致水污染防治设施出现异常排放，对其受纳环境造成影响，而排污口作为污水进入环境水体的最后一道“闸口”，是保障水环境安全的重要节点，因此应进一步加强水污染防治设施和排污口监管，督促企业事业单位及时发现并处理隐患问题。立法时应遵循并衔接《中华人民共和国突发事件应对法》第二十条、《中华人民共和国水污染防治法》第三十条、《广东省韩江流域水质保护条例》第十七条、《突发环境事件应急管理办法》第十二条规定，参考《贵州省水污染防治条例》第七十一条相关要求，以排污口、水污染防治设施等为重点开展环境安全监督检查，监督检查工作由负有水污染防治监督管理职责的部门按照各自职责分工进行。

（2）企业事业单位职责

企业事业单位是环境风险防范的责任主体，也是做好风险源头预防的主力军，要按照有关制度和规范要求全面开展环境风险评估，包括环境风险识别、可能发生突发环境事件及其后果分析、现有环境风险防控和环境应急管理差距分析、制订完善环境风险防控和应急措施的实施计划以及划定突发环境事件风险等级；在工作全过程建立完善环境安全隐患排查治理体系，从环境应急管理和突发环境事件风险防控措施两大方面排查可能直接导致或次生突发环境事件的隐患。为进一步落实企业主体责任，避免或减少水污染事故发生，立法时应遵循并衔接《中华人民共和国水污染防治法》第三十二条、《广东省环境保护条例》第四十一条、《突发环境事件应急管理办法》第八条至第十条相关规定，明确可能发生水污染事故的企业事业单位应当按照国家和省有关规定的要求开展水污染事故风险评估，确定环境风险防范措施，包括有效防止扩散至外环境的泄漏物质、消防水、污染雨水等的收集、导流、拦截、降污等，及时开展环境安全隐患排查治理，防控环境风险。

（四）事故应急处置

1. 管理现状

环境风险一旦演化为突发性事件，要采取有力措施进行应急处置，控制、减轻和消除突发性事件引起的社会危害。国家先后印发并实施《国家突发公共事件总体应急预案》（国发〔2005〕11 号）、《国家突发环境事件应急预案》（国办函〔2014〕119 号）等指导突发环境事件应对工作，规定地方人民政府及其有关部门、企业事业单位应当分别制定应急预案。为及时有效应对突发性水污染事件，广东省先后颁布印发《广东省突发事件应急预案管理办法》（粤府办〔2008〕36 号）、《广东省突发事件应对条例》、《广东省突发环境事件应急预案》（粤府函〔2017〕280 号）、《广东省企业事业单位突发环境事件应急预案编制指南（试行）》（粤环办〔2020〕51 号）等，明确了政府部门和企业事业单位突发环境事件处置的组织体系，规定了突发环境事件分级报告响应流程和具体应急措施制定要求，健全了突发环境事件应对工作机制。通过多次开展不同灾种不同行业的应急演练，充分利用监测预警“一张图”、指挥协同“一体化”等大数据、大平台优势，以演练促联动，强化安全风险防范，提升应急实战能力。作为全国第一批“南阳实践”试点省份，2020 年广东省基于淇河污染事件处置的成功经验在省内开展试点实践，为全省应急处置工作提供了重要指导思路。近年来，广东省突发环境事件应对工作机制逐步建立，全省应急预案体系不断修订完善，有效应对了多起环境突发事件，但在精准处置和联动响应等方面仍存在薄弱环节，应急处置能力和水平有待进一步提升。

2. 相关要求

《中华人民共和国水污染防治法》第七十六条和第七十八条、《广东省环境保护条例》第四十一条和第四十二条规定，突发环境事件发生后，各级相关人民政府及其有关部门、企业事业单位应当立即启动应急方案，并及时向本级或上级人民政府及主管部门报告信息；《广东省跨行政区域河流交接断面水质保护管理条例》第十八条、《突发环境事件应急管理办法》（环境保护部令　第 34 号）第二十三条至第二十五条进一步对可能涉及跨行政区域的突发环境事件信息报告提出要求，明确应当及时通报可能受到污染区域的人民政府及有关主管部门。《广东省西江水系水质保护条例》第五十条提出，突发性污染事件发生后，相关人民政府及其有关部门应当实施应急监测。

3．立法建议

（1）信息报告

突发性污染事件往往传播速度快、潜在风险大，而突发事件信息报告是各级单位快速响应，做好及时、高效、科学、有序应急处置工作的基础。国家 2011 年发布的《突发环境事件信息报告办法》规定，突发环境事件报告分为初报、续报和处理结果报告，初报应当根据判定事件级别不同在 2～4 h 内向本级和上一级人民政府及相关主管部门报告突发环境事件的发生时间、地点、事件起因和性质、主要污染物和数量等初步情况；续报在初报的基础上报告有关处置进展情况，处理结果报告应当在初报和续报的基础上，报告处理突发环境事件的措施、过程和结果等。为促进信息报告工作规范化、制度化、程序化，确保突发环境事件得到及时妥善处理，立法时应遵循并衔接《中华人民共和国水污染防治法》第七十八条、《突发环境事件应急管理办法》第二十三条和第二十四条、《广东省环境保护条例》第四十一条和第四十二条相关规定，明确信息报告流程，进一步提高应急联动响应效率。当突发性污染事件造成或者可能造成水污染时，有关企业事业单位应当立即向事故发生地负有水污染防治监督管理职责的部门或者相关人民政府报告；在负有水污染防治监督管理职责的部门接到报告后，应当及时向本级人民政府和上级负有水污染防治监督管理职责的部门报告，并抄送有关部门。若突发性污染事件已经或者可能涉及相邻行政区域，需要及时通报受影响区域的有关政府部门采取行动，开展区域联动处置，应衔接《突发环境事件应急管理办法》第二十五条、《广东省跨行政区域河流交接断面水质保护管理条例》第十八条相关规定，要求事发地人民政府及时向可能受到污染区域的人民政府通报。

（2）应急启动

应急预案是指各级人民政府及其部门、基层组织、企业事业单位、社会团体等为依法、迅速、科学、有序应对突发事件，最大限度减少突发事件及其造成的损害而预先制定的工作方案，具体规定突发事件应急管理工作的组织指挥体系与职责和突发事件的预防与预警机制、处置程序、应急保障措施以及事后恢复与重建措施等内容。突发性污染事件发生后，企业事业单位及政府部门应当根据了解的情况及时按照突发环境事件应急预案开展应急处置工作，确保应对处置工作科学有序。为提高应急行动效率，降低事故损失和危害，立法时应遵循并衔接《中华人民共和国水污染防治法》第七十六条和第七十八条、《突发环境事件应急管理办法》第二十三条、《广东省跨行政区域河流交接断面水质保护管理条例》第十八条、《广东省西江水系水质保护条例》第五十条相关规定，要求企业事业单位在突发性污染事件发生后立即启动本单位的应急方案，采取应急措施，控制或者切断污染源，防止水污染物进入水体；当研判事态仍无法得到控制时，需要升级应急响应，相关人民政府及其有关部门应当根据情况及时启动应急预案，实施应急监测，采取应急处理措施，控制或者切断污染源，做好应急处置和调查处理工作。

二、区域水污染防治协作机制

（一）跨区域水污染联防联治

1. 管理现状

流域是一个有机整体，流域内水环境保护工作应该统筹上下游、左右岸、干支流。长期以来，我国水环境管理主要按行政区域来进行，难免会造成上下游、左右岸各自为战，分散治水难以形成合力。为此，我国在 21 世纪初开始探索流域联防联控机制，《水污染防治行动计划》（国发〔2015〕17 号）将完善流域协作机制列为重点任务之一，推动在重要江河、湖泊建立流域水环境保护协调机制。广东省地处珠江流域下游，近 20 年上游平均入境水量为全省自产水量的 1.22 倍，对上游广西、湖南、江西、福建四省（区）来水依赖度较高。省内水系发达、河流众多，河流跨越多个行政边界的情况较为普遍，全省流域面积在 100 km^2 以上的跨省河流共 40 条、跨地级市河流 80 条。此外，还存在深圳河（粤港）、鸭涌河（粤澳）等与香港特别行政区、澳门特别行政区跨界的河流。为强化跨界水体联防联治，广东省建立了省界、省内、港澳等多层级联防联治工作机制。省界联动方面，2013 年以来，先后与广西、湖南、江西、福建等相邻省（区）签订跨界河流水污染联防联治协作框架协议；省内联动方面，2015 年以来，在汕揭练江、深惠淡水河、深莞石马河、深莞茅洲河、广佛跨界河流等流域建立了水环境综合整治联席会议制度，组建了珠三角区域水污染防治协作小组；港澳联动方面，建立了以《深化粤港澳合作推进大湾区建设框架协议》《粤港合作框架协议》《粤澳合作框架协议》为基础、以联席会议为核心的合作机制。多层级联防联治机制实行以来，跨界河流水环境质量有所提升，7 个跨省交接断面达标率由 2015 年的 42.8%提升至 2020 年的 85.7%，28 个跨市交接断面达标率由 2016 年的 75.7%提升至 2020 年的 82.0%。但跨区域水污染联防联治仍需进一步加强，跨省界交接断面水质达标率有待进一步提升，省内部分流域水环境保护合作机制、水质监测断面数据相互通报及共享机制等尚未全面形成，粤港澳大湾区部分跨界流域内仍存在劣Ⅴ类支流。因此，广东省有必要进一步深化多层级跨区域水污染联防联治机制，推进跨界水体水质持续提升。

2. 相关要求

《中华人民共和国水污染防治法》第二十八条规定，要建立重要江河、湖泊的流域水环境保护联合协调机制，实行统一规划、统一标准、统一监测、统一的防治措施，第三十一条对跨行政区域水污染纠纷的协调解决作了相关规定。《广东省环境保护条例》第七条规定针对环境污染防治重点区域、流域和海域，建立联合防治协调机制。《广东省西江水系水质保护条例》第二十二条、第二十四条分别规定要加强省际、省内的水质保护合作，共同应对和处理跨行政区域突发水环境事件以及水污染纠纷。《水污染防治行动计划》（国发〔2015〕17 号)、《广东省水污染防治行动计划实施方案》（粤府〔2015〕131 号）对于流域上下游各级政府之间联防联治的工作内容提出了具体要求，包括联合监测、联合执法、应急联动、信息共享等。《粤港澳大湾区发展规划纲要》（国务院公报 2019 年第 7 号）提出要加强粤港澳生态环境保护合作，共同改善生态环境系统，并对珠江河口区域水资源、水环境及涉水项目管理合作作出了相关要求。

3．立法建议

（1）省际区域协作

广东省位于珠江流域下游，承接广西、湖南、江西、福建等四省（区）来水，生产生活用水对上游省份来水依赖度高。当前，广东省已与上游四省（区）签订了跨省河流联防联治协议，但仍有部分跨省交接断面不能稳定达标，立法时应遵循《中华人民共和国水污染防治法》第二十八条及第三十一条，同时充分衔接《广东省环境保护条例》第七条及《广东省西江水系水质保护条例》第二十二条有关规定，提出加强水污染防治跨省协作，并进一步明确职责分工及具体协作事项。由于流域水环境保护涉及生态环境、水利、住建、农业农村等多部门，应由省人民政府统筹省际区域协作工作，持续加强省际水质保护的协调、合作，共同预防和治理水污染、保护水环境，以形成多部门跨区域合力；同时生态环境主管部门作为该项工作的主要责任部门和具体实施部门，应该建立完善与相邻省级人民政府生态环境主管部门的联动工作机制，组织开展跨省界河流联防联控各项工作。具体协作事项应包括水环境信息的交流共享、监测、执法、应急处置等，共同处理跨省突发水环境事件及水污染纠纷，协调解决跨省重大水环境问题。

（2）省内区域协作

自 2015 年以来，广东省先后建立了汕揭练江、珠三角区域、深惠淡水河、深莞石马河、深莞茅洲河、广佛跨界河流等重点流域和区域的联防联治机制，但仍有部分跨界河流尚未建立，立法时应衔接和参照《广东省西江水系水质保护条例》第二十四条及《水污染防治行动计划》《广东省水污染防治行动计划实施方案》相关规定，提出加强省内跨区域水污染联防联治，并进一步明确省人民政府及地方人民政府法律责任及协作事项。其中，省人民政府应当建立完善省内重点流域、重点区域水污染防治协作机制，明确各区域的治理责任，组织相关地级以上市人民政府协同开展治理工作，共同研究解决水污染防治的重大事项，形成治污合力；相关地级以上市、县级人民政府应建立跨行政区域水污染联防联控机制，从统一监测、共同治理、联合执法、应急联动、水环境信息共享等方面协同开展水污染防治工作，省内层面应进一步强化共同治理，强调相关地级以上市、县级人民政府要充分意识到各自的治理责任，系统实施水污染防治重大工程，共同建立全流域、全过程的治污体系。

（3）粤港澳大湾区协作

粤港澳大湾区建设是习近平总书记亲自谋划、亲自部署、亲自推动的国家重大战略，也是“一带一路”建设的重要支撑。而作为全国开放程度最高、经济活力最强的区域之一，粤港澳大湾区经济体量大、人口密度高，水污染防治压力大，尤其要加强区域联防联治，以提升水环境保护工作合力。《粤港澳大湾区发展规划纲要》提出要“加强粤港澳生态环境保护合作，共同改善生态环境系统”。目前，广东省组建了珠三角区域水污染防治协作小组，也与我国香港、澳门地区建立了以联席会议为核心的合作机制，立法时应在此基础上，进一步深化珠三角 9 市及与港澳的联防联治机制，提出由省人民政府和粤港澳大湾区内地级以上市人民政府推动完善粤港澳水污染防治的统筹协调机制，构筑联防联控格局。协作事项应当包括以下三个方面：一是基于当前互联互通的供水格局，加强重要江河水生态环境保护，实施水质提升工程，进一步提升水质，切实保障珠三角以及港澳供水安全；二是针对部分劣Ⅴ支流污染严重的现状，加强重污染河流的系统治理，打造水清、水活、岸绿、景美的湾区河网；三是进一步加强与我国香港、澳门地区的协作联动，以截污、面源治理、活水保质为重点，提升深圳河、鸭涌河等与港澳地区跨界河流的水环境质量。

（二）粤港澳大湾区交流合作

1. 管理现状

粤港澳大湾区江海相连、水系贯通，加强水环境技术交流合作能促进三地互学互鉴，同时有利于科学问题的联合攻关，为大湾区水环境保护提供良好基础。20 世纪 90 年代以来，粤港澳三地加强水环境领域考察交流，持续开展粤港澳环境宣传与合作。同时通过举办学术论坛、技术展览会等形式推动环保社会组织交流与合作，1996 年召开首届深港珠澳供水界学术交流会，2005 年召开首届泛珠三角区域环保产业合作展览会，2018 年后举办粤港澳大湾区生态环境高端论坛暨展览会、粤港澳大湾区水务论坛、粤港澳大湾区水处理技术设备展览会等。随着 2019 年《粤港澳大湾区发展规划纲要》（国务院公报　2019 年第 7 号）的出台，粤港澳三地进一步加强科技创新协同，开展粤港澳环境质量协同创新联合实验室建设，聚焦环境科技领域，开展绿色水网与蓝色海湾、环境健康与生态风险及生态环境保护战略等方面联合研究。粤港澳交流合作对大湾区水环境保护工作发挥了良好的促进作用，但在水资源、水生态保护等方面的交流有待进一步拓展，感潮河网水环境综合治理、低氧调控等“瓶颈”技术也亟待联合攻关，因此有必要进一步深化粤港澳大湾区生态环境保护交流合作，推动三地水环境保护工作不断发展。

2. 相关要求

《粤港澳大湾区发展规划纲要》（国务院公报 2019 年第 7 号）提出，要加强粤港澳水科技、水资源合作交流。《粤港澳大湾区水安全保障规划》（水规计〔2020〕286 号）提出，要建立健全粤港澳科技人文交流合作机制，加强水科学、水科技、水教育、水文化等领域的交流合作，推动互学互鉴。《广东省推进粤港澳大湾区建设三年行动计划（2018—2020 年）》（粤大湾区〔2019〕4 号）提出，要建立粤港澳大湾区环保交流合作机制与平台，完善区域环境保护合作制度。

3. 立法建议

粤港澳大湾区河网密布、纵横交错，水系互联互通现象较为普遍，三地水生态环境保护技术也各有优势，如我国香港地区湿地保护与节水防涝、澳门地区再生水利用、广东省水污染治理等。此外，粤港澳大湾区水生态环境保护共同面临着水环境标准不衔接、感潮双向流河涌污染物降解难、感潮河网溶解氧偏低等难题，相关技术"瓶颈"亟待共同研究攻关。加强交流合作一方面有利于好经验做法的推广使用，形成优势互补良好局面；另一方面有助于瓶颈技术联合攻关，推动粤港澳大湾区水生态环境保护工作的不断发展。《粤港澳大湾区发展规划纲要》《粤港澳大湾区水安全保障规划》均提出要加强水科技交流合作，《广东省推进粤港澳大湾区建设三年行动计划（2018—2020 年）》提出要建立粤港澳大湾区环保交流合作机制与平台。立法时应结合实际需求及以上相关文件要求，将粤港澳大湾区水生态环境保护交流合作纳入考虑，提出由省人民政府和粤港澳大湾区内地级以上市人民政府共同推动建立大湾区生态环境交流合作机制和平台，从水资源保护、水污染治理、水生态保护等方面与港澳地区加强技术交流和合作。

（三）跨界交接断面水质保障

1. 管理现状

交接断面是指用以明确跨行政区域河流相邻各方的水质保护管理责任的河流横断面。为加强跨行政区域河流交接断面水质保护管理，2006 年广东省颁布了《广东省跨行政区域河流交接断面水质保护管理条例》，全面系统开展交接断面的水质保护。2008 年制定了《广东省跨地级以上市河流交接断面水质达标管理方案》（粤环〔2008〕26 号），共设置 28 个跨地级以上市河流交接断面，明确了断面名称及编号、所在河流、断面地点、交接关系、断面水质控制目标、责任主体、监测单位、监测频次、监测项目、考核方法等内容，同年将跨市河流交接断面水质达标率纳入环境保护责任考核指标体系，以落实跨界水体所涉及地市的治理责任。自强化交接断面水质保护管理以来，28 个交接断面水质显著提升，达标率由 2007 年的 64.3%提升至 2020 年的 82.0%，但仍有部分交接断面未能达标。因此，有必要加强跨界交接断面水质保护与管理，持续改善跨界交接断面水质。

2. 相关要求

《广东省环境保护条例》第三十条规定，相关人民政府应采取相应措施保证交接断面水质符合规定的目标。《广东省跨行政区域河流交接断面水质保护管理条例》从断面的设置或变更、水质的监测、保护方案的制定、责任考核等方面，对交接断面水质保护作出了更全面具体的规定，其中第三条规定，县级以上人民政府应采取有效措施确保河流交接断面水质达到控制目标；第七条规定，对于以河流中心线为行政区划界限的共有河段，相邻人民政府应共同制定其水质保护管理方案并组织实施；第十六条规定，交接断面水质未达到控制目标的，责任方应提出解决方案，限期达到水质控制目标。《广东省西江水系水质保护条例》第二十五条、第二十六条对未达标交接断面的限期治理、区域限批及共有河段的水质保护管理方案的制定作了明确规定。

3. 立法建议

广东省跨界河流众多，跨行政区域交接断面按交接关系可分为上下游、共河、潮汐明显影响三种。自 2006 年以来，广东省持续强化跨行政区域交接断面水质保护，跨市交接断面水质有所提升，但 2020 年仍有 18%断面未能达标，为进一步推进跨界断面水质稳定提升，立法时应充分衔接《广东省环境保护条例》第三十三条，并吸纳《广东省跨行政区域河流交接断面水质保护管理条例》第三条、第七条、第十六条及《广东省西江水系水质保护条例》第二十五条、第二十六条相关规定，明确县级以上人民政府对于交接断面的水质保护责任及未达标交接断面的治理要求，以压实各区域水污染防治工作。地级以上市、县级人民政府应当确保河流交接断面水质达到控制目标要求，对于以河流中心线为行政区划界限的共有河段，其水质保护责任由相邻地级以上市、县级人民政府共同承担，双方应加强左右岸协同治理，共同制定水质保护管理方案并组织实施，采取有效措施保护提升共有河段及其支流水质，确保共有河段水质达到目标要求。水质未达到控制目标要求的，责任方应当制定解决方案，并采取有效措施消除或者控制污染，限期达到水质控制目标。

（四）水环境生态补偿

1. 管理现状

生态补偿机制是以保护生态环境、促进人与自然和谐为目的，根据生态系统服务价值、生态保护成本、发展机会成本，综合运用行政和市场手段，调整生态环境保护和建设相关各方之间利益关系的环境经济政策。2005 年党的十六届五中全会首次提出要加快建立生态补偿机制，2007 年印发实施《关于开展生态补偿试点工作的指导意见》（环发〔2007〕130 号），2016 年出台《国务院办公厅关于健全生态保护补偿机制的意见》（国办发

〔2016〕31 号），我国生态补偿制度不断完善。广东省积极推进省际及省内水环境生态补偿。2016 年以来分别与广西、福建、江西签订了《九洲江上下游横向生态补偿协议》《东江流域上下游横向生态补偿协议》《汀江-韩江上下游横向生态补偿协议》，截至 2020 年，广东省已根据水质考核结果累计安排跨省流域生态保护补偿资金 13 亿元，促进上游省市加大整治力度，与 2016 年相比，2020 年跨省断面寻乌水兴宁电站、汀江青溪水质从Ⅲ类提升至Ⅱ类，九洲江三角断面从Ⅳ类提升至Ⅲ类。2019 年制定了《江门市潭江流域生态保护补偿办法》（江环〔2019〕75 号），2020 年出台了《广东省东江流域省内生态保护补偿试点实施方案》（粤环〔2020〕11 号），推动建立省内市场化的横向生态补偿机制。水环境生态补偿机制的建立有效推进了水环境治理工作，但目前生态补偿标准体系尚未建立，覆盖范围有待进一步拓展，且生态补偿资金来源有限。因此，有必要进一步深化水环境生态补偿制度，建立补偿标准体系，构建多元化补偿方式，拓宽资金来源，促进受益地区与保护地区共同发展。

2. 相关要求

《中华人民共和国水污染防治法》第八条规定，针对饮用水水源保护区和江河、湖泊、水库上游地区等重要生态功能区和生态环境敏感地区，要建立健全水环境生态保护补偿机制。《广东省西江水系水质保护条例》第二十九条规定要建立健全多元化生态保护补偿机制，第六十六条对湿地的补偿标准作了规定。《水污染防治行动计划》（国发〔2015〕17 号）及《广东省水污染防治行动计划实施方案》（粤府〔2015〕131 号）提出要建立跨界水环境补偿机制，开展补偿试点。《关于健全生态保护补偿机制的实施意见》（粤府办〔2016〕135 号）对全省需建立生态补偿机制的流域及期限提出了具体要求，并明确了可通过资金补偿、对口协作、产业转移、人才培训和共建园区等方式建立横向补偿关系，同时拓宽补偿渠道，引导各类主体参与生态保护补偿。

3. 立法建议

（1）生态补偿制度与标准体系

水环境生态补偿制度作为生态文明制度的重要组成部分，是落实生态保护权责、调动各方参与水生态环境保护积极性的重要手段。目前，广东省已建立了九洲江、东江、韩江、潭江等部分流域上下游生态补偿机制并取得了良好成效，但当前全省生态补偿标准体系尚未建立，覆盖范围有待进一步拓展，一定程度上影响了水生态环境保护行动的成效。立法时应遵循《中华人民共和国水污染防治法》第八条，参照《广东省西江水系水质保护条例》第二十九条及《水污染防治行动计划》《广东省水污染防治行动计划实施方案》《关于健全生态保护补偿机制的实施意见》等中关于建立健全多元化生态保护补偿机制的相关规定，进一步深化水环境生态补偿机制，提出由省人民政府建立健全水环境生态补偿机制，加快建立生态保护补偿标准体系，推进全域生态补偿工作，推动受益地区与上游地区、受水地区和供水地区建立生态补偿关系，补偿方式包括资金补偿、对口协作、产业转移、人才培训、共建园区等。针对水生态环境保护过程中相关单位或人员合法权益受到损害的，应当依法给予补偿，补偿标准可根据生态服务功能的价值和环境治理与生态恢复的物化成本来确定。例如，湿地可参考《广东省西江水系水质保护条例》第六十六条，按面积和水质状况向土地使用权人支付生态补偿费。

（2）生态补偿资金来源与使用

生态补偿资金是生态补偿机制持续运行的基础保障。当前，广东省生态补偿资金主要来源于政府财政转移支付，融资渠道相对单一，这无疑会加剧政府财政压力，进而影响生态保护者的积极性。立法时应将多渠道资金筹措纳入考虑，按照《关于健全生态保护补偿机制的实施意见》中“政府主导，社会参与”原则，规定政府要充分发挥财政资金的引导和带动作用，通过水权交易、排污权交易等方式，积极鼓励引入社会资本参与生态保护补偿工作，发挥市场机制促进生态保护的积极作用。生态补偿资金使用中，有关人民政府应加强管理与落实，确保其用于生态保护补偿，不得截留、占用、挪用，依法推进生态保护补偿资金的规范使用。

第五章　广东省地方水污染物排放标准制（修）订研究

广东省从促进流域水环境改善、重点行业排放管理、排污单位全覆盖管控、特定污染物控制等 4 个方面出发，分别制定了地方流域型、行业型、综合型、通用型水污染物排放标准。目前，已形成“综合型+流域型+行业型+通用型”的地方水污染物排放标准体系，标准类型及数量处于全国前列，对重点行业污染物排放起到了较为全面的管控作用。截至 2020 年，广东省共颁布 10 项地方水污染物排放标准，包括 1 项综合型标准、3 项行业型标准、5 项流域型标准和 1 项通用型标准。本章分别以《小东江流域水污染物排放标准》（DB 44/2155—2019）、《农村生活污水处理排放标准》（DB 44/2208—2019）、《水污染物排放限值》（DB 44/26—2001）为例，介绍广东省流域型、行业型、综合型水污染物排放标准的制定、评估思路与主要内容。

第一节 《小东江流域水污染物排放标准》制定研究

一、标准制定背景

随着流域社会经济发展，小东江流经广东省茂名、湛江两市水环境质量不断恶化，污染事故频发、跨界污染纠纷备受公众和舆论关注，虽几经整治但时有反复。多年来小东江干流和绝大多数支流氨氮、总磷浓度劣于地表水Ⅴ类，流域水环境形势非常严峻。《广东省人民政府关于印发广东省水污染防治行动计划实施方案的通知》（粤府〔2015〕131 号）、《南粤水更清行动计划（修订本）（2017—2020）》（粤环〔2017〕28 号）均明确提出制定小东江等流域水污染物排放地方标准。为切实改善小东江流域水环境质量、提升流域污染治理水平，迫切需要制定出台更严格的流域水污染物排放标准。

《小东江流域水污染物排放标准》于 2017 年 3 月启动制定工作。2017 年 4—7 月，编制组开展专题调研，广东省环境保护厅组织召开了标准专家咨询会，对标准技术指标、污染物排放限值等进行充分研究和论证，编制组根据专家咨询意见修改完善，形成标准征求意见稿文本及编制说明。2017 年 8—9 月，广东省环境保护厅征求茂名和湛江两市人民政府、省直有关部门及相关单位意见，编制组根据反馈意见修改完善，形成标准送审稿文本及编制说明。2017 年 12 月，该标准通过广东省质量技术监督局组织的专家审定会。编制组按照专家审定会意见修改完善，形成标准报批稿文本及编制说明。该标准于 2019 年 6 月经广东省人民政府同意，由省市场监管局、省生态环境厅联合发布，自 2019 年 7 月 1 日起实施。

二、流域概况及水环境现状

（一）流域范围

小东江流域属于鉴江水系，流域范围包括小东江干流及泗水河、白沙河、三丫江等支流的集水范围，河段绝大部分位于茂名市境内。小东江发源于云开山脉最南端的高州市官庄岭下，流经根子的高田、分界的南山、羊角的禄段、山阁的黄杰、至新坡的莲塘与泗水河汇合，穿越茂名市城区至合水（红珠岭），又与白沙河汇合，过镇盛至鳌头衍水后进入吴川市境内，于瓦窑村汇入袂花江，从吴川市的大山江流入南海。小东江全长 67 km，河床宽 30～120 m，流域面积 1 141.97 km^2，历史最大洪峰 1 510 m^3/s（茂名站 1976 年 9 月 21 日），最小流量 0.08 m^3/s，多年平均流量 17.6 m^3/s。

小东江流域主要涉及茂名市的茂南区、高州市、化州市、电白区及湛江市的吴川市下辖的共计 35 个镇（街）行政区，其中，茂名市茂南区 15 个镇街和 1 个开发区、高州市 7 个镇街、化州市 4 个镇街和 1 个开发区、电白区 2 个镇街，湛江市吴川市 5 个镇街。

（二）流域水质目标

根据《小东江流域水环境综合整治方案（2015—2020 年）》、《南粤水更清行动计划（修订本）（2017—2020 年）》，小东江实行分阶段逐步改善达到水质Ⅳ类标准。2015 年年底，石碧断面氨氮达到地表水Ⅴ类，其余水质指标达到地表水Ⅳ类；2017 年年底，石碧断面氨氮年平均浓度达 1.8mg/L，其余水质指标达地表水Ⅳ类；2020 年年底，石碧断面全面达到Ⅳ类水质。此外，小东江石碧断面为国考断面，2020 年水质目标为Ⅳ类。

（三）流域污染源结构

1. 生活源

据统计，小东江流域 2018 年生活污水产生量约 24.11 万 t/d，化学需氧量产生量约 101.42 t/d，氨氮产生量约 11.92 t/d，总磷产生量约 1.40 t/d。从区域分布看，茂南区生活污染源占比最高，占流域内生活污染源的 57.24%，其次是高州市，占比为 19.49%，其他为化州市（12.82%）、吴川市（5.47%）和电白区（4.69%）。截至 2018 年年底，流域内建成集中式污水处理设施 8 座，现有处理规模为 23.9 万 t/d。规划至 2020 年，小东江流域城镇污水处理厂将达到35.4万t/d。结合各城镇污水处理厂的处理情况及流域内污水处理管网覆盖率统计，流域生活污水化学需氧量排放量约16 919.4 t/a，氨氮排放量约2 004.3 t/a，总磷排放量约230.8 t/a。

2. 工业源

根据环境统计数据以及《国民经济行业分类》（GB/T 4754—2011）规定的全社会经济活动分类，统计排入小东江流域149家排污企业的废水及主要污染物排放情况，小东江流域工业废水排放量为1 401.70万t/a，化学需氧量排放量为1 852.73 t/a，氨氮排放量为318.52 t/a，总磷排放量为20.81 t/a。小东江流域主要工业行业废水排放量、化学需氧量排放量、氨氮排放量见表5-1。

表5-1 小东江流域工业源各行业污水、污染物排放量及所占比例

行业	数量/个	总产值/万元	工业废水排放量/（万t/a）	废水排放占比/%	化学需氧量排放量/（t/a）	化学需氧量排放占比/%	氨氮排放量/（t/a）	氨氮排放占比/%	总磷排放量/（t/a）	石油类排放量/（t/a）	综合排序
石油加工、炼焦和核燃料加工业	26	6 735 446	481.71	34.4	833.05	45	236.09	74.1	—	9.41	1
非金属矿采选业	19	69 004	365.65	26.1	239.87	12.9	35.05	11	—	—	2
农副食品加工业	14	65 319	96.43	6.9	319.2	17.2	11.53	3.6	20.81	—	3
化学原料和化学制品制造业	11	68 368	153.86	11	73.33	4	12.17	3.8	—	1.14	4
火力发电	2	197 991	207.38	14.8	62	3.3	10	3.1	—	—	5
皮革、毛皮、羽毛及其制品和制鞋业	17	1 700	52.72	3.8	267.91	14.5	7.72	2.4	—	0.37	6
造纸和纸制品业	2	6 200	19.73	1.4	42.97	2.3	3.36	1.1	—	—	7
其他采矿业	2	2 390	77.50	0.6	5.58	0.3	0.86	0.3	—	—	8
非金属矿物制品业	50	97 867	7.07	0.5	2.01	0.1	1.63	0.5	—	—	9
木材加工和木、竹、藤、棕、草制品业	1	51 339	5.27	0.4	5.72	0.3	0.07	0	—	—	10
专用设备制造业	1	48 300	3.82	0.3	0.65	0	0.05	0	—	—	11
其他橡胶制品	1	340	0	0	0	0	0	0	—	—	12
金属制品业	3	12 785	0.31	0	0.45	0	0	0	—	—	13
合计	149	7 357 049	1 401.70	100.0	1 852.73	100.0	318.52	100.0	20.81	10.92	—

注：数据来自环境统计数据。总磷和石油类的排放量只有部分行业有统计数据，不计算占比及综合排序。

通过对小东江流域内各工业行业污染程度的排序，确定以下行业为流域的主要污染行业（由于火力发电企业仅 2 家，本次标准不将其纳入重点控制行业）：

①石油加工、炼焦和核燃料加工业（主要为石油炼制）；

②非金属矿采选业（主要为黏土矿开采业）；

③农副食品加工业（主要为屠宰及肉类加工和水产品加工）；

④化学原料和化学制品制造业（主要为石油化工）；

⑤皮革、毛皮、羽毛及其制品和制鞋业（主要为制革行业）。

3．农业源

畜禽养殖是流域的重要农业污染源。据《小东江流域水环境综合整治方案（2015—2020 年）》统计，综合整治后流域内共有规模化畜禽养殖场 499 家，年存栏生猪 38 万头、禽类 0.61 万只，主要集中在茂名市。根据养殖场的排水量和污染物浓度统计，小东江流域畜禽养殖业化学需氧量排放量约 1 941.8 t/a，氨氮排放量约 388.36 t/a，总磷排放量约 38.8 t/a。

4．污染源结构分析

小东江生活源、工业源、农业源污染物排放量及占比情况见表 5-2、图 5-1。通过污染源结构分析，流域主要污染源依次为生活源、农业源和工业源。

表 5-2　小东江生活源、工业源、农业源污染物排放量情况　　单位：t/a

污染源类别	化学需氧量	氨氮	总磷
生活源	16 919.4	2 004.3	230.8
工业源	1 852.73	318.52	20.81
农业源	1 941.8	388.36	38.8
总计	20 713.93	2 711.18	290.41

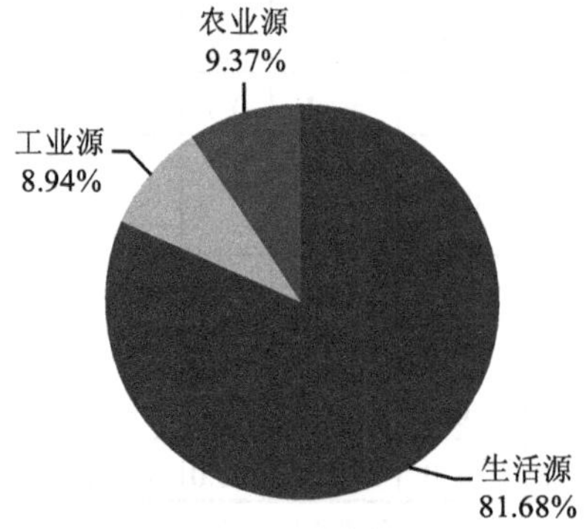

化学需氧量

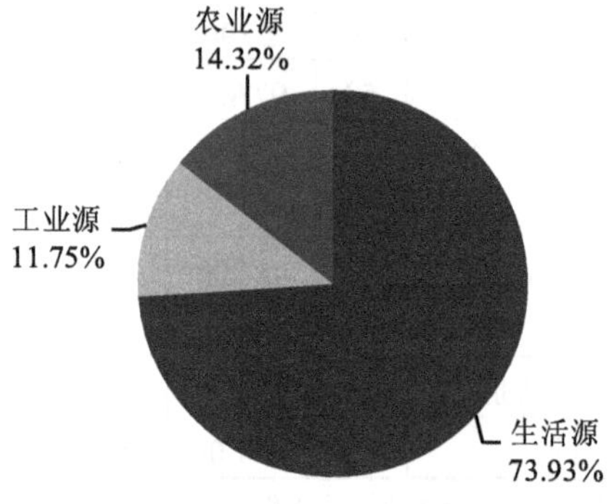

氨氮

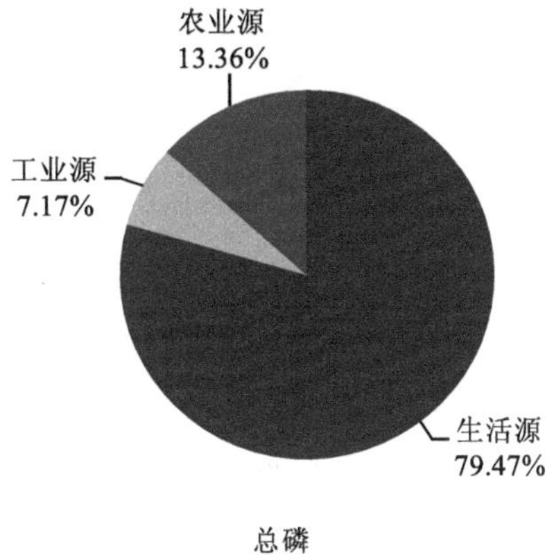

图 5-1　小东江生活源、工业源、农业源污染物排放量占比

（四）流域水环境现状

根据历年常规水质监测数据，2014—2018 年小东江流域石碧国考监测断面（水质目标为Ⅳ类）水质现状如下：

1. 化学需氧量

如图 5-2 所示，2014—2018 年石碧断面化学需氧量年均浓度为 17.5～20.0 mg/L，其中 2018 年浓度最高。从逐月数据来看，石碧断面化学需氧量基本达到地表水Ⅳ类水限值要求，仅在 2015 年 4 月超过Ⅳ类标准 0.08 倍。

2. 氨氮

如图 5-3 所示，2014—2018 年石碧断面氨氮浓度波动较大，年均浓度为 1.49～2.88 mg/L，其中 2014 年和 2018 年年均浓度相对最高，为劣Ⅴ类。从逐月数据来看，石碧断面氨氮浓度尚不能稳定达到地表水Ⅳ类水限值要求，2014—2018 年月均超标率为 50.0%～91.7%，超标倍数介于 0.3～3.1，2018 年 1 月超Ⅳ类标准达 3.1 倍。

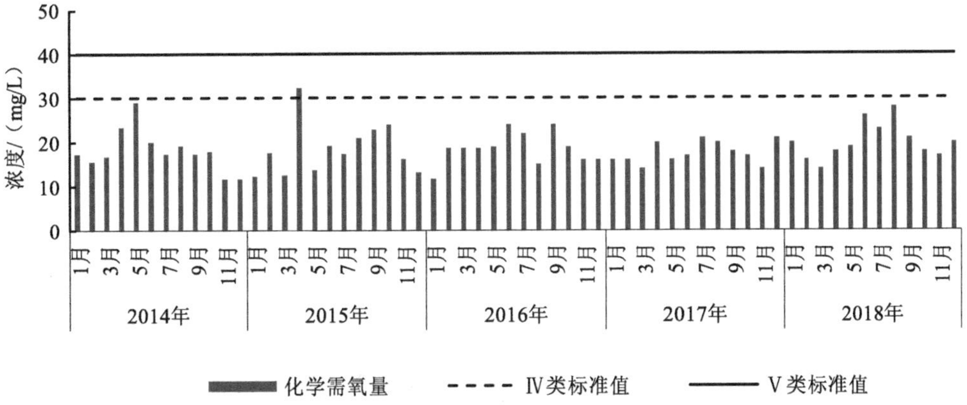

图 5-2　小东江流域石碧监测断面化学需氧量变化情况

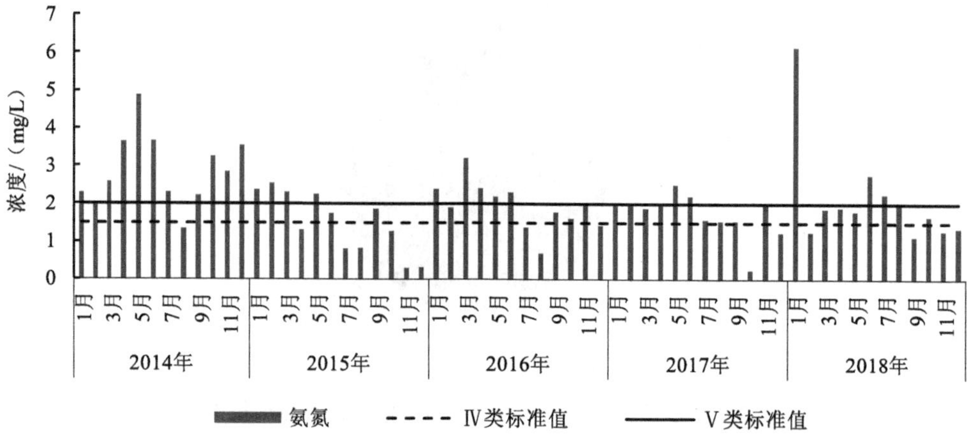

图 5-3　小东江流域石碧监测断面氨氮浓度变化情况

3. 总磷

如图 5-4 所示，2014—2018 年石碧断面总磷年均浓度为 0.21～0.29 mg/L，其中 2015 年和 2016 年年均浓度相对最高。从逐月数据来看，石碧断面总磷浓度尚不能稳定达到地表水Ⅳ类水限值要求，2014—2018 年月超标率为 16.7%～33.3%，超标倍数介于 0.01～0.86，2016 年 2 月超Ⅳ类标准达 0.86 倍。

4. 五日生化需氧量

如图 5-5 所示，2014—2018 年石碧断面五日生化需氧量浓度基本达到地表水Ⅳ类水限值要求，仅在 2014 年 10 月和 11 月、2015 年 3 月和 4 月超标，超标倍数介于 0.05～0.43。从逐年变化趋势看，2014—2018 年石碧断面五日生化需氧量年均浓度整体上呈下降趋势。

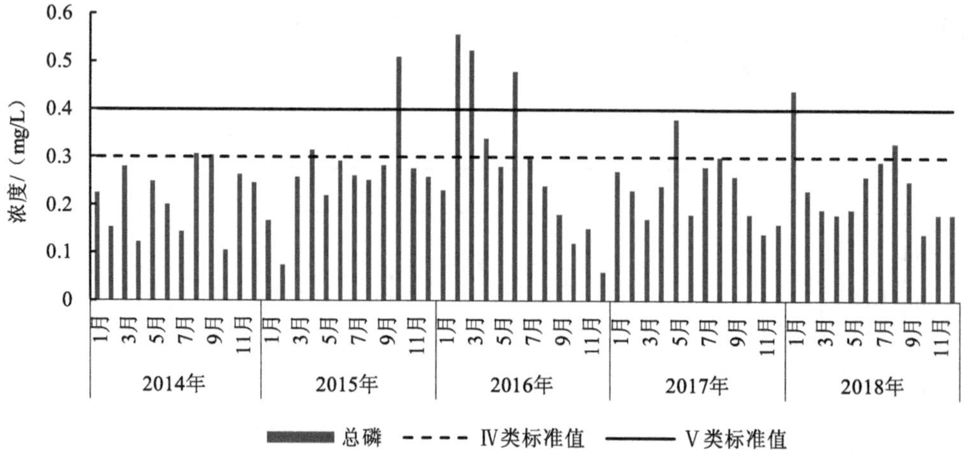

图 5-4　小东江流域石碧监测断面总磷浓度变化情况

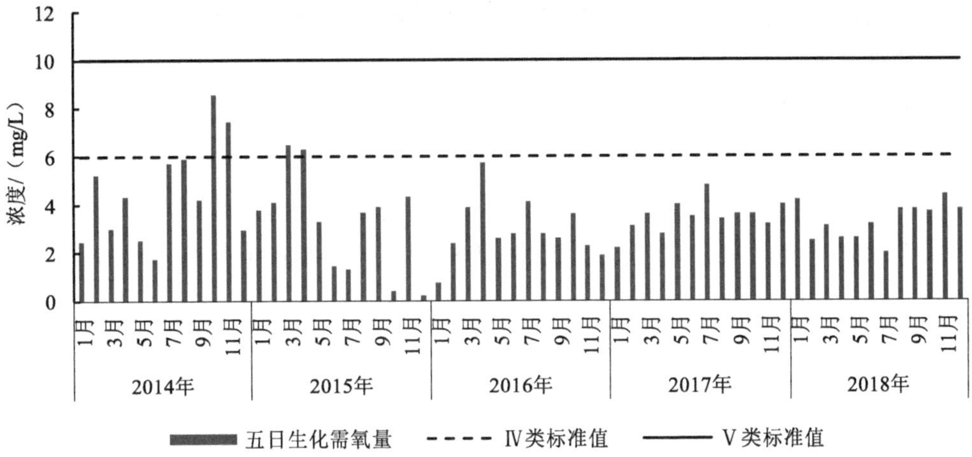

图 5-5　小东江流域石碧监测断面五日生化需氧量浓度变化情况

5．其他污染因子

对 2014—2018 年石碧断面其余指标（石油类、高锰酸盐指数、铜、锌、氟化物、硒、砷、汞、镉、六价铬、铅、氰化物、挥发酚、阴离子表面活性剂、硫化物）进行统计分析，上述监测项目浓度均未超过地表水Ⅳ类标准限值。

综上所述，2014—2018 年小东江石碧断面的水质类别主要为Ⅳ～劣Ⅴ类，流域水环境形势严峻，月均超标率为 50.0%～91.7%，主要超标因子为氨氮和总磷，最高分别超地表水Ⅳ类标准的 3.10 倍、0.86 倍。

三、标准制定思路与方法

小东江流域水污染物排放标准的制定主要参考《流域水污染物排放标准制订技术导则（征求意见稿）》（该导则于 2020 年正式发布，标准号 HJ 945.3—2020）的要求，结合流域调查、区域污染源与水环境现状分析，识别流域水环境问题及重点污染源和特征污染物，提出符合流域经济和管理水平的控制指标；基于水环境质量改善目标的排放限值分析，综合考虑流域内各行业的排放负荷占比、污染防治技术状况、相关发展规划与环保规划等因素，分行业、分指标设置排放限值，进行分类指导；通过分析排放限值的技术经济情况和排放限值实施的环境效益，论证标准可行性。

（一）制定原则

1．社会经济发展与水环境保护相结合

充分发挥标准的导向性和约束性作用，制定严于国家标准的流域标准，以改善流域水环境质量为目标，减少小东江流域水污染物排放，保护流域生态环境；发挥标准引领作用，以带动城镇污水及工业废水深度处理技术的研发、应用和推广，促进流域社会经济健康可持续发展。

2．行业现状基础与适度超前相结合

依据当前小东江流域经济发展水平、产业政策，结合流域水环境特征及污染治理水平，参考国际先进污染控制技术规定严格的排放控制要求，确定流域内重点行业的排放限值。执行时间上重点考虑对新建企业的污染控制，同时现有企业经过半年至两年的技术革新和改造，应达到新建企业标准。

3．经济可行与技术可达相结合

标准排放限值在考虑各种经济因素及流域环境特点的基础上进行确定，确保与经济、技术发展和相关方的承受能力相适应，并具有管理可操作性与技术可行性。标准在未来数年内可有效实施，并能对污染源进行有效的监督管理，起到引导流域工业结构调整和废水处理技术创新的作用。

（二）技术路线

本标准制定技术路线如图 5-6 所示。

第一阶段，开展流域调查、区域分析及环境特征污染物识别。流域基本调查包括流域范围、水系、干支流水文、水质及入河污染源等。结合流域各类源排放负荷和干支流水质监测数据，核算受纳水体水环境容量，综合考虑流域相关发展规划、环保规划等，总结流域水环境问题，识别流域水质超标污染物、主要排污行业、减排控制因子以及重点管控污染物。

第二阶段，确定基于水环境质量改善目标的污染物排放限值。以改善流域水质为目标，对流域范围内的水污染物排放行业进行统计分析，结合总量减排、典型排污行业污染控制等需要，确定本标准控制的水污染物指标，进一步以受纳河段国考石碧断面水质目标为控制基准，采用水质标准反演法，确定污染物的排放限值。

第三阶段，开展标准排放限值的经济技术可行性论证。结合流域经济、技术发展情况，提出各种行业排放源污染物排放达标技术路线，根据每种排放控制技术投资数据及运维数据，分析典型污染治理设施的建设投资成本和运行成本，确定不同类型污染源排放控制实施方案。

第四阶段，开展标准实施的环境效益分析。基于产业政策与规划和环境政策等方面的要求，分别对现有排放源和新建排放源现行执行标准和拟定标准的年排放量和水质状况进行分析，评估实施流域水污染物排放标准对流域污染物减排、水质改善的程度。

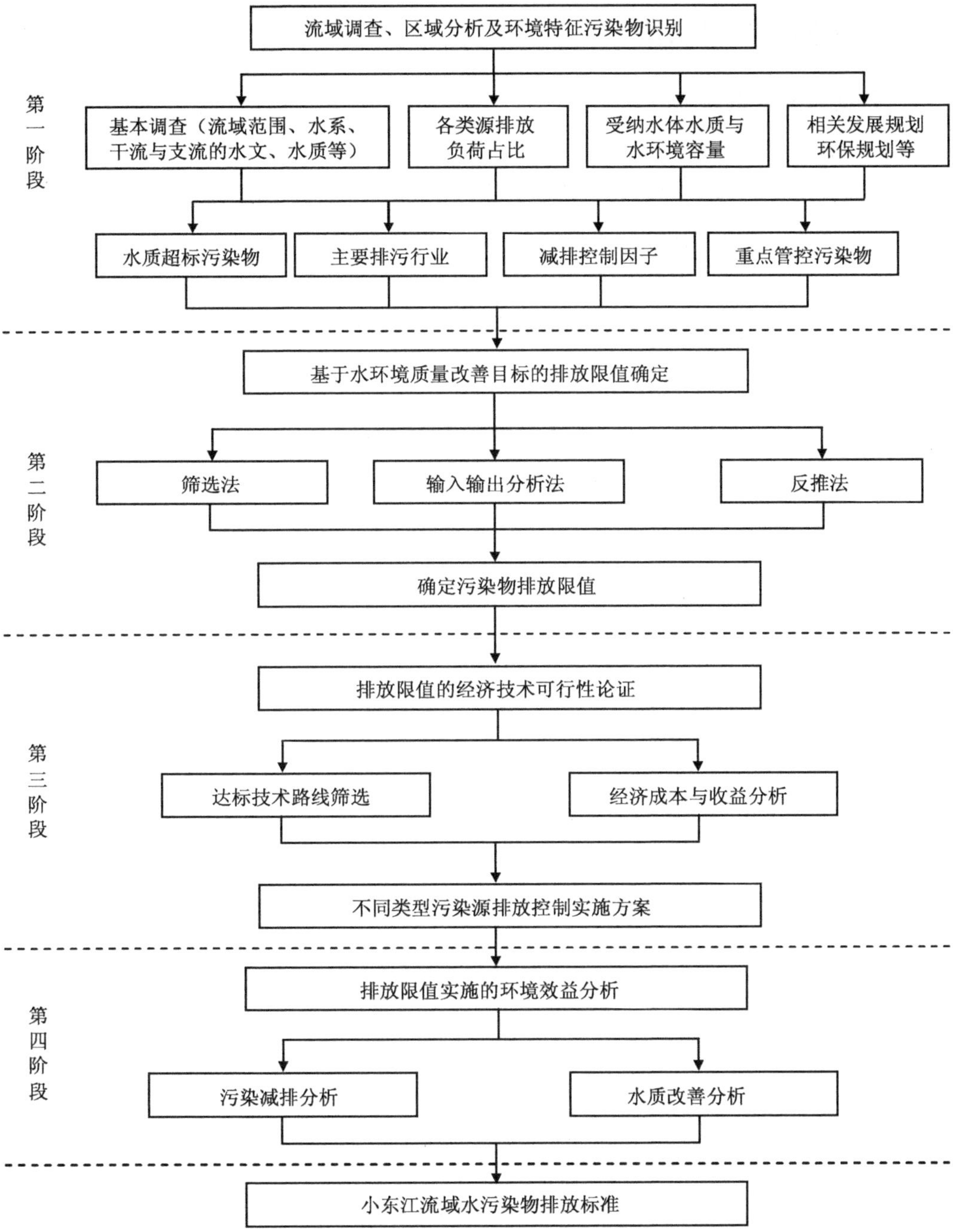

图 5-6　标准制定技术路线

（三）标准制定技术方法

1. 特征污染物识别

（1）污染源调查分析

调查流域内各类污染源的产排污特征和入河排污口信息，包括污染源名称、排放口位置、排放去向、排放浓度和污染物排放量等信息。按照点源和非点源分别核算污染物的排放量，其中，点源污染源（如工业源）排放量见式（5-1），非点源污染物排放量可根据污染物类型分别采用估算法（如生活源）、单位负荷法（如农业源），见式（5-2）和式（5-3）。

$$D = 3.65 \times 10^{-4} \times \sum_{i=1}^{n} (\overline{C_i} \times \overline{Q_i}) \tag{5-1}$$

式中，D——污染物总排放量，t/a；

$\overline{C_i}$——第 i 个排污口的排放浓度，mg/L；

$\overline{Q_i}$——第 i 个排污口废水排放量，t/d；

n——排污口数量。

$$D = R \times f \times 365 / 100 \tag{5-2}$$

式中，D——污染物产生量，t/a；

R——区域常住人口，万人；

f——区域人均排放污染物强度，g/（人·d），可参考全国污染源普查生活污染源产排污系数，根据各地市实际情况进行校核。

$$D = \sum_{i=1}^{n} \left(k \times A_i\right) \tag{5-3}$$

式中，D——污染物产生量，t/a；

A_i——种植面积或养殖量；

k——流失系数或养殖排污系数，可参考全国污染源普查生活污染源产排污系数，根据各地市实际情况进行校核。

汇总各污染源排放污染物，作为流域污染源的排放特征污染物。根据各类污染源的排放量占比和各行业的污染物排放量占比分析，并结合污染源调查结果、流域环境特征污染物分析结果，以及相关行业发展规划、生态环境保护规划、水污染防治规划等要求，识别流域内的重点污染源及其重点排放行业。

（2）流域环境特征污染物识别

流域环境特征污染物主要包括水质超标污染物、存在超标风险的污染物，以及其他特征污染物。水质超标污染物为近五年来年均值曾出现超标的污染物。存在超标风险的污染物是指虽然没有出现水质超标现象，但近五年来年均值呈上升趋势的污染物。

2．适用范围确定

根据流域范围界定，明确本标准适用的区域范围；根据流域污染源调查及水环境现状分析，识别流域内水污染物排放的重点行业，明确该标准适用的行业范围。

3．控制指标选择

以改善流域水质为目标，结合识别的流域环境特征污染物及其重点排放行业，综合考虑总量减排、流域典型行业重点污染控制需求以及解决国家标准和地方标准交叉执行的问题，基于简单实用、突出重点、注重衔接的原则，最终确定本标准控制的水污染物指标。污染控制因子选择技术路线如图 5-7 所示。

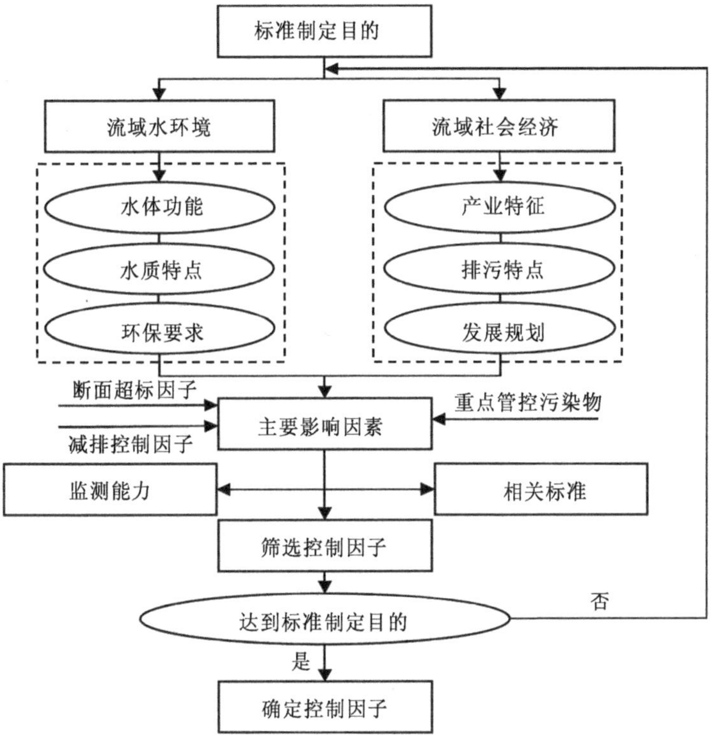

图 5-7　污染控制因子选择技术路线

4．排放限值确定

根据流域各汇水范围的水质达标现状、污染源特征、水体功能等，分析汇水范围的污染源污染物排放结构、污染源现状排污情况、导致断面不能稳定达标的问题和症结等，以受纳河段控制断面水功能区划目标和国考石碧断面水质目标为控制基准，采用水质标准反演法，反推河段上游污染源污染物的排放限值，同时结合各行业技术经济可行性，确定各污染源的污染物排放限值。技术路线见图 5-8。

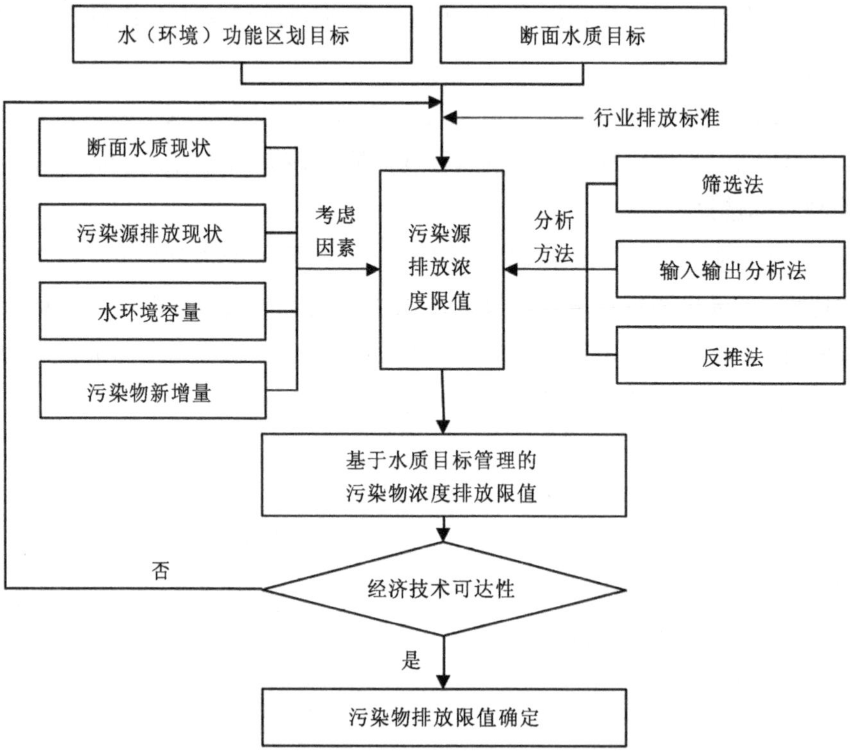

图 5-8　污染物排放限值确定技术路线

基于水质目标管理的污染物浓度排放限值的确定可根据污染物综合削减系数和近五年流域上断面水质监测资料、下断面水质改善目标，以及支流汇入断面水质和水量、排污口水量等数据，计算得到排污口平均浓度限值。

其中，根据流域近五年上、下断面水质监测资料，以及排污口和支流加入的水流的水质监测资料和相应的水量资料，测算污染物综合削减系数，见式（5-4）。

$$k = 1 - \frac{Q_2 C_2}{Q_1 C_1 + \sum_{i=1}^{m} q_i C_i + \sum_{j=1}^{n} q_j C_j} \tag{5-4}$$

式中，k——污染物综合削减系数；

Q_1——流域上断面流入的水量，m^3/s；

C_1——流域上断面流入的污染物浓度，mg/L；

q_i——流域内支流流入的水量，m^3/s；

C_i——流域内支流流入的污染物浓度，mg/L；

q_j——流域内排污口流入的水量，m^3/s；

C_j——流域内排污口流入的污染物浓度，mg/L；

Q_2——流域下断面流出的水量，m^3/s；

C_2——流域下断面流出的污染物浓度，mg/L；

m——支流数量；

n——排污口数量。

排污口平均浓度限值要求，即基于水质目标管理的流域水污染物排放浓度限值，计算方法见式（5-5）。

$$C=\left(\frac{Q_2C_s}{1-k}-Q_1C_1-\sum_{i=1}^{m}q_iC_i\right)/\sum_{j=1}^{n}q_j \tag{5-5}$$

式中，C——流域内排污口流入的污染物平均浓度，mg/L；

k——污染物综合削减系数；

Q_1——流域上断面流入的水量（90%保证率月平均最枯水量），m^3/s；

C_1——流域上断面流入的污染物浓度，mg/L；

q_i——流域内支流流入的水量（90%保证率月平均最枯水量），m^3/s；

C_i——流域内支流流入的污染物浓度，mg/L；

q_j——流域内排污口流入的水量（将排污口相关排放源按现行排放标准中单位产品基准排水量规定和设计产能计算得到的水量加和，结果与近五年该排污口最大实际排水量比较，取大者作为该排污口 q_j 代入公式计算），m^3/s；

Q_2——流域下断面流出的水量（90%保证率月平均最枯水量），m^3/s；

C_s——流域下断面水环境质量改善目标浓度，mg/L；

m——支流数量；

n——排污口数量。

5. 技术经济可行性分析

技术可行性分析主要根据水污染防治技术的去除效率与排放水平、运行稳定性、二次污染等其他环境影响筛选确定各重点行业的主要达标技术路线。经济可行性分析主要针对流域重点污染源，分析企业为达到新的水污染物排放标准而需投入的固定成本和运行成本。

6. 环境效益分析

环境效益分析可从污染减排和水质改善两个方面展开，以评估实施流域水污染物排放标准对流域水环境质量的改善程度。

（1）污染减排

结合流域污染源排放量调查结果，测算标准实施带来的流域污染源预期排放量。根据环境保护规划目标要求，通过比较流域当前污染源排放量与预期排放量，评估实施流域水污染物排放标准对污染源减排的改善程度。对于满足允许排放量要求的，实施流域水污染物排放标准可有效改善流域水环境质量。不满足允许排放量要求的，还需进一步开展污染减排、再生水利用和生态增容等分析，提出措施要求。

（2）水质改善

水质改善情况可根据污染物综合削减系数和近五年流域上断面水质监测资料，以及支流汇入断面水质和水量、排污口水量等数据，采用纵向一维数学模型计算标准实施前后石碧断面污染物平均浓度变化情况而进行评估。纵向一维数学模型基本方程见式（5-6）和式（5-7）。

$$\frac{\partial A}{\partial t}+\frac{\partial Q}{\partial x}=q \tag{5-6}$$

$$\frac{\partial Q}{\partial t}+\frac{\partial}{\partial x}\left(\frac{Q^2}{A}\right)-q\frac{Q}{A}=-g\left(A\frac{\partial Z}{\partial x}+\frac{n^2Q|Q|}{Ah^{4/3}}\right) \tag{5-7}$$

式中，Q——断面流量，m^3/s；

q——单位河长的旁侧入流，m^2/s；

A——断面面积，m^2；

Z——断面水位，m；

n——河道糙率；

h——断面水深，m；

g——重力加速度，m/s^2；

x——笛卡尔坐标系 X 向的坐标，m。

四、标准主要内容

（一）标准适用范围

1. 区域范围

标准适用的区域范围为小东江流域范围，即工业废水、畜禽养殖废水及生活污水排放去向为小东江干流（发源地至与袂花江交汇处）及其支流（泗水河、白沙河、三丫江等）的汇水范围，主要涉及茂名市的茂南区、高州市、化州市、电白区及湛江市的吴川市下辖的共计 35 个镇（街）行政区，包括茂名市茂南区 15 个镇街和 1 个开发区、高州市 7 个镇街、化州市 4 个镇街和 1 个开发区、电白区 2 个镇街，以及湛江市吴川市 5 个镇街。

2. 重点行业范围

根据流域污染源调查结果，小东江流域主要污染源依次为生活源、农业源和工业源，故主要考虑生活源（城镇污水处理厂）、农业源（畜禽养殖业）和工业源中的重点行业。

根据环境统计数据，小东江流域纳入环境统计的重点工业企业共 149 家，涉及 14 个行业大类，工业总产值约 740 亿元。综合分析产值、工业废水排放量、主要污染物排放量等指标，并按照废水等污染负荷分别排序，149 家企业中有 86 家分别属于石油炼制工业、石油化学工业、制革工业、非金属矿采选业、屠宰及肉类加工业、水产品加工业等行业，上述行业累计工业产值占所有行业的 93.7%，工业废水排放量合计超过 80%，化学需氧量、氨氮、总氮排放量合计均超过 90%。因此，本标准将石油炼制工业、石油化学工业、制革工业、非金属矿采选业、屠宰及肉类加工业、水产品加工业作为工业源重点控制对象。

综上，本标准的适用行业范围为向小东江流域排放污水的石油炼制工业、石油化学工业、制革工业、非金属矿采选业、屠宰及肉类加工业、水产品加工业、畜禽养殖业等 7 类重点行业及城镇污水处理厂。

（二）控制因子选择及排放限值确定

1. 控制因子选择

根据污染控制因子选择原则确定流域污染物控制因子：一是围绕水质改善，着力控制流域水质超标因子；二是考虑减排控制因子，满足总量减排需要；三是控制流域典型排污行业通用污染控制因子。根据小东江流域近五年监测数据，流域主要超标因子为氨氮、总磷；化学需氧量作为总量减排指标，需要重点控制；此外，小东江流域的石化及相关配套企业众多，石油类为其特征污染物。因此，本标准将化学需氧量、氨氮、总磷、石油类 4 种水质指标作为污染物控制因子。

2. 排放限值确定

根据上述提出的污染物排放限值制定思路，分行业、分指标研究确定水污染物排放限值。

（1）石油炼制工业

石油炼制工业是指以原油、重油等为原料生产汽油、柴油、燃料油、石油蜡、石油沥青、润滑油和石油化工原料等的企业。炼油企业生产过程中产生的污水包括含油污水、含硫污水、含盐污水、含碱污水和生产废水，主要的污染物有石油类、化学需氧量、硫化物、挥发酚、氨氮等。

1）化学需氧量

化学需氧量是石油炼制工业常规污染物，石油炼制工业中含硫废水化学需氧量很高，在 2 800～27 000 mg/L，含油废水化学需氧量在 200～400 mg/L，其他废水化学需氧量在 60～850 mg/L。本标准制定前，石油炼制工业化学需氧量排放限值按《石油炼制工业污染物排放标准》（GB 31570—2015），现有和新建企业（直接排放）标准为 60 mg/L。

根据对国内石油炼制工业工艺的分析，炼油污水治理技术比较成熟，炼油污水治理工程多采用厌氧处理+好氧处理的组合工艺，如水解酸化-生物接触氧化等。为了达到新的石油炼制工业污染物排放标准要求，在生化处理单元后增加生化后处理工艺，主要采用的工艺有微絮凝-过滤、生物炭吸附、膜过滤工艺等。含油污水经一级好氧生物处理（如活性污泥法、接触生物氧化、氧化沟），出水化学需氧量通常可达 100～150 mg/L；经二级生物处理（如接触生物氧化、BAF、活性污泥法、氧化沟），出水化学需氧量通常可达 60～80 mg/L；经三级生物处理（如氧化塘、MBR、BAF），出水化学需氧量通常可达 60 mg/L 以下。

2）氨氮

石油炼制工业中含硫废水氨氮浓度很高，在 650～7 000 mg/L，含油废水氨氮浓度在 5～50 mg/L。本标准制定前，石油炼制工业氨氮排放限值按《石油炼制工业污染物排放标准》（GB 31570—2015），现有和新建企业（直接排放）标准为 8 mg/L。

根据对国内石油炼制工业工艺分析，含油污水经一级好氧生物处理（如活性污泥法、接触生物氧化、氧化沟），出水氨氮浓度通常可达 20～40 mg/L；经二级生物处理（如接触生物氧化、BAF、活性污泥法、氧化沟），出水氨氮浓度通常可达 5～10 mg/L；经三级生物处理（如氧化塘、MBR、BAF），出水氨氮浓度通常可达 5 mg/L 以下。

3）石油类

石油类是石油炼制工业常规污染物，石油炼制工业中废水的石油类浓度在 60～300 mg/L。本标准制定前，石油炼制工业石油类排放限值按《石油炼制工业污染物排放标准》（GB 31570—2015），现有和新建企业（直接排放）标准为 5.0 mg/L。

根据对国内石油炼制工业工艺的分析，含油污水经两级隔油、两级浮选处理后，污水中含油量通常可达 20～30 mg/L；经一级好氧生物处理（活性污泥法、接触生物氧化、氧化沟），出水石油类浓度通常可达 10 mg/L 以下；经二级生物处理（如接触生物氧化、BAF、活性污泥法、氧化沟），出水石油类浓度通常可达 5 mg/L 以下；经三级生物处理（如氧化塘、MBR、BAF），出水石油类浓度通常可达 2 mg/L 以下。

4）总磷

在污水处理过程中，有时为平衡废水中的氮、磷关系，需要加入适量磷。鉴于总磷是引起水体富营养化的重要物质，标准需对总磷排放浓度进行严格的规定。本标准制定前，流域石油炼制工业总磷排放限值按《石油炼制工业污染物排放标准》（GB 31570—2015），现有和新建企业（直接排放）标准为 1.0 mg/L。

综合考虑小东江流域水污染物排放浓度限值反推结果、现行国家行业标准中排放限值要求及污染控制技术的可行性等因素，同时结合《广东省水污染防治计划实施方案》关于小东江流域水环境质量阶段性目标任务的相关要求，本标准规定石油炼制工业直接排放废水中化学需氧量、氨氮、总磷、石油类的排放限值分别为 60 mg/L、5.0 mg/L、0.5 mg/L、5 mg/L。石油炼制工业污染物排放限值与相关标准比较见表 5-3。

表 5-3　石油炼制工业污染物排放限值与相关标准比较　　单位：mg/L

标准名称	化学需氧量	氨氮	总磷（以 P 计）	石油类	备注
石油炼制工业（本标准）	60	5.0	0.5	5.0	
石油炼制工业污染物排放标准（GB 31570—2015）	60	8.0	1.0	5.0	现有和新建企业排放限值（直接排放）
	50	5.0	0.5	3.0	特别排放限值（直接排放）
太湖地区城镇污水处理厂及重点工业行业主要水污染物排放限值（DB 32/T 1072—2007）	60	5.0	0.5	—	石油化工工业（含石油炼制）
水污染物排放限值（DB 44/26—2001）	60	10	0.5	5.0	第二时段一级标准（石油化工、石油炼制、其他排污单位）
	120	40	1.0	8.0	第二时段二级标准（石油化工、石油炼制、其他排污单位）

（2）石油化学工业

石油化学工业是指以石油馏分、天然气等为原料生产有机化学品、合成树脂、合成纤维、合成橡胶等的工业。石油化学工业生产过程中产生的废水包括工艺废水、污染雨水（与工艺废水混合处理）、循环冷却水排污水、化学水制水排污水、蒸汽发生器排污水、余热锅炉排污水等。石油化学工业废水的特点是废水量大、废水组分复杂、有机物（特别是烃类及其衍生物）含量高。

1）化学需氧量

化学需氧量是石油化学工业常规污染物，石油化学工业中废水化学需氧量一般在 50～15 000 mg/L。本标准制定前，流域内石油化学工业化学需氧量排放限值按《石油化学工业污染物排放标准》（GB 31571—2015），现有和新建企业（直接排放）标准为 60 mg/L。根据对国内石油炼制工业工艺的分析，石油化学工业废水处理主要采用物理法、化学法、生物法等方法，处理后化学需氧量通常可达 60 mg/L 以下。

2）氨氮

石油化学工业废水中，氨氮浓度一般在 15～30 mg/L。本标准制定前，流域内石油化学工业氨氮排放限值按《石油化学工业污染物排放标准》（GB 31571—2015），现有和新建企业（直接排放）标准为 8 mg/L。石油化学工业废水处理主要采用物理法、化学法、生物法等方法，处理后氨氮浓度通常可达 5 mg/L 以下。

3）石油类

石油类是石油化学工业常规污染物，石油化学工业废水的石油类浓度在 50～100 mg/L。本标准制定前，流域内石油化学工业石油类排放限值按《石油化学工业污染物排放标准》（GB 31571—2015），现有和新建企业（直接排放）标准为 5.0 mg/L。石油化学工业废水处理主要采用物理法、化学法、生物法等方法，处理后石油类浓度通常可达 5 mg/L 以下。

4）总磷

在污水处理过程中，有时为平衡废水中的氮磷关系，还需要加入适量磷。鉴于总磷是引起水体富营养化的重要物质，标准需对总磷排放浓度进行严格的规定。本标准制定前，流域内石油化学工业总磷排放限值按《石油化学工业污染物排放标准》（GB 31571—2015），现有和新建企业（直接排放）标准为 1.0 mg/L。

综合考虑小东江流域水污染物排放浓度限值反推结果、现行国家行业标准中排放限值要求及污染控制技术的可行性等因素，同时结合《广东省水污染防治计划实施方案》关于小东江流域水环境质量阶段性目标任务的相关要求，本标准规定石油化学工业直接排放废水中化学需氧量、氨氮、总磷、石油类的排放限值分别为 60 mg/L、5.0 mg/L、0.5 mg/L、5.0 mg/L。石油化学工业污染物排放限值与相关标准比较见表 5-4。

表 5-4　石油化学工业污染物排放限值与相关标准比较　　单位：mg/L

标准名称	化学需氧量	氨氮	总磷（以 P 计）	石油类	备注
石油化学工业（本标准）	60	5.0	0.5	5.0	
石油化学工业污染物排放标准（GB 31571—2015）	60	8.0	1.0	5.0	现有和新建企业排放限值（直接排放）
	50	5.0	0.5	3.0	特别排放限值（直接排放）
太湖地区城镇污水处理厂及重点工业行业主要水污染物排放限值（DB 32/T 1072—2007）	60	5.0	0.5	—	石油化工工业（含石油炼制）
水污染物排放限值（DB 44/26—2001）	60	10	0.5	5.0	第二时段一级标准（石油化工、石油炼制、其他排污单位）
	120	40	1.0	8.0	第二时段二级标准（石油化工、石油炼制、其他排污单位）

（3）制革工业

制革是指把猪、牛、羊等动物体上剥下来的皮（生皮），进行系统的化学和物理处理，制作成适合各种用途的半成品革或成品革的过程。从半成品革经过整饰加工成成品革也属于制革的范畴。

制革过程包括浸水、脱脂、脱毛浸灰、脱灰、软化、浸酸、鞣制、中和、复鞣、染色加脂等，工序繁多，使用的化工材料较为繁杂，因此制革废水有机物浓度、悬浮物浓度、色度均较高，典型的特征污染物是化学需氧量、五日生化需氧量、氨氮、铬、硫化物等。现有制革企业的主要处理工艺为化学混凝沉淀法、生物接触氧化法和各种生化组合法。

1）化学需氧量

化学需氧量是制革行业主要污染物，主要来源于鞣制、整饰等生产工序排放的废水。本标准制定前，流域内制革企业化学需氧量排放限值按《制革及毛皮加工工业水污染物排放标准》（GB 30486—2013），现有和新建企业（直接排放）标准为 100 mg/L，据调研，流域内的制革企业基本能满足标准排放要求。

制革废水中化学需氧量较高，一般为 3 000～10 000 mg/L。活性污泥法（氧化沟、SBR、曝气）和生物膜法（生物滤池、生物转盘、接触氧化）对制革废水有较好的处理效果，经活性污泥法或生物膜法二级生化处理，出水化学需氧量基本可达到 60 mg/L。据调研，流域内某制革企业采用“氧化沟+曝气生物滤池”工艺，出水化学需氧量一般在 60 mg/L 以下。国内某制革企业采用曝气生物滤池工艺，出水化学需氧量一般在 60 mg/L 以下。

2）氨氮

氨氮是制革行业特征污染物，制革废水中氨氮主要来源于原料皮的加工及脱灰、软化过程。本标准制定前，流域内制革企业氨氮排放按《制革及毛皮加工工业水污染物排放标准》（GB 30486—2013），现有和新建企业（直接排放）标准为 25 mg/L，据调研，小东江流域内的制革企业基本能满足标准排放要求。

据研究，制革废水采用生化处理，如厌氧-SBR 处理技术，出水氨氮浓度基本能达到 15 mg/L 以下。据调研，流域内某制革企业采用“氧化沟+曝气生物滤池”工艺，出水氨氮浓度一般在 15 mg/L 以下。国内某制革企业采用“格栅→预沉→调节→混凝沉淀→接触氧化→二沉→SBR 反应池”工艺，氨氮处理出水浓度一般在 15 mg/L 左右。

3）总磷

制革行业的原材料生皮和生毛皮中不含磷，但在加工过程中可能会用到含磷的化学物质，如卵磷脂加脂剂，但用量不大，因而废水中总磷的含量很低。鉴于总磷是极易引起水体富营养化的重要物质，标准中仍需对总磷排放浓度进行严格的规定。本标准制定前，流域内制革企业总磷排放限值按《制革及毛皮加工工业水污染物排放标准》（GB 30486—2013），现有和新建企业（直接排放）标准为 1 mg/L。

综合考虑小东江流域水污染物排放浓度限值反推结果、现行国家行业标准中排放限值要求及污染控制技术的可行性等因素，同时结合《广东省水污染防治计划实施方案》关于小东江流域水环境质量阶段性目标任务的相关要求，本标准规定制革工业直接排放废水中化学需氧量、氨氮、总磷的排放限值分别为 60 mg/L、15 mg/L、0.5 mg/L。制革工业污染物排放限值与相关标准比较见表 5-5。

表 5-5　制革工业污染物排放限值与相关标准比较　　单位：mg/L

标准名称	化学需氧量	氨氮	总磷（以 P 计）	备注
制革工业（本标准）	60	15	0.5	
制革及毛皮加工工业水污染物排放标准（GB 30486—2013）	100	25	1.0	现有和新建企业排放限值（直接排放）
	60	15	0.5	特别排放限值（直接排放）
汾江河流域水污染物排放标准（DB 44/1366—2014）	60	15	0.5	制革
水污染物排放限值（DB 44/26—2001）	100	10	0.5	第二时段一级标准(皮革、其他排污单位)
	200	15	1.0	第二时段二级标准(皮革、其他排污单位)

（4）非金属矿采选业

小东江流域范围内的非金属矿采选行业开采对象主要为高岭土（瓷土矿），开采过程中的生产废水主要有开采场淋溶水、矿坑涌水及排土场淋溶水，特征污染物主要为 pH、悬浮颗粒物、氟化物等。选矿过程需要添加选矿药剂，产生的选矿废水，其特征污染物主要有化学需氧量、氨氮和总磷等。

1）化学需氧量

本标准制定前，流域内非金属矿采选业化学需氧量排放限值按《广东省水污染物排放限值》（DB 44/26—2001），第二时段一级标准为 90 mg/L，二级标准为 110 mg/L。根据对流域内非金属矿采选工艺的分析，选矿过程产生的废水化学需氧量不高，经添加石灰、PAC、PAM 等药剂处理后，出水化学需氧量基本可达 90 mg/L 以下；通过在末端增加芬顿氧化工艺，氧化去除有机物，化学需氧量基本可达 60 mg/L 以下。

2）氨氮

本标准制定前，流域内非金属矿采选业氨氮排放限值按《广东省水污染物排放限值》（DB 44/26—2001），第二时段一级标准为 10 mg/L，二级标准为 15 mg/L。根据对流域内非金属矿采选工艺的分析，选矿过程产生的废水氨氮浓度基本在 6～7 mg/L 或以下，经过添加石灰、PAC、PAM 等药剂处理后，出水氨氮浓度基本可达 5 mg/L 以下。

3）总磷

本标准制定前，流域内非金属矿采选业总磷排放限值按《广东省水污染物排放限值》（DB 44/26—2001），第二时段一级标准为 0.5 mg/L，二级标准为 1.0 mg/L。根据对流域内非金属矿采选工艺的分析，选矿过程产生的废水先后经添加石灰、PAC、PAM 等药剂混凝沉淀，末端增加芬顿氧化工艺处理，出水总磷浓度基本可达 0.5 mg/L 以下。

综合考虑小东江流域水污染物排放浓度限值反推结果、现行国家行业标准中排放限值要求及污染控制技术的可行性等因素，同时结合《广东省水污染防治计划实施方案》关于小东江流域水环境质量阶段性目标任务的相关要求，本标准规定非金属矿采选业直接排放废水中化学需氧量、氨氮、总磷的排放限值分别为 60 mg/L、5.0 mg/L、0.5 mg/L。非金属矿采选业污染物排放限值与相关标准比较见表 5-6。

表 5-6 非金属矿采选业污染物排放限值与相关标准比较 单位：mg/L

标准名称	化学需氧量	氨氮	总磷（以 P 计）	备注
非金属矿采选业（本标准）	60	5.0	0.5	
锡、锑、汞工业污染物排放标准（GB 30770—2014）	60	8.0	1.0	现有和新建企业排放限值（直接排放）
	50	5.0	0.5	特别排放限值（直接排放）
水污染物排放限值（DB 44/26—2001）	90	10	0.5	第二时段一级标准（其他排污单位）
	110	15	1.0	第二时段二级标准（其他排污单位）

（5）农副食品加工业

小东江流域内的农副食品加工业主要包括屠宰及肉类加工、水产品加工等。屠宰及肉类加工废水主要来自生产废水及冲洗废水；水产品加工企业产生的废水主要来源于原料前处理过程中产生的解冻废水和清洗废水，以及设备清洗和场地清洗排放的废水。农副食品加工业废水的主要特点是耗水量大、有机物浓度高、五日生化需氧量/化学需氧量值较高、可生化性好。化学需氧量、氨氮、总磷、色度是农副食品加工业中的常见污染物，也是企业监测相对较多的指标。

1）化学需氧量

化学需氧量是农副食品加工业的常规污染物，屠宰及肉类加工废水通常平均浓度在 1 500 mg/L 左右，水产品加工原水的化学需氧量值一般在 600～1 600 mg/L。本标准制定前，流域内农副食品加工业化学需氧量排放限值按《肉类加工工业水污染物排放标准》（GB 13457—92）为 80 mg/L，按广东省地方标准《水污染物排放限值》（DB 44/26—2001），养殖、屠宰、肉制品加工第二时段一级标准为 70 mg/L，二级标准为 100 mg/L。

根据对国内食品制造废水处理工艺的分析，屠宰及肉类加工废水可生化性较好，多采用高效厌氧（UASB 及其衍生工艺）、水解酸化工艺、SBR 工艺及接触氧化工艺，出水化学需氧量一般在 60 mg/L 以下；水产品加工行业废水在进行了隔油、沉淀预处理的基础上，采用 A/O 处理工艺，通过微生物的硝化、反硝化及除碳作用，化学需氧量排放浓度基本可达 60 mg/L，采取“气浮+A/O 法”工艺，化学需氧量排放浓度则基本可达 40 mg/L。2010 年，工业和信息化部节能与综合利用司发布的肉类加工行业清洁生产技术推行方案中推出了一系列关于肉类加工的清洁生产措施，行业废水处理技术得到了进一步提升。

2）氨氮

氨氮是农副食品加工业的常规污染物。水产品加工生产因原料中含有较多的有机氮，从调查的企业情况看，废水中氨氮浓度一般在 40～60 mg/L。本标准制定前，流域内农副食品加工业氨氮排放限值按《肉类加工工业水污染物排放标准》（GB 13457—92），一级标准为 15 mg/L，按广东省地方标准《水污染物排放限值》（DB 44/26—2001），养殖、屠宰、肉制品加工第二时段一级标准为 10 mg/L，二级标准为 15 mg/L。

根据对国内农副食品加工业废水处理工艺的分析，屠宰及肉类加工废水采用高效厌氧（UASB 工艺及其衍生）、水解酸化、SBR 及接触氧化等工艺，处理出水氨氮浓度一般控制在 8.0 mg/L 以下；水产品加工废水通常采用“物化处理（隔油沉淀、混凝沉淀或气浮）+ 生物处理（活性污泥、接触氧化及 A/O 工艺等）+ 物理处理（沉淀）”等处理工序，并辅助强化处理的措施，氨氮排放浓度可达到 5.0 mg/L。

3）总磷

总磷是农副食品加工业的特征污染物之一，水产品加工废水因加工原料原因以及产品保鲜的要求，废水中的总磷浓度相对较高。从企业的调查情况看，总磷浓度一般在 15～20 mg/L。本标准制定前，流域内农副食品加工业总磷排放限值按广东省地方标准《水污染物排放限值》（DB 44/26—2001），第二时段一级标准为 0.5 mg/L，二级标准为 1.0 mg/L。

小东江流域农副食品加工业废水处理工艺多采用普通的生物处理工艺，主要有生物接触氧化法、活性污泥法等。由于只采用了生化除磷单一工艺，缺少化学除磷，因此水中的总磷浓度相对较高。基于小东江水体总磷超标，本标准规定了总磷控制指标。因此，企业应通过改造废水处理设施来满足本标准的要求。

综合考虑小东江流域水污染物排放浓度限值反推结果、现行国家行业标准中排放限值要求及污染控制技术的可行性等因素，同时结合《广东省水污染防治计划实施方案》关于小东江流域水环境质量阶段性目标任务的相关要求，本标准规定农副食品加工业直接排放废水中化学需氧量、氨氮、总磷的排放限值分别为 60 mg/L、8.0 mg/L、0.5 mg/L。农副食品加工业污染物排放限值与相关标准比较见表 5-7。

表 5-7 农副食品加工业污染物排放限值与相关标准比较 单位：mg/L

标准名称	化学需氧量	氨氮	总磷（以 P 计）	备注
农副食品加工业（本标准）	60	8.0	0.5	
肉类加工工业水污染物排放标准（GB 13457—92）	80	15	—	一级标准
屠宰与肉类加工工业水污染物排放标准（GB 13457—2019）	80	15	2	新建企业水污染物排放限值
练江流域水污染物排放标准（DB 44/2051—2017）	50	5.0	0.5	食品加工及制造业
淡水河、石马河流域水污染物排放标准（DB 44/2050—2017）	50	5.0	0.5	食品制造（含屠宰及肉类加工，不含发酵制品）
汾江河流域水污染物排放标准（DB 44/1366—2014）	60	8.0	—	屠宰、肉制品加工
水污染物排放限值（DB 44/26—2001）	70	10	0.5	第二时段一级标准（化学需氧量执行养殖、屠宰、肉制品加工）
	100	15	1	第二时段二级标准（化学需氧量执行养殖、屠宰、肉制品加工）

（6）畜禽养殖业

小东江流域畜禽养殖业主要以生猪、家禽为主。畜禽养殖业产生的水污染物主要来源于畜禽粪便及冲洗粪便产生的污水。养猪场化学需氧量一般达 5 000～10 000 mg/L，氨氮浓度达 100～600 mg/L。畜禽养殖污水具有有机负荷较高、氨氮含量高等特点。畜禽养殖业作为农业生产的基础性产业，其生产和经营方式都区别于工业生产，因此其污水的末端治理一般需要多种处理技术的结合。从治理技术来看，要实现去除化学需氧量、五日生化需氧量的同时，再脱氮除磷，其效果厌氧工艺是不可或缺的；同时，配合我国农村地区沼气化工程建设，厌氧沼气化可以实现资源的有效利用。概括起来，广东省畜禽养殖污水的末端治理主要有两种模式，一种是厌氧-自然处理模式，适用于中小型规模化养殖场；另一种是厌氧-好氧利用模式，适用于大中型畜禽养殖场或养殖区。

1）化学需氧量

本标准制定前，流域内畜禽养殖业化学需氧量排放限值按广东省《畜禽养殖业污染物排放标准》（DB 44/613—2009）中其他地区标准为 400 mg/L。对于生猪饲养规模≥500 头的畜禽养殖场产生一定量的粪污，适合采用工程化的污染治理方式。同时，此类中等规模的畜禽养殖场一般都配套能消纳沼液等的土地面积，因此适用于“厌氧发酵-自然处理”的技术路线。厌氧发酵产生的沼液经一定的预处理可施肥使用，沼渣等固体废物经堆肥可作为肥料出售或施用，后续可配备自然或人工好氧系统对废水进一步净化处理；对于生猪饲养规模大于 5 000 头的适合采用较大规模的工程化污染治理方式，即“厌氧发酵-好氧处理”，其中好氧系统可采用活性污泥、SBR、接触氧化等工艺，降低污染有机负荷，达标排放。根据相关工程实例，经上述工艺处理后化学需氧量基本可达 150 mg/L 以下。

2）氨氮

本标准制定前，流域内畜禽养殖业氨氮排放限值按广东省《畜禽养殖业污染物排放标准》（DB 44/613—2009）中其他地区标准为 80 mg/L。畜禽养殖污水中含有较高成分的氮元素，除采用干清粪等清洁生产工艺减少污水量的措施外，我国畜禽污水中氨氮的去除方法主要有物理法（包括吹脱和离子交换法）、生化法（包括传统硝化反硝化和新型生物脱氮等）。吹脱除氮和沸石离子交换法虽然具有工艺流程简单、处理效果稳定、投资少等优点，但是其运行成本较高，不具备成为养殖场污水除氮主要工艺的趋势。因此，末端污水处理工艺主要采用厌氧-好氧工艺同步脱氮除磷。根据相关工程实例，经上述工艺处理后氨氮浓度基本可达 40 mg/L 以下。

3）总磷

本标准制定前，流域内畜禽养殖业总磷排放限值按广东省《畜禽养殖业污染物排放标准》（DB 44/613—2009）中其他地区标准为 8.0 mg/L。畜禽养殖污水中含有较高成分的磷元素，主要采用厌氧-好氧工艺同步脱氮除磷。根据相关工程实例，经上述工艺处理后总磷浓度基本可达 5.0 mg/L 以下。

综合考虑小东江流域水污染物排放浓度限值反推结果、现行国家行业标准中排放限值要求及污染控制技术的可行性等因素，同时结合《广东省水污染防治计划实施方案》关于小东江流域水环境质量阶段性目标任务的相关要求，本标准规定畜禽养殖业直接排放废水中化学需氧量、氨氮、总磷的排放限值分别为 150 mg/L、40 mg/L、5.0 mg/L。畜禽养殖业污染物排放限值与相关标准比较见表 5-8。

表 5-8 畜禽养殖业污染物排放限值与相关标准比较 单位：mg/L

标准名称	化学需氧量	氨氮	总磷(以 P 计)	备注
畜禽养殖业（本标准）	150	40	5.0	适用于集约化畜禽养殖场和集约化养殖区。具体适用范围按 DB 44/613 执行
广东省畜禽养殖业污染物排放标准（DB 44/613—2009）	400	80	8.0	集约化畜禽养殖场和养殖小区其他地区标准值
畜禽养殖业污染物排放标准（GB 18596—2001）	400	80	8.0	集约化畜禽养殖场和养殖小区

（7）城镇污水处理厂

化学需氧量、氨氮、总磷、石油类是城镇污水处理厂的基本控制项目。

1）化学需氧量

本标准制定前，流域内城镇污水处理厂化学需氧量排放限值按《城镇污水处理厂污染物排放标准》（GB 18918—2002），一级 A 标准为 50 mg/L，一级 B 标准为 60 mg/L，按广东省地方标准《水污染物排放限值》（DB 44/26—2001），城镇二级污水处理厂第二时段一级标准为 40 mg/L。

城镇污水处理厂一般采用氧化沟、A^2/O、SBR、A/O、活性污泥法、生物膜法等工艺进行污水处理。城镇污水处理厂采用二级处理和三级处理后，出水化学需氧量一般控制在 50 mg/L 以下，在此基础上再进行强化处理，出水化学需氧量能控制在 40 mg/L 以下。

2）氨氮

本标准制定前，流域内城镇污水处理厂氨氮排放限值按《城镇污水处理厂污染物排放标准》（GB 18918—2002），一级 A 标准为 5.0 mg/L，一级 B 标准为 8 mg/L，按广东省地方标准《水污染物排放限值》（DB 44/26—2001）为 10 mg/L。城镇污水处理厂一般采用氧化沟、A^2/O、SBR、A/O、活性污泥法、生物膜法等工艺进行污水处理。城镇污水处理厂采用二级处理和三级处理后，出水氨氮一般控制在 5.0 mg/L 以下，在此基础上再进行强化处理，出水氨氮能控制在 2.0 mg/L 以下。

3）总磷

本标准制定前，流域内城镇污水处理厂总磷排放限值按《城镇污水处理厂污染物排放标准》（GB 18918—2002），一级 A 标准为 0.5 mg/L，一级 B 标准为 1.0 mg/L，按广东省地方标准《水污染物排放限值》（DB 44/26—2001），第二时段一级标准为 0.5 mg/L。

城镇污水处理厂一般采用氧化沟、A^2/O、SBR、A/O、活性污泥法、生物膜法等工艺进行污水处理，除采用以上生物除磷方式外，还可以采用化学除磷的方式进行控制。城镇污水处理厂采用二级处理和三级处理后，出水总磷一般控制在 0.5 mg/L 以下，在此基础上再进行强化处理，出水总磷能控制在 0.4 mg/L 以下。

4）石油类

本标准制定前，流域内城镇污水处理厂石油类排放限值按《城镇污水处理厂污染物排放标准》（GB 18918—2002），一级 A 标准为 1.0 mg/L，一级 B 标准为 3.0 mg/L，按广东省地方标准《水污染物排放限值》（DB 44/26—2001），第二时段一级标准为 5.0 mg/L。由于城镇污水处理厂石油类进水浓度一般不高，在生化阶段可以得到有效去除。

综合考虑小东江流域水污染物排放浓度限值反推结果、现行国家行业标准中排放限值要求及污染控制技术的可行性等因素，同时结合《广东省水污染防治计划实施方案》关于小东江流域水环境质量阶段性目标任务的相关要求，本标准规定城镇污水处理厂直接排放废水中化学需氧量排放限值为 40 mg/L；氨氮排放限值为 5.0 mg/L（当水温≤12℃时为 8.0 mg/L），2020 年 1 月 1 日起，处理规模≥10 000 t/d 的城镇污水处理厂排放限值调为 2.0 mg/L（当水温≤12℃时为 8.0 mg/L）；总磷排放限值为 0.5 mg/L，自 2020 年 1 月 1 日起，处理规模≥10 000 t/d 的城镇污水处理厂排放限值调为 0.4 mg/L；石油类排放按现状 1.0 mg/L 来控制。城镇污水处理厂污染物排放限值与相关标准比较见表 5-9。

表 5-9 城镇污水处理厂污染物排放限值与相关标准比较 单位：mg/L

<table>
<tr><th>标准名称</th><th>化学需氧量</th><th>氨氮</th><th>总磷（以 P 计）</th><th>石油类</th><th colspan="2">备注</th></tr>
<tr><td>城镇污水处理厂（本标准）</td><td>40</td><td>5.0（2.0）</td><td>0.5（0.4）</td><td>1.0</td><td colspan="2">当水温≤12℃，氨氮排放限值为 8.0 mg/L；括号内为处理规模≥10 000 t/d 的城镇污水处理厂自 2020 年 1 月 1 日起执行的排放限值</td></tr>
<tr><td rowspan="2">城镇污水处理厂污染物排放标准（GB 18918—2002）</td><td>50</td><td>5（8）</td><td>0.5</td><td>1.0</td><td>一级 A</td><td rowspan="2">氨氮指括号外数值为水温>12℃时的控制指标，括号内数值为水温≤12℃时的控制指标</td></tr>
<tr><td>60</td><td>8（15）</td><td>1.0</td><td>3.0</td><td>一级 B</td></tr>
<tr><td>练江流域水污染物排放标准（DB 44/2051—2017）</td><td>40</td><td>5.0（2.0）</td><td>0.5（0.4）</td><td>—</td><td colspan="2">城镇污水处理厂</td></tr>
<tr><td rowspan="2">淡水河、石马河流域水污染物排放标准（DB 44/2050—2017）</td><td>40</td><td>5.0（8.0）</td><td>0.5</td><td>—</td><td colspan="2">城镇污水处理厂（第一时段）</td></tr>
<tr><td>40</td><td>2.0（4.0）</td><td>0.4</td><td>—</td><td colspan="2">城镇污水处理厂（第二时段）</td></tr>
<tr><td>汾江河流域水污染物排放标准（DB 44/1366—2014）</td><td>40</td><td>5.0</td><td>0.5</td><td>—</td><td colspan="2">城镇污水处理厂</td></tr>
<tr><td rowspan="2">水污染物排放限值（DB 44/26—2001）</td><td>40</td><td>10</td><td>0.5</td><td>5.0</td><td colspan="2">第二时段一级标准（城镇二级污水处理厂）</td></tr>
<tr><td>60</td><td>15</td><td>1.0</td><td>8.0</td><td colspan="2">第二时段二级标准（城镇二级污水处理厂）</td></tr>
</table>

综上所述，通过对上述各行业指标限值的分析，小东江流域水污染排放浓度限值见表 5-10。即①石油炼制工业、石油化学工业的化学需氧量、氨氮、总磷、石油类排放浓度限值分别为 60 mg/L、5.0 mg/L、0.5 mg/L、5.0 mg/L；②制革工业的化学需氧量、氨氮、总磷排放浓度限值分别为 60 mg/L、15 mg/L、0.5 mg/L；③非金属矿采选业的化学需氧量、氨氮、总磷排放浓度限值分别为 60 mg/L、5.0 mg/L、0.5 mg/L；④屠宰及肉类加工业、水产品加工业的化学需氧量、氨氮、总磷排放浓度限值分别为 60 mg/L、8.0 mg/L、0.5 mg/L；⑤畜禽养殖业的化学需氧量、氨氮、总磷排放浓度限值分别为 150 mg/L、40 mg/L、5.0 mg/L；⑥城镇污水处理厂的化学需氧量、氨氮、总磷、石油类排放浓度限值分别为 40 mg/L、5.0 mg/L（当水温≤12℃时为 8.0 mg/L）、0.5 mg/L、1.0 mg/L，此外，2020 年 1 月 1 日起，处理规模≥10 000 t/d 的城镇污水处理厂氨氮、总磷排放限值调为 2.0 mg/L、0.5 mg/L。

表 5-10 水污染物排放浓度限值 单位：mg/L

序号	行业类别	化学需氧量	氨氮	总磷	石油类
1	石油炼制工业、石油化学工业	60	5.0	0.5	5.0
2	制革工业	60	15	0.5	—
3	非金属矿采选业	60	5.0	0.5	—
4	屠宰及肉类加工业、水产品加工业	60	8.0	0.5	—
5	畜禽养殖业	150	40	5.0	—
6	城镇污水处理厂	40	5.0（2.0）	0.5（0.4）	1.0

注：1. 对于城镇污水处理厂，氨氮数值为水温＞12℃时的控制指标，水温≤12℃时，氨氮排放限值为 8.0 mg/L；括号内为 2020 年 1 月 1 日起处理规模≥10 000 t/d 的城镇污水处理厂执行的排放限值。

2. 间接排放浓度限值仍按国家污染物排放标准规定执行。

（三）技术经济可行性分析

本标准制定前，小东江流域工业污染源排放标准主要执行国家行业排放标准和广东省《水污染物排放限值》（DB 44/26—2001）。由于历史的原因，小东江流域工业行业多为石油化工业、石油炼制业、制革业、非金属矿采选业、农副食品加工业、畜禽养殖业等污染较重行业，流域结构性污染较为严重。小东江流域排放标准的制定是对现有标准不足的补充，有利于促进流域水环境管理的有效开展，改善和保护小东江流域生态环境，同时可推动企业技术改造，促进产业结构调整与优化。现对石油炼制工业、石油化学工业、制革工业、非金属矿采选业、农副食品加工业、畜禽养殖业以及城镇污水处理厂等行业企业的技术经济可行性逐一进行分析。

1. 石油炼制工业

石油炼制废水主要来自反应过程的注水和生成水、油气和油品的冷凝分离水、油气和油品的洗涤水、蒸馏过程的汽提冷凝水、油罐切水、油罐车洗涤水、炼油设备洗涤水等。

调研结果表明，炼油污水治理技术比较成熟，炼油污水治理工程多采用厌氧处理+好氧处理的组合工艺，如水解酸化-生物接触氧化等。其中，水解酸化工艺可有效增强污水的可生化性，在可生化性较差的炼油污水处理中有广泛的应用。炼油污水的好氧生物处理以生物接触氧化法和活性污泥法为主。生物接触氧化法具有流程简单、操作运行稳定、方便、运转费用低等特点，是一种普遍适用的炼油污水处理工艺。为了达到新的标准要求，在生化处理单元后增加了生化后处理工艺（图 5-9），主要采用的工艺有微絮凝-过滤、生物炭吸附、膜过滤工艺等，在条件允许的前提下也可采用氧化塘工艺，以进一步提高处理效果。从总体行业废水处理水平来讲，含硫废水处理成本在 15～50 元/t，其他在 2～8 元/t。

考虑到《小东江流域水环境综合整治方案（2015—2020 年）》要求设立石化行业统一

规划统一定点园区，实行工业污水集中处理，企业建造和运营费用还可能进一步降低，工业废水集中处理可增强标准的可达性，环境、经济、社会效益十分明显。

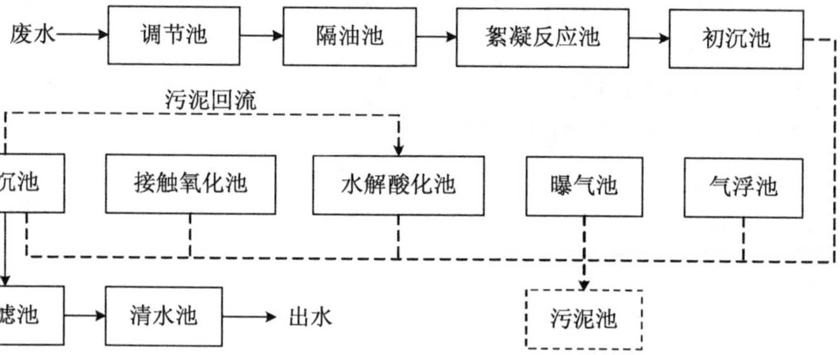

图 5-9　采用水解酸化-生物接触氧化处理石油炼制工业废水流程

2. 石油化学工业

石油化学工业生产过程产生废水的种类有反应生成水（氧化反应），工艺物料洗涤水，工艺设备、管道清洗水，直接加热或作为反应介质的蒸汽冷凝水，地面冲洗水和生产区域污染雨水等。

石油化学工业废水处理主要采用物理法、化学法、生物法等（图 5-10）。关于我国的石油化工废水处理成本，各种石油化工废水随着预处理方法的不同其成本也不尽相同。从行业废水处理整体水平来看，除去预处理成本，在进水化学需氧量 500 mg/L 左右的情况下进行生化处理，处理成本在 1.50 元/t 左右。腈纶废水处理成本一般在 8.0 元/t 左右，丙烯腈废水一般在 35～50 元/t 左右，PTA 废水一般在 4.0 元/t 左右。因此，国内石油化学工业企业废水处理成本需有所投入和增加，才能满足本标准的排放限值要求。

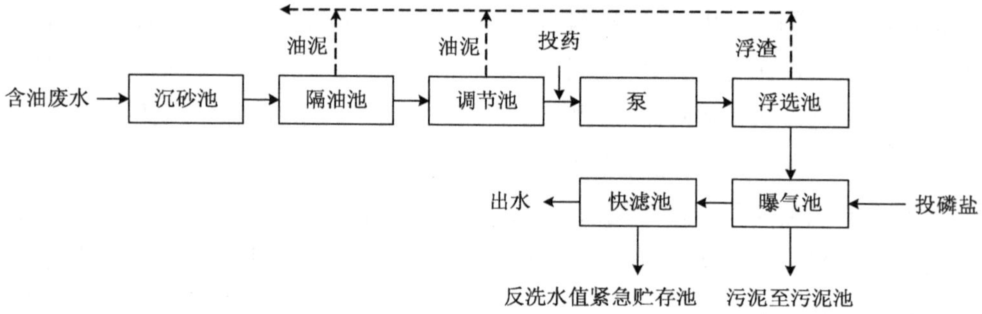

图 5-10　石油化学工业废水主要处理工艺流程

考虑到《小东江流域水环境综合整治方案（2015—2020 年）》要求设立石化行业统一规划统一定点园区，实行工业污水集中处理，企业建造和运营费用还可能进一步降低，工业废水集中处理可增强标准的可达性，环境、经济、社会效益十分明显。

3．制革工业

制革废水属于高浓度有机废水，典型的特征污染物是化学需氧量、五日生化需氧量、氨氮、铬、硫化物等。现有制革企业的主要处理工艺为化学混凝沉淀法、生物接触氧化法和各种生化组合法。大部分企业的废水治理设施基本只是考虑了化学需氧量的去除，对氨氮的硝化和反硝化考虑不足。根据同类工程实践及理论分析，现有废水治理设施需加强了生化系统的硝化措施，能够达到标准的排放要求（图 5-11）。通过对国内制革行业废水处理进行经济分析，按照综合废水指标核算，制革废水二级处理工程吨水投资成本为 1 500～3 000 元，吨水占地面积为 1.3～1.6 m^2，吨水电耗为 0.9 kW·h，吨水直接运行成本为 2～5 元；三级处理工程吨水投资成本为 2 000～4 000 元，吨水占地面积为 1.5～1.8 m^2，吨水电耗为 1 kW·h，吨水直接运行成本为 3～5 元。总体来说，废水处理投资及运行成本在企业的可承担范围之内。

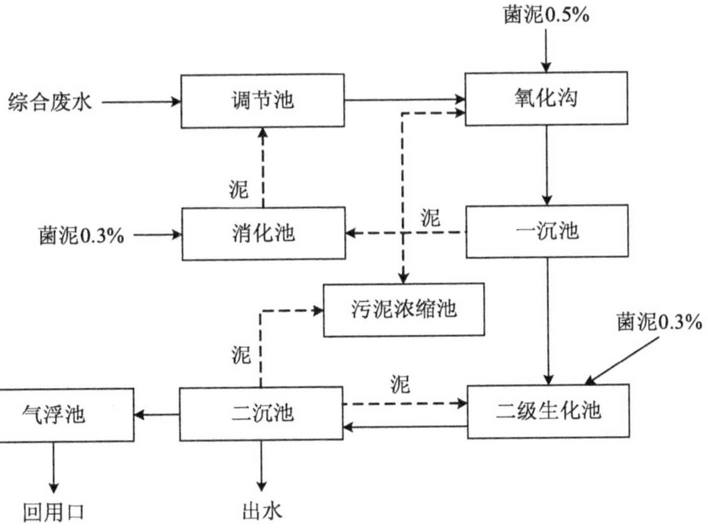

图 5-11　采用氧化沟+CF system +气浮工艺处理制革工业污水流程

考虑到《小东江流域水环境综合整治方案（2015—2020 年）》要求设立皮革行业统一规划统一定点园区，实行工业污水集中处理，企业建造和运营费用还可能进一步降低，工业废水集中处理可增强标准的可达性，环境、经济、社会效益十分明显。

4．非金属矿采选业

小东江流域范围内的非金属矿采选行业开采对象主要为高岭土（瓷土矿），开采过程中的生产废水主要包括开采场淋溶水、矿坑涌水及排土场淋溶水，特征污染物主要有 pH、悬浮颗粒物、氟化物、矿物油等。这些废水经过简单的混凝沉淀后就基本可达到广东省

《水污染物排放限值》（DB 44/26—2001）第二时段一级标准，但是本标准较 DB 44/26—2001 第二时段一级标准严格，本标准实施后，现有企业出水化学需氧量指标满足不了要求，需要进行不同程度的技术改造工作。

针对现有废水治理设施的升级改造，可通过在末端增加芬顿氧化工艺，氧化去有机物，确保出水化学需氧量达标。据调查，增加芬顿氧化工艺吨水投资费用在 3 000～5 000 元，运营成本费用在 1.5～3.0 元/t。总体来说，废水处理投资在企业的可承担范围之内。

5．农副食品加工业

小东江流域农副食品加工业以屠宰及肉类加工、水产品加工为主。屠宰及肉类加工以有机污染为主，可生化性很好；水产品加工的废水有机物和悬浮物含量高，蛋白质、油脂等大分子有机物质多，氨氮及磷浓度高，且具有废水排放季节性较强、水质水量波动大的特点。典型的特征污染物是化学需氧量、五日生化需氧量、氨氮、动植物油等。

国内处理农副食品加工业废水的方法主要有 UASB 法、EGSB 法、IC 法、ABR 法、活性污泥法、接触氧化法、SBR 法、CAST 法等。为保证处理效果，一般在废水处理中会用到气浮及混凝沉淀等物化处理方法加强处理效果。由于屠宰场和肉类加工厂废水可能含有大量动物致病菌，因此完整的屠宰、肉类加工废水处理流程包括预处理过程、生化处理过程及后续的深度处理、消毒及污泥处理等。小东江流域农副食品加工业的废水处理以 A/O 工艺为主（图 5-12）。现有企业可通过加大内循环比或工艺升级改造，强化氨氮处理，实现达标排放。

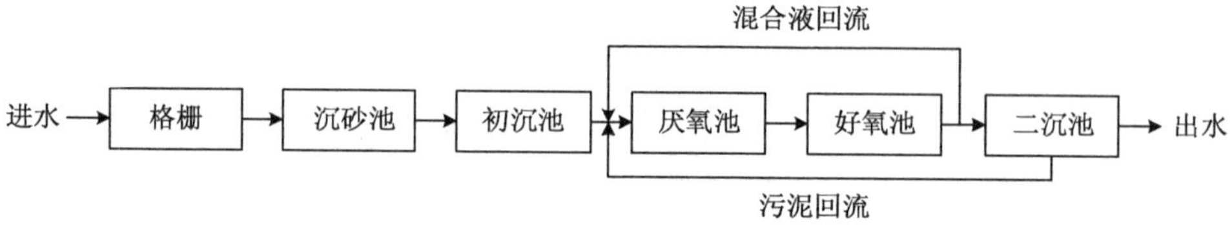

图 5-12　A/O 工艺处理流程

通过对农副食品加工业废水处理经济分析，按照综合废水指标核算，农副食品加工业吨废水的投资成本可控制在 2 000～2 500 元，吨废水占地面积为 1.3～1.6 m^2，吨废水电耗约为 0.8 kW·h，吨废水实际运行成本为 1～3 元。总体来说，废水处理投资在企业的可承担范围之内。

6．畜禽养殖业

畜禽养殖废水主要由畜禽尿液、冲洗水（包括圈舍冲粪水、饮槽冲洗水、地面冲洗水等）和少量工人生产生活过程中产生的废水组成。废水的产生量和水质因养殖种类、品种、生长期、饲料、生产方式和管理水平等因素的不同而存在较大差异。为了降低处理难度及处理成本，同时使固体粪污的肥效得以最大限度的保存和处理利用，应从养殖场生产工艺改进入手，采用“清污分流、粪尿分离”，如通过雨污分离、干湿分离、饮排分离等手段减少污染物的产生和数量；采用用水量少的干清粪工艺，减少污染物的排放总量，降低污水中的污染物浓度。

对于养猪废水，预处理通常可采用多种固液分离方法及混凝沉淀法组合的工艺，二级处理通常采用厌氧+好氧相结合的工艺，深度处理根据用地情况选用人工湿地或氧化塘等自然处理工艺（图 5-13）；对于养牛废水，由于清粪方式、废水的产生方式、水质水量与养猪废水相似，处理工艺也相似，一般采用物理化学方法预处理、厌氧+好氧组合二级处理、氧化塘等深度处理工艺；对于鸡、鸭、鹅养殖场，一般采用干清粪后再冲洗的生产工艺，因此废水产量相对较小、污染物浓度相对较低，一般采用物理化学方法预处理、厌氧+好氧组合二级处理的工艺。在实行严格清洁生产、采用干清粪工艺的前提下，上述工艺处理后水质均能达到本标准出水要求。

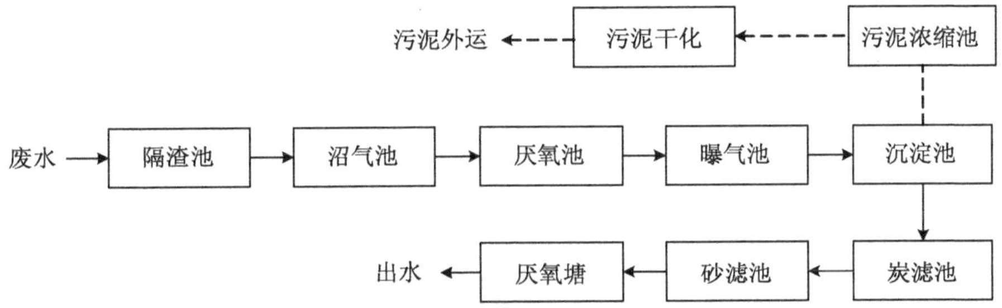

图 5-13 某猪场养殖废水处理工艺流程

通过对畜禽养殖业废水处理经济分析，按照废水指标核算，吨废水投资成本可控制在 4 000～9 000 元，吨废水实际运行成本在 0.6～2.0 元。对于较大规模的畜禽养殖场，由于其有较好的经济收益，基本可以承受达到本标准排放限值的污水处理设施的投资和运行。而对于中小型养殖场来说，其技术、资金都受到限制，则需扩大生产、增加收益或者采用较为清洁的饲养工艺才能确保达标排放。

7．城镇污水处理厂

由于流域内城镇污水处理厂执行的排放标准较《城镇污水处理厂污染物排放标准》（GB 18918—2002）一级 A 标准严格，本标准实施后，现有污水处理厂出水化学需氧量、氨氮和总磷等指标满足不了标准要求，均需要进行不同程度的技术改造工作。针对现有城镇污水处理的升级改造，主要包括预处理技术、强化生物处理技术和深度处理技术等（图 5-14）。预处理技术主要是针对进水悬浮颗粒物浓度过高或可生化性较差或水质水量波动较大的情况，主要包括增加混凝沉淀预处理工艺或水解酸化工艺工段。强化生物处理技术主要包括强化现有二级生活单元的脱氮除磷效果，如曝气生物滤池、反硝化滤池，以及投加填料并采用生物膜与活性污泥结合的工艺。深度处理技术主要是针对悬浮颗粒物、总磷等不能稳定达标情况，主要包括增加絮凝过滤、微絮凝等工艺。对于出水总磷达不到要求的污水厂，可通过增添化学除磷单元，与生物除磷技术协同强化除磷效果。近年来，预处理、强化生物处理和污水深度处理等技术应用及生产方面发展迅速，大部分设备具有占地面积小、自动化程度高、出水水质好等特点。市场上可供选择的产品较多，可满足不同规模和类型的废水处理需要。因此，流域内的污水处理厂提标改造不存在技术上的制约因素。

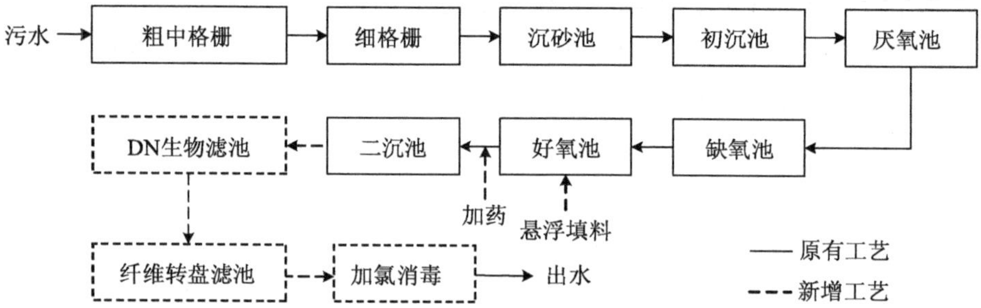

图 5-14　某城镇污水处理厂提标改造工艺流程

通过对城镇污水处理厂提标改造建设和运维的经济分析，结合污水厂处理规模、主体工艺及原设计执行标准情况，并综合考虑未来物价上涨以及设备老化更换等因素，小东江流域城镇污水处理厂新增投资成本占原始投资成本的 50%～70%，吨水投资改造费用在 1 500～2 800 元，单位运行成本新增费用在 0.2～0.8 元。总体来说，投资在可承受范围之内。

（四）环境效益分析

根据小东江流域内的企业实地调研和环境统计数据，石油炼制、石油化工、制革、屠宰及肉类加工、水产品加工、非金属矿采选、畜禽养殖业等 7 类工业企业和城镇污水处理厂是影响小东江流域水质的主要行业和污染源。

本标准制定实施前，流域内的石油炼制工业、石油化学工业主要执行广东省地方标准《水污染物排放限值》（DB 44/26—2001），自 2017 年 7 月 1 日起分别执行《石油炼制工业污染物排放标准》（GB 31570—2015）和《石油化学工业污染物排放标准》（GB 31571—2015）；制革工业执行《制革及毛皮加工工业水污染物排放标准》（GB 4287—2012）；非金属矿采选企业执行广东省地方标准《水污染物排放限值》（DB 44/26—2001）；屠宰及肉类加工业、水产品加工业执行广东省地方标准《水污染物排放限值》（DB 44/26—2001）、《肉类加工工业水污染物排放标准》（GB 13457—92）等；城镇污水处理厂执行广东省地方标准

《水污染物排放限值》（DB 44/26—2001）和《城镇污水处理厂污染物排放标准》（GB 18918—2002）较严者。

本标准根据《广东省水污染防治计划实施方案》《南粤水更清行动计划（2013—2020 年）》《小东江流域水环境综合整治方案（2015—2020 年）》等相关文件的要求，针对流域内主要行业主要水污染物，制定了比现行执行标准更严格的水污染排放标准，直接作用是对小东江流域的水污染物排放总量进行削减，从而改善流域水环境质量，推动经济结构转型升级。同时，针对小东江流域生活污水排放量占比较大的特点，本标准在控制主要工业行业的主要水污染物排放标准的基础上，对畜禽养殖业、城镇污水处理厂水污染物排放也提出了更严的要求。标准实施后，小东江流域污染减排与水质改善预测结果如下：

1．污染减排

该标准颁布实施后，考虑社会经济发展趋势，初步估算，在实施流域水环境综合整治的基础上，执行本标准提出的各项水污染物排放限值，小东江流域化学需氧量、氨氮、总磷将分别减少排放 14 027 t/a（削减率 32%）、2 177 t/a（削减率 19%）、214 t/a（削减率 26%），基本能实现主要水污染物排放总量的大幅削减。主要水污染物排放削减量估算表见表 5-11。

表 5-11 本标准实施后主要行业主要水污染物削减量估算表 单位：t/a

行业名称		化学需氧量	氨氮	总磷
石油炼制工业	本标准/（mg/L）	60	5.0	0.5
	现状排放量	833.05	236.09	—
	标准排放量	289.08	24.09	—
	削减量	543.97	212.00	—
石油化学工业	本标准/（mg/L）	60	5	0.5
	现状排放量	73.33	12.17	—
	标准排放量	92.28	7.69	—
	削减量	0	4.48	—
制革工业	本标准/（mg/L）	60	15	0.5
	现状排放量	267.91	7.72	—
	标准排放量	31.63	7.91	—
	削减量	236.28	0	—
非金属矿采选业	本标准/（mg/L）	60	5	0.5
	现状排放量	239.87	35.05	—
	标准排放量	219.39	18.28	—
	削减量	20.48	16.78	—

行业名称		化学需氧量	氨氮	总磷
屠宰及肉类加工业、水产品加工业	本标准/（mg/L）	60	8	0.5
	现状排放量	319.2	11.53	20.81
	标准排放量	57.86	7.71	0.43
	削减量	261.34	3.82	20.38
畜禽养殖业	本标准/（mg/L）	150	40	5.0
	现状排放量	1 941.8	388.36	38.8
	标准排放量	728.2	194.2	24.3
	削减量	1 213.6	194.2	14.6
城镇污水处理厂	本标准/（mg/L）	40	5.0（2.0）	0.5（0.4）
	现状排放量	16 919.4	2 004.3	230.8
	标准排放量	5 168.4	258.42	51.684
	削减量	11 751	1 745.88	179.12
合计	削减量	14 026.67	2 177.16	214.10

2. 水质改善

结合近五年小东江流域气象、土地利用资料，以及干支流断面、排污口的水量和水质等监测数据，构建小东江流域水环境模型，融合气象、控制单元、土地利用、排污口、干支流水系等关键影响因素信息。以化学需氧量、氨氮和总磷为特征性指标，根据该标准初定的排放限值调整各排污口的排放浓度，同时考虑流域经济社会发展趋势，对小东江石碧国考断面水质进行预测分析，评估实施流域水污染物排放标准对流域水质的改善程度。

预测结果显示，该标准颁布实施后，石碧国考断面年均化学需氧量 14 mg/L、氨氮 1.31 mg/L、总磷 0.17 mg/L，相较 2018 年年均浓度分别下降 31%、38%、30%。石油类浓度近几年未超过地表水Ⅳ类标准限值。总体来看，小东江流域水污染物排放标准颁布实施后，可基本实现小东江石碧断面水质达到Ⅳ类的目标要求。

第二节　《农村生活污水处理排放标准》制定研究

一、标准制定背景

2018 年 9 月，生态环境部办公厅、住房和城乡建设部办公厅联合发布了《关于加快制定地方农村生活污水处理排放标准的通知》，提出各省（区、市）要根据通知要求抓紧制定地方农村生活污水处理排放标准。当时广东省农村污水处理设施主要参照《城镇污水处理厂污染物排放标准》（GB 18918—2002）和广东省《水污染物排放限值》（DB 44/26—2001）

有关规定执行，由于不同地区农村的自然条件、人口聚集程度、污水产生规模、排放去向和环境质量改善需求等存在明显差异，上述标准已不适用于农村生活污水的排放管理。为贯彻国家和省有关乡村振兴战略及农村人居环境整治行动，规范农村生活污水排放，改善区域水环境质量，迫切需要制定广东省《农村生活污水处理排放标准》。

2018 年 8 月，广东省生态环境厅组织该标准的制定研究工作。2018 年 9—10 月，编制组对全省农村生活污水产生情况、现有污水处理设施建设运行情况等进行调查，选取典型污水处理设施开展现场调研。2018 年 11—12 月，省生态环境厅召开专题讨论会、专家咨询会等，邀请省直有关部门、中科院、高校、环保企事业单位等相关领域的专家对标准进行讨论咨询。2019 年 1—2 月，编制组根据专家意见修改完善形成标准征求意见稿，省生态环境厅发文征求各地级以上市人民政府、省直有关部门意见，并在厅公众网向社会公众公开征求意见。2019 年 3—5 月，根据生态环境部的反馈意见，结合《农村生活污水处理设施水污染物排放控制规范编制工作指南（试行）》的要求，编制组对标准进一步修改完善，形成标准二次征求意见稿，省生态环境厅再次发文征求意见。2019 年 6—7 月，省生态环境厅组织召开《农村生活污水处理排放标准》专家审定会，形成标准报批稿。2019 年 11 月该标准经广东省人民政府同意，由省市场监管局、省生态环境厅联合发布，自 2020 年 1 月 1 日起实施。

二、农村生活污水处理及排放现状

（一）农村生活污水水质特征

广东省农村生活污水主要有厨房洗涤污水、洗衣污水、洗浴污水、冲洗卫生间的粪便污水，另外，部分农村还会排放一定量的养殖废水。在各类型的生活用水中，洗衣用水量最大，约占各户总用水量的 60%；在人口较少的家庭，以厨房洗涤用水为主。因此，农村生活污水水质主要有以下特点：

1）农村生活污水排放量波动大。每天不同时段的水量变化较大，在早、中、晚用餐期间污水量达到高峰，为日平均小时污水排放量的 2～3 倍。

2）水质总体相差不大，主要污染物为有机物和含一定量的氮、磷，基本不含重金属和有毒有害物质，可生化性强。

3）农村生活污水进水浓度根据排水体制不同有所差别。当采用雨污合流制时，污水处理设施进水浓度较低；当采用雨污分流制时，进水浓度相对较高。雨污合流制、雨污分流制下农村生活污水处理设施进水浓度如表 5-12 所示。

表 5-12　不同排水体制下的农村生活污水处理设施进水浓度　　单位：mg/L

排水体制	COD	BOD_5	SS	NH_3-N	TP
雨污合流制	80～200	50～100	80～150	10～40	1～3
雨污分流制	180～350	80～150	140～200	35～70	2～4

（二）农村生活污水处理现状

1. 污水处理设施建设

据不完全统计，截至 2018 年年底，广东省农村生活污水治理率不足 20%，区域差异较大。珠三角部分地区起步较早，投入力度较大，设施建设数量相对较多。其中，广州市自 2008 年起由市政府出资对各区具备条件的自然村实施生活污水处理设施建设，截至 2018 年年底，全市 1 144 个行政村中已有 1 100 个行政村建成污水处理设施或将生活污水直接排入城镇污水收集管网。粤东西北地区农村污水处理设施起步较晚，设施建设数量相对较少。

2. 污水处理工艺

广东省已建农村生活污水处理设施采用的处理工艺各异，一般为各单元处理技术的不同组合，主要技术包括活性污泥法（如 A/O、A^2/O 等）、生物膜法（如接触氧化、生物滤池等）、膜生物反应器、土地处理法（如人工湿地、地下渗滤池）和稳定塘（如厌氧塘、兼氧塘、好氧塘）等。以 2015 年广州、中山、佛山、惠州、汕头、潮州、江门、河源、阳江等 9 市已建农村污水处理设施统计结果为例，以人工湿地为主体的处理设施所占比例达 79.7%，各工艺的数量及规模分布如表 5-13 所示。

表 5-13　广东省 9 市农村污水处理设施工艺统计

序号	工艺类型	设施数量/座	数量占比/%	合计规模/（m^3/d）	规模占比/%
1	水解/厌氧池+人工湿地	1 075	67.0	61 264	32.7
2	人工湿地处理系统	183	11.4	61 526	32.9
3	A^2/O	23	1.4	12 196	6.5
4	水解/厌氧池+接触氧化	36	2.2	12 494	6.7
5	水解酸化+接触氧化+生态滤池	12	0.8	6 144	3.3
6	稳定塘（以好氧塘为主）	43	2.7	13 029	7.0
7	格栅+厌氧池	102	6.4	2 120	1.1
8	生物滤池+人工湿地	20	1.3	1 330	0.7
9	MBR 工艺	2	0.1	150	0.08
10	人工浮岛+稳定塘	5	0.3	112	0.06
11	其他	102	6.4	16 827	9.0
合计		1 603		187 192	

3. 污水处理执行标准

（1）农村生活污水处理设施排放标准

结合广东省农村生活污水特点和已建设施情况，本标准制定前，农村生活污水处理排放标准主要参照《城镇污水处理厂污染物排放标准》（GB 18918—2002）、广东省《水污染物排放限值》（DB 44/26—2001）及《广东省农村环境综合整治技术指引》（广东省环境保护厅，2016 年 4 月）的规定，具体内容如下：

1）新建农村生活污水处理设施出水水质参照《城镇污水处理厂污染物排放标准》（GB 18918—2002）一级 B 标准执行，具体见表 5-14。

表 5-14　《城镇污水处理厂污染物排放标准》（GB 18918—2002）（节选）

单位：mg/L，pH 量纲一

排放标准	pH	COD	BOD_5	SS	NH_3-N	TP
国标一级 B	6～9	60	20	20	8（15）	1

注：括号内数值为水温≤12℃时的控制指标。

2）当地环保部门根据受纳水体功能，对污水处理排放提出特殊要求的，新建农村生活污水处理设施出水水质按照《城镇污水处理厂污染物排放标准》（GB 18918—2002）一级 A 标准和广东省《水污染物排放限值》（DB 44/26—2001）中的第二时段一级标准中的严值执行，具体见表 5-15。

表 5-15　《城镇污水处理厂污染物排放标准》（GB 18918—2002）和《水污染物排放限值》（DB 44/26—2001）（节选）

单位：mg/L，pH 量纲一

排放标准	pH	COD	BOD_5	SS	NH_3-N	TP
地标一级	6～9	40	20	20	10	—
国标一级 A	6～9	50	10	10	5（8）	0.5
较严者	6～9	40	10	10	5（8）	0.5

注：括号内数值为水温≤12℃时的控制指标。

3）根据《广东省农村环境综合整治技术指引》（广东省环境保护厅，2016 年 4 月），污水处理设施出水排入地表水环境质量标准（GB 3838—2002）地表水Ⅲ类功能水域（划定的饮用水水源保护区和游泳区除外），海水水质标准（GB 3097—1997）海水二类功能水域和湖、库等封闭或半封闭水域时，出水水质按照一级要求。污水处理设施出水排入 GB 3838—2002 地表水Ⅳ类、Ⅴ类功能水域或 GB 3097—1997 海水三类、四类功能海域，出水水质按照二级要求，具体见表 5-16。

表 5-16 《广东省农村环境综合整治技术指引》规定的出水标准　　单位：mg/L

排放标准	COD	BOD_5	SS	NH_3-N	TP
一级标准	40	20	20	8（15）	0.5
二级标准	60	30	30	15	1

注：括号内数值为水温≤12℃时的控制指标。

（2）农村生活污水处理设施出水情况

根据 2018 年、2019 年广州、佛山、惠州、潮州、茂名等地市近 200 个农村生活污水处理设施进出水监测报告，出水化学需氧量平均去除率为 74.6%，氨氮平均去除率为 75.1%，总磷平均去除率为 69.9%。出水化学需氧量为 10～120 mg/L，其中有 93%的设施小于等于 60 mg/L，71%的设施小于等于 40 mg/L；氨氮为 1～30 mg/L，其中有 76%的设施小于等于 15 mg/L，55%的设施小于等于 5 mg/L；总磷为 0.05～6.00 mg/L，其中有 91%的设施小于等于 3 mg/L，45%的设施小于等于 1 mg/L，具体见图 5-15。

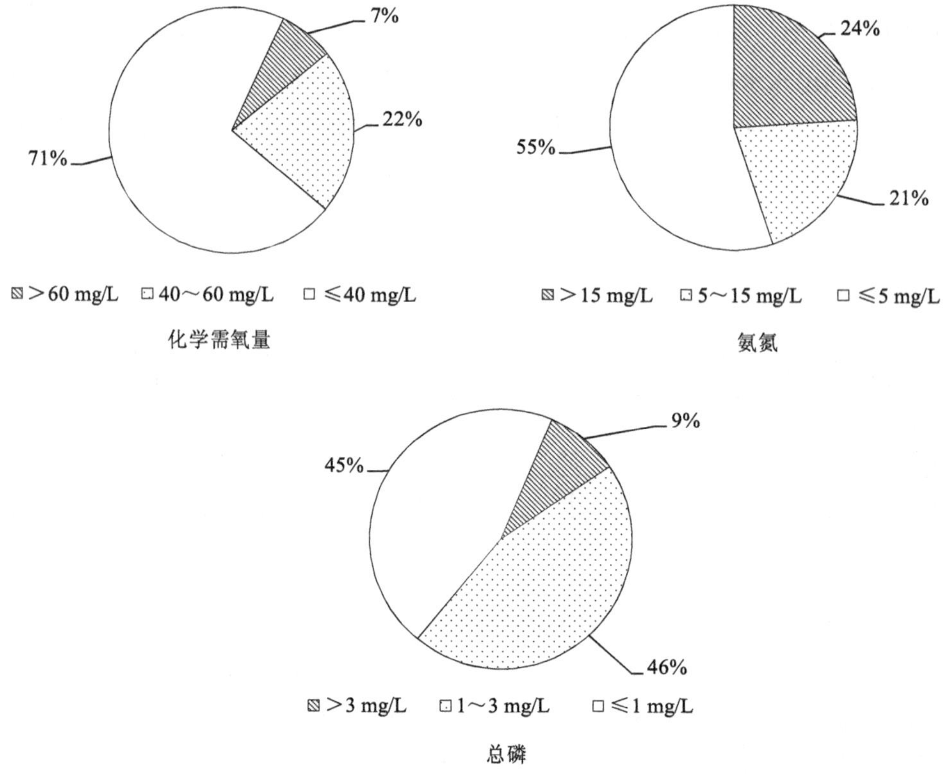

图 5-15 农村生活污水处理设施出水情况

4．污水处理存在的问题

广东省农村生活污水处理设施的设计、建设、运营主要存在以下几个方面的问题：

1）农村生活污水处理排放标准大多直接或参考采用《城镇污水处理厂污染物排放标准》（GB 18918—2002），GB 18918—2002 主要结合城镇居民生活用水和污水特征，同时考虑了工业废水接入的需求，其控制指标多、排放限值相对严格，而农村与城镇在水质水量和经济技术上都存在较大差异，导致农村生活污水处理设施出水要求严、处理工艺复杂、建设成本高、运行维护难，难以满足实施乡村振兴战略和农村人居环境改善的要求。

2）农村生活污水处理资金投入不足，处理设施覆盖率低，远落后于城镇污水治理。近年来，各地在美丽乡村建设、新农村建设、农村环境综合整治等相关政策和专项资金的支持下，陆续开展了一些试点示范建设，建设覆盖面较小，大部分村庄仍为明沟或地表漫流，生活污水未经处理就近排至河涌或鱼塘。

3）农村生活污水处理设施建设重厂轻网，总体效能低。农村生活污水处理设施建设资金主要来源于政策性财政补贴，地市配套投入不足，在有限的资金投入下，各地更加重视污水处理厂（站）的建设，建设规模普遍偏大，而配套污水管网的建设普遍滞后，厂网配套严重不足，导致污水收集率低，进水水质浓度低，有的设施进水化学需氧量浓度仅为 10～60 mg/L，实际处理规模远低于设计规模，有的仅达到设计规模的 50%～70%，甚至更低。

4）农村生活污水处理项目零散，管理不成体系。农村生活污水处理设施规模小、数量大、较分散，对专业的维护管理企业没有吸引力，造成农村生活污水处理设施疏于维护管理，加之大部分地市也未制定出台污水处理设施的相关考核细则，缺乏长效考核机制，导致后续监管力度不足，甚至造成设施停运。

三、标准制定思路与方法

农村生活污水处理排放标准的制定在满足《国家水污染物排放标准制订技术导则》（HJ 945.2—2018）要求的基础上，结合《农村生活污水处理设施水污染物排放控制规范编制工作指南（试行）》（环办土壤函〔2019〕403 号）的要求，进一步研究确定适用范围、控制指标确定、污染物排放限值确定等标准主要技术内容，提出本省农村生活污水处理排放标准。

（一）制定原则

1．宽严相济原则

加强与《城镇污水处理厂污染物排放标准》（GB 18918—2002）的衔接。对于 500 m^3/d 及以上规模的农村生活污水处理设施水污染物排放参照 GB 18918—2002 执行，对于

500 m^3/d 以下规模的农村生活污水处理设施制定相对城镇污水处理厂宽松的污染物排放标准。

2. 注重实效原则

坚持从农村实际出发，因地制宜采用污染治理与资源利用相结合、工程措施与生态措施相结合、集中与分散相结合的建设模式和处理工艺。充分考虑农村地区经济承受能力和管理水平，积极推广易维护、低成本、低能耗的污水处理技术。

3. 分类控制原则

综合考虑农村污水处理设施处理规模，以及尾水排入的水体类型、排放方式、水体环境功能以及水质改善要求等多种因素，设置不同的控制要求。同时，加强尾水利用，对于农村生活污水处理后进行尾水利用的，应满足国家或地方相应的标准要求。

（二）技术路线

本标准制定的技术路线如图 5-16 所示。

第一阶段，通过资料文献和实地考察调研，充分了解全省农村生活污水处理模式和排放状况，结合农村地区环境保护要求，识别农村生活污水关键环境问题及主要环境因子。

第二阶段，基于农村地区水环境管理需求，结合农村生活污水污染关键因子、农村地区管理水平和经济水平等情况，参考省内外对农村地区水污染物排放要求，研究确定标准的控制指标。

第三阶段，综合考虑受纳水体污染物排放总量控制要求、农村地区工艺设备条件和处理水平等因素，并依据受纳水体水环境容量和污水处理设施处理规模分类分级确定控制指标排放限值。

第四阶段，结合农村区位条件、村庄人口聚集程度、污水产生规模、排水体制等情况，提出适用于不同排放标准的生活污水处理工艺。根据不同工艺工程投资数据及运维数据，分析确定典型污水处理功能的建设投资成本和运行成本。

第五阶段，基于农村地区经济、社会发展趋势，对标准实施前后的主要水污染物减排量进行分析，评估标准实施对全省农村地区主要水污染物的减排效果。

（三）技术方法

1. 环境问题识别

通过数据收集和现场监测调查全省农村生活的产排污水情况，包括污染源名称、排放去向、排放浓度和污染物排放量等信息。从排水时间、排水体制等多个方面对农村生活污水进行评价，考察水质波动情况，分析农村生活污水水质特征。

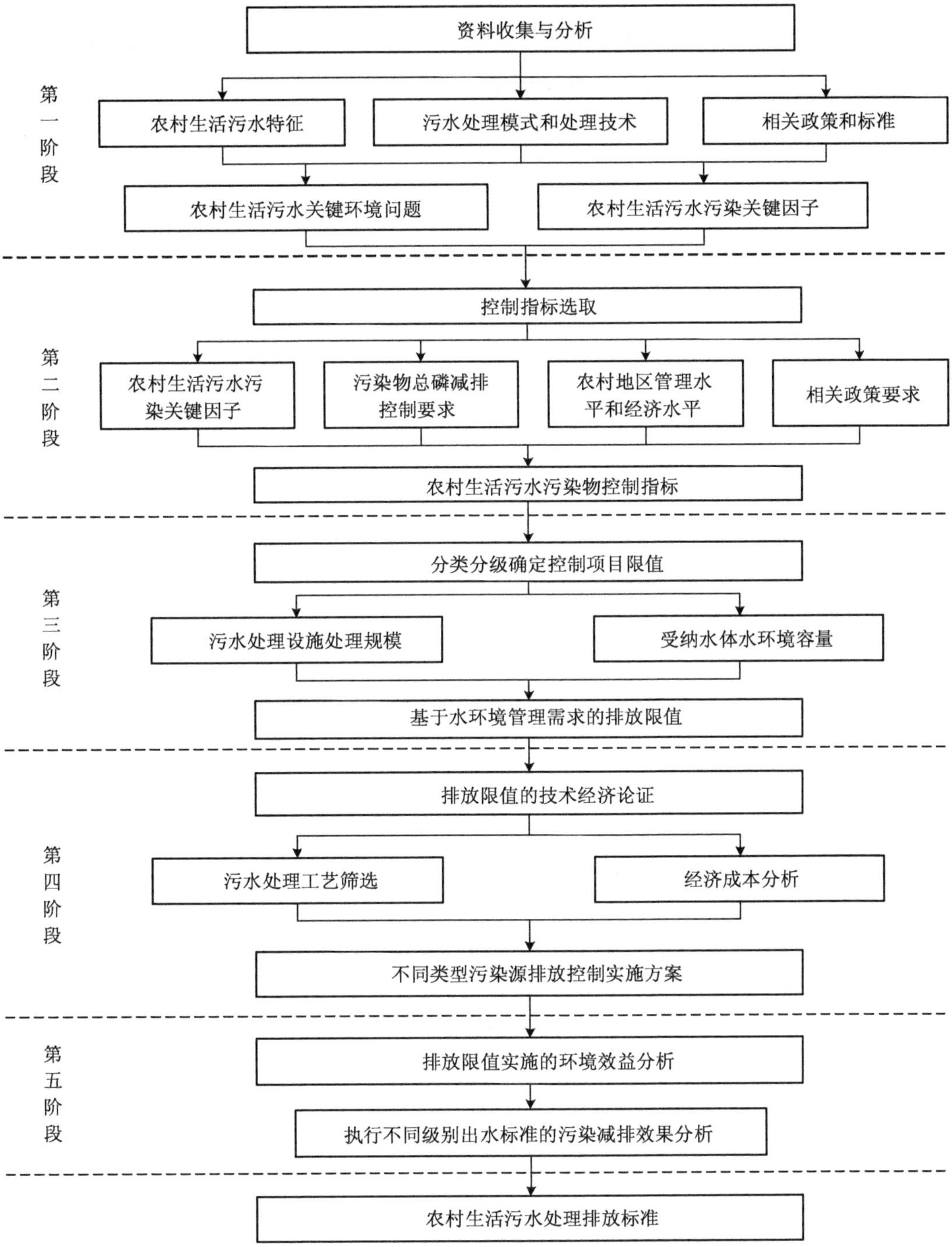

图 5-16　标准制定技术路线

通过资料收集和现场调研，收集农村生活污水的收集处理情况，包括污水收集设施建设、污水处理工艺、污水收集和处理率等信息，总结农村生活污水收集与处理现状。综合考虑国家和本省的经济与社会发展规划、生态环境保护规划、水污染防治规划、水污染排放标准等信息，结合本省农村生活污水水质特征，明确农村生活污水关键环境问题，识别农村生活污水污染关键因子。

2. 适用范围确定

原则上，标准适用范围的设置应能覆盖行业内法律允许的各类排放源，并应与其他相关排放标准进行有效衔接。结合《农村生活污水处理设施水污染物排放控制规范编制工作指南（试行）》（环办土壤函〔2019〕403 号）要求，加强与《城镇污水处理厂污染物排放标准》（GB 18918—2002）的衔接，提出该标准的适用范围。

3. 控制指标选择

根据全省农村生活污水特征和水环境管理的现实需求，结合农村生活污水污染的关键问题和导致污染的关键因子、污染物总量减排等环保管理需求，并综合考虑农村地区目前管理水平和经济水平等因素，研究确定本省地方性控制指标。

4. 排放限值确定

（1）标准分级

基于水环境质量改善需求，农村生活污水处理设施水污染物排放控制可依据出水排放去向和处理设施规模进行分类分级。通过分析农村生活污水处理设施相关的资料数据，包括现场调研数据、在线监测数据、现场实测数据等，确定不同规模处理设施的去除效率、排放水平、排放控制设施的建设成本、单位污染物去除量的运行成本等环境经济技术关键指标与参数，以及其他环境影响、环境效益、经济效益等情况，进行技术水平分级。

（2）控制项目限值

结合资料收集、现场调查、专家咨询，综合考虑生态环境保护规划目标要求、农村区位条件、村庄人口聚集程度、污水水质特征、污水产生规模、排放去向和人居环境改善需求、自然景观、受纳水体的水环境质量标准、水体稀释能力以及污染物排放总量控制要求等因素，并根据现有经济技术水平等综合确定控制指标值。污染物排放限值确定技术路线如图 5-17 所示。

5. 技术经济可行性分析

收集汇总农村生活污水主要处理技术基本情况，基于上述确定的农村生活污水控制指标值，结合各种排放控制技术的减排效果和适用情况，综合考虑农村地区的社会经济、技术条件、占比面积等因素，提出经济可行的农村生活污水处理污染控制技术。基于污染物排放达标技术路线，根据每种排放控制技术投资数据及运维数据，分析确定不同水污染排放控制要求下典型排放控制设施的建设投资成本和运行成本。

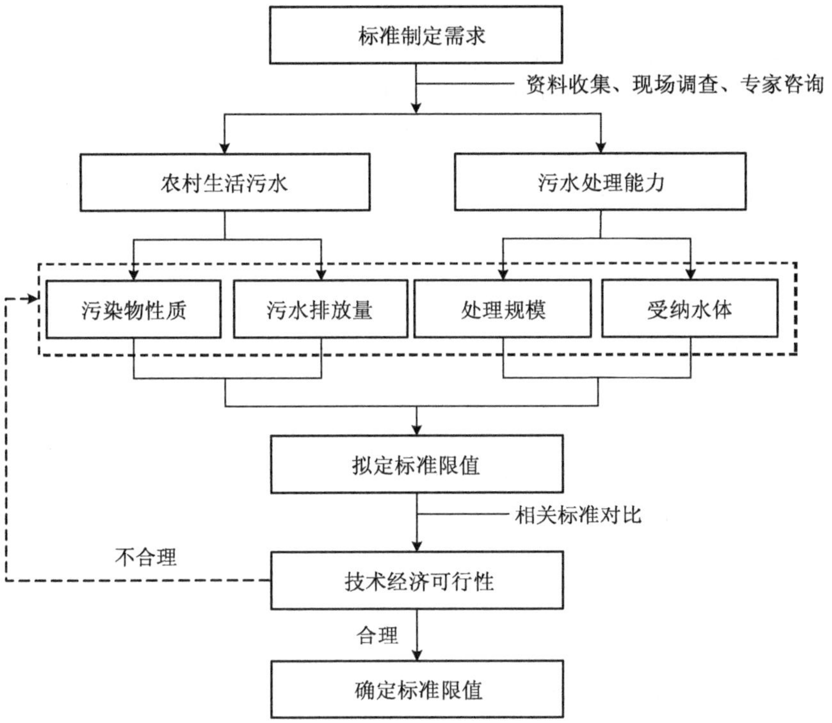

图 5-17　污染物排放限值确定技术路线

6. 环境效益分析

通过重点分析现有排放源执行现行标准和拟定标准时各污染物的年排放量，计算污染物年排放量削减量和削减比例，分析说明拟定标准实施后对农村生活主要水污染的减排效果。如涉及有毒有害水污染物，还需补充其相关的环境风险防范作用分析。其中农村生活污水排放量根据农村常住人口和人均污水排放系数计算，计算公式见式（5-8）。

$$Q = R \times f \times 365 / 1\,000 \tag{5-8}$$

式中，Q——农村生活污水排放量，万 t/a；

R——农村常住人口，万人；

f——农村地区人均生活污水排放系数，L/（人·d），可参考全国污染源普查生活污染源产排污系数，根据各地市实际情况进行校核。

农村生活污水污染物排放量可根据农村生活污水污染物产生量和污染物综合去除率计算，计算公式见式（5-9）和式（5-10）。

$$M = R \times g \times 365 / 100 \tag{5-9}$$

$$N = M \times (1 - k) \tag{5-10}$$

式中，M——污染物产生量，t/a；

R——农村常住人口，万人；

g——农村地区污染物产物强度，g/（人·d）；

N——污染物排放量，t/a；

k——污染物综合去除率。

四、标准主要内容

（一）标准适用范围

考虑污水处理规模与工艺稳定性和运维管理水平的适配性，本标准适用于处理规模小于 500 m^3/d 的农村生活污水处理设施水污染物排放管理。针对处理规模 500 m^3/d 及以上的农村生活污水处理设施，考虑其污水处理规模较大、集中排放对水环境影响也较大，且对工艺稳定性和出水要求较高，其处理标准参照《城镇污水处理厂污染物排放标准》（GB 18918—2002）执行。

（二）控制因子选择及排放限值确定

1．控制因子选择

农村生活污水是指农村居民生活活动所产生的污水，主要包括冲厕、洗涤、洗浴和厨房排水，因此，农村生活污水所含污染物主要可以分为五类：①有机污染物：纤维素、蛋白质、油脂、淀粉等，一般以化学需氧量、五日生化需氧量、动植物油表征；②营养型污染物：氮、磷等，一般以氨氮、总氮、总磷表征；③无机悬浮物：泥沙、水力排灰等，一般以悬浮颗粒物表征；④洗涤用品使用产生污染物：包括磷、表面活性剂等，一般以总磷和阴离子表面活性剂表征；⑤病原体、病原菌和寄生虫卵等，一般选取指示菌粪大肠菌群进行控制。

选取污染物控制指标时主要考虑四个方面因素：一是要重点考虑农村生活污水污染的关键问题（富营养化）和导致污染的关键因子（氮、磷等因子）；二是考虑污染物总量减排等环保管理需求（化学需氧量、氨氮）；三是考虑农村地区目前管理水平和经济水平，较之《城镇污水处理厂污染物排放标准》中的控制项目宜适当精简；四是考虑《关于加快制定地方农村生活污水处理排放标准的通知》和《农村生活污水处理设施水污染物排放控制规范编制工作指南（试行）》中控制因子选取的相关要求。

有机污染物：选择化学需氧量是因为在实际监测中五日生化需氧量的监测周期一般要 5 天，所以选取化学需氧量作为指标更利于操作。同时，考虑到近年来农村旅游及农家乐发展较快，产生的污水可能排入农村生活污水处理设施，由于该污水中的动植物油含量较高，本标准对含提供餐饮服务的农村旅游项目的生活污水处理设施动植物油指标进行控制。

营养型污染物：去除总氮虽可采用人工湿地等生态处理方法，但其效果稳定性较差。若要实现稳定去除总氮，需采用脱氮工艺，但农村生活污水处理设施规模较小，污泥回流比难以达到要求，去除效果较差。磷的去除一般采用生物和生态技术工艺，当出水要求较高时，则需增加投加化学药剂等的物化技术工艺，投加成本较高。对于封闭水体，富营养化的原因主要是氮磷浓度过高。因此，本标准总氮、总磷指标仅在出水排入环境功能明确的封闭水体等部分特定情况下执行。

无机悬浮物：大多污染物均以悬浮物为载体，因此，本标准对悬浮物指标进行控制。

洗涤用品使用产生污染物：考虑一般情况下原水阴离子表面活性剂浓度较低，且化学需氧量达标情况下阴离子表面活性剂基本也能达标，因此，本标准不对阴离子表面活性剂指标进行控制。

粪大肠菌群数作为重要的生物性指标进行控制，若对其进行限定，处理工艺须设消毒设施，成本较高。根据对全省农村生活污水集中处理设施调研结果，发现大部分未设置消毒设施，而设置消毒设施的多数也因运行成本较高未运行。因此，本标准不对粪大肠菌群数指标进行控制。

基于上述因素和农村生活污水水质特点，选取 pH 值、悬浮颗粒物、化学需氧量、氨氮、动植物油、总氮、总磷等 7 项指标作为控制项目。其中，动植物油指标适用于含提供餐饮服务的农村旅游项目生活污水处理设施，总氮、总磷指标仅在出水排入环境功能明确的封闭水体等部分特定情况下执行。

2. 标准分级

（1）处理规模分级

根据对全省农村生活污水处理设施的调研结果，农村生活污水处理设施规模大小不一，不同处理规模对受纳水体的影响显然是不同的。广东省地貌呈现“七山一水二分田”的特点，规模小的农村污水处理设施数量较多，排放去向也主要为沟渠、河涌、支流、水塘等，对水环境的影响相对较小。因此，本标准依据处理设施规模的大小分级控制，规模越大标准限值越严，规模越小标准限值适当放宽。

综合考虑全省农村生活污水处理设施建设规模与工艺稳定性和运维管理水平的适配性，本标准以 20 m^3/d 为分界标准进行分级控制。其中，对于处理规模在 20 m^3/d 以下的农村生活污水处理设施，适当放宽排放限值。

（2）受纳水体分级

农村生活污水处理设施出水排放去向可分为直接排入水体、间接排入水体、尾水利用三类。广东省对重要江河湖库和近岸海域划定了功能区，明确了水体环境功能及水质保护目标，考虑受纳水体的重要程度和区域水环境状况，水体功能明确的限值越严，水体功能未明确的适当放宽；而水环境功能重要、水环境容量较小或者未达到水环境质量目标的，则应执行更严格的排放标准。

因此，综合处理设施规模和受纳水体，水污染物排放限值确定主要考虑以下几个方面的因素：

①出水排入环境功能明确的水体，执行一级标准，排放限值应适当收严。

②出水排入环境功能未明确的水体，适当放宽排放限值，执行二级标准；其中，对于处理规模小于 20 m^3/d 的，排放限值进一步放宽，执行三级标准。

③在水环境功能重要、水环境容量较小或者未达到水环境质量目标的地区，可根据水生态环境管理的需要，实施更严格的排放标准。

④出水用于农业灌溉、渔业或其他用途时，应满足国家或地方相应的水质标准。

3．排放限值确定

污染物排放限值的确定要综合考虑污染物控制技术和水环境容量。污染物排放限值的确定方法主要有两种：一是按工艺设备条件和处理水平确定；二是根据水环境质量标准，考虑水体稀释能力和允许负荷量确定。因此，污染物排放限值的制定主要依据农村生活污水的处理水平，同时兼顾水环境容量。

（1）pH

根据广东省农村生活污水水质调研情况，生活污水 pH 一般为 6～9。参考《城镇污水处理厂污染物排放标准》(GB 18918—2002)、广东省《水污染物排放限值》(DB 44/26—2001）和《农田灌溉水质标准》（GB 5084—2005），本标准 pH 限值设为 6～9。

试验表明：pH 在 6.0～7.5 适宜农作物生长。pH＜5.5 的水长期灌溉，土壤中硝化细菌受到抑制，硝化作用减弱，氮肥得不到充分释放，磷酸盐的肥效降低，钙盐、镁盐易淋失。同时，土壤在偏酸性条件下，重金属毒性提高，易被作物吸收致害。pH＞8.5，土壤中的氮肥易被氧化，钠离子活跃，对作物根系发育有抑制作用。pH＞9，蔬菜生长受到抑制，直至受害死亡。

（2）悬浮颗粒物

农村生活污水中悬浮颗粒物浓度为 80～200 mg/L。常采用物理法去除农村生活污水中呈悬浮状态的固体污染物质，在化粪池、调节池等预处理工艺一般对悬浮颗粒物的去除率可达到 50%以上，处理后悬浮颗粒物浓度在 40～60 mg/L，再经生物处理法、生态处理法等后续工艺处理，其出水浓度可达到 10～40 mg/L。因此，本标准悬浮颗粒物控制指标一级标准设为 20 mg/L，二级标准设为 30 mg/L，三级标准设为 50 mg/L，特别排放限值设为 20 mg/L。

（3）化学需氧量

农村生活污水中 COD 浓度为 80～350 mg/L、BOD_5浓度为 50～150 mg/L、BOD_5/COD 为 0.5 左右，可生化性较好。化学需氧量的处理工艺为生物处理法（A/O、A^2/O 等）、生态处理法（人工湿地、稳定塘等）、生物处理+生态处理法（A^2/O+人工湿地、A/O+人工湿地/稳定塘、水解/厌氧+人工湿地/稳定塘等）。各处理工艺由于水力负荷、停留时间等设计参数的不同，化学需氧量去除率可达到 60%～90%。出水化学需氧量一般可达到 15～100 mg/L。因此，本标准中化学需氧量控制指标一级标准设为 60 mg/L，二级标准设为 70 mg/L，三级标准设为 100 mg/L，特别排放限值设为 40 mg/L。

（4）氨氮

农村生活污水中氨氮浓度为 10～70 mg/L。生物处理法（活性污泥、接触氧化、膜生物反应器等）对氨氮的去除效果较好，经生物法处理后，氨氮去除率为 50%～70%，出水浓度可小于 15 mg/L，后续处理采用生态法对氨氮的去除率可达 60%～80%，出水浓度可达到 5 mg/L 以下。因此，本标准中氨氮控制指标一级标准设为 8（15）mg/L，二级标准设为 15 mg/L，三级标准设为 25 mg/L，特别排放限值设为 5（8）mg/L。

（5）动植物油

农村居民生活污水动植物油含量较低，一般不需要进行控制。本标准中动植物油控制指标仅针对含提供餐饮服务的农村旅游项目生活污水的处理设施执行。餐饮污水需经隔油隔渣预处理，根据污水隔油处理工艺和参数的不同，除油率可达 60%～90%。参考《城镇污水处理厂污染物排放标准》（GB 18918—2002）和广东省地方标准《水污染物排放限值》（DB 44/26—2001）等，因此，本标准中动植物油控制指标一级标准设为 3 mg/L，二级标准和三级标准均设为 5 mg/L，特别排放限值设为 1 mg/L。

（6）总磷

农村生活污水中总磷浓度为 1～4 mg/L。生物处理法（活性污泥、接触氧化、膜生物反应器等）对总磷的去除效果良好，经生物处理法处理后，总磷出水浓度可达到 1.5 mg/L 以下，采取投加化学药剂等物化处理法，总磷出水浓度可达到 0.5 mg/L 以下。因此，本标准中总磷控制指标仅针对出水排入环境功能明确的封闭水体或总磷超标的环境功能明确水体的生活污水处理设施执行，一级标准和特别排放限值均设为 1 mg/L。

（7）总氮

总氮控制指标仅针对出水排入环境功能明确的封闭水体或总氮超标的环境功能明确水体的生活污水处理设施执行，参考《城镇污水处理厂污染物排放标准》（GB 18918—2002）一级 B 标准，一级标准和特别排放限值均设为 20 mg/L，采用脱氮处理工艺可基本满足要求，必要时可以采用生态处理法作为脱氮工艺的后续处理单元。

综上所述，通过对上述各个指标限值的分析，农村污水处理设施水污染物排放限值见表 5-17 和表 5-18。即①出水排入环境功能明确的水体，执行表 5-17 中的一级标准；处理规模 20 m³/d 及以上的设施出水排入环境功能未明确的水体，执行表 5-17 中的二级标准；处理规模小于 20 m³/d 的设施出水排入环境功能未明确的水体，执行表 5-17 中的三级标准。②根据水生态环境管理的需要，在水环境功能重要、水环境容量较小或者未达到水环境质量目标的地区的农村生活污水处理设施，执行表 5-18 中水污染物特别排放限值。执行水污染特别排放限值的农村生活污水处理设施的规模、地域范围及时间由各地级以上市人民政府规定。

表 5-17 水污染物排放限值 单位：mg/L，pH 量纲一

序号	控制项目名称	限值		
		一级标准	二级标准	三级标准
1	pH	6～9		
2	悬浮物	20	30	50
3	化学需氧量	60	70	100
4	氨氮①	8（15）	15	25
5	动植物油②	3	5	
6	总磷③	1	—	—
7	总氮④	20	—	—

注：①氨氮指标括号内的数值为水温≤12℃的控制指标；
②动植物油指标仅针对含提供餐饮服务的农村旅游项目的生活污水处理设施执行；
③总磷指标仅针对出水排入封闭水体或总磷超标的水体的生活污水处理设施执行；
④总氮指标仅针对出水排入封闭水体或总氮超标的水体的生活污水处理设施执行。

表 5-18 水污染物特别排放限值 单位：mg/L，pH 量纲一

序号	控制项目名称	限值
1	pH	6～9
2	悬浮物	20
3	化学需氧量	40
4	氨氮①	5（8）
5	动植物油②	1
6	总磷	1
7	总氮	20

注：①氨氮指标括号内的数值为水温≤12℃的控制指标；
②动植物油指标仅针对含提供餐饮服务的农村旅游项目的生活污水处理设施执行。

4. 与国内外相关标准对比

（1）与国外相关标准对比

美国、欧盟均未单独制定农村生活污水处理排放标准，美国农村地区和城市均执行

《联邦水污染防治法》规定经二级处理的出水限值，欧盟按照当量人口规模，分级规定生活污水排放限值。日本在《净化槽法》中提出农村地区污水排放标准。本标准与国内外相关标准具体对比情况见表 5-19。

表 5-19 与国内外相关标准对比 单位：mg/L，pH 量纲一

国家或地区	标准分级	pH	悬浮物	化学需氧量	氨氮	动植物油	总磷	总氮	五日生化需氧量
广东省	一级标准	6～9	20	60	8（15）	3	1	20	—
	二级标准		30	70	15	5	—	—	—
	三级标准		50	100	25		—	—	—
	特别排放限值		20	40	5（8）	1	1	20	—
美国	月平均	6～9	30	—	—	—	—	—	30
	周平均		45	—	—	—	—	—	45
欧盟	2 000～10 000 人	—	60	125	—	—	—	—	25
德国	≤1 000 人	—	—	150	—	—	—	—	40
	1 000～5 000 人	—	—	110	—	—	—	—	25
丹麦	5 000～15 000 人	—	—	—	—	—	1.5	8	15
	新建 5 000 人以上	—	—	—	—	—	1.5	—	—
日本	合并处理净化槽	—	20	—	—	—	2～3	25	20
	高度处理净化槽	—	15	—	—	—	1	10	10

注：①氨氮指标括号内的数值为水温≤12℃的控制指标；

②动植物油指标仅针对含提供餐饮服务的农村旅游项目的生活污水处理设施执行。

相较美国《联邦水污染防治法》规定的相关标准，本标准增加了化学需氧量、氨氮、动植物油、总氮、总磷等指标。本标准一级标准和特别排放限值的 SS 排放要求比美国二级标准出水限值的月平均值和周平均值更严格，pH 值与之相同。

与欧盟“2 000～10 000 人”规模标准相比，本标准增加了 pH、氨氮、动植物油、总磷、总氮等指标，且本标准的悬浮物、化学需氧量排放要求更严格；与德国“≤1 000 人”和“1 000～5 000 人”规模标准相比，本标准增加了 pH、悬浮物、氨氮、动植物油、总磷、总氮等指标，且本标准化学需氧量排放要求更严格；与丹麦“5 000～15 000 人”和“新建 5 000 人以上”规模标准相比，本标准增加了 pH、悬浮物、化学需氧量、氨氮、动植物油等指标，且本标准总磷排放要求更严格，但本标准总氮排放要求比“5 000～15 000 人”规模宽松。相较日本的相关标准，本标准增加了 pH、化学需氧量、氨氮、动植物油等指标。本标准一级标准和特别排放限值的总磷、总氮排放要求比日本的“合并处理净化槽”更严格。

（2）与国内相关标准对比

1）与《城镇污水处理厂污染物排放标准》（GB 18918—2002）对比

本标准制定实施前，广东省农村生活污水治理主要参照《城镇污水处理厂污染物排放标准》（GB 18918—2002）执行。

a. 标准控制项目

结合农村生活污水水质特点，本标准控制项目比国家标准 GB 18918—2002 的 12 项基本控制项目减少了五日生化需氧量、石油类、色度、阴离子表面活性剂、粪大肠菌群 5 项指标。

b. 标准限值设定

本标准与国家标准 GB 18918—2002 指标限值对比情况见表 5-20。本标准中一级标准的化学需氧量、悬浮物、氨氮、动植物油与 GB 18918—2002 中的一级 B 标准一致，出水排入封闭水体或总氮、总磷超标的水体时，总磷、总氮与 GB 18918—2002 中的一级 B 标准一致；二级标准的化学需氧量、氨氮介于一级 B 标准和二级标准之间，悬浮物、动植物油与 GB 18918—2002 中的二级标准一致；三级标准的化学需氧量、氨氮、动植物油与 GB 18918—2002 中的二级标准一致，悬浮物与 GB 18918—2002 中的三级标准一致。

表 5-20　与国家标准 GB 18918—2002 指标限值对比情况　　单位：mg/L，pH 量纲一

标准	分类	pH	化学需氧量	悬浮物	氨氮	总氮	总磷	动植物油
本标准	一级标准	6～9	60	20	8（15）	20	1	3
	二级标准	6～9	70	30	15	—	—	5
	二级标准	6～9	100	50	25	—	—	5
	特别排放限值	6～9	40	20	5（8）	20	1	1
GB 18918—2002	一级 A	6～9	50	10	5（8）	15	8（15）	1
	一级 B	6～9	60	20	8（15）	20	1	3
	二级标准	6～9	100	30	25（30）	—	3	5
	三级标准	6～9	120	50	—	—	5	20

注：氨氮指标括号内的数值为水温≤12℃的控制指标。

本标准表 5-18 特别排放限值中的化学需氧量严于 GB 18918 中的一级 A 标准，氨氮、动植物油与 GB 18918 中的一级 A 标准一致，悬浮物、总磷、总氮与 GB 18918 中的一级 B 标准一致。

2）与其他省（区、市）农村生活污水处理排放标准对比

本标准制定时，全国仅有 10 个省（区、市）发布了农村生活污水排放地方标准，但后续全国内地 31 个省、自治区、直辖市均陆续发布了地方农村污水处理排放标准（截至 2021 年年底）。为了综合评价本标准在国内的技术水平，对本标准与内地其他 30 个省

（区、市）农村生活污水处理排放标准进行对比。

a. 标准分级分类

各省（区、市）农村生活污水处理排放标准均结合当地实际情况进行了分级控制。本标准结合广东省农村居民用水差异和水体环境功能要求，根据受纳水体功能和污水处理规模划分了三级标准，此外，还对水环境功能重要、水环境容量较小或者水质未达标的地区的设施设置了特别排放要求。在内地其他 30 个省（区、市）中，仅天津市、上海市、浙江省、安徽省、福建省、山东省、陕西省等 7 个省（市）将标准分为了两级，其他 23 个省（区、市）根据出水排放去向和处理设施规模等情况将标准分为了三级。此外，河北省、江苏省、陕西省 3 个省份针对环境容量较小、生态环境脆弱等需要采取特别保护措施的地区也提出了特别排放限值。

b. 标准限值设定

各省（区、市）农村生活污水处理排放标准的主要指标限值区间见图 5-18。与其他省（区、市）相关地方标准相比，除北京、天津、河北外，本标准排放限值总体与其他省（区、市）的地方标准限值基本相当，而特别排放限值严于大部分其他省（区、市）地方标准。

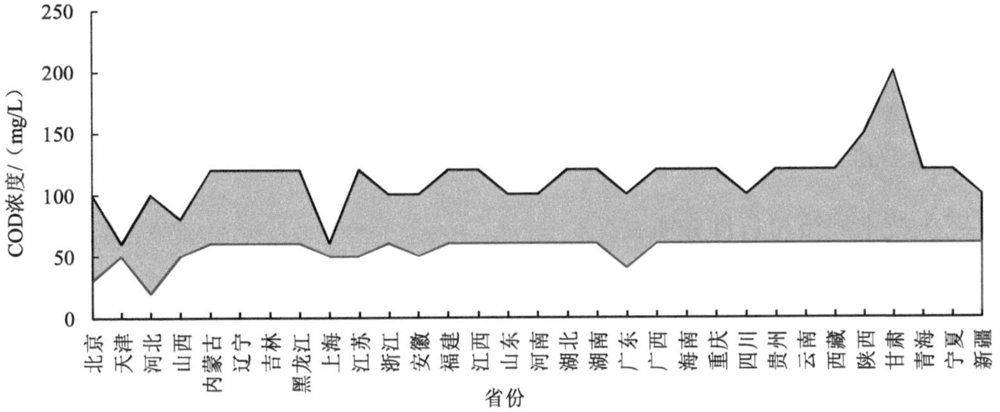

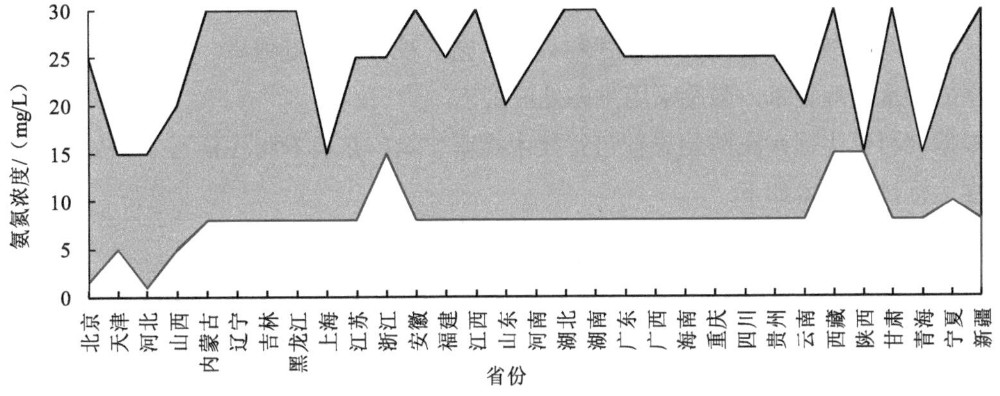

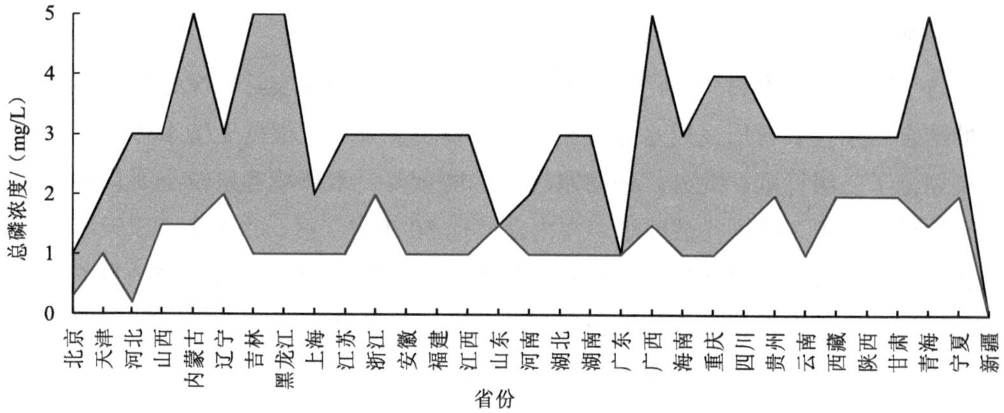

图 5-18　各省（区、市）农村生活污水处理排放标准的主要指标限值区间

综上所述，本标准与美国、欧盟、日本等国外相关标准相比，本标准控制指标更为全面，指标整体达到国际严格水平，部分指标严于国际严格水平；与国家标准《城镇污水处理厂污染物排放标准》（GB 18918—2002）相比，本标准控制项目较其有所减少，标准限值设定较其有适当放宽；与其他省（区、市）相关地方标准相比，本标准分级方式不同，除北京、天津、河北外，排放限值与其他省（区、市）的地方标准限值基本相当，而特别排放限值严于大部分其他省（区、市）地方标准。因此，本标准既做到充分吸取国内外相关标准的经验，又不生搬硬套，尽量使控制指标选取和排放限值设定科学合理。

（三）技术经济可行性分析

城镇生活污水处理工艺较成熟，各种一体化设备、组合处理技术很多，但由于农村生活污水比较分散，规模较小且不易集中，使其处理不能沿用和照搬大、中型规模城市污水处理工艺及设计参数。农村生活污水处理应根据农村的区位条件、村庄人口聚集程度、污水产生规模，因地制宜采用污染治理与资源利用相结合、工程措施与生态措施相结合、集中与分散相结合的建设模式和处理工艺。积极推广低成本、低能耗、易维护、高效率的污水处理技术，鼓励采用生态处理工艺。

根据《村镇生活污染防治最佳可行技术指南》及广东省农村生活污水的处理情况，本标准达标排放技术如下：

1．技术可行性分析

特别排放限值：pH 为 6～9，化学需氧量为 40 mg/L，悬浮颗粒物为 20 mg/L，氨氮为 5 mg/L（水温高于 12℃时，为 8 mg/L），动植物油为 1 mg/L，总氮为 20 mg/L，总磷为 1 mg/L。采用雨污分流排水体制的农村生活污水处理设施采用生物处理技术+生态处理技术（如水解/厌氧+缺氧+好氧+膜生物反应器+人工湿地，见图 5-19），出水水质均可以满足上述排放限值的要求；采用雨污合流排水体制的农村生活污水处理设施采用生物处理技术+生态处理技术（如水解/厌氧+缺氧+好氧/接触氧化+人工湿地/土地快速渗滤/稳定塘，见图 5-20）、生物处理技术（如水解/厌氧+缺氧+好氧/接触氧化，见图 5-21），出水水质均可以满足上述排放限值的要求（表 5-21）。

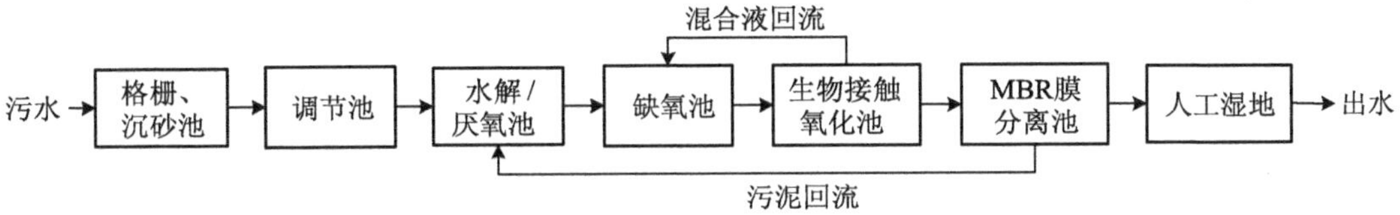

图 5-19 水解/厌氧+缺氧+好氧+膜生物反应器+人工湿地工艺流程

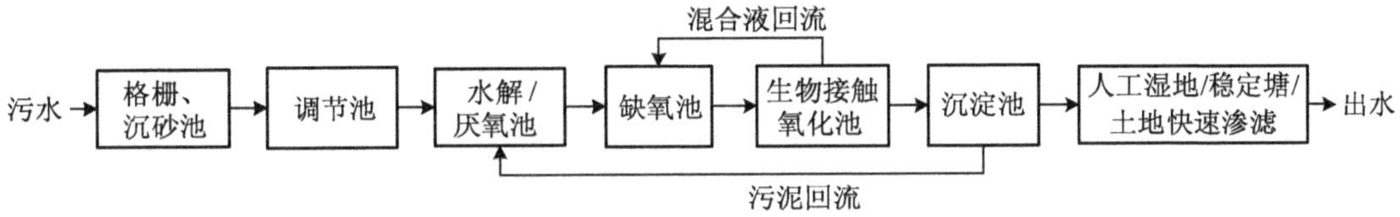

图 5-20 水解/厌氧+缺氧+好氧/接触氧化+人工湿地及其改良技术工艺流程

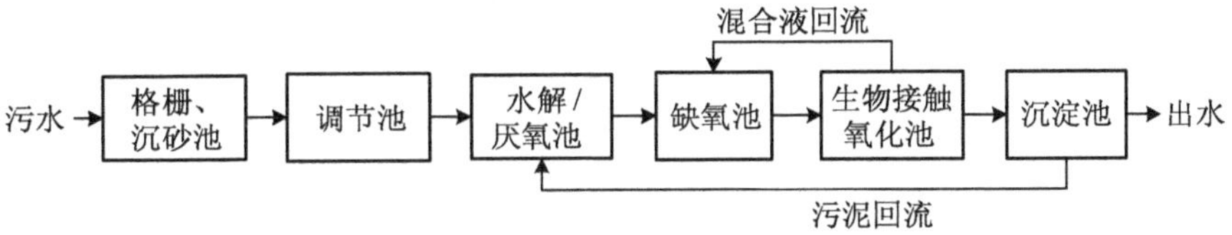

图 5-21 水解/厌氧+缺氧+好氧/接触氧化工艺流程

表 5-21 适用特别排放限值的主要处理技术及适用范围

排水体制	污水处理技术	适用范围
雨污分流制	水解/厌氧+缺氧+好氧+膜生物反应器+人工湿地	出水水质要求高、经济较为发达、人口较多、用地紧张的农村，处理规模建议不大于 300 m^3/d
雨污合流制	水解/厌氧+缺氧+好氧/接触氧化+人工湿地及其改良技术	出水水质要求高、土地面积较丰富、地势条件易于收集污水并能通过自流出水且规模适中的村庄，处理规模建议不大于 500 m^3/d
	水解/厌氧+缺氧+好氧/接触氧化+土地快速渗滤	出水水质要求高、土地面积较丰富、土壤渗透性较强且为粗粒结构的沙壤或沙土农村地区，处理规模建议不大于 300 m^3/d
	水解/厌氧+缺氧+好氧/接触氧化+稳定塘	出水水质要求高、拥有自然池塘或闲置沟渠，地势条件易于收集污水，并能通过自流出水且规模适中的村庄，处理规模建议不大于 200 m^3/d
	水解/厌氧+缺氧+好氧/接触氧化	出水水质要求高、经济较为发达、人口较多、用地紧张的农村，处理规模建议不大于 500 m^3/d

一级标准：pH 为 6～9，化学需氧量为 60 mg/L，悬浮颗粒物为 20 mg/L，氨氮为 8 mg/L（水温高于 12℃时，为 15 mg/L），动植物油为 3 mg/L，出水排入封闭水体或总氮、总磷超标的水体时，总氮为 20 mg/L、总磷为 1 mg/L。采用雨污分流排水体制的农村生活污水处理设施采用生物处理技术（如水解/厌氧+缺氧+好氧+膜生物反应器，见图 5-22），有总磷控制要求的辅以化学除磷，出水水质均可以满足上述排放限值要求；采用雨污合流排水体制的农村生活污水处理设施采用生物处理技术+生态处理技术（如水解/厌氧+缺氧+好氧/接触氧化+人工湿地/土地快速渗滤/稳定塘，见图 5-20）、生物处理技术（如水解/厌氧+缺氧+好氧/接触氧化，见图 5-21），有总磷控制要求的辅以化学除磷，出水水质均可以满足上述排放限值要求（表 5-22）。

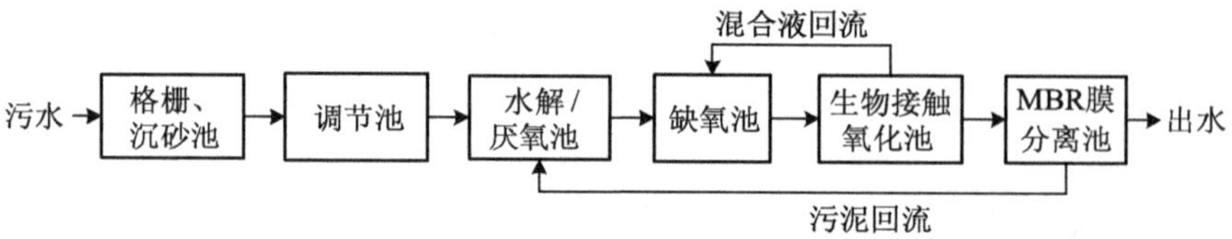

图 5-22　水解/厌氧+缺氧+好氧+膜生物反应器工艺流程

表 5-22　适用一级标准的主要处理技术及适用范围

排水体制	污水处理技术	适用范围
雨污分流制	水解/厌氧+缺氧+好氧+膜生物反应器	出水水质要求高、经济较为发达、人口较多、用地紧张的农村，处理规模建议不大于 300 m³/d
雨污合流制	水解/厌氧+缺氧+好氧/接触氧化+人工湿地及其改良技术	出水水质要求高、土地面积较丰富、地势条件易于收集污水并能通过自流出水且规模适中的村庄，处理规模建议不大于 500 m³/d
	水解/厌氧+缺氧+好氧/接触氧化+土地快速渗滤	出水水质要求高、土地面积较丰富、土壤渗透性较强且为粗粒结构的沙壤或沙土农村地区，处理规模建议不大于 300 m³/d
	水解/厌氧+缺氧+好氧/接触氧化+稳定塘	出水水质要求高、拥有自然池塘或闲置沟渠，地势条件易于收集污水，并能通过自流出水且规模适中的村庄，处理规模建议不大于 200 m³/d
	水解/厌氧+缺氧+好氧/接触氧化	出水水质要求高、经济较为发达、人口较多、用地紧张的农村，处理规模建议不大于 500 m³/d

二级标准：pH 为 6～9，化学需氧量为 70 mg/L，悬浮颗粒物为 30 mg/L，氨氮为 15 mg/L，动植物油为 5 mg/L。采用雨污分流排水体制的农村生活污水处理设施采用生物处理技术+生态处理技术（如水解/厌氧+缺氧+好氧/接触氧化+人工湿地/土地快速渗滤/稳定塘，见图 5-20）、生物处理技术（如水解/厌氧+缺氧+好氧/接触氧化，见图 5-21），出水水质均可以满足上述排放限值的要求；采用雨污合流排水体制的农村生活污水处理设施采用生物处理技术（如水解/厌氧+缺氧+好氧/接触氧化，见图 5-21）、生物处理技术+生态处理技术（如水解/厌氧+人工湿地/土地快速渗滤/稳定塘，见图 5-23），出水水质均可以满足上述排放限值的要求（表 5-23）。

图 5-23　水解/厌氧+人工湿地/土地快速渗滤/稳定塘工艺流程

表 5-23　适用二级标准的主要处理技术及适用范围

排水体制	污水处理技术	适用范围
雨污分流制	水解/厌氧+缺氧+好氧/接触氧化+人工湿地及其改良技术	出水水质要求高、土地面积较丰富、地势条件易于收集污水并能通过自流出水且规模适中的村庄，处理规模建议不大于 500 m³/d
	水解/厌氧+缺氧+好氧/接触氧化+土地快速渗滤	出水水质要求高、土地面积较丰富、土壤渗透性较强且为粗粒结构的沙壤或沙土农村地区，处理规模建议不大于 300 m³/d
	水解/厌氧+缺氧+好氧/接触氧化+稳定塘	出水水质要求高、拥有自然池塘或闲置沟渠，地势条件易于收集污水，并能通过自流出水且规模适中的村庄，处理规模建议不大于 200 m³/d
	水解/厌氧+缺氧+好氧/接触氧化	出水水质要求高、经济较为发达、人口较多、用地紧张的农村，处理规模建议不大于 500 m³/d
雨污合流制	水解/厌氧+人工湿地	土地面积较丰富、地势条件易于收集污水并能通过自流出水且规模适中的村庄，处理规模建议不大于 500 m³/d
	水解/厌氧+土地快速渗滤	土地面积较丰富、土壤渗透性较强且为粗粒结构的沙壤或沙土农村地区，处理规模建议不大于 300 m³/d
	水解/厌氧+稳定塘	拥有自然池塘或闲置沟渠，地势条件易于收集污水，并能通过自流出水且规模适中的村庄，处理规模建议不大于 200 m³/d

三级标准：pH 为 6～9，化学需氧量为 100 mg/L，悬浮颗粒物为 50 mg/L，氨氮为 25 mg/L，动植物油为 5 mg/L。采用雨污分流排水体制的农村生活污水处理设施采用生物处理技术+生态处理技术（如水解/厌氧+人工湿地/土地快速渗滤/稳定塘，见图 5-23），出水水质均可以满足上述排放限值的要求；采用雨污合流排水体制的农村生活污水处理设施采用生态处理技术（如人工湿地/土地快速渗滤/稳定塘，见图 5-24），出水水质均可以满足上述排放限值的要求（表 5-24）。

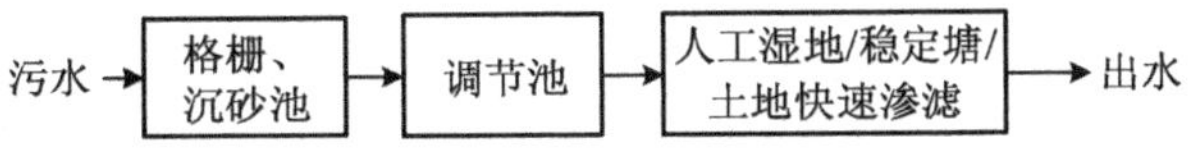

图 5-24　人工湿地/土地快速渗滤/稳定处理工艺流程

表 5-24　适用三级标准的主要处理技术及适用范围

排水体制	处理技术	适用范围
雨污分流制	水解/厌氧+人工湿地	土地面积较丰富、地势条件易于收集污水并能通过自流出水且规模适中的村庄，处理规模建议不大于 500 m³/d
	水解/厌氧+土地快速渗滤	土地面积较丰富、土壤渗透性较强且为粗粒结构的沙壤或沙土农村地区，处理规模建议不大于 300 m³/d
	水解/厌氧+稳定塘	拥有自然池塘或闲置沟渠，地势条件易于收集污水，并能通过自流出水且规模适中的村庄，处理规模建议不大于 200 m³/d
雨污合流制	人工湿地	资金短缺、土地面积相对丰富的农村地区
	土地快速渗滤法	资金短缺、土地面积相对丰富的农村地区
	稳定塘	中低污染物浓度的生活污水处理；有山沟、水沟、低洼地或池塘，土地面积相对丰富的农村地区

2. 经济效益分析

城镇生活污水处理工艺较成熟，各种一体化设备、组合处理技术很多。由于农村比较分散，污水排放量较小且不易集中，不能沿用照搬大、中型规模城市污水处理工艺及设计参数。农村生活污水处理应根据农村的区位条件、村庄人口聚集程度、污水产生规模，因地制宜采用污染治理与资源利用相结合、工程措施与生态措施相结合、集中与分散相结合的建设模式和处理工艺。积极推广低成本、低能耗、易维护、高效率的污水处理技术，鼓励采用生态处理工艺。

农村生活污水处理工艺的工程投资及运行成本见表 5-25。对于部分由于面积大、人居分布分散导致污水管网建设成本高昂的自然村落，可采用分户式处理（处理规模不大于 5 m^3/d）方式，选用市场上较为成熟的污水净化箱（根据出水水质要求采用多级 A/O 串联处理污染物）、复合生态净水罐（采用陆生植物和通过优化基质“人工土壤”的配比，依靠“人工土壤”基质中种群丰富和数量庞大的土壤真菌类微生物、胞外酶以及植物对各种污染物的降解和气化作用，可根据出水水质要求采用多级串联）等一体化设备对农村生活污水进行处理。

表 5-25　农村生活污水处理工艺的工程投资及运行成本

序号	排水体制	适用处理工艺	出水标准	适用规模/(m^3/d)	工程投资/(元/m^3)	运行成本/(元/m^3)
1	雨污分流制	水解/厌氧+缺氧+好氧+膜生物反应器+人工湿地	特别排放限值	300～500	12 000～28 000	0.8～1.5
2		水解/厌氧+缺氧+好氧+膜生物反应器	一级标准	200～500	6 500～25 000	0.6～1.2
3		水解/厌氧+缺氧+好氧/接触氧化+人工湿地	二级标准	≤500	6 000～23 000	0.45～1.00
4		水解/厌氧+缺氧+好氧/接触氧化+土地快速渗滤		≤300	5 500～22 000	0.4～1.0
5		水解/厌氧+缺氧+好氧/接触氧化+稳定塘		≤200	5 500～22 000	0.4～1.0
6		水解/厌氧+缺氧+好氧/接触氧化		≤500	4 000～20 000	0.4～0.8
7		水解/厌氧+人工湿地	三级标准	≤500	3 500～16 000	0.15～0.60
8		水解/厌氧+土地快速渗滤		≤300	3 000～15 000	0.15～0.60
9		水解/厌氧+稳定塘		≤200	3 000～15 000	0.15～0.60
10	雨污合流制	水解/厌氧+缺氧+好氧/接触氧化+人工湿地	特别排放限值、一级标准	≤500	4 000～20 000	0.3～0.8
11		水解/厌氧+缺氧+好氧/接触氧化+土地快速渗滤		≤300	5 000～20 000	0.4～0.8
12		水解/厌氧+缺氧+好氧/接触氧化+稳定塘		≤200	4 000～20 000	0.3～0.8
13		水解/厌氧+缺氧+好氧/接触氧化		≤500	3 000～18 000	0.2～0.8
14		水解/厌氧+人工湿地	二级标准	≤500	3 000～15 000	0.15～0.60
15		水解/厌氧+土地快速渗滤		≤300	2 000～13 000	0.15～0.60
16		水解/厌氧+稳定塘		≤200	2 000～13 000	0.15～0.60
17		人工湿地/土地快渗滤/稳定塘	三级标准	≤20	1 000～10 000	0.15～0.40

注：①表中工程投资为污水处理设施直接工程费用投资，不含管网投资及工程建设其他费用；

②表中运行成本为直接运行费用，不含管网运维费用。

（四）环境效益分析

《2017年广东省国民经济和社会发展统计公报》数据显示，全省农村常住人口3 367.45万人，按照人均生活污水产生量60 L/d估算，农村生活污水总量约为202.04万m^3/d。根据《关于全域推进农村人居环境整治建设生态宜居美丽乡村的实施方案的通知》《广东省打赢农业农村污染治理攻坚战实施方案》，2020年全省农村生活污水治理率提高至40%以上，处理水量约为29 498万m^3/a。随着乡村振兴的不断推进，农村生活污水治理率将进一步提升，直至实现全覆盖。按照农村生活污水治理率达40%和100%，分别估算标准实施的环境效益。

1．治理率40%

以化学需氧量、氨氮两项主要控制项目为例，出水执行一级标准，即化学需氧量60 mg/L、氨氮8 mg/L，实施本标准后，预计到2020年全省农村地区每年化学需氧量减排7.41万t、氨氮减排0.65万t；出水执行二级标准，即化学需氧量70 mg/L、氨氮15 mg/L，每年化学需氧量减排7.25万t、氨氮减排0.55万t；出水执行三级标准，即化学需氧量100 mg/L、氨氮25 mg/L，每年化学需氧量减排3.79万t、氨氮减排0.39万t；出水执行特别排放限值，即化学需氧量40 mg/L、氨氮5 mg/L，每年化学需氧量减排7.72万t、氨氮减排0.70万t。因此，执行本标准后，2020年化学需氧量可减排6.79万～7.72万t/a，削减率19.5%～22.7%，氨氮可以减排0.39万～0.70万t/a，削减率11.2%～22.0%，具体见表5-26。

表5-26 农村生活污水治理率40%时主要污染物削减量估算表 单位：万t/a

执行标准		化学需氧量	氨氮
执行一级标准	浓度限值/（mg/L）	60	8
	现状排放量	34.25	3.23
	实施后排放量	26.85	2.58
	削减量	7.41	0.65
执行二级标准	浓度限值/（mg/L）	70	15
	现状排放量	34.41	3.34
	实施后排放量	27.15	2.80
	削减量	7.25	0.55
执行三级标准	浓度限值/（mg/L）	100	25
	现状排放量	34.87	3.50
	实施后排放量	28.08	3.10
	削减量	6.79	0.39
执行特别排放限值	浓度限值/（mg/L）	40	5
	现状排放量	33.94	3.19
	实施后排放量	26.23	2.49
	削减量	7.72	0.70
合计	削减量	6.79～7.72	0.39～0.70

2. 治理率 100%

以化学需氧量、氨氮两项主要控制项目为例，出水执行一级标准，即化学需氧量 60 mg/L、氨氮 8 mg/L，实施本标准后，预计全省农村生活污水治理率 100%时，农村地区每年化学需氧量减排 29.63 万 t、氨氮减排 2.52 万 t；出水执行二级标准，即化学需氧量 70 mg/L、氨氮 15 mg/L，每年化学需氧量减排 29.01 万 t、氨氮减排 2.19 万 t；出水执行三级标准，即化学需氧量 100 mg/L、氨氮 25 mg/L，每年化学需氧量减排 27.16 万 t、氨氮减排 1.57 万 t；出水执行特别排放限值，即化学需氧量 40 mg/L、氨氮 5 mg/L，每年化学需氧量减排 30.86 万 t、氨氮减排 2.80 万 t。因此，当农村污水处理治理率达到 100%时，COD 可减排 27.16 万～30.86 万 t/a，削减率 77.9%～90.9%；氨氮可减排 1.57 万～2.80 万 t/a，削减率 44.9%～87.9%，将大大减轻农村生活污水对水环境的污染，具体见表 5-27。

表 5-27 农村生活污水治理率 100%时主要污染物削减量估算表　　单位：万 t/a

执行标准		化学需氧量	氨氮
执行一级标准	浓度限值/（mg/L）	60	8
	现状排放量	34.25	3.23
	实施后排放量	4.62	0.62
	削减量	29.63	2.62
执行二级标准	浓度限值/（mg/L）	70.00	15.00
	现状排放量	34.41	3.34
	实施后排放量	5.39	1.16
	削减量	29.01	2.19
执行三级标准	浓度限值/（mg/L）	100.00	25.00
	现状排放量	34.87	3.50
	实施后排放量	7.71	1.93
	削减量	27.16	1.57
执行特别排放限值	浓度限值/（mg/L）	40.00	5.00
	现状排放量	33.94	3.19
	实施后排放量	3.08	0.39
	削减量	30.86	2.80
合计	削减量	27.16～30.86	1.57～2.80

本标准的发布与实施，除主要污染物减排所带来的环境效益外，必将有效推动农村生活污水治理，改善农村村容村貌，推动美丽乡村建设进程，为广东省打好碧水保卫战、农业农村污染防治攻坚战、实施乡村振兴战略提供有力支撑和保障。

第三节 广东省水污染物综合排放标准实施评估研究

一、标准实施评估背景

现行广东省《水污染物排放限值》（DB 44/26—2001）（以下简称《限值》）是对广东省《水污染物排放标准》（DB 44/26—1989）的修订，于 2001 年 8 月颁布实施。修订后的《限值》适应了当时广东省水环境管理的需要，对全省实现国家环境保护规划、控制水环境污染、改善水环境质量、维护生态平衡、保护人民群众身体健康具有重要意义。《限值》实施 20 年多来，广东省社会经济发展水平、治理技术水平、环境保护形势已发生巨大变化。同时，近年来行业型污染物排放标准、流域型污染物排放标准和通用型污染物排放标准不断出台，《限值》的作用和定位也发生了改变。根据《生态环境标准管理办法》和《广东省标准化条例》关于组织评估标准实施情况、并根据评估结果对标准适时进行修订的相关规定，为全面了解污染物排放标准执行情况，2021 年广东省生态环境厅组织开展了《限值》实施情况的评估工作，为后续修订标准和完善环境管理、持续提升标准的科学性和可操作性提供依据。

二、重点行业主要水污染物排放现状

1. 总体排放情况

第二次全国污染源普查数据显示，广东省工业源废水排放量共计 14.087 亿 m^3。全省工业源排放的水污染物主要为化学需氧量（75 858.96 t）、氨氮（2 848.25 t）、总氮（13 092.85 t）、总磷（662.67 t）、石油类（890.08 t）、挥发酚（1 311.16 kg）、氰化物（1 664.63 kg），以及重（类）金属总砷（3 878.71 kg）、总铅（2 618.87 kg）、总镉（260.21 kg）、总铬（5 863.54 kg）和总汞（15.34 kg）。

近年来，广东省国/省考断面超标因子主要为溶解氧、总磷、氨氮、化学需氧量和高锰酸盐指数等，对全省各行业化学需氧量、氨氮、总氮和总磷等重点污染物的排放量占比进行计算，4 种水污染物排放量占比的均值合计达 80%以上的行业共 8 个，依次为 17 纺织业，13 农副食品加工业，39 计算机、通信和其他电子设备制造业，22 造纸和纸制品业，14 食品制造业，33 金属制品业和 26 化学原料和化学制品制造业（图 5-25）。其中纺织业、农副食品加工业、造纸和纸制品业的化学需氧量、氨氮、总氮排放量总体较高，计算机、通信和其他电子设备制造业的氨氮和总氮排放量相对较高。

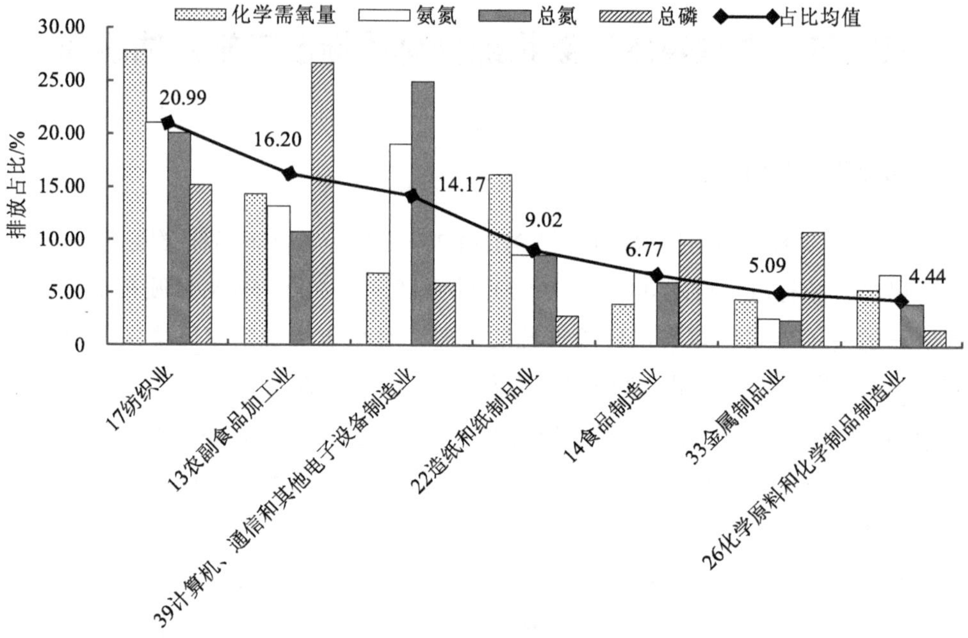

图 5-25　广东省工业源重点行业污染物排放量占比

全省工业源化学需氧量、氨氮、总氮、总磷主要排放行业主要分布在珠三角地区（75%～76%），其次为粤东（9%～10%）、粤北（7%～9%）和粤西（6%～7%）。企业以小微型企业（72%～74%）为主，其次为中型企业（21%～23%），大型企业（5%）相对较少。化学需氧量、氨氮、总氮、总磷等重点水污染物排放企业的地区分布和企业规模占比均值如图 5-26 所示。

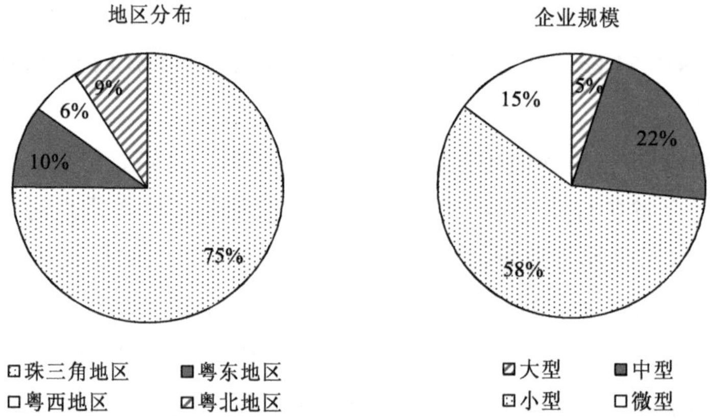

图 5-26　主要排放行业相关企业的地区分布和企业规模

2. 执行《限值》企业排放情况

《国民经济行业分类》（GB/T 4754—2017）共涉及 39 个环境统计大类行业，64 项国家行业型水污染物排放标准所适用的行业共涉及其中的 30 个大类行业、178 个小类行业，其余 498 个小类行业（共涉及 38 个大类行业）水污染物暂无国家行业型排放标准，原则上应执行《限值》。

根据第二次全国污染源普查数据，广东省执行《限值》的企业第一类污染物总砷、总铅、总镉、总铬、总汞排放量占比 4.52%～13.24%，第二类污染物化学需氧量、氨氮、总氮、总磷、石油类、挥发酚、氰化物排放量占比 3.28%～65.54%（表 5-28）。其中 4 种重点污染物化学需氧量、氨氮、总氮、总磷排放占比 24.05%～41.91%，排放占比均值合计达 80%以上的行业共 6 个，依次为 14 食品制造业，13 农副食品加工业，26 化学原料和化学制品制造业，18 纺织服装、服饰业，33 金属制品业和 17 纺织业（图 5-27）。食品制造业、农副食品加工业的化学需氧量、氨氮、总氮排放量总体较高，化学原料和化学制品制造业的氨氮和总氮排放量相对较高。

表 5-28　执行国家行业型排放标准及《限值》的企业污染物排放量及占比

污染物	单位	执行国家行业型排放标准企业		执行《限值》的企业	
		排放量	排放占比/%	排放量	排放占比/%
化学需氧量	t	54 763.05	72.22	21 069.64	27.78
氨氮	t	2 125.46	74.67	720.85	25.33
总氮	t	9 938.90	75.95	3 146.79	24.05
总磷	t	383.86	58.09	276.89	41.91
石油类	t	306.73	34.46	583.35	65.54
挥发酚	kg	1 268.11	96.72	43.05	3.28
氰化物	kg	1 350.69	81.14	313.94	18.86
总砷	kg	3 703.53	95.48	175.18	4.52
总铅	kg	2 295.19	87.64	323.68	12.36
总镉	kg	246.11	94.58	14.10	5.42
总铬	kg	5 087.22	86.76	776.32	13.24
总汞	kg	13.73	89.50	1.61	10.50
平均占比/%		78.93		21.66	

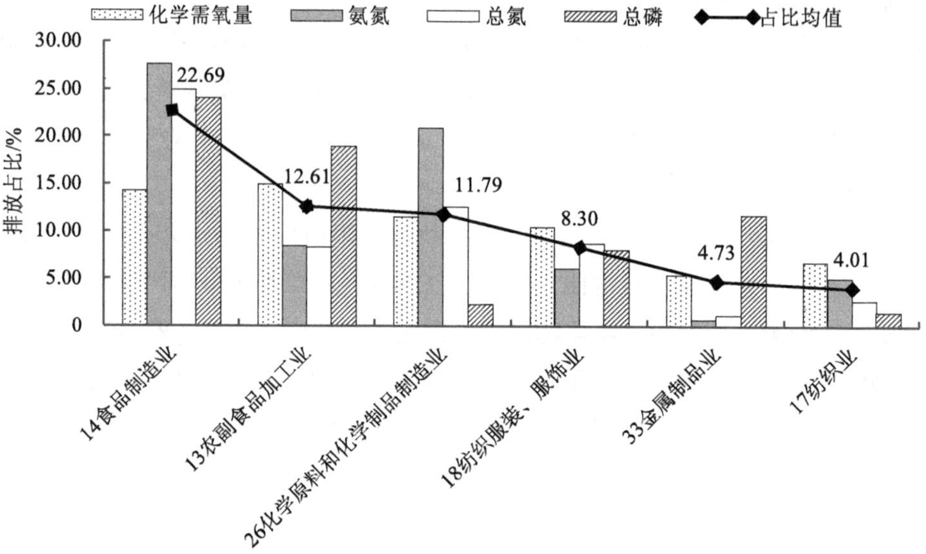

图 5-27 广东省执行《限值》的行业污染物排放量占比

三、标准实施评估思路与方法

《限值》的实施评估主要参照《国家污染物排放标准实施评估工作指南（试行）》（环办科技〔2016〕94 号）的要求，开展资料收集及调研工作，结合资料、数据及调研结果，分析污染物排放标准执行情况、标准实施的环境效益、经济成本、达标技术和达标率等，评估标准实施情况及提出建议。

（一）评估原则

标准的实施评估主要包括四个原则，即完整性原则、重点突出原则、客观性原则和广泛参与原则。

1. 完整性原则

评估工作应覆盖《限值》的全部内容，包括标准的适用范围、规范性引用文件、术语和定义、污染物项目和限值、污染物监测要求、实施与监督等。

2. 重点突出原则

评估工作应重点关注标准制定过程中与标准实施后管理部门、企业和公众普遍反映的问题，重点评估标准执行情况，分析标准实施的环境效益、经济成本、达标技术和达标率。

3. 客观性原则

标准制定单位不能作为标准评估工作主承担单位。评估工作过程应公开、公正、公平，分析所用数据和资料客观、有代表性，分析方法科学合理，论据充分。

4. 广泛参与原则

评估工作应广泛听取生态环境部门、行业主管部门或行业协会、排污企业、污染治理公司以及行业专家等各方面的意见。

（二）技术路线

广东省《限值》实施评估工作总体分为三个阶段，技术路线见图 5-28。

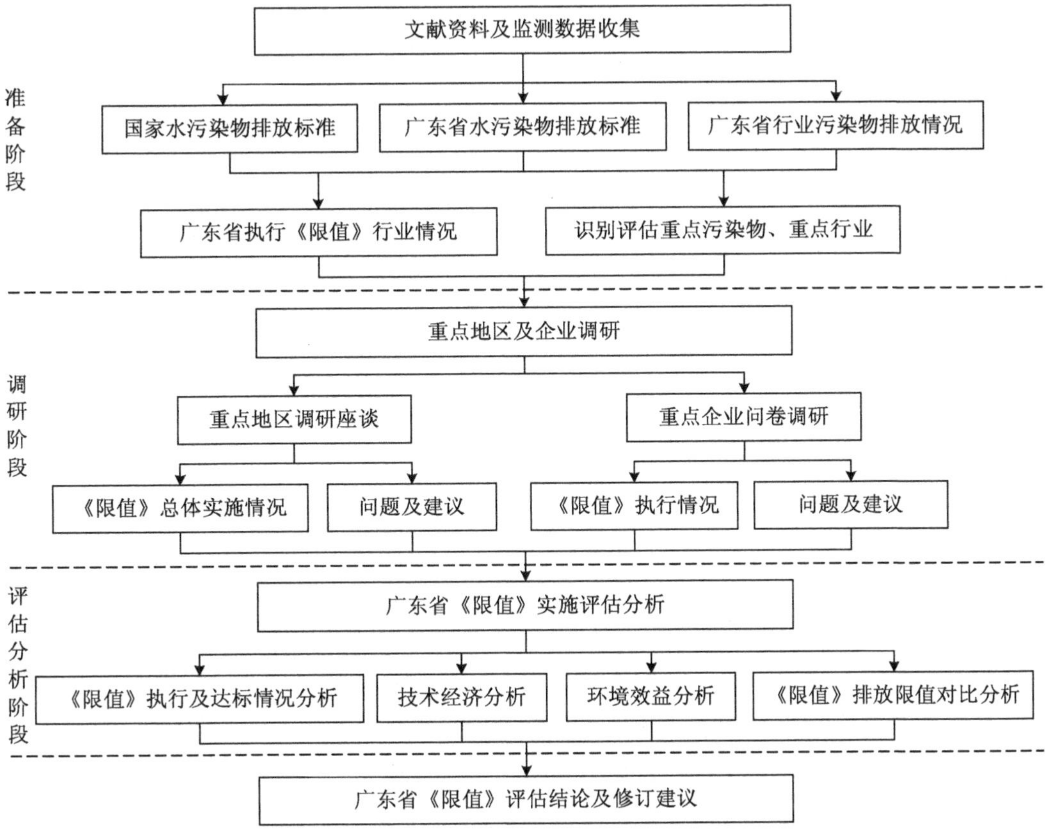

图 5-28　广东省《限值》实施评估技术路线

准备阶段，主要开展相关文献资料和监测数据收集，梳理国家及广东省地方水污染物排放标准，统计全省应执行《限值》的各行业的水污染物排放情况，确定评估重点污染物及重点污染行业，制定标准评估实施方案。

调研阶段，主要编制《〈水污染物排放限值〉（DB 44/26—2001）实施评估调查表》，对全省执行该标准的重点行业企业进行问卷调查，并与地市相关部门就该标准的实施情况开展调研座谈，深入了解标准执行过程中的问题及有关建议。

评估分析阶段，主要汇总、分析收集到的各种资料、数据，对标准执行及达标情况、技术可达性、经济可行性、环境效益进行分析论证，并与国家及其他省份水污染物排放标准限值进行对比，研究提出评估结论及相应建议，编制标准实施评估报告。

（三）评估方法

1. 调研座谈

与地方生态环境主管部门或行业协会、企业代表等开展座谈，重点了解：①标准执行的总体情况、标准执行中遇到的困难；②标准中污染物项目和限值设置是否合理，监测和监管能否满足需求；③标准实施前后行业发展变化，包括行业污染治理技术的变化情况；④企业污染物排放的实际情况、采取的治理技术、一次性投资和运维费用等；⑤标准实施后地方出台的行业相关规划、法规、标准、技术指南以及提标改造等管理文件。

2. 样本筛选

样本筛选要符合代表性的原则，选择的样本能够体现所在地区及所属行业的特点。针对不同行业，对收集到的文献与资料进行汇总分析，采取分区、分层、分类的方法筛选出重点区域和有代表性的典型企业，针对典型企业开展调研、现场监测（如有必要）等工作。①分区：按照环境管理水平和产业集中度划分重点区域与非重点区域；②分层：按照企业的规模或者污染物排放量大小，区分大、中、小型企业；③分类：按照不同工艺、污染治理技术、产品种类、原料等，区分不同类型的企业。

3. 问卷调研

了解行业、企业的标准执行及污染物排放有关情况，补充资料数据，为判断标准实施情况和编制评估报告提供依据。重点了解标准实施后企业的生产规模、产品产量、工艺、污染物产生及排放情况、污染治理技术及经济投入、运维成本、企业自行监测数据等。问卷调查对象应覆盖各区、各层、各类。一般情况下，不少于行业企业总数的 10%或不少于 100 家企业，且每区、每层、每类至少选取 3 家企业，少于 3 家的企业全部作为问卷调查对象。调查表可结合实地调研现场填写，也可由生态环境部门协调，委托有关地市生态环境部门下发企业填写。

4. 达标情况分析

汇总分析各地区实际执行标准的情况，对比分析实际执行标准和被评估标准规定的污染物项目及限值、环境管理要求等差异。基于现有收集数据和典型企业现场监测数据的统计分析，给出被评估标准的达标率（达到标准的样本数量占样本总数的百分比）。

5. 技术经济分析

列出重点行业污染物达标排放采取的主要治理技术，分析不同技术的适用性和污染治理效果。结合典型污染治理技术的应用情况，对企业执行标准过程中的达标情况、技术可达性进行说明。针对典型企业做案例分析，对增加的基建投资、运维成本和其他成本等企业执行标准的费用进行测算，评估经济可行性。

6. 环境效益评估

评估标准实施后污染物排放量的变化情况，分析全行业污染物排放量的变化，或典型地区和典型企业污染物排放量的变化。

7. 标准对比分析

汇总分析广东省实际执行标准（包括地方标准）的情况，对比分析实际执行标准和被评估标准规定的污染物项目及限值、环境管理要求等差异。

8. 评估结论与建议

评估结论是对评估报告的总结，应清晰、明了、高度概括，与评估报告中各章节观点统一；所提建议和措施应具体、明确，有针对性、建设性和前瞻性，充分考虑未来五年行业发展对标准和环境管理的要求，以及标准对行业的影响。

四、标准实施情况评估

（一）标准主要内容

1. 适用范围

该标准适用于广东省境内除船舶、船舶工业、海洋石油开发工业、航天推进剂使用、兵器工业、污水海洋处置工程等行业外的现有单位水污染物的排放管理，建设项目环境影响评价，环境保护设施设计，竣工验收及其投产后的排放管理。

2. 控制区划分

根据《地表水环境质量标准》（GHZB 1）和《海水水质标准》（GB 3097），全省水域、海域划分为三类控制区：①特殊控制区，指根据 GHZB 1 划分为Ⅰ类、Ⅱ类的水域和Ⅲ类水域中划定的保护区、游泳区及 GB 3097 划分为一类的海域；②一类控制区，指根据 GHZB 1 划分为Ⅲ类的水域（划定的保护区、游泳区除外）以及 GB 3097 划分为二类的海域；③二类控制区，指根据 GHZB 1 划分为Ⅳ类、Ⅴ类的水域和 GB 3097 划分为三类、四类的海域。

3. 时段划分

《限值》规定，建设项目根据建设时间，其水污染物排放和部分行业最高允许排水量分别执行下列规定：2002 年 1 月 1 日前建设的项目，水污染物的排放和部分行业最高允许排水量执行第一时段标准值，即同时执行该标准表 1、表 2、表 3 规定的限值；2002 年 1 月 1 日起建设的项目，水污染物的排放和部分行业最高允许排水量执行第二时段标准值，即同时执行该标准表 1、表 4、表 5 规定的限值。

4. 主要指标及限值要求

《限值》共规定了 41 种（第一时段）、74 种（第二时段）水污染物排放限值，包括总砷、总铅、总镉、总铬、六价铬、总汞等 16 种第一类污染物，以及 SS、BOD_5、COD、石油类、氨氮、挥发酚、总氰化物等第二类污染物（第一时段共 25 种，第二时段共 58 种）。此外，该标准规定了 26 种（第一时段）、30 种（第二时段）行业的最高允许排水量。

《限值》针对污水排放去向设置了三种排放标准：①特殊控制区内禁止新建排污口，现有排污口执行一级标准且不得增加污染物排放总量；排入一类控制区的污水执行一级标准；②排入二类控制区的污水执行二级标准；③城镇二级污水处理厂的污水执行三级标准。

（二）评估工作过程

1. 重点地区调研座谈

2021 年 10—11 月，与广州、佛山、梅州、东莞、中山、湛江、揭阳等 7 个地市生态环境主管部门就《限值》实施情况开展调研座谈，重点了解《限值》执行总体情况、《限值》执行中遇到的问题、《限值》中污染物项目和限值设置是否合理、监测和监管能否满足需求，以及具体的修订建议等。

2. 重点企业问卷调研

（1）评估重点行业识别

除执行 64 项国家行业型标准的 178 个小类行业（共涉及 30 个大类行业）外，其余 498 个小类行业（共涉及 38 个大类行业）水污染物暂无行业型排放标准，原则上应执行《限值》。对上述 498 个行业企业的化学需氧量、氨氮、总氮、总磷等重点水污染物排放量进行统计分析，全省四种水污染物排放量占比的均值合计超过 80%以上的行业共 6 个（图 5-27）。在上述 6 个重点大类行业中，分别筛选出四种水污染物排放量占比的均值合计超过 80%的小类行业，形成《限值》实施情况调查的重点行业（表 5-29）。将 13 农副食品加工业和 14 食品制造业类企业统归于食品加工制造业，17 纺织业和 18 纺织服装、服饰业类企业统归于纺织服装业，评估调查的重点行业确定为食品加工制造业、纺织服装业（不含印染）、化学原料和化学制品制造业、金属制品业等四大行业。

表 5-29 《限值》实施情况调查重点行业

序号	类别	行业大类	行业类别代码	类别名称
1	食品加工制造业	13 农副食品加工业	1361	水产品冷冻加工
			1362	鱼糜制品及水产品干腌制加工
			1371	蔬菜加工
			1373	水果和坚果加工
			1392	豆制品制造
		14 食品制造业	1422	蜜饯制作
			1431	米、面制品制造
			1452	水产品罐头制造
			1453	蔬菜、水果罐头制造
			1462	酱油、食醋及类似制品制造
			1469	其他调味品、发酵制品制造
			1495	食品及饲料添加剂制造
2	纺织服装业（不含印染）	17 纺织业	1712	棉织造加工
			1751	化纤织造加工
		18 纺织服装、服饰业	1819	其他机织服装制造
3	化学原料和化学制品制造业	26 化学原料和化学制品制造业	2643	工业颜料制造
			2645	染料制造
			2661	化学试剂和助剂制造
			2662	专项化学用品制造
			2682	化妆品制造
4	金属制品业	33 金属制品业	3311	金属结构制造
			3312	金属门窗制造
			3333	金属包装容器及材料制造
			3351	建筑、家具用金属配件制造
			3352	建筑装饰及水暖管道零件制造
			3381	金属制厨房用器具制造
			3389	其他金属制日用品制造
			3399	其他未列明金属制品制造

（2）重点企业问卷调研

选择广州、佛山、梅州、东莞、中山、湛江、揭阳等 7 个地市的重点行业企业发放调查问卷。共回收到 126 家企业调查表，其中食品加工制造业 61 份、纺织服装业（不含印染）17 份、化学原料和化学制品制造业 26 份、金属制品业 22 份。调研企业大部分为中小型企业，其中化学原料和化学制品制造业及金属制品业中小型企业占比（100%）最大，其次为食品加工制造业（95.08%）及纺织服装业（不含印染）（94.45%）。各行业企业规模占比情况如图 5-29 所示。

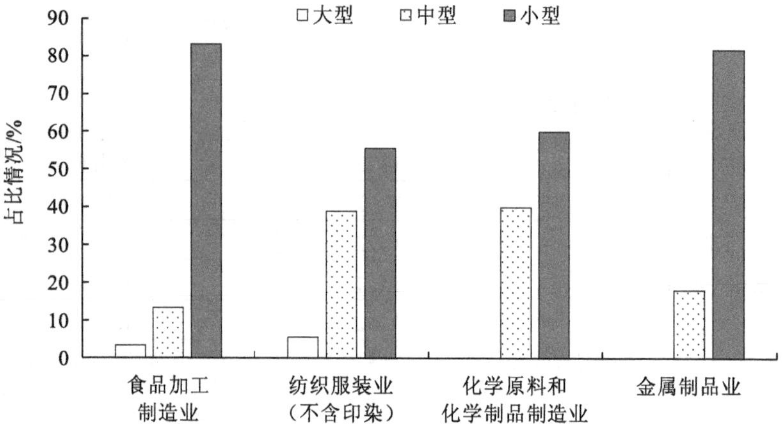

图 5-29　重点行业企业规模占比情况

3. 排放限值对比分析

对比分析《限值》规定行业和国家行业型标准在规定的污染物项目、排放限值、环境管理要求等方面的差异，并与国内颁布的 8 个地方综合型水污染物排放标准进行纵向对比分析。

（三）标准执行情况分析

1. 标准体系总体情况

目前，广东省水污染物排放标准涵盖综合型、流域型、行业型、通用型四个类型共 10 项标准。按照《生态环境标准管理办法》第二十四条关于标准执行优先级的相关规定，小东江、茅洲河等六大流域内规定行业优先执行流域型标准，电镀行业、畜禽养殖业、农村生活污水执行广东省地方行业型排放标准，涉及铊污染物的行业执行《工业废水铊污染物排放标准》（DB 44/1989—2017），其他有国家行业型标准规定的行业执行国家行业型标准，无行业型标准的执行广东省综合型标准《水污染物排放限值》（DB 44/26—2001），水污染物排放标准体系执行优先级见图 5-30。由于《限值》没有明确规定新出台行业型、通用型标准后的执行要求，以及国家标准与地方标准、行业型标准与通用型标准互有松严等情况，导致部分行业难以按照《生态环境标准管理办法》第二十四条判断执行标准，存在标准交叉执行的问题。

图 5-30　广东省水污染物排放标准体系执行优先级

2. 调查企业执行情况

（1）工业废水产排情况

大部分调研企业（85.83%）产生工业废水。废水间接排放进入污水处理厂或工业园区的企业占比 67.71%，其中化学原料和化学制品制造业（80.77%）、金属制品业（78.95%）、食品加工制造业（67.35%）企业占比较高。废水直接排放的企业占比 29.06%，纺织服装业（不含印染）（56.25%）企业占比较高。此外，废水经处理后循环回用的企业占比 3.24%，主要用于农田灌溉、冷却水回用、厂内绿化灌溉等，不外排（图 5-31）。

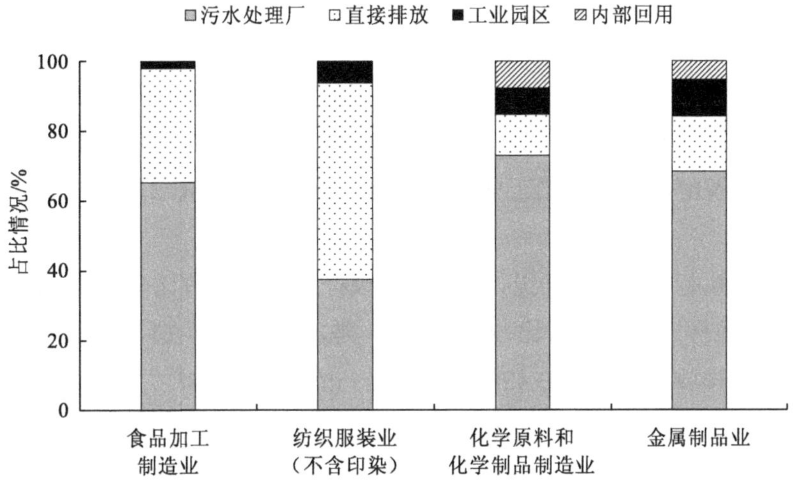

图 5-31　重点行业工业废水排放去向占比情况

（2）执行标准情况

大部分调研企业（85.32%）执行《限值》排放标准，其中执行《限值》一级、二级、三级标准的企业平均占比分别为 38.53%、11.93%、34.86%。其中食品加工制造业（92.48%）、化学原料和化学制品制造业（90.91%）、金属制品业（82.36%）企业执行《限值》占比较高。此外，部分调研企业的排放标准为《限值》与其他标准交叉执行，其中纺织服装业（不含印染）（17.65%）企业占比较高，其次为金属制品业（11.76%）、食品加工制造业（5.66%）（图 5-32）。

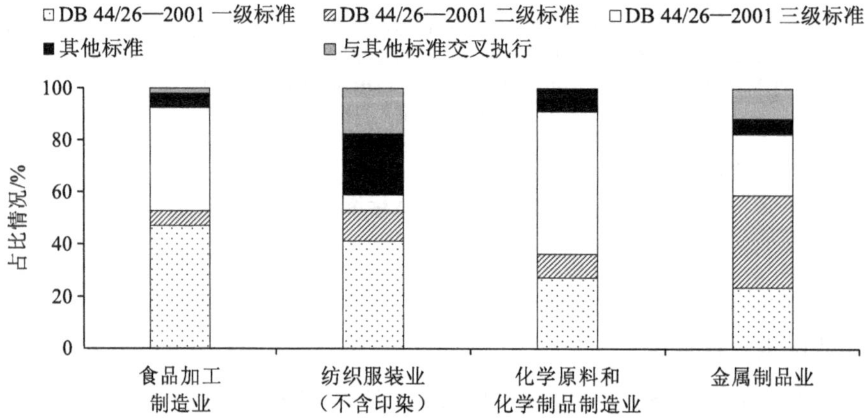

图 5-32 重点行业企业水污染物执行的排放标准

各重点行业企业水污染物执行的排放标准有所区别，具体来看：

食品加工制造业执行《限值》一级、二级、三级标准的企业占比分别为 47.17%、5.66%、39.62%。执行其他标准的企业占比 5.66%，一是部分企业废水回用于农田灌溉，执行《农田灌溉水质标准》（GB 5084—2005），占比 3.51%；二是部分企业废水排入污水管网，执行《污水排入城镇下水道水质标准》（GB/T 31962—2015），占比 1.75%。与其他标准交叉执行的企业占比 1.89%，主要是来自 C1431 米、面制品制造业的部分企业存在酒精发酵工艺，执行《发酵酒精和白酒工业水污染物排放标准》（GB 27631—2011）与《限值》较严者。

纺织服装业执行《限值》一级、二级、三级标准的企业占比分别为 41.18%、11.76%、5.88%。执行其他标准的企业占比 23.53%，一是部分企业存在印染工艺，执行《纺织染整工业水污染物排放标准》（GB 4287—2012），占比 17.65%；二是部分企业废水排入污水管网，执行《污水排入城镇下水道水质标准》（GB/T 31962—2015），占比 5.88%。与其他标准交叉执行的企业占比 17.65%，一是部分企业存在印染工艺，执行《纺织染整工业水污染物排放标准》与《限值》较严者，占比 4.55%；二是部分企业废水排入污水管网，执行《限值》与《污水排入城镇下水道水质标准》较严者，占比 13.64%。

化学原料和化学制品制造业执行《限值》一级、二级、三级标准的企业占比分别为27.27%、9.09%、54.55%。执行其他标准的企业占比9.09%，为《无机化学工业污染物排放标准》（GB 31573—2015）和《污水排入城镇下水道水质标准》（GB/T 31962—2015），占比均为5.88%。

金属制品业执行《限值》一级、二级、三级标准的企业占比分别为23.53%、35.29%、23.53%。部分企业存在电镀工艺，5.88%执行《电镀水污染排放标准》（DB 44/1597—2015），11.76%企业执行《电镀水污染排放标准》与《限值》较严者。

（3）达标率情况

通过对重点行业企业发放调查问卷和收集污染物排放监督性监测数据，统计到执行《限值》企业达标率为100%的企业占比94.97%（图5-33）。其中纺织服装业（不含印染）调查企业达标率均为100%，食品加工制造业和金属制品业达标率为100%的企业占比分别为96.08%、93.33%，化学原料和化学制品制造业企业达标率相对较低，达标率为100%的企业占比90.48%。

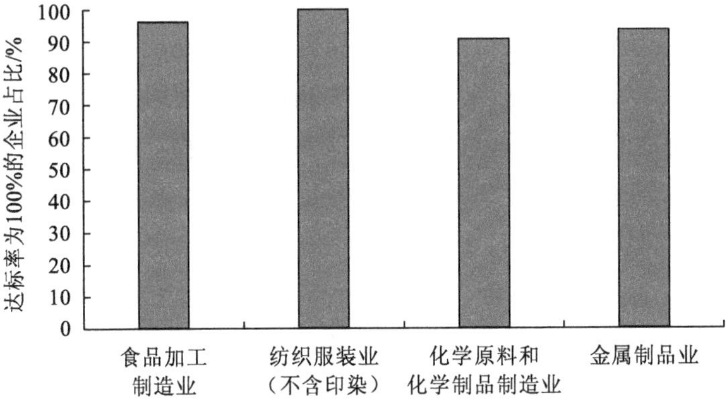

图5-33 重点行业达标率为100%的企业占比

3. 技术经济可行性分析

调查企业中，处理工艺为好氧生物法的企业占比最高，为51.04%，其中食品加工制造业、纺织服装业（不含印染）、化学原料和化学制品制造业企业占比较高，如接触氧化池、A^2/O、生物滤池等。使用物理法的企业占比11.17%，主要是食品加工制造业。处理工艺为物理化学法的企业占比28.79%，金属制品业占比较高，如中和法、化学混凝法等。使用厌氧生物法的企业仅占比3.96%，化学原料和化学制品制造业企业占比较高。此外，5.04%企业使用其他处理工艺，主要为人工湿地、三级化粪池等（图5-34）。

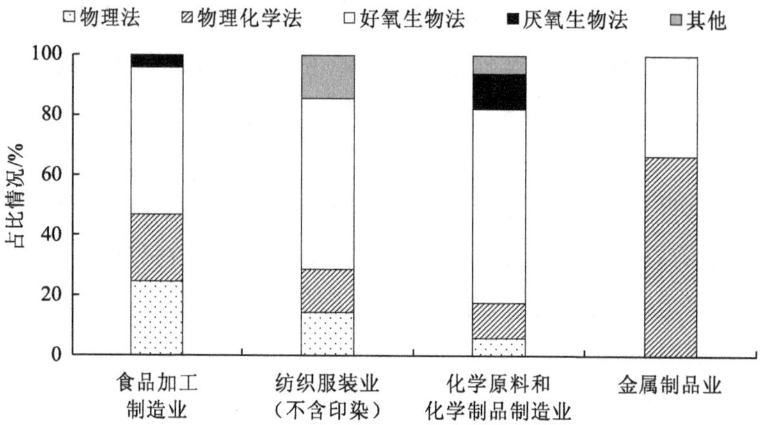

图 5-34　重点行业工业废水主要处理方法

不同行业产污环节及主要污染物类型有所区别，因此采用的处理工艺及处理成本也有所差异，具体来看：

（1）食品加工制造业

食品加工制造业企业产污环节主要包括原辅材料清洗、浸泡、漂洗，设备场地清洗环节以及生产废水，水产品、蔬菜、水果罐头制造业会使用冷却水，主要污染物类型为 BOD_5、COD、动植物油、氨氮、总磷、SS 等常规污染物。因此处理工艺主要为好氧生物法、物理法以及物理化学法。好氧生物法主要为接触氧化池、A^2/O 等，物理化学法主要为中和法、化学混凝法等。

调查的食品加工制造业企业中，投资成本为 0.2 万～0.3 万元/t。废水处理运行成本占总成本的比例随着废水处理规模、工艺、管理水平以及原料价格的不同而异。对于直接排放，运行成本一般在 0.9～3.3 元/t。对于间接排放，运行成本一般在 0.5～0.9 元/t。

（2）纺织服装业（不含印染）

纺织服装业（不含印染）企业废水主要来源于前处理废水和整理废水，主要污染物类型为色度、COD、悬浮物等。处理工艺主要为好氧生物法，包括接触氧化池、好氧生物炭滤池、A^2/O 等。

调查的纺织服装业（不含印染）企业中，投资成本为 0.15 万～0.30 万元/t。废水直接排放企业的运行成本一般在 0.8～1.5 元/t；废水排入污水处理厂/工业园区企业的运行成本一般在 0.4～1.5 元/t。

（3）化学原料和化学制品制造业

化学原料和化学制品制造业企业废水主要来源于设备和车间清洗及生产废水，部分工业会使用冷却水。化学原料和化学制品制造业废水污染物成分比较复杂，既有 pH、COD、氨氮、SS、色度、石油类、动植物油等常规污染物，部分工业还存在阴离子表面活性剂、总有机碳、氯化物、硫化物等特征污染物。处理工艺主要为好氧生物法与物理化学法相结合的方式，包括接触氧化池、MBR、生物滤池、水解酸化池、气浮池等工艺。

调查的化学原料和化学制品制造业企业中，投资成本为 0.5 万～2.0 万元/t。废水直接排放企业的运行成本一般在 4～12 元/t;废水排入污水处理厂/工业园区企业的运行成本一般在 2～10 元/t。

（4）金属制品业

金属制品业企业废水主要来源于设备、场地清洗，部分工业会使用冷却水。金属制品业废水污染物成分也比较复杂，主要污染物类型包括 pH、SS、COD、氨氮、石油类、磷酸盐等常规污染物，以及阴离子表面活性剂、总锌、总铁、总铝等特征污染物。污水处理方法主要为物理化学法，包括中和池、化学混凝池等工艺，或采用好氧生物法与物理化学法相结合的方法，如 SBR、接触氧化池等。

调查的金属制品业企业中，投资成本为 0.2 万～1.0 万元/t。废水直接排放企业的运行成本一般在 4～8 元/t；废水排入污水处理厂/工业园区企业的运行成本一般在 2～5 元/t。

总体来说，大部分企业废水处理技术主要使用好氧生物法或物理化学法。企业的污水处理设施随着处理规模、处理工艺及企业生产规模的不同，其投资占企业总投资的比例也不尽相同，投资成本为 0.15 万～2.0 万元/t。废水处理运行成本占总成本的比例随着废水处理规模、工艺、管理水平以及原料价格的不同而异。对于直接排放，运行成本一般在 0.8～12 元/t。对于间接排放，运行成本一般在 0.4～10 元/t。此外，根据调查结果，98.21%企业对目前废水治理情况比较满意，愿意投入更多成本进行废水治理的企业占比 74.07%。因此，尽管《限值》覆盖的行业较广，但从经济可行性的角度看，该标准规定的排放限值对大部分企业来说是可以承受的。

4．环境效益评估

（1）削减污染物排放量

选取情景分析法计算《限值》实施后削减的污染物排放量。考虑《限值》标准发布时间已经较长（2001 年发布），实施期间各行业执行过的排放标准较为混杂，因此主要设定两个情景，只将《限值》与《污水综合排放标准》（GB 8978—1996）进行比较分析。

情景 1：假设广东省未颁布《限值》，执行《限值》的企业执行《污水综合排放标准》（GB 8978—1996），企业废水全部按新建企业一级标准排放。

情景 2：假设执行《限值》的企业废水全部按《限值》第二时段一级标准排放。

与执行《污水综合排放标准》（GB 8978—1996）相比，执行《限值》后，全省无行业排放标准企业废水 COD、SS、氨氮、总氰化物的排放量分别减少 10.00%、14.29%、33.33%、40.00%，污染物削减量十分显著。按照 2017 年“二污普”数据分析，执行《限值》的企业废水量为 50 278.85 万 m^3，假设企业废水分别按情景 1 和情景 2 排放，执行《限值》后，当年全省 COD、SS、氨氮、总氰化物的排放量将减少 0.50 万 t、0.50 万 t、0.25 万 t、0.01 万 t。

（2）提升环境风险防范能力

与《污水综合排放标准》（GB 8978—1996）相比，《限值》增加了部分第一类污染物项目，如活性氯、石棉、氯乙烯；新增了四氯化碳、三氯乙烯等有机化合物指标。《限值》对部分威胁环境安全的污染物在源头加以控制，标准的实施提升了环境风险防范能力。

5. 执行情况分析

根据部门调研座谈、典型企业调查、达标情况及技术经济分析、环境效益评估，大部分企业（85.32%）执行《限值》，其中执行《限值》一级、二级、三级标准的企业占比分别为 35.10%、12.36%、35.63%；企业废水处理技术主要使用好氧生物法（51.04%）或物理化学法（28.79%），达标情况总体较好，达标率为 100%的企业占比 94.97%；从经济可行性的角度看，《限值》规定的排放限值对大部分企业来说是可以承受的，《限值》实施以来产生了较好环境效益。目前《限值》在执行过程主要存在以下问题：

（1）间接排放要求有待完善

目前，越来越多的企业工业废水通过“纳管进厂”方式进行集中处理，本次调查企业产生的工业废水和生活污水通过间接排放进入污水处理厂或工业园区的占比达 67.71%，但目前《限值》中氨氮和磷酸盐指标未规定三级标准限值（间接排放限值）。尽管《污水排入城镇下水道水质标准》（GB/T 31962—2015）规定了上述两项指标的排放限值，但该标准是推荐性标准，实际执行力度不够，不利于城镇污水处理厂的正常运行。此外，食品加工等部分行业现行水污染物排放标准间接排放限值较为严格，增加了企业治理成本，也影响了后续污水集中处理效果。

（2）缺少总氮控制指标

绝大部分国家行业型水污染物排放标准均有总氮的排放控制要求，对于无行业型排放标准、执行《水污染物排放限值》的企业，尤其是广东省总氮排放量大的屠宰、食品、五金加工等行业，可能因无总氮指标控制的约束导致总氮排放污染。面对城市人口规模和城镇污水量不断剧增，缺乏总氮的标准限值要求会对城市污水处理厂的处理造成较大压力，也不利于当前推进水体富营养等突出环境问题解决落实。

（3）标准交叉执行现象普遍

《限值》中有多项指标严于国家行业型排放标准的相关指标。如《限值》规定城镇二级污水处理厂 COD 一级标准排放限值为 40 mg/L，严于《城镇污水处理厂污染物排放标准》（GB 18918—2002）中的一级 A 标准（50 mg/L）；《限值》规定一切排污单位的色度一级标准排放限值为 40，严于《纺织染整工业水污染物排放标准》（GB 4287—2012）中新建企业色度直接排放限值 50。各地在实际执行过程中为严格排放要求采用国家行业型标准和《限值》从严规定，因此普遍存在标准交叉执行现象。

（4）磷酸盐指标与现行监测标准不一致

目前，国家行业型标准和外省综合性排放标准主要采用总磷指标，《污水综合排放标准》（GB 8978—1996）以及《限值》仍采用磷酸盐指标。尽管原国家环保总局《关于〈污水综合排放标准〉（GB 8978—1996）中磷酸盐及其监测方法的通知》（环函〔1998〕28 号）明确，“《污水综合排放标准》（GB 8978—1996）中污染物项目磷酸盐指总磷，即废水中溶解的、颗粒的、有机磷和无机磷的总和。监测时按《总磷的测定　钼酸铵分光光度法》（GB 11893—89）进行，以总磷报告分析数据”，但调研座谈中发现由于现有的监测方法多为总磷指标的测定，如果企业存在该项指标超标排放，在实际执法工作中仍常有纠纷。

（5）监测方法和当前监测工作不一致

随着监测方法标准更新颁布的提速，部分排放标准所配套引用的监测分析方法已逐渐被替代或已有更为先进、自动化更高的监测分析方法标准，《限值》规定的大部分监测方法现已不适用。如重金属指标目前普遍使用质谱法、光谱法等先进方法进行检测，但《限值》还是规定采用较为老旧的分光光度法，且没有明确除列出方法外是否能采用适用于本行业的新发布监测方法。尽管《关于〈污水综合排放标准〉中监测分析方法有关问题的复函》（环函〔1999〕383 号）中明确，“《污水综合排放标准》（GB 8978—1996）中引用的监测方法标准是普遍适用的方法，日常监测时，可根据实际监测设备的情况，选择不同方法。但在执法中，如因采用不同的监测方法所得的数据发生争议时，应以引用国家监测方法标准测得的数据为准”。但在调研座谈中发现，地方生态环境主管部门实际执法工作中，常因采用不同的监测方法与超标企业产生纠纷。

（四）标准排放限值对比分析

1. 与国家行业型排放标准对比

《限值》规定其适用于广东省境内除船舶、船舶工业、海洋石油开发工业、航天推进剂使用、兵器工业、污水海洋处置工程外的行业。此外，与《电镀污染物排放标准》（GB 21900—2008）和《畜禽养殖业污染物排放标准》（GB 18596—2001）相比，广东省颁布的《电镀水污染物排放标准》（DB 44/1597—2015）和《畜禽养殖业污染物排放标准》（DB 44/613—2009）规定的排放限值更为严格。以上行业水污染物无须执行《限值》，因此下面仅将其他行业的国家行业型排放标准（共 55 项）与《限值》对比分析。

（1）第一类污染物

统计了各排放标准总砷、总铅、总镉、总铬、六价铬和总汞等 6 种主要一类污染物的排放限值，其中《限值》规定的排放限值如表 5-30 所示。已颁布的其他 55 项国家行业型水污染物排放标准中，共有 31 项标准涉及上述 6 种污染物，《限值》规定的排放限值与之持平或更为宽松。

表 5-30 《限值》主要一类污染物排放限值　　单位：mg/L

总砷	总铅	总镉	总铬	六价铬	总汞
0.5	1.0	0.1	1.5	0.5	0.005（烧碱、聚氯乙烯工业）；0.05（其他）

（2）第二类污染物

1）COD

上述 55 项国家行业型排放标准均规定了 COD 的排放限值，将其规定的排放限值（新建企业直接排放/一级标准，下同）与《限值》规定行业的排放限值（第二时段一级标准，下同）对比分析，可知肉类加工工业、味精工业、石油化学工业、皂素工业、提取类制药工业、化学合成类制药工业、发酵类制药工业和城镇污水处理厂等 8 项标准规定的 COD 排放限值更为宽松（表 5-31）。

《限值》规定“其他排污单位”COD 排放限值为 90 mg/L，与国家行业型排放标准规定的排放限值对比分析结果表明，铜、镍、钴工业，制糖工业，淀粉工业，柠檬酸工业，酵母工业，麻纺工业，油墨工业，杂环类农药工业，电子工业等 9 项标准规定的 COD 排放限值更为宽松（表 5-31）。

表 5-31 国家行业型排放标准与《限值》规定的 COD 排放限值对比

序号	国家行业型排放标准				《限值》排放限值/（mg/L）
	标准名称	标准编号/计划号	排放标准	排放限值/（mg/L）	
1	肉类加工工业水污染物排放标准	GB 13457—92	畜类屠宰加工		70
			一级标准	80	
			肉制品加工		
			一级标准	100	
			禽类屠宰加工		
			一级标准	70	
2	味精工业污染物排放标准	GB 19431—2004	直接排放	200	100
3	石油化学工业污染物排放标准	GB 31571—2015	直接排放	60；100[①]	60
4	皂素工业水污染物排放标准	GB 20425—2006	直接排放	300	100（医药原料药工业）；90（其他工业）
5	提取类制药工业水污染物排放标准	GB 21905—2008	直接排放	100	100（医药原料药工业）；90（其他工业）
6	化学合成类制药工业水污染物排放标准	GB 21904—2008	直接排放	100（同时生产化学合成类原料药和混装制剂的联合生产企业）；125（其他工业）	100（医药原料药工业）；90（其他工业）

序号	国家行业型排放标准				《限值》排放限值/（mg/L）
	标准名称	标准编号/计划号	排放标准	排放限值/（mg/L）	
7	发酵类制药工业水污染物排放标准	GB 21903—2008	直接排放	100（同时生产发酵类原料药和混装制剂的联合生产企业）；120（其他工业）	100（医药原料药工业）；90（其他工业）
8	铜、镍、钴工业污染物排放标准	GB 25467—2010	直接排放	100（湿法冶炼）；60（其他）	90
9	制糖工业水污染物排放标准	GB 21909—2008	直接排放	100	90
10	淀粉工业水污染物排放标准	GB 25461—2010	直接排放	100	90
11	柠檬酸工业水污染物排放标准	GB 19430—2013	直接排放	100	90
12	酵母工业水污染物排放标准	GB 25462—2010	直接排放	150	90
13	麻纺工业水污染物排放标准	GB 28938—2012	直接排放	100	90
14	油墨工业水污染物排放标准	GB 25463—2010	直接排放	120（综合油墨生产企业）；80（其他油墨生产企业）	90
15	杂环类农药工业水污染物排放标准	GB 21523—2008	直接排放	100	90
16	电子工业水污染物排放标准	GB 39731—2020	直接排放	100	90
17	城镇污水处理厂污染物排放标准	GB 18918—2002	一级 A 标准	50	40

注：①丙烯腈-腈纶、己内酰胺、环氧氯丙烷、2,6-二叔丁基-4-甲基苯酚（BHT）、精对苯二甲酸（PTA），间甲酚、环氧丙烷、萘系列和催化剂生产废水执行该限值。

2）氨氮

《限值》规定合成氨工业氨氮排放限值为 40 mg/L，其他排污单位为 10 mg/L。上述 55 项国家行业型水污染物排放标准中，除《煤炭工业污染物排放标准》和《啤酒工业污染物排放标准》未规定氨氮指标外，其他 52 项标准均规定了氨氮的排放限值。与《限值》相比，铁矿采选工业、稀土工业、肉类加工工业、味精工业、制革及毛皮加工工业、皂素工业、提取类制药工业、化学合成类制药工业、发酵类制药工业、淀粉工业、缫丝工业、羽绒工业、弹药装药、电子工业、烧碱、聚氯乙烯工业和医疗机构等 16 项标准规定的排放限值更为宽松；纺织染整工业、制浆造纸工业、橡胶制品工业、油墨工业和磷肥工业等 5 项标准中部分工业的排放限值更为宽松（表 5-32）。

表 5-32 国家行业型排放标准规定的氨氮排放限值（新建企业直接排放/一级标准）与《限值》（第二时段一级标准）对比

序号	国家行业型排放标准				《限值》排放限值/（mg/L）
	标准名称	标准编号/计划号	排放类别	排放限值/（mg/L）	
1	铁矿采选工业污染物排放标准	GB 28661—2012	直接排放	15（浮选废水）； —（其他）	10
2	稀土工业污染物排放标准	GB 26451—2011	直接排放	15	10
3	肉类加工工业水污染物排放标准	GB 13457—92	一级标准	15	10
4	味精工业污染物排放标准	GB 19431—2004	直接排放	50	10
5	制革及毛皮加工工业水污染物排放标准	GB 30486—2013	直接排放	25（制革企业）； 15（皮毛加工企业）	10
6	皂素工业水污染物排放标准	GB 20425—2006	直接排放	80	10
7	提取类制药工业水污染物排放标准	GB 21905—2008	直接排放	15	10
8	化学合成类制药工业水污染物排放标准	GB 21904—2008	同时生产化学合成类原料药和混装制剂的联合生产企业		
			直接排放	20	10
			其他工业		
			直接排放	25	10
9	发酵类制药工业水污染物排放标准	GB 21903—2008	同时生产发酵类原料药和混装制剂的联合生产企业		
			直接排放	25	10
			其他工业		
			直接排放	35	10
10	淀粉工业水污染物排放标准	GB 25461—2010	直接排放	15	10
11	缫丝工业水污染物排放标准	GB 28936—2012	直接排放	15	10
12	羽绒工业水污染物排放标准	GB 21901—2008	直接排放	12	10
13	弹药装药行业水污染物排放标准	GB 14470.3—2011	直接排放	15	10
14	电子工业水污染物排放标准	GB 39731—2020	直接排放	25	10
15	烧碱、聚氯乙烯工业污染物排放标准	GB 15581—2016	直接排放	15	10
16	纺织染整工业水污染物排放标准	GB 4287—2012	直接排放	15（蜡染行业）； 10（其他行业）	10
17	制浆造纸工业水污染物排放标准	GB 3544—2008	制浆企业		
			直接排放	12	10
			制浆与造纸联合生产企业		
			直接排放	8	10
			造纸企业		
			直接排放	8	10

序号	国家行业型排放标准				《限值》排放限值/（mg/L）
	标准名称	标准编号/计划号	排放类别	排放限值/（mg/L）	
18	橡胶制品工业污染物排放标准	GB 27632—2011	乳胶制品企业		
			直接排放	15	10
			轮胎企业和其他制品企业		
			直接排放	10	10
19	油墨工业水污染物排放标准	GB 25463—2010	直接排放	15（综合油墨生产企业）；10（其他油墨生产企业）	10
20	磷肥工业水污染物排放标准	GB 15580—2011	直接排放	15（磷酸铵、重过磷酸钙）；10（其他）	10
21	医疗机构水污染物排放标准	GB 18466—2005	排放限值	15	10

3）总磷

《限值》未规定总磷污染因子限值，但规定了磷酸盐的排放限值，其中磷铵、重过磷酸钙、硝酸磷肥工业磷酸盐的排放限值为 20 mg/L，其他排污单位为 0.5 mg/L。上述 55 项国家行业型水污染物排放标准中，除煤炭工业、肉类加工工业、味精工业、杂环类农药工业和医疗机构等 5 项国家行业型排放标准未规定总磷限值外，其他 50 项标准均规定了总磷的排放限值。其中，共有 29 项国家行业型排放标准规定的排放限值更为宽松，具体见表 5-33。

表 5-33　国家行业型排放标准规定的总磷排放限值（新建企业直接排放）与《限值》（第二时段一级标准）对比

序号	国家行业型排放标准			《限值》排放限值/（mg/L）
	标准名称	标准编号/计划号	排放限值/（mg/L）	
1	镁、钛工业污染物排放标准	GB 25468—2010	1.0	0.5
2	铜、镍、钴工业污染物排放标准	GB 25467—2010	1.0	0.5
3	铅、锌工业污染物排放标准	GB 25466—2010	1.0	0.5
4	铝工业污染物排放标准	GB 25465—2010	1.0	0.5
5	稀土工业污染物排放标准	GB 26451—2011	1.0	0.5
6	啤酒工业污染物排放标准	GB 19821—2005	3.0	0.5
7	制革及毛皮加工工业水污染物排放标准	GB 30486—2013	1.0	0.5
8	制浆造纸工业水污染物排放标准	GB 3544—2008	0.8	0.5
9	石油炼制工业污染物排放标准	GB 31570—2015	1.0	0.5
10	石油化学工业污染物排放标准	GB 31571—2015	1.0	0.5
11	发酵酒精和白酒工业水污染物排放标准	GB 27631—2011	1.0	0.5

序号	国家行业型排放标准			《限值》排放限值/（mg/L）
	标准名称	标准编号/计划号	排放限值/（mg/L）	
12	磷肥工业水污染物排放标准	GB 15580—2011	15（磷酸铵、重过磷酸钙）；10（其他）	磷铵、重过磷酸钙、硝酸磷肥工业 20 其他工业 0.5
13	化学合成类制药工业水污染物排放标准	GB 21904—2008	1.0	0.5
14	发酵类制药工业水污染物排放标准	GB 21903—2008	1.0	0.5
15	橡胶制品工业污染物排放标准	GB 27632—2011	乳胶制品企业 10.0	天然乳胶加工工业 0.5
			轮胎企业和其他制品企业 5.0	其他工业 0.5
16	锡、锑、汞工业污染物排放标准	GB 30770—2014	1.0	0.5
17	淀粉工业水污染物排放标准	GB 25461—2010	1.0	0.5
18	柠檬酸工业水污染物排放标准	GB 19430—2013	1.0	0.5
19	酵母工业水污染物排放标准	GB 25462—2010	0.8	0.5
20	合成树脂工业污染物排放标准	GB 31572—2015	1.0	0.5
21	炼焦化学工业污染物排放标准	GB 16171—2012	1.0	0.5
22	铁合金工业污染物排放标准	GB 28666—2012	1.0	0.5
23	硫酸工业污染物排放标准	GB 26132—2010	硫黄制酸、硫铁矿制酸及石膏制酸生产工艺 10（磷石膏）；0.5（其他）	0.5
24	合成革与人造革工业污染物排放标准	GB 21902—2008	1.0	0.5
25	陶瓷工业污染物排放标准	GB 25464—2010	1.0	0.5
26	再生铜、铝、铅、锌工业污染物排放标准	GB 31574—2015	1.0	0.5
27	钒工业污染物排放标准	GB 26452—2011	1.0	0.5
28	弹药装药行业水污染物排放标准	GB 14470.3—2011	1.0	0.5
29	电子工业水污染物排放标准	GB 39731—2020	1.0	0.5

4）石油类

《限值》规定各排污单位石油类排放限值为 5 mg/L（第二时段一级标准）。上述 55 项国家行业型水污染物排放标准中，共有 28 项行业排放标准规定了石油类的排放限值，其中，铁矿采选工业和油墨工业等 2 项行业型排放标准规定的排放限值（新建企业直接排放）更为宽松（表 5-34）。

表 5-34　国家行业型排放标准规定的石油类排放限值（新建企业直接排放/一级标准）与《限值》（第二时段一级标准）对比

序号	国家行业型排放标准				《限值》排放限值/（mg/L）
	标准名称	标准编号/计划号	排放类别	排放限值/（mg/L）	
1	煤炭工业污染物排放标准	GB 20426—2006	直接排放	5	5
2	铁矿采选工业污染物排放标准	GB 28661—2012	直接排放	10（浮选废水）；5（其他）	5
3	镁、钛工业污染物排放标准	GB 25468—2010	直接排放	3	5
4	铜、镍、钴工业污染物排放标准	GB 25467—2010	直接排放	3	5
5	铅、锌工业污染物排放标准	GB 25466—2010	直接排放	3	5
6	铝工业污染物排放标准	GB 25465—2010	直接排放	3	5
7	稀土工业污染物排放标准	GB 26451—2011	直接排放	4	5
8	石油炼制工业污染物排放标准	GB 31570—2015	直接排放	5	5
9	石油化学工业污染物排放标准	GB 31571—2015	直接排放	5	5
10	合成氨工业水污染物排放标准	GB 13458—2013	直接排放	3	5
11	炼焦化学工业污染物排放标准	GB 16171—2012	直接排放	2.5	5
12	铁合金工业污染物排放标准	GB 28666—2012	直接排放	5	5
13	钢铁工业水污染物排放标准	GB 13456—2012	直接排放	3	5
14	无机化学工业污染物排放标准	GB 31573—2015	直接排放	3	5
15	硫酸工业污染物排放标准	GB 26132—2010	直接排放	3	5
16	硝酸工业污染物排放标准	GB 26131—2010	直接排放	3	5
17	油墨工业水污染物排放标准	GB 25463—2010	直接排放	8	5
18	烧碱、聚氯乙烯工业污染物排放标准	GB 15581—2016	直接排放	3	5
19	橡胶制品工业污染物排放标准	GB 27632—2011	直接排放	1	5
20	陶瓷工业污染物排放标准	GB 25464—2010	直接排放	3	5
21	锡、锑、汞工业污染物排放标准	GB 30770—2014	直接排放	3	5
22	再生铜、铝、铅、锌工业污染物排放标准	GB 31574—2015	直接排放	3	5
23	钒工业污染物排放标准	GB 26452—2011	直接排放	5	5
24	弹药装药行业水污染物排放标准	GB 14470.3—2011	直接排放	3	5
25	电子工业水污染物排放标准	GB 39731—2020	直接排放	5	5
26	汽车维修业水污染物排放标准	GB 26877—2011	直接排放	3	5
27	城镇污水处理厂污染物排放标准	GB 18918—2002	一级 A 标准	1	5
28	医疗机构水污染物排放标准	GB 18466—2005	排放限值	5	5

5）挥发酚

《限值》规定合成氨工业的挥发酚排放限值为 0.1 mg/L（第二时段一级标准，下同），其他排污单位为 0.3 mg/L。上述 55 项国家行业型水污染物排放标准中，共有 11 项行业型排放标准规定了挥发酚的排放限值。其中，铝工业、石油炼制工业、石油化学工业、化学合成类制药工业、铁合金工业、钢铁工业、油墨工业、生物工程类制药工业和医疗机构等 9 项行业型排放标准规定的排放限值（新建企业直接排放）更为宽松（表 5-35）。

表 5-35 国家行业型排放标准规定的挥发酚排放限值（新建企业直接排放）与《限值》（第二时段一级标准）对比

序号	国家行业型排放标准			《限值》排放限值/（mg/L）
	标准名称	标准编号/计划号	排放限值/（mg/L）	
1	铝工业污染物排放标准	GB 25465—2010	0.5	0.3
2	石油炼制工业污染物排放标准	GB 31570—2015	0.5	0.3
3	石油化学工业污染物排放标准	GB 31571—2015	0.5	0.3
4	合成氨工业水污染物排放标准	GB 13458—2013	0.1	0.1
5	化学合成类制药工业水污染物排放标准	GB 21904—2008	0.5	0.3
6	炼焦化学工业污染物排放标准	GB 16171—2012	0.3	0.3
7	铁合金工业污染物排放标准	GB 28666—2012	0.5	0.3
8	钢铁工业水污染物排放标准	GB 13456—2012	0.5（钢铁联合企业、炼铁）；—（其他）	0.3
9	油墨工业水污染物排放标准	GB 25463—2010	0.5	0.3
10	生物工程类制药工业水污染物排放标准	GB 21907—2008	0.5	0.3
11	医疗机构水污染物排放标准	GB 18466—2005	0.5	0.3

6）总氰化物

《限值》规定合成氨工业的总氰化物排放限值为 0.2 mg/L（第二时段一级标准，下同），其他排污单位为 0.3 mg/L。上述 55 项国家行业型水污染物排放标准中，共有 16 项行业型排放标准规定了氰化物/总氰化物的排放限值，其中共有 13 项标准规定的排放限值（新建企业直接排放）更为宽松（表 5-36）。

表 5-36 国家行业型排放标准规定的总氰化物排放限值（新建企业直接排放）与《限值》（第二时段一级标准）对比

序号	国家行业型排放标准			《限值》排放限值/（mg/L）
	标准名称	标准编号/计划号	排放限值/（mg/L）	
1	石油炼制工业污染物排放标准	GB 31570—2015	0.5	0.3
2	石油化学工业污染物排放标准	GB 31571—2015	0.5	0.3
3	合成氨工业水污染物排放标准	GB 13458—2013	0.2（氰化物）	0.2
4	化学合成类制药工业水污染物排放标准	GB 21904—2008	0.5	0.3

<table>
<tr><td rowspan="2">序号</td><td colspan="3">国家行业型排放标准</td><td rowspan="2">《限值》排放限值/（mg/L）</td></tr>
<tr><td>标准名称</td><td>标准编号/计划号</td><td>排放限值/（mg/L）</td></tr>
<tr><td>5</td><td>发酵类制药工业水污染物排放标准</td><td>GB 21903—2008</td><td>0.5</td><td>0.3</td></tr>
<tr><td>6</td><td>淀粉工业水污染物排放标准</td><td>GB 25461—2010</td><td>0.5（以木薯粉为原料）</td><td>0.3</td></tr>
<tr><td>7</td><td>合成树脂工业污染物排放标准</td><td>GB 31572—2015</td><td>0.5（丙烯酸树脂）</td><td>0.3</td></tr>
<tr><td>8</td><td>炼焦化学工业污染物排放标准</td><td>GB 16171—2012</td><td>0.2（氰化物）</td><td>0.3</td></tr>
<tr><td>9</td><td>铁合金工业污染物排放标准</td><td>GB 28666—2012</td><td>0.5</td><td>0.3</td></tr>
<tr><td>10</td><td>钢铁工业水污染物排放标准</td><td>GB 13456—2012</td><td>0.5（钢铁联合企业、炼铁、轧钢）；—（其他）</td><td>0.3</td></tr>
<tr><td>11</td><td>无机化学工业污染物排放标准</td><td>GB 31573—2015</td><td>0.3（除涉重金属无机化合物工业外）</td><td>0.3</td></tr>
<tr><td>12</td><td>杂环类农药工业水污染物排放标准</td><td>GB 21523—2008</td><td>0.4（百草枯原药生产企业）；0.5（氟虫氰原药生产企业）；—（其他）</td><td>0.3</td></tr>
<tr><td>13</td><td>中药类制药工业水污染物排放标准</td><td>GB 21906—2008</td><td>0.5</td><td>0.3</td></tr>
<tr><td>14</td><td>电子工业水污染物排放标准</td><td>GB 39731—2020</td><td>0.5</td><td>0.3</td></tr>
<tr><td>15</td><td>铝工业污染物排放标准</td><td>GB 25465—2010</td><td>0.5</td><td>0.3</td></tr>
<tr><td>16</td><td>医疗机构水污染物排放标准</td><td>GB 18466—2005</td><td>0.5</td><td>0.3</td></tr>
</table>

2．与外省综合型排放标准对比

目前，除《污水综合排放标准》（GB 8978—1996）外，我国共有 8 个省（市）颁布了地方综合型水污染排放标准，分别为广东、辽宁、天津、北京、贵州、上海、山西和福建省的厦门市，其中广东标准标龄超过 20 年，辽宁、北京、贵州标准标龄超过 10 年，天津、上海和福建厦门在 2018 年对标准进行了修订，山西标准是最新的地方综合型标准。将各标准规定的污染物数量及主要污染物排放限值与《限值》进行对比分析。

（1）第一类污染物

《限值》共规定了 16 项第一类污染物，仅低于上海地区（17 项）。与国家《污水综合排放标准》（GB 8978—1996）相比，《限值》新增活性氯、石棉、氯乙烯等 3 项指标，烧碱、聚氯乙烯工业的总汞排放限值更为严格，其余 12 项污染物排放限值保持一致。与修订后的北京（A 排放限值）和上海地区综合排放标准相比，《限值》规定的第一类污染物排放限值总体较为宽松（表 5-37）。

（2）第二类污染物

《限值》共规定了 58 项第二类污染物，仅低于北京（86 项）和上海地区（92 项）。与国家《污水综合排放标准》（GB 8978—1996）相比，《限值》新增二氧化氯、大肠菌群数 2 项指标，其余指标排放限值保持一致或更为严格；而后颁布或修订的辽宁、天津、北京、上海、山西和福建厦门等地区综合排放标准水污染排放限值总体更为严格（表 5-38）。

表 5-37 《限值》与国家、外省污水综合排放标准对比（主要一类污染物）

单位：mg/L

序号	地区	标准名称		指标数量	总汞	烷基汞	总镉	总铬	六价铬	总砷	总铅	总镍	总铍	总银	苯并[α]芘
1	广东	水污染物排放限值	DB 44/26—2001	16	烧碱、聚氯乙烯工业：0.005；其他：0.05	不得检出	0.1	1.5	0.5	0.5	1.0	1.0	0.005	0.5	0.000 03
2	国家	污水综合排放标准	GB 8978—1996	13	0.05	不得检出	0.1	1.5	0.5	0.5	1.0	1.0	0.005	0.5	0.000 03
3	北京	水污染物综合排放标准	DB 11/307—2013	12	0.001	不得检出	0.01	0.2	0.1	0.04	0.1	0.05	0.002	0.1	0.000 03
4	上海	污水综合排放标准	DB 31/199—2018	17	0.05	不得检出	0.01	0.5	0.1	0.05	0.1	0.1	0.005	0.1	0.000 03
5	辽宁	污水综合排放标准	DB 21/1627—2008	2	总钒：1.0；总钴：0.5										
6	贵州	环境污染物排放标准	DB 52/864—2013	1	锑及其化合物（以锑计）：0.5										

表 5-38 《限值》与国家、外省污水综合排放标准对比（主要二类污染物）

单位：mg/L

序号	地区	标准名称		排放类别	指标数量	SS	BOD_5	COD	石油类	氨氮	总磷	总氮	挥发酚	总氰化物	动植物油	阴离子表面活性剂	可吸附有机卤化物
1	广东	水污染物排放限值	DB 44/26—2001	一切/其他排污单位一级标准	58	60	20	90	5	10	0.5（磷酸盐）	—	0.3	0.3	10	5	1
2	国家	污水综合排放标准	GB 8978—1996	一切/其他排污单位一级标准	56	70	20	100	5	15	0.5（磷酸盐）	—	0.5	0.5	10	5	1
3	辽宁	污水综合排放标准	DB 21/1627—2008	直接排放	23	20	10	50	3	8（10）	0.5（磷酸盐）	15	0.3	0.2	—	—	—

序号	地区	标准名称		排放类别	指标数量	SS	BOD_5	COD	石油类	氨氮	总磷	总氮	挥发酚	总氰化物	动植物油	阴离子表面活性剂	可吸附有机卤化物
4	天津	污水综合排放标准	DB 12/356—2008	一级标准	5	10	10	50	—	5	0.5	—	—	—	—	—	—
5	北京	水污染物综合排放标准	DB 11/307—2011	排入地表水体A类限值	86	5	4	20	0.05	1.0（1.5）	0.2	10	0.01	0.2	1	0.2	0.5
6	上海	污水综合排放标准	DB 31/199—2018	一级标准	92	20	10	50	1	1.5（3）	0.3	10（15）	0.1	0.1	—	3	0.5
7	福建厦门	水污染物排放标准	DB 35/322—2018	直接排放	11	20	10	50	1	5	0.5	—	0.3	—	1	0.5	—
8	山西	污水综合排放标准	DB 14/1928—2019	其他排水一级	4	—	—	30	—	1.5	0.3	—	—	—	—	—	—
9	贵州	环境污染物排放标准	DB 52/864—2013	最高允许排放浓度	4	—	—	—	—	—	—	—	—	—	—	—	—

3．排放标准对比情况分析

通过与国家综合型、行业型排放标准及外省综合污水排放标准对比可知：

从污染物项目数量来看，《限值》规定的污染物项目数量达到 74 项，仅次于上海（109 项）和北京（98 项）两地标准，比《污水综合排放标准》（GB 8978—1996）的控制项目更多。从污染物排放限值来看，与国家行业型排放标准相比，《限值》中 SS、BOD_5、COD、石油类、氨氮等指标排放限值严于部分国家行业型排放标准；但与外省污水综合排放标准相比，《限值》主要污染物指标如 COD、BOD_5、SS、氨氮、石油类、动植物油等排放限值均宽松于辽宁、天津、北京、上海、山西和福建厦门等地区近年发布或修订的综合排放标准限值，处于相对落后的水平。

此外，部分省份还针对当地特色行业出台了地方标准，如重庆制定了锶盐、榨菜等地方水污染物排放标准；海南、四川、广西分别针对槟榔、泡菜、制糖等特色行业出台了地方水污染物排放标准。广东省粤东地区的食品制造是特色行业，凉果业、水产业和腌制业需要使用大量食盐，韶关、广州也提出了部分化工企业涉及高盐度废水排放，但当前国家和广东省无相关行业污染物排放标准，《水污染物排放限值》也未对相关指标进行规定；电子行业纳入广东省十大战略性支柱产业集群，企业数量众多，镀锡是其主要生产工序之一，但国家行业标准和地方综合排放标准均未对废水锡指标进行规定，均面临着无标准执行的问题。

五、标准评估结论及建议

（一）评估结论

本评估工作通过在全省范围内对执行广东省《水污染物排放限值》（DB 44/26—2001）的重点企业进行了广泛的问卷调研，掌握其生产工艺情况、废水处理工艺情况、废水污染物处理达标情况等数据；以调研座谈及企业情况为基础，结合当前环境管理要求及技术发展水平总结了标准实施情况和达标情况，对标准开展了技术经济分析和环境效益分析；并将《限值》污染指标排放限值与国家行业型排放标准及国内同类综合排放标准进行了对比分析，得出以下主要结论：

1．总体情况

《限值》于 2001 年发布，比国家《污水综合排放标准》（GB 8978—1996）的相关控制项目要求更严，对广东省的工业结构调整和技术发展有倒逼推动作用。此后国家陆续出台相关的行业型排放标准，广东省也发布多个地方标准，行业覆盖范围越来越广泛。经分析，目前绝大部分水污染物排放量大的行业均制定了行业排放标准，执行《限值》的企业水污染物排放量平均占比不超过 30%，而且将来越来越多的行业型排放标准将陆续出台，执行《限值》的行业范围逐年收缩，企业数量也在逐年下降。

2. 达标情况分析

通过对执行《限值》的重点企业进行调研后发现，该标准达标水平总体较好。其中纺织服装业（不含印染）企业达标率均为100%，食品加工制造业、金属制品业与化学原料和化学制品制造业达标率为100%的企业占比分别为96.08%、93.33%、90.48%。几乎所有的企业排污情况都可达到《限值》的要求，并且大部分地区执行了更加严格的第二时段一级标准。

3. 技术经济分析

该标准技术经济性可行。技术方面，物理化学法及好氧生物法污水处理技术得到了广泛应用；经济方面，吨水投资成本为0.15万～2.00万元。废水处理运行成本占总成本的比例随着废水处理规模、工艺、管理水平以及原料价格的不同而异。对于直接排放，运行成本一般在0.8～12元/t。对于间接排放，运行成本一般在0.4～10元/t。98.21%的企业对目前废水治理情况比较满意，愿意投入更多成本进行废水治理的企业占比74.07%。因此，尽管《限值》覆盖的行业较广，但从经济可行性的角度看，该标准规定的排放限值对大部分企业来说是可以承受的。

4. 环境效益分析

与执行GB 8978—1996相比，执行《限值》企业的废水COD、SS、氨氮以及总氰化物的一级排放限值分别减少10.00%、14.29%、33.33%和40.00%，污染物削减量十分显著，获得了良好的环境效益。且《限值》增加了部分第一类污染物项目，如活性氯、石棉、氯乙烯；新增了四氯化碳、三氯乙烯等有机化合物指标，对部分威胁环境安全的污染物在源头加以控制，提升了环境风险防范能力。

5. 排放限值对比分析

与国家行业型排放标准相比，《限值》对其他污染项目的控制更为全面，SS、BOD_5、COD、石油类、氨氮等污染指标排放限值仍严于部分国家行业型排放标准（表5-31～表5-36），《限值》具有一定的先进性与科学性。然而，与国内其他同类型综合排放标准相比，北京和上海两地污水综合排放标准均经过后续修订，辽宁、天津、山西和福建厦门等地方水污染物排放标准均于2008年后制定，《限值》的排放限值取值较为宽松，处于相对落后的水平。

6. 存在的主要问题

控制指标和限值方面，控制指标缺少总氮和一些特征指标、氨氮和总磷未规定间接排放限值、磷酸盐指标无现行监测方法对应等。监测方面，《限值》规定的监测方法落后，不适应现实工作需要。标准执行方面，目前水污染物排放标准体系复杂，标准执行过程中难以厘清执行原则，导致尺度不一、交叉执行等问题普遍存在。

（二）修订建议

综上所述，广东省《水污染物排放限值》（DB 44/26—2001）已实施 20 年，该标准的适用范围、控制指标、排放限值、监测方法等部分内容已不符合新形势下环境管理要求，为完善以水污染物综合排放标准为底线的水污染物排放标准体系，建议适时开展《限值》的修订工作。具体修订建议如下：

1．明确水污染物综合排放标准的定位和适用范围

为解决标准交叉执行问题，上海、天津在修订综合型地方污染物排放标准时均在适用范围中强调了标准执行原则。上海市《污水综合排放标准》明确规定，“本标准发布实施后，新发布国家或本市行业水污染物排放标准的，其适用范围内的排污单位执行相应的国家或本市行业水污染物排放标准”。天津市《污水综合排放标准》明确规定，“按照综合排放标准与行业排放标准不交叉执行的原则，凡有国家或地方行业水污染物排放标准的，按其适用范围执行相应的行业水污染物排放标准，其他排污单位水污染物排放均执行本标准”。广东省《限值》可参考相关省份经验，进一步明晰标准的定位和适用范围，建立统一的标准执行要求。

2．进一步优化控制指标及其排放限值

目前，河南针对国家标准缺少全盐量管控要求问题，出台了《盐业、碱业氯化物排放标准》，上海在新修订的《污水综合排放标准》中对总氮、总锡指标进行了规定，广东省有必要结合相关省（市）经验进一步补齐控制指标，具体为：①增加总氮常规污染物控制指标。②磷酸盐指标修改为总磷指标。③根据实际情况补充行业特征污染指标，如全盐量、涉重金属行业特征重金属污染物锡等。④增加氨氮和总磷间接排放指标，进一步完善排入城镇污水处理厂的指标限值。对于食品、饮料等行业中生化性较好的工业废水建议协商明确常规指标；此外，2022 年年底，国家发展改革委、住房和城乡建设部、生态环境部联合印发了《关于推进建制镇生活污水垃圾处理设施建设和管理的实施方案》，明确提出了“严禁工业企业排放的含重金属或难以生化降解废水、有生物毒性废水、高盐废水等排入市政污水收集处理设施”，修订过程中需充分考虑，明确不得间接排放的要求。⑤根据现有行业污染治理水平及与北京、上海等地区的差距，对 COD、SS、BOD_5、石油类等指标进行适当收严。

3．进一步完善污染物监测方法

为保证新型监测方法的合法性，保持排放标准的严肃性和连续性，建议参考《电镀水污染物排放标准》（DB 44/1597—2015）等标准，在分析方法表后补加说明：测定暂无适用方法标准的污染物项目，使用附录所列方法，待国家发布相应的方法标准并实施后，停止使用。

第六章 《广东省水生态环境保护“十四五”规划》研究

第一节 规划编制思路和方法

一、规划编制背景

党的十八大以来，以习近平同志为核心的党中央把水生态环境保护摆在生态文明建设的重要位置，把解决突出水生态环境问题作为民生优先领域，把打好碧水保卫战列为污染防治攻坚战的三大保卫战之一，谋划开展了一系列根本性、开创性、长远性工作。2018年全国生态环境保护大会确立的习近平生态文明思想，为新时代推进生态文明建设、加强生态环境保护、打好污染防治攻坚战提供了方向指引和行动指南。党的十九大提出2035年“生态环境根本好转，美丽中国目标基本实现”及到21世纪中叶把我国建设成“富强民主文明和谐美丽的社会主义现代化强国”的奋斗目标，并明确“加快水污染防治，实施流域环境和近岸海域综合治理”等任务要求。

“十四五”是在2020年全面建成小康社会、打好打赢污染防治攻坚战基础上，向美丽中国目标迈进的第一个五年，是生态环境质量提升、推进美丽中国建设的关键时期，亟须巩固提升污染防治攻坚战取得的成果，站在新起点谋划生态文明建设持久战，不断满足人民群众的优美生态环境需要。“十四五”全国重点流域规划名称由“水污染防治”调整为“水生态环境保护”，体现了新时期流域水生态环境保护工作的新要求，需要在“十三五”强化水环境质量目标管理、推进环境管理逐步由总量控制向环境质量目标管理转型的基础上，进一步推动水生态环境保护从传统水污染治理向“三水统筹”的水生态质量管理转变，促进河湖生态功能恢复、水生态系统向良性循环方向发展。

当前，广东省正处在水污染防治攻坚与全面推进水生态环境保护的交接期，水环境质量改善的基础仍不牢固，水环境、水资源、水生态“三水”统筹的基础相对薄弱。为深入打好碧水保卫战、持续改善水生态环境质量，广东省生态环境厅组织编制了《广东省水生态环境保护“十四五”规划》（以下简称《规划》），并于2021年12月经省政府同意印发。《规划》系统谋划了全省“十四五”水生态环境保护工作目标和任务，旨在通过

《规划》的实施，加大水污染治理力度，加快补齐短板，持续改善广东省水生态环境质量，努力打造“美丽河湖”，为开创水生态环境保护新局面，实现 2035 年美丽广东基本建成的目标奠定良好基础。

二、规划编制思路

《规划》紧紧围绕“2035 年美丽广东基本建成”的总目标，秉持“继承发扬、求实创新、落地可行”的总基调，坚持“山水林田湖草沙是一个生命共同体”的科学理念，将“三水统筹”贯穿于全过程，按照“一点两线”（“一点”是指水生态环境质量状况：“两线”是指污染减排和生态扩容）框架性思路分析和解决突出的水生态环境问题，推动水生态环境保护向更高水平迈进，不断满足人民群众对优美生态环境的需要。

坚持继承发扬，着力固根基扬优势。“十四五”期间进一步夯实污染防治攻坚基础，充分总结和借鉴“十三五”时期的好经验、好做法，发挥“双区”建设发展优势及水资源、水生生物资源等生态优势，推进水生态环境质量持续改善，支撑美丽广东建设中长期战略目标。

坚持求实创新，把握新形势新要求。对标对表创建新发展格局与美丽广东建设的远景目标，坚持以水生态环境改善为核心，统筹水资源、水生态、水环境等要素，强化源头治理、系统治理、整体治理，科学定位和谋划“十四五”水生态环境保护目标任务，将习近平生态文明思想贯彻落实到水生态环境保护“十四五”规划编制的问题分析、成因研判、任务设计、项目筛选、政策制定等各个环节，针对实际问题，创新治理与保护措施。

坚持落地可行，切实补短板强弱项。针对广东省水生态环境保护工作仍存在的一些突出问题和短板，以河湖为统领，运用水环境治理、水生态修复、水资源保护、水安全保障等措施精准施策，做到目标“科学、合理、可考核评估”，措施“管用、好用、能解决问题”，做到落地可行。

三、规划编制技术方法

作为全省性的水生态环境保护规划，兼有区域性和流域性规划的特点，注重系统性、全面性、协同性，以河湖为统领，以问题为导向，深入分析“四个在哪里”，细化目标任务、措施及重点工程。技术路线及编制方法如下。

（一）技术路线

在系统分析水生态环境状况的基础上，识别重点区域和重点问题，剖析问题成因；以河湖为统领，划分国控断面控制单元，逐个梳理问题、症结、对策，落实“四个在哪里”；综合考虑国家要求及群众对水生态环境的迫切需求，制定统筹水资源、水生态、水环境的目标指标体系，兼顾必要性和可达性，科学确定目标；根据问题导向和目标导向，设计支撑目标实现的规划任务，提炼规划项目清单；提出保障规划顺利实施的政策措施。技术路线如图 6-1 所示。

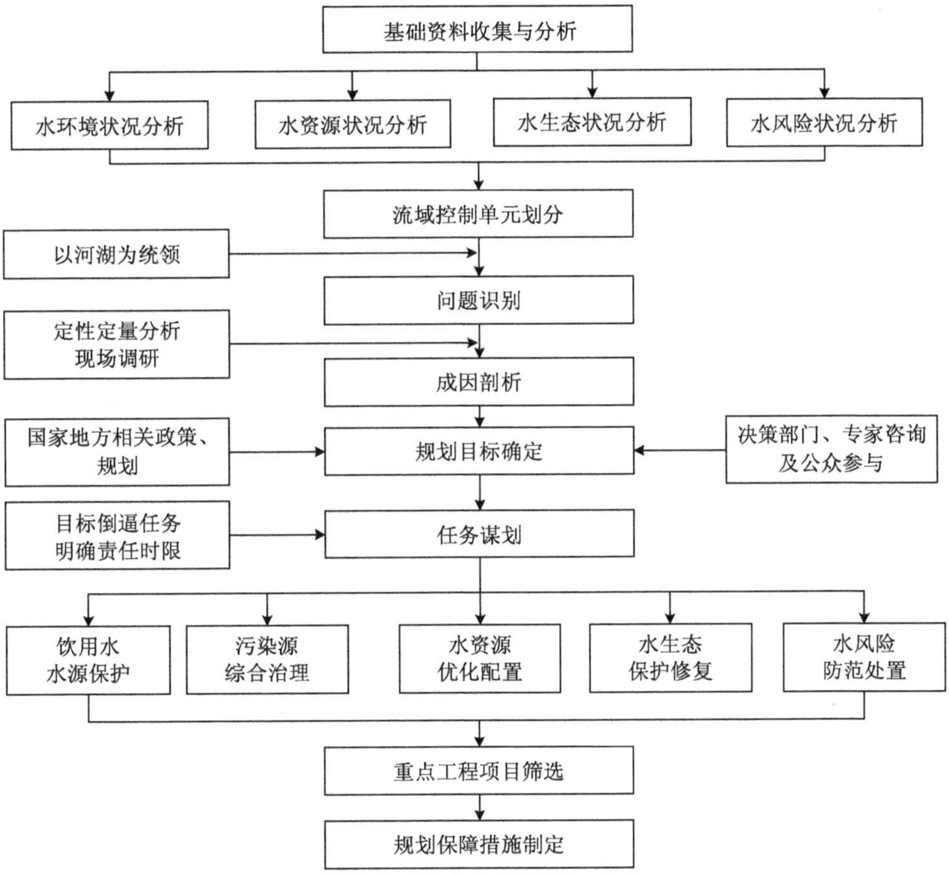

图 6-1　水生态环境保护“十四五”规划编制技术路线

（二）编制方法

1. 水生态环境现状分析

（1）水环境状况分析

按照《地表水环境质量标准》（GB 3838—2002）、《地表水环境质量评价办法（试行）》（环办〔2011〕22 号）、《全国集中式生活饮用水水源地水质监测实施方案》（环办〔2012〕1266 号）等技术规范，评价地表水、饮用水水源水质，并从时间和空间两个维度上进行细化分析。时间上，分年份、季度、月份和不同水期进行评价，考察水质波动情况。对于调水等特殊情况，还应分输水期和非输水期进行评价。针对污染较重断面，分析主要超标因子逐月变化特征和年际变化情况，识别水质发生较大变化的年份、季节。空间上，针对主要超标指标在同一河流的沿程浓度变化情况、干流及主要支流的污染物浓度变化情况进行分析，识别污染较重的断面及其汇水区域。

（2）水资源状况分析

根据多年水资源公报数据，分析水资源多年变化趋势、时空分布特征、供需关系、用水结构和用水效率等。根据水文监测数据、遥感解译结果、实地调研情况等，重点分析行政区域内河湖生态流量（水位）保障情况、河流湖泊断流干涸情况，评价河流断流河长、时长及湖库干涸面积、时长。

（3）水生态状况分析

分析重点湖库富营养化状况、蓝藻水华暴发频次范围，以及自然保护区、湿地和饮用水水源等重要生态空间水生态状况变化情况，包括水生生物、栖息地、河湖生态缓冲带等情况。针对公众关注度高、具有重要生态功能的水体，开展水生态调查，通过实地考察，掌握当地现有鱼类、底栖生物、浮游生物和水生植物状况；通过走访当地百姓、查阅文献资料等，调查历史上有记录的土著鱼类或水生植物。

（4）水环境风险分析

结合污染源普查、环境统计等数据库，筛选涉及有毒有害污染物及持久性有机污染物生产、排放的污染源，包括历史上曾存在的和目前仍在生产运行的工业企业、矿场、尾矿库等。根据实际需求，针对具有重要生态功能的水体，开展底泥、滩涂有毒有害污染物或持久性有机污染物调查。

2．流域控制单元划分

从水环境的完整性与系统性出发，综合考虑水系及汇水边界、行政区划、断面位置、污染物排放等多方面要素，以乡镇行政区域为最小单位划分控制单元。首先基于数字高程模型（DEM）数据，采用 ArcGis 软件中的 Hydrology Modeling 模块自动提取水文响应单元；其次基于水文响应单元，通过叠加控制断面、水系地图、排污数据、社会经济、土地利用等数据，通过汇水分析识别汇水单元；最后将汇水单元与行政区划数据通过叠加分析生成控制单元。

3．问题识别及成因剖析

（1）问题查找

根据水生态环境状况分析结果，以国控断面控制单元为对象，以群众身边突出的水生态环境问题为重点，从水环境、水生态、水资源、水环境风险等 4 个方面梳理问题清单，并根据问题严重程度、对水生态环境的影响程度等进行排序。水环境问题可分为饮用水水源水质不达标、存在黑臭水体、存在劣Ⅴ类或不达标水体等。水资源方面梳理河流湖泊断流干涸或生态流量（水位）不足问题。水生态问题分为河湖生物完整性指数下降、河湖自净能力降低、湖库富营养化等。水环境风险问题分为饮用水水源安全风险、底泥滩涂重金属污染风险、重要水体环境风险等（表 6-1）。

（2）成因分析

1）定性分析方法

a. 通过水环境质量分析初步判断造成问题的主要原因

根据水环境质量变化趋势、超标指标、超标月份和水期、污染空间分布等，初步判断导致控制单元水生态环境问题的主要原因。例如，若丰水期水环境质量超标，重点关注污水管网质量和面源污染；若枯水期超标，重点关注点源污染或生态流量保障问题；若超标无明显水期特征，重点关注控制单元治污水平、设施稳定运行以及企业偷排漏排等问题。

b. 通过开展水生态环境现状与要求的差距分析成因

深入分析水生态环境现状与相关要求、标准的差距，寻找问题成因。分析内容包括污染物排放与水生态环境质量改善需求之间的差距、现有治污设施实际运行效果与设计要求之间的差距、水生态现状与历史健康状况的差距、河湖自净能力下降情况以及生产方式和产业结构合理性等。

c. 结合实际调研确定问题成因

在上述分析基础上，通过现场调研、会议座谈、补充监测、查阅资料等方式，确定问题的主要成因。常见问题成因参见表 6-1。

表 6-1　水生态环境常见问题及可能成因

类型	常见问题	可能成因
水环境	①饮用水水源水质不达标； ②存在黑臭水体； ③存在劣Ⅴ类或不达标水体	（1）工业污染 ①结构性污染突出，如落后、重污染企业占比大等； ②产业布局不合理，如敏感区域存在重污染企业等； ③治污设施不完善，如企业未安装治污设施、治污设施不正常运行等 （2）城镇污染 ①基础设施建设短板突出，如污水处理设施建设滞后、污水管网收集系统不健全、生活垃圾及污泥未收集处理等； ②初期雨水面源污染重，如初期雨水未收集处理等； ③城市管理不到位，如污水、垃圾倒入雨水井、随降雨入河等 （3）农业农村污染 ①养殖业污染，如规模化畜禽养殖污染未有效治理、畜禽养殖散户多且废水直排入河、水产养殖尾水未治理等； ②种植业污染，如农药化肥施用过量、农田退水污染等； ③农村生活污染，如农村污水未有效处理、农村垃圾收集处理处置体系不完善等

类型	常见问题	可能成因
水资源	河流湖泊断流干涸或生态流量（水位）不足	（1）缺水地区存在高耗水生产方式 如缺水地区存在高耗水行业、高耗水农业灌溉等 （2）水资源配置不合理、生态用水不足 如水资源配置中生态用水占比低、河流闸坝下泄流量不足等 （3）区域再生水利用不足 如再生水利用设施和管网建设滞后、再生水管理体系不健全等
水生态	①河湖生物完整性指数下降； ②河湖自净能力降低； ③湖库富营养化	（1）存在明显破坏水生态的生产方式 如拖网捕捞、过度捕捞水生生物等 （2）侵占敏感生态空间 如生产活动侵占湿地、水源涵养区、水体及其缓冲带等 （3）河湖水系连通性差 如已建水利设施阻断河湖水力联系等
水风险	①饮用水水源安全风险； ②底泥重金属污染风险； ③重要水体环境风险	（1）累积性风险 如饮用水水源保护区内存在排放污染物的建设项目、河湖底泥重金属累积等 （2）突发性风险 如敏感水体周边分布高风险企业及尾矿库、危险化学品运输带来环境风险等 （3）原生性风险 如地质原因导致的 Fe、Mn、F、As、SO_4^{2-}超标问题等

2）定量分析方法

利用相关性分析等数学统计方法，将污染物浓度、生态流量保障率、生物完整性等目标指标作为因变量，人口数量、GDP、治污设施建设等表征人类活动及治理水平的相关影响因子作为自变量，采用多年数据建立统计学关系，进而识别影响目标指标的主要因子。相关性分析是用来反映 2 个指标之间关系密切程度的统计学方法，对于 2 个指标 X 和 Y，通过监测或资料收集可以得到若干组数据，记为（X_i，Y_i）（i=1，2，…，n），则其相关系数（r）的数学表达式为

$$r=\frac{\sum_{i=1}^{n}(X_i-\bar{X})\ (Y_i-\bar{Y})}{\sqrt{\sum_{i=1}^{n}(X_i-\bar{X})^2}\sqrt{\sum_{i=1}^{n}(Y_i-\bar{Y})^2}} \tag{6-1}$$

式中，$\bar{X}$、$\bar{Y}$——指标 X_i 和 Y_i 的算术平均值；

r——取值为（−1，1）。$r>0$，表明 2 个指标呈正相关；$r<0$，表明 2 个指标呈负相关；$|r|$越接近 1，表明 2 个指标相关性程度越高。

4. 规划目标确定

依据可监测、可统计、可考核原则，体现约束性和指导性相结合的思路，按照国家相关要求，衔接省内相关规划，建立统筹水资源、水生态、水环境的规划指标体系。结合区域社会经济发展、污染减排潜力及指标值近年变化情况，充分考虑必要性和可达性，合理确定目标指标值。在实际规划过程中，可由规划编制人员、相关专家、公众及政府部门共同协商确定。

5. 规划任务谋划

根据水生态环境现状与目标的差距、识别出的问题和症结，从饮用水水源保护、水污染多源共治、水资源优化配置、水生态保护修复、水环境风险防范处置 5 个方面提出有针对性的措施。

（1）饮用水水源保护

饮用水水源保护措施主要包括不达标水源综合整治、保护区规范化建设、强化监督管理等方面。在巩固城市饮用水水源保护与治理成果的基础上，着力解决农村水源地保护薄弱的问题。针对不达标水源，开展工业企业、居民集聚区、养殖种植等污染源排查，并明确治理任务。保护区规范化建设方面，明确保护区划定、勘界立标、问题排查及整治等任务要求。监督管理方面，提出强化监测监管及巡查预警任务，明确饮用水水源地水质监测指标、监测频率及相关信息的发布要求。

（2）水污染多源共治

水污染多源共治措施主要包括工业、城镇生活、农业农村、港口船舶等污染源的治理。在污水处理设施基本补齐的基础上，着力完善污水收集管网，攻克农业农村面源污染治理“瓶颈”，持续巩固多源共治减排成效。工业源治理方面，明确产业布局及结构优化、企业及行业清洁生产、工业集聚区污水集中治理设施建设等相关要求。城镇生活源治理方面，提出污水处理设施建设、污水收集管网完善、初期雨水污染控制等任务。农业农村面源污染治理方面，制定养殖污染控制、种植污染防治及农村生活污染治理等措施。港口船舶污染治理方面，明确船舶污水整治、老旧及不达标船舶淘汰、港口码头水污染物收集转运处理能力建设等任务及要求。

（3）水资源优化配置

水资源优化配置措施主要包括水资源节约利用、非常规水源资源化利用、河湖生态流量保障等方面。在持续深化水资源节约利用的基础上，着力保障河湖基本生态用水。水资源节约利用方面，明确工业、农业、生活等多领域节水要求。非常规水源资源化利用方面，提出再生水循环利用、雨污水资源化利用等任务措施。河湖生态流量保障方面，包括河湖生态流量目标制定及监管、水利工程生态调度等。

（4）水生态保护修复

水生态保护修复措施主要包括湿地恢复与建设、河湖生态恢复、水生生物完整性恢复等方面。在水质改善的基础上，积极推动岸上水里生态保护修复，着力恢复水生生物完整性。湿地恢复与建设方面，提出湿地封育保护、退耕还湿、湿地生态补水、人工湿地建设等任务措施。河湖生态恢复方面，明确河湖生态缓冲带恢复、水生植被恢复等保护恢复任务。水生生物完整性恢复方面，提出洄游通道保护、“三场”保护与修复及增殖放流等任务要求。

（5）水环境风险防范处置

水环境风险防范处置措施主要包括突发性风险防控和累积性风险防控两个方面。在持续加强突发性风险常态化管理的同时，关注水环境及沉积物累积性风险。突发性风险方面，提出敏感水体监测预警、预防性设施建设、风险防范制度建设等任务措施。累积性风险方面，根据河湖底泥、滩涂有毒有害污染物或持久性有机污染物累积风险调查评估结果，视情况开展治理修复工作。

6．工程项目筛选

工程项目建设是规划目标和任务的重要落实保障，针对饮用水水源保护、水污染多源共治、水资源优化配置、水生态保护修复、水风险防范处置等主要任务，研究和提出重点工程，明确建设地点、建设规模、实施期限、投资匡算等信息。项目筛选中应遵循以下原则：一是问题导向，以解决突出水生态环境问题为导向，项目实施对污染减排或生态环境自净能力提升有直接贡献；二是合理可行，项目技术路线科学，核心工艺成熟，项目建成后运营维护经济可行，能够可持续运行；三是绩效明确，遵循可监测、可统计、可考核的原则，突出项目化学需氧量、氨氮、总氮、总磷以及特征污染物的削减效果，河湖生态缓冲带修复长度增加、湿地面积恢复等生态环境效益。

7．保障措施制定

为确保规划目标和任务实现，提出规划实施的保障措施，明确规划的实施管理流程及要求。主要包括明确责任主体、目标重点任务落实、宣传与信息公开、培训与技术保障（人才队伍建设）、资金保障、公众参与、过程评估、监督考核等。

第二节　流域控制单元划分

一、划分原则

在水环境管理范畴，控制单元是集行政区、水体、控制断面等要素于一体的空间管理单元。流域控制单元划分是编制流域水污染防治规划或方案的重要基础内容，其目的是使复杂的流域水环境问题分解到各控制单元内，将规划的目标和任务逐级细化，使具体的流域水环境管理措施和政策能够有效实施和落实，从而实现流域水环境质量改善。“十四五”期间，要按照“流域统筹、区域落实”的思路，打通岸上和水里，以保护水体生态环境功能、明晰各级行政区域责任为目的，建立“流域-控制单元-汇水范围-行政区域”4 个层级、覆盖全省的流域空间管控体系。

汇水范围是指地表径流或其他物质汇聚到一共同的出水口的过程中所流经的地表区域，控制单元由若干个汇水范围组成。根据广东省“十四五”国控断面设置情况，划分控制断面对应的汇水范围，并结合干支流、上下游空间关系，将若干个汇水范围整合成一个控制单元。汇水范围划分遵循以下原则：

（1）尊重产汇流过程及排水特征

汇水范围主要根据“十四五”国控断面设置情况及其上游区域天然产汇流过程和主要排污去向确定。

（2）兼顾行政区划边界

汇水范围以乡镇为最小基础单元。为便于行政管理，每个乡镇仅划入一个（或一组）国控断面汇水范围；对影响多个国控断面的乡镇，按其主要排污去向划入相应国控断面汇水范围。

（3）保证区域完整性

对根据产汇流过程及主要排污去向难以确定相应国控断面的乡镇，按照行政隶属关系划入附近断面汇水范围，实现行政区域全覆盖。

二、划分结果

按照上述原则，“十四五”期间，广东省共设置国控断面 149 个，划分国控断面对应汇水范围 143 个，水生态环境控制单元 67 个，涉及 21 个地级以上市共 1 606 个乡镇，实现行政区域全覆盖。广东省水生态环境控制单元划分情况见表 6-2。

表 6-2　广东省水生态环境控制单元划分情况

序号	所属流域	控制单元	涉及控制断面汇水范围
1	北江流域	北江控制单元	白沙、北江石尾、高桥、梁村、七星岗、石角
2		浈江控制单元	古市、河坪、墨江出口、瑶山电站、长坝
3		武江控制单元	乐昌张滩坝上游、十里亭
4		南水河控制单元	龙归、南水水库
5		滃江控制单元	官渡、滃江大站
6		连江控制单元	连江西牛

序号	所属流域	控制单元	涉及控制断面汇水范围
7	北江流域	滃江控制单元	滃江口
8		滨江控制单元	飞水桥
9		绥江控制单元	五马岗
10	东江流域	东江控制单元	博罗城下（新角）、东江江口、黄大仙、惠州汝湖、龙川城铁路桥、石龙南河
11		寻乌水控制单元	枫树坝水库
12		俐江控制单元	俐江出口
13		新丰江水库控制单元	马头福水、新丰江水库
14		秋香江控制单元	榄溪渡口
15		公庄河控制单元	公庄河口（泰美）
16		西枝江控制单元	甘园、鲤鱼坝/清林径水库、马安大桥下、紫溪
17		石马河控制单元	旗岭、企坪
18	西江流域	西江干流控制单元	都骑、古封、黄岗、六都水厂上游、永安/鼎湖坑口
19		贺江控制单元	小湖塘
20		罗定江控制单元	罗定江茂名出境、南江口
21		新兴江控制单元	松云
22		北流河控制单元	荷塘、爽底坪
23	韩江流域	韩江控制单元	赤凤、大麻、大衙、东里桥闸、莲阳桥闸、隆都、升平、外砂
24		梅江控制单元	莱口水电站、水口水洋、西阳电站
25		琴江控制单元	琴江大桥上
26		石窟河控制单元	新铺
27		梅潭河控制单元	五丰渡口
28	粤东诸河	榕江控制单元	地都、龟山塔/富口、龙石、龙溪、深坑
29		练江控制单元	海门湾桥闸、青洋山桥
30		龙江（粤东）控制单元	隆溪大道桥
31		螺河控制单元	陆丰半湾水闸、乌坎
32		黄江河控制单元	东溪水闸、海丰西闸
33		黄冈河控制单元	凤江桥
34		淡澳河-吉隆河-赤石河控制单元	虎爪断桥、吉隆商贸城前、小漠桥
35	粤西诸河	漠阳江控制单元	埠场、河口镇、尖山、江城、寿长、中朗
36		鉴江控制单元	黄坡、江口门、良德水库、罗江桥、米急渡/高垌桥、石骨水库
37		九洲江控制单元	赤坎水厂（塘口取水口）、排里、渠首、营仔
38		南渡河控制单元	南渡河桥
39		袂花江控制单元	黄竹尾水闸、石碧、塘口
40		织篢河-寨头河控制单元	大泉、寨头河出海口

序号	所属流域	控制单元	涉及控制断面汇水范围
41	珠江三角洲	流溪河控制单元	李溪坝、良口、流溪河山庄
42		珠江广州段西航道控制单元	鸦岗
43		珠江广州段黄埔水道控制单元	墩头基
44		西南涌控制单元	西南涌
45		平洲水道控制单元	平洲
46		西江干流水道控制单元	沧江水闸、古劳、下东
47		顺德水道控制单元	乌洲
48		容桂水道控制单元	顺德港
49		沙湾水道控制单元	官坦/大龙涌口
50		狮子洋水道控制单元	莲花山
51		东江南支流控制单元	沙田泗盛
52		东莞运河控制单元	樟村（家乐福）
53		沙河控制单元	沙河河口（里波水）
54		增江控制单元	九龙潭、增江口
55		东江北干流控制单元	大墩
56		虎门水道控制单元	虎门大桥
57		蕉门水道控制单元	蕉门
58		茅洲河控制单元	共和村/公明水库、石岩水库中
59		铁岗水库控制单元	梅林水库中、铁岗水库中、西丽水库中
60		深圳河控制单元	深圳河口、深圳水库
61		洪奇沥水道控制单元	洪奇沥
62		横门水道控制单元	中山港码头
63		前山河水道控制单元	石角咀水闸
64		磨刀门水道控制单元	布洲、珠海大桥
65		虎跳门水道控制单元	西炮台
66		鸡啼门水道控制单元	鸡啼门大桥、尖峰大桥
67		潭江控制单元	苍山渡口、恩城水厂、牛湾、三甲电站

第三节　规划目标体系研究

一、指标体系构建

党的十九大确立了我国新时代生态文明建设的宏伟蓝图和实现美丽中国目标的战略要求，即“到 2035 年基本实现现代化，生态环境根本好转，美丽中国目标基本实现”。

在 2018 年全国生态环境保护大会上，习近平总书记强调，“要深入实施水污染防治行动计划，保障饮用水安全，基本消灭城市黑臭水体，还给老百姓清水绿岸、鱼翔浅底的景象”。河湖水生态环境质量是老百姓关注的重中之重，优美清澈的河流湖泊是人民群众对良好生态环境的重要期盼。“十四五”水生态环境保护工作，就是要让越来越多的河湖能够“水清岸绿、鱼翔浅底”，成为老百姓向往的美丽河湖，成为美丽中国不可或缺的必要组成部分。

在水生态环境领域，按照“清水绿岸、鱼翔浅底”要求，“美丽”的内涵至少包括以下方面：一是水质好，表现为饮用水水源地等高功能水体与水质良好水体得到充分保护、污染严重水体水质改善、水体使用功能逐步恢复，老百姓的获得感、幸福感和安全感明显增强，人与自然和谐共生。一方面要求地表水优良（达到或优于Ⅲ类）比例稳中有升，饮用水水源水质达标，人民群众可以喝上干净的、放心的水；另一方面要求消除黑臭水体和丧失使用功能的水体（消除劣Ⅴ类水体），水体感官上不黑不臭，各水体满足使用功能要求。二是流量足，表现为水体流动、安全流畅，河湖的生态流量能得到保障，实现有河有水。三是生态美，表现为生物物种丰富、水生态系统功能健全，生境自然优美，河里有鱼有草。因此，“十四五”时期我国提出了“有河有水、有鱼有草、人水和谐”的治水目标。

在《规划》指标体系构建研究中，有序衔接 2035 年美丽中国和 21 世纪中叶社会主义现代化强国中长期战略目标，依据可监测、可统计、可考核原则，体现约束性和指导性相结合的思路，按照“有河有水、有鱼有草、人水和谐”的要求，《规划》从水资源、水生态、水环境三个领域筛选有代表性的关键指标，指标选择具体考虑如下。

水资源方面聚焦“有河有水”，以生态流量的保障为重点，衔接最严格水资源管理制度，筛选了达到生态流量底线要求的河湖数量、恢复“有水”的河流数量 2 项指标。

水生态方面围绕“有鱼有草”，以维护河湖生态功能需要为重点，突出与水环境的内在关联，充分考虑广东省水生态修复尚处于起步阶段的现实工作基础，为全面开展水生态保护工作谋篇布局，筛选了试点开展流域水生生物完整性指数评价的水体数量、河湖生态缓冲带修复长度、湿地建设面积、以重现土著鱼类或水生植物为目标的水体数量等 4 项指标。

水环境方面关注“人水和谐”，继承以往规划的优点，突出保优消劣，兼顾水功能区达标，有针对性地改善水环境质量，筛选了地表水优良（达到或优于Ⅲ类）比例、地表水劣Ⅴ类水体比例、水功能区达标率、县级及以上城市集中式饮用水水源达到或优于Ⅲ类比例、城市建成区黑臭水体控制比例等指标。此外，为更好地体现粤港澳大湾区的引领性，对珠三角核心区提出了更高的目标要求，《规划》还提出了“珠三角核心区劣Ⅴ类断面比例（%）”指标。

综上,《规划》研究构建了由 12 项指标组成的“三水”统筹的规划指标体系(表 6-3)。与往期规划不同的是,《规划》从“三水统筹”系统治理的角度,将水资源和水生态指标上升到了目标指标层面。在指标设计上,除了设置有专业性比较强的常规指标,还设置了包括城市建成区黑臭水体控制比例、珠三角核心区劣Ⅴ类断面比例、恢复“有水”的河流数量、以重现土著鱼类或水生植物为目标的水体数量等 4 项老百姓关注度较高、获得感较强的亲民指标。通过目标的实现,能够让老百姓深刻感受到水生态环境的改善。

表 6-3 广东省水生态环境保护“十四五”规划指标

类别	序号	指标	指标属性	备注
常规指标				
水环境	1	地表水优良(达到或优于Ⅲ类)比例(%)	约束性	延续性指标
	2	地表水劣Ⅴ类水体比例(%)	约束性	延续性指标
	3	水功能区达标率(%)	预期性	延续性指标
	4	县级及以上城市集中式饮用水水源达到或优于Ⅲ类比例(%)	预期性	延续性指标
水资源	5	达到生态流量底线要求的河湖数量(个)	预期性	新增指标
水生态	6	试点开展流域水生生物完整性指数评价的水体数量(个)	预期性	新增指标
	7	河湖生态缓冲带修复长度(km)	预期性	新增指标
	8	湿地建设面积(hm^2)	预期性	新增指标
亲民指标				
水环境	1	城市建成区黑臭水体控制比例(%)	预期性	新增指标
	2	珠三角核心区劣Ⅴ类断面比例(%)	预期性	新增指标
水资源	3	恢复“有水”的河流数量(个)	预期性	新增指标
水生态	4	以重现土著鱼类或水生植物为目标的水体数量(个)	预期性	新增指标

二、《规划》目标研究

《规划》目标既要与以往规划目标做好衔接,紧密结合重点国考断面达标攻坚形势,保持水生态环境稳步提升、不断向好的态势,又要着眼于美丽广东建设水生态环境保护目标实现,提出五年近期目标及中长期目标。

(一)总体目标要求

《广东省国民经济和社会发展第十四个五年规划和 2035 年远景目标纲要》提出:“到 2035 年,人与自然和谐共生格局基本形成,生态环境根本好转,美丽广东基本建成。”这对水生态环境保护提出了更高要求,一是水生态环境质量要与经济社会发展水平相协调,水环境质量、水资源保障和水生态保护状况总体达到或优于发达国家同期水平;二是从根本上解决人民群众反映强烈的水生态环境突出问题，老百姓获得感、幸福感、安全感明显增强，全省普遍呈现美丽河湖景象，能够满足人民群众对高品质水生态环境的需求。“十三五”时期，围绕促进实现流域水环境综合治理目标，广东省以超常规力度加快补齐环境基础设施短板，实现了水环境大幅改善。目前，不平衡、不协调问题仍然存在，水环境质量持续改善基础仍不牢固，生态用水保障、水生态保护修复等基础相对薄弱，与“水生态环境根本好转”目标仍有较大差距。

对标2035年美丽广东基本建成的远景目标，倒排工期考虑水生态环境保护分阶段任务：“十四五”期间，广东省要继续深入打好碧水保卫战，在面源污染防治、水生态保护修复等领域取得新突破，主要水污染物排放总体持续减少，着力消除劣Ⅴ类断面、黑臭水体，推进重点流域生态流量保障，试点推进美丽河湖建设工作，以水生态保护修复为核心的水环境、水生态、水资源等要素统筹推进格局基本形成。总体来看，相比“十三五”，“十四五”水生态环境持续改善的总体目标不变，内涵更加丰富和亲民，更加注重水生态修复；“十五五”期间，持续巩固碧水保卫战成果，治水深度进一步延伸，全面建立水资源、水生态、水环境统筹推进工作机制；“十六五”期间，常态化统筹推进水安全、水资源、水环境、水生态系统治理，水环境质量、水资源保障和水生态保护状况达到发达国家水平，全省普遍呈现美丽河湖景象。因此，提出《规划》的总体目标如下：

到2025年，全省水生态环境质量持续改善，饮用水水源安全保障水平进一步提升，城市建成区黑臭水体基本消除，重污染河流水质全面达标，重点河流生态流量得到保障，打造一批“有河有水、有鱼有草、人水和谐”的美丽河湖典范，推进河湖生态保护与修复治理，南粤秀水长清格局初步形成。

展望2035年，全省水生态环境质量根本改善，水功能区全面达标，生态流量得到全面保障，水生态系统实现良性循环，实现美丽河湖全覆盖，南粤秀水长清全面实现，美丽广东基本建成。

（二）具体目标设置

1. 常规指标

（1）“优Ⅲ劣Ⅴ类”比例

“优Ⅲ劣Ⅴ类”比例（%）包括地表水优良（达到或优于Ⅲ类）比例（%）和地表水劣Ⅴ类水体比例（%）两个指标。地表水优良（达到或优于Ⅲ类）比例定义为流域或区域范围内水质达到或优于Ⅲ类的水质断面占全部水质监测断面的比例。地表水劣Ⅴ类水体比例定义为流域或区域范围内水质劣于Ⅴ类的水质断面占全部水质监测断面的比例。

根据《关于印发“十四五”国家空气、地表水环境质量监测网设置方案的通知》（环办监测〔2020〕3号），广东省共有149个国控断面纳入国家地表水环境质量监测考核，因此，《规划》以 149 个“十四五”国控断面所在的河流、湖库为基础清单，结合“十四五”国控断面监测数据，合理确定各断面水环境质量目标。目标值确定遵循以下原则：一是反退化原则，各流域、区域目标“只能变好、不能变差”，各断面规划目标原则上不低于现状。二是有序衔接原则，充分衔接相关规划中水环境质量目标。三是合理可行原则，结合断面水环境质量变化趋势、超标因子及超标倍数、污染减排潜力等情况，科学确定各断面水质目标。四是体现差异原则，结合流域区域改善必要性与可行性分析结果，原则上与全省平均水平差距大的流域、区域，目标改善幅度要求高。

2020 年，广东省 149 个国控断面水质优良（达到或优于Ⅲ类）比例为 88.6%，水质劣Ⅴ类比例为 1.3%（青洋山桥、深坑 2 个断面）。紧密结合各个国控断面达标形势进行研究分析，确定各断面“十四五”水质目标。通过补齐污水治理基础设施短板，重点实施城镇污水处理设施改造、配套管网建设、面源污染治理等污染减排规划工程项目，加强水环境改善任务谋划，进一步稳定现状水质优良断面、巩固水质提升断面、改善水质接近优良断面，重点攻坚青洋山桥、深坑等 2 个水质为劣Ⅴ类断面，到 2025 年可实现优良率达到 90.5%，全面消除劣Ⅴ类水体的目标。

（2）水功能区达标率

根据国务院批复的《全国重要江河湖泊水功能区划》，广东省共有 197 个水功能区列入国家重要江河湖泊水功能区，其中实际考核 181 个水功能区。因此，《规划》以纳入考核的 181 个国家重要江河湖泊水功能区为基础清单。

按照 2018 年《深化党和国家机构改革方案》的相关要求，编制水功能区划职责由水利部门整合划转至生态环境部门。“十四五”时期将推进实现水功能区与水环境控制单元区划体系和管控手段的有机融合，构建统一的水生态环境管理区划体系、监测体系和考核体系。“水功能区达标率”目标将衔接国家要求，需达到国家下达目标。

（3）城市集中式饮用水水源达到或优于Ⅲ类比例

广东省共有 79 个地级城市饮用水水源地和 82 个县级饮用水水源地。根据 2020 年县级以上城市集中式饮用水水源地水质监测结果，全省 79 个地级城市饮用水水源地和 82 个县级饮用水水源地水质达到或优于Ⅲ类比例均为 100%。“十四五”期间，通过强化县级以上城市饮用水水源地规范化建设、开展饮用水水源地及饮用水水源保护区内环境问题清理整治，可达到县级以上城市集中式饮用水水源水质达到或优于Ⅲ类比例为 100%的目标。

（4）达到生态流量底线要求的河湖数量

达到生态流量底线要求的河湖数量（个）是指通过水资源优化调度、再生水补水等措施，达到生态流量保障目标，满足生态流量（水位）底线要求的河湖数量。广东省生态流量保障工作仍处于起步阶段，应循序渐进推动生态流量保障工作，“十四五”期间优先实施重要江河的生态流量保障。根据水资源状况分析结果，结合水生态环境质量改善需求，衔接水利部门相关工作安排，充分考虑必要性和可达性，从七大流域选取西江、北江、东江、韩江、贺江、潭江、练江、榕江、龙江、袂花江、儒洞河等 11 条重点河流列入“十四五”期间生态流量保障的水体清单。考虑水环境质量达标、河流生态保护修复、生物物种栖息地保护修复、河口压咸等的生态环境需求，按照“只能改善、不能变差”的原则，逐一明确清单内各河湖生态流量（水位）底线要求。

（5）试点开展流域水生生物完整性指数评价的水体数量

广东省水生态底数尚未全面摸清，流域水生生物完整性指数评价工作仍处于试点研究阶段。按照 2030 年水生态系统功能初步恢复的要求，考虑水生态状况长时间序列的可比性，“十四五”期间在有工作基础的东江流域，选择石马河、西枝江等 2 条河流，试点开展流域水生生物完整性指数评价，因地制宜研究确定淡水大型底栖无脊椎动物完整性指数（B-IBI）、富营养化指数等指标，合理确定目标要求。

（6）河湖生态缓冲带修复长度

围绕维护生态系统完整性、拦截面源污染、固堤护岸等需求，各地结合当地实际，筛选需要建设河湖生态缓冲带的清单，合理确定“十四五”河湖生态缓冲带修复长度的目标。在各地市生态缓冲带建设工作基础上，充分衔接广东省碧道建设任务，进一步筛选出 37 条省、市主要河道纳入本次规划，河湖生态缓冲带修复总长度为 154.45 km。

（7）湿地建设面积

根据水生态环境质量改善需要，各地结合当地实际条件，以重要河口、大型处理设施下游为重点，确定需建设的湿地清单和湿地面积。在各地市湿地建设清单基础上，确定全省需建设的湿地名单和湿地面积。“十四五”期间，广东省建设湿地面积为 190.51 hm^2。

2．亲民指标

（1）城市建成区黑臭水体控制比例

截至 2020 年年底，广东省地级及以上城市建成区 527 条黑臭水体全面消除黑臭。“十四五”期间，在地级及以上城市建成区黑臭水体消除工作成效基础上，将黑臭水体整治要求扩展至县级及以上城市建成区，鼓励有条件的地区统筹城乡，全域推动黑臭。充分衔接住建部门相关工作要求，《规划》提出 2025 年县级城市建成区黑臭水体基本清除的目标。

（2）珠三角核心区劣Ⅴ类断面比例

为更好地体现粤港澳大湾区的引领性，对珠三角核心区提出了更高的目标要求，到 2025 年，珠三角核心区水网劣Ⅴ类断面基本消除。以珠三角核心区市控以上断面以及纳入考核的水功能区断面为基础清单，结合断面监测数据，合理确定各断面水环境质量目标。

（3）恢复“有水”的河流数量

广东省水资源相对丰富，河流基本不存在“无水”现象，但存在部分河流因闸坝阻断影响可能造成局部河段断流的情况。根据调查，流溪河上游由于流溪河水库和黄龙带水库的阻断，部分坝下河段非汛期有时出现断流现象。“十四五”试点推进重点河流生态流量保障工作，将流溪河纳入“十四五”恢复“有水”的河流清单。

（4）以重现土著鱼类或水生植物为目标的水体数量

根据资料收集、座谈问询和现场调研，结合公众关注程度、生态功能重要程度等，以重现当地老百姓记忆中的美好景象为奋斗目标，确定“十四五”期间，以重现土著鱼类或水生植物为目标的水体数量 4 个，包括在流溪河重现光倒刺鲃土著鱼类；在增江重现大刺鳅土著鱼类；在韩江重现花鳗鲡土著鱼类；在流溪河、白云湖重现红树林植物、落羽杉、水葱等水生植物。

第四节　七大流域保护策略研究

一、西江流域

（一）流域概况

西江水系是珠江流域的主流，流域面积为 35.3 万 km^2，占整个珠江流域面积的 77.8%，覆盖云南、贵州、广西、广东四省（区）。上游南盘江发源于云南省霑益县马雄山，至梧州会桂江后始称西江，至佛山市三水思贤滘与北江相通，其后转向南流，进入珠江三角洲网河区。西江干流总长度 2 075 km，广东省境内河长 208 km，流域面积为 1.8 万 km^2。广东省境内流域内共涉及 5 个控制单元、12 个国控断面，沿河接纳流域面积在 1 000 km^2 以上的一级支流有贺江、罗定江、新兴江和黄华河，超过 100 km^2 的支流共有 57 条。

（二）问题与成因

1. 水环境

1）西江流域国控断面水质总体优良，但部分断面未稳定达标。流域内 12 个国控断面水质均可达III类及以上，其中西江、贺江、罗定江、黄华江、杨梅河等水质总体为II类，但仍有部分断面不能稳定达标，其中西江古封、都骑、黄岗、永安断面个别月份总磷超标，罗定江茂名出境断面个别月份铜超标，新兴江松云断面水质超标频率 27.8%，超标因子为氨氮、溶解氧和化学需氧量。

2）西江航运水道存在突发性水环境风险，可能影响饮用水水源。六都水厂上游属于西江水路运输主干道，货船、客船和危险品船进港数量较多，饮用水取水口易受突发性风险影响。

3）城镇污水处理等基础设施较为薄弱，污水收集处理能力不足。流域内约 30%城镇生活污水处理厂负荷率不足 50%，城镇生活污水处理厂管网建设滞后、城中村和城郊接合区管网覆盖不全。由于管网存在缺口、雨污分流推进不够深入，西江流域城镇生活污水处理厂进水浓度普遍偏低，进水化学需氧量浓度低于 100 mg/L 的城镇生活污水处理厂占比超过 60%。

4）农村生活污水收集处理率低且设施运营管理存在短板。新兴江、宋隆河等流域内农村生活污水收集管网建设滞后，超过 35 个镇 300 个自然村未完成污水治理设施建设，存在农村生活污水直排的问题。此外，因运维资金短缺、技术支撑和管理不足，部分地区已建农村污水处理设施未能正常运行。

5）种植面源污染较为突出。西江沿岸郁南县、高要区种植面积广，化肥和农药施用量较大，下雨期间，农家肥、化肥、农药等残留物随雨水进入河流，面源污染对汇入断面水质造成一定影响。

2. 水资源

部分支流枯水期生态需水量不足。西江流域干流能满足生态需水量要求，但部分支流支涌枯水期无法保障生态流量。

3. 水生态

1）人为因素挤占河道生态空间。西江、贺江等部分沿岸生态空间被居民生活及生产占用，码头、防洪堤坝、城区河段人工驳岸等也造成部分河段沿岸生态空间被挤占。

2）水利工程阻断天然河道，导致鱼类资源下降。贺江、东安江上的众多水电站等水利工程阻断部分天然河道，且大多未建设鱼类洄游通道，鱼类洄游受阻，易造成鱼类资源下降。

（三）目标与任务

1. 保护目标

“十四五”期间应协调西江航运发展需要，强化西江航道船舶移动源水环境风险防控，推进环保基础设施建设，加强流域水资源调度管理，完善再生水利用体系，强化水生物种保护，改善鱼类洄游通道，实现西江流域 12 个国控断面水质稳定达到考核要求、流域总体水质持续保持优良，流域内重点河流枯水期生态流量得到保障，水生态环境质量和水生生物多样性显著提高，流域综合功能提升完善，建设西江大河风光黄金水道。

2. 水环境任务

1）强化西江航道船舶移动源水环境风险防控，推进应急能力建设。加快六都水厂取水口上游船舶移动污染风险应急能力建设，强化应急队伍培训、演练及围油栏、吸油毡等应急物资配置。以危险化学品运输路线为基础，结合西江干流饮用水水源保护区等环境敏感点，评估运输线路风险，探索建立风险源、风险江段数据库，为各类突发环境事件的监督预警、隐患治理和应急处置提供基础数据。在环境风险基础信息收集分析基础上，对突发环境事件模型模拟与情景应对进行叠加分析，实现重大风险防范与应急决策辅助“挂图作战”。

2）加快城镇污水处理设施及配套管网建设，推进污水处理设施提质增效。加快推进云浮、肇庆城镇污水处理厂的扩建、新建及配套管网工程，推进处理负荷偏低城镇污水处理厂的支管网建设，逐步补齐污水处理厂次支管缺口。全面开展西江干流城区污水管网排查和修复，完善污水管网建设，推进雨污分流，实现城镇污水处理厂提质增效。深入开展污水管网错接整改和连通工作，推进老旧管网更新、破损修复、淤积管道疏浚，强化污水收集管网养护。

3）着力补齐农村生活污水收集处理缺口。推进茂名信宜镇区污水处理厂建设和农村生活污水整治 PPP 工程进度，加快肇庆、云浮农村污水处理设施及配套管网的建设进度，保障污水不直排入河。强化资金和技术保障，建立健全农村污水设施运维管理体系，确保设施稳定运行、出水达标。

4）强化种植业面源污染防治。推进云浮市郁南县、肇庆市高要区深入开展农药、化肥零增长行动。实施测土配方施肥、农作物病虫害统防统治与全程绿色防控，推广节水灌溉体系，减少面源污染产生。

3．水资源任务

1）制定水量调配方案，加强水资源调度管理。统筹西江流域内河湖的生态流量（或水位）需求，在满足闸坝、水库调度任务管理等相关要求后，按照生态保护优先的原则，制定重要江河流域水量分配方案及水库水量调度方案，明确闸坝、水库各时段生态下泄流量要求，保障流域生态基流。

2）提高城市再生水利用。按照“集中利用为主、分散利用为辅”的原则，因地制宜确定再生水生产设施及配套管网的规模及布局。结合再生水用途，选择成熟合理的再生水生产工艺，实现“优质优用、低质低用”。鼓励将污水处理厂尾水经人工湿地等生态处理达标后作为生态和景观用水，制定区域城市再生水利用方案，解决区域内河涌水资源不足问题。

4．水生态任务

1）开展河湖缓冲带建设和修复。遵循生态保护优先、保护与发展相协调的原则，重点围绕维护生态系统完整性、生物多样性保护、拦截面源污染等需求，同时尽量兼顾景观美学价值等因素，结合西江流域重点河流、湖库水生态环境现状、功能定位要求以及水体保护需求，充分衔接各地碧道建设规划和重点建设工程，有序开展西江、南山河、罗定江、贺江等河湖生态缓冲带建设和修复工作，逐步构建河湖生态缓冲带保护体系。

2）开展水生生态系统功能恢复及鱼类资源保护。加强水生生物资源保护和鱼类三场通道保护修复。通过对贺江流域内水电站进行生态化改造、废弃拦河坝拆除及小水电整治等措施，改善或恢复河湖连通性，改善洄游性鱼类通行条件，促进鱼类繁衍和生物多样性提升。

二、北江流域

（一）流域概况

北江是珠江第二大水系，流域面积为 4.7 万 km^2。北江发源于江西省信丰县石碣大茅坑，流入广东省韶关南雄后称为浈江，至韶关市沙洲尾与支流武江汇合，始称北江，再自北向南流经英德、清新、清远至三水河口，在思贤滘与西江相通，注入珠江三角洲网河区。北江在三水区河口以上干流长 468 km，广东省境内河长 458 km，流域面积为 4.2 万 km^2。广东省境内流域共涉及 9 个控制单元、21 个国控断面，流域内集雨面积超过 1 000 km^2 的一级支流有墨江、锦江、武江、南水、滃江、连江、滃江、滨江和绥江 9 条。

（二）问题与成因

1．水环境

1）北江流域国控断面水质总体优良，连江、滃江、绥江等河流国控断面水质不能稳定达标。流域内 21 个国控断面年度水质均能达Ⅲ类及以上，北江干流及大部分上游支流可达Ⅱ类，但仍有部分断面不能稳定达标，其中北江高桥、北江石尾、石角和梁村断面部分月份氨氮、总磷或溶解氧超标；浈江长坝、武江十里亭、连江西牛、滃江官渡断面个别月份总磷超标；锦江瑶山电站、南水龙归、滃江大站和绥江五马岗断面存在氨氮超标。

2）武江、浈江、墨江和滃江流域矿区开采存在重金属污染隐患。上游湖南境内武水河流域有色金属资源丰富，因矿产资源无序开采造成区域生态环境受到严重破坏，武江上游重金属污染问题突出，雨季砷等重金属指标易出现超标。武江流域乐昌市铅锌矿和一六铅锌矿边坡治理、尾矿处置、重金属污染修复、复绿等未完成规范化治理和修复，存在矿坑废水和水土流失造成重金属污染的问题。浈江、墨江和滃江流域内废弃非法开采稀土矿的矿坑废水存在重金属污染风险，矿区存在水土流失等隐患。

3）城镇、农村生活污水收集处理存在短板。北江流域约 36%城镇污水处理厂因管网缺口问题负荷低于 80%，城市污水集中处理设施和管网建设短板尚未补齐，绥江上游城镇污水收集处理率低。因管网缺口及雨污分流不彻底等原因，北江流域内城镇生活污水处理厂进水浓度普遍偏低，进水化学需氧量浓度低于 100 mg/L 的城镇生活污水处理厂占比超过 50%。绥江流域农村生活污水收集管网建设不完善，农村污水处理能力较低。

4）流域畜禽养殖污染呈增加趋势。北江流域生猪存栏量及出栏肉猪占全省总量的20%左右。当前为保肉猪供应，国家鼓励生猪养殖，各部门的审批条件均有所放宽，流域内养猪场数量和规模快速增长，由于养殖量大，配套粪污处理处置设备相对不足，水环境质量稳定提升存在较大压力。滨江、滃江及绥江流域内畜禽养殖业规模及基数较大，因大部分畜禽养殖散户、规模场缺乏基本治污设施或设施简陋，养殖污染较为突出。

5）局部江段工业厂矿污染影响明显。绥江流域、滃江流域工业企业众多，工业污染排放占比不容忽视，流域内工业废水收集处理能力有待进一步提升。

2．水资源

小水电影响下游生态流量。锦江、墨江、武江、滃江流域内小水电遍布，由于历史原因，小水电站设计、建设时未充分考虑和保障生态下泄流量，导致部分河道生态基流难以稳定保障。

3．水生态

1）北江上游山区水土流失严重，生态系统脆弱。清远、韶关等北部山区的土壤以红色砂砾岩风化而成的红壤为主，抗水流侵蚀能力差，生态系统脆弱，随着近年来开垦种植、林木砍伐、矿藏开采等开发建设，地表植被遭到破坏，水土流失情况严重。

2）多个水库存在富营养化风险。沐溪水库、中坪水库、罗坑水库、尖背水库和西牛潭水库处于富营养化状态；横江水库、锦江水库和龙山水库处于中营养化状态，但呈恶化趋势；龙王庙水库化学需氧量、氨氮、总磷、总氮均超标显著，有较大富营养化风险。水库可供调度水资源不足及库区周边畜禽养殖、生活污水污染是造成水库富营养化的主要原因。

3）河流连通性受损，水生生物多样性下降。北江流域水电站、闸坝等水利工程众多，河道水系连通性下降，建设的水电站及水利枢纽基本未建设过鱼设施，大坝阻隔以及水文情势的变化对北江鱼类的洄游、产卵造成一定影响。

（三）目标与任务

1．保护目标

“十四五”期间应全面推进重点矿区修复治理，加快补齐生活污水收集处理短板，强化畜禽养殖和工业污染防治，优化水资源调度，推进小水电清理整治，强化水土流失治理，推进重要水域产卵场修复，实现北江流域 21 个国控断面水质稳定达到考核要求、流域总体水质持续保持优良，北江控制断面达到生态基流底线要求，南岭绿色生态水脉得到维育，充分整合南岭自然资源，打造北江南岭山水画廊。

2．水环境任务

1）全面推进重点矿区修复治理。稳步推进滃江流域大宝山新山片区历史遗留矿山生态恢复治理工程、翁源县非法开采稀土矿区矿山地质环境恢复治理试点、浈江和墨江流域非法开采稀土矿生态环境恢复治理，加快实施武江流域乐昌市铅锌矿治理修复工程和一六铅锌矿及周边区域生态修复工程，恢复矿区生态。

2）加快生活污水处理设施及配套管网建设，推进污水处理设施提质增效。深化城镇污水处理系统提质增效，加快推进城镇污水处理厂及配套管网建设，持续开展老旧管网清淤修复、断头管网筛查连通和雨污分流查漏补缺，提高污染防控水平；加快完善绥江流域城镇污水处理设施建设，同步完善污水厂配套管网建设，提高现有污水处理设施运行负荷及进水浓度。大力推进农村污水处理设施建设，优先推进韶关市、绥江流域内富营养化趋势显著湖库周边的农村生活污水治理设施，包括农村生活污水处理终端和主管网、入户管网等相关配套设施建设，着力补齐农村生活污水处理短板。

3）强化畜禽养殖污染防治。规范流域内禁养区管理，推动小散养殖向规模化标准化养殖、粗放养殖向绿色科学养殖转型升级，持续推进畜禽养殖废弃物资源化利用。建立畜禽养殖场管理名录，加强事中、事后监管。着力强化散养户监管，散养密集区所在县级、乡级人民政府组织对畜禽粪便污水进行分户收集、集中处理利用。

4）补齐工业污水收集处理短板。推进绥江流域工业污水处理设施及配套管网建设，开展工业废水收集管网全面排查，对主干管渗漏、错位、破损以及企业废水接主干管的通道错接、漏接情况进行排查整治，提高园区工业废水收集率。开展工业企业的环保基础设施排查，严格检查企业废水预处理、污水与垃圾集中处理、在线监测系统等设施，对不符合要求的企业列出清单并提出限期整改计划，对出现超标、偷排现象的企业要求限期整改达标。强化滃江流域工业污水处理厂及矿区尾水处理厂运营管理，确保出水达标排放，各污水处理厂应建成事故应急池，确保不因污水处理厂运行事故造成水环境污染。

3．水资源任务

1）优化水资源调度，构建完善的生态补水体系。开展流域内生态需水研究，科学制定生态流量调度方案，建立水利设施下泄生态流量监控预警系统，构建完善的生态补水系统，实施河流（涌）生态补水，保障北江、浈江、武江、南水、滃江等重要河流枯水期生态流量需要。

2）开展小水电清理整改，推进小水电规范绿色发展。结合流域实际，科学制定小水电整改方案，严格按照退出类、整改类、保留类三种类型，对浈江、锦江、墨江、滃江等流域内的小水电站开展清理整改，确保小水电规范、绿色发展。

4. 水生态任务

1）强化山区水土流失治理，建设生态缓冲带，构建生态廊道。严格监督执法，遏制水土流失，加快推进水土流失治理。对水生态系统严重受损的区域，进行退渔还湖、退田还湿和岸线复绿等综合整治，加强滨河（湖）带生态建设，在河道两侧建设植被缓冲带和隔离带。结合万里碧道建设，对河漫滩、江心洲进行修复，构筑北江绿色生态水网。

2）加强河湖水生态保护，严格生态保护红线管理，恢复生物多样性。强化水源涵养林建设与保护，开展湿地保护与修复，加大退耕还林、还草、还湿力度，对已侵占的自然湿地限期予以恢复。加大野生动植物类自然保护区和水产种质资源保护区保护力度，开展珍稀濒危水生生物和重要水产种质资源的就地和迁地保护，加强北江英德段国家级水产种质资源保护区、连江龙牙峡水产种质资源省级自然保护区等的保护。加设鱼类洄游通道，着力改善水电站及水利枢纽等设施导致的河道水系连通性下降造成下游河道水生态环境功能退化、水生生物多样性下降的现状。

三、东江流域

（一）流域概况

东江发源于江西省寻乌县桠髻钵，上游称寻乌水，南流入广东境内，至龙川合河坝汇安远水（又名定南水）后称东江。东江流经龙川、东源、源城、紫金、惠阳、惠城、博罗至东莞市的石龙，石龙以下习惯称东江三角洲，分南、北两支，南支称东莞水道，北支为东江北支流，再分成河网注入狮子洋，最后经虎门出海。东江流域总面积为 3.5 万 km^2，其中广东省境内为 3.2 万 km^2，占流域总面积的 90.1%。广东省境内流域共涉及 8 个控制单元、19 个国控断面，东江支流较多，其中集雨面积在 100 km^2 以上的一级支流有 27 条，流域面积大于 1 000 km^2 的一级支流包括安远水、俐江、新丰江、秋香江、公庄河、西枝江、石马河、沙河、增江；流域面积大于 1 000 km^2 的二级支流包括新丰江支流船塘河、西枝江支流淡水河。

（二）问题与成因

1. 水环境

1）东江干流水质总体良好，但断面水质不能稳定达标。东江干流水质类别基本保持在Ⅱ类，上游水质优于中、下游水质，但东江干流各断面 2020 年均存在个别月份水质超标，未能稳定达标。近年来，淡水河、石马河等重点支流年均水质由劣Ⅴ类提升至Ⅳ类及以上，水质明显好转，但从逐月水质看，淡水河紫溪断面、石马河旗岭断面水质不能稳定达到Ⅴ类，主要超标因子为氨氮和总磷。

2）流域内部分区域城镇生活污水处理能力仍然不足，配套管网不完善。惠阳城区象岭片区、秋长岭湖片区等生活污水处理空白区尚未消除，河源市源城区、东源县、龙川县仍存在污水处理能力缺口；流域配套污水管网不完善，部分管网出现错接、漏接、老化破损或雨污分流不彻底等现象，影响污水处理设施处理效益，雨季溢流严重，影响河流水质。

3）流域中上游区域农业农村污染问题较为突出。河源市龙川县、梅州市罗浮镇等区域仍有农村未配套建设生活污水处理设施，惠城区东江干流及支流两岸部分农村生活污水未经处理直排入河。汝湖断面上游流域分布大面积农业种植和水产养殖，农业面源污染排放压力大。

4）东江流域仍存在突发性风险隐患，饮用水水源保护力度有待加强。东江提供香港、深圳、东莞、广州东部、惠州等地区约 4 000 万人口的用水，是重要的饮用水水源，沿线饮用水水源保护区众多，但部分保护区尚未完成规范化建设，风险应急管理能力较薄弱。流域内仍然有印染、化工、冶炼、电镀等重污染企业，以流域下游深、莞、惠三地最多最集中，存在突发性环境事件风险隐患。新丰江水库等水源型水库上游周边仍存在污染输入，部分入库支流水质较差。

2. 水资源

1）水资源分配不均，部分河道旱季流量小，生态需水量不足。东江流域石马河、观澜河等为雨源型河流，枯水期缺乏天然来水，河流生态补水系统尚未完善，部分未进行补水的支流枯水期易出现断流或生态流量不足情况，且部分流域采取总口截污及沿河箱涵截污的治理模式，也截走了部分清洁基流，进一步加剧了枯水期生态需水不足问题。

2）东江、西枝江、公庄河及石马河部分河段水系连通性差。东江、西枝江、公庄河等流域内的水利工程如梯级电站、拦河坝、溢流坝等建设造成河道阻隔，导致河道水系连通性较差，部分河段水体流动性不足，生态流量得不到保障。

3. 水生态

1）新丰江水库和白盆珠水库存在水土流失现象。水土流失区特别是强度侵蚀区主要集中在水库周边。白盆珠水库周边存在大面积的林业种植，且种植岩茶、水稻等经济作物面积占比较大，大量侵占流域内河岸带，加重水土流失现象。新丰江水库岸线状况较为原始，容易导致水土流失。

2）人类活动侵占部分河流湖库水生态空间。东江、鳄湖、万绿湖、浰江、秋香江、西枝江、石马河及淡水河等河湖内部分河段开发利用程度较高，生态系统受人类活动干扰大，河滨缓冲带、天然湿地等水生态空间被侵占和扰动，改变了河流、湿地原来的生态系统结构，削弱了生态系统自我调控能力，降低了生态系统的稳定性和有序性。东江整体水域岸线管理尚未完善，水域岸线执法管理难以有效开展。

3）河流连通性及自净能力受损，水生生物多样性下降。东江、石马河、观澜河等流域内水利工程的建设将完整的河道分成若干河段，且大部分水利工程设施未配套建设鱼类洄游通道，鱼类洄游通道受到阻隔，导致流域内渔业资源明显下降。同时，受水资源不足等原因影响，河道水体流速缓慢，水动力缺失，进一步降低了河流水体自净能力，导致入河污染物难以得到快速降解，鱼类等水生生物多样性下降。

（三）目标与任务

1. 保护目标

“十四五”期间应持续强化饮用水水源保护，重点加强城镇生活源治理和农业农村污染源防治，持续推进重点支流系统治理，优化水资源配置与区域水资源调度，加强河湖水系连通，实施系统性生态修复工程，实现东江流域内 19 个国控断面水质稳定达标，东江达到生态基流底线要求，流域水生物多样性显著提高，建设集供水、生态、旅游等功能于一体的复合廊道。

2. 水环境任务

1）推进城镇生活源治理，控制初雨污染。一是提高城镇生活污水处理能力。持续推进河源市、惠州市污水处理设施建设，逐步实现污水处理设施全覆盖，杜绝生活污染直排入河。二是完善支次管网，强化雨污分流改造统筹推进。加快淡水河、石马河等重点流域雨污分流改造，完成小区、城中村正本清源改造，继续从源头控制污染排放，加强污染源管控工作，开展“排水管理进小区”工作，保障正本清源的稳定持久效果。三是推进雨污调蓄处理工程建设。重点推进惠州中心城区、龙岗河流域调蓄池建设，减少面源污染入河，提高降雨时期污水调度能力，加快解决雨季污水溢流问题。

2）强化农业农村污染防治，削减面源污染。一是持续推进农村污水治理。加快推进河源龙川县、惠州惠城区、梅州罗浮镇等区域农村生活污水处理设施建设，建设农村配套污水干管和入户支管，并建立村级生活污水处理设施运营机制，确保已建农村生活污水处理设施正常运营。二是在汝湖断面上游流域沿岸乡镇推进规范化种植和生态化养殖改造。推广测土配方施肥技术，减少化肥、农药的农业面源污染，推进实施水产养殖场生态化改造及尾水治理。

3）强化饮用水水源保护，严格环境准入。一是全面落实饮用水水源保护区规范化建设，建设水源地周边隔离防护带，强化水源地监控与管理，加强饮用水水源地风险防范，以东深供水工程东江桥头水源地和新丰江水库、白盆珠水库等重要水源地为重点整治与保护对象，开展饮用水水源地环境风险排查，对威胁饮用水水源水质安全的重点污染源和风险源优先予以整治、搬迁或关闭。二是严格环境准入，流域内严格控制新建造纸、制革、味精、电镀、漂染、印染、炼油、发酵酿造、非放射性矿产冶炼工业以及使用含汞、砷、镉、铬、铅为原料的项目；流域内建设的大中型畜禽养殖场实行总量控制，合理布局。

3．水资源任务

1）优化水资源配置，构建完善的生态补水体系。构建完善的生态补水系统，实施东江、石马河、观澜河等河流（涌）生态补水，保障区域内河（涌）的水动力条件。综合考虑水体生态流量及纳污能力，进一步完善城市水资源配置工程，形成再生水、天然水并济的健康、绿色补水系统。

2）加强河湖水系连通，构建绿色生态水网。以“能通则通”为原则，在东江、西枝江及公庄河等流域内开展河（涌）湖库水系连通工程建设，引水活化、生态修复、景观提升，提升水体流动性，构建绿色生态水网。建立闸坝联调机制，实施闸群智能联合调度与实时监控系统工程建设，保障河湖生态水量。

4．水生态任务

1）加强重点区域水土流失综合治理。在白盆珠水库及新丰江水库流域内推进植被缓冲带建设，加强水土流失治理，实施岸边带生态治理，保持生态屏障完整性，维持水源涵养和生物多样性功能。

2）推进河湖水生态空间保护修复。开展生态恢复型、生态蓄滞型和水质净化型人工湿地建设，重点恢复万绿湖国家级湿地，结合生态补水，保障河流水质、水量稳定。结合万里碧道建设，维育与修复东江、万鳄湖、浰江、秋香江、西枝江、石马河及淡水河等河湖生态廊道。

3）恢复河流生物多样性。实施水系连通工程，提升东江下游、石马河、观澜河等流域部分河段的流动性、连通性，恢复鱼类洄游通道。因地制宜开展系统性生态修复工程，通过硬质化堤岸生态化改造、河道形态改造、河道清淤、河滩地植被恢复等手段，重构河流生境，恢复河流生物多样性，提升自净能力。

四、珠江三角洲流域

（一）流域概况

珠江三角洲水系是由西江、北江思贤滘以下，东江石龙以下的网河水系和注入珠江三角洲的其他河流组成，流域面积为2.7万km^2，内河网交错纵横，大小河道有324条，城市河涌12 259条，河道总长约3.14万km。马口、三水为西江、北江河网一级分汊点，石龙南、石龙北为东江河网一级分汊点，三多（石仔沙）与紫洞（澜石）、天河与南华为二级分汊节点，水流流经河网后经崖门、虎跳门、鸡啼门、磨刀门、横门、洪奇门、蕉门、虎门八大口门入注南海，形成“三江汇流，八口出海”的水系格局。珠江三角洲接纳珠江水系的来水中，西江占珠江总径流量的43.5%，北江、东江各占13.5%、7.3%。珠江三角洲流域涉及27个控制单元，43个国控断面，除西江、北江及东江外，入注珠江三角洲的流域面积超过1 000 km^{2}的河流有流溪河、高明河、潭江、增江和沙河等5条。

（二）问题与成因

1. 水环境

1）水环境质量全面改善的基础仍不牢固。深圳水库、沙河河口等部分优良水体断面未能稳定达标。流域内33个国控断面"十四五"期间目标设定为Ⅲ类及以上，深圳水库、沙河河口、东江沙田泗盛断面（溶解氧超标）、潭江牛湾（溶解氧超标）超标率超过40%。茅洲河、东莞运河等河流未能稳定消除劣Ⅴ类，部分内河涌水质污染严重。流域内10个国控断面"十四五"期间目标设定为Ⅳ类或Ⅴ类，"十三五"期间西南涌、东莞运河樟村、茅洲河共和村、深圳河河口年均水质多年出现劣Ⅴ类，达标基础仍不牢固。

2）工业企业众多，废水排污量大。根据2020年环统数据，珠三角地区工业废水排放量为7.2亿t，占全省的75%，工业源化学需氧量、氨氮、总磷排放量分别占全省的72%、71%、70%，工业废水污染物排放是七大流域之首。

3）污水处理设施区域分布不平衡，污水管网不完善，初期雨水面源污染缺乏有效应对措施。流域内污水处理能力分布不均，约20%污水处理厂负荷率低于50%，而部分污水处理厂超负荷运行。截污管网不健全、雨污分流体系不完善、老旧管网破损修复未完成，部分城镇污水处理厂化学需氧量进水浓度低于100 mg/L，污水处理效率有待全面提升。珠江三角洲流域涉水污染源点多线长面广、监管难度大、精细化管理水平不高，初期雨水面源污染较重，而流域内缺乏有效的初期雨水污染应对措施。

4）溶解氧成为制约感潮河段达标的主要指标。2019—2020年，感潮河网区东江沙田泗盛、潭江牛湾溶解氧超标率分别为75%和54%，溶解氧成为水质定类指标。珠江三角洲河网是典型的热带亚热带气候感潮河网，处于河流向海洋的特殊过渡区，潮汐作用强，该区域除了受气候影响水温升高而限制溶解氧上限，还受到水文水动力等因素的叠加影响，导致感潮河段饱和溶解氧较低。感潮河段溶解氧浓度的影响因素复杂，相关机理仍不明晰。

2. 水资源

1）城市内河涌水动力不足。广州、佛山、东莞等河网地区，内河（涌）多为城镇纳污河流，无天然水源补给，受截污工程影响河道内水量减少，且为保障外河道水质，常利用水闸将污染的内河（涌）物理隔离，与此同时也阻断了内河（涌）与外河道的水系连通，导致内河（涌）水体流动性较差。

2）部分河段枯水期断流。深圳河、茅洲河部分支流径流量主要来自本区域的降雨，有雨则产流，无雨则基本断流。雨源型河流受降雨影响明显，径流暴涨暴落，枯水期降雨减少，加之珠江三角洲发达地区，人口密度高，生产生活用水量大，河流生态补水系统尚未全流域覆盖，部分未进行补水的支流枯水期易出现断流情况，生态需水量难以保障。

3）枯水期珠江河口受咸潮上溯影响严重。磨刀门水道、虎门水道是以潮汐作用为主的珠江口门，径流弱、潮流强是其典型水文特性。受潮汐影响，均存在咸潮上溯问题。随着经济急速发展，工业生产规模扩张，常住人口增长，生产和生活用水急剧增加，导致江河水量减少，也使珠江河口区域咸潮入侵日益严重。

3．水生态

1）江河湖库水生态空间受侵占。珠江三角洲水系发达，沿河两岸大量分布各类城乡社会经济活动，人类活动大量挤占水域空间，城镇建设用地沿水岸蔓延，滨水地区常被建设为工厂、码头、住宅区或城市主干道路等，地面硬质化程度高、水面率降低，削弱河流水系的自然生态功能。

2）引水水库存在富营养化风险。铁岗水库、西丽水库、梅林水库、深圳水库等引水型水库绝大部分水量引自东深供水工程，其外来引水对水库的污染负荷贡献量较大。东江引水总氮偏高直接影响东深供水工程沿线水库的富营养化状况，深圳水库等作为交水水库存在一定的富营养化风险。

3）水利工程设施建设破坏水生态系统。流溪河上游水库工程等部分水利工程设计建设年代久远，建设过程中未重视对河流生态的保护，其对河道的阻断或改变，扰动了水生生物的天然栖息地，影响了鱼类的洄游繁殖。

（三）目标与任务

1．保护目标

“十四五”期间应重点强化工业污染防治，加强污水处理提质增效，推进初期雨水面源污染治理，完善生态补水体系，加强水系连通，转变高耗水方式，恢复和保护河湖岸线原有自然形态，加强网河区水生态系统的保护和修复，实现 43 个国控断面稳定达到考核要求，东江沙田泗盛、沙河河口、潭江牛湾、深圳对库断面达到“好水”，东莞运河樟村、茅洲河共和村稳定“消劣”，构建灵动、健康绿色生态水网和都市亲水空间，打造湾区宜居宜业宜游优质生活圈，恢复平衡稳定的珠江三角洲生态系统。

2．水环境任务

1）加强工业污染防治。严格执行行业准入，全面实施零散废水集中处置，实现新建企业“零排放”管控。对茅洲河、广佛跨界、东引运河流域等存在高污染企业且水污染严重地区、敏感区域、城市建成区，实施分类管控策略。对无法提标的企业实施退城入园、异地搬迁等；对具有提标潜力空间的企业，推行企业清洁生产；对所有工业企业加装全过程智能化监控系统，实现污染物产排污精准监管，全面提升区域工业污染治理水平。完善鸡啼门水道等重点流域工业园区工业废水处理厂建设，新建规模 23.9 万 t/d，推进工业集聚区“污水零直排区”创建。

2）强化城镇污水处理提质增效，推广厂网一体化运营管理机制。重点推进深圳河、茅洲河、潭江、流溪河、增江、珠江两岸污水截流、收集，提高城乡接合部农村生活污水纳入城镇管网率。全面排查流域内管网情况，对已建成管网进行查漏补缺，对破损、错接的管网及时进行整改，提升管网利用率和通水率，着重完善污水处理厂负荷率低的片区及乡镇污水处理厂服务范围的配套管网，确保建成一段通水一段。推动深圳河、磨刀门水道等重点流域开展污水处理提质增效，优先在污水处理厂进水浓度低的片区开展雨污分流改造，着力提升污水处理设施处理效果，加快污水处理厂提标改造。充分参考“排水管网进小区”等成功经验，鼓励各市推行厂网运行一体化，保障污水处理设施运行效果，提升污水处理效率。

3）推进初期雨水污染防治。加快推进初期雨水污染防治工程建设，实施同沙水库溢流湿地等多个末端调蓄池建设工程，减少面源污染入河，提高降雨时期污水调度能力，加快解决雨季污水溢流问题。鼓励各地市充分借鉴茅洲河等流域成功手段与模式，推进初期雨水污染防治。

4）开展感潮河段溶解氧的水质基准专题研究。针对东江沙田泗盛、潭江牛湾等感潮河段溶解氧超标问题，研究水环境中温度的季节性和日变化规律以及不同盐度浓度、盐度组成成分对广东省感潮河段溶解氧浓度的变化影响，明晰溶解氧浓度主要影响因素和超标原因，开展感潮河段河流水生态系统响应机制及生化过程的耗氧复氧机理研究，在此基础上开展基准研究，为制定分区域、分季节的溶解氧水质标准提供科学依据。

3. 水资源任务

1）优化水资源配置，构建完善的生态补水体系。实施河涌生态补水，保障区域内河（涌）的水动力条件。综合考虑水体生态流量及纳污能力，进一步完善城市水资源配置工程，形成再生水、天然水、海水并济的健康、绿色补水系统。

2）加强河湖水系连通，构建绿色生态水网。遵循“能通则通，原连即连”的水系连通原则，因地制宜开展河涌湖库水系连通工程建设，引水活化、生态修复、景观提升，恢复水网大循环体系，促进水体顺畅流通，构建绿色生态水网。建立闸坝联调机制，实施闸群智能联合调度与实时监控系统工程建设，保障河湖生态水量。

3）转变高耗水方式，加强咸潮入侵的风险防控。全面摸清受咸潮影响的取水点，合理、科学地优化水源配置，加强应急水源和辅助水源储备，补充蓄淡调咸的重要设施。转变高耗水方式，大力实施非常规水资源利用工程，推进再生水、雨水用于工业园区、城市绿化和清洗杂用、生态环境补水，释放非供水水库潜能资源用于河道生态景观补水。

做好海水淡化试点建设及技术储备。

4．水生态任务

1）保护与修复生物栖息地，维持河流多样生态。优化自然保护区结构和空间布局，强化红树林湿地、三角洲湿地、国际候鸟迁徙停歇越冬栖息地自然保护区的建设。加大野生鸟类、珍稀、特有和重要经济鱼类及其栖息地保护力度，营造水生生物栖息、觅食、繁殖生境，保障水生生物合适的水量、水温、水质、流速等生存条件，加强水产种质资源保护区管理维护，重点保护鱼类“三场”资源。

2）加强水利工程中的生态保护措施，维护生物多样性与完整性。开展已建水利水电工程对鱼类洄游的阻隔影响及恢复措施研究，设置鱼类增殖站，实施人工放流。实施生态调度、灌江纳苗、江湖连通等修复措施，加强对小水电站下泄生态流量的监督管理以及建设、运行和生态环境保护，示范开展产卵场修复工程和水生生态系统修复工程，维护水生生物多样性与完整性。

3）按水生态环境要求恢复河湖生态功能。对于水环境质量较好、生境受损较轻的自然水体，根据水生态环境保护需要，维持和修复河湖生态缓冲带，保障河湖水生态系统稳定。对于水生态系统严重受损的，如水下生态系统、河湖生态缓冲带受损等，制定河湖生态缓冲带恢复、水生植被恢复等规模化生态保护恢复任务。

五、韩江流域

（一）流域概况

韩江流域面积为 3.01 万 km^2，其中广东省境内流域面积为 1.79 万 km^2，占 59.3%，福建省境内为 1.21 万 km^2，占 40.1%，江西省境内为 181 km^2，占 0.6%。梅江是韩江主流，发源于广东省紫金县和陆河县交界的七星岽，河长 307 km，平均比降 0.40‰，集水面积为 13 929 km^2。韩江的最大支流汀江发源于武夷山南段东南一侧的三明市宁化县赖家山，河长 322 km，平均坡降 1.5‰，集水面积为 11 802 km^2。梅江与汀江汇合后称韩江，河长 128 km，进入三角洲网河区后分北溪、东溪、西溪出海。韩江流域涉及 5 个控制单元，14 个国控断面，流域内集水面积大于 1 000 km^2 的支流有五华河、宁江、石窟河（中山河）、汀江、长汀河、旧县河、黄潭河、永定河和梅潭河等，省际河流有程江、梅潭河（芦溪）、柚树河（河头河）、松源河、汀江、樟溪（金丰溪）、石窟河（中山河）。

（二）问题与成因

1．水环境

1）韩江流域部分断面水质不能稳定达标。韩江干流及主要支流水质总体良好，2020 年上半年除鹤市河水质未达到Ⅲ类，干流及其他主要支流年均水质均达到Ⅲ类及以上。但从逐月水质来看，流域内鹤市河莱口水电站、宁江水口水洋断面、石窟河新铺断面等国控断面水质不能稳定达标，主要超标因子为氨氮、总磷。

2）环保基础设施建设滞后，治污能力不足。一是部分片区生活污水处理能力存在缺口，汕头澄海区、梅州市梅县区、五华县等区域生活污水处理能力仍然不足。二是配套污水管网不完善，潮州市潮安区南总干渠流域等区域污水管网存在空白区，部分管网错接漏接或雨污分流不彻底，污水不能有效收集，污水处理厂不能充分发挥减排效益。

3）跨界污染问题凸显，联防联治机制不健全。韩江上游福建省武平县养殖业污染等造成下游广东省石窟河长潭水库和松源河多宝水库的来水水质较差；福建省平和县、永定县的小造纸、小冶炼和养殖场排放的废水对广东省梅潭河、漳溪造成一定污染。跨省、跨市流域联防联治机制不健全。

4）饮用水水源地规范化建设滞后，存在安全隐患。韩江是南粤仅次于珠江的第二大河，是韩江流域中下游潮汕地区人民的母亲河，其水质关系流域内外 1 800 万人的饮水安全，流域内饮用水水源保护区规范化建设相对滞后，监测监控能力不到位，风险管理和应急能力基础较薄弱。乡镇级饮用水水源保护区整治尚未完成，市级饮用水水源保护区尤其是一级水源保护区整治力度仍需加大。

2. 水资源

枯水期水电站蓄水发电，下泄流量减少，部分支流枯水期生态流量难以保障。韩江流域各干流、支流建设有较多的水电站，由于缺少对水电站生态流量的统筹规划与管控，枯水期水电站蓄水发电，下泄流量减少，造成流域部分支流枯水期生态流量不足，特别是梅州、汕头境内的韩江支流枯水期均出现不同程度的生态流量不足现象。

3. 水生态

1）违法捕捞造成珍稀水生物濒危。鼋和花鳗鲡具有较高的经济价值，市场需求较大，因此成为主要的捕捞对象，违法捕捞减少了鼋和花鳗鲡的数量，使珍稀水生物濒危。根据相关调查记录，花鳗鲡及鼋已无实体调查记录，仅在访问及交易市场中发现花鳗鲡，花鳗鲡及鼋已处于极为濒危状况。

2）沿河社会经济活动密集，削弱河流水系的生态服务功能。部分河道岸线被违法占用的现象仍然存在，河道两岸原生植被、天然湿地被破坏。河岸带常被建设为工厂、码头、住宅区或城市主干道路等，地面硬质化程度高，生态功能差。

（三）目标与任务

1. 保护目标

“十四五”期间应优先保障饮用水水源安全，强化饮用水水源保护区保护和管理，继续推进水污染联防联治，加强环保基础设施建设，强化流域生态流量管控，加强联合违法捕捞打击，开展珍稀水生物栖息地修复，强化岸边带保护与生态修复，实现流域内 14 个国控断面水质稳定达标，饮用水水源地水质安全性提升，韩江达到生态基流底线要求，韩江珍稀水生物得到有效保护，构建河流生态廊道，实现韩江流域“秀水长清”。

2．水环境任务

1）持续推进环保基础设施建设。一是全面加快城镇污水处理设施建设。加快补齐梅州市梅县区、五华县等区域污水处理能力缺口，推动实现城镇污水处理全覆盖，实施汕头市澄海区等区域污水处理厂扩建及提标改造。二是逐步完善污水收集管网。推进潮州市潮安区南总干渠等重点流域污水管网建设，将污水收集管网建设与城市开发、旧城改造、河涌整治等统筹考虑，加快推进污水截排系统建设，切实提高污水处理设施运行负荷和进水浓度。

2）强化跨区域河流联防联治工作。加强水污染治理系统性和科学性，进一步优化完善跨区域、干支流、上下游、左右岸协同治理机制，加强治水、治污与城市更新改造、产业转型升级、乡村振兴等的结合。推进跨市联防联治工作，促进流域治理下功夫、出成效。积极探索跨省区河流治理机制，加强粤闽跨界河流水污染联合治理，推动跨省、跨县来水稳定达标。

3）加大饮用水水源保护力度。在巩固城市饮用水水源保护与治理成果的基础上，着力解决县（区）级以及农村饮用水水源保护工作中存在的突出生态环境问题，统筹城乡，全域推动集中式饮用水水源达标。加快完善外砂河、南溪等饮用水水源保护区规范化建设，推进流域内饮用水水源保护区水质自动监测站建设，加快建成全天候实时监测的水环境质量监控体系。定期组织开展演练和评估，加强各类应急物资、设备的配备储备，全面提升饮用水水源应急保障能力。

3．水资源任务

强化流域生态流量管控。加强对韩江流域内干支流水电站的生态流量管控，合理确定区域内水电站的最小生态下泄流量，逐步开展水电站生态流量监控，强化水资源调度，保障韩江流域各支流生态基流。

4．水生态任务

1）加强违法捕捞联合打击，开展珍稀水生物栖息地修复。加强联合巡逻执法，打击非法捕捞、电鱼等现象。开展韩江流域花鳗鲡及鼋栖息地的生态修复，加强自然保护区管护设施建设。

2）开展河流生态廊道构建，强化岸边带保护与生态修复。开展河湖缓冲带建设，对韩江碧道主线和支线及局部现有硬质化或垂直式的堤防及护岸进行生态治理，加强韩江干流及其三角洲河道、梅江、宁江、石窟河和凤凰溪等河岸带生态建设与恢复。

六、粤东沿海诸河

（一）流域概况

粤东沿海诸河是指黄冈河及韩江流域以西、东江流域以南、大亚湾以东在广东大陆的单独入海各河流，流域面积为 1.53 万 km^2。粤东诸河流域东北部与福建省交界，西北部与梅州市接壤，西部与东江流域毗邻，涉及 7 个控制单元、17 个国控断面，流域面积大于 1 000 km^2 的有黄冈河、榕江、练江、龙江、螺河及黄江等。

（二）问题与成因

1. 水环境

1）螺河、榕江南河、赤石河等水质状况良好，龙坎河、龙江、黄冈河水质不能稳定达标。螺河、龙坎河、赤石河、榕江南河、龙江、黄冈河近年来水质基本保持在Ⅲ类及以上，但龙坎河、龙江、黄冈河水质个别月份存在超标。练江、榕江北河揭阳段、枫江等水质较差，不能稳定消劣。2020 年上半年，枫江深坑断面、练江流域的青洋山桥断面水质为劣Ⅴ类，未达到Ⅴ类目标。从逐月达标情况看，2019—2020 年榕江北河龙石断面、枫江深坑断面、练江青洋山桥断面水质超标率达到 80%以上。

2）城镇污水处理设施及配套管网建设存在短板。一是污水收集管网不完善，潮州市潮安区枫江流域、揭阳市榕城区等部分区域污水收集管网仍有较大缺口，支次管网建设滞后，汕头市潮阳、潮南区等区域截流井漏水、管网错接漏接、堵塞、雨污分流不彻底等问题突出，城镇污水处理设施效益仍未充分发挥；二是部分区域污水处理能力仍有缺口，淡澳河流域、黄江河东溪流域、揭阳市市区、普宁市等区域污水处理设施仍存在短板。

3）农村生活污水收集处理能力不足。部分区域农村仍未配套污水收集管网，已建设施运行管理不完善，螺河、黄冈河等流域两岸农村生活污水大多未经处理直排。畜禽、水产养殖及种植面源污染问题较突出。黄冈河、枫江等流域畜禽养殖业基数较大，规模化养殖场内治理设施简陋，大部分畜禽养殖散户缺乏基本治污设施。螺河、黄江河等沿岸分布大量农田和水产养殖场，面源污染问题突出。

4）局部区域工业污染问题突出。东溪等流域内工业聚集区废污水排放量大，珠宝加工业等工业废水未得到有效处理，造成较为突出的水污染问题；部分区域还存在众多未能有效纳入监管范围的小型企业和小作坊式工厂，其生产工艺低端、设备落后，偷排、漏排和超总量、超标准排放等现象时有发生。枫江、练江等流域分布较多纺织印染、皮革鞣制加工等重污染企业，加之小规模企业多，分布散，治理能力有限，监管难度大。

2. 水资源

部分河段枯水期生态流量不足。各河流汇水范围较小，水源涵养不足，枯水期缺少天然补水，造成生态流量不足。吉隆河上游、淡澳河周边的水库为饮用水水源地，枯水期水源优先保障饮用水，下泄流量不足。黄江河水利水电工程较多，但未制定闸坝联合调度方案，河段生态需水量满足程度不足。

3. 水生态

1）水系不连通，生物多样性受损。螺河、黄江河等流域内水利水电设施不仅阻隔了洄游性鱼类的洄游通道，其建设还对水生生境造成了破坏，影响水生生物种群的繁衍，生物多样性受损。

2）沿河人为活动密集，河道生态空间受侵占。城镇建设用地向水岸蔓延，河岸常被建设为工厂、码头、住宅区或城市主干道路等，地面硬质化程度高，水生态功能遭到严重破坏，部分河道滩涂及岸线被违法占用的现象仍然存在。沿河两岸农田种植或经济林种植现象较普遍，河道生态空间受侵占。

（三）目标与任务

1. 保护目标

“十四五”期间应重点推进城镇污水处理设施及管网建设，强化农业农村污染、工业污染防治，持续推进水环境综合整治，强化流域生态流量管控，加强生态补水，增加河流连通性，改善鱼类洄游通道，实现粤东沿海诸河流域内 17 个国控断面水质稳定达标，练江、枫江等重点流域水质稳定“消劣”，练江、榕江、龙江达到生态基流底线要求，水生生物多样性得到保护，水生态系统稳定性明显增强，生态空间规模增加，开辟滨水绿廊，建设粤东生态活力滨水绿带。

2. 水环境任务

1）加快城镇污水处理设施及管网建设。一是优先完善污水处理厂配套管网。以枫江、练江、榕江北河（揭阳段）、黄江河等流域为重点，加快推进现有污水处理设施配套管网建设，切实发挥污水处理厂减排功能。加快揭阳市、普宁市城区等重点区域管网质量检测和问题整改，落实干支管网排查贯通、箱涵接驳纳管和清水剥离工作，强化污水收集，提升治理成效。二是加快补齐污水处理设施短板。推进揭阳市市区、普宁市等区域污水处理设施建设，逐步实现污水处理设施全覆盖，杜绝生活污染直排入河。

2）深入推进农村生活污水治理。加大农村生活污水治理力度，以政府与社会资本合作（PPP）模式整县推进农村生活污水处理设施建设，加快推进汕尾市陆河县、海丰县等污水处理设施整县捆绑 PPP 项目，加快农村生活污水处理设施及配套污水干支管的建设，确保已建农村生活污水处理设施正常运营。

3）着力加强农业面源污染防治。加强禁养区畜禽养殖排查，严厉打击非法养殖行为，防止“死灰复燃”，对枫江等重点流域内现有规模养殖场进行升级改造，重点开展规模养殖场粪污资源化利用设施建设，提高规模化畜禽养殖场粪污处理设施装备配套率和粪污综合利用率；加强沿岸水产养殖尾水污染治理，避免尾水直排，严格控制近海养殖密度；推广生态农业、生态施肥、保护性耕作等措施，实现农业面源污染综合控制。

4）严格环境准入，强化工业污染防治。继续加强对“散乱污”企业、场所的环境监管和执法，依法依规严厉打击环境违法行为。全力推进练江流域纺织印染环保综合处理中心等生态环保基础设施建设，推动印染企业集中入园，引导企业加快转型升级。练江流域实施更严格的环境准入，流域内不得新建、改建、扩建印染、制浆、造纸、电镀、鞣革、线路板、化工、冶炼、发酵酿造等水污染行业，大力推进纺织印染企业入园和转型升级。

5）持续开展入河排污口整治，推进水环境综合整治。全面开展干支流入河排污口排查整治，减少区域内污水直排。持续推进练江、榕江北河揭阳段、枫江等重点流域系统整治，开展水环境综合治理工程。强化陆海统筹，严控陆源影响，加快推进入海河流综合整治和入海排污口排查整治。

3．水资源任务

1）强化流域生态流量管控。加强对黄江河流域内水库、水电站的生态流量管控，制定西闸、丽江闸、中闸等闸群联合调度方案，合理确定最小生态下泄流量，保障黄江河流域生态基流。

2）充分利用再生水进行生态补水。强化吉隆河、淡澳河流域污水处理设施弱项，提升排水水质，充分利用流域内污水处理厂的再生水进行生态补水，改善枯水期流域水量不足的情形。

4．水生态任务

1）增加河流连通性，改善鱼类洄游通道。螺河、黄江河等流域闸坝增设过鱼道或采取有利于过鱼的管理措施，增加河流连通性，改善鱼类洄游通道。

2）建设河湖生态缓冲带，加强湿地恢复与建设。构建河流生态廊道，加强河口湿地及河湖生态缓冲带建设，清理侵占自然河湖、湿地等水源涵养空间的“四乱”，加强滨河（湖）带和海岸带湿地生态建设，对硬质堤岸进行生态恢复。

七、粤西沿海诸河

（一）流域概况

粤西沿海诸河主要是指珠江口以西至雷州半岛广东大陆部分独流入海的河流，流域面积为 3.2 万 km^2。粤西沿海诸河流域东邻珠江三角洲，西邻广西南流江，北部有云开大山、云雾山与西江水系分界，南面为南海，地势北高南低，诸河（除雷州半岛上的河流外）大体自北向南流注入南海。流域内共涉及 6 个控制单元、23 个国控断面，流域面积在 100 km^2 以上的共 27 条，流域面积在 1 000 km^2 以上的有漠阳江、鉴江、九洲江、南渡河、遂溪河 5 条，除鉴江流域面积较大外，各河流多属山地暴流性小河，河流短促。

（二）问题与成因

1. 水环境

1）漠阳江、九洲江流域水环境保护压力较大，袂花江流域、入海河流水质较差。流域内 20 个目标为Ⅲ类及以上国控断面中，漠阳江流域的潭水河河口镇、那龙河尖山、寿长河寿长断面，九洲江排里、营仔断面，织篢河大泉断面超标率超过 40%。流域内 3 个目标为Ⅳ类或Ⅴ类的国控断面中，袂花江黄竹尾水闸、小东江石碧断面超标率超过 40%，寨头河出海口断面“十三五”期间多年水质劣Ⅴ类，达标基础不牢固。

2）雷州青年运河、南渡河、高州水库、鹤地水库等饮用水水源地保护区所在水体不能稳定达标。雷州青年运河赤坎水厂、南渡河桥、高州水库、鹤地水库渠首断面超标率分别为 11.11%、22.22%、5.56%、5.56%。

3）农业农村污染日益凸显。湛江、茂名、阳江三市均为全省生猪养殖大市，2020 年年末，湛江、茂名、阳江三市牛存栏量约 50 万头，生猪存栏量约 500 万头，流域内畜禽养殖总量大且粪污治理水平较低。乡镇污水收集处理设施建设滞后，农村生活治理率较低，流域内阳江市、湛江市、茂名市农村生活污水处理的自然村比例分别为 27.43%、14.30%、52.36%。

4）污水处理设施短板突出，污水管网不完善。流域污水处理能力缺口大，约 29%污水处理厂超负荷运行。管网建设方面，茂名市茂南区河西片区、高州市城南城西片区，化州市城东片区污水管网建设滞后，流域内管网雨污分流工作滞后，约 19%污水处理厂进水化学需氧量浓度低于 100 mg/L，污水处理效率有待提升。

5）九洲江流域上游来水水质较差。九洲江约有 32%流域面积在广西境内，上游广西玉林市陆川县、博白县生猪养殖量大，治理水平低下，2020 年第三季度九洲江山角断面（桂粤交界）、石角断面（桂粤交界）水质类别均为Ⅳ类，水质均未能稳定达标，对下游广东境内水质存在一定影响。

2. 水资源

1）普遍河流旱季水量较少，生态流量不足。粤西诸河流域多属山地暴流性小河，河流短促、独流入海，缺少天然补水，部分河段旱季水量不足，漠阳江寿长河、关屋河、寨头河、旦场河、那龙河等河流甚至出现断流、河床裸露的情况。鉴江上游、织篢河、漠阳江寿长河上游的水库或水电站未能根据区域综合配置水资源，旱季生态下泄流量不足，造成下游河段水量过少。

2）部分支流河道连通性较差，水体流动不足。漠阳江部分支流、罗江部分支流及雷州青年运河支流末端河道连通性较差。其中漠阳江、罗江支流主要是由于堤围、挡潮闸作用，而雷州青年运河则由于管理不善，支流末端基本不通水。

3）生产生活高耗水。流域位于热带、亚热带气候区域，全年气温相对较高，居民生活用水、农业生产用水量偏高，加上随着经济发展，区域用水需求增长与水资源不足之间的日益矛盾突出。

3. 水生态

1）部分河段外来物种入侵严重，水生态系统受到破坏。粤西沿海诸河流域内多个河段出现大量外来入侵物种凤眼蓝，如漠阳河轮水河入河口处、九洲江干流及支流部分河段、袂花江塘口断面周围、寨头河流域大桥河部分河段均出现凤眼蓝大量繁殖的情况。由于部分河段受阻隔，水体流动性差，周边农业、生活污染物质的排入为外来入侵物种凤眼蓝的生长提供了良好的水力和营养条件，加上河段缺乏有效管理，造成部分河段凤眼蓝大量繁殖，挤占了河流营养物质及溶解氧，减少了水体的阳光照射，抑制其他浮游生物的生长，破坏水体的水生态系统，影响水体自净能力。

2）部分支流流域水土流失严重。寿长河上游、雷州青年运河主运河部分河段、南渡河流域、织篢河等支流水土流失严重。部分区域种养业长期过度开发，原生态森林、植被锐减或遭受破坏，农田挤占河岸生态缓冲带，造成土壤裸露，暴雨天水土流失严重。

（三）目标与任务

1. 保护目标

“十四五”期间重点加强农业农村污染防治，补齐污水收集处理设施短板，深化桂粤跨界流域水污染联防联治机制，优化水资源配置体系，提高流域用水效率，加强保护水生生物栖息地，强化水土流失治理，实现 23 个国控断面稳定达标，全面保障粤西诸河流域漠阳江、鉴江、九洲江、南渡河等“好水”，小东江、寨头河等“差水”水质逐步改善，河流生态流量得到有效保障，水生生物多样性显著提高，构建江河安澜、水清如镜的美丽河湖，发挥海洋特色，打造魅力蓝色海湾。

2. 水环境任务

1）管治结合，加强畜禽养殖污染防治。按照“畜地平衡，适度规模”“因地制宜、总体协调”“农牧结合、种养平衡”的原则控制湛江、茂名、阳江三市畜禽养殖总量，优化畜禽养殖发展布局。以畜牧大县和畜禽规模养殖场为重点，实行“一县一案”“一场一策”，指导养殖场粪污综合利用和设施装备改造升级，实现畜牧大县整县畜禽粪污资源化利用。鼓励和支持中小型养殖场和散养户采取就地或附近消纳污染物生态养殖模式，推动养殖专业户实施粪便收集和资源化利用。湛江完善规模化畜禽养殖场污水和废弃物处理设施建设，茂名市建设粪污集中资源化处理中心，加快畜禽养殖废弃物对有机肥的转化利用，实现“变废为宝”的高效利用新模式。

2）加快补齐城区污水收集处理基础设施短板。加快推进在建污水处理厂建设进程，通过新建、扩建城镇污水处理厂，补齐污水处理设施短板，新建污水处理能力 17 万 t/d。全面排查区域内管网情况，对已建成管网进行查漏补缺，对破损、错接的管网及时进行整改，提升管网利用率和通水率，着重完善污水处理厂负荷率低的片区及乡镇污水处理厂服务范围的配套管网，确保建成一段通水一段。优先在污水处理厂进水浓度低的片区开展雨污分流改造，进而全域逐步推广，着力提升污水处理设施处理效果。

3）系统推进乡镇及农村生活污水治理能力建设。加快推进各市乡镇污水处理厂建设 PPP 项目及农村生活污水治理 PPP 项目建设。实施生活污水直排镇区污水处理设施及配套管网建设，确保镇区生活污水全收集全处理。梯次推进农村生活污水治理，重点国考断面水质达标控制单元、饮用水水源保护区和“千村示范，万村整治”工程示范县等重点区域范围优先治理。疏通资金渠道，逐步建立农村污水处理收费制度，为农村污水处理设施项目运维提供支持。

4）深化跨界流域水污染联防联治机制。深入实施《湛江玉林两市跨界流域水污染联防联治合作框架协议》，建立健全互相监督、共同监管、联合应急、信息共享、定期磋商、利益补偿等机制，协同开展九洲江流域水环境保护工作，推动九洲江流域水质持续改善。

3．水资源任务

1）优化水资源配置，构建完善的生态补水体系。优化水资源配置，合理安排梯级开发任务，加强生态流量保障工程的建设和运行管理，实施重点河段生态调度，确保水生生物不同生长时期生态用水需求。按照多源互补、互为备用、互联互通原则建立多水源联合调度机制，加强各流域、水体之间的互补和统筹，坚持多元互补、丰枯调剂，形成区域相互补给、灵活调度的多层次供水网络。

2）逐步转变高耗水生产生活方式。加强用水效率控制红线管理，全面推进节水型社会建设，加强节约用水管理，强化用水定额管理，落实《广东省用水定额》。加强居民节水宣传，推广低耗水农业技术，推动工业用水再生回用。

4．水生态任务

1）保护水生生物栖息地，维持河流多样生态。加强水生态安全的宣传，加强外来入侵物种的管理，建立外来入侵物种清理机制，恢复河流生物多样性。构建漠阳江河口湿地公园体系，加大自然保护区的建设保护力度，开展珍稀濒危水生生物和重要水产种质资源保护。开展鉴江流域渔业资源保护与生态修复，通过淡水水生生物资源增殖放流，维护生物多样性。

2）加强水土流失治理。开展源头区水土流失治理项目，实施重要水源地水土保持预防工程以及江河源头区水土保持预防工程。

第五节　规划任务措施研究

一、水污染多源共治

深入打好水污染防治攻坚战，是实现美丽广东建设目标的必然选择。现阶段，广东省水环境质量持续改善基础不牢固，水污染物排放量大面广，部分区域水污染物排放超过环境容量和环境承载力，控源、减排、截污仍然是水生态环境保护的最基本的有效手段。要以山水林田湖草系统治理理念为引领，统筹开展区域工业污染源、城镇生活源、农业面源、船舶移动水污染的综合控制，大力推进入河排污口排查整治，系统推进流域综合治理，推进水环境质量持续改善。

（一）深化城镇污染治理

1. 提升城镇污水集中收集率

（1）全面开展排水管网排查

排水管网是污水收集和集中处理的关键。受经济条件、地理因素、多头建设和管理等因素影响，广东省各地污水收集管网建设长度、质量参差不齐，且全省尚未开展系统管网排查，管网病害情况、错接混接、管网淤积及缺口数量不清。为摸清管网家底，夯实提升城镇污水集中收集率的工作基础，“十四五”期间应全面开展排水管网排查，一是针对重点区域和重点流域全面开展生活污水收集管网建设及运行情况摸底排查，重点加强城中村、老旧城区、城乡接合部区域以及练江、广佛跨界河、小东江、榕江、枫江、九洲江、漠阳江等流域的管网排查，摸清管网建设情况、运行情况及管养情况。二是健全排水管网管理制度，建立和完善市政排水管网地理信息系统（GIS），落实排水管网周期性检测评估制度，动态更新管网信息。

（2）着力补齐污水管网缺口

完善的污水收集管网是提升污水收集处理率的基础，实行“厂网并重”是全面提升污水处理效能的重要举措。广东省污水管网建设存在不平衡、不充分的问题，粤东西北地区老旧城区、城中村等区域污水管网建设不完善，据统计，截至2020年，全省城市生活污水集中收集率为66%左右，部分地区集中收集率低于30%，城镇生活污水处理厂网不配套、污水管网建设滞后问题突出。“十四五”期间应根据各地区管网建设家底，分区推进污水管网建设。一是鼓励各地修编重点区域排水规划，对存在管网缺口及建成区污水管网密度偏低的地区，按照“管网建成一批、生活污水接驳推进一批”原则，加快推进生活污水管网建设、竣工验收及联通，推进城镇生活污水管网全覆盖；到2023年，各地市基本消除城中村、老旧城区和城乡接合部生活污水收集管网空白区；到2025年，污水收集处理系统短板基本补齐，推进城镇生活污水全收集、全处理。二是粤港澳大湾区内地城市要重点完善污水源头收集，持续开展雨污分流建设，解决排水单元内部管网不配套问题，将雨污分流“毛细血管”延伸到每家每户；到2025年，广州、深圳城市生活污水集中收集率达到 85%以上，珠三角地级市（广州、深圳、肇庆除外）达到 75%以上或比2020年提高5个百分点以上。三是粤东西北地区着力补齐市政管网“动脉血管”，推动支线管网和出户管的连接建设，全力提高污水集中收集率；到2025年，粤东西北城市（包括肇庆）生活污水集中收集率力争达到70%以上或比2020年提高5个百分点以上。四是重点攻坚断面流域范围内的城市污水集中收集率需满足达标攻坚要求。

（3）大力实施管网修复及雨污分流改造

广东省城市污水管网重建设轻管理的情况普遍存在，在污水管网养护方面的投入相对较少，造成已有管网的维护管理缺失或者维护管理力度不够，管网存在较多病害。随着下水道普及率及城市化进程的提高，管道老化和破损的现象也越发凸显。为了避免管道损坏带来污水“滴漏跑冒”进而产生水环境污染问题，“十四五”需要有计划地对管道实施修复，结合管网排查同步开展管网混错接改造、老旧管网更新、破损修复改造等工程，减少溢流、滴漏污染。

合流制排水系统将生活污水、工业废水和雨水混合在同一套管渠内排出，系统溢流污染及初期雨水径流污染问题较为突出，还易造成污水处理厂处理负荷不足、进水浓度偏低等问题。分流制排水系统将污水和雨水分别在两套或两套以上各自独立的管渠内排出，其中完全分流制有污水排水系统和雨水排水系统，符合环境保护的要求，可解决合流制存在的溢流及初期雨水径流污染问题，并提升污水处理厂进水浓度。广东省部分有条件的地市已开展雨污分流改造或按分流制建设污水收集管道，“十四五”应继续分区推进雨污分流改造工作。一是对于合流制区域，重点改造暗涵渠箱，消除箱涵内污水直排口，实施清污分流改造，防止山泉水、河湖水、雨水等进入污水系统，加大截流井、截流闸、溢流口等截流设施改造力度，杜绝旱季污水直排和河湖水倒灌，全面降低管网运行水位，因地制宜开展初雨污染和合流制溢流污染治理。二是对于分流制区域，重点改造雨污错混接，加大老旧管网更新改造力度，优先开展超使用年限、材质落后、缺陷多和沿海滩涂区域的老旧排水管网修复改造工作。三是对于不适合改造的地区，增大截流倍数，减少溢流污染，新建城区全面实行雨污分流，污水管就近接入市政管网。四是对于现有进水 BOD 浓度低于 100 mg/L 的城市污水处理厂，围绕服务片区管网开展“一厂一策”提质增效系统化整治。到2025年，城市污水处理厂进水 BOD 浓度实现全面提升，广州、深圳均达到 110 mg/L 以上，粤港澳大湾区地级市（广州、深圳、肇庆除外）达到 80 mg/L 以上，其他城市增加 20 mg/L 以上。

2．提升城镇污水处理能力短板

（1）补齐污水处理能力短板

污水处理厂是削减区域水污染物入河排放量、促进改善区域水环境质量的重要基础设施。当前，全省城镇污水处理能力区域差异明显，部分地区污水处理能力不足，根据“二污普”统计数据，全省超过 80%的污水处理能力集中在珠三角地区，粤西、粤北地区污水产生量分别占全省的 7.9%和 6.7%，但污水处理能力分别占全省的 5.4%和 3.7%，城镇污水处理厂日处理能力占比与其生活污水产生量占比不匹配，部分粤西、粤北污水处理厂负荷超过 100%，污水处理能力不足。为削减水污染入河排放量，促进提升区域水环境质量，“十四五”应分区推进补齐污水处理能力缺口。一是结合区域发展规划，系统梳理污水处理设施布局及处理能力缺口，统筹全区污水处理需求，加快补齐污水处理能力短板，用地紧张地区可结合自身条件优先考虑建设地埋式或半地埋式污水处理厂，缺口补齐前因地制宜采用应急设施处理溢流污水。二是新建城区生活污水处理设施要与城市发展同步规划、同步建设，对人口较少、相对分散的片区、城市更新区和新开发区，因地制宜建设分散式处理设施及其配套管网，实现污水就地收集、就地处理。到 2023 年，县级及以上城市污水处理设施能力基本满足生活污水处理需求，粤港澳大湾区内地城市和省内大中型城市污水处理能力可适当超前；到 2025 年，城镇生活污水处理设施能力基本满足生活污水处理需求。

（2）开展污水处理差别化提标

水污染物排放标准（限值）是水环境管理的重要标准，在技术经济合理的情况下，适当提升水污染物排放浓度限值，可减少水污染物入河量。广东省污水处理设施主要执行《城镇污水处理厂污染物排放标准》（GB 18918—2002）、广东省地方标准《水污染排放限值》（DB 44/26—2001）及相应的流域标准。目前，广东省部分区域水环境容量有限，尤其是近岸海域存在氮超标的问题，而污水处理厂尾水排放的含氮污染物是其主要来源，“十四五”应开展污水处理差别化精准提标，以减少水污染排放。一是对于新建、改建和扩建生活污水处理设施出水全面执行《城镇污水处理厂污染物排放标准》（GB 18918—2002）一级 A 标准及广东省地方标准《水污染排放限值》（DB 44/26—2001）的较严值。二是对于现有生活污水处理设施未达到上述标准的，力争 2023 年年底前完成提标改造工作。三是重点流域如淡水河、石马河、练江、茅洲河流域内新建、改建和扩建城镇污水处理设施全面执行各流域水污染物排放标准，现有城镇生活污水处理设施未达到各流域水污染物排放标准的，力争 2023 年年底前完成提标工作。四是推进高效低碳的脱氮除磷污水处理工艺研究，强化污水处理厂出水总氮控制，重点在珠三角核心区及粤东、粤西沿海重要河口海湾和封闭水体汇水范围内城市骨干污水处理厂开展以总氮削减为目标的污水处理设施改造试点。

（3）优化市政污泥处理处置

随着全省生活污水处理总量和进水 BOD 浓度不断提升，污泥产生量不断增加，部分区域污泥处置设施能力存在缺口，个别地市污泥资源化利用渠道单一，污泥减量化处理后存在积压现象，污泥最终处置出路不稳定。“十四五”应积极探索推广应用前端源头减量+中端减容+末端资源化利用的污泥处理处置新技术，综合考虑污泥泥质特征、当地的土地资源、环境背景状况、经济社会发展水平等因素，因地制宜地确定本地区的污泥处置方式。到 2025 年，全省地级及以上城市污泥无害化处置率达到 95%，其他城市达到 80%以上，县城力争达到 70%。积极推动污泥资源化利用，资源化利用占用总处理量比例达到 30%以上。

3. 提升排水设施建设运用水平

（1）创新排水设施建设管理模式

完善的排水设施建设管理体制机制是提升污水管网效能的保障，也是水污染物减排的有效措施。目前，广东省部分地区排水管理体制仍采用“市、区两级”+“雨、污分割”+“厂、网分离”的多头管理模式，管理部门之间权责不清。污水管网、泵站、处理厂之间暂未实现一体化运行维护且存在专业运维管理能力不足的问题，排水全周期及源头管理薄弱，系统化、精细化运维管理机制有待完善，“十四五”应建立健全排水设施管理机制体制。一是优先在有条件的地区推行排水设施建管一体化、厂网一体化、城乡一体化“三个一体化”改革，建立全面覆盖、责任清晰、权责统一、无缝衔接、协同高效的排水设施建设和管理模式。二是推广“排水管理进小区”，由专业排水公司全面负责运维排水管渠，推进小区排水管渠专业化、精细化、系统化管护，解决排水管理“最后一公里”问题。三是着力提升污水处理厂智能感知、无人巡检的能力，实现工艺、设备远程可测、可控、可视、可调，确保污水处理厂安全运行和达标排放。四是落实排水管网工程质量终身负责制。

（2）推进污水处理设施“一网统管”

智慧水务可利用物联网、智能传感、云计算、大数据等技术，对供水、排水、节水、污水处理等水务环节进行智慧化管理，通过结合传感器、通信网络、水务信息系统提高水务信息化、智能化水平，是未来污水处理管理的重要趋势。目前，广东省污水系统监管仍主要依赖行政手段，排水信息化管理处于探索完善阶段，大数据、物联网、云计算等信息技术手段在污水处理设施建管运维领域的应用尚处于起步阶段，距离实现智慧管控仍有较大差距，“十四五”应加强对新技术的运用。一是以广东省城市信息模型（CIM）基础平台为依托，以各地管网地理信息系统或智能化管理平台为基础，探索建立省级污水处理设施综合型管理数据资源库和智能化“一网统管”监督管理大平台，实现业务数据互联互通、信息共享，加强对设施运行维护的智能处理和精准决策。二是支持广州市、深圳市率先构建城市污水处理设施智能化管理平台并动态更新，建立3～5年检测评估机制。三是鼓励有条件的污水处理厂建立运行大数据智慧分析系统，面向精细化管理的要求，实时掌握运行数据、开展工艺优化智慧分析，实现精确加药、精确曝气、污水处理减污降碳。

（二）推进农业农村污染防治

1. 推进农村环境基础设施建设

（1）统筹规划农村环境基础设施建设

党的十九大报告提出，开展农村人居环境整治行动，解决农村行路难、如厕难、环境脏、村容村貌差、基本公共服务落后等问题。其中，农村生活垃圾、农村污水收集处理是改善农村人居环境和提升村庄周边水环境质量的重要一环。“十三五”期间，广东省已初步开展以县域为单位，推进农村生活污水治理和农村生活垃圾收集处理，“十四五”应进一步以农村人居环境整治为总抓手，统筹规划实施农村生活污水治理和垃圾处理处置基础设施建设。一是摸清农村环境基础设施底数，以县级行政区为单位深入开展农村人居环境排查，全面排查农村生活污水治理设施和垃圾收运现状，深入了解实际需求，完善已建设施基础信息登记，加强设施建设及运维台账管理。二是加强农村人居环境综合整治，推进县域农村生活污水治理及垃圾收运统一规划、统一建设、统一运行和统一管理，健全农村环境基础设施建设运行标准规范；完善农村生活污水收集管网建设，加强农村生活污水治理与农村改厕工作衔接，积极推进粪污无害处理和资源化利用；因地制宜实施雨污分流，推进“厕所革命”，稳步解决“垃圾围村”问题，整治提升村容村貌，切实改善人居环境。到2025年，全省地级以上市基本建成农村生活垃圾分类处理系统，全省农村生活垃圾分类基本实现全覆盖。

（2）加快补齐农村污水处理短板

农村生活污水治理是推进乡村生态振兴、改善农村水环境质量的重要抓手。广东省经济发达但农村生活污水治理体系尚不完善，治理率低于浙江、江苏、山东等地区，且区域间治理率差距明显，部分地区存在农村生活污水治理模式不合理，盲目照搬城镇污水收集处理模式，脱离实际需要，运维机制不健全等问题，“十四五”应加快补齐农村污水处理短板。一是完善农村生活污水治理体系，以提高农村生活污水治理率、设施有效运行率和村民满意率为目标，以建立健全省级指导、市级统筹、县级主导、乡镇落实、村级参与、市场运作、村民受益的农村生活污水治理体系为重点。二是补齐农村污水处理缺口，因地制宜选择治理模式，以镇带村，城镇周边的自然村优先纳入城镇生活污水处理厂处理；对于人口规模较大的自然村，优先做好村民关注区域污水的收集处理，在满足污水处理要求的前提下，优先选择管护简便、建设运维费用低的工艺设备；鼓励有条件的自然村优先选用污水资源化利用的技术路线，到2025年，珠三角地区基本完成农村生活污水治理，全省农村生活污水治理率确保达到60%以上，力争治理工作走在全国前列。三是提高工程建设质量，提升运维保障水平，强化农村基层社会治理实践，促进农村生态环境明显改善。

（3）强化农村污水处理设施运营监管

强化农村污水处理设施运营监管对提高农村生活污水处理和达标排放能力具有重要意义。受地理、建设技术、资金投入、管理维护等因素影响，广东省部分地区已建污水处理设施存在质量参差不齐、模式不合理、运维资金不足、运维人员专业技术不足等问题，且缺少对污水处理设施出水水质达标情况的监管，"十四五"需进一步强化农村污水处理设施运营监管。一是加强资金及技术保障，建立长效管理机制，对治理模式不合理、处理工艺不适用、建设质量差的处理设施进行修复，或调整治理模式和工艺。二是重点整治完善居住集中、人口规模大的自然村管网，提升管网覆盖率及接户率，有序推进破损严重、错接漏接管网的修复工作。三是落实国家、省关于农村生活污水处理设施水质监测的要求，加强已建农村污水处理设施运营维护管理及进出水各项污染物指标监测。四是鼓励有条件的地区建立农村生活污水处理设施运维智慧监管平台，实现精准定位、在线监测、远程监控，定期对日处理能力20 t及以上的农村生活污水处理设施出水水质开展监测。

2．推进畜禽养殖和水产养殖污染治理

（1）强化畜禽养殖污染防治

当前，广东省畜禽规模养殖废弃物综合利用率有待提升，散养畜禽污染防治缺乏有力抓手，"十四五"需加大畜禽养殖水污染防治力度。一是优化畜禽养殖空间布局，以县级行政区为单位，编制实施畜禽养殖污染防治规划，推动种养结合和粪污综合利用，规范畜禽养殖禁养区划定与管理；优化调整养殖结构，科学规划生猪养殖布局，充分发挥区域比较优势，分类推进珠三角地区、粤东西北产区建设。二是强化畜禽养殖污染过程控制与末端治理，大力发展规模化标准养殖，持续推进畜禽粪污资源化利用工作，支持推广清洁养殖和粪污全量收集处理利用技术模式，扶持发展第三方服务业和有机肥业；鼓励在规模种植基地周边建设农牧循环型规模化畜禽养殖场，提倡粪肥就近还田利用，促进农牧结合循环发展；重点开展规模以下、养殖散户畜禽养殖粪污处理指导，推广"企业+农户""种养结合""截污建池、收运还田"等生态循环农业模式，提升粪污收集资源化利用及处理处置水平。到2025年，广东省畜禽粪污综合利用率达到80%以上，规模养殖场粪污处理设施装备基本全覆盖。

（2）推进水产养殖绿色发展

水产养殖污染防治历来是水污染防治的薄弱环节，当前，广东省水产养殖尾水处理达标排放仍处于起步阶段，标准化池塘改造处于初步推行阶段，“十四五”应继续推进水产养殖业绿色发展。一是实施源头管控，依据养殖水域滩涂规划，科学划定禁养区、限养区和养殖区。二是强化过程控制，大力推广绿色生态养殖技术，实施水产养殖用药减量行动，推广疫苗免疫、生态防控等病害防控方法；鼓励发展集约化、设施化水产养殖，提升与完善池塘循环水和工厂化设施养殖等新型高效生态养殖技术；着力推广桑基鱼塘、稻渔综合种养等生态循环农业。三是摸清排放现状，开展全省规模化水产养殖及尾水治理现状调查，摸清水产养殖尾水处理情况、尾水去向及受纳水体。四是加强末端治理，加快推进养殖节水减排，鼓励采取进排水改造、生物净化、人工湿地、种植水生蔬菜花卉等技术措施开展集中连片池塘养殖区域和工厂化养殖尾水处理，推动养殖尾水资源化利用或达标排放。五是深化监督管理，加强养殖尾水监测，规范设置养殖尾水排放口，落实养殖尾水排放属地监管职责和生产者环境保护主体责任；以规模养殖场、连片养殖场为重点，开展养殖池塘升级改造行动，到 2024 年，珠三角核心区 9 市完成 100 万亩养殖池塘升级改造。

3．推进农业面源污染防治

（1）实施化肥、农药减量化行动

广东省单位耕地面积化肥施用量高于国际公认的化肥安全施用上限，种植业氮、磷污染控制有待加强，“十四五”需持续实施化肥、农药减量化行动。一是源头把控化肥、农药品质促进减量化，严格执行化肥、农药等农业投入品质量标准，严格控制高毒高风险农药使用；全面推行高效低毒低残留农药、生物农药和先进施药机械应用，推进病虫害统防统治和绿色防控，建立农药包装废弃物收集处理系统。二是科学施用化肥、农药促进减量化，全面推广测土配方施肥、精准施肥和节水灌溉技术，推进有机肥替代化肥；完善高标准农田建设、土地开发整理等标准规范，推进高标准农田建设。到 2025 年，种植业化肥利用率稳定在 40%以上，化肥、农药施用量比 2020 年减少 3%，重点湖泊和入海河流所在地市及上游相关地市的化肥、农药施用量比 2020 年减少 5%以上。

（2）开展农业面源污染防治试点研究

开展农业面源污染防治试点研究，建立可复制、可推广的示范工程及技术体系对防治农业面源污染具有重要意义。粤北、粤西是广东省种植业主要分布区，全省三大灌区中有 2 个位于粤西，区域农业面源污染对南水水库、高州水库、鹤地水库等重点湖库及饮用水水源地等敏感区域水生态环境质量和饮水安全构成一定威胁，“十四五”需加大投入开展农业面源污染防治试点研究。一是推进粤北、粤西地区农业种植面源污染防治，优先控制敏感区域农业面源污染，逐步开展农业面源污染控制氮、磷生态拦截沟渠系统建设试点研究。二是探索建立农业面源污染调查监测评估体系，划分农业面源污染优先控制单元，开展农业面源污染综合整治和监管试点，建设农业面源污染监测“一张网”。三是鼓励在广东省流溪河、高州水库、雷州青年运河3个大型灌区开展退水治理试点示范。

（三）优化工业生产全过程污染防治

1. 优化产业空间布局

产业布局作为人类经济活动与生态环境之间的重要联系纽带，是环境资源的消耗和污染物产生种类及数量的“操纵体”，对污染物的种类、排放规模存在直接或间接的影响。“十四五”应根据已有的环境管控措施，优化产业空间布局。一是严格落实广东省“三线一单”生态环境分区管控要求，珠三角核心区禁止新建、扩建水泥、平板玻璃、化学制浆、生皮制革以及国家规划外的钢铁、原油加工等项目；东西两翼沿海经济带推动涉及化学制浆、电镀、印染、鞣革等项目的园区在具备排海条件的区域布局；北部生态发展区严格控制涉重金属及有毒有害污染物排放的项目建设，新建、改建、扩建涉重金属重点行业的项目应明确重金属污染物总量来源，北江流域严格实行重点重金属污染物减量替代。二是大力推动全省工业项目入园集聚发展，引导重大产业向沿海等环境容量充足地区布局，新建化学制浆、电镀、印染、鞣革等项目原则上入园集中管理。

2. 优化升级产业结构

产业结构是地区经济发展的基础和核心，产业结构的改变对环境质量有重要影响。作为全国经济大省，广东省水污染物排放总量和单位面积排放强度仍然较大，工业结构性污染问题突出，产业绿色化水平有待提升，“十四五”需优化升级产业结构，以高水平保护促进高质量发展。一是持续推进重点行业清洁化改造，制定更严格的环保、能耗标准，全面推进有色金属、建材、陶瓷、纺织、造纸等传统制造业绿色化、低碳化改造；强化纺织、造纸、农副食品加工、化工、食品、电镀等污染物排放量大行业的综合治理，引导和鼓励企业采用先进生产工艺和设备，实现节水减排。二是促进工业转型升级，依法依规关停落后产能，鼓励各地结合自身实际，提高淘汰标准、扩大淘汰产品和工艺范围，综合运用价格、环保、土地、市场准入、安全生产等手段，促使一批能耗、环保、安全、技术等不达标和淘汰类产能的企业加快退出；结合全省培育“双十”产业集群行动计划，加快发展能耗低、污染少的先进制造业和战略性新兴产业。

3. 优化工业废水排放管理

工业废水往往含有较多的有毒有害物质，亟须通过妥善收集与处理处置达标后排放，保障水生态系统及人体健康安全。当前，广东省部分区域工业企业生产运行中，由于重视不足、技术装备落后、缺乏有效管理等原因，仍存在工业废水漫流、溢流、渗漏，工业企业内部以及工业企业向工业集聚区污水处理厂或城镇污水处理厂混合排放不同类型废水的情形；部分工业聚居区污水收集与处理设施不完善。“十四五”需进一步优化工业废水排放管理，减少工业源水污染物排放。一是分类规范工业企业排水，加强涉水工业企业废水排放和处理设施运行情况的监管，严格实施工业污染源排污许可制管理和全面达标排放制度；对不能稳定达标的工业废水处理设施开展提标改造，优化工业废水处理工艺，提高处理出水水质；鼓励有条件的企业，实行工业和生活等不同领域，造纸、印染、化工和电镀等不同行业废水分质分类处理；向工业集聚区污水集中处理设施或者城镇污水集中处理设施排放工业废水的，严格按照有关规定进行预处理，所排工业废水必须达到集中处理设施处理工艺要求。二是提高工业污水集中处理能力，推进工业集聚区污水处理设施建设，大力实施村镇级工业集聚区工业污水处理设施及配套管网建设，强化设施运营管理，全面提升工业废水收集处理效能。经批准设立的工业集聚区应当按照规定建成污水集中处理设施并安装水污染物排放自动监测设备；未完成污水集中处理设施建设的，暂停审批和核准其增加水污染物排放的建设项目。推行废（污）水输送明管化，加强园区雨污分流、清污分流，禁止雨污混排，推进省级以上工业园区开展“污水零直排区”创建。到2025年，全省省级以上工业园区基本实现污水全收集全处理。

（四）加快推进船舶港口污染防治

1. 提升港口、码头船舶水污染物收运处置能力

水运发展带来了船舶活动的增加，船舶产生的生活垃圾、生活污水、含油污水和化学品洗舱水等污染物排放已成为水环境污染的重要来源之一。广东省是港口和航运大省，部分港口码头船舶水污染物接收设施不完善及接收转运衔接不畅等问题仍然存在，“十四五”应统筹规划建设船舶污染物、废弃物的接收、转运及处理处置设施，着力提升港口、码头船舶水污染物收运处置能力。一是强化港口码头污染物接收处置设施建设，推进西江、北江、东江、珠三角河网等内河港口、码头、装卸站、船舶修造厂按规模逐步配套建设相应的船舶含油污水、含有毒液体物质污水、生活污水和垃圾等污染物及废弃物接收设施，并做好与城市市政公共处理设施的衔接，形成链式常态化工作模式。开展渔港（含综合港内渔业港区）摸底排查，推进渔港污染防治设施建设和升级改造，提高全省渔港污染防治监督管理水平。二是推进船舶污染物第三方接收处置，第三方水上污染物接收作为船舶污染物接收能力的重要补充，在污染物接收环节起着重要作用。尚未建成接收设施的，应委托经备案符合船舶污染物、废弃物接收资质和能力的专业单位负责接收，全面提升岸基污染物收集、接收、转运和处置能力。

2. 强化船舶水污染物达标排放

强化船舶水污染物达标排放，是船舶水污染防治、航运绿色发展的重要措施。当前，广东省仍存在部分船舶未配套生活污水设施或环保设施不完善的问题，特别是400总吨

以下内河船舶由于早期缺乏有效监管，治污设施不完善、水污染物偷排超排问题更加突出。“十四五”应进一步规范船舶配备治污设施，推进老旧及难以达标船舶淘汰，强化船舶污染物达标排放。一是推进400总吨以下的内河船舶改造，严格落实《400总吨以下内河船舶水污染防治管理办法》，400总吨以下的内河船舶应在2022年5月底前按照《内河船舶法定检验技术规则（2019）》全部完成改造，不满足船舶水污染物排放要求的内河船舶应当完成水污染物收集储存设备改造。二是依法淘汰不符合标准要求的高污染、高能耗、老旧落后船舶，限制高排放船舶使用，鼓励淘汰20年以上的内河航运船舶。三是进一步推进现有不达标船舶升级改造，航运企业严格执行《船舶水污染物排放标准》（GB 3552—2018），对改造后仍达不到新的环保标准要求的，限期予以淘汰。四是推进渔民减船转产和渔船更新改造。

3. 强化船舶水污染防治监管

强化船舶水污染防治监管，防止船舶水污染物非法排放转移处置污染环境，是广东省深入打好污染防治攻坚战的重要任务之一。船舶航运水污染具有流动性强、扩散性大、持续时间长的特点，航行区域变化较大，给监管造成一定的难度。“十四五”应进一步做好船舶水污染物排放处置监督管理，创新管理模式，提升信息化监管及联合监管能力。一是加强船舶、码头、港口等单位监管，严格落实船舶水污染物监督检查制度和联单管理制度，鼓励各地建立船舶水污染物转移处置监管信息系统，实现“电子单证”流转；加强船舶水污染物报告制度的运行监督，通过日常检查、数据分析和群众举报等严查可疑船舶的水污染物排放行为；严格港口经营管理，加强对船舶污染物第三方接收单位和委托协议运行情况的事中、事后监管；规范修造船厂接收转运及处置船舶水污染物的管理，建立和运行船岸交接登记制度。二是强化信息公开及联合执法，推进省船舶水污染物监测平台建设，实现船舶水污染物接收转运及处置联单制网上运行，强化各码头船舶污染物接收种类、接收能力及富余能力、服务价格，违法违规船舶名单等信息的公开；加强联合检查执法和集中整治活动，交通港口管理部门应联合海事、生态环境、住建、工信等部门，每年组织不少于一次的集中整治行动，重点查处违规偷排、无证经营、拒绝接收和违规处置船舶水污染物的行为。

（五）大力推进入河排污口排查整治

1. 全面摸清排污口底数

排污口排查整治，既是控源减排的重要抓手，又是实现河湖长治久清的重要保障。摸清入河排污口底数及水环境污染现状，为水流域生态保护提供全面系统的基础资料和动态台账，不仅为精准治污、科学治污、确保断面达标提供有效支撑，也为全力打好碧水保卫战、不断提升水生态环境保护水平、持续改善水环境质量提供基础支持。为全面摸清污染现状家底，2020 年 6 月广东省生态环境厅与广东省河长办联合印发了《广东省入河（海）排污口排查整治专项行动工作方案》，全面启动全省入河排污口排查整治专项行动。“十四五”应衔接省相关工作要求，对共和村、海门湾桥闸等重点断面控制单元优先开展排污口排查溯源，摸清全省排污口底数。一是按照“查、测、溯”的工作步骤和要求，以城市建成区及重要水体为重点，全覆盖排查摸清所有直接通过管道、涵闸、沟渠等及间接通过河流、滩涂、湿地等排放的各类排污口数量、位置，了解排污口的排放状况，掌握排放的污染物种类及排放量；二是通过追踪溯源，厘清职责，明确排污口责任主体，最后形成入河（海）排污口台账，同时对基础资料开展分析，提出排污口问题清单。优先完成全省流域面积大于 100 km^2 的河流，以及其他重要中小河流水库排污口“查、测、溯”三项主要任务，形成全省入河排污口名录。

2. 全面开展排污口综合整治

管住、管好入河排污口，倒逼陆源污染的治理，从根源上解决长期制约地方水生态环境质量改善的雨污混排、污水直排等突出问题，对改善流域水生态环境质量意义重大。“十四五”应在摸清全省排污口底数的基础上，按照“取缔一批、合并一批、规范一批、优化一批”的要求，分类推进入河排污口整治。一是根据排污口排查工作成果，结合水生态环境状况，确定禁止和限制设置排污区域，优化排污口设置布局；二是按照工业、生活、农业等不同类型排污口特征，分别提出清理整治、达标排放等任务；三是加快推进违法违规排污口的整治，按照“一口一策”的工作原则，逐一明确排污口整治具体措施、任务分工、时间节点、责任单位和责任人等，实施入河排污口整治销号制度，整治完成一个，销号一个。到 2023 年，基本完成违法违规排污口的整治。

3. 全面实施排污口规范建设

入河排污口是流域生态环境保护的重要节点，加强和规范排污口监督管理、落实入河排污口监管主体责任是推进生态环境治理体系和治理能力现代化建设的重要举措。“十四五”应加快推进排污口规范化建设，以佛山、中山、东莞等具备一定工作基础的城市为试点，探索开展入河排污口规范化管理体系建设。一是优化入河排污口设置申请及审批规范流程，对排污口进行统一编码和管理，规范排污口建设，建立入河排污口信息管理平台，实现排污口设置审批“一网通办”，同时按照“一口一档”要求建立入河排污口档案；二是建立长效监管机制，落实监管主体、流程及责任，加强对非法排污口、企业超标排污或偷排，城镇污水直排环境，收集的污水未得到有效处理等问题的查处整改和监督管理，加强入河排污口和排污企业污水的日常监测。到 2023 年，实现重点监管入河排污口规范化管理。

（六）系统推进流域综合整治

1. 统筹重点流域系统治理

（1）加快补齐重点断面流域治理短板

水生态环境保护应统筹兼顾、突出重点，以治污短板较突出、综合治理任务较重的区域流域为重点，聚焦关键问题发力。结合广东省国考断面达标形势，“十四五”应以练江、榕江、小东江、广佛跨界河流、东莞运河、石马河、高明河、淡水河、袂花江、黄江河、茅洲河、漠阳江、九洲江等流域为重点，持续推进水环境综合整治。一是坚持源头管控与精准治污结合，加强重点流域和重点行业污染源环境监管，持续推进治水设施建设查漏补缺、干支管网排查贯通、暗涵排污口截污纳管、雨污分流改造、截流井复查整改等。二是强化初雨期水污染防治及应急应对，重点保障青洋山桥、海门湾桥闸、深坑、龙石、石碧等汛期水质有所反弹的国控断面全年稳定达标。三是针对枫江、练江、小东江等水环境达标形势较为严峻的流域，坚持问题导向、分类施策，明确流域水环境治理目标要求。力争 2022 年实现枫江深坑、练江青洋山桥断面水质消除劣Ⅴ类，2023 年小东江石碧断面水质达到Ⅳ类。

（2）强化重点支流综合治理

流域是一个系统性极强、整体性极高、协同性密切的区域，干支流、上中下游、左右岸之间相互联系、相互制约、相互影响，要坚持从生态整体性和流域系统性出发开展流域水生态环境保护与治理。当前，广东省部分重点河流的一级支流尚未全面消除劣Ⅴ类，支流水质较差，严重影响干流水质稳定达标。“十四五”应聚焦茅洲河共和村、枫江深坑、珠江西航道鸦岗、淡水河紫溪、石马河旗岭、东莞运河樟村、小东江石碧、榕江北河龙石、练江海门湾桥闸断面以及青洋山桥断面等重点消除劣Ⅴ类国考断面的劣Ⅴ类一级支流，开展干支流协同治理。一是建立劣Ⅴ类一级支流监测监管台账，持续推进管网建设、畜禽养殖污染治理等向一级支流延伸。二是优先推进青洋山桥、深坑、石碧等重点国控断面附近污染负荷重、污染贡献大的一级支流治理，并逐步向二级支流延伸，以支流水质持续改善支撑干流断面水质达标。

（3）加强重点湖泊系统治理

湖泊是地表水资源的重要载体，同时是“山水林田湖草沙”生命共同体的重要组成部分，尽管湖泊面积及其在陆地中占比相对有限，但其在保障生态文明建设和促进流域经济社会发展等方面发挥着不可替代的作用。广东省共有湖泊 150 个，分布于 18 个地级以上市，部分湖泊现状水质不容乐观。“十四五”应强化重点湖泊治理。一是严格湖泊水域空间管控，强化湖泊岸线管理保护，加强湖泊取水、用水和排水全过程管理，控制取水总量，维持湖泊生态用水和合理水位；二是落实污染物达标排放要求，严格控制入湖污染物总量，加强入湖排污口监管，加强对湖区周边及入湖河流工矿企业污染、城镇生活污染、畜禽养殖污染、农业面源污染、内源污染等综合防治，依法取缔非法设置的入湖排污口，严厉打击废污水直接入湖和垃圾倾倒等违法行为；三是加强湖泊水资源调控，因地制宜推进湖泊生态岸线建设、滨湖绿化带建设、沿湖湿地公园和水生生物保护区建设，以湖泊生态系统结构完整和生态系统健康为核心，围绕湖泊“一湖四圈”（水源涵养林—湖荡湿地—河流水网—湖滨缓冲带—湖体）开展生态治理和保护工作。

2．统筹城乡黑臭水体治理

（1）深入开展城市黑臭水体治理

城市黑臭水体是百姓反映强烈的水环境问题，不仅损害了城市人居环境，也严重影响了城市形象。《水污染防治行动计划》将城市黑臭水体治理作为一项重要任务，要求到2020年，全国地级及以上城市建成区黑臭水体控制在10%以内，到2030年城市建成区黑臭水体总体得到消除。“十三五”期间，广东省大力推进地级及以上城市黑臭水体整治，截至2020年年底，全省527条黑臭河段整治工作初见成效，基本消除黑臭。“十四五”应进一步巩固提升地级及以上城市黑臭水体治理成果，并将黑臭水体的战场向县级城市延伸。一是坚持标本兼治，严格落实河长制湖长制，实行“一河一策”“一河一长”“一河一台账”“一河一评估”等制度，建立完善防止返黑返臭的长效机制，推动地级及以上城市建成区城市黑臭水体长制久清。二是全面开展县级城市建成区黑臭水体排查，建立黑臭水体整治清单并制定实施整治方案，综合利用控源截污、内源治理、生态修复和活水保质等措施实施城市黑臭水体治理，定期向社会公开治理情况，重点推进珠三角核心区水网水体黑臭治理。

（2）推进农村黑臭水体治理

农村黑臭水体治理是深入打好农业农村污染治理攻坚战的重要任务，是农村人居环境整治的重要基础性工作。2019年3月，生态环境部办公厅《关于进一步加强农业农村生态环境工作的指导意见》（环办土壤〔2019〕24号）提出统筹规划、分阶段实施，扎实推进农村黑臭水体治理工作。为扎实推进农村黑臭水体的排查治理工作，广东省生态环境厅联合广东省水利厅、省农业农村厅先后印发《关于开展农村黑臭水体排查治理工作的通知》（粤环函〔2020〕5号）、《关于印发广东省农村黑臭水体排查工作方案的通知》。“十四五”应按照国家和省工作要求，推进农村黑臭水体治理，力争基本消除较大面积的农村黑臭水体。一是要统筹推进农村黑臭水体治理与农村生活污水治理、畜禽及水产养殖污染治理、种植业面源污染防治、改厕等工作，强化治理措施衔接、部门工作协调和县级实施整合。二是要根据黑臭水体程度、污染成因、水文气候和经济发展水平，合理选择治理技术模式，因河因塘施策，采取控源截污、清淤疏浚、生态修复、水体净化等措施进行农村黑臭水体治理，重点开展水体面积大、污染程度重、居民反映强烈、靠近生态环境敏感区的农村黑臭水体整治，开展农村地区房前风水塘污染整治。三是要建立农村黑臭水体治理长效机制，构建农村黑臭水体治理监管体系，健全运维管理机制。

3. 统筹流域区域协同治理

（1）强化流域、海域统筹治理

陆地和海洋是一个生命共同体，海洋水和陆地水是一个相互联系的统一整体。治理好水污染、保护好水环境，需要坚持陆海统筹，准确把握流域、海域生态环境治理的整体性、系统性、联动性和协同性特征。广东省是沿海大省，当前全省水生态环境陆海统筹保护的格局尚未形成，“从山顶到海洋”的全链条协同协作管理机制仍未建立，“十四五”应该加强流域、海域协同治理，推动实现陆海分割管理向陆海统筹系统治理的转变。一是加强沿海地区、入海河流流域及海湾（湾区）生态环境目标、政策标准衔接，推进区域流域、海域污染防治和生态保护修复的责任衔接、协调联动和统一监管；二是强化入海排污口排查整治，加快已排查入海排污口的溯源和整治工作，完善重点入海排污口分类信息统计和建档工作，制定入海排污口分类管控办法和备案办法，对重点入海排污口进行动态监管；三是继续深入开展入海河流整治，以水质未达优良和未稳定达到优良海域入海河流为重点，开展入海河流环境整治行动；四是沿海及上游城市加强总氮排放控制，实施入海河流氮、磷削减工程，在珠江口、汕头港、湛江港等相对封闭的海湾试点开展总氮削减。

（2）加强地表水、地下水污染协同治理

地表水、地下水和土壤是自然循环中的 3 个重要组成部分，物质和能量存在相互转化关系，三者的生态环境质量、生态功能息息相关。长期以来，对地表水、地下水和土壤采用碎片化治理、管理的模式，三者之间的修复管理问题常常被分开研究，忽略了三者在生态功能上的联系，导致相关制度协调不够，易造成过度保护或保护不足。国务院机构改革方案将原国土资源部的监督防止地下水污染职责划入生态环境部，就是为了打通地上和地下。“十四五”应加强地表水、地下水污染协同治理。一是建立健全地下水污染防治管理体系，加强地下水环境监测，积极推动建立地表水地下水土壤协同治理制度。二是以珠三角水网地区为重点开展水环境综合整治，防范受污染河段侧渗和垂直补给对地下水污染，重点控制地表水中氨氮、总磷、耗氧有机物超标对地下水影响。三是加强农业灌溉水水质管理，加快城镇污水管网更新改造，加强化学品生产企业、工业集聚区、矿山开采区（尾矿库）等污染源的地表地下协同防治与环境风险管控。

二、水环境安全保障

水环境安全是我国实现 2035 年“生态环境质量根本好转和生态文明建设”国家目标的重要保障。当前，广东省饮水安全保障有待进一步加强，突发水环境风险防范压力较大，部分区域累积性风险问题凸显。“十四五”应以保障人居环境安全为主旨，深化水源型湖库系统保护，加强水源保护区水质保护和水源监督管理，积极防范水环境突发性风险和累积性风险，切实保障水环境安全。

（一）强化饮水安全保障

1. 强化水源型江河湖库系统保护

（1）优化调整供水格局

科学的供水格局对区域供水安全保障具有重要意义，目前广东省划定了30条主要供水通道，但部分早期建成水源地取水规模偏小，需要新开辟多个取水点，才能满足现阶段用水需求，致使部分区域水源地小而分散，不利于水源地集中管理，也加重了地方水源保护和管理的负担。“十四五”应优化调整供水格局，加强水源地空间管控，推动形成发展与保护相协调的供水格局。一是结合区域发展规划，全面统筹、合理规划流域和区域内的饮用水水源，合理设置取水口位置，不断优化调整取水格局，实现高、低用水功能之间的相对分离与协调和谐。二是持续开展分散取水口的整合优化，推动珠三角等有条件的地区采取城镇供水管网延伸或者建设跨村、跨乡镇联片集中供水工程等方式，发展规模集中供水，推动形成城乡一体化的饮用水水源保护机制。三是强化水源地空间管控，严格限制饮用水水源汇水区不利于水源保护的土地利用变更，对不符合水源涵养区、河湖生态缓冲带等保护要求的生产生活活动进行清理整治。

（2）加强良好水体水质保护

良好水体是水生态环境保护的“生态高地”，水生态环境保护应把良好水体系统保护放在突出位置。广东省饮用水水源达标率整体较高，但优质水源比例仍有待进一步提升，取水口所在水体其他部分河段仍不能稳定达标。“十四五”应以西江、北江、东江、韩江、鉴江、新丰江水库、枫树坝水库、南水水库、白盆珠水库、高州水库、鹤地水库等饮用水水源地所在水体为重点，实施系统保护，深化污染治理，加强生态保护，维护良好水体水生态健康。一是加强水环境综合整治，深入开展重要入河入库支流治理，推进农业面源污染防治，加大饮用水水源地周边地区农药、化肥减量力度，开展饮用水水源保护区内生态沟渠、地表径流集蓄池等设施建设；针对新丰江水库等水库型饮用水水源，统筹推进总氮削减，防范水华等水体富营养化风险。二是实施生态修复工程，推动饮用水水源保护区林相改造，提升森林林分质量，提高森林水源涵养能力，从源头上保障清洁产流与涵养净化水源功能。三是加强引调水工程沿线水源保护，统筹做好珠三角、环北部湾水资源配置工程等调水工程涉及的水源保护工作。

2．推进饮用水水源保护区水质保护

（1）加快推进饮用水水源地勘界立标

规范设立饮用水水源保护区标志能够发挥出良好的警示保护作用，尽量避免人类活动对水质的影响。当前，广东省已初步完成县级及以上饮用水水源保护区勘界立标工作，但乡镇及以下水源地量多面广，受人力、物力等条件限制，其保护区勘界立标工作尚未全面铺开，部分地区水源保护区标志、警示牌、隔离设施等设置不完善。“十四五”应全面开展饮用水水源保护区勘界立标，健全和完善水源地信息管理档案，推进实现规范化、信息化管理。一是加快推进已划定乡镇及以下集中式饮用水水源保护区勘界立标，推进其余乡镇及以下集中式饮用水水源保护区划定、保护区标志及隔离防护设置等工作，开展乡镇及以下饮用水水源保护区规范化建设情况的监督检查，到2025年完成乡镇级集中式饮用水水源保护区划定与勘界立标。二是逐步完善饮用水水源信息管理平台建设，将乡镇及以下集中式饮用水水源保护区纳入饮用水水源信息管理平台进行统一监管，完善各级饮用水水源保护区矢量信息，构建广东省饮用水水源保护区“一张图”。

（2）持续开展保护区环境问题整治

实施饮用水水源保护区环境问题的排查整治，有助于消除饮用水水源环境安全隐患，进一步确保饮用水水源安全。广东省开展了多项饮用水水源环保执法专项行动，严厉打击了一批环境违法行为，但水源地专项行动“回头看”“千吨万人”水源地整治等各类专项工作发现的环境问题尚未全面完成整治，已认定完成的整治成效仍需巩固和提升。“十四五”应加强水源保护区日常监管，持续开展各级保护区环境问题整治，实施不达标水源综合整治，确保饮水安全。一是梯次推进各级饮用水水源保护区环境问题整治，持续开展县级及以上集中式饮用水水源保护区环境问题整治“回头看”，稳步开展乡镇及以下水源地环境风险排查整治，对可能影响饮用水水源环境安全的化工、造纸、冶炼、制药行业和生活污水、垃圾、农业源等风险源进行排查，开展清理整治。二是推行卫星图片执法，实现各级饮用水水源保护区问题清单动态更新。三是强化不达标水源整治管理，对水质超标的水源，制定达标方案，开展污染治理，对水质确实难以达标的水源，采取水源更换、集中供水等措施。

3．加强饮用水水源监督管理

（1）落实饮用水水源安全防护巡查监管

加强日常巡查监管是确保保护区隔离防护设施有效运行的重要手段，“十四五”应进一步强化饮用水水源地安全监管，健全饮用水水源保护区日常巡查机制，及时排查并清除安全隐患。一是加强隔离防护设施监督管理，扎实开展饮用水水源保护区巡查监管，严防拆除或损坏水源地保护区地理界标、警示标志、隔离防护设施、视频监控设施的违法行为。二是加强异地引水工程水源地、取水口、水厂和输配水管网的安全巡查，严防在异地引水工程管理范围内敷设可能对输水管道及其附属设施产生侵蚀的管道或者其他构筑物等违法行为，严防输水管道、阀门、泵站等异地引水工程设施的侵占或者损毁。

（2）强化饮用水水质监测及信息公开

定期开展水质监测和评估，是准确、及时、全面掌握和了解水源水、出厂水和龙头水水质安全状况的有效手段，更是为饮用水管理、规划等提供科学依据的主要来源，对饮用水水源保护、居民用水安全与健康方面起着至关重要的作用。“十四五”应持续完善饮用水水质监测及信息公开机制，系统掌握饮用水安全状况，及时发现和处置饮用水安全隐患。一是加强饮用水水源及备用水源监测能力建设，强化各级饮用水水源水质监测，地级以上饮用水水源至少每月监测一次，县级和农村至少每季度监测一次。二是强化饮用水安全信息公开，县级以上人民政府应定期组织生态环境、供水、卫生健康等主管部门，监测和评估本行政区域内饮用水水源、供水单位供水和用户水龙头出水的水质等饮用水安全状况，县级以上人民政府有关部门每季度至少向社会公开一次饮用水安全状况信息。

（3）完善应急备用水源管理

加强应急备用水源建设是构建水源安全保障体系不可或缺的重要组成部分，也是提升饮用水风险防控能力的重要内容，对于提高水安全保障能力具有重要作用。目前，广东省绝大部分地市开展了应急备用水源建设，但惠州、河源、阳江等城市饮用水水源地单一，河源缺少城市应急备用水源，部分已有应急备用水源的地市供水调度方案不明确，不能完全满足城市饮水安全需要。“十四五”应加快单一水源供水地市应急备用水源建设，完善细化供水方案，鼓励粤港澳大湾区等有条件地区开展区域联网供水，构建城市多水源联网供水格局。一是推进应急备用水源建设，加快推进单一饮用水水源供水地市应急水源或者备用水源建设，建立汕潮揭互为备用的应急水源网络；确定为应急水源或者备用水源的，应当划定饮用水水源保护区，配备供水设施，并采取措施加强保护。二是完善应急备用水源供水方案，已有应急备用水源的地市应进一步明确应急水源和备用水源供水调度方案，进一步明确水污染事故、咸潮上溯、特殊枯水年与连续干旱年等不同应急供水类型下的应急供水能力及应急供水时长等。三是推进粤港澳大湾区联网供水，合理调整和整合现有供水格局，联合西江、北江、东江水量合理配置，重点拓展西江水源，优化调度东江三大水库，实施珠江三角洲水资源配置工程，加快推进广佛水源一体化、深莞惠（港）水源一体化和珠中江（澳）水源一体化建设，适时推进佛山西部与肇庆东部水源一体化建设，加快实施中山珠海水源避咸工程，构建“两横三纵一联通”的水资源配置网络体系，形成区域江库连通、相互补给、灵活调度的多层次供水网络。

（二）加强水环境风险防范

1. 加强突发性风险防范

（1）健全水环境风险防范模式

当前，广东省风险防范形势仍处于脆弱期、爬坡期，各类事故风险叠加耦合带来的不稳定、不确定因素有所增加，风险防范工作仍面临较大挑战。“十四五”要加强全过程、多层级风险防范体系建设，完善水污染事件应对预案，做好应急物资保障和应急演练，提高水环境应急事件风险化解能力。一是充分学习南阳“以空间换时间”和“找空间、定方案、抓演练”的先进思路，在具备实施条件的地区推广“南阳实践”，加强重点饮用水水源地河流、重要跨界河流以及其他敏感水体风险防控，编制“一河一策一图”应急处置方案，推动实现重点河流全覆盖。二是完善突发水环境事件应急管理多层次预案体系，规范环境应急响应流程。三是做好应急物资保障，组织开展突发环境事件应急演练。四是推进建立跨区域、跨流域、跨部门突发环境事件应急联动机制，鼓励专业环保机构参与突发环境事件的现场应急救援处置，合力防控生态环境安全风险。

（2）强化饮用水水源地风险管控

饮用水水源地或水源保护区作为高敏感环境风险受体，易受到其上游或周边地区风险源的威胁，“十四五”应以西江、北江、东江和韩江等干流沿岸以及饮用水水源地为重点，完善水环境风险防范体系建设，加强风险防控。一是开展饮用水水源保护区及供水单位周边区域环境状况和污染风险调查评估，定期开展饮用水水源地周边环境安全隐患排查及县级以上饮用水水源地环境风险评估，编制应急预案并按规定备案。二是以广州、深圳等特大城市及韶关等水源环境风险高发区为重点，加强地表水型饮用水水源地预警监控能力建设。三是强化饮用水水源保护区交通穿越风险防控，加大危险品运输风险防范。

（3）强化风险源管控

广东省经济体量大，风险隐患底数也较大，既包括化工企业、尾矿库等固定风险源，又有运载危险化学品的车辆、船舶等移动风险源。“十四五”应明确重点固定、移动风险源风险控制策略，建立完善水环境风险监测预警网络，加快预防性设施建设，实现风险源分类分级管理。一是着力加强环境风险分级分类管理，建立全省环境风险源在线监控预警系统，强化化工企业、涉重金属行业、工业园区和尾矿库等重点环境风险源的环境风险评估和防控，强化采矿企业水环境风险防范，以北部生态发展区为重点，开展尾矿库的环境风险排查与防范，加强金属矿采选、金属冶炼企业的重金属污染风险防控，在化工、金属矿采选、金属冶炼等环境风险较高、环境污染事件较为集中的领域建立环境污染强制责任保险制度，将相关企业纳入投保环境污染强制责任保险范围。二是强化西江、北江、东江、珠三角河网等水上危险化学品运输污染风险防范，严格落实风险管控责任，建设船舶溢油应急设备库，对危险货物运输企业、港口危险化学品集中区域，组织实施精准化安全风险排查评估，对辨识出的风险实施分级管理，严格重大风险报备制度，实行精细化管控。三是风险较高的企业及园区应建设事故导流槽、事故收集池、应急闸坝集等预防性设施。四是加强地表水重金属监测预警，北江流域深化重金属水质监测预警应急体系建设，并逐步推广至西江、东江、韩江等重点流域。

2. 推进累积性风险防范

（1）加强底泥滩涂累积性物质风险防范

广东省是工业大省，部分企业涉及铬及其化合物、有机氯农药等有毒有害物质排放，长时间排放积累导致部分河湖底泥滩涂存在一定污染风险，但目前底泥滩涂累积性物质含量底数尚不清晰，"十四五"要开展底泥滩涂累积性物质监测和治理，加强风险防范。一是开展底泥滩涂累积性物质监测，以珠三角河网、东江、韩江、北江水系等排放有毒有害物质企业分布较多的区域为重点，开展河湖底泥、滩涂有毒有害物质和持久性有机污染物的监测和累积风险调查评估。二是强化底泥滩涂治理，根据调查评估结果，视情况对底泥、滩涂进行原位修复或疏浚及淤泥处置处理。

（2）开展良好水体新污染物风险防范

随着工业快速发展和各类化学品的大量生产和使用，一些新污染物对公众健康和生态环境的危害正逐步显现，党的十九届五中全会明确提出"重视新污染物治理"。广东省作为人口大省和工业大省，持久性有机污染物（POPs）、环境内分泌干扰物（EDCs）、药品和个人护理品（PPCPs）等新污染物使用量较大，但全省重要水体新污染物的分布情况、污染水平及其带来的生态环境风险仍不尽明晰。"十四五"要落实国家相关要求及部署，开展良好水体及重要饮用水水源地新污染物监测和治理，加强风险防范。一是加强东江、西江、北江、韩江、新丰江水库等饮用水水源地新污染物监测调查和生态环境风险评估研究。二是依据调查评估结果在新污染物存在风险区域提出处理处置和减排要求，实现饮用水水源地从"水安全"到"水健康"的关键提升。

（3）加强重点湖库富营养化风险防范

当过量营养进入湖泊、水库等缓流水体后，水生生物特别是藻类将大量繁殖，易暴发蓝藻水华，对供水安全和水体生物多样性造成不利影响。广东省省控湖库营养状态指数整体处于较低水平，但仍有部分湖库（如鹤地水库、星湖等）出现富营养化现象，存在一定水华风险。"十四五"要以省控湖库及饮用水水源地为重点，加强富营养化及水华风险防范，有效防控水华及其次生灾害，降低对湖库生态系统的不利影响。一是强化新丰江水库、杨寮水库、鹤地水库、高州水库、枫树坝水库、白盆珠水库、流溪河水库、飞来峡水利枢纽、南水水库、星湖、湖光岩、西湖等省控重点湖库集雨范围水环境综合治理，减少氮、磷入湖库，预防和控制湖库富营养化。二是开展蓝藻水华监测及预警，编制水华应急响应预案，确保饮用水水源地的水质安全。

三、水资源节约利用

水资源节约利用是我国水资源管理的必然选择。通过提高水资源利用效率、推行节水型社会建设、加强水资源保护和治理，可以有效缓解水资源供需矛盾，保障水安全。广东省水资源总量较丰沛，但人均水资源量低于全国平均水平，水资源时空分布不均，部分地区缺水问题仍然存在；水资源开发利用程度高，枯水期河流天然径流量低，部分流域污径比严重失调，生态流量保障不足。因此，有必要以保障生态流量为根本出发点，转变高耗水方式，加强生产生活节水改造，推进雨污水资源化利用，完善水资源生态调度管控，保障河湖生态流量。

（一）加强生产生活节水改造

1. 推进节水型城市建设

建设节水型城市、实施全面节水是优化水资源配置、缓解城市水资源短缺的有效手段，是落实最严格水资源管理制度，实现可持续发展的客观要求。2019 年，国家发展改革委与水利部联合印发了《国家节水行动方案》（发改环资规〔2019〕695 号），提出全面推进节水型城市建设。广东省水资源时空分布不均，高耗水发展方式尚未根本转变，季节性、区域性、水质性缺水问题依然存在。“十四五”应按照国家工作要求，持续推进节水型城市建设。一是要以提高用水效率为核心，以水资源统一管理为抓手，以转变经济增长模式、调整经济结构为根本，转变用水观念、创新发展方式，建立“政府主导、部门协作、市场引导、公众参与”的节水型社会体系。二是要加强节水载体建设，普及节水器具，推进老旧居民住宅共用用水设施改造，加快老旧管网改造，降低供水管网漏损率。三是全力推进节水型单位建设和节水型居民小区建设，全面实施居民用水阶梯水价。

2. 有效提高工业用水效率

加强工业节约用水、提高水资源利用效率是解决水资源短缺、提升企业品质、推进企业减负增效的有效途径之一，对于缓解用水供需矛盾、加快经济发展方式转变、实现可持续发展战略目标具有十分重要的意义。近年来，广东省积极推进工业节水工作，取得了良好成效，万元工业增加值用水量逐步下降，但区域间水资源利用效率差距较大，梅州、河源、韶关等粤北城市用水效率较低，万元 GDP 用水量远高于全省平均水平。“十四五”应持续推进工业节水，提高工业用水效率。一是严格高耗水产业准入条件，在生态脆弱、水污染严重等地区，严格控制新建、改建、扩建高耗水项目。二是在火电、钢铁、纺织、造纸、石化和化工、食品和发酵等高耗水行业开展节水型企业建设，推动用水工艺节水技术改造及再生水回用改造，重点企业定期开展水平衡测试、用水审计及水效对标。三是推进工业园区以节水为重点的循环化转型升级改造，促进企业间串联用水、分质用水、一水多用和循环再用。

3. 大力挖掘农业节水潜力

发展节水农业是农业可持续发展的必然选择。近年来，广东省农业用水量虽有下降，但所占比重仍然较大，农业用水量约占全省总用水量的 50%，耕地实际灌溉亩均用水量基本稳定在 750 m^3，农业用水效率仍有提升空间。“十四五”应持续实施农业节水行动，全面施行农业取水许可管理，大力挖掘农业节水潜力。一是优化农作物种植结构，推广喷灌、微灌、滴灌、低压管道输水灌溉、水肥一体化等节水灌溉技术。二是推进灌区节水改造和现代化建设，完成雷州青年运河灌区和韩江粤东灌区续建配套与节水改造工程，实施灌区现代化建设试点。三是深入推进农业水价综合改革，加快建立健全农业节水精准补贴机制，探索开展农业水权交易。

（二）推进雨污水资源化利用

1. 加快污水处理厂尾水再生利用

城市污水的再生利用是开源节流、减轻水体污染程度、改善生态环境、解决城市缺水问题的有效途径之一。目前，广东省污水资源化利用水平总体不高，平均再生水利用率不足 40%。“十四五”应加大力度推进污水处理厂尾水再生利用。一是有条件的城镇污水处理厂加快推进提标改造，提升出水水质标准，尾水主要用于河道生态补水、城市绿化、道路清洗、建筑施工、消防等，逐步提高城市再生水利用率。配套有污水处理厂的工业园区加强中水回用。二是在东莞运河、石马河等生态基流不足的流域，积极实施再生水资源化利用，加强河道生态流量保障。

2. 积极推进雨水蓄集利用

城市雨水利用是减少城市径向流量、延长汇合时间、减少防洪投资和洪灾损失、缓解防洪和水资源危机的有效措施。广东省降雨充沛，雨水等非传统水资源的利用潜力大，有效地利用这部分水资源可以在一定程度上减少地表水和地下水的开发利用量，对水资源的持续发展具有重要意义。当前，广东省水资源开发利用以地表水为主，地下水为辅，对于雨水等非传统水资源的利用还非常有限，“十四五”应持续推进非传统水资源开发利用，积极推进雨水蓄集利用。一是结合海绵城市建设，综合采取“渗、滞、蓄、净、用、排”方式，对城市建成区雨水排放口收水范围内的建筑小区、道路、广场等进行建设改造。二是坚持统筹城市老城改造和新区建设，推广透水技术，因地制宜建设雨水花园、下凹绿地等雨水滞留设施。三是鼓励大型企事业单位、社区安装雨水收集装置，促进雨水资源化利用。

（三）完善水资源生态调度管控

1. 加强生态流量调度与管控

保障河湖生态流量是统筹水资源开发与保护、推进水生态文明建设的基本要求，对维护水安全、生态安全具有重要意义。当前，随着水资源供需矛盾加剧，广东省部分区域生态用水经常被经济社会用水挤占，部分河湖生态流量缺乏保障。“十四五”应加强生态流量调度与管控，切实保障生态用水。一是对东江、北江、韩江、西江、贺江、龙江、榕江、练江、潭江、儒洞河、袂花江等已划定生态流量目标的重点河流实施流量实时监测与管控，定期评估各控制断面的生态流量保障情况。二是研究提出迫切需要开展生态流量保障的重点河湖名录，分期分批确定生态流量保障目标并制定保障实施方案。三是在东江、韩江等水资源开发利用程度较高、水资源供需矛盾突出的流域，建立以总量控制为核心，生态目标保障为前提，统筹开发利用、生态流量等需求的调度机制。落实以重要控制断面最小下泄流量为调度目标，生态流量为考核目标的流量管控要求，确保河湖生态健康。

2. 加快小水电行业绿色转型升级

发展绿色小水电，是坚持人水和谐、推进水生态文明建设的必然选择，是加快转变小水电发展方式、实现提质增效升级的内在要求。广东省小水电数量众多，且大部分小水电无生态用水调度，导致下游河道生态环境恶化，部分内河涌水动力弱、连通性差。“十四五”应加快小水电行业绿色转型升级。一是以北江流域和粤西沿海等减脱水较为严重的中小河流为重点，加快小水电站生态流量保障工作。科学确定小水电站生态流量，完成小水电站生态流量泄放与监测设施建设，对生态流量泄放与监测情况不满足要求的，责令限时整改。二是完善小水电建管制度，在管好存量的同时严控增量，以河流生态流量保障及水环境问题改善为目标对小水电生态流量保障工作效果进行评估。

3. 加强河湖水系连通

河湖水系连通是优化水资源配置战略格局、提高水利保障能力、促进水生态文明建设的有效举措。广东省水资源时空分布不均，与经济社会发展布局不相匹配，一些地区水资源承载能力和调配能力不足，部分江河和地区洪涝水宣泄不畅，河湖湿地萎缩严重，水环境恶化。“十四五”应积极推进河湖水系连通，进一步完善水资源配置格局，合理有序开发利用水资源，全面提高水资源调控水平。一是实施闸坝联合调控，通过取、引、蓄、提等措施，促使河涌水体循环及水系联通，补充河涌生态活水，提高河道自净能力，开展珠江三角洲主要围区闸泵联调与生态补水研究。二是科学规划引调水工程，紧密结合流域和区域功能定位、发展战略和河湖水系特点，统筹兼顾调出和调入区域、流域用水需要，以水资源综合规划、流域综合规划等为依据，合理布局引调水工程，推进韩江-榕江-练江水系三江连通工程、东江流域水安全保障提升工程建设，谋划主要江河与城市主要水体连通及生态补水（调度）工程，实现江河湖库水系连通，缓解资源性缺水问题，提高水安全保障能力。

四、水生态保护修复

水生态保护修复是建设美丽广东对水生态环境质量目标提出的更高要求，随着水污染治理成效进一步显现，对水生生物、河湖生境等生态指标的关注逐渐提高。但广东省目前水生态家底尚未摸清，部分河湖水生态功能退化严重。“十四五”应全面开展水生态调查评估工作，摸清水生态环境家底，从生态整体性和流域系统性出发，大力推进河湖生态修复和水生生物多样性保护，打造岭南水生态保护修复样板，着力构建水生态环境保护修复新格局。

（一）开展水生态调查评估

1. 构建水生态评价指标体系

广东省目前水生态调查基础薄弱，全省尚未形成较为成熟的理念及相关技术、标准和规范。“十四五”应加快构建广东省水生态调查评价技术指引及指标体系，规范水生态环境调查与评价工作。一是结合全省水系特征，研究制定江河湖库水生态环境调查与评价技术指引，指导各地开展水生态环境调查评估。二是按照物理、化学、生物完整性要求，以东江、西江等典型流域为试点，研究并建立符合广东省流域特征的水生态评价指标体系。

2. 开展水生态环境调查评估

随着水生态环境问题逐渐成为制约我国水生态环境质量总体提升的短板，已有部分省（市）积极开展水生态环境调查评估工作，例如，北京市自2009年起逐年组织开展全市水生态监测及健康评价。广东省水生态调查起步较晚，仅东江流域依托国家水体污染控制与治理科技重大专项完成了较为系统的水生态调查与健康评价，其他流域尚未开展系统的水生态调查，水生态现状不清。“十四五”应在全省范围内广泛开展水生态环境调查评估，科学评价重点江河湖库的水生态健康状况，系统掌握全省水生态环境整体状况。一是遵循“循序渐进、重点突出、总体谋划、分步实施”的原则，重点围绕西江、北江、东江、韩江等重要江河干流及其主要一级支流，以及新丰江、枫树坝、南水、白盆珠、高州、鹤地等重要水库，分阶段有序推进江河湖库水生态环境调查。二是逐步完成全省水生态现状调查评估，到2023年，各地市全面掌握本辖区重点江河湖库生态环境现状和水质、生境、水生生物状况，评估江河湖库生态系统健康水平。

（二）实施水生态保护修复

1．加强河湖生态缓冲带修复

生态缓冲带是河湖重要生态空间，对阻隔或减缓人类活动对河湖的直接干扰、保护河湖生物多样性、减少面源污染物入河湖等具有重要意义。广东省水系发达，沿河两岸大量分布各类城乡社会经济活动，部分河道生态空间受到侵占，河流自净能力降低。“十四五”应加强河湖生态缓冲带管控与保护修复，实施岸边带生态治理，保持生态屏障完整性。一是依法划定河湖管理范围，落实规划岸线分区管理要求，强化岸线保护和节约集约利用。二是严格水域岸线等水生态空间管控，严禁以各种名义侵占河道、围垦湖泊、非法采砂，加大退耕还湖力度，研究探索退耕还湿机制，通过进一步推进河湖“清四乱”整治常态化规范化工作，坚决遏制新增的河湖“四乱”问题，恢复河湖水域岸线生态功能。三是加强河湖开发建设过程中水生态环境保护，尽量维持河湖岸线自然状态，严格控制河道管理范围内人工设施建设，避免过度人工化。四是从实际出发开展生态保护和自然修复，以榕江、练江、小东江、东莞运河、黄江河、九洲江等重点流域，以及新丰江、枫树坝等存在潜在水生态风险的湖库为重点，推进河岸缓冲带建设及修复，结合生态沟渠、滞留塘、湿地建设，逐步恢复河岸带生态系统功能，增强对面源污染的拦截、净化功能。

2．推进湿地恢复与建设

湿地是重要自然资源和独特生态系统，加强湿地保护修复具有重要意义。近年来，全国采取一系列举措加强湿地保护修复，其中山东省坚持“治保用”策略，建设人工湿地以“保”促净，自2002年在新薛河开始人工湿地建设试点，成功后推广至南四湖全流域，继而逐步在山东各市落地应用，取得了明显成效。当前，广东湿地围垦、水利工程建设、城市建设与旅游业的盲目发展等不合理利用导致湿地资源遭到破坏，湿地生态系统退化，降低了生态系统的稳定性和有序性。“十四五”应根据河湖湿地受损情况，针对湿地面积萎缩、重要物种生境受损等问题，采取不同的保护与修复措施推进湿地恢复与建设。一是优先开展重要湿地、湿地自然保护地以及水鸟生态廊道内的退化湿地生态修复和湿地生境恢复。二是加大人工湿地保护修复力度，完善基础设施建设，修复库塘周边野生动物栖息生境，提高人工湿地的生物多样性。三是把人工湿地公园建设作为提高治水治污效果的重要抓手，因地制宜在大型污水处理厂下游、河流交汇处、重要河口等关键节点建设湿地公园，加大重点支流沿线湿地生态保护及修复力度，建设滨岸生态景观带。四是加强湿地修复方案可行性、合理性评估，健全湿地监测评价体系，强化湿地修复成效监督，保障湿地修复与保护的可持续性。

3. 强化水源涵养与水土流失治理

水土资源作为自然资源的重要组成部分，是人类社会生存与发展的基础和前提。广东省近年来大量的开垦种植、林木砍伐、矿藏开采等开发建设活动使地表植被遭到破坏，造成严重的水土流失，韩江上游、东江中上游、西江下游地区等花岗岩分布区域崩岗侵蚀较为严重。“十四五”应强化水源涵养区保护和水土流失治理，建设绿色生态安全屏障。一是加大江河源头区、水源涵养区保护力度，不得侵占自然河湖、湿地等水源涵养空间，已侵占河湖、湿地等水源涵养空间的限期予以恢复。二是加强水源涵养林管护，加强西江、北江、东江、韩江和鉴江的生态保护及工程治理，保障全省江河水系的“山-海”生态通道，构建生态安全屏障。三是在西江、北江、东江、韩江等流域内加大水土流失治理力度，开展生态清洁型小流域建设和崩岗治理，加强水土流失预防保护工作，推进水土保持生态修复工程实施。

4. 保护与恢复水生生物多样性

水生生物是自然生态系统中不可替代的重要组成部分，保护水生生物多样性对维护生态平衡、推进生态文明建设具有重要意义。受省内水电站、闸坝等水利设施分布范围广，非法侵占河岸和非法采砂行为时有发生等影响，广东省内河道水生生物多样性有所下降，水生态环境功能退化。“十四五”应坚持保护优先、自然恢复为主的方针，保护与修复生物栖息地，维护水生生物多样性。一是保护河流天然状态的浅滩、江心洲、河漫滩、天然堤坝、冲积扇以及河流阶地、滩涂、湿地等独特的河流地貌。二是进一步优化自然保护区结构和空间布局，强化红树林湿地、三角洲湿地、国际候鸟迁徙停歇越冬栖息地自然保护区的建设，依托珠江、西江和东江等主要水系，构建水鸟生态廊道空间新布局。三是加强水生生物资源养护，西江、北江、东江、韩江、鉴江等流域内有条件的河段推广人工鱼巢增殖，实施水生生物资源增殖放流。四是对重点河流水利梯级开发工程开展环境影响后评价，加强水产种质资源保护区管理维护，重点保护鱼类“三场”资源，针对鱼类洄游及栖息地产生影响的工程，研究补救方案并实施恢复措施。五是强化对外来物种养殖的管理，规范民间放生行为，严控外来物种入侵。

（三）打造岭南水生态保护修复样板

1. 高质量推进万里碧道建设

在习近平生态文明思想的指引下，广东改革创新，先行先试，在治水领域率先提出了实践“绿水青山就是金山银山”理念的广东方案——万里碧道。“十四五”应优先补齐短板，突出重点，高质量有序推进万里碧道建设。一是依托西江、北江、东江、韩江、鉴江和珠江三角洲骨干水系及主要河口湾区，珠三角核心区重点解决水网水体黑臭、水生态损害、水域空间侵占等问题，东西两翼重点解决水源涵养、水土流失等问题，粤北重点突出自然生态保护修复，形成具有生态、文化、景观、休闲等综合功能的“湾区引领，十廊串珠”特色廊道。二是有序推进碧道“安全行洪通道、自然生态廊道、文化休闲漫道”的高质量建设，将水岸地带打造成为富有吸引力的高品质场所。到2022年，珠三角地区率先初步建成骨干碧道网络；到2025年，全省重点河段骨干碧道网络基本建成。

2．推进“美丽河湖”试点建设

美丽河湖保护与建设是实现美丽中国的重要路径，《中华人民共和国国民经济和社会发展第十四个五年规划和2035年远景目标纲要》作出“推进美丽河湖保护与建设”的重要部署。“十四五”应遵循山水林田湖草系统治理理念，推进“美丽河湖”试点建设。一是以重要生态保护区、水源涵养区、江河源头区、重要湿地以及水生态脆弱和恶化区域为重点，实施水生态保护与修复，推进淡水河、黄江河、廉江河、小东江流域彭村湖等一批水生态系统修复示范工程。二是打造一批“清水绿岸、鱼翔浅底”的省级美丽河湖典范，提升水生态环境状况。计划到2025年，建成20个“有河有水、有鱼有草、人水和谐”的美丽河湖。

3．构建绿色生态水网

珠三角河网密度达到1.03 km/km^2，是国内河网密度最大的地区之一，在珠三角地区推进绿色生态水网建设，是深入实施绿色化发展战略的重要举措。“十四五”应按照“保护为重、治水为先、修复为要、文化为魂、惠民为上”的原则，以广州、佛山、东莞、中山等水网密布地区为重点，探索构建人水空间和谐、水网连通畅达、生态美丽宜居的珠三角美丽水网。一是加强珠三角水污染治理，到2025年珠三角核心区水网基本消除劣Ⅴ类断面。二是加快水系林网建设，以大小河涌为连通网线，以星罗棋布的湿地公园及其他各类自然生态资源为节点，加强珠三角水网疏浚贯通。三是强化水生态修复与保护，加快湿地生态系统重建和恢复，努力打造以西江、北江、东江主干流及绥江、西枝江、潭江、新兴江、增江河、流溪河等支流沿岸、河口地带防护绿带和珠江三角洲骨干绿道为主体的生态廊道体系。

第六节　现代化治理能力建设研究

一、空间管控体系

优化空间格局、强化空间管控是新时期生态环境保护及资源开发利用顶层设计的一项重要战略任务。目前，广东省工业化、城镇化、农业现代化的任务尚未完成，发展与保护的矛盾依然突出。下一步水生态环境保护的工作重心应由污染防治设施建设等末端治理逐步转移至优化空间布局等前端管控，进一步健全生态环境空间管控政策体系，将

“三生空间”与国土空间规划有效衔接，完善“三线一单”、水功能区及多层级水环境质量目标管控体系，把好布局关、准入关，明确生态环境目标及管控要求。

（一）优化“三生空间”格局

“三生空间”是对生产、生活、生态三类空间的总称，这三类空间构成了不同空间尺度的主体要素。“三生空间”既相互独立，又相互关联，具有共生融合、制约效应，其中生态空间提供的生态服务自我调节能力约束了生产、生活空间的发展规模和方向。党的十八大提出了将优化国土空间开发格局作为生态文明建设的首要举措，以及“促进生产空间集约高效、生活空间宜居适度、生态空间山清水秀”的要求。“十四五”应统筹“三生空间”互动的用地结构关系，合理控制生产生活空间布局，促进“三生空间”比例规模协调发展，保证水生态系统自我调节能力。一是坚定“以水定城、以水定产”发展，制订国土空间规划时统筹水污染防治规划的空间布局和需求，合理规划人口、城市和产业发展，城镇建设和承接产业转移区域不得突破水环境承载能力。二是建立水资源刚性约束制度，实行水资源消耗总量和强度双控，严格控制高耗水行业发展。三是把河湖综合治理、产业结构调整、经济高质量发展结合起来，以水系和水网为纽带，优化生态、生产、生活空间格局。

（二）落实“三线一单”管控要求

“三线一单”是区域内的资源开发、产业布局和结构调整、项目引进的“绿色标尺”，能促进产业发展与环境承载能力相结合，从而倒逼企业等主体走上高质量发展的绿色之路。目前，广东省已印发省级分区管控方案，明确了全省总体管控要求和“一核一带一区”区域差异化管控要求，划分了 1 849 个水环境管控单元，但各单元的具体管控要求尚未明确，“三线一单”管控体系有待进一步细化。“十四五”要进一步细化完善“三线一单”管控体系，落实各项管控要求，协调好发展与水环境底线关系。一是建立完善全省“1+3+*N*”生态环境分区管控体系，细化各管控单元的管控要求，着力优化产业和城市发展布局，强化污染减排、资源利用和环境准入，实施分级分类管控。二是加强重点区域管控，水环境质量不达标区域，新建项目须符合环境质量改善要求；超过重点污染物排放总量控制指标或未完成环境质量改善目标的区域，新建、改建、扩建项目重点污染物实施减量替代。

（三）优化水功能管理体系

水功能区划和地表水环境功能区划是实现水资源可持续开发利用和保护的重要基础，在流域环境管理中发挥着重要作用。历史上水功能区、水环境功能区两套体系长期分属水利、生态环境两个部门，在管理上存在一定差异。2018 年机构改革后，编制水功能区划职责由水利部门整合划转至生态环境部门，为方便管理，有必要开展两套体系整合优化，实现一体化管理。此外广东省现行水功能区划及水环境功能区划分别于 2007 年和 2011 年印发，已实行十余年，随着全省社会经济的快速发展、产业结构的调整和水资源开发利用条件的变化，部分水域出现了现状功能同发展及保护需求不相适应或水环境质量现状较原定目标有明显偏离的问题，亟待更新调整。因此“十四五”应立足于全省现状和未来发展趋势，推动水功能区和水环境功能区整合优化，加强水功能区监测考核，推动形成和中长期保护与发展战略相适应的水功能区划体系。一是根据水资源禀赋、环境容量等情况以及国土空间规划，开展水功能区和水环境功能区整合优化和修编工作，优化供排水布局，实现高低用水功能区之间的相对分离与协调，科学合理确定水体环境功能和水环境质量目标。二是强化水功能区管理，一方面依托流域水生态环境功能分区管理体系，合理设置各级控制断面，逐级明确行政责任主体，强化地方各级政府水生态环境责任传导机制；另一方面强化水功能区监测评价，加强水功能区水质监测，逐年提高监测覆盖率，开展重要江河湖库水功能区达标评价。

（四）严格水环境质量目标管控

“十三五”时期，广东省共布设 71 个国考断面、168 个省考断面，“十四五”时期，国考断面增加至 149 个，需基于“十四五”时期国考断面布局及目标要求，逐一分解细化，构建完善全省多级水环境质量目标体系，并强化目标管理，确保各断面达标。一是结合水功能区划和水系特征，根据国控断面水质目标，逐一细化深化，构建层级分明、目标协调的“国考-省考-市考”多级水环境质量目标体系。二是强化水环境质量目标管理，各地市应根据多级水环境质量目标体系，排查达标状况，列出未达标水体清单，制定达标（攻坚行动）方案，将治污任务逐一落实到控制单元内的排污单位，明确防治措施及达标时限，向社会公布未达标水体水质达标方案；对于水质不达标区域，实施挂牌督办，必要时采取区域限批等措施。

二、政策标准体系

政策标准体系是环境保护的重要基石，《关于构建现代环境治理体系的指导意见》提出要健全环境治理法律法规标准政策体系。当前，广东省地市立法工作仍有待加强，部分流域、部分领域排放标准及相关技术规范仍然存在缺口，市场经济激励政策仍不成熟。“十四五”应不断完善法规标准体系，持续深化绿色价格、市场参与、生态补偿等市场经济政策，树牢水生态环境保护法规标准保障和政策保障。

（一）健全水环境法规标准体系

水污染防治法规标准是保护水资源和治理水污染的重要准绳。目前，广东省出台了首部地方水污染防治综合法规《广东省水污染防治条例》，制定小东江、茅洲河和练江等多个流域水污染物排放标准，工业铊排放通用标准，农村生活污水排放行业标准，标准类型及数量在全国位于前列，但地市立法工作仍有待进一步加强，《水污染物排放限值》（DB 44/26—2001）、《畜禽养殖业污染物排放标准》（DB 44/613—2009）等早期制定的标准已不能满足新时期保护要求，水产养殖业、沙河流域等部分领域和重点领域排放标准及河口水生态环境质量标准仍存在空白，水生态环境保护相关技术指南较为欠缺。“十四五”时期要坚决落实相关法律法规，同时持续完善标准体系，严格环境保护要求，形成治水高压态势。一是强化依法治污，严格落实《广东省水污染防治条例》，加强上游和下游、水里和岸上的综合协调管理，对造成生态环境损害的，依法依规追究赔偿责任；有立法权的地市可根据需求开展符合地方特色和保护发展需求的流域水质保护、饮用水水源水质保护等相关领域的立法工作。二是强化标准支撑，开展广东省《水污染物排放限值》实施成效评估并适时启动修订工作，加快水产养殖尾水排放标准制定和畜禽养殖业污染物排放标准修订，推动沙河等流域水污染物排放标准制定；研究氮、磷营养盐迁移转化规律和河口区陆海响应机理，制定适用于粤港澳大湾区的河口水生态环境标准；探索制定水生态环境保护相关技术规范和指南。

（二）健全水环境绿色价格政策

绿色价格是实现生态环境成本内部化，让污染者、使用者付出应付的成本，让保护者、节约者得到合理的收益的重要手段。自 2018 年环境保护税改革以来，广东省出台了一系列鼓励节能环保的税收优惠政策，让企业开始“主动治污”，但与生态文明建设的时代要求和打好污染防治攻坚战的迫切需要相比，还存在价格机制不够完善、政策体系不够系统、部分领域落实不到位等问题，激励与约束相结合的价格机制没有真正建立。“十四五”宜从用水价格、污水处理收费价格、农业农村价格、经济优惠奖励、环境保护税调整等方面进一步深化改革、创新和完善价格机制。一是建立有利于节约用水的价格机制，持续完善钢铁、化工等重点行业差别水价政策，提高“两高一剩”（高耗能、高污染、产能严重过剩）等行业用水成本，逐步推行城镇非居民用水超定额累进加价制度。二是健全污水处理收费机制，按照补偿污水处理和污泥处置设施运营成本（不含污水收集和输送管网建设运营成本）并合理盈利的原则，制定污水处理费标准，并依据定期评估结果动态调整。鼓励各地根据企业排放污水中主要污染物种类、浓度、环保信用评级等，分类分档制定差别化收费标准。三是鼓励有条件的地区探索建立污水垃圾处理农户缴费制度，落实畜禽规模养殖场粪污资源化利用和秸秆等农业废弃物资源化利用电价支持政策。四是完善经济优惠奖励政策，制定工业企业清洁化改造和城镇污水处理厂总氮减排奖励机制或政策，从资金奖励、税收优惠等方面鼓励工业企业、城镇污水处理厂进一步减排。五是统筹考虑污染物排放现状、水生态环境承载能力和经济社会生态发展目标要求，结合污染物治理成本、企业承受能力等因素，适时推动调整水污染物环境保护税适用税额。

（三）健全水环境市场参与政策

推进环境污染第三方治理和资源环境要素市场化配置对产业结构调整、环境管理转型、总量减排精细化管理等具有显著促进作用。当前生态文明建设正处于压力叠加、负重前行的关键期，已进入需提供更多优质生态产品以满足人民日益增长的优美生态环境需要的攻坚期。面对新时代生态文明建设和生态环境保护的新形势、新要求，要充分运用市场化手段，激发社会力量共同参与水生态环境保护。一是推进环境污染第三方治理，在流域治理中推广合同环境服务融资，推动由购买单一治理项目服务向购买整体环境质量改善服务方式转变。二是开展环境综合治理试点示范，鼓励企业为流域、城镇、园区、大型企业等提供定制化的综合性整体解决方案，实行按效付费。三是建立环境权益交易市场，深化排污权交易，建立完善二级市场，推动新建、改建、扩建项目污染物排放指标通过交易方式取得，探索在东江等重点流域实施跨行政区排污权交易政策，稳步推进排污权交易及抵质押业务。

（四）健全多元化生态补偿政策

生态补偿是落实生态保护权责、调动各方参与生态保护积极性、推进生态文明建设的重要手段。目前，广东省建立了部分流域生态补偿机制，省际层面，分别与广西、福建、江西签订了九洲江、东江、汀江-韩江上下游横向生态补偿协议，省内层面开展了东江流域、潭江流域生态保护补偿试点工作，但总体上生态补偿仍在部分区域试点阶段，实施范围有待进一步拓展。“十四五”宜推广上述流域经验做法，持续深化河湖生态保护补偿制度建设，优先在条件成熟的江河湖库源头区、重点饮用水水源地等开展生态保护补偿。一是推进东江流域省内上下游生态保护补偿并形成长效机制，探索开展西江、北江和韩江等重点流域省内上下游生态保护补偿，继续完善粤桂九洲江、粤闽汀江-韩江、粤赣东江等跨省流域生态保护补偿合作机制。二是建立以生态受益地区补偿为主、省财政适当支持引导的差异化补偿机制，鼓励和支持地市之间，市内各区、县之间，根据自身财力情况和水质状况自主协商开展流域生态补偿工作。三是优化生态补偿核算办法，探索以考核断面水质、生态保护红线区域面积、生态公益林面积、养殖强度、饮用水功能水库、基本农田等作为分配依据的流域生态补偿核算办法。

三、监督管理体系

环境监管能力建设是支撑水环境保护的重要保障，当前，广东省已初步建立了河湖长制、环保督察、环境目标考核、区域联防联治等监督管理制度，但各项制度仍有待进一步深化。为使环境监管能力建设与新时期、新形势的需要相适应，与阶段环境保护任务需求相匹配，应全面深化河湖长制，健全生态环境保护督察制度，深化生态环境目标评价考核，加强流域水污染联防联治，需要充分发挥各方治理主体的积极性、自觉性、能动性，建立健全大生态环境治理格局。

（一）全面深化河湖长制

全面推行河湖长制是落实绿色发展理念、推进生态文明建设的内在要求，是完善水治理体系、保障国家水安全的制度创新。2019 年水利部出台《关于进一步强化河长湖长履职尽责的指导意见》（办河湖〔2019〕267 号），要求深化完善河长制、湖长制组织体系，促进河湖治理体系和治理能力现代化。目前广东省已设立省、市、县、镇、村五级河长、河段长共计 80 430 名，设立湖长 476 名，河长湖长体系全面形成，实现了河长制、湖长制“有名”，“十四五”应按照国家相关部署，进一步强化河长湖长履职尽责，推动河长制、湖长制从“有名”向“有实”转变。一是进一步完善各级河长办机构设置和人员配备，推广河长制工作述职机制，深入落实河湖警长制，建立多层次、多角度的明督暗查机制及全覆盖的督查体系。二是优化河（湖）长制考核方式，加大日常监管考核比重，提升考核效能。三是强化激励问责，将考核结果作为党政领导干部综合考核评价和相关领域项目资金安排的重要依据。四是深化河湖管理体制机制改革，建立完善巡查保洁、设施维护、执法监管等制度。

（二）健全生态环境保护督察制度

生态环境保护督察是推进生态文明建设和环境保护工作的一项重大制度，在推动地方突出的生态环境问题解决、促进地方树立新发展理念、推动高质量发展方面具有重要作用。广东省建立了由 1 个省生态环境保护监察办公室和珠三角、粤东、粤西、粤北 4 个区域专员办公室组成的“1+4”生态环境保护监察体系，完成了第一轮省级督察全覆盖，“十四五”要在此基础上，持续深化省级生态环保督察制度，充分发挥督察的“利剑”作用。一是健全省级生态环境保护督察体系，完善省级生态环境保护督察工作规则，明确实施主体、督察对象、督察方式、督察结果运用等，完善地市督察对接机制，建立与各镇街督察机构的常态联系，构建纵到底、横到边的督察大网络格局。二是持续完善省级生态环境保护督察交办、跟踪调度、抽查检查、挂牌督办、整改销号、行政约谈、区域限批、移送追责等长效机制，研究建立生态环境保护督察整改信息电子台账，加强督察整改落实情况调度，对整改工作滞后地区及时预警提醒。

（三）深化生态环境目标评价考核

实行考核问责是压实地方生态环境保护责任的关键措施，广东省出台了省级生态环境保护责任清单，落实“党政同责、一岗双责”，推动生态环境保护有责部门全覆盖，“十四五”时期要进一步强化党政生态环境保护责任，不断完善绿色发展的刚性约束，发挥好领导干部评价考核“指挥棒”作用。一是完善生态环境保护责任考核体系，突出污染防治攻坚成效、生态环境质量改善考核，加强考核结果应用，将考核结果作为各级领导班子和领导干部任用和奖惩、专项资金划拨的重要依据。二是推进生态系统生产总值（GEP）核算，鼓励粤北生态发展区建立以生态价值为基础的考核机制，支持国家级重点生态功能区县逐步取消 GDP 考核。

（四）加强流域水污染联防联控

实施上下游、左右岸、干支流的协同治理，是河湖治理与保护的内在要求和重要内容。目前，广东省建立了部分流域水污染联防联控机制，省际层面，分别与广西、湖南签订了跨界河流水污染联防联控协作框架协议；省内层面，在深惠淡水河、深莞石马河、广佛跨界河流、深莞茅洲河、汕揭练江、湛茂小东江、珠三角区域等流域建立了水环境综合整治联席会议制度。多层级联防联动工作机制实行以来，跨省、跨市河流水环境质量有所提升，但水质持续改善基础仍不牢固，跨区域水污染联防联治仍需进一步巩固加强，“十四五”时期应进一步深化跨界水体联防联治，推进跨界河流水环境质量持续改善。一是建立完善省内重点流域、重点区域水污染防治协作机制，加强跨市饮用水水源地风险排查管控和异地引水联保共治，加强流域上下游各级政府、各部门之间的协调配合，实行定期会商、联合监测、联合执法、应急联动、信息共享。二是进一步完善跨行政区域河流交接断面管理制度，建立协同有效的上下游雨季污染应急响应机制。三是衔接“一网统管”工作部署，建立完善跨界流域信息共享体系，推动广州、深圳、珠江口西岸、汕潮揭、湛茂五大都市圈实现生态环境共建共治共享。四是建立健全跨省流域上下游突发水污染事件联防联控机制，加强粤赣、粤闽、粤湘、粤桂跨界河流水污染联合治理。

四、科技支撑体系

科技支撑在生态环境保护、生态文明建设中具有重要作用。当前广东省监测网络以水环境监测为主，“三水”统筹的立体化监测网络及评价技术体系仍不完善，水环境管理信息化水平不高，精准服务和智慧化管控能力还有待提升，先进手段引进应用及“卡脖子”技术研发有待加强。“十四五”时期要完善监测评价体系，深化督导帮扶和信息化管理，加强技术研发及其应用，助力精准治污，建立适应新形势的科技支撑体系，助力精准治污。

（一）建立“三水统筹”监测评价体系

生态环境监测是生态环境保护的基础，是生态文明建设的重要支撑。《生态环境监测规划纲要（2020—2035年）》（环监测〔2019〕86号）提出要“以环境质量监测为核心，统筹推进污染源监测与生态状况监测”。广东省建成了国家、省、市、县四级水环境监测网络，基本实现县（区）全覆盖，但自动站覆盖范围仍有待扩展，监测指标仍以传统指标为主，污染源监测有待进一步深化，水生态监测尚属起步。“十四五”时期应按照国家相关部署，深化地表水水质监测，加强污染源和水资源、水生态监测，建立完善“三水统筹”监测评价体系。一是优化地表水水质监测体系，进一步拓展自动监测指标和覆盖范围，逐步实现城市集中式饮用水水源地水质自动监测能力全覆盖，探索开展持久性有机污染物、抗生素和内分泌干扰物等新型污染物监测。二是加强污染源监测，推进污染物通量监测和水质污染溯源监测，逐步建立覆盖重点流域所有入河排污口主要指标的监测网络，开展排放口影响水域水质监测评价研究。三是进一步深化并拓展重要水体的水资源、水生态试点监测（含底质），开展流域水生生物完整性、多样性评价，建立针对大型底栖动物、鱼类的野外监测装置，逐步实现水质监测向水生态监测的系统转变，提升水生生物监测支撑能力及环境监管能力，逐步建立智能化“监测-评估-预警”河湖管理系统。

（二）深化实行督导帮扶模式

“十三五”时期以来，广东省创新实行“一市一策一专班”督导帮扶模式，有效推动了攻坚断面突出问题整改，“十四五”时期应进一步总结推广成功经验，深化实行督导帮扶模式，推动实现精准治污。一是强化督导帮扶技术力量支撑，根据水质达标形势，组织重点流域督导帮扶，充实技术组团队力量，加大指导服务力度。二是充分利用挂图作战系统平台，提高对水生态环境问题的排查剖析深度，动态调度“一图一表”信息，助力推动突出问题的整改落实，推动实现科学治污、精准治污。

（三）搭建信息化管理平台

推进环保领域信息化体系建设，是推进流域环境治理体系和治理能力现代化的重要手段，也是实现流域水环境精细化管理的必然要求。当前广东省治水信息化程度不高，传统的环境监管模式覆盖面窄，工作效率低，信息反馈不及时，难以满足对数量庞大的污染源和治理任务开展日常监管的需求。“十四五”时期要进一步推进信息化建设，打造智慧高效的水生态环境数字化管理体系。一是依托省“数字政府”整体架构及“一网统管”整体工作部署，构建部门间数据共享的水生态环境数据平台，实现与水环境管理相关的公安、交通、城管、住建、水利、农业、安监、供水电气企业等信息共享。二是建设集流域精细化数据库、流域水污染防治短板快速筛查定位系统、流域水环境管理决策支持智慧系统、可视化界面于一体的水环境智能管控平台，实现各类水生态环境数据的互联互通、水质动态监控和异常报警、治水短板问题和区域快速精准定位，形成动态优化的智慧决策系统。三是升级改造现有广东省环境风险源与应急资源数据库，推动省级环境应急指挥与综合管理平台业务化应用。

（四）强化关键领域技术研发应用

深入打好污染防治攻坚战需要科技创新，解决污染治理中难啃的“硬骨头”。当前广东省水环境治理高科技手段应用仍有待加强，传统的治理技术和模式难以应对复杂性、综合性和累积性的水环境污染问题，部分领域技术“瓶颈”亟待突破。“十四五”时期应充分借鉴发达国家和地区的先进治水经验，加大先进治理技术的引进、研发和转化力度。一是完善先进适用技术推广服务体系，鼓励创新财税机制，激励科技成果的应用推广，加快公共技术服务平台建设，加强水生态环境保护科技重大专项等项目科技成果的提炼、应用与推广，定期编制和发布先进技术目录。二是聚焦生态环境领域关键科技需求，开展技术协同创新，充分挖掘大数据、5G、人工智能、卫星遥感、无人机（船）、走航等前沿技术在水生态环境保护领域的应用。三是开展污水处理厂降总氮工艺研发，探索建立统筹开发建设需求和水质改善的水生态流量保障机制。

第七章　广东省“三线一单”水环境分区管控研究

第一节　“三线一单”分区管控体系

一、工作背景

区域空间生态环境评价是对区域空间生态环境基础状况、结构功能属性进行系统评价，衔接经济社会发展战略，以改善生态环境质量为核心，科学确定生态保护红线、环境质量底线、资源利用上线，编制生态环境准入清单（以下简称“三线一单”），在一张图上明确生态环境保护、污染物排放控制、环境风险防控、资源开发利用等管控要求的一项基础性工作。

广东省是全国改革开放的前沿地区，近年来经济社会发展取得巨大成就，在经济第一大省地位进一步巩固的同时，生态环境质量实现标志性改善。但随着开发强度不断加大，资源环境“瓶颈”制约因素日益凸显，优良的生态环境公共产品供给还不能满足人民群众期待，社会经济发展空间布局亟须优化。开展“三线一单”编制工作，是贯彻落实习近平生态文明思想和中共中央、国务院关于生态文明建设决策部署的具体行动，是健全国土空间开发保护制度、推动形成绿色发展方式的重要抓手，对推动形成与全省“一核一带一区”[①]发展战略相适应的生态环境空间管控体系，满足粤港澳大湾区的优美生态环境需要，促进全省经济高质量发展具有重要意义。其中，开展“三线一单”水环境质量底线划定工作，以持续改善水环境质量为目标，树立“水环境质量底线”思维，建立空间“硬约束”的水环境分区管控体系，强化空间、总量、准入环境管理，对于协调社会经济发展与水环境保护关系，确保发展不超载、底线不突破，并进而不断满足人民群众对优美水生态环境需要，具有重要意义。

2017 年以来，生态环境部先后印发了《“三线一单”编制技术指南（试行）》《“三线

---

① “一核一带一区”是广东省优化区域发展新格局的重大战略。“一核”即珠三角地区，包括广州、深圳、珠海、佛山、惠州、东莞、中山、江门、肇庆 9 市；“一带”即沿海经济带，包括汕头、汕尾、揭阳、潮州 4 市；“一区”即北部生态发展区，包括韶关、河源、梅州、清远和云浮 5 市。

一单”编制技术要求（试行）》《“三线一单”成果数据规范（试行）》《生态环境准入清单编制要点（试行）》等技术文件，形成了有效的工作模式和完整的技术方法；并出台《区域空间生态环境评价工作实施方案》《“三线一单”数据共享系统建设工作方案》等文件，明确“三线一单”编制工作的总体要求和任务安排等。按照生态环境部统一部署，全国分两批开展“三线一单”编制工作，第一批长江经济带 11 省（市）及青海省于 2017 年年底启动，广东省作为第二批 19 个省（区、市）之一，于 2018 年 11 月启动编制工作，采用“部门协调、省市联动”的工作模式，历时两年时间形成了全省“三线一单”成果，2020 年 12 月广东省人民政府印发《广东省“三线一单”生态环境分区管控方案》，建立了覆盖省域的“1+3+N”生态环境准入清单管控体系。2021 年 7 月，广东省 21 个地级市的“三线一单”方案全部发布，全省生态环境分区管控体系初步建立。

二、基本原则

尊重科学，系统评估。尊重自然规律，对区域空间生态环境的结构、功能、承载、质量等进行系统评估，全面掌握区域空间生态、水、大气、土壤等各要素和生态环境保护、环境质量管理、污染物排放控制、资源开发利用等领域的基础状况，形成覆盖全域、属性完备的区域空间生态环境基础底图。

坚守底线，空间管控。牢固树立底线意识，将生态保护红线、环境质量底线、资源利用上线的要求，落实到区域空间上，根据区域空间生态环境属性制定生态环境准入清单，形成以“三线一单”为核心的生态环境分区管控体系。

全域覆盖，逐步完善。全省域开展区域环评，建立一套覆盖全域的“三线一单”管控体系，在空间精度和管控要求上先粗后细、粗细相宜、不断深化，在技术方法、实践模式和配套政策方面大胆创新，在实践应用中不断完善。

部门协调，省市联动。强化部门间信息共享，充分用好发展改革、科技、工业和信息化、财政、自然资源、生态环境、住房城乡建设、交通运输、水利、农业农村、商务、统计、气象等单位的已有工作基础和成果。强化省市联动，省、市两级分别组建技术团队同步推进评价工作。

成果集成，动态管理。建设“三线一单”信息管理系统，集成战略环评和“三线一单”成果，与国家成果数据共享系统对接，实现“三线一单”数据共享及动态管理。

三、技术路线

（一）“三线一单”技术路线

“三线一单”的编制主要通过系统收集整理相关基础数据，开展社会经济环境基础与形势综合分析，明确生态保护红线、环境质量底线、资源利用上线，确定环境管控单元，制定环境准入负面清单，技术路线如图 7-1 所示。

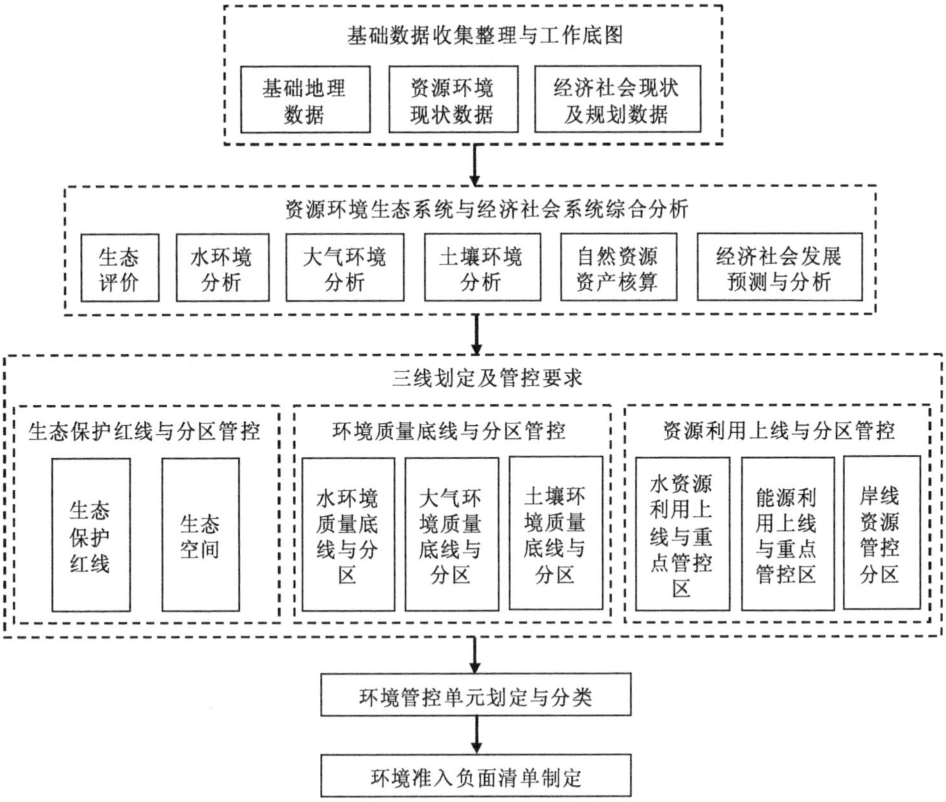

图 7-1　“三线一单”编制技术路线

1. 搭建工作底图

以生态保护红线划定工作底图为基础，系统整理遥感影像、土地利用、行政区划等基础数据，收集各类资源环境生态数据、公报年鉴、经济社会现状及规划等专题数据，为“三线一单”编制提供坐标统一、数据规范的基础工作底图。

2. 分析生态环境问题

衔接相关规划、功能区划、行动计划、战略环评等工作基础，开展生态环境状况、资源能源禀赋、社会经济发展和区域产业布局等方面的综合分析，开展区域生态环境质量、承载力、功能综合评估，确定生态环境保护与区域发展的重大战略、重点区域流域海域、重点行业以及重点问题，明确评价框架与重点内容。

3. 评估识别生态空间

充分利用生态保护红线划定成果，综合考虑维护区域生态系统完整性、稳定性的要求，结合构建区域生态安全格局的需要，基于重要生态功能区、保护区和其他有必要实施保护的陆域、水域和海域，考虑农业空间和城镇空间，衔接土地利用和城镇开发边界，识别并明确生态空间。

4．确定环境质量底线

系统收集水文、水质、气象、经济社会等基础数据，在“水十条”控制单元划定、环境功能分区、农用地土壤环境状况类别划分等工作基础上，衔接《水污染防治行动计划》《大气污染防治行动计划》《土壤污染防治行动计划》，确定环境质量底线。开展大气、水环境评价，明确各要素空间差异化的环境功能属性，合理确定分区域分阶段环境质量目标，基于现状和改善目标要求，确定污染物允许排放量，识别需要优先保护和重点管控区域，划定水、大气环境质量底线和管控分区；开展土壤环境评价，合理确定土壤环境安全利用底线目标，确定土壤环境风险管控底线和土壤污染风险管控分区。

5．划定资源利用上线

收集整理水资源、土地资源、岸线资源、能源利用基础数据，充分衔接水资源、能源等“总量-强度”双控要求，最严格的土地管理制度以及自然资产负债表编制等工作基础，提出各要素资源利用管控上线。

6．综合划定环境管控单元

综合大气、水、土壤、近岸海域等生态环境要素管控分区及重点资源利用管控分区，拟合乡镇、街道、工业园区、城市规划区等行政边界，建立分类分级、功能明确、边界清晰的环境管控单元，统一环境管控单元编码，实施分类管理。环境管控单元原则上细化到乡镇尺度，必要的区域细化到村级边界。

7．制定生态环境准入清单

基于环境管控单元，统筹生态保护红线、环境质量底线、资源利用上线的分区管控要求，明确空间布局约束、污染物排放管控、环境风险防控、资源利用效率等方面准入、限制和禁止的环境要求，以及地方法规、文件及其他相关要求，建立生态环境准入清单，提出明确的管控措施。开展工业园区生态环境准入清单编制工作，并动态更新。

（二）水环境专题技术路线

水环境质量底线及分区管控是将国家确立的控制单元进一步细化，按照水环境质量分阶段改善、实现功能区达标和水生态功能修复提升的要求，结合水环境现状和改善潜力，明确水环境质量目标、允许排放量控制和空间管控的要求。技术路线如图 7-2 所示。

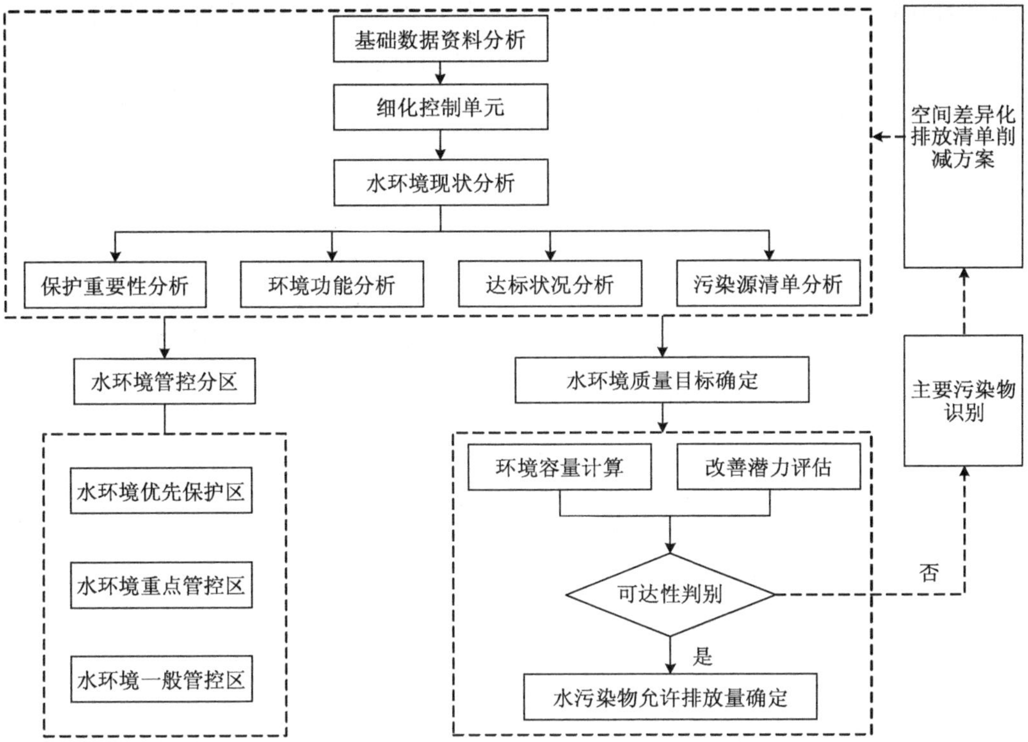

图 7-2　水环境质量底线确定技术路线

1. 水环境控制单元细化

在国家确定的控制单元基础上，与水（环境）功能区衔接，以乡镇街道为最小行政单位细化水环境控制单元，有条件的地方细化到村级边界。控制单元划分包括 3 个主要步骤：配好基础地图和完成水系概化后，提取水系对应的陆域汇水范围；对控制单元设置控制断面，原则上 1 个水环境控制单元设置 1 个控制断面；结合子流域划分结果，以控制断面为节点，以维持行政边界完整性为约束条件，组合同一汇水范围的行政区形成控制单元陆域范围。

2. 水环境现状分析

分析地表水环境质量现状和近年变化趋势，识别主要污染因子、特征污染因子及水质维护关键制约因素。根据水文、水质及污染特征，以工业源、生活源、农业源、径流面源等构成的全口径污染源排放清单为基础，分析各控制单元内相关污染源等对水环境质量的影响，确定各控制单元、流域、行政区化学需氧量、氨氮等指标的主要污染来源和贡献率。重点水库汇水区和总磷超标的控制单元还应对总氮、总磷的污染产排量进行测算。

3. 水环境质量目标确定

依据水（环境）功能区划，衔接国家、区域、流域及本地区的相关规划、行动计划对水环境质量的改善要求，确定一套覆盖全流域，落实到各控制断面、控制单元的分阶段水环境质量目标。对未纳入水（环境）功能区划的重要水体，考虑现状水质与水体功能要求，补充制定水环境质量目标。水环境质量目标应不低于国家和地方要求。

4．水污染物允许排放量测算

水污染物允许排放量测算包括环境容量测算、水环境质量改善潜力分析和水污染物允许排放量测算与校核等 3 个步骤。环境容量测算以水环境质量目标为约束，选择合适的模型方法，测算化学需氧量、氨氮等主要污染物及存在超标风险的其他污染因子的环境容量；重点水库汇水区和总磷超标的控制单元增加总氮、总磷环境容量的测算。水环境质量改善潜力分析以水环境质量目标为约束，考虑社会经济发展、产业结构调整、污染控制水平、环境管理水平等因素，构建不同的控制情景，测算存量源污染削减潜力和新增源污染排放量，分析各控制单元、流域、行政区分阶段水环境质量改善潜力。水污染物允许排放量测算与校核基于水环境质量改善潜力，参考环境容量，综合考虑区域功能定位、经济发展特点与目标、技术可行性等因素，并预留一定的安全余量，综合测算水污染物允许排放量，并分配至对应控制单元。

5．水环境管控分区

结合水环境质量、水质目标、污染负荷、水质改善潜力和环境承载力分析成果，划定水环境管控分区，包括水环境优先保护区、水环境重点管控区和一般管控区三类。围绕空间布局约束、污染物排放管控、环境风险防控、资源开发利用效率 4 个方面分别对全省、“一核一带一区”、各地市以及各管控分区提出逐级细化的管控要求。全省总体准入要求及“一核一带一区”准入要求适用于广东省全域及对应各片区；各地市水环境管控分区准入清单管控范围为各地市及对应水环境管控分区。最终建立全省水环境准入清单，形成分区管控要求“一张表”。

第二节　水环境质量底线研究

一、水环境控制单元细化

（一）划分原则

在“水十条”确立的国家级水生态控制单元和广东省初步划定的省级水生态控制单元基础上，结合《广东省地表水环境功能区划》与《广东省水功能区划》整编合并工作，按以下主要原则进行水环境控制单元划分：

1）水环境控制单元需实现陆域全覆盖，每个乡镇街道至少划分 1 个控制单元，设有工业集聚区的乡镇街道水环境控制单元不少于 2 个，边界细化至村级。

2）对《广东省水环境功能区划》与《广东省水功能区划》覆盖的江河湖库取并集，根据“监测断面-控制河段/湖库-对应陆域”水陆响应关系，进行控制单元细化。对水（环境）功能区水体汇水范围未覆盖的区域，应综合考虑区域内水体分布、排水去向、行政区划等情况划分控制单元。

3）对于可以利用 DEM 生成水（环境）功能区水体汇水单元的丘陵山区区域，采用 ArcSWAT 模型划分控制单元。

4）对于在河网区域、部分沿河镇街因地表径流去向存在多种可能性，或同一行政区内存在多个汇水单元，按地表径流主要去向及污水主要去向确定划归的控制单元。

5）补充划定广东省市（县）级饮用水水源地名录中重点水库控制单元以及保护目标为Ⅱ类的大型水库控制单元。

6）对重点攻坚国考断面所在控制单元区域划分高精度控制单元。

7）原则上每个水环境控制单元只对应 1 个水质控制断面，没有水质监测断面的水环境控制单元需在控制河段下游增设控制断面。

（二）划分方法

1. 水系概化

（1）DEM 数据采集与预处理

数字高程模型（DEM）包括平面位置和高程数据两种信息，可以通过 GPS、激光测距仪等测量获取，也可以间接从航空或遥感影像和已有地图上获取。DEM 精度应不低于 30 m，可从国家地理信息公共服务平台、地理空间数据云等数据平台下载并投影转换后使用。若采集的 DEM 栅格数据中有洼地和尖峰，可以采用 ArcHydro 水文模块的相关命令进行预处理，避免出现逆流的现象，得到无凹陷的栅格地形数据。

（2）DEM 提取河网

应用 ArcGIS 的 ArcHydro 水文模块或 ArcSWAT 的相关命令生成河流网络。首先按照“地表径流在流域空间内从地势高处向地势低处流动，最后经流域的水流出口排出流域”的原理，确定水流方向。根据“流域中地势较高的区域可能为流域的分水岭”等原则，确定集水区汇水范围。根据河流排水去向，从汇流栅格中提取河网，并将河网栅格转换为矢量化的河网或水系图层（Shape 格式）。

（3）水系概化

这一过程包括检查河流的相互连接状况、检查河流流向、依据河流等级完成水系概化等。此外，对于环境管理部门关注的重要河段，包括划分了水（环境）功能区的河流、重点支流、重点湖库、城市水体、重污染支流河涌等，应在水系概化后予以重点检查和补充。

（4）汇水范围提取

配好基础地图和完成水系概化后，提取水系对应的陆域汇水范围。优先采用 ArcSWAT 模型，选取适当阈值划分汇水单元。ArcSWAT 模型不适用的地区，如地势平坦、水系复杂、流向多变的珠三角平原网河地带，可参照排水/排涝分区和截污管网、道路、人工河道、行政边界等人机交互划分汇水范围。

2. 控制断面设置

原则上 1 个水环境控制单元对应 1 个水质控制断面。在全面梳理全省国控、省控、市控、区控断面和水功能区断面，“河长制”断面等水质监测断面资料基础上，按以下步骤设置水质控制断面：

1）若水环境控制单元内有“十四五”国控断面，选取国控断面为水质控制断面。

2）若水环境控制单元内无“十四五”国控断面：①若有省、市、县三级生态环境部门的既有监测断面，原则上选择最下游监测断面作为水质控制断面；②若无各级生态环境部门的监测断面，有水功能区监测断面和（或）“河长制”断面的，优先选择水功能区监测断面，其次选择“河长制”断面作为水质控制断面；③若无常规监测断面，需在控制河段下游增设控制断面，不能空缺。

3. 陆域范围确定

结合子流域划分结果，以控制断面为节点，以维持行政边界完整性为约束条件，组合同一汇水范围的行政区形成控制单元陆域范围。若同一行政区内存在多个汇水单元，按地表径流主要去向及污水主要去向确定划归的控制单元。对于受人为干扰较大、涉及截污导流的行政区，应根据实际的排水去向确定所属单元。

（三）划分结果

在“水十条”确立的广东省 60 个国家级水生态控制单元和广东省初步划定的 139 个省级水生态控制单元基础上，结合《广东省地表水环境功能区划》与《广东省水功能区划》，全省划分为 1 849 个控制单元，其中河流及直排入海型控制单元 1 639 个，占比 88.6%；水库型控制单元 210 个，占比 11.4%。按照“一一对应”原则，共设置 1 849 个水质控制断面（表 7-1）。

表 7-1　广东省水环境控制单元划分成果统计

类型	控制单元个数/个	面积中位数/km^2
河流及直排入海型	1 639	64.97
水库型	210	24.04
全省	1 849	60.90

1. 不同区域水环境控制单元划分结果

从不同区域水环境控制单元划分个数来看，珠三角核心区划分的控制单元个数最多，为 847 个，占比 45.8%；北部生态发展区次之，为 519 个，占比 28.1%；沿海经济带最少，为 483 个，占比 26.1%。从不同区域水环境控制单元面积来看，珠三角核心区划分的控制单元面积中位数最小，划分精度最高，控制单元面积中位数为 33.63 km^2；沿海经济带次之，控制单元面积中位数为 72.99 km^2；北部生态发展区控制单元面积中位数最大，为 107.52 km^2（图 7-3）。

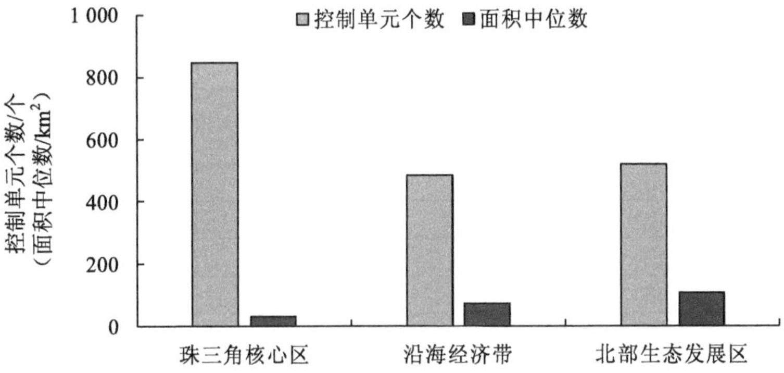

图 7-3　不同区域水环境控制单元划分情况

2. 不同流域水环境控制单元划分结果

从不同流域水环境控制单元划分个数来看，珠江三角洲河网划分的控制单元个数最多，为 578 个，个数占比为 31.3%；北江流域和粤西诸河流域次之，控制单元分别为 304 个和 293 个，个数占比分别为 16.4%和 15.8%；韩江流域划分的控制单元个数最少，为 137 个，个数占比为 7.4%。从不同流域水环境控制单元面积来看，珠江三角洲河网划分的控制单元面积中位数最小，划分精度最高，控制单元面积中位数为 27.91 km^2；粤东诸河流域次之，控制单元面积中位数为 48.72 km^2；北江流域控制单元面积中位数最大，为 107.73 km^2（图 7-4）。

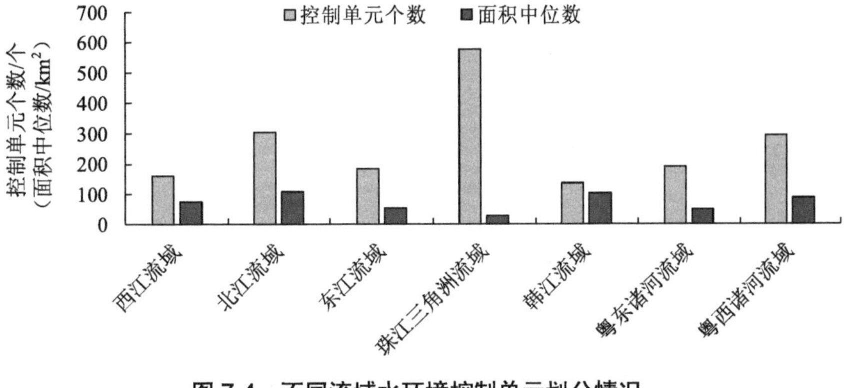

图 7-4　不同流域水环境控制单元划分情况

3. 各地市水环境控制单元划分结果

从各地市水环境控制单元划分个数来看，广州市划分的控制单元个数最多，为 164 个，占比 8.87%；韶关市次之，为 136 个，占比 7.36%；中山市最少，为 28 个，占比 1.51%。从各地市水环境控制单元面积来看，珠海市划分的控制单元面积中位数最小，划分精度最高，控制单元面积中位数为 9.65 km^2；深圳市次之，控制单元面积中位数为 11.81 km^2；河源市控制单元面积中位数最大，为 161.22 km^2（表 7-2）。

表 7-2　各地市水环境控制单元划分成果统计

序号	地市	控制单元个数/个	面积中位数/km^2
1	广州市	164	26.46
2	深圳市[1]	125	11.81
3	珠海市	55	9.65
4	汕头市	37	46.58
5	佛山市	80	37.00
6	韶关市	136	97.14
7	河源市	67	161.22
8	梅州市	109	124.26
9	惠州市	112	55.76
10	汕尾市	45	56.96
11	东莞市	70	21.88
12	中山市	28	45.95
13	江门市	94	63.25
14	阳江市	63	110.10
15	湛江市	101	94.42
16	茂名市	123	74.05
17	肇庆市	125	78.96
18	清远市	126	123.18
19	潮州市	34	73.74
20	揭阳市	74	46.12
21	云浮市	81	62.71
全省		1 849	60.90

注：[1] 含深汕合作区。

二、水环境质量分析评价

（一）评价方法

通过收集《广东省环境状况公报》《广东省生态环境状况公报》《地级以上城市集中式生活饮用水水源水质状况报告》《县级行政单位所在城镇集中式生活饮用水水源状况报告》

等资料，以及 2018—2019 年各地市生态环境局、水利局水质监测数据、2016—2019 年 149 个“十四五”国控断面监测数据，对广东省已划定的控制单元分区域进行水质现状分析与评价，水质评价依据《地表水环境质量评价办法（试行）》（环办〔2011〕22 号）中的要求，地表水监测断面的水质现状评价采用单因子评价法，即根据评价时段内该断面参评的指标中类别最高的一项来确定。单因子指标法评价采用标准指数法，即单项水质指标 i 的实测浓度值与该指标评价标准值的比值，采用式（7-1）计算：

$$S_i = \frac{C_i}{C_s} \tag{7-1}$$

式中，S_i——指标 i 的标准指数；

C_i——指标 i 实测浓度的平均值，mg/L；

C_s——指标 i 的评价标准浓度值（参见《地表水环境质量标准》（GB 3838—2002）），mg/L。

水质指标的标准指数＞1，表明该水质指标超过了规定的水质标准。

超标倍数=（某指标实际浓度值–该指标标准浓度值）/该指标标准浓度值。

水质评价标准执行《地表水环境质量标准》（GB 3838—2002）。

（二）水质现状

1. 总体水质现状

除 35 个直排海型控制单元无现状水质数据外，剩余 1 814 个控制单元水质优良率为 70.23%，主要超标因子为氨氮、总磷、COD、BOD_5。其中河流型控制单元共 1 604 个，水质优良率 67.14%；水库型控制单元共 210 个，水质优良率 93.81%，主要超标因子为总磷（表 7-3）。

表 7-3　全省控制单元水质类别统计

水体类型	Ⅰ类/个	Ⅱ类/个	Ⅲ类/个	Ⅳ类/个	Ⅴ类/个	劣Ⅴ类/个	直排海型单元/个	合计/个	优良率/%
河流型	3	564	510	196	118	213	—	1 604	67.14
水库型	9	115	73	5	7	1	—	210	93.81
直排海型	—	—	—	—	—	—	35	35	—
总计	12	679	583	201	125	214	35	1 849	70.23

2. 各区域水质现状

珠三角核心区、沿海经济带、北部生态发展区分别划分 847 个、483 个、519 个控制单元（表 7-4）。除直排海型控制单元外，各区域控制单元水质优良率均超过 50%，其中北部生态发展区水质优良率最高（92.68%），其次是珠三角核心区（61.97%），沿海经济带水质优良率最低（59.91%）。可见，北部生态发展区整体水质较好，珠三角和沿海经济带整体水质相对较差，改善压力仍然较大。

表 7-4 各区域控制单元水质现状统计

区域	Ⅰ类/个	Ⅱ类/个	Ⅲ类/个	Ⅳ类/个	Ⅴ类/个	劣Ⅴ类/个	直排海型单元/个	总计/个	优良率/%
北部生态发展区	6	295	180	23	8	7	—	519	92.68
沿海经济带	0	110	168	64	37	85	19	483	59.91
珠三角核心区	6	274	235	114	80	122	16	847	61.97
总计	12	679	583	201	125	214	35	1 849	70.23

3. 各流域水质现状

七大流域各划分 137～578 个控制单元（表 7-5）。除直排海型控制单元外，各流域控制单元水质优良率均超过 50%，其中北江流域、西江流域、韩江流域优良率较高，为 88.82%～92.76%，其次为粤西诸河流域（66.10%）和东江流域（60.87%），珠江三角洲流域和粤东诸河流域优良率相对较低，分别为 58.55%、53.14%。

表 7-5 各流域控制单元水质现状统计

流域	Ⅰ类/个	Ⅱ类/个	Ⅲ类/个	Ⅳ类/个	Ⅴ类/个	劣Ⅴ类/个	直排海型单元/个	合计/个	优良率/%
西江	1	91	51	14	2	2	0	161	88.82
北江	3	174	105	11	4	7	0	304	92.76
东江	3	71	38	23	19	30	0	184	60.87
珠江三角洲	5	153	174	87	60	88	11	578	58.55
韩江	0	80	39	2	2	8	6	137	90.84
粤东诸河	0	42	51	30	12	40	17	192	53.14
粤西诸河	0	68	125	34	26	39	1	293	66.10
总计	12	679	583	201	125	214	35	1 849	70.23

三、污染源现状调查分析

（一）统计方法

1. 工业源

对于工业污染源，采用第二次污染源普查数据，收集调查控制单元内排污企业相关情况，选取重点典型企业进行数据核实。工业摸底调查主要内容包括企业名称、所在区、街道、村、经纬度、所属行业、生产规模、产值、用水量、在线监测设施建设运行情况、主要污染物和超标污染物产生量、削减量、排放量等，并根据入河情况选择合理的入河系数，估算污染物入河量。收集控制单元内工业集聚区现状排污情况，主要内容包括集聚区名称、所在区、街道、经纬度、企业数量、主导行业、产值、用水量、排水量、预处理设施建设运行情况、污染集中治理设施建设运行情况、固体废物处理处置设施建设运行情况、在线监测设施建设运行情况等，以及主要污染物和超标污染物产生量、削减量、排放量、入河量。

以流域、控制单元、行政区划等为单位，汇总统计上述各类工业污染负荷数据，分析企业达标排放情况、流域/控制单元/行政区域行业排放占比情况、工业污染源空间分布特征等。

2. 生活源

对于城镇生活源污染物现状排放量，采用第二次污染源普查数据中市辖区（市区、镇区）生活污水污染物产生量数据并扣除城镇污水处理厂削减量，并按照控制单元内城镇人口占比，计算各控制单元的现状排放量。对于农村生活源水污染物现状排放量数据，采用第二次污染源普查数据中行政村（不含纳入城镇建成区范围内的行政村）的水污染物产生量数据并扣除分散式污水处理设施削减量，并按照各行政村落入控制单元的情况，将污染物排放量分解汇总到各控制单元。

以流域、控制单元、行政区划等为单位，汇总统计生活污染负荷数据，分析流域/控制单元/行政区域城乡排放占比情况、生活污染源空间分布特征等。

3. 农业源

对于畜禽养殖水污染物现状排放量数据，采用第二次污染源普查数据中畜禽养殖水污染物排放量数据，包括规模化畜禽养殖场以及规模以下畜禽养殖场或养殖小户两类。其中，规模化畜禽养殖场以其所在行政村（社区）确定所在水环境控制单元。规模以下畜禽养殖场或养殖小户多为农家散养类型，农田面积能在一定程度上反映规模以下畜禽养殖场或养殖小户集中程度和水污染物排放量的多寡。因此，以农田所在行政村（社区）确定所在水环境控制单元。对于水产养殖污染现状排放量数据，采用第二次污染源普查数据中水产养殖（淡水）的水污染物排放量数据作为水产养殖（淡水）水污染物现状排放量数据，按照分配系数计算各控制单元的现状排放量。农业径流面源污染主要集中在种植业施用化肥、农药等产生的污染。农业径流面源水污染物（COD）的现状排放量按照标准农田法进行估算，其中农田面积按耕地面积计，COD 的源强取 10 kg/（亩·a），修正系数取 0.84；农业径流面源水污染物（氨氮、总氮和总磷）现状排放量采用第二次污染源普查数据中种植面源的水污染物（氨氮、总氮和总磷）排放量数据，按照分配系数计算各控制单元的现状排放量。

以流域、控制单元、行政区划等为单位，汇总统计农业源污染负荷数据，分析流域/控制单元/行政区域农业源排放占比情况、农业源污染源空间分布特征等。

（二）污染源现状

1. 全省污染负荷总量分析

根据广东省各地市污染排放及入河负荷统计数据，对全省工业源、生活源及农业源水污染排放及入河情况进行统计分析。其中，生活源包括城镇生活源和农村生活源，农业源包括农田面源、畜禽养殖和水产养殖。对各污染源排放量分析可知（表 7-6 和图 7-5），居民生活是 COD、氨氮、总氮排放量的首要来源，占比均超过 50%，其次为农业源，占比为 20%～45%。农业源是总磷排放量的首要来源，占比达到 60%以上，其次为生活源，占比达到 30%以上。

表 7-6 广东省污染源排放量结构统计

单位：%

污染源类型	COD 占比	氨氮占比	总磷占比	总氮占比
工业源	4.64	3.24	2.07	4.01
生活源	51.71	71.90	33.58	53.26
农业源	43.65	24.86	64.35	42.74
总计	100.0	100.0	100.0	100.0

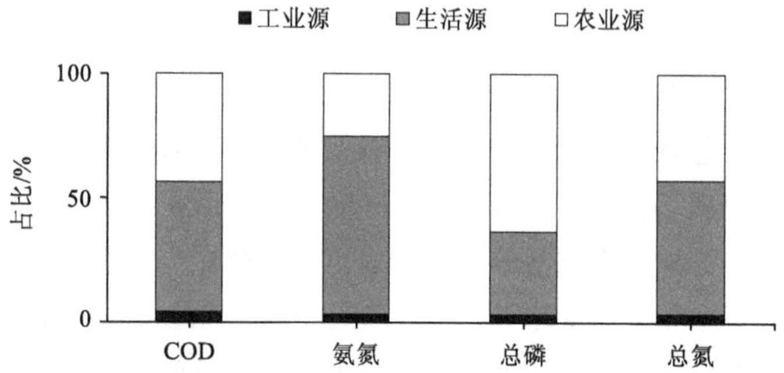

图 7-5 广东省水污染物污染源排放占比

2. 各区域污染负荷分析

对各区域水污染物排放占比情况进行统计（图 7-6 和图 7-7），珠三角核心区水污染物排放量位居各区域之首，污染物排放量占比为 36%～48%，其次为沿海经济带，污染物排放量占比为 31%～35%，北部生态发展区最小，污染物排放量占比为 21%～30%。工业源中，各水污染物排放量珠三角核心区占比最大，占比为 64%～70%；北部生态发展区占比最小，为 11%～15%。生活源中，各水污染排放量依然是珠三角核心区最大，但相对工业排放量占比有所降低，为 45%～57%；北部生态发展区占比最小，为 16%～20%。农业源中，珠三角核心区、沿海经济带各水污染排放量相当，占比为 30%～42%，略高于北部生态发展区。

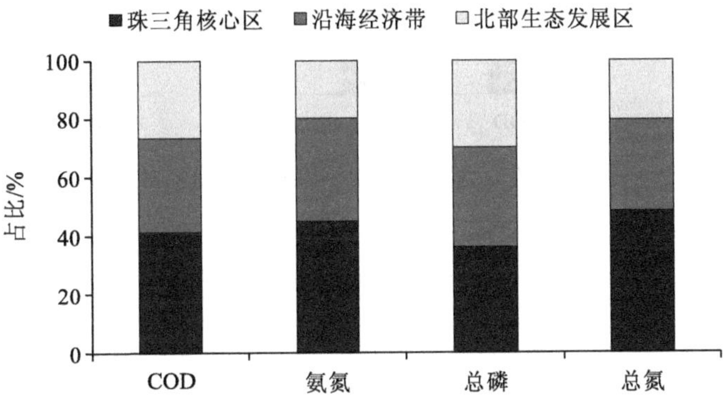

图 7-6 水污染物区域排放占比

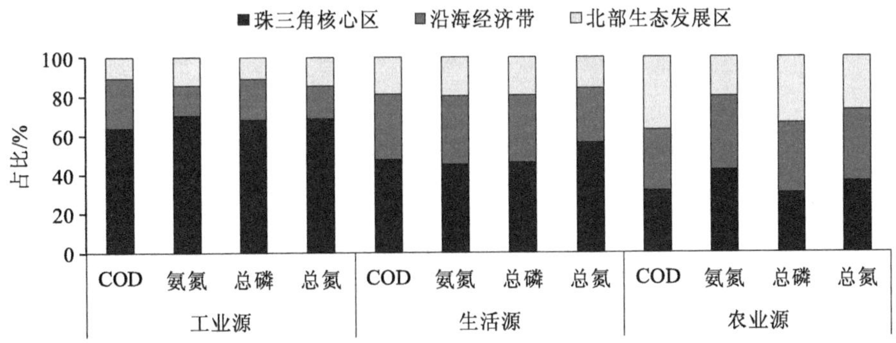

图 7-7 各污染源区域排放占比

对各区域污染源排放占比分析可知（图 7-8～图 7-10），珠三角核心区首要污染来源为生活源，除总磷外，其余水污染物占比达 60%～72%，其次为农业源，水污染物占比达 23%～54%，工业源占比居第三位，为 4%～7%；沿海经济带 COD、氨氮首要污染来源为生活源，占比达 54%～72%，总磷、总氮首要污染来源为农业源，占比达 50%～66%；北部生态发展区首要污染源来源为农业源，除氨氮外，其余水污染物占比达 57%～72%，氨氮的首要污染来源为生活源，占比达 72%。

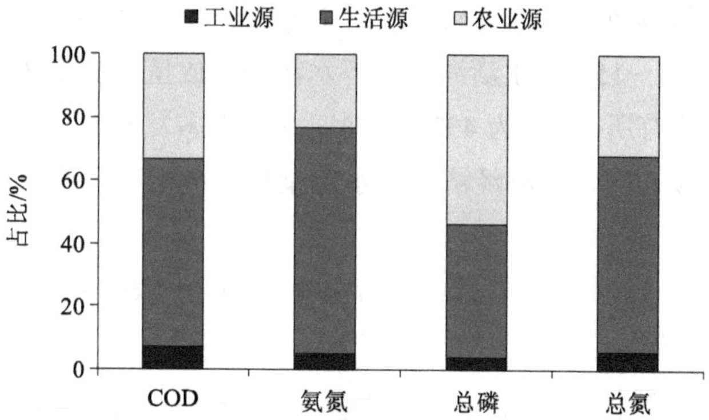

图 7-8 珠三角核心区水污染物污染源排放占比

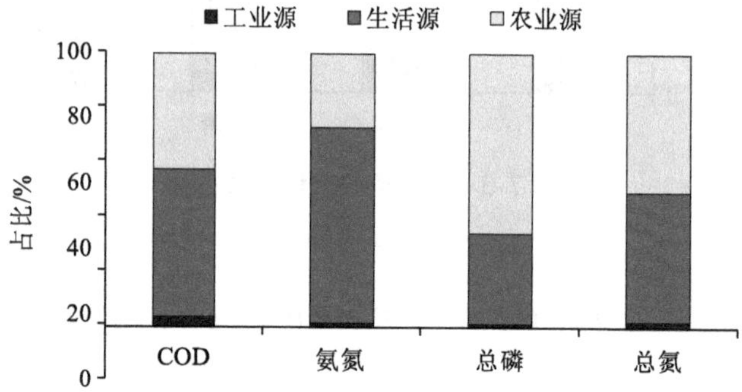

图 7-9 沿海经济带水污染物污染源排放占比

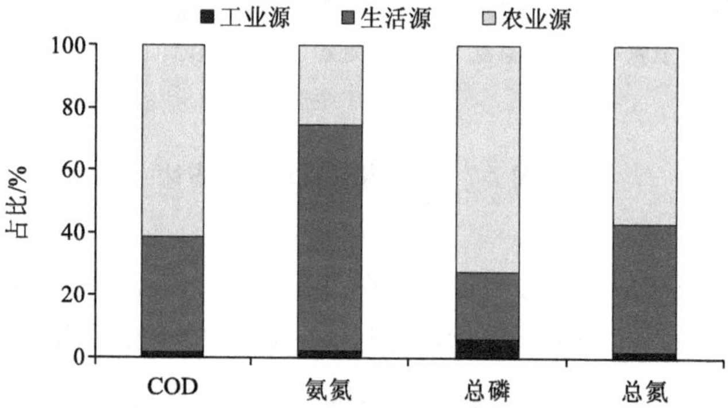

图 7-10 北部生态发展区水污染物污染源排放占比

3. 各流域污染物排放结构分析

对各流域水污染物排放占比情况进行统计（图 7-11 和图 7-12），珠三角河网水污染物排放量位居各流域之首，污染物排放量占比为 26%～35%，西江流域、韩江流域、东江流域污染物排放量相对较小，污染物排放量占比为 6%～9%。工业源中，各水污染物排放量珠三角河网占比最大，占比达到 50%～55%，其余各流域水污染物排放量相当，其中韩江流域排放量最小，占比为 5%～6%。生活源中，各水污染物排放量依然是珠三角河网最大，占比依然高于其他流域，但排放量占比有所降低，为 35%～45%，西江流域、韩江流域占比相对较小，为 5%～7%。农业源中，粤西诸河流域水污染物排放量相对较大，占比为 25%～32%，其次是珠三角河网和北江流域，占比为 14%～20%，西江流域、韩江流域及粤东诸河流域相对较小，占比为 5%～8%。

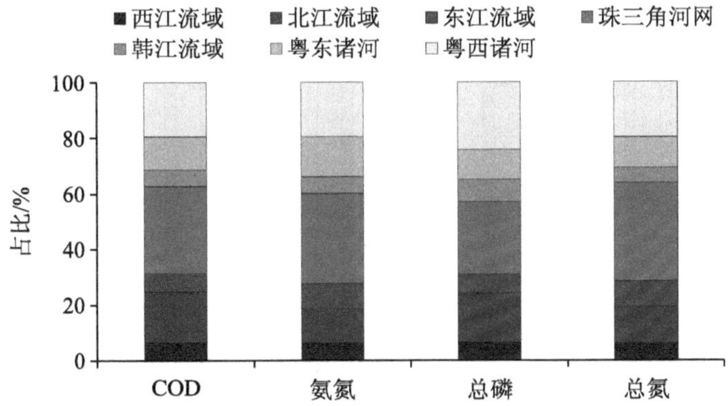

图 7-11 水污染物流域排放占比

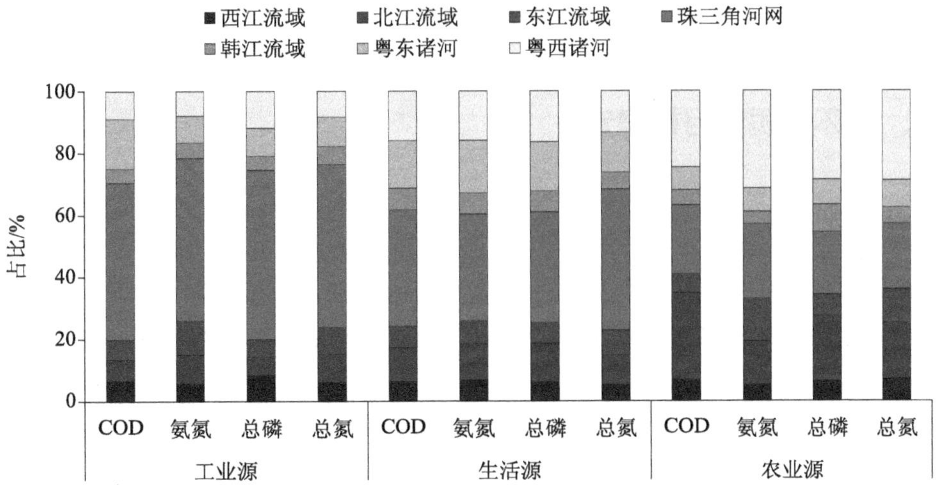

图 7-12 各污染源流域排放占比

据流域污染源排放结构分析（图 7-13），西江流域 COD、氨氮首要污染来源为生活源，占比达到 50%～77%，总磷、总氮首要污染来源为农业源，占比达到 49%～64%；北江流域首要污染来源为农用源，除总磷外，其余水污染物占比达到 59%～76%，其次为生活源，水污染物占比达到23%～69%，工业源占比最少，为1%～3%；东江流域COD、氨氮首要污染来源为生活源，占比达到55%～59%，总磷、总氮首要污染来源为农业源，占比达到50%～65%；珠三角河网、粤东诸河流域首要污染来源均为生活源，珠三角河网生活源水污染物占比达到46%～76%，粤东诸河流域生活源水污染物占比达到50%～85%；韩江流域COD、氨氮、总氮首要污染来源为生活源，占比为54%～81%，总磷首要污染来源为农业源，占比达到70%以上；粤西诸河流域首要污染来源为农用源，水污染物占比达到40%～76%，其次为生活源，水污染物占比达到23%～59%。

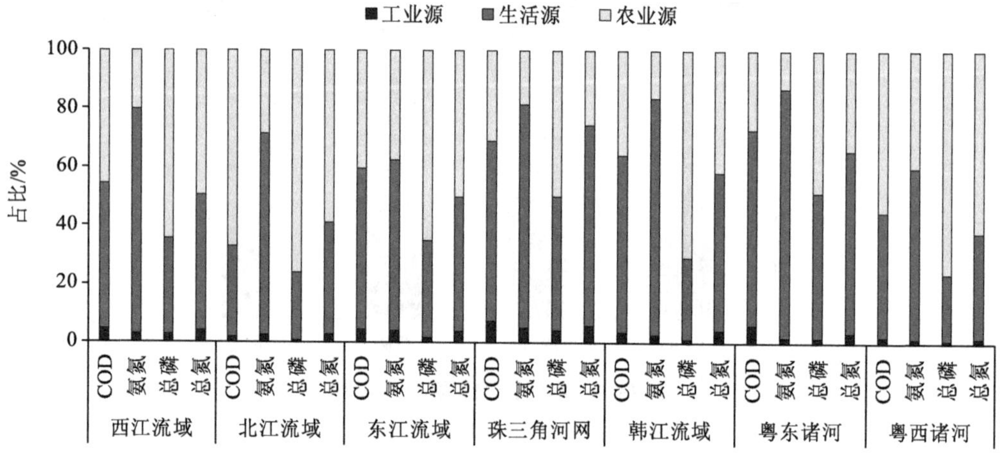

图7-13　七大流域水污染物污染源排放占比

四、水环境质量目标确定

（一）确定方法

按照生态环境质量“只能更好，不能变差”的原则，衔接国家、区域、流域相关规划、行动计划对水环境质量的改善要求，基于水环境主导功能，结合水环境质量现状、问题和改善潜力，确定水环境质量底线。

对于设有“水十条”考核断面的省级控制河段、水库，一是要衔接“水十条”考核目标，统筹考虑水质现状和整治工作进展，设置近期水质目标；二是根据近期水质目标、2035年水质目标，合理插值确定2025年、2030年水质目标。

对于其他水体，按照以下流程设置近期水质目标：一是遵照水质反退化原则，目标原则上不低于现状水质；二是结合区域社会经济发展、污染减排潜力以及断面近几年水质变化情况，科学确定；三是衔接政府部门已批复相关规划、方案中对水质目标的要求；四是汇入“水十条”考核断面所在水体的，以保证“水十条”考核目标为最低要求，原则上与汇入干流河段/水库的水质控制断面目标要求不能相差超过一个级别；五是努力可达；六是根据近期水质目标、2035 年水质目标，合理插值确定 2025 年、2030 年水质目标。

对于 2035 年水质目标的设定，划分了省级水（环境）功能区划的水体，根据水质控制断面所处位置的功能区划目标确定 2035 年水质目标，即位于全国重要江河湖泊水功能区的水质控制断面，2035 年达到水功能区目标（第一优先级）；位于广东省地表水环境功能区的水质控制断面，2035 年达到水环境功能区目标（第二优先级）；位于广东省水功能区的水质控制断面，2035 年达到水功能区目标（第三优先级）；断面位置同时符合上述两种及以上情形的，按优先级高的情形确定水质目标。未划分省级水（环境）功能区划的水体，可参照市、区级水功能区划目标或其他政府部门已批复相关规划、方案等确定水质目标，水质控制断面目标以保证主流的环境质量控制目标为最低要求，原则上与汇入干流的功能目标要求不能相差超过一个级别。因水体使用功能改变、社会经济发展需求等原因，认为水（环境）功能区目标已不符合实际情况的，2035 年水质目标可不按功能区目标设置，但需充分说明理由。

（二）设置结果

总体目标：到 2025 年，全省水环境质量进一步改善，国控断面优良率不低于 90.5%，消除劣Ⅴ类断面。到 2035 年，全省水环境质量全面改善，水生态系统实现良性循环。

控制单元目标：根据水环境质量目标的确定方法，1 849 个水环境控制单元 2025 年和 2035 年控制断面水质目标如下：

1．2025 年水质目标

（1）总体情况

除 35 个直排海型控制单元未设置水质目标外，剩余 1 814 个控制单元 2025 年水质目标优良率为 73.59%，其中河流型、水库型控制单元 2025 年水质目标优良率分别为 70.26%、99.05%（表 7-7）。

表 7-7 全省控制单元 2025 年水质目标统计

水体类型	Ⅱ类/个	Ⅲ类/个	Ⅳ类/个	Ⅴ类/个	合计/个	优良率/%
河流型	426	701	334	143	1 604	70.26
水库型	122	86	2	0	210	99.05
直排海型	—	—	—	—	35	—
总计	548	787	336	143	1 849	73.59

（2）各区域情况

除直排入海型控制单元外，各区域控制单元 2025 年水质目标优良率均超过 60%，其中北部生态发展区最高，为 95.18%，其次是沿海经济带区域（67.83%），珠三角核心区最低，为 62.21%（表 7-8）。

表 7-8 各区域控制单元 2025 年水质目标统计

区域	II类/个	III类/个	IV类/个	V类/个	直排海型单元/个	合计/个	优良率/%
北部生态发展区	233	261	21	4	0	519	95.18
沿海经济带	87	237	110	30	19	483	69.83
珠三角核心区	228	289	205	109	16	847	62.21
总计	548	787	336	143	35	1 849	73.59

（3）各流域情况

除直排海型控制单元外，各流域水环境控制单元2025年水质目标优良率均超过50%，其中北江流域、西江流域、韩江流域水质目标优良率均在90%左右，粤西诸河流域（77.40%）和东江流域（62.50%）均高于 60%，珠江三角洲流域和粤东诸河流域优良率相对较低，分别为 59.44%、58.29%（表 7-9）。

表 7-9 各流域控制单元 2025 年水质目标统计

流域	II类/个	III类/个	IV类/个	V类/个	直排海型单元/个	合计/个	优良率/%
西江	71	77	13	0	0	161	91.93
北江	125	160	15	4	0	304	93.75
东江	75	40	36	33	0	184	62.50
珠江三角洲	122	215	159	71	11	578	59.44
韩江	69	53	8	1	6	137	93.13
粤东诸河	45	57	42	31	17	192	58.29
粤西诸河	41	185	63	3	1	293	77.40
总计	548	787	336	143	35	1 849	73.59

2. 2035 年水质目标

（1）总体情况

除 35 个直排海型控制单元未设置水质目标外，剩余 1 814 个控制单元 2035 年水质目标优良率为 85.83%，较 2025 年提升 12%。其中河流型、水库型控制单元 2035 年水质目标优良率分别为 84.04%、99.52%，较 2025 年分别提升 13.78%、0.48%（表 7-10）。

表 7-10 全省控制单元 2035 年水质目标统计

水体类型	Ⅰ类/个	Ⅱ类/个	Ⅲ类/个	Ⅳ类/个	Ⅴ类/个	合计/个	优良率/%
河流型	2	725	621	207	49	1604	84.04
水库型	0	200	9	1	0	210	99.52
直排海型	—	—	—	—	—	35	—
总计	2	925	630	208	49	1 849	85.83

（2）各区域情况

除直排入海型控制单元外，各区域控制单元 2035 年水质目标优良率均超过 75%，其中北部生态发展区最高，为 97.69%；其次是沿海经济带（88.79%）；珠三角核心区最低，为 76.77%。与 2025 年相比，沿海经济带和珠三角核心区 2035 年水质目标优良率分别提升 18.97%、14.56%，北部生态发展区提升 2.50%（表 7-11）。

表 7-11 各区域控制单元 2035 年水质目标统计

区域	Ⅰ类/个	Ⅱ类/个	Ⅲ类/个	Ⅳ类/个	Ⅴ类/个	直排海型单元/个	合计/个	优良率/%
北部生态发展区	0	352	155	12	0	0	519	97.69
沿海经济带	2	208	202	42	10	19	483	88.79
珠三角核心区	0	365	273	154	39	16	847	76.77
总计	2	925	630	208	49	35	1 849	85.83

（3）各流域情况

除直排海型控制单元外，各流域水环境控制单元 2035 年水质目标优良率均超过 70%，其中北江流域、西江流域、粤西诸河流域、韩江流域、东江流域水质目标优良率均超过 90%，珠江三角洲流域和粤东诸河流域优良率相对较低，分别为 70.19%、80.57%。与 2025 年相比，东江流域、粤东诸河流域 2035 年水质目标优良率分别提升 28.80%、22.29%，粤西诸河流域和珠江三角洲流域分别提升 16.44%、10.76%；西江流域、北江流域和韩江流域提升 0.73%～5.59%（表 7-12）。

表 7-12 各流域控制单元 2035 年水质目标统计

流域	Ⅰ类/个	Ⅱ类/个	Ⅲ类/个	Ⅳ类/个	Ⅴ类/个	直排海型单元/个	合计/个	优良率/%
西江	0	96	61	4	0	0	161	97.52
北江	0	170	126	8	0	0	304	97.37
东江	0	109	59	2	14	0	184	91.30
珠江三角洲	0	236	162	148	21	11	578	70.19
韩江	0	104	19	7	1	6	137	93.89
粤东诸河	1	86	54	21	13	17	192	80.57
粤西诸河	1	124	149	18	0	1	293	93.84
总计	2	925	630	208	49	35	1 849	85.83

五、水污染物允许排放量测算

（一）测算方法

1. 环境容量测算

以《全国水环境容量核定技术指南》和《水体达标方案编制技术指南》为主要依据，充分利用现有成果，测算各水环境控制单元环境容量。对于水质目标、设计流量（水量）不变的水环境控制单元，充分利用现有成果。对于水质目标调整或设计流量（水量）已经受江河水文情势和水资源配置工程建设影响较大的水环境控制单元，重新计算环境容量。对于未测算环境容量的计算因子和设计年限，根据技术指南的要求重新计算。

2. 水环境质量改善潜力分析

根据各水环境控制单元人口规划量或者人口增长率，结合各阶段规划污水收集处理率、污水处理厂负荷率和出水水质，预测分析生活污染源排放量。根据各水环境控制单元经济年均增长率，结合基准年万元产值工业废水量和各阶段规划工业用水循环利用率，预测分析工业污染源排放量。根据城市建设、畜禽养殖、水产养殖和农业种植等相关规划，预测分析各水环境控制单元各阶段面源污染排放量（控制情景的设置应统一各要素规划年限、预计增长率等）。

3. 水污染物允许排放量测算与校核

对水质接近达标的单元，以水环境容量折算出污染物排放量，作为该控制单元的允许排放量；对水质严重超标、短期无法达标的单元，可以考虑阶段性削减，根据阶段水质目标确定削减量；对水质良好的单元，则以现状排放量结合发展需求，在确保功能不下降、水质不降低的前提下，核算作为允许排放量。

（二）测算结果

1. 环境容量测算

90%保证率设计水文条件下，2020 年全省 COD 环境容量为 226.17 万 t/a，氨氮环境容量为 9.38 万 t/a；2025 年 COD 环境容量为 217.67 万 t/a，氨氮环境容量为 8.92 万 t/a；2030 年 COD 环境容量为 207.74 万 t/a，氨氮环境容量为 8.39 万 t/a；2035 年 COD 环境容量为 194.11 万 t/a，氨氮环境容量为 7.76 万 t/a。划定了水源地保护区的控制单元和直排入海单元环境容量不参与统计（表 7-13）。

表 7-13　各区域环境容量计算结果　　单位：t/a

地市	2020 年环境容量		2025 年环境容量		2030 年环境容量		2035 年环境容量	
	COD	氨氮	COD	氨氮	COD	氨氮	COD	氨氮
珠三角核心区	1 324 340.3	50 547.1	1 286 884.0	48 661.3	1 235 559.9	46 465.8	1 143 265.8	43 264.9
沿海经济带	486 195.3	22 657.2	455 641.6	21 320.1	438 861.0	20 277.1	405 497.9	17 912.9
北部生态发展区	451 137.3	20 556.0	434 135.3	19 241.8	403 022.7	17 166.1	392 293.6	16 379.2
全省合计	2 261 672.8	93 760.3	2 176 660.9	89 223.2	2 077 443.6	83 908.9	1 941 057.3	77 556.9

2. 水质改善潜力分析

（1）生活源

根据《广东省人口发展规划（2017—2030 年）》提出的目标值，到 2020 年，广东省常住人口城镇化率将达到 71.7%，随着城镇化持续推进，农村人口持续向城镇转移，按常住人口城镇化率年均提高 0.8 个百分点计算，到 2035 年广东省城镇化水平将达到 82%。总体来看，城镇生活污染源污染物排放量将随人口数量增长而增加。

预计 2025 年城镇生活平均处理率较现状增加 5%。综合考虑城镇人口增长和污水处理效率提升，结合各地市人均排污系数估算全省城镇生活源排污量，预测 2025 年 COD、氨氮、总氮、总磷较现状分别增加约 15 948 t/a、1 916 t/a、5 916 t/a、317 t/a。

由于城镇化率的提升，农村居民向城镇居民转变，预计 2025 年前农村人口呈下降趋势，农村生活源负荷随农村人口的下降而降低，加之农村污水治理设施的完善，预测 2025 年农村生活源 COD、氨氮、总氮、总磷较现状分别减少 38 100 t/a、2 839 t/a、6 693 t/a、362 t/a。

综上，考虑人口增长带来的新增污染排放量和污水处理系统建设完善带来的新增污染物削减量，预计到 2025 年，生活源 COD、氨氮、总氮、总磷较现状分别减少 22 152 t/a、923 t/a、777 t/a、45 t/a。

（2）工业源

工业企业的产值、生产环节工艺技术、用水效率和污水处理效果等都会影响涉水工业企业水污染物的排放。从近年来的工业污染排放绩效来看，万元工业总产值排放的污染物量呈下降趋势。因此，总体而言，随着科技的进步、企业生产工艺技术的完善和用水效率的提高，污染物排放强度将会有所降低，同时污水处理设施将进一步完善，处理效果也会提升，未来工业源污染负荷将呈下降趋势。参考近年来工业总产值增长率，各地市工业废水浓度下降水平以及用水折算系数的变化，预测未来各地市工业污染排放量，到 2025 年，工业源 COD、氨氮、总氮、总磷较现状分别减少 7 961 t/a、114 t/a、625 t/a、17 t/a。

（3）农业源

根据《广东省打赢农业农村污染治理攻坚战实施方案》，到 2020 年全省畜禽粪污综合利用率达到 75%，畜禽规模养殖场粪污处理设施装备配套率达到 95%。未来随着畜禽养殖场粪污综合利用率及污染治理设施配套率的不断提高，畜禽养殖粪污将得到更好的处理，污染物排放量将会下降。对于水产养殖，目前正在推进养殖池塘标准化改造，因此未来养殖尾水对水体的污染也会减少。对于农田面源污染源，耕地面积一定时期内不会有较大变动，随着生态农业技术的推广应用，预计农业面源负荷将逐渐呈下降趋势。

3．允许排放量测算

为抵消容量总量与受纳水体水质关系间的不确定性和受数据所限未纳入计算的污染源（如大气沉降等），以及防御突发的环境风险，预留10%的安全余量作为不可分配利用的环境容量。

根据环境容量计算结果，在预留安全余量和考虑水环境质量改善潜力后，测算得到2020年情景下全省控制单元COD允许排放量为172.92万t/a，氨氮允许排放量为7.03万t/a；2025年全省控制单元COD允许排放量为166.90万t/a，氨氮允许排放量为6.77万t/a；2030年全省控制单元COD允许排放量为159.58万t/a，氨氮允许排放量为6.43万t/a；2035年全省控制单元COD允许排放量为149.68万t/a，氨氮允许排放量为5.99万t/a。其中，珠三角核心区COD和氨氮的允许排放量最大。各区域允许排放量见表7-14和图7-14～图7-16。

表7-14　各区域允许排放量计算结果　　单位：t/a

地市	2020年允许排放量		2025年允许排放量		2030年允许排放量		2035年允许排放量	
	COD	氨氮	COD	氨氮	COD	氨氮	COD	氨氮
珠三角核心区	1 141 065.59	42 236.30	1 110 265.21	40 847.29	1 067 865.55	39 179.05	987 804.75	36 565.26
沿海经济带	265 305.35	14 809.75	241 799.23	13 884.46	230 915.99	13 053.49	218 918.27	11 941.25
北部生态发展区	322 804.82	13 273.35	316 975.64	13 007.82	296 981.63	12 065.43	290 055.98	11 376.20
全省合计	1 729 175.81	70 319.66	1 669 040.08	67 739.57	1 595 763.16	64 297.96	1 496 779.00	59 882.70

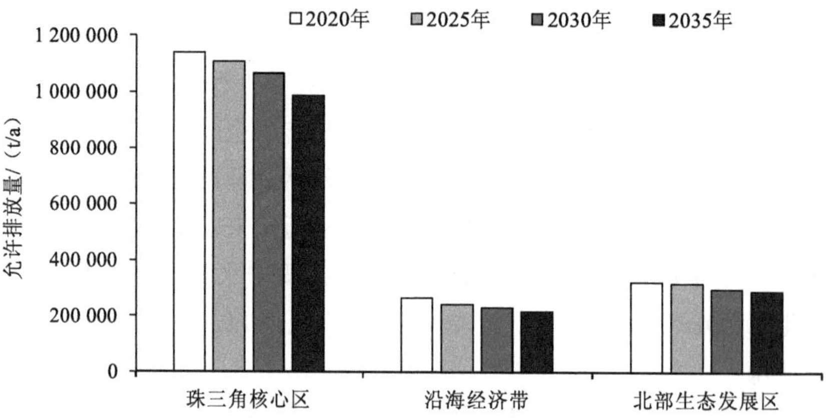

图7-14　2020—2035年不同区域COD允许排放量

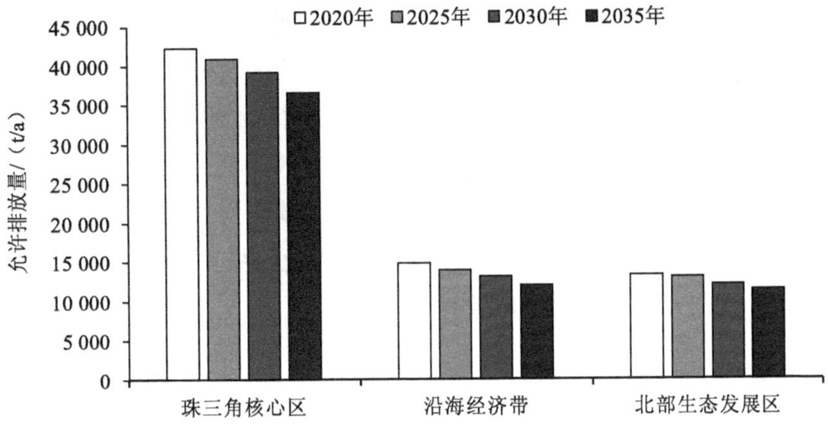

图 7-15　2020—2035 年不同区域氨氮允许排放量

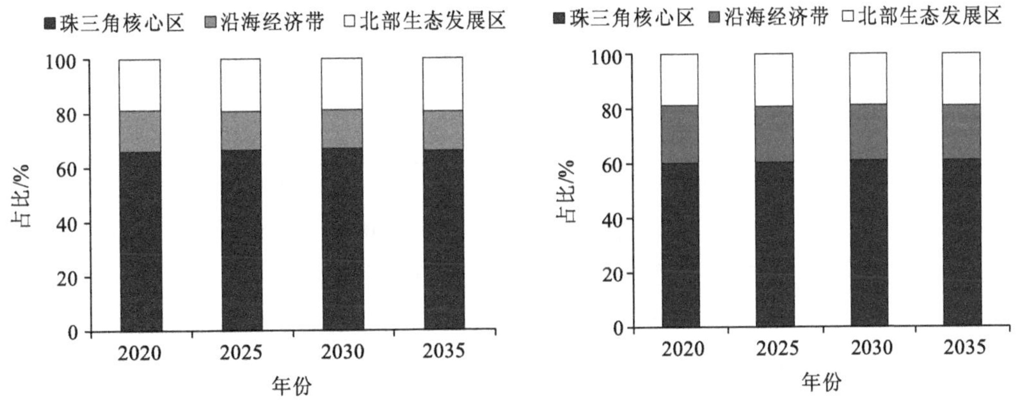

图 7-16　2020—2035 年不同区域 COD（左）、氨氮（右）允许排放量占比

六、水环境管控分区划分

（一）划分方法

根据《"生态保护红线、环境质量底线、资源利用上线和环境准入负面清单"编制技术指南（试行）》，结合水环境质量、水质目标、污染负荷、水质改善潜力和环境承载力分析成果，划定水环境管控分区。水环境管控分区分为水环境优先保护区、水环境重点管控区和水环境一般管控区三类：

1）将县级以上饮用水水源保护区、省级以上湿地保护区和珍稀濒危水生生物及重要水产种质资源保护区、重要江河源头等所属的控制单元作为水环境优先保护区。

2）将以工业源为主的控制单元，以城镇生活源为主的超标控制单元和以农业源为主的超标控制单元，或经济发展需求强烈、水环境问题突出、资源环境超载较多、环境风险防范任务重、环境质量保障或生态保育修复要求高的区块列入水环境重点管控区。其中，将以工业源为主以及工业园区（集聚区）、重污染行业统一定点基地（电镀、印染、化工、鞣革、危险废物处理等）所在的控制单元作为水环境工业污染重点管控区；将以城镇生活源为主的超标控制单元以及城镇人口集中区域作为水环境城镇生活污染重点管控区；将以农业源为主的超标控制单元作为水环境农业污染重点管控区。

3）将其他区域归并为水环境一般管控区。

（二）划分结果

全省水环境控制单元共 1 849 个，对应划分 1 849 个水环境管控分区。其中，全省水环境优先保护区共 376 个，面积 17 202.29 km^2，占全省总面积的 9.58%；水环境重点管控区 423 个，面积 30 992.47 km^2，占总面积的 17.25%；水环境一般管控区 1 050 个，面积 131 422.14 km^2，占总面积的 73.17%（表 7-15）。

表 7-15　广东省各区域及流域水环境管控分区划定一览表

地区		优先保护区			重点管控区			一般管控区			合计	
		单元数/个	面积/km^2	面积比例/%	单元数/个	面积/km^2	面积比例/%	单元数/个	面积/km^2	面积比例/%	单元数/个	面积/km^2
区域	珠三角核心区	190	4 673.44	8.53	230	13 768.53	25.14	427	36 329.68	66.33	847	54 771.65
	沿海经济带	91	4 322.44	8.99	165	13 928.54	28.95	227	29 853.86	62.06	483	48 104.84
	粤北生态发展区	95	8 206.41	10.69	28	3 295.39	4.29	396	65 238.61	85.01	519	76 740.41
流域	西江流域	23	650.53	3.60	10	942.04	5.21	128	16 481.60	91.19	161	18 074.17
	北江流域	47	2 924.17	6.77	24	2 768.41	6.41	233	37 505.38	86.82	304	43 197.96
	东江流域	46	4 336.46	19.77	36	2 719.52	12.40	102	14 875.54	67.83	184	21 931.52
	珠江三角洲流域	144	2 948.06	10.25	187	10 614.68	36.91	247	15 199.06	52.84	578	28 761.80
	韩江流域	28	2 169.65	11.86	12	537.59	2.94	97	15 586.87	85.20	137	18 294.11
	粤东诸河流域	48	1 718.92	11.03	62	5 172.49	33.20	82	8 688.45	55.77	192	15 579.87
	粤西诸河流域	40	2 454.50	7.27	92	8 237.73	24.39	161	23 085.24	68.35	293	33 777.47
全省		376	17 202.29	9.58	423	30 992.47	17.25	1 050	131 422.14	73.17	1 849	179 616.90

从不同区域来看，粤北生态发展区优先保护区面积占比最大，为 10.69%；珠三角核心区和沿海经济带重点管控分区划分面积占比较大，分别为 25.14%、28.95%；各区域一般管控区面积占比均超过 60%，其中粤北生态发展区超过 85%。从不同流域来看，东江流域优先保护区面积占比最大，为 19.77%；珠江三角洲流域、粤东诸河流域和粤西诸河流域重点管控区面积占比较大，为 24.39%～36.91%；各流域一般管控区面积占比均超过 50%，其中西江流域、北江流域和韩江流域均超过 80%。

水环境重点管控区中（表 7-16），工业污染重点管控单元 76 个，面积 4 861.4 km^2，占全省总面积的 2.71%；城镇生活污染重点管控单元 228 个，面积 13 479.3 km^2，占总面积的 7.50%；农业污染重点管控单元 119 个，面积 12 638.8 km^2，占总面积的 7.04%。从不同区域来看，珠三角核心区工业污染重点管控单元和城镇生活污染重点管控单元面积占比最大，分别为 6.54%、15.51%；沿海经济带农业污染重点管控单元面积占比最大，为 18.90%。从不同流域来看，珠江三角洲流域工业污染重点管控单元和城镇生活污染重点管控单元面积占比最大，分别为 11.14%、24.24%；粤东诸河流域和粤西诸河流域农业污染重点管控单元面积占比较大，分别为 16.83%、18.80%。

表 7-16　广东省各区域及流域水环境重点管控区具体划分一览表

地区		水环境重点管控区											
		工业污染重点管控区			城镇生活污染重点管控区			农业污染重点管控区			合计		
		单元数/个	面积/km^2	面积比例/%	单元数/个	面积/km^2	面积比例/%	单元数/个	面积/km^2	面积比例/%	单元数/个	面积/km^2	面积比例/%
区域	珠三角核心区	58	3 581.74	6.54	159	8 493.32	15.51	13	1 693.47	3.09	230	13 768.53	25.14
	沿海经济带	10	307.51	0.64	65	4 531.38	9.42	90	9 089.65	18.90	165	13 928.54	28.95
	粤北生态发展区	8	972.15	1.27	4	454.62	0.59	16	1 868.63	2.43	28	3 295.39	4.29
流域	西江流域	0	0.00	0.00	4	365.79	2.02	6	576.25	3.19	10	942.04	5.21
	北江流域	6	531.04	1.23	3	311.94	0.72	15	1 925.43	4.46	24	2 768.41	6.41
	东江流域	10	817.89	3.73	23	1 279.36	5.83	3	622.27	2.84	36	2 719.52	12.40
	珠江三角洲流域	50	3 204.96	11.14	132	6 971.56	24.24	5	438.16	1.52	187	10 614.68	36.91
	韩江流域	0	0.00	0.00	10	419.58	2.29	2	118.01	0.65	12	537.59	2.94
	粤东诸河流域	10	307.51	1.97	31	2 243.62	14.40	21	2 621.37	16.83	62	5 172.49	33.20
	粤西诸河流域	0	0.00	0.00	25	1 887.46	5.59	67	6 350.27	18.80	92	8 237.73	24.39

第三节　水环境分区管控策略研究

一、区域发展与生态环境保护战略

（一）区域发展战略定位

建设粤港澳大湾区和支持深圳建设中国特色社会主义先行示范区是习近平总书记亲自谋划、亲自部署、亲自推动的重大国家战略。实施区域协调发展战略是新时代国家重大战略之一，是贯彻新发展理念、建设现代化经济体系的组成部分。近年来，广东省深入实施区域重大战略、区域协调发展战略、主体功能区战略，加快构建优势互补、高质量发展的区域经济布局和国土空间体系。

1.“双区”建设战略

（1）建设粤港澳大湾区

2019 年 12 月，中共中央、国务院印发《粤港澳大湾区发展规划纲要》，对粤港澳大湾区的战略定位、发展目标、空间布局等作了全面规划，明确要求将粤港澳大湾区建设成为充满活力的世界级城市群、具有全球影响力的国际科技创新中心、“一带一路”建设的重要支撑、内地与港澳深度合作的示范区、宜居宜业宜游的优质生活圈。打造高质量发展的典范，描绘了粤港澳大湾区建设的宏伟蓝图。

发展目标：到 2022 年，发展活力充沛、创新能力突出、产业结构优化、要素流动顺畅、生态环境优美的国际一流湾区和世界级城市群框架基本形成。到 2035 年，粤港澳大湾区形成以创新为主要支撑的经济体系和发展模式，经济实力、科技实力大幅跃升，国际竞争力、影响力进一步增强；粤港澳大湾区内市场高水平互联互通基本实现，各类资源要素高效便捷流动；区域发展协调性显著增强，对周边地区的引领带动能力进一步提升；人民生活更加富裕；社会文明程度达到新高度，文化软实力显著增强，中华文化影响更加广泛深入，多元文化进一步交流融合；资源节约集约利用水平显著提高，生态环境得到有效保护，宜居、宜业、宜游的国际一流湾区全面建成。

（2）支持深圳建设中国特色社会主义先行示范区

2019 年 8 月，中共中央、国务院发布《关于支持深圳建设中国特色社会主义先行示范区的意见》，要求深圳市以习近平新时代中国特色社会主义思想为指导，全面贯彻党的十九大和十九届二中、三中全会精神，紧紧围绕统筹推进“五位一体”总体布局和协调推进“四个全面”战略布局，坚持和加强党的全面领导，坚持新发展理念，坚持以供给侧结构性改革为主线，坚持全面深化改革，坚持全面扩大开放，坚持以人民为中心，践行高质量发展要求，深入实施创新驱动发展战略，抓住粤港澳大湾区建设重要机遇，增强核心引擎功能，朝着建设中国特色社会主义先行示范区的方向前行，努力创建社会主义现代化强国的城市范例。

发展目标：以全面实现五个“率先”为战略任务，到2025年，深圳经济实力、发展质量跻身全球城市前列，研发投入强度、产业创新能力世界一流，文化软实力大幅提升，公共服务水平和生态环境质量达到国际先进水平，建成现代化国际化创新型城市。到2035年，深圳高质量发展成为全国典范，城市综合经济竞争力世界领先，建成具有全球影响力的创新创业创意之都，成为我国建设社会主义现代化强国的城市范例。到21世纪中叶，深圳以更加昂扬的姿态屹立于世界先进城市之林，成为竞争力、创新力、影响力卓著的全球标杆城市。

2．“一核一带一区”战略

2019年7月，广东省委、省政府印发《关于构建“一核一带一区”区域发展新格局促进全省区域协调发展的意见》，提出了以功能区为引领的“一核一带一区”区域发展新战略，形成由珠三角核心区、沿海经济带、北部生态发展区构成的区域发展新格局。这一区域发展战略将广东区域发展格局明确为三大板块，各自实现差异化的功能定位和区域发展策略：以广州、深圳为主引擎推进珠三角核心区深度一体化；重点打造粤东、粤西沿海产业，与珠三角沿海地区串珠成链，形成沿海经济带；把粤北山区建设成为生态发展区，以生态优先和绿色发展为引领，在高水平保护中实现高质量发展。

发展目标：到2020年，建立与全面小康社会相适应的区域协调发展新机制，“一核一带一区”区域发展新格局初步确立；到2022年，“一核一带一区”区域发展新格局基本确立，区域协调发展新机制更加完善；到2035年，全省基本实现社会主义现代化，在“一核一带一区”区域发展新格局引领下，区域协调发展水平显著提升，全面实现基本公共服务均等化，各区域基础设施通达程度比较均衡，全省人民基本生活保障水平大致相当，粤港澳大湾区建成世界级城市群，东西两翼地区和北部生态发展区成为各自功能“引领者”，与全省一道迈入全国高质量发展先进地区行列。

3．主体功能区战略

根据《广东省主体功能区划》，全省着力构建以“两屏一带一网”为主体的生态安全战略格局。“两屏”，一是广东北部环形生态屏障，由粤北南岭山区、粤东凤凰—莲花山区、粤西云雾山区构成，是保障区域生态安全的重要屏障；二是珠三角外围生态屏障，由珠三角东北部、北部和西北部连绵山地森林构成，对于涵养水源、保护区域生态环境具有重要作用。“一带”，即蓝色海岸带，是指广东省东南部广阔的近海水域和海岸带，包括大亚湾—稔平半岛区、珠江口河口区、红海湾、广海湾—镇海湾、北津港—英罗港、韩江出海口—南澳岛区等区域，是重要的“蓝色国土”。“一网”，即以西江、北江、东江、韩江、鉴江以及区域绿道网为主体的生态廊道网络体系。

发展目标：到2020年，全省形成主体功能定位清晰的国土空间格局，经济布局更加均衡，城乡区域发展更加协调，资源利用更加集约高效，生态系统更加稳定，基本实现人口分布与经济布局、生态环境相协调，城乡和区域间基本公共服务均等化；经济更加繁荣、生活更加富裕、环境更加优美、社会更加文明，实现全面建设小康社会目标，率先基本实现社会主义现代化。

（二）生态环境保护战略定位

1. 总体定位

习近平总书记对广东提出实现“四个走在全国前列”、当好“两个重要窗口”的重要指示要求，赋予了广东发展在国家大局中的清晰定位。近年来，广东省全力推进打好污染防治攻坚战，生态环境质量不断提升和改善，空气质量在全国经济发达省份中保持标杆，珠江流域水质在全国主要流域中名列前茅，资源能源利用效率和污染排放绩效居于全国前列，率先建成美丽广东具备良好的生态环境基础。全省生态环境总体战略定位是以粤港澳大湾区、深圳先行示范区以及构建“一核一带一区”区域发展新格局等重大发展战略的优良生态环境需求为导向，坚持国际视野，全力推进绿色发展、协调发展、高质量发展，率先全面实现美丽广东。

2. 分区定位

（1）珠三角核心区

区域特征：珠三角核心区地处广东省的中南部，包括广州、深圳、珠海、佛山、惠州、东莞、中山、江门和肇庆9市。该区域以平原、台地、丘陵为主，主要有广佛丘陵、东岸台地、西岸水网，是南亚热带常绿阔叶林生态系统及野生动植物、珠江口中华白海豚及其生境重要分布区。建成区高度连绵，是世界城市连绵体，全省经济中心、人口最稠密区域之一。

生态环境战略定位：是引领全省发展的核心区和主引擎，强化“双区建设”“双城联动”的核心引领，推进区域深度一体化，坚持优化发展和集约发展，实施最严格的生态环境制度，建设国际一流美丽湾区，率先打造人与自然和谐共生的美丽中国典范。

（2）沿海经济带——东西两翼地区

区域特征：东翼地区包括汕头、汕尾、揭阳、潮州4市，该区域西北倚莲花山、凤凰山，中部为韩江三角洲，东南临海，海岸线长，岛屿众多，经济比较发达，人口密度大，耕地少，属于海峡西岸经济区南翼，是全省经济发展的重点区域。西翼地区包括湛江、茂名、阳江3市，以台地、浅海沉淀阶地和山丘为主，旱地多，海岸线长、岛屿众多，处于珠三角北部湾大西南连结点的粤西地区，也是我国石化、钢铁、电力、造船重化工业基地，海洋经济发展示范区。

生态环境战略定位：是全省未来重点发展区域和重要增长极，着力引导重大产业合理有序布局，坚持绿色发展和协调发展，在高质量发展中实现高水平保护，打造环境经济协调发展区。

（3）北部生态发展区

区域特征：该区域主要包括韶关、河源、梅州、清远、云浮 5 市，地貌以丘陵山地为主，是我国南岭山地森林及生物多样性生态功能区的重点分布区，是西江广东段、韩江、东江、北江等河流的重要源头区和上中游地区，分布有亚热带常绿阔叶林和珍稀濒危野生动植物，保存着完整的山地森林生态系统和原生植被垂直带，有丰富的亚热带植被，是港澳地区和珠江三角洲、粤东与粤西的重要水源涵养林区，也是全省森林生态系统功能维护较好地区，生态安全屏障地位突出。

生态环境战略定位：是全省重要生态屏障和水源涵养区，坚持生态优先和绿色引领，守牢生态安全屏障，着力推进生态产业化，在高水平保护中实现高质量发展，打造绿色生态发展高地。

二、区域水环境管控策略

充分衔接水环境相关法规标准及规划政策，综合考虑粤港澳大湾区建设、支持深圳建设中国特色社会主义先行示范区、构建“一核一带一区”区域发展新格局等重大战略需求，以水环境质量底线成果识别出的突出环境问题为导向，从区域布局管控、污染物排放管控、环境风险防控及能源资源利用等 4 个维度，对全省和“一核一带一区”分别提出分区管控要求。其中，全省总体管控要求为适用于全省的共性要求，“一核一带一区”管控要求为在全省总体要求基础上根据该区域水环境保护策略而提出的差异化管控要求。

（一）全省总体管控策略

（1）水环境保护策略

以水环境质量改善为核心，科学统筹发展与保护、区域与流域、当前与长远、水质与水量、供水与排水、河流与海洋六大关系，以保好水、治差水为重点，带动水环境质量整体提升，构建与资源环境禀赋相适应的空间发展布局和环境友好的经济社会发展模式，建立合理安全的供排水格局，完善流域污染系统控制工程体系和水环境综合管理体系。

（2）水环境管控要求

区域布局管控要求：推动工业项目入园集聚发展，引导重大产业向沿海等环境容量充足地区布局，新建化学制浆、电镀、印染、鞣革等项目入园集中管理。环境质量不达标区域，新建项目需符合环境质量改善要求。

污染物排放管控要求：实施重点水污染物总量控制，重点污染物排放总量指标优先向重大发展平台、重点建设项目、重点工业园区、战略性产业集群倾斜。超过重点水污染物排放总量控制指标或未完成水环境质量改善目标的区域，新建、改建、扩建项目重点水污染物实施减量替代。重金属污染重点防控区内，重点重金属排放总量只减不增；重金属污染物排放企业清洁生产逐步达到国际或国内先进水平。优化调整供排水格局，禁止在地表水Ⅰ类、Ⅱ类水域新建排污口，已建排污口不得增加污染物排放量。加大工业园区污染治理力度，加快完善污水集中处理设施及配套工程建设，建立健全配套管理政策和市场化运行机制，确保园区污水稳定达标排放。加快推进生活污水处理设施建设和提质增效，因地制宜治理农村面源污染，加强畜禽养殖废弃物资源化利用。强化陆海统筹，严控陆源污染物入海量。

环境风险防控要求：加强东江、西江、北江和韩江等供水通道干流沿岸以及饮用水水源地、备用水源环境风险防控，建立完善突发环境事件应急管理体系。

能源资源利用要求：贯彻落实“节水优先”方针，实行最严格水资源管理制度，把水资源作为刚性约束，以节约用水扩大发展空间。落实东江、西江、北江、韩江、鉴江等流域水资源分配方案，保障主要河流基本生态流量。

（二）“一核一带一区”管控策略

1．珠三角核心区

（1）水环境保护策略

该区域水污染物排放强度高，局部地区水环境污染问题突出，资源环境约束凸显，需注重治水、治城、治产相结合，重点加强对城镇生活源和工业源管控，进一步提高环保准入门槛，强化工业企业达标治理，不断改善水环境质量；持续推进广佛跨界河流、茅洲河、淡水河、石马河等重污染河流系统整治，消除城市黑臭水体。

（2）水环境管控要求

区域布局管控要求：筑牢珠三角绿色生态屏障，加强区域生态绿核、珠江流域水生态系统、入海河口等生态保护，大力保护生物多样性。禁止新建、扩建化学制浆、生皮制革等重污染项目。

污染物排放管控要求：实行水污染物排放的行业标杆管理，严格执行茅洲河、淡水河、石马河、汾江河等重点流域水污染物排放标准。重点水污染物未达到环境质量改善目标的区域内，新建、改建、扩建项目实施减量替代。电镀专业园区、电镀企业严格执行广东省电镀水污染物排放限值。探索设立区域性城镇污水处理厂污染物排放标准，推动城镇生活污水处理设施提质增效。率先消除城中村、老旧城区和城乡接合部生活污水收集处理设施空白区。加强珠江口、大亚湾、广海湾、镇海湾等重点河口海湾陆源污染控制。

环境风险防控要求：逐步构建城市多水源联网供水格局，建立完善突发环境事件应急管理体系。

能源资源利用要求：推进工业节水减排，重点在高耗水行业开展节水改造，提高工业用水效率。加强江河湖库水量调度，保障生态流量。

2．沿海经济带

（1）水环境保护策略

该区域河流水环境容量总体较小，需重点加强对生活源、农业源的管控，维持和改善水环境质量；推进陆海统筹有序发展，科学利用水环境容量，推动重大产业向东西两翼沿海地区布局；持续推进练江、榕江北河揭阳段、枫江、小东江等重污染流域系统整治，强化入海河流综合整治。

（2）水环境管控要求

区域布局管控要求：推动涉及化学制浆、电镀、印染、鞣革等项目的园区在具备排海条件的区域布局。

污染物排放管控要求：严格执行练江、小东江等重点流域水污染物排放标准。进一步提升工业园区污染治理水平，推动化学制浆、电镀、印染、鞣革等项目清洁生产达到国际先进水平。完善城市污水管网，加快补齐镇级污水处理设施短板，推进农村生活污水处理设施建设。加强湛江港、水东湾、汕头港等重点海湾陆源污染控制。严格控制近海养殖密度。

环境风险防控要求：加强高州水库、鹤地水库、韩江、鉴江和漠阳江等饮用水水源地的环境风险防控，建立完善突发环境事件应急管理体系。

能源资源利用要求：健全用水总量控制指标体系，并实行严格管控，提高水资源利用效率。

3．北部生态发展区

（1）水环境保护策略

该区域需重点加强农业源、农村生活源的管控，推动产业绿色化，实行从严从紧的环保准入，加强重金属污染物环境风险管控，确保水生态环境安全。突出生态保护功能，提高水源涵养能力和水土保持能力，加强东江、西江、北江、韩江等重要流域上中游的水源保护。

（2）水环境管控要求

区域布局管控要求：严格控制涉重金属及有毒有害污染物排放的项目建设，新建、改建、扩建涉重金属重点行业的项目应明确重金属污染物总量来源。

污染物排放管控要求：北江流域严格实行重点重金属污染物减量替代。加快镇级生活污水处理设施及配套管网建设，因地制宜建设农村生活污水处理设施。加强养殖污染防治，推动养殖尾水达标排放或资源化利用。

环境风险防控要求：强化流域上游生态保护与水源涵养功能，建立完善突发环境事件应急管理体系，保障饮用水安全。

能源资源利用要求：严格落实东江、北江、韩江流域等重要控制断面生态流量保障目标。

三、水环境分区管控要求及准入清单

（一）制定原则

广东省“三线一单”水环境准入清单总体编制思路是衔接现有相关政策法规，综合考虑“十四五”“一核一带一区”等战略发展需求；以水环境质量底线成果识别出的突出环境问题为导向，明确水质目标，从区域布局管控、能源资源利用、污染物排放管控、环境风险防控等 4 个维度，对各管控分区逐级细化管控要求。突出因地制宜、个性化原则，形成简洁规范、可操作性强的水环境准入清单。

（1）衔接既有管理要求，综合考虑“十四五”发展需求

从要素和领域入手，梳理国家、广东省水环境相关法律法规及各类规划、计划、政策文件以及战略，衔接集成既有管理要求，沿用现有政策法规中执行效果较好的政策（如污染防治攻坚战、“十三五”规划、主体功能区规划配套环保政策），同时综合考虑“十四五”对生态环境质量改善的需求，前瞻性地提出推动水环境质量改善的政策建议。

（2）底线划定成果与实际管理需求的有机融合

以水环境管理实际需求为导向，以水环境质量底线划定成果为依据，编制准入要求，实现二者的有机融合。深入分析“一核一带一区”、水环境底线划定成果并形成分级管控导向，并以此为基础，结合对区域的发展定位及环境特点，提出有针对性、差异化的管控措施，分区域、分流域、分阶段的水环境质量底线目标要求，水资源开发利用效率要求，在空间上落实到各水环境管控分区。

（3）充分体现分维度管控要求

根据区域及单元特征，水环境管控分区准入清单管控要求包含区域布局管控、能源资源利用、污染物排放管控、环境风险防控要求 4 个维度中的一个或多个维度，各维度管控内容包含下述要求中的一个或多个方面。其中，区域布局管控主要包括允许的开发建设活动、禁止或限制开发建设活动的要求，不符合空间布局要求活动的退出要求；污染物排放管控主要包括水污染物允许排放量、现有源提标升级改造、新增源等量或倍量替代、新增源排放标准限制、水污染物排放绩效水平准入等方面的要求；环境风险防控

主要包括区域环境风险联防联控、用地环境风险防控、园区环境风险防控、企业环境风险防控等方面的要求；能源资源利用要求主要包括水资源利用总量要求。

（二）分区管控要求

以实现水环境质量目标为导向，根据各类型水环境管控分区的水质现状、水质目标、污染物排放量、环境容量等特点，从空间布局约束、污染物排放管控、环境风险防控和资源开发效率要求 4 个维度，提出差异化管控要求。

1．水环境优先保护区

水环境优先保护区主要为饮用水水源保护区、重要湿地保护区、重要水产种质资源保护区、重要江河源头等具有重要饮用和水生态功能的区域，需实施严格保护，按照有关法律法规及有关规定执行。

（1）饮用水水源保护区

按照《中华人民共和国水污染防治法》《广东省水污染防治条例》等有关规定执行。一级保护区内禁止建设与供水设施和保护水源无关的建设项目；二级保护区内禁止新建、改建、扩建排放污染物的建设项目；准保护区内禁止新建、扩建对水体污染严重的建设项目。

（2）重要湿地保护区

按照《国家湿地公园管理办法》《湿地保护管理规定》《广东省湿地保护条例》等有关规定执行。禁止在湿地范围内破坏鱼类等的水生生物洄游通道、排放污水或者有毒有害物质、围（开）垦或填埋湿地、排放湿地水资源、采伐林木、采集重点保护的野生植物、猎捕保护的野生动物等行为。

（3）重要水产种质资源保护区

按照《中华人民共和国渔业法》《水产种质资源保护区管理暂行办法》等有关规定执行。禁止在水产种质资源保护区内从事围湖造田、围海造地或围填海工程。禁止在水产种质资源保护区内新建排污口；在水产种质资源保护区附近新建、改建、扩建排污口，应当保证保护区水体不受污染。

（4）其他保护区

主要为水（环境）功能区划目标均为Ⅰ类的重要源头水保护区，以及其他地方优先保护的水源涵养等区域。不得进行不利于水资源及自然生态保护的开发利用活动。大力实施天然林保护、林木植被建设、退耕还林、封山育林等措施，提升涵养水源、调节河川径流的主要生态功能。加大农村环境综合整治力度，严控畜禽养殖和化肥农药污染，大力消除江河源头上的污染。严格控制高污染的涉水工业项目。重点水库所在的水环境管控区严格控制氮、磷排放较高的项目。

2. 水环境重点管控区

水环境重点管控区包括工业污染重点管控区、城镇生活污染重点管控区、农业污染重点管控区，需加强污染控制与治理，根据主要污染来源、环境质量改善目标等因素，实施差别化管控。

（1）工业污染重点管控区

空间布局约束：合理规划工业布局，规范工业集聚区及其污水集中处理设施建设，引导工业企业入驻工业集聚区。电镀、印染等重污染行业按要求进入定点园区。严格控制高耗水、高污染行业发展。

污染物排放管控：水环境质量超标区采取综合性的治理措施，强化污染物排放总量控制，削减水污染物排放量，新建、改建、扩建项目实行重点水污染物排放减量置换。工业集聚区水污染物排放总量不得突破批复的总量管控要求。加强对企业重金属和其他有毒有害污染物的管控。强化企业清洁生产改造。

环境风险防控：定期评估江河湖库沿岸工业企业、工业集聚区环境风险。强化工业集聚区企业环境风险防范设施设备建设和正常运行监管，加强企业应急预案制定，建立常态化的企业隐患排查整治监管机制，加强风险防控体系建设。

资源开发效率要求：大力推进工业节水改造，提高工业用水重复利用率或再生水（中水）回用率，推进节水型企业、生态工业示范园区建设。

（2）城镇生活污染重点管控区

空间布局约束：合理布局生产与生活空间，严格控制高耗水、高污染行业发展。

污染物排放管控：采取综合性的治理措施，强化城镇排水基础设施建设，率先消除城中村、老旧城区和城乡接合部生活污水收集处理设施空白区，削减水污染物排放量。新建、改建、扩建项目实行重点水污染物排放减量置换。加快推进污水处理设施配套管网建设，依据城市排水规划和建设改造计划对现有合流制排水系统逐步实施雨污分流改造，城镇新区建设均实行雨污分流，推进初期雨水收集、处理和资源化利用。在市政管网覆盖范围外的城镇开发建设项目，需配套建设公共排水设施或自建污水处理设施。加快城镇污水收集处理设施建设和提标改造，推进农村生活污水处理设施建设并确保达标排放。

环境风险防控：建立完善突发环境事件应急管理体系。城镇污水处理厂应采取有效措施，防止事故废水直接排入水体。

资源开发效率要求：全面开展节水型社会建设，推广普及节水产品，公共建筑须采用节水器具，鼓励居民家庭选用节水器具，控制公共供水管网漏损率；限制高耗水服务业用水。

（3）农业污染重点管控区

空间布局约束：调整优化农业产业布局。依法科学划定畜禽、水产禁养区，严格禁养区环境监管。

污染物排放管控：加强畜禽养殖污染防治，提高粪污处理设施装备配套率和畜禽粪污综合利用率。新建、改建和扩建规模化畜禽养殖场（小区）要实行污雨分流、粪便污水资源化利用；散养密集区要实行畜禽养殖污水分户收集、集中处理利用。严格控制化肥农药施加量，削减农业面源污染物排放量。科学确定水产养殖密度，合理投饵和科学使用药物，实施养殖尾水达标排放或者资源化利用，严格控制水库、湖泊、滩涂和近岸小网箱养殖规模。

环境风险防控：依法规范、严格控制抗生素类、激素类药物或其他化学物质的使用。实施环境激素类化学品淘汰、限制、替代等措施。

资源开发效率要求：根据水资源条件，推进适水种植、量水生产，加快灌区续建配套和现代化改造，推进高效节水灌溉。推广畜牧渔业节水方式。

3．水环境一般管控区

除水环境优先保护区与重点管控区外的其他区域，需落实普适性治理要求。严格按照区域环境承载能力设置环境准入门槛，推进城乡生活污染和农业面源污染治理。加强污染预防，保障水环境质量不下降。

（三）分区准入清单

各水环境管控分区单元管控要求汇总后即形成覆盖全省的水环境准入清单。各单元管控要求衔接各类型水环境管控分区的编制思路，仍从空间布局约束、污染物排放管控、环境风险防控和资源开发效率要求 4 个维度提出。其中，空间布局约束管控要求可进一步细化为不符合空间布局要求退出类、禁止类、限制类、允许类；污染物排放管控方面，对于超标单元应提出污染物削减量或削减比例要求，以及工业源、生活源和农业源的水污染控制措施要求；环境风险防控方面，主要针对园区环境风险防控、企业环境风险防控、区域污水处理厂风险防控等提出管控要求；资源开发效率要求方面，主要提出水资源利用效率要求。4 个维度管控要求的具体内容应结合法律法规、国家或地方（水）生态环境保护规划、污染防治工作方案及相关文件等编制，且为除省、市共性管控要求外的个性管控要求，表述应规范、科学。

将 21 个地市水环境管控单元准入清单依此编制并汇总。各类型水环境管控分区控制单元的典型准入清单如表 7-17～表 7-21 所示。

表 7-17 水环境优先保护单元管控要求示例

水环境管控分区编码	水环境管控分区名称	市	县	河段名称	要素细类
YS4406071210001	佛山市三水区北江水厂饮用水水源保护区控制单元	佛山市	三水区	北江	水环境优先保护区
管控维度	管控要求				
区域布局管控	1-1【水/禁止类】单元内饮用水水源保护区涉及佛山市三水北江水厂饮用水水源一级、二级和准保护区，按照《中华人民共和国水污染防治法》《广东省水污染防治条例》等相关法律法规条例实施管理。禁止在饮用水水源一级保护区内新建、改建、扩建与供水设施和保护水源无关的建设项目；禁止在饮用水水源二级保护区内新建、改建、扩建排放污染物的建设项目；禁止在饮用水水源准保护区内新建、扩建对水体污染严重的建设项目 1-2【水/鼓励类】应当根据保护饮用水水源的实际需要，在佛山市三水北江水厂饮用水水源准保护区内采取工程措施或者建造湿地、水源涵养林等生态保护措施，防止水污染物直接排入饮用水水体，确保饮用水安全 1-3【水/综合类】加强北江供水通道干流沿岸以及佛山市三水北江水厂饮用水水源保护区环境风险防控，完善突发环境事件应急管理体系 1-4【水/综合类】落实北江流域水资源分配方案，加强江河湖库水量调度，保障生态流量				

表 7-18 水环境工业污染重点管控单元管控要求示例

水环境管控分区编码	水环境管控分区名称	市	县	河段名称	要素细类
YS4412842210001	独水河水口寨肇庆市高新区控制单元	肇庆市	高新区	独水河	水环境工业污染重点管控区
管控维度	管控要求				
区域布局管控	1-1【水/禁止类】北江供水通道岸线 1 km 敏感区范围内禁止新建化学制浆、印染、鞣革、重化工、电镀、有色、冶炼等重污染项目；园区地处北江上游，排水压力较大，严格控制生物制药项目，不得引入三类工业及电镀、漂染、鞣革、造纸等水污染物排放量大或排放一类水污染物的项目 1-2【水/禁止类】畜禽禁养区内不得从事畜禽养殖业				
污染物排放管控	2-1【水/限制类】肇庆高新技术产业开发区各项水污染物排放总量不得突破规划环评核定的污染物排放总量管控要求，园区（核准范围 22.520 4 km^2 统计）各类水污染物排放量控制在废水 5.42 万 m^3/d、COD 593.5 t/a、氨氮 29.67 t/a 以内。后期根据最新环评批复结果进行更新 2-2【水/综合类】向园区集中污水处理厂排放工业废水的，应当按照有关规定进行预处理，达到集中处理设施处理工艺要求后方可以排放 2-3【水/综合类】在城镇排水与污水处理设施覆盖范围外的企业事业单位和其他生产经营者、旅游区、居住小区等，应当采取有效措施收集和处理产生的生活污水，并达标排放				

污染物排放管控	2-4【水/综合类】新建、改建、扩建城镇污水处理设施出水全面执行《城镇污水处理厂污染物排放标准》（GB 18918—2002）一级 A 标准及广东省地方标准《水污染物排放限值》（DB 44/26—2001）的较严值。农村生活污水处理设施水污染物排放执行广东省《农村生活污水处理排放标准》 2-5【水/综合类】加强畜禽养殖业监管，现有规模化畜禽养殖场（小区）要配套建设粪便污水贮存、处理与利用设施，新建、改建、扩建规模化畜禽养殖场（小区）要实施雨污分流、粪便污水资源化利用，散养密集区要实行畜禽粪便污水分户收集、集中处理利用
环境风险防控	3-1【水/综合类】建立企业、园区、区域三级环境风险防控体系，建立健全事故应急体系，落实有效的事故风险防范和应急措施，加强环境应急管理，定期开展应急演练，提高区域环境风险防范能力
资源开发效率要求	4-1【水/综合类】实行最严格的水资源管理制度，加紧建设节水工程，鼓励采用中水回用等措施减少水资源消耗量，提高水资源利用率

表 7-19　水环境城镇生活污染重点管控单元管控要求示例

水环境管控分区编码	水环境管控分区名称	市	县	河段名称	要素细类
YS4406082220001	高明河佛山市明城镇-杨和镇控制单元	佛山市	高明区	高明河	水环境城镇生活污染重点管控区
管控维度	管控要求				
区域布局管控	1-1【水/禁止类】单元内广东佛山高明沧江工业园区重点发展健康食品，智能制造，电子信息（电器），新材料、新能源、新能源汽车等产业。不得引入专业电镀、漂染等污染物排放量大或排放一类水污染物、持久性有机污染物的项目，不得引进园区规划环评及批复（审查意见）禁止引进项目 1-2【水/限制类】严格限制不符合广东佛山高明沧江工业园区发展定位的项目入驻园区 1-3【水/限制类】严格生产空间和生活空间管控，工业企业原则上禁止选址生活空间，生产空间原则上禁止建设居民住宅等敏感建筑 1-4【水/综合类】园区工业用地或企业与村庄、学校等环境敏感点之间的区域应合理设置控制开发区域（产业控制带），产业控制带内优先引进无污染的生产性服务业，或可适当布置废气排放量小、工业噪声影响小的产业				
污染物排放管控	2-1【水/综合类】城镇新区建设实行雨污分流，逐步推进初期雨水收集、处理和资源化利用。住宅、商业体、学校、市场等城镇开发建设项目应当配套或同步计划建设公共排水设施，公共排水设施或自建排污水设施未能投产运行的，以上涉水项目不得投入使用。新建小区严格实施雨污分流，阳台、露台等污水接入污水收集系统，将生活污水“应截尽截”。做好大型楼盘、集贸市场、餐饮以及学校等四大类排水户污水接入市政管网工作 2-2【水/综合类】明城镇、杨和镇重点河涌水质尚未达到水环境质量年度目标的，需组织编制、系统实施、向社会公开区域重点水污染物减排计划并明确“替代量”，本年度新建、改建、扩建项目新增水环境重点污染物实行区域“减二增一”替代（工业、生活或综合集中废水处理设施，民生项目除外）				

污染物排放管控	2-3【水/综合类】区域内应合理规划建设工业或综合集中废水处理设施。逐步推进工业集聚区“污水零直排区”建设，开展排水单元工业废水、生活污水、雨水分类收集、分质处理，确保园区“管网全覆盖、雨污全分流、污水全收集、处理全达标” 2-4【水/综合类】稳步推进排水设施“三个一体化”管理模式，补齐城乡污水收集和处理短板，推动明城镇污水处理厂提质增效，加快消除城中村、老旧城区、城乡接合部等污水收集管网空白区，逐步实现城乡污水收集处理全覆盖 2-5【水/综合类】结合村级工业园改造，全面提升产业层次与集聚度，促进污染集中整治 2-6【水/限制类】单元内广东佛山高明沧江工业园区各项污染物排放总量不得突破规划环评或地方生态环保部门核定的污染物排放总量管控要求 2-7【水/综合类】单元内广东佛山高明沧江工业园区应合理规划建设工业或综合集中废水处理设施，推进工业园区污水管网建设，实现工业废水、生活污水全收集、全处理
环境风险防控	3-1【水/综合类】明城镇污水处理厂应采取有效措施，防止事故废水直接排入水体。完善污水处理厂在线监控系统联网，实现污水处理厂的实时、动态监管 3-2【水/综合类】加强环境风险分级分类管理，强化金属制品、有色金属和压延加工、化学原料和化学品制造业等行业企业、化工行业企业及工业园区等重点环境风险源的环境风险防控 3-3【水/综合类】单元内广东佛山高明沧江工业园区应建立企业、园区、区域三级环境风险防控体系，加强园区及入园企业环境应急设施整合共享，建立有效的拦截、降污、导流、暂存等工程措施，防止泄漏物、消防废水等进入园区外环境。建立园区环境应急监测机制，强化园区风险防控
资源开发效率要求	4-1【水/综合类】贯彻落实“节水优先”方针，实行最严格水资源管理制度，万元国内生产总值用水量、万元工业增加值用水量、用水总量、农田灌溉水有效利用系数等用水总量和效率指标达到区下达要求 4-2【水/综合类】提高广东佛山高明沧江工业园区水资源利用效率，提升污水回用比例 4-3【水/综合类】广东佛山高明沧江工业园区有行业清洁生产标准的新引进项目清洁生产水平须达到本行业国际先进水平

表 7-20　水环境农业污染重点管控单元管控要求示例

水环境管控分区编码	水环境管控分区名称	市	县	河段名称	要素细类
YS4401152230001	伶仃洋广州市龙穴街道-万顷沙镇控制单元	广州市	南沙区	黄沙沥水道	水环境农业污染重点管控区
管控维度	管控要求				
区域布局管控	1-1【水/禁止类】禁止在城镇居民区、文化教育科学研究区等人口集中区域建设畜禽养殖场、养殖小区 1-2【水/限制类】严格控制现有高耗水、高污染行业发展				

污染物排放管控	2-1【水/综合类】单元内畜禽养殖场、养殖小区应当依法对畜禽养殖废弃物实施综合利用和无害化处理，养殖专业户、畜禽散养户应当采取有效措施防止畜禽粪便、污水渗漏、溢流、散落。推进养殖尾水资源化利用和达标排放。实施化肥农药施用量“零增长”行动，推广测土配方施肥技术，鼓励施用果菜茶有机肥替代化肥，开展农作物病虫害绿色防控和统防统治 2-2【水/综合类】完善新垦污水处理系统污水管网建设，加强污水处理设施和管线维护检修，提高城镇生活污水集中收集处理率，城镇新区和旧村旧城改造建设均实行雨污分流 2-3【水/禁止类】严禁居民小区、公共建筑和企业事业单位内部雨污混接或错接到市政排水管网，严禁污水直排 2-4【水/综合类】在城镇排水与污水处理设施覆盖范围外的企业事业单位和其他生产经营者、旅游区、居住小区等，应当采取有效措施收集和处理产生的生活污水，并达标排放
环境风险防控	3-1【水/综合类】建立完善管控单元内突发环境事件应急管理体系
资源开发效率要求	4-1【水资源/综合类】落实最严格水资源管理制度，执行用水总量、用水效率控制红线。发展低压管道输水灌溉和微灌等先进的灌溉技术，提升农业用水效率。推广先进节水工艺、节水技术和节水设备，推进节水技术改造

表 7-21　水环境一般管控单元管控要求示例

水环境管控分区编码	水环境管控分区名称	市	县	河段名称	要素细类
YS4406063210003	大洲大涌佛山市伦教街道控制单元	佛山市	顺德区	大洲大涌	水环境一般管控区
管控维度	管控要求				
区域布局管控	1-1【水/限制类】严格限制在羊额—北滘水厂、广州市南洲水厂顺德水道取水口、沙湾水厂番禺侧饮用水水源保护区上游和周边区域建设列入“高污染、高环境风险”产品名录等可能影响水环境安全的项目				
污染物排放管控	2-1【水/综合类】城镇新区建设实行雨污分流，逐步推进初期雨水收集、处理和资源化利用。住宅、商业体、学校、市场等城镇开发建设项目应当配套或者同步计划建设公共排水设施，公共排水设施或自建排污水设施未能投产运行的，以上涉水项目不得投入使用。新建小区严格实施雨污分流，阳台、露台等污水接入污水收集系统，将生活污水“应截尽截”。做好大型楼盘、集贸市场、餐饮以及学校等四大类排水户污水接入市政管网工作 2-2【水/综合类】结合村级工业园改造，全面提升产业层次与集聚度，促进污染集中整治 2-3【水/综合类】稳步推进排水设施“三个一体化”管理模式，补齐城乡污水收集和处理短板，推动伦教污水处理厂提质增效，加快消除城中村、老旧城区、城乡接合部等污水收集管网空白区，逐步实现城乡污水收集处理全覆盖。2025 年前完成伦教污水处理厂扩建，尾水应执行《城镇污水处理厂污染物排放标准》（GB 18918—2002）一级 A 标准及广东省地方标准《水污染物排放限值》（DB 44/26—2001）的较严值				

<table>
<tr><th>水环境管控分区编码</th><th>水环境管控分区名称</th><th>市</th><th>县</th><th>河段名称</th><th>要素细类</th></tr>
<tr><td>污染物排放管控</td><td colspan="5">2-4【水/综合类】保留和完善霞石村、熹涌村、鸡洲村、永丰村等现有农村污水分散式处理设施，继续完善污水支管网建设，提高污水收集处理率，其余行政村（社区）继续完善污水管网建设，实现农村污水 100%收集进入市政污水系统，有条件的区域实施雨污分流改造，到 2030 年全面雨污分流，污水纳入伦教城镇污水处理系统</td></tr>
<tr><td>环境风险防控</td><td colspan="5">3-1【水/综合类】加强单元内羊额—北滘水厂饮用水水源保护区周边环境风险源管控，完善突发环境事件应急管理体系
3-2【水/综合类】伦教污水处理厂、工业污水集中处理设施应采取有效措施，防止事故废水直接排入水体。完善污水处理厂在线监控系统联网，实现污水处理厂的实时、动态监管
3-3【水/综合类】加强环境风险分级分类管理，强化金属制品、有色金属和压延加工、化学原料和化学品制造业等涉重金属、化工行业企业及工业园区等重点环境风险源的环境风险防控</td></tr>
<tr><td>资源开发效率要求</td><td colspan="5">4-1【水/综合类】贯彻落实“节水优先”方针，实行最严格水资源管理制度，伦教街道万元国内生产总值用水量、万元工业增加值用水量、用水总量、农田灌溉水有效利用系数等用水总量和效率指标达到区下达要求</td></tr>
</table>

下篇　展望篇

导语：当前，我国已开启全面建设社会主义现代化国家、向第二个百年奋斗目标进军的新征程。党的二十大对推进美丽中国建设、促进人与自然和谐共生作出战略部署，对生态文明建设和生态环境保护工作提出了新的更高要求。本篇基于新时期水污染防治形势与挑战，提出了面向美丽中国建设的水污染防治思路和策略，以期能够对我国水环境保护法制体系建设提供有益参考。

第八章　新时期水污染防治面临的形势与挑战

第一节　水污染防治总体情况

保护水生态、治理水环境，关系人民福祉，关系国家未来，关系中华民族永续发展。党的十八大以来，以习近平同志为核心的党中央把水生态环境保护摆在生态文明建设的重要位置，把打好碧水保卫战列为污染防治攻坚战的三大保卫战之一，开展了一系列根本性、开创性、长远性工作，我国水生态环境保护发生重大转折性变化，碧水保卫战取得显著成效，人民群众身边的清水绿岸明显增多，获得感、幸福感显著增强。

一、绿色高质量发展统筹协调推进

将“绿色发展”纳入新发展理念，全方位推进经济社会发展绿色转型，经济发展与生态环境保护更加协调，绿色发展空间进一步拓展。资源消耗增速趋缓，资源利用效率持续提升，自 2012 年最严格水资源管理制度正式实施以来，我国用水总量进入平台期，用水效率进一步提升，2022 年万元国内生产总值用水量为 49.6 m^3，较 2012 年下降 61.6%。经济体系绿色低碳发展不断深化，加快推进工业绿色转型，建成一批绿色工厂、绿色供应链企业和绿色工业园区，绿色制造体系初步建立；农业绿色发展取得积极进展，化学投入品效率显著提升，2022 年水稻、小麦、玉米三大粮食作物化肥利用率、农药利用率分别达到 41.3%、41.8%，党的十八大以来分别提高 6.1%、5.8%。城乡环境基础设施快速发展，党的十八大以来城市污水处理率由 87.3%提升到 98.11%，农村污水处理能力稳步提高。

二、水生态环境质量实现重大改善

污染防治攻坚向纵深推进，聚焦断面达标攻坚、饮用水水源保护、城市黑臭水体治理等重点领域下大力气，解决了一大批关系民生的突出环境问题，不断满足人民群众日益增长的优美生态环境需要，生态环境质量明显好转。2022 年，全国地表水环境质量持续向好，水质优良（Ⅰ～Ⅲ类）水体比例为 87.9%，较 2012 年提高 26.5 个百分点，好于年度目标 4.1 个百分点；丧失使用功能（劣Ⅴ类）水体比例为 0.7%，较 2012 年下降 6.9 个百分点。重点流域水环境质量持续改善，长江干流连续三年全线达到Ⅱ类水质，黄河干流首次全线达到或优于Ⅱ类，珠江流域、西南诸河、西北诸河、东南诸河水质状况保持为优，淮河流域、辽河流域水质明显改善。地下水水质总体保持稳定，Ⅰ～Ⅳ类水质点位比例为 77.6%。全国地级及以上城市水源水质达标率达到 95.9%，南水北调水源及沿线生态环境质量明显改善，人民群众饮水安全得到有效保障。城市黑臭水体治理成效显著，295 个地级及以上城市（不含州、盟）建成区黑臭水体基本消除，县城及县级市黑臭水体整治不断推进。

三、水生态保护修复取得积极进展

坚持以保护优先、自然恢复为主，扎实推进山水林田湖草沙一体化保护和系统治理，推进落实湿地与河湖保护修复等重点工程，水生态保护修复工作迈上新台阶。2022 年全国已实施 44 个山水林田湖草沙一体化保护和修复工程，完成修复面积达 3.5 万 km^2。湿地生态状况逐步改善，截至 2022 年，我国国际重要湿地 82 处，面积为 764.7 万 hm^2，位居世界第四。目前，全国重点流域水生态状况以中等至良好状态为主，长江流域水生生物多样性逐步恢复，太湖、滇池蓝藻水华发生次数、面积、藻密度大幅下降；黄河流域水土流失面积强度“双下降”，干支流沿岸及其周边区域植被覆盖显著增加，流域生态流量逐步得到有效保障，生物多样性水平明显提升。美丽河湖保护与建设成效初显，2021 年以来组织评选了两批共 56 个“美丽河湖”优秀案例，建成一批“有河有水、有鱼有草、人水和谐”的美丽河湖示范样板。

四、水生态环境治理体系加快完善

逐步构建完善党委领导、政府主导、企业主体、社会组织和公众共同参与的现代环境治理体系，水生态环境治理现代化水平不断提升，为推动水生态环境持续改善提供有力制度保障。生态环保机构职能进一步健全、威慑力进一步加强，从监管的角度把原来分散的污染防治和生态保护职责统一起来，全面推动各项工作贯通、贯彻和落实。充分发挥中央生态环境保护督察“利剑”作用，从讲政治的高度严格落实生态环境保护责任，不断建立完善相关政策制度体系，逐渐形成“党政同责”和“一岗双责”的“大环保”工作格局。生态环境保护法治体系基本建立并不断完善，制（修）订了 30 余部相关的法律法规，制定了 20 余部相关的污染物排放标准，为我国水生态环境治理作出基础制度贡献。构建完善生态保护监管体系，各省（区、市）生态环境分区管控体系初步建立，“十四五”国控断面总数从 1 940 个增加到 3 641 个，实现十大流域干流及重要支流、地级及以上城市、重要水体省市界和重要水功能区“四个全覆盖”。推动建立跨省流域上下游突发水污染事件联防联控机制，生态环境风险得到有效防控，牢牢守住水生态环境安全底线。

第二节　水污染防治经验做法

党的十八大以来，我国高位推动水污染防治工作，坚持精准治污、科学治污、依法治污，加强系统治理、综合治理、源头治理，在水污染防治方面积累了丰富经验，各地也涌现了一批先进特色经验做法。

一、加快经济社会发展绿色转型

（一）国家主要做法

党的十八大以来，强调建设人与自然和谐共生的现代化，坚持生态优先、绿色发展，在发展中解决问题，探索以生态优先、绿色发展为导向的高质量发展新路子。深入推进产业结构调整，减少过剩和落后产能，积极培育绿色发展新动能，推进传统工业产业的低碳绿色转型，通过强化环境监管、清洁生产、节能改造等一系列行动举措，不断提高传统行业环境绩效，从产业园区、工厂、产品、标准、绿色供应链等多个层面推进工业绿色转型发展。着力推进农业绿色生态发展，多措并举推进农业节水和化肥农药减量增效，大力发展农业循环经济，推广种养加结合、农牧渔结合、产加销一体等循环型农业生产模式，强化农业废弃物资源化利用，开展农业绿色发展先行区建设。建立水资源刚性约束制度，严格水资源用途管制，深入实施国家节水行动，强化高耗水行业用水管理，大力推进农业节水增效、工业节水减排、城镇节水降损。在“绿水青山就是金山银山”理念的指引下，从中央到地方自上而下积极探索生态产品价值实现的机制和路径，探索GEP核算等方式，促进生态产品价值高效转化。

（二）地方特色经验

辽宁、上海、浙江、江苏、福建、江西、山东、广东、宁夏等省（区、市）以新发展理念为引领，大力推动新型工业化，着力推进农业绿色生态发展，实施水资源节约集约利用，积极探索“绿水青山就是金山银山”理念的路径，进一步推进经济社会发展全面绿色转型。

1. 工业绿色转型

浙江、江苏、广东等省份通过实施产业改革、严格环境准入、立法促进产业绿色发展等措施，推动产业结构优化调整，推进传统产业绿色转型，构建绿色制造体系。浙江省围绕产能快速有序更迭和产业结构调整优化，开展“腾笼换鸟”攻坚行动，在国家淘汰落后产能要求的基础上，自主加压，在全省范围内制定实施范围更大、要求更严的淘汰标准，加快传统产业升级改造；深入实施“亩均论英雄”改革，以“亩均效益”为导向，以亩均税收、亩均增加值、单位排放增加值、研发经费支出与主营业务收入之比等为主要评价内容，建立“亩均效益”企业综合评价制度，加速推进全省产业结构调整升级。江苏省江阴市在“低效供给、低端产能”上坚定做减法，积极腾退化解旧动能，实施最严格的环境准入制度，大力推进化工污染治理；在“高端产业、绿色产业”上持续做加法，全面培育壮大新动能。广东省出台全国首个加快推进新型工业化、建设制造强省的专门立法，以《广东省制造业高质量发展促进条例》《关于高质量建设制造强省的意见》及推进新型工业化发展的系列政策组合形成“1+1+X”体系，加快制造业绿色低碳转型，推动传统产业提质升级，促进发展绿色循环经济，推动实现全省制造业绿色高质量发展。

2．农业绿色生态发展

辽宁、上海、广东等省（市）多措并举实施农业废弃物资源化利用与农业面源污染治理，推广发展农业循环经济，持续推进农业绿色生态发展。辽宁省大连市高标准开展耕地质量保护与提升行动、有机肥替代化肥试点以及赤眼蜂防治玉米螟等农药减量行动，采取“财政补贴+联合执法+督导检查”形式引导督促养殖场（户）建设畜禽粪污处理设施，推进形成农膜等闭环管理模式，以项目为带动强力推进畜禽粪污、秸秆产业化高水平利用。上海市崇明区着力打造都市现代绿色农业高地，出台绿色农药管控规定，制定农药管控新标准和绿色农药目录，建立集绿色农药采购、销售、配送、使用、废弃物回收处理于一体的绿色农药封闭式管控体系，研究打造全域农业生态系统大循环崇明模式，推进秸秆网格化收集利用、特色水产智能化零排放养殖等新型生态循环链模式，开展“鱼塘-水稻-湿地-林地”养殖尾水综合治理循环利用试点。广东省先行先试实施亚洲最大、国内首个世界银行贷款农业面源污染治理项目，采用化肥农药减量、南方保护性耕作和高床养殖等高效的农业污染治理方式，示范破解农业面源污染治理难题；将社会化服务引入种养循环技术产业，在全省范围内广泛开展绿色种养循环试点，初步探索建立粪肥还田社会化服务运行机制。

3．水资源节约集约利用

福建、山东、广东等省份通过打造节水用水信息化管理平台、强化节水激励政策引导、开展最严格水资源管理制度考核等措施，推动实现水资源节约集约利用。福建省着力打造自动监测、精细监控、全程管理的节水大平台，逐步建立完善取用水耗排水全过程监控管理的信息化平台，推进城镇供水管网水压、分区计量管理和主动渗漏控制，强化政策鼓励与引导，创建一批具有示范带动作用的节水载体，鼓励社会资本进入节水领域，创新推行“节水贷”，优先支持水效领跑者、节水型单位以及信用评价等级良好及以上企业的节水项目。山东省出台全国首个综合性节水激励政策文件《落实和完善节水激励政策若干措施》，立足激励引导，着力建立节水工作促进机制，激发全社会节水内生动力。广东省率先在全国全面实施最严格水资源管理制度，严格“三条红线”（用水总量控制、用水效率控制和水功能区限制纳污）管理，省对市、市对县层层开展最严格水资源管理制度考核，压实节水责任；近年来加快推进珠三角水资源配置工程、环北部湾广东水资源配置工程等工程建设，加快深汕合作区供水工程、中珠江供水一体化等工作，进一步推动优化全省水资源配置格局，推进水资源集约利用。

4．生态产品价值转化

浙江、江西、广东、宁夏等省（区）坚定不移地走生态优先、绿色发展之路，积极践行绿水青山就是金山银山的项目实践，探索生态产品价值实现方式路径，有力促进生态产品价值高效转化。浙江省湖州市深入实施绿色低碳创新综合改革，做深做透“生态+”文章，努力把生态优势转化为发展优势，探索建立生态资源的核算、评估、经营和增信机制，在全国率先开发 GEP 核算辅助决策系统，首创项目 GEP 绿色金融贷。江西省赣州市寻乌县在统筹推进山水林田湖草生态保护修复的同时，因地制宜发展生态产业，利用修复后的土地建设工业园区，引入社会资本建设光伏发电站，发展油茶种植、生态旅游、体育健身等产业，逐步实现“变废为园、变荒为电、变沙为油、变景为财”，实现了生态效益和经济社会效益相统一。广东省深圳市系统摸清全市生态底数，建立全国首个 GEP 核算“1+3”制度体系；盐田区形成城市 GEP 进监测、进规划、进考核、进决策的“盐田模式”。宁夏回族自治区银川市采用土地整治、以渔治碱、循环种养、统防统治等措施，改良盐渍化土壤，改善村内基础设施，提高自然生态系统质量和生态产品供给能力，因地制宜开发了集农业种植、渔业养殖、产品初加工、生态旅游于一体的“稻渔空间”生态农工旅项目，完成了从传统种植到稻、鱼、蟹、鸭立体种养，再到三次产业融合发展的转型升级，获得了耕地保护、生态改善、产业提质、农民增收等多重效益。

二、深入实施水环境综合治理

（一）国家主要做法

以水质改善为核心、突出水环境质量目标刚性约束，深入打好水污染防治攻坚战。实施“散乱污”企业清理整顿，着力推进城镇污水处理设施完善及升级改造，深化畜禽养殖污染治理，加强入河入海排污口治理，推进农村环境综合整治，巩固饮用水水源地环境整治成效，持续开展城乡黑臭水体整治，全面推进水环境综合治理。聚焦重点区域，制订实施重点流域水污染防治规划，加强长江、黄河母亲河大保护，着力推进重点流域水环境改善。持续开展中央生态环境保护督察，聚焦水污染防治攻坚战，开展统筹强化监督工作，通过强化监督推动落实，精准分析影响生态环境质量的突出问题，分流域区域、分行业企业对症下药，实施精细化管理。

（二）地方特色经验

北京、上海、江苏、浙江、山东、湖北、广东等省（市）通过开展饮用水水源保护、污染源管控、黑臭水体整治、国省考断面达标攻坚等系列专项行动，进一步强化水污染综合治理，通过多年深耕，推动实现水环境质量持续改善。

1. 饮用水水源保护

北京、江苏、浙江、广东等省（市）严格实施环境准入与清退，系统推进水质提升，全方位守护饮用水水源生态高地。北京市加强密云水库系统保护与监管，实施“退耕禁种、养殖退养、库中岛修复、矿山退出、涵养林建设”五大工程，网格化管理与河长制相结合实行库区全封闭管理，打造智能监控系统，进行 24 h 监控。江苏省持续优化供水布局，逐步形成“扎根长江、依托三湖、江水北调、南济东引”的水源地空间布局，实现水源地相对集中以降低风险，按照“一个保障、两个达标、三个没有、四个到位”的细化保护要求，全面开展水源地达标建设。浙江省全面强化饮用水水源的“划、立、治、测、管”工作，积极推进饮用水水源地数字化管理，实现饮用水水源保护基础信息可视化、日常监管信息化、风险预警智慧化。广东省严格实施水源特殊保护，将县级以上一级保护区全部划入生态保护红线范围，有序开展市、县和农村“千吨万人”以上集中式饮用水水源保护区划定，推动发展与水源保护相协调，同时强化饮用水源头管控与系统治理，开展流溪河、濮阳江流域江河源头生态环境保护试点，持续开展水源保护区环境问题排查整治及“回头看”。

2. 污染源系统治理

上海、江苏、浙江、广东等省（市）推进工业源、农业源、生活源、船舶移动源一体化治理，加强入河排污口整治及监管，各类污染源得到有效治理和规范监管。上海市以点带面系统推进，全面建立污水处理体系，市区布局为集中处理和分散处理相结合，郊区布局则采用组团分散处理，中心城分散污水处理厂在不影响全市污水处理率情况下，择时予以废除并用于初期雨水治理。江苏省加强化工园区水污染物排放管控，通过“一企一管”、雨污分流、特征污染物清单化管理等手段，深化化工园区水污染防治，创新实施船舶污染物“一零两全四免费”治理机制，全面打造“港航企业全动员、污染治理全覆盖、接收处置全落实、监管服务全链条”的船舶污染防治“江苏模式”。浙江省坚持水岸同治、城乡共治，聚焦工业农业“两转型”、城乡污水处理能力“两覆盖”，协同推进治水与治城治乡，大力实施排污口清理整治、工业重点工业行业绿色化升级、“零直排区”建设、畜禽养殖业转型升级及粪污资源化利用等专项行动，首创稻田退水“零直排”治理模式，通过在重点领域率先实施一批标志性行动和工程进而带动全局治水。广东省系统推进工业、生活、农业、航运四源齐控，通过无人机、无人船等高科技手段辅助人工排查，全覆盖开展排污口排查溯源，有序推进排污口分类整治，建立入河排污口信息化系统，实行全省入河排污口信息化动态管理，推动实现“污染源—排污通道—排污口—受纳水体”全链条管控。

3．黑臭水体整治

江苏、山东、湖北、广东等省份持续加强城乡黑臭水体治理，积极探索建立长效管护机制，推进城市黑臭水体长治久清及农村黑臭水体逐步消除。江苏省绘制全省黑臭水体分布图，实行挂图作战、逐个销号，抓住水、岸、网治理的“三根线”，打造黑臭水体治理“拆、截、清、修、引、测、管”江苏模式。山东省将农村黑臭水体治理纳入乡村生态振兴工作重要内容，强化资金政策保障，每年通过竞争性评审分批开展整县治理试点，及时梳理总结治理试点经验，明确不同区域不同类型农村黑臭水体适用治理模式，并在全省推广。湖北省采取投、建、管、运“四位一体”的治理模式，建立以县级政府为责任主体、乡镇政府为管理主体、村级组织为落实主体、农户为受益主体、运维单位为服务主体的“五位一体”长效运维管理体系，推进农村黑臭水体长效治理。广东省推进“四洗”，精细化开展“洗楼、洗井、洗管、洗河”行动，对污水排放进行全面排查，定量分析河涌底泥等内源污染和生活垃圾、生活污水、工业废水、农业废水等外源污染，深入调研排查、找准关键症结、对症精准施策，开展城市黑臭水体精细化治理。

4．考核断面攻坚

江苏、浙江、广东等省围绕国考断面达标，创新实行督导帮扶机制，聚各方合力指导解决治水难题，推进工作有力有效落实。江苏省开展“保III增III”溯源整治攻坚，建立国考断面挂包责任制，严格落实“断面长制”，建立“旬预警、月会商、季通报”工作机制，先后实施水质达标帮扶督查、驻点督办、定向挖潜、提升驻援、水质奔III等行动，压实治污责任，推进水环境质量稳步提升。浙江省建立首席技术顾问制度、部门挂联结对制度和万名督导服务员制度，建立“通报排名、预警约谈、挂号销号”机制，对治理效果不明显、水质改善不快的断面和河道及工作不力、进展缓慢地区实行预警或约谈。广东省创新实行“一市一策一专班”督导服务，组织专家技术团队对重点国考断面开展逐月一线巡查和驻点排查，定期会商研判达标形势，必要时向相关地市政府发送水质提醒函，持续压实治理责任，围绕重点攻坚国考断面制定“一图一表一方案”，建设“挂图作战”系统平台及污染防治攻坚任务督导管理工具，动态跟踪水质变化和重点治污工程建设进展。

三、积极开展水生态保护修复

（一）国家主要做法

坚持山水林田湖草沙一体化治理，以保护流域水生态系统健康和改善水环境质量为重点，在污染减排与生态扩容两方面发力，系统推进水资源管理和水生态保护。先后确定 4 批重点河湖控制断面生态流量保障目标，加强江河湖库水量调度管理，采取闸坝联合调度、生态补水等措施，维持河湖基本生态用水需求。科学划定生态保护红线，严格落实生态保护红线管控要求，强化水源涵养林建设与保护，开展湿地保护与修复，加大退耕还林、还草、还湿力度。开展七大流域水生态状况调查试点监测，加强河湖滨带生态建设，印发《河湖生态缓冲带保护修复技术指南》，推进河湖两侧植被缓冲带和隔离带建设。以太湖、滇池等湖库为重点，加强蓝藻、水华防控与治理。全面实施长江十年禁渔，推进长江流域水生态考核工作，推进水生态保护修复履职尽责。积极推进美丽河湖保护与建设，强化河湖水生态系统保护示范引领作用。

（二）地方特色经验

北京、上海、江苏、浙江、福建、山东、广东等省（市）从生态整体性和流域系统性出发，加强河湖生态流量保障，积极谋划水生态监测评价，科学系统推进水生态保护修复和美丽河湖建设，不断提升水生态系统质量和稳定性。

1. 河湖生态流量保障

生态流量是维系河湖生态系统的基本要素，北京、江苏、浙江、福建、广东等省（市）从再生水利用、生态调度、监测监管等方面推进河湖生态流量保障全过程管理，为恢复河湖生态功能提供基础保障。北京市持续加强再生水资源化利用，不断完善再生利用制度、技术标准、支持政策，统筹实施多水源跨流域生态补水，大力实践“以水开路、用水引路”，开创了“湿河底、拉河槽、定河型、固河滩、复生态”平原多沙悬河治理模式。江苏省按照“一河（湖）一策”的要求，编制河湖生态水位保障实施方案，建立生态水位月监测、年评估制度，加强水利工程优化调度和取用水管控，有效保障河湖生态水量。浙江省以河流为单元，改造或增设无节制的泄流设施、生态机组等，保障小水电站厂坝间河道生态需水量，通过流域梯级协作机制，全流域协同、持续保障生态需水量。福建省以最严格水资源管理制度、河湖长制管理、取水许可和水资源费征收等管理体系为载体，以断面为单位构建生态流量调度、监测、管控的责任体系，建立重要河流生态基流三级预警机制。广东省印发实施《广东省河湖生态流量管控工作方案》《关于做好广东省河湖生态流量保障工作的指导意见》等多个生态流量管控指导文件，明确生态流量管理的工作任务、计划安排、分级管理权限和重点工作，系统谋划生态流量保障工作。

2. 水生态监测评价

为摸清江河湖库水生态状况家底，北京、浙江、山东、广东等省（市）积极开展水生态调查评价，为水生态环境保护修复工作提供坚实基础支撑。北京市将全市水生态监测及健康评价列入常态化业务工作，逐年发布水生态监测及健康评价报告，建立水生态健康等级指示物种体系，同时积极探索使用环境 DNA 检测、水鸟与鱼类 AI 智能识别等先进监测技术。浙江省开展水库型水源地生态健康评价试点工作，从水资源、水环境、水生物、水生境和水管护 5 个维度首次构建了水库型水源地生态健康评价体系，随后发布《浙江省河湖健康及水生态健康评价指南》，启动全省河湖健康评价工作。山东省充分运用现场采样、遥感监测等手段，对河湖物理形态、水环境质量（含沉积物等）、水生生物、环境 DNA、鸟类等指标进行全面调查，构建了具有地方流域特色的水生态系统健康监测及评价的体系和方法。广东省出台了《广东省江河湖库水生态环境调查与评价技术指引（试行）》，统一调查方法并构建地方水生态评估指标体系，在全国层面率先推进全省重要河湖水生态状况“把脉会诊”，调查点位 1 712 个。

3．水生态建设修复

江苏、浙江、山东、广东等省立足山水林田湖草沙一体化保护修复，着力加强缓冲带、湿地、水生生物等重要生态要素保护，河湖健康状况持续改善。江苏省健全生态保护修复统筹协调机制，高位统筹水生态保护修复工作，全面推进重大工程建设，组织实施多批次的省级山水示范工程，系统推进山水林田湖草沙一体化保护和修复。浙江省在“两河两湖”生态缓冲带划定和生态修复试点基础上，印发实施《关于推进河湖生态缓冲带划定与生态修复的指导意见》，出台《浙江省河流生态缓冲带划定与生态修复技术指南（试行）》《浙江省湖库生态缓冲带划定与生态修复技术指南（试行）》等技术指导文件，全面推进河湖生态缓冲带监测与评估，按照“守、退、补”原则，维护沿河、环湖生态空间的生态完整性。山东省创新“治用保”治理体系，以治控源，以用减排，以保促净，通过“污水处理厂+湿地”治污综合体，规划布局人工湿地和生态河道，构建沿河环湖大生态带，有效提升流域环境承载力。广东省修订《广东省湿地保护条例》，推进国家重要、省重要、一般湿地分级管理，加快实施湿地公园及人工湿地建设，实施练江、漫水河、遂溪河等一批水生态修复重点示范工程，加强生态缓冲带修复，提升河湖生态环境品质，组织编制《珠江流域水生物多样性保护方案》，大力开展增殖放流及土著水生生物物种培育养护。

4．美丽河湖创建

上海、江苏、浙江、山东、广东等省（市）大力开展美丽河湖等示范创建，宣传先进典型，营造争先创优良好氛围，推进实现人与自然和谐共生。上海市推进星级河道创建，印发《上海市星级河道评定办法》和《上海市星级河道评定标准》，通过推广有效做法和成功经验，营造全社会关注、支持、参与水环境治理的浓厚氛围。江苏省、山东省持续推进美丽河湖建设工作机制，促进全域积极开展美丽河湖建设，其中江苏省印发《江苏省美丽河湖评价技术指南（试行）》《江苏省美丽河湖保护与建设管理办法（试行）》等文件，明确责任主体、建设标准、评价方法、评价方式、长效机制等，山东省出台《山东省美丽河湖保护建设与管理工作方案（试行）》，明确了美丽河湖“保护—建设—管理”的全链条工作路径。浙江省全域推进幸福河湖建设，实施“百江千河万溪水美”工程，构建以八大水系为轴的发展带，打造近百条各具特色的县域幸福母亲河，建设千余个高品质水美乡村，激发万余公里滨水岸带活力。广东省印发实施《广东万里碧道总体规划（2020—2035 年）》及一系列配套技术标准，出台省级美丽河湖优秀案例征集工作方案及美丽河湖保护与建设评价指标体系，定期组织开展省级美丽河湖优秀案例评选，以碧道建设及美丽河湖建设为引领，加快打造岭南水生态保护修复样板。

四、提升治理能力现代化水平

（一）国家主要做法

深化党和国家机构改革部署，组建生态环境部，整合组建生态环境保护综合执法队伍，实行省以下生态环境机构监测监察执法垂直管理制度，按流域海域设立生态环境监管机构，强化了生态系统保护修复统一监管。制（修）订《中华人民共和国水污染防治法》《中华人民共和国长江保护法》《中华人民共和国湿地保护法》等一系列法律，持续健全水污染防治标准体系，制定实施《中央生态环境保护督察工作规定》等专项党内法规，并将生态文明建设纳入其中，用最严格的制度、最严密的法治保护生态环境。着力构建党委领导、政府主导、企业主体、社会组织和公众共同参与的现代环境治理体系，搭建完善制度框架，建立实施中央生态环境保护督察、河湖长制、生态保护红线、生态补偿等一系列制度，出台和落实“党政同责、一岗双责”制度，压实地方党委和政府在环境保护方面的主体责任，抓好制度执行。加强水环境监测网络建设，充分利用卫星资源、航空有人机和无人机、地面固定和移动巡视监测等手段，构建“天空地一体化”生态质量监测网络。

（二）地方特色做法

江苏、浙江、福建、广东、广西、湖南、重庆、四川等省（区、市）深入贯彻落实习近平生态文明思想，着力完善法规标准体系，提升监测监管能力，创新管水治水机制，完善全民行动体系，不断提升生态环境治理体系和治理能力现代化水平。

1. 法规标准体系完善

江苏、浙江、福建、广东、四川等省份不断完善多维度保护生态环境的法律法规标准体系，为促进人与自然和谐共生提供了法律制度保障。江苏省颁布实施《江苏省生态环境监测条例》，有效破解自动监测监控数据不能用于行政处罚等实践难题。浙江省出台了《浙江省生态环境保护标准体系建设指南》，通过制（修）订污染物排放标准，有序提升污染物排放控制要求，促进技术进步和产业结构优化。广东省坚持依法治水，构建“省级-地市”自上而下的法治监督体系，2020 年颁布实施全省首部水污染防治综合性法规《广东省水污染防治条例》，中山、揭阳、江门、惠州、佛山等地市也充分发挥地方立法作用，制定实施地方水环境保护条例，为有效解决地方实际问题提供有力支持。四川省持续完善“一河一法”，用法治守护水清岸绿，沱江、嘉陵江、赤水河等流域保护条例陆续颁发实施，岷江保护立法加快推进，与云南、贵州、重庆加强立法协作，为流域上下游、左右岸、干支流协同治理保护奠定坚实的基础。福建省在全国率先将河长制纳入地方性法规，在全国率先建立了河长办与法院、检察院省市县三级全覆盖的协作机制，实现了行刑衔接，强化了河湖管护的“威慑力”，通过法治化、规范化、标准化，不断提升河湖治理能力和治理体系现代化水平。

2．监测监管能力提升

浙江、江西、广东、湖南、重庆等省（市）大力推进监测能力建设，强化生态环境综合执法能力，不断提升生态环境监测监管能力水平。浙江省深入开展“五水智治”数字化建设，不断深化生态环境“智”理实践，在全国率先开发了“环境地图”，建设生态环境保护综合协同管理平台。江西省出台生态环境综合执法能力建设年活动实施意见，重点加强对执法人员能力素养的提升，特别是开展执法能力建设年活动，通过比武、培训、实战等方式，不断增强队伍执法本领；积极开展执法机构规范化试点建设，发挥试点单位示范引领作用，多措并举提升环境执法效能。广东省深化生态环境保护综合行政执法改革，加快构建陆海统筹、天地一体、上下协同、信息共享的生态环境监测网络，搭建了全省水质自动监测预警平台及北江流域饮用水水源水质预警监控平台。湖南省深化拓展“洞庭清波”专项行动，以“一江一湖四水”为主战场，将全省 14 个市（州）纳入专项行动范围，创新监督方式方法，贯通纪律监督、监察监督、巡视巡察监督和审计监督，突出专题整治和包片跟踪监督，确保党中央、国务院重大决策部署和省委、省政府有关工作要求得到贯彻落实，为推动中部地区崛起和长江经济带高质量发展提供坚强的纪律保障。重庆自主开发建成的“重庆市环境应急系统”，实现了生态环境部/市政府、市生态环境局、区县生态环境局、应急指挥车、现场单兵五级互联互通。

3．管水治水机制创新

江苏、浙江、广东等省份不断创新管水治水机制，建立完善联防联治、生态补偿机制，创新落实河湖长制，不断提升管水治水能力水平。江苏省定期召开部省共建生态环境治理体系和治理能力现代化联席会议，全方位、多层次推进治理体系建设；深化生态环境损害赔偿制度改革，构建生态环境损害赔偿“1+7+1”制度体系，案例数和赔偿金总额总体居全国前列；深化生态补偿制度改革，落实生态保护权责，推行断面双向补偿，激发各地治污动力。浙江省委、省政府成立“五水共治”领导小组，由省委书记、省长任双组长，各部门为成员单位，建立省治水办，作为实体化运作的临时议事协调机构，全面进行“五水共治”决策、指挥、监督，统筹顶层设计、制定目标任务、推进任务落实、组织督查考核和开展宣传发动，同时严格监督、强化考核；率先在全国建立五级河长体系，率先实现公检法驻环保联络机构全覆盖，建立健全督查机制；积极探索环境执法与司法联动机制创新，在全国率先实现了省、市、县三级环保与公检法机关联络机构全覆盖。广东省积极构建多区域齐抓共管的“大生态环境保护”工作格局，建立跨界流域水环境综合整治联席会议制度，与广西签署《九洲江上下游横向生态补偿协议》，与江西、福建建立东江流域、汀江-韩江流域上下游横向生态补偿协议，推进跨省断面水质逐年改善。

4. 全民行动体系构建

江苏、福建、广东等省份积极推进生态文明教育，不断完善社会监督机制，推动公众全民参与生态环境治理。江苏省大力开展生态文明教育，发布的《江苏生态文明 20 条》在全社会引起强烈反响，“美丽江苏·七彩约定”得到行业协会和地方积极响应。福建省通过开通 96133 河湖长制监督电话，设置上万个河湖长公示牌，持续开展“河小禹”、巾帼护河、企业认养河道等行动，发动人大代表、政协委员广泛参与监督，形成了舆论引导、公众参与、社会监督的全民护河机制。广东省出台《广东省生态环境教育条例》，通过立法推进生态环境教育工作，让全社会行动起来，做生态文明理念的积极传播者和模范践行者，推动构建全社会齐抓共管生态环境的“大教育”格局，凝聚起全社会共同参与生态文明建设的强大合力。

第三节　水污染防治问题与短板

近年来，我国水污染防治工作虽取得了长足进展，但绿色发展水平还有待提升，水环境、水资源、水生态“三水统筹”基础相对薄弱、水生态环境治理现代化水平与发展需求尚不匹配，当前水生态环境保护工作仍存在一些亟待解决的突出问题和工作短板。

一、经济社会绿色发展水平仍有待提升

当前，我国绿色发展水平整体还不够高、基础还比较薄弱，制造业总体处于全球价值链中低端，粗放型经济增长方式尚未根本转变，产业结构偏重的状况一时难以彻底改变。重点区域、重点行业污染问题没有得到根本解决，区域性、布局性、结构性环境风险依然突出，盲目上马“两高一低”项目的现象仍然存在，随着人口红利逐渐减弱、资源环境约束趋紧，产业结构调整和产业升级任务艰巨。从污染物减排和环境治理改善来看，尽管我国主要污染物排放从总体上已跨越峰值，但部分地区水污染物的排放量仍然

远超水环境容量。经济绿色低碳转型与技术创新提升空间巨大，主要技术水平与发达国家相比仍然存在一定差距。

二、水环境改善不平衡不协调问题突出

当前，我国已进入深入打好污染防治攻坚战阶段，水污染治理进入“深水区”，全国水环境质量总体持续改善，但水环境改善不平衡、不协调的问题依然突出。主要表现为：部分地区水质达标滞后，2022 年全国地表水“十四五”国控断面仍存在 0.7%的劣 V 类断面，个别城市治理完成的黑臭水体出现反弹，农村黑臭水体治理亟待加强；局部地区环境基础设施存在明显短板，2022 年部分地区城市生活污水集中收集率仍不足 50%，城乡发展和环境治理进度差异较大，农村生活污水治理率仅为 31%左右，远低于城镇；城乡面源污染防治瓶颈亟待突破，旱季“藏污纳垢”、雨季“零存整取”等问题突出，城乡面源污染正在上升为制约水环境持续改善的主要矛盾。

三、部分区域的水资源水生态问题凸显

我国水资源相对短缺，人多水少、水资源分布不均是我国的基本水情。全国用水方式仍然较为粗放，主要用水效率指标与世界先进水平相比仍有较大差距，万元工业增加值用水量为世界先进水平的两倍，农田灌溉水有效利用系数远低于 0.7～0.8 的世界先进水平。水资源不合理利用和浪费现象突出，以生态破坏和高耗水为代价的生产、生活方式尚未根本改变，一些缺水地区高耗水产业相对集中，水源涵养区、河湖水域及其缓冲带等流域重要生态空间过度开发，产业布局与水资源承载力不相适配，水生态破坏以及河湖断流干涸现象比较普遍，水源涵养功能受损、生物多样性丧失、湖泊蓝藻水华频发等问题在各流域不同程度存在，已经成为建设美丽中国突出短板。

四、治理体系和治理能力需进一步加强

水生态环境保护相关法律法规、标准规范仍需进一步完善，生态文明各项改革还需落地生根、协同增效，绿色发展的激励约束机制还不健全，生态环境保护责任主体内生动力未得到有效激发。“三水”统筹的系统治理格局尚未形成，地下地上、陆海统筹协同增效的治理体系不够完善，流域水生态环境管控体系需进一步健全。党委领导、政府主导、企业主体、社会组织和公众共同参与的现代环境治理体系还有待完善，环境治理多元化市场培育不健全，生态产品转化机制还亟须加强，绿色金融手段与方式有待拓展。水生态环境保护方面的经济政策、科技支撑、宣传教育、能力建设等还需进一步加强。

第四节　水污染防治机遇与挑战

当前，我国已开启全面建设社会主义现代化国家、向第二个百年奋斗目标进军的新征程。进入新发展阶段，创新、协调、绿色、开放、共享的新发展理念深入贯彻落实，以国内大循环为主体、国内国际双循环相互促进的新发展格局加速形成，人与自然和谐共生的现代化加快推进，要求以高品质水生态环境支撑高质量发展，水生态环境保护面临新的机遇和挑战。

一、立足新发展阶段，水生态环境保护提出更高目标要求

党的二十大报告提出，到 2035 年，生态环境根本好转，美丽中国建设目标基本实现。当前，我国经济社会发展已进入加快绿色化、低碳化的高质量发展阶段，生态文明建设仍处于压力叠加、负重前行的关键期，水生态环境保护结构性、根源性、趋势性压力尚未根本缓解，经济社会发展绿色转型内生动力不足，水生态环境质量稳中向好的基础还不牢固，绿色发展和水生态环境保护水平对标美丽中国建设目标要求还有较大差距，必须以更高站位、更宽视野、更大力度来谋划和推进新征程水生态环境保护工作。要准确把握新发展阶段，对标对表 2035 年生态环境根本好转、美丽中国建设目标基本实现的远景目标，以及我国 2030 年前力争实现二氧化碳排放达峰的目标、2060 年前努力争取实现碳中和的愿景，在我国发展新的历史方位中，找准水生态环境保护的定位，科学谋划新时期水生态环境保护目标任务和重要举措，推动实现“有河有水、有鱼有草，人水和谐”的水生态环境保护更高目标。

二、贯彻新发展理念，水生态环境改善内生动力不断增强

党的十八大以来，在新发展理念指引下，我国坚定不移走生态优先、绿色低碳发展道路，着力推动经济社会发展全面绿色转型。党的二十大报告紧紧围绕推动绿色发展，促进人与自然和谐共生，对新时代新征程生态文明建设作出了重大决策部署。全面加强水生态环境保护、深入打好碧水保卫战，是贯彻新发展理念、推动高质量发展的应有之义。新的碳达峰、碳中和目标愿景的提出，有利于推动经济结构绿色转型，有利于推动污染源头治理，绿色低碳转型进程加快，水生态环境质量改善的内生动力逐步增强。深入贯彻新发展理念，要落实“减污降碳”总要求，坚持“三个治污”方针，坚持系统观念，更加注重综合治理、系统治理、源头治理，确保“精准科学依法”在新阶段有新举措，推动水生态环境保护取得新的更大成效。

三、构建新发展格局，充分发挥水生态环境支撑保障作用

以国内大循环为主体、国内国际双循环相互促进的新发展格局加快形成，经济转型升级的需求更加迫切。习近平总书记在 2023 年全国生态环境保护大会上指出，要站在人与自然和谐共生的高度谋划发展，通过高水平环境保护，不断塑造发展的新动能、新优势，着力构建绿色低碳循环经济体系，有效降低发展的资源环境代价，持续增强发展的潜力和后劲。生态环境保护能从供需两端发力，提高产业链、供应链、价值链的绿色化水平，从生态环境保护标准体系、经济政策和市场手段等方面，精准提出发力方向，倒逼绿色低碳转型，扩大绿色消费需求，加快实现供需互动，快速提升双循环的质量。加快构建新发展格局，要坚持生态优先、绿色发展理念，发挥好水生态环境保护在宏观经济治理体系中的作用，不断增强绿色发展动能，促进生态经济良性循环，更加有效地服务好双循环发展新格局，以水生态环境高水平保护促进经济社会高质量发展。

第九章　面向美丽中国建设的水污染防治策略

第一节　水污染防治总体要求

进入新发展阶段、贯彻新发展理念、构建新发展格局、推动高质量发展对水生态环境保护提出了更高要求。面向 2035 年美丽中国建设的目标，着力推动由水污染防治为主向水资源、水生态、水环境等流域要素系统治理、统筹推进转变，坚持问题导向和目标导向，加快推进人与自然和谐共生的现代化，努力绘就绿水长流的美丽中国新画卷。

一、总体思路

党的二十大擘画了全面建成社会主义现代化强国、以中国式现代化全面推进中华民族伟大复兴的宏伟蓝图，明确了新时代新征程党和国家事业发展的目标，对推进美丽中国建设、促进人与自然和谐共生作出战略部署，对生态文明建设和生态环境保护工作提出了新的更高要求。到 2035 年，广泛形成绿色生产生活方式，碳排放达峰后稳中有降，生态环境根本好转，美丽中国目标基本实现。新时期水生态环境保护工作既要衔接好碧水保卫战成果及好经验、好做法，又要锚定美丽中国建设目标，以习近平生态文明思想为根本遵循，牢固树立和践行“绿水青山就是金山银山”的理念，坚持山水林田湖草沙一体化保护和系统治理，坚持精准、科学、依法治污，统筹水环境改善、水生态保护、水资源保障和水环境风险防控，按照流域生态系统的整体性、系统性及其内在规律开展水生态环境保护，强化源头控制、综合施策，统筹产业结构调整、污染治理、生态保护、应对气候变化，协同推进降碳、减污、扩绿、增长，着力构建从山顶到海洋的现代化水生态环境治理体系，大力推动美丽河湖保护与建设，有效发挥水作为高质量发展基础支撑和控制性要素的引导约束作用，逐步推进“美丽中国”水生态环境保护目标的实现。

二、战略目标

面向国家2035年“生态环境根本好转、美丽中国基本实现”的战略目标，坚持方向不变、力度不减，深入打好和巩固碧水保卫战成果，进一步延伸深度、拓展广度，加大对突出水生态环境问题集中解决力度，加快构建以水生态环境质量持续好转为核心的现代化水生态环境管理体系，推动水生态环境保护向更高水平迈进，加快推动生态环境质量改善从量变到质变，努力建设“有河有水、有鱼有草、人水和谐”的美丽河湖，不断满足人民群众对优美生态环境的需要。

到2025年，全国主要水污染物排放总量持续减少，水生态环境持续改善，水质优良水体稳中有增，劣Ⅴ类水体比例及县级及以上城市黑臭水体基本消除，重点河流生态流量得到保障，水资源、水环境、水生态等要素系统治理、统筹推进格局基本形成，打造一批具有示范价值的美丽河湖典范。

到2030年，全国水生态环境全面改善，县级及以上城镇建成区黑臭水体基本消除，江河湖库水功能区基本实现达标，饮用水安全保障水平持续提升，建立生态流量保障机制，水生态系统功能得到明显提升，60%的水体达到美丽河湖要求，美丽河湖保护与建设取得显著成效。

到2035年，全国水生态环境根本好转，江河湖库水功能区全面达标，饮用水安全保障水平全面提升，生态流量得到全面保障，水生态系统实现良性循环，“水清岸绿、鱼翔浅底”的美丽河湖处处可见，美丽中国水生态环境目标基本实现。

三、基本原则

生态优先，绿色发展。牢固树立尊重自然、顺应自然、保护自然的社会主义生态文明理念，坚持人与自然和谐共生基本方略，推动形成绿色发展方式与绿色生活方式，以资源环境承载力为先决条件，全面提升水环境质量，加大生态系统的保护与修复力度，确保经济社会发展与生态环境保护相协调，积极构建绿色低碳、人水和谐的新格局。

空间管控，严守红线。统筹优化农业、生态、城镇等各类空间布局，从战略性、系统性角度出发，设定并严守流域水资源利用上线、水环境质量底线、水生态保护红线。立足区域差异性，提出具有差别化、有针对性、可操作性的分类管控要求，指导和落实水污染防治和水生态环境保护。重视流域水生态环境污染的空间管控，开展综合管理与控制，统筹好流域上下游之间的协调关系。

全面统筹，系统治理。按照生态系统的整体性、系统性及其内在规律，坚持山水林田湖草沙一体化保护和系统治理，统筹产业结构调整、污染治理、生态保护、应对气候变化，协同推进降碳、减污、扩绿、增长。坚持以水生态环境改善为核心，污染减排和生态扩容两手发力，强化综合治理、系统治理、源头治理，突出精准治污、科学治污、依法治污，实施左右岸、上下游、陆上水里、河流海洋、地表地下、水生态水资源、污染防治与生态保护全面统筹协同治理。

生态修复、防范风险。开展水生态环境的系统修复，将生态修复与污染治理相结合，改善水体生态系统的结构和功能；改善河流水质水文条件，维持河流生态需水量；恢复水生生物群落，保护濒危、珍稀、特有生物物种。加强流域水生态风险防范，注重采用水生态风险管理与防范的方式来解决有毒污染物的环境管理问题。

多元共治，协调联动。按照“源头严防、过程严管、后果严惩”的要求，强化分工负责，加强协调联动，形成齐抓共管的强大合力，构建完善政府为主导、企业为主体、社会组织和公众共同参与的多元共治体系，坚持多措并举，综合运用行政、法律、科技、经济等手段促进形成水生态环境治理的合力。鼓励公众参与，利用信息化手段强化社会监督，保障公众环境知情权、参与权和监督权。

四、实施路径

为实现美丽中国水生态环境目标，着眼于我国中长期发展形势，按照“十四五”深入攻坚、重点突破，“十五五”持续巩固、有效衔接，“十六五”全面提升、根本好转的总体部署，逐步建立健全绿色发展体系、空间管控体系、统筹系统治理体系、现代化治理支撑体系，全面支撑美丽中国水生态环境保护建设。“十四五”继续深入打好碧水保卫战，突破面源污染防治、水生态保护修复等关键领域难点，统筹推进水资源、水环境、水生态等要素治理，建设一批具有全国示范价值的美丽河湖典范；“十五五”持续巩固碧水保卫战成果，治水深度向一级、二级支流延伸，全面建立水资源、水生态、水环境统筹推进工作机制，全面开展美丽河湖保护与建设；“十六五”常态化推进“三水”统筹治理，全面保障河湖生态流量，全面提升水生态系统功能，全面建成美丽河湖。水污染防治战略实施路径见图 9-1。

第二节　水污染防治总体策略

推进中国式现代化和美丽中国建设，必须围绕绿色低碳发展、环境治理、生态保护、现代化治理体系和治理能力等重点领域，以经济社会发展全面绿色转型为引领，以国土空间格局优化为载体，加快形成节约资源和保护环境的产业结构、生产方式、生活方式、空间格局，推动经济社会发展建立在资源高效利用和绿色低碳发展的基础之上，走人与自然和谐共生的现代化道路。

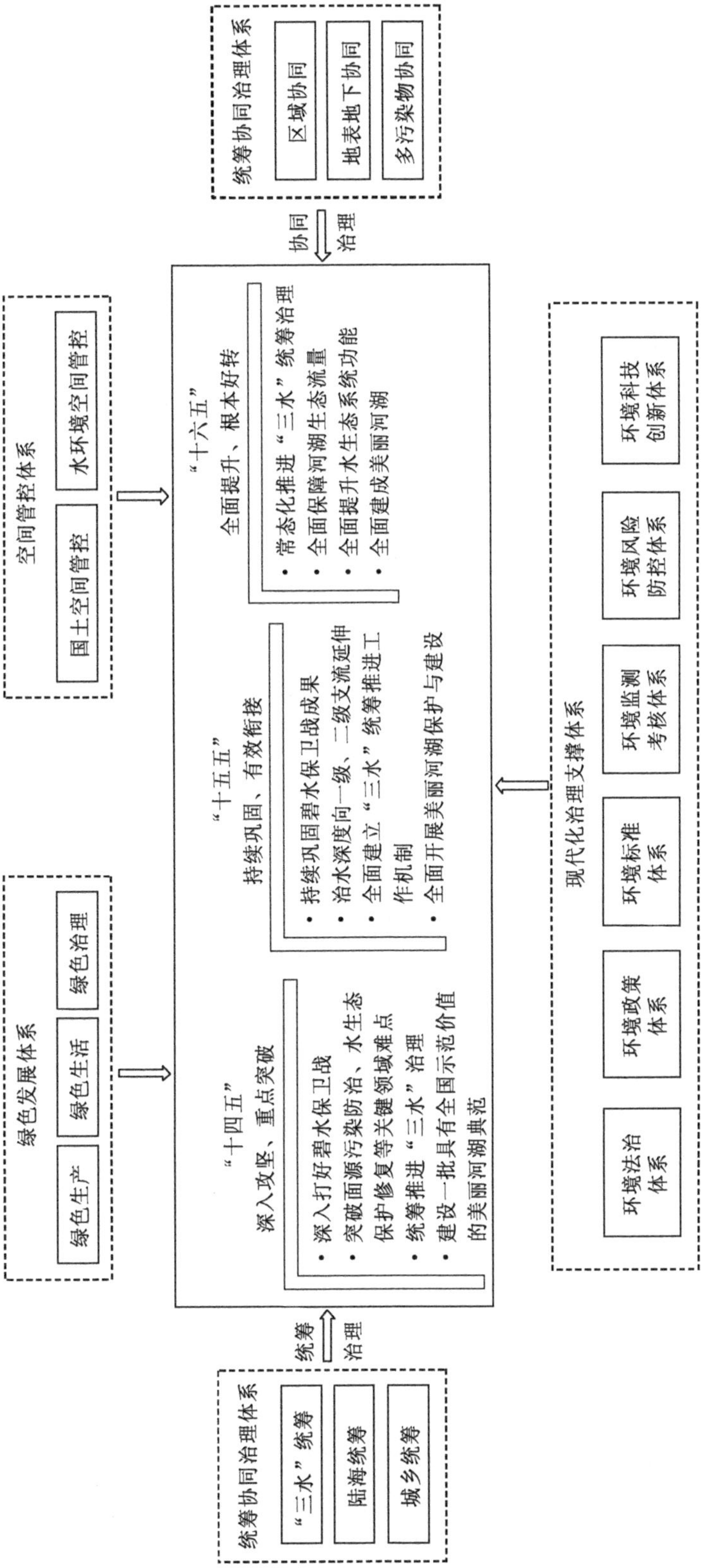

图 9-1 水污染防治战略实施路径

一、健全绿色发展体系

坚持生态优先、绿色发展理念，加快推动发展方式绿色低碳转型，把绿色发展作为解决水生态环境问题的治本之策，加快形成绿色生产方式和生活方式，推动水生态环境绿色治理，不断增强绿色发展动能，厚植高质量发展的绿色底色，促进人与自然和谐共生。

（一）绿色生产方式

1. 推动产业结构优化升级

充分发挥生态环境保护对经济社会发展的引领、优化和倒逼作用，制定出台有利于推进产业结构调整优化的政策。强化环保、水耗等要素约束，依法依规推动落后产能退出，以提高环保标准倒逼经济结构优化。坚决遏制高污染、高耗水项目盲目发展，对高耗水、高排放项目实行清单管理、分类处置、动态监控，对于市场已饱和的高耗水项目，主要产品设计水效对标用水定额先进值或国际先进水平。打造资源消耗少、环境污染少、附加值高、市场需求旺盛的产业发展新引擎，创新开发绿色低碳技术和产品，增加绿色产品的有效供给，积极引导低消耗、低排放和高效率的先进制造业和现代服务业发展。加快推进绿色农业发展，建立绿色低碳循环的农业产业体系，积极发展生态农业和有机农业，降低水、农药、化肥的投入，改善农业生态环境。

2. 推动水资源节约集约利用

推动重点行业、产品用水效率提升，推进工业企业、园区、集聚区用水系统集成优化，实现串联用水、分质用水、一水多用、梯级利用，提升水重复利用水平。优化用水结构，严格高耗水行业用水定额管理，推进非常规水源配置利用，积极推进污水资源化利用，加快污水处理厂尾水再生利用，鼓励沿海地区直接利用海水作为循环冷却水，鼓励企业、园区建立完善雨水集蓄利用、雨污分流等设施，有效利用雨水资源，减少新水取用量。加强工业水效示范引领，依托重点行业节水评价标准，推动创建节水型企业、园区，遴选节水标杆企业、园区，积极申报国家水效领跑者企业、园区。推动创建产城融合废水高效循环利用创新试点，总结推广产城融合废水高效循环利用模式。

3. 推动传统行业绿色化提升

做强绿色循环产业，以节能减排、循环经济、生态环保等为抓手，加快转变发展方式，推行绿色制造和清洁生产，大幅降低水耗强度、主要污染物排放总量。实施环保装备制造业高质量发展行动计划，培育一批环保装备骨干企业，加大高效环保技术装备产品供给力度。鼓励环保装备龙头企业，针对环境治理需求和典型应用场景，组建产学研用共同参与的创新联盟，集中力量解决水环境治理热点、难点问题。开展重点行业清洁生产改造，加强清洁生产审核和评价认证结果应用，引导电镀、印染、造纸、化工等重点行业企业大力推进工艺、技术、装备升级，推广应用清洁生产技术工艺以及先进适用的环保治理装备。实施产业集群和工业园区绿色化循环化升级改造，整合取消一批不达标工业园区，倒逼产业体系向高端智能发展，产业链向后端延伸。

（二）绿色生活方式

1. 加快培养生态文明意识

努力挖掘、传承、保护和利用绿色文化资源，积极培育生态文化和生态道德，让绿色发展理念成为全民共同的价值追求。全方位开展生态环境国情和绿色价值观教育，把生态文明宣传教育纳入国民教育、干部职工培训、农牧民技能培训体系中，深入开展生态文明教育进机关、进乡村、进社区、进学校、进企业，加快生态文明知识普及，大力宣传水环境污染和水生态破坏的危害性，让群众认识到改善水生态环境质量的紧迫性、艰巨性和长期性，全面增强全社会水忧患意识、水危机意识、水安全意识，充分理解和支持水生态文明建设，为水生态环境持续改善奠定广泛、坚实的社会基础。

2. 积极倡导绿色生活方式

组织开展形式多样的生态环境保护体验和实践活动，引导动员全社会各界积极践行简约适度、绿色低碳、文明健康的生活方式和消费模式，鼓励购买使用环境标志产品，推广节水用品。聚焦公众生产生活中各类用水场所、各个用水环节和各种用水行为，宣传普及节水知识和技巧，引领公众养成良好用水习惯。积极组织绿色家庭、绿色学校、绿色社区等绿色生活创建行动，倡导公众节约用水，一水多用，少用化学洗涤剂，不随意倾倒污水，合理施用化肥、农药，不用超薄农膜。组织和引导公众参与水生态环境保护工作，依托各类公共服务平台和设施开展水生态环境保护志愿服务。

3. 强化绿色生活制度保障

完善有利于推动形成绿色生活方式的环境保护法律法规。各级政府应根据各地的实际情况制订适合绿色生活方式的战略规划，逐步以绿色GDP作为各地政府政绩考核指标。完善奖惩措施，建立激励和约束机制，明确政府、企业、消费者等不同主体在绿色生产生活中的责任与义务，推动企业实现绿色低碳发展，促进人们自觉节约资源、保护环境。建立舆论监督机制，对铺张浪费、破坏水生态环境等问题予以曝光，推动全体社会成员实现生活方式绿色转型，形成良好社会风尚。

（三）绿色治理方式

1. 实施基于自然的绿色保护

常规的灰色基础设施功能和目标单一，缺乏韧性，且不可持续。基于自然的解决方案（NbS）旨在保护、可持续管理和恢复自然的和被改变的生态系统的行动，能有效和适应性地应对社会挑战，同时提供人类福祉和生物多样性，为我国生态保护修复实践提供了新途径。推动基于自然的解决方案应用于我国生态保护修复实践，遵循生态系统的整体性、系统性、动态性及其内在规律，对山水林田湖草沙等各类自然生态要素进行一体化保护和系统修复，推进海绵系统等以水为核心的生态基础设施建设，提高社会-经济-自然复合生态系统弹性。同时，因地制宜地构建适用于本土的基于自然的解决方案框架下的评价标准和技术规范，量化细化生态保护修复的目标和科学评估指标，完善相关的规划、监测和管理体系，为在大尺度下实施基于自然的解决方案提供保障基础。

2．推动水生态产品价值实现

建立健全生态产品调查监测、价值实现机制，鼓励地方重点针对生态价值核算、生态产品交易平台、生态产品保护绩效评价等进行深入探索。健全水生态产品开发经营机制，推进水生态产品供需精准对接，结合生态文明先行示范区建设和"绿水青山就是金山银山"实践创新基地建设，持续探索水生态环境保护修复新模式，积极探索水生态环境治理与区域流域产业开发有效融合的路径，推进生态环境导向的开发（EOD）模式和投资融资模式创新，促进水生态产品价值实现和转化。健全生态产品保护补偿机制，完善纵向生态保护补偿制度，深化横向生态保护补偿机制建设，支持在符合条件的重点流域依据出入境断面水量和水质监测结果等开展横向生态保护补偿。推动水资源权益交易，健全排污权有偿使用制度，拓展排污权交易的污染物交易种类和交易地区，探索在重点流域创新完善水权交易机制。因地制宜探索生态产业化模式和路径，延伸水生态产品产业链。

3．强化绿色治理示范引领

以美丽河湖建设为抓手，因地制宜探索水生态环境绿色治理新路径，选树典型，强化示范引领，以点带面，全面提升水生态环境质量。坚持问题与目标导向，描绘清晰具体的美丽河湖建设奋斗目标，鼓励引导各地因地制宜构建评价指标体系，细化考核评价办法、指标、标准和权重，更好发挥考核评价"指挥棒"的导向作用，积极尝试以奖代补形式，调动河湖属地建设积极性。以解决河湖突出生态环境问题、绿色高质量发展为目标，统筹水环境治理、水资源保障、水生态保护，并向水景观、水文化、水经济延伸，以老百姓身边关注度高的河湖为重点，大力推进美丽河湖保护与建设。积极探索美丽河湖转化为"金山银山"的有效途径，建立健全长效机制，科学制定"一河（湖）一策"，分解美丽河湖保护与建设任务要求并落实到河长制、湖长制中，充分发挥各级河长办组织、协调、督办作用，提升"流域+区域"协同治理水平，形成河湖管理保护合力，共同推进美丽河湖保护与建设。

二、健全空间管控体系

准确把握高质量发展和高水平保护的关系，坚持以水定城、以水定地、以水定人、以水定产，优化提升生产、生活、生态空间，严格水生态环境空间管控，健全水环境空间管控体系，促进经济社会发展与水资源、水环境、水生态承载能力相协调，以高品质生态环境支撑高质量发展。

（一）国土空间管控

1. 优化开发与保护空间格局

健全主体功能区制度，完善国土空间规划体系，全面落实主体功能区规划，从战略性、系统性出发，设定并严守水资源利用上线、水环境质量底线、水生态保护红线，实行最严格的保护和管控措施，引导经济社会发展与水资源利用上线、水环境质量底线、水生态保护红线管控相适应，预留必要的水资源开发利用空间，保障经济社会可持续发展。强化水生态环境保护规划的空间表达，推进水生态环境保护规划从注重“目标指标管控”向“目标指标+空间准入”和“管控+指引”并重转变，国土空间规划应与水生态环境保护规划相衔接，将水生态环境保护的要求落实在国土空间规划编制、实施、管理等全链条中，发挥水生态环境保护规划在国土空间开发与利用中的底线管控与前置引导作用。

2. 强化生态环境空间管控

严格落实“三线一单”水环境空间管控要求，深化“三线一单”制度及成果应用，积极推动“三线一单”纳入国家立法，健全动态更新和定期调整机制及跟踪评估机制，同时拓展应用体系，包括与环评、排污许可等管理制度的衔接应用，对各类规划编制、政策制定、监督执法和督查工作的服务支撑等，提升“三线一单”应用实效。加强重要水生态空间管控，衔接国土空间规划等相关规划布局和“三线一单”管控要求，严格流域内水域、湿地、水源涵养区、水土保持区、河湖生态缓冲带等重要水生态空间准入和保护，强化用途管制和节约集约利用，维护生态功能，完善全域覆盖的生态环境分区管控体系。

（二）水环境空间管控

1. 健全空间管控体系

优化实施水域功能管理，推进水功能区与水环境功能区整合优化，空间上划好发展与保护的“边界线”，协调水资源开发利用与水生态环境保护，优化供排水格局，兼顾水资源、水环境、水生态等流域要素需求，依其主导功能确定相应水域的水环境质量标准、水资源保障目标、水生态保护要求，实现基于功能需求的“三水”目标管理。推进水功能区、流域控制单元等多套空间管控体系有机融合，健全“流域-水功能区-控制单元-行政区域”流域空间管控体系，形成定位准确、边界清晰、功能互补、统一衔接的全流域水生态环境质量目标管理体系。

2. 强化空间管控措施

强化多层级空间管控措施，流域层级注重战略性和协调性，突出流域特点，衔接生态环境保护、国民经济发展、国土空间等宏观规划要求，提出水生态环境保护战略任务及重大工程；水功能区层级根据其主导功能，制定与主导功能相符的准入清单及与主导功能不符的负面清单等管控要求，基于资源环境承载力、环境容量等评价结果，合理确定开发利用空间范围及强度，约束与规范开发利用活动；控制单元层级，细化分解落实各级工作任务要求，宏观层面按照“流域统筹、区域落实”的要求，将水生态环境保护责任落实到各级行政辖区，微观层面，建立健全“水体-入河排污口-排污管线-污染源”联动管理的水污染物排放治理体系，追踪溯源落实企业事业单位治污责任。

三、健全统筹协同治理体系

坚持系统观念，强化全流域保护和系统修复，着力推动“三水”统筹治理、陆域海域统筹治理、城市农村统筹治理，推进多污染物协同控制和区域、地上地下协同治理，建立健全水生态环境统筹协同保护新格局，不断提高水生态环境治理的系统性、整体性。

（一）统筹治理机制

1. 突出“三水”统筹

立足生态系统整体性，统筹考虑水资源、水环境和水生态三要素，系统推进水生态环境保护。突出水生态系统保护的目标指引，以河湖为载体，构建“一核心（水生态系统健康指标）+三支撑（水生境、水环境、水资源指标）”的目标指标体系及评价方法，并将之贯穿水生态环境保护相关规划的编制、执行、管理、评估考核的全过程，引导推进各流域从理化指标表征的水质改善向“三水”统筹的水生态健康恢复转变。坚持污染减排与生态扩容两手发力，深化污染减排，突破面源污染防治瓶颈，强化水资源统一调度，保障河湖生态流量，加强水源涵养区、生态缓冲带等重要空间生态保护修复及生物多样性保护，积极应对蓝藻水华、赤潮绿潮等生态灾害，积极探索“三水”系统保护的路径方法，研究制定与水生态系统保护目标相协调一致的水环境治理、水资源保障和水生态保护修复方案。

2. 深化陆海统筹

深入推进陆海统筹治理，构建完善从山顶到海洋的保护治理大格局及流域-海域协同一体的综合治理体系，破除陆海空间界限。强化海域与陆域相关政策体系衔接，适时推动山水林田湖草沙一体化保护和系统治理政策向海延伸，系统谋划美丽河湖及美丽海湾保护、建设与管理的配套政策体系，统筹设计流域水生态恢复与海洋生物多样性保护衔接政策，促进各项制度措施有效互动，逐步构建整装成套政策体系，推进整合提升和系统集成，实现协同增效。加强流域-河口-近岸海域污染协同治理，坚持入海河流流域、入海排污口、直排海污染源、海上污染源等排放控制一体谋划和同步治理，对无机氮及活性磷酸盐超标的近岸海域，衔接近岸海域海水水质保护与改善要求，加强陆源氮、磷污染物控制与削减。

3. 强化城乡统筹

将城市、农村的水生态环境问题整体考虑，兼顾城市及农村利益，走城乡融合发展之路，打破城乡二元管理体制和政府部门各自为政的管理格局。健全农村支撑城市、城市促进农村的水生态环境良性优化机制，同步推进城乡产业结构调整和经济增长方式的转变、城乡水污染防治和水生态保护。合理优化城乡供水格局，鼓励有条件的地区采取城镇供水管网延伸或者建设跨村、跨乡镇连片集中供水工程等方式，推进城乡一体化联保共治。统筹推进城乡接合部黑臭水体治理、农村生活污水及垃圾处理处置，健全城乡一体的责任体系与财政投入机制，推进城乡人居环境基础设施统筹谋划、统一管护运营，加快实现城乡环境基础设施共建共享、互联互通，形成城乡水环境治理工作合力。

（二）协同治理机制

1. 深化区域协同

加强全流域生态环境协同监管，充分发挥流域管理机构统筹协调作用，推进流域水资源、水环境、水生态监管，完善跨区域水生态环境保护管理体系，探索建立信息上互通、监管上互助的流域综合监管协作机制。流域上下游各级人民政府应积极推动构建流域统一的生态环境标准体系、监测体系和信息共享体系，搭建流域跨部门、跨区域水生态环境保护联防联控和信息共享平台，在监测预警、环境治理、环境执法和应急管控等方面开展密切合作。大力实施全流域统一规划、统一治理、统一调度、统一管理，统筹协调上下游、左右岸、干支流关系，统筹安排水生态环境保护工作，做到目标一致、布局一体、步调有序。

2. 强化地表地下协同

统筹区域地表水、地下水生态环境监管要求，推动地表水流域汇水范围与地下水污染防治分区衔接融合，在地表水、地下水交互密切的典型地区开展污染综合防治试点。加快城镇污水管网更新改造，完善管网收集系统，减少管网渗漏，防止污水外渗污染地下水。统筹规划农业灌溉取水水源，使用污水处理厂再生水的需严格执行有关排放标准要求，避免在土壤渗透性强、地下水位高、地下水露头区进行再生水灌溉，降低再生水回灌对地下水水质的影响。降低农业面源污染对地下水水质影响，在地下水“三氮”超标地区、国家粮食主产区推广测土配方施肥技术，积极发展生态循环农业。加快推进河网地区水环境综合整治，全面消除黑臭水体和劣Ⅴ类水体，减少重污染河段侧渗和垂直补给污染地下水，重点控制地表水中氨氮、总磷、耗氧有机物超标对地下水的影响。

3. 推动多污染物协同

强化常规污染物间的协同防控，以湖泊、水库等封闭水体为重点加强氮、磷等营养盐的协同控制，推进重金属-有机物复合污染的协同处理，推动单一污染物控制向多污染物协同控制转变。实施常规污染物与新污染物协同治理，加快开展新污染物调查评估，以饮用水水源地等敏感水体为重点，开展新污染物治理工程试点示范，建立健全新污染物管理机制，推动以常规污染物为主向常规与新污染物并重转变。大力推进多污染物协同减排，强化水环境治理环节的碳排放协同控制，推进污水处理厂节能降耗，优化污水处理设施能耗和碳排放管理，鼓励污水资源化利用，将减污降碳协同作用落实到水生态环境治理全过程、各方面。

四、健全现代化治理支撑体系

完善水生态环境法规标准体系，建立完善相关政策制度体系，加强监测考核与风险防范，加大科技创新力度，不断提升精准、科学、依法治污水平和监管水平，推进水生态环境治理体系和能力现代化，为推动水生态环境质量持续改善提供有力支撑。

（一）环境法治体系

1. 健全法律法规体系

坚持用最严密法治保护生态环境，加强环境资源法律法规的系统化，立足我国国情整合完善现行的生态环境法律制度体系，推进生态环境法典编纂，进一步提高生态环境治理的法治化水平。根据国务院机构改革和职能转变方案，适时修订相关法律法规关于水污染防治的监管职责，明确水功能区划编制、排污口设置管理、流域水生态环境保护、科技促进生态环境发展规划和政策等生态环境部门的职责。在《中华人民共和国长江保护法》《中华人民共和国黄河保护法》的立法基础上，推动珠江等其他流域立法工作，进一步明确国家相关部门、流域管理机构、地方人民政府的保护责任，为流域生态保护和高质量发展提供法治保障。

2. 完善法治保障机制

优化环境执法方式，高效统筹行政执法资源，采取多种措施、全方位地引导和促进社会力量参与水环境治理。注重协同性司法，建立法院与检察机关、公安机关、行政机关等部门之间的沟通协调机制，坚持全民守法，鼓励多元参与，促进形成人与自然和谐共生的法治文化。健全监督主体权责一致、监督事项有机衔接、监督结果有效运用的国家监督体系，引领国家监督自上而下规范、发动社会监督自下而上推进的“大监督”格局。健全自然资源资产产权制度、国土空间用途管制和开发保护制度等，加强生态环境领域司法保护，全面落实环境公益诉讼制度和生态环境损害赔偿制度，深化中央生态环境保护督察，加大生态文明法治领域的人才建设，加快形成有力的生态文明法治保障体系。

（二）环境政策体系

1. 深化多部门协作机制

完善河长制、生态环境保护委员会等领导架构，成立工作专班进行实体化运作，负责统筹顶层设计、制定目标任务、推进任务落实、组织督查考核等工作，实现相关部门密切配合、协调联动，通过资源整合协同解决重点问题。强化水生态环境保护工作责任落实机制，强化任务下发、调度分析、预警通报、考核激励，推动各部门严格落实责任清单，实现共同发力。建立联席会议制度和日常沟通协调机制，实行定期会商，开展联合督导、联合执法，加强数据共享与工作互通，形成工作合力。

2. 健全多元化参与模式

建立健全水资源环境权益要素市场体系，将用水权、排污权等资源环境要素一体纳入要素市场化配置改革总盘子，支持出让、转让、抵押、入股等市场交易行为，加快构建环保信用监管体系，规范环境治理市场，推动有效市场和有为政府更好结合。落实污水处理收费政策，构建覆盖污水处理和污泥处置成本并合理盈利的收费机制。强化绿色金融政策创新，探索水生态环境资产证券化，扩大资本流动和融资渠道，逐步完善绿色债券的财税优惠、补贴支持、信息披露、政府担保等政策体系，引导社会资本加大投入。完善公众生态环境监督和举报反馈机制，加大对水生态环境志愿服务组织和环保社会组织的支持和培育力度，充实网格化水生态环境监管人员队伍，大力发挥各类团体组织社会化动员能力。

（三）环境标准体系

1. 开展环境基准研究

综合考虑科学基础、空间异质性、技术进步、社会资源等因素，推进地表水环境基准研究工作。夯实主要湖库、河流水体相关基础数据，开展污染物对淡水生物的毒性测试，获取急性、慢性毒性数据，为环境标准制定提供数据基础及科学依据。加强对受自然因素影响的重点区域污染成因规律的科学研究，在区分自然因素与人为污染的基础上研究制定更有针对性的基准标准、分类评价考核、治理技术、工程措施及综合解决方案。针对环境持久性有机污染物、内分泌干扰物、抗生素、微塑料等新污染物，持续加强其来源、归因分析和环境行为与效应研究，探索保护淡水生物水质基准推导方法。

2. 健全环境标准体系

开展地表水环境质量标准修订，结合我国环境水体污染的特点变化和水环境基准研究等成果，进一步增强水环境质量标准在控制项目设置、限值优化和生态保护方面的内容。针对不同流域水环境质量特征和管理需求差异，推动国家和地方制定相适应的流域水环境质量标准和流域排放标准。加强海水水质标准与地表水水质标准在分类、指标设置、标准定值等方面的有效衔接，推动陆海一体化的排放控制和水质目标管理。加强新污染物环境基准的理论和方法研究，着力形成新污染物有关的重点行业产品标准、排放标准、环境监测技术标准和环境质量标准体系。开展污水综合排放标准修订，依托成熟可行的治理技术制定科学合理的标准限值，补充完善目前生态环境保护急需的相关污染物项目和控制要求；适时立、改、废，完善行业型排放标准体系，持续优化完善间接排放控制要求。

（四）环境监测考核体系

1. 优化环境监测考核机制

深化地表水环境质量监测考核评价，构建“三水统筹”的水生态环境监测体系，定期开展水质理化指标、物理生境指标、水生生物指标调查监测，提高生态环境监测现代化水平。完善水生态监测网络，加快推进流域、区域水生态普查、调查评价工作，由长江流域逐步向其他流域推进水生态调查评价试点；以长江水生态考核试点经验为基础，在全国七大流域和三个片区全面推行水生态考核。建立健全地表水新污染物、病原微生物调查监测评估体系，以保障人体健康为导向，将新污染物、病原微生物等依托现有生态环境监测网络，在重点地区、重点行业、典型工业园区、城市水体等开展系统性新污染物环境调查监测评估。建立水环境治理领域的碳中和科学监测和评估体系，推行重点行业企业污水治理与排放水平绩效分级，加强污泥无害化处理和资源化利用，建设污水处理绿色低碳标杆厂。

2. 提升环境监测预警能力

优化完善自动监测体系，提升环境风险预警能力。完善水质预警监测网络建设，系统梳理、合理规划新建水质自动站清单，覆盖辖区内重要水体、主要城镇、大型工业园区和种养殖区下游、重点河流市县界。优化水质监测预警指标体系，加强主要江河、主要集中式饮用水水源特征污染物及潜在水质风险指标建设；对重点湖库，尤其是集中式饮用水水源型湖库及水华高风险湖库开展蓝藻水华监测预警，提升流域/区域水质预警的针对性和精准性。加快研发重点流域高性能水生态环境质量数值模拟与预警预测技术，充分利用大数据与人工智能技术，研发基于数据驱动的水质预警预测模式，开发水质自动监测预警信息管理系统，实现水质监测预警网络管理的远程化、智慧化和智能化。

（五）环境风险防控体系

1. 健全环境风险防控机制

完善国家环境应急体制机制，健全分级负责、属地为主、部门协同的环境应急责任体系，完善上下游、跨区域的应急联动机制。建立健全涵盖环境隐患排查治理、风险评估、预测预警、应急处置、事后调查、损害赔偿及生态环境恢复的全过程、多层次生态环境风险防范体系，实现“事前风险防范—事中有效处置—事后赔偿修复”闭环管理。强化风险源管控，构建重点管控化学物质环境风险评估和管理机制，分级分类分步推进传统有毒有害化学物质和新污染物全生命周期的环境风险管控工作。加强生态风险过程防控，以环境影响评价、“三线一单”、生态环境损害赔偿制度等为抓手推进累积性风险防范，落实属地责任，推进建立跨区域、跨流域、跨部门联防联控机制。完善管理体系和制度，推动水、化学物质、突发环境事件、环境责任等法律制度的统筹，科学构建国家与地方有机结合的水污染物排放标准体系，加强风险防控行政监督。加快构建环境风险信息公开制度和社会共治体系，加强风险基本情况、防控与管理措施等环境风险信息公开，逐步构建涵盖企业、政府、公众及社会机构等在内的风险共建共治体系。

2. 提升环境风险防控能力

坚持预防为主，加强环境风险常态化管理。推进环境风险防控能力现代化建设，整合建立流域水环境风险防控综合平台，集成风险污染物清单及风险应对经验案例等大数据，打通水质自动监测站、污染源在线监测设备等业务系统数据壁垒，围绕风险预报预警、污染溯源等重点发力，为规范高效的管理决策提供多维度支撑。加强有毒有害物质基准/标准、风险评估方法、监测预警方法及应急处置技术装备研究，逐步推进相关支撑技术规范指南发布。完善突发环境事件应急管理多层次预案体系，切实加强应急物资分级保障及提高风险防控能力，强化突发水生态环境事件处置，在具备实施条件的地区推广“南阳实践”，加快实现重点河流突发水污染事件“一河一图一策”全覆盖。重点强化水源环境及重大引水工程风险管控，加强重点水域现场巡查和形势研判，强化监测预警能力建设，推动从“被动应对”向“主动防御”转变，保障饮水供水安全。强化危险废物、尾矿库、重金属等重点领域环境隐患排查和风险防控。

（六）环境科技创新体系

1. 加强科研平台建设

面向重点流域和区域水生态环境保护重大国家需求，支持创建若干国家重点实验室、国家工程研究中心和国家野外科学观测研究站等，谋划水生态环境科技创新平台中长期建设布局，优化提升科技创新平台体系。加强各类平台之间的相互衔接、协同创新与开放共享，避免低水平、交叉和重复建设，发挥水生态环境领域科技平台网络作用。强化平台战略导向和规范管理，对现有部重点实验室、工程技术中心等基地平台进行评估，通过撤、并、转等方式优化调整。完善分类运行管理机制，明确各类创新平台功能定位和建设运行标准，强化分类管理、分类支持，建立与科技创新平台发展目标相一致的评估考核指标体系，构建动态进入与退出机制，促进平台建设管理的良性运行。

2. 完善人才培养机制

着力完善人才梯队，通过重大水生态环境科技项目和任务的实施，培养一批水生态环境领域战略科学家和领军人才，加强高层次人才的培育和引进，提升“专、精、尖”人才比例，形成支撑国家重大需求、具有全球视野和国际水平的水生态环境领域人才队伍。加强青年水生态环境科技人才培养和使用，鼓励支持青年科技人才在打好碧水保卫战中发挥重要作用。健全人才评价激励机制，扩大科研自主权，构建完善分类别、差异化的考核评价与激励制度，按基础研究、支撑决策、技术服务等类别制定科学合理、各有侧重的人才差异化评价标准，将科研成果对水生态环境保护工作的决策支撑作用、成果转化效益和技术服务满意度等，作为不同类型人才评价、聘用和考核的重要指标。

3. 提升科技支撑能力

加强关键核心技术攻关，促进突破水生态环境治理“瓶颈”，包括农业面源污染监测及治理、污染源多要素智能化协同监测及溯源技术、多介质复合污染协同治理技术、感潮河网区溶解氧影响机理及调控策略、新污染物生态环境健康风险全过程防控技术、水源风险阻断与饮用水安全供给、流域水系统健康诊断与病因识别、流域“水文-水动力-水质-水生物”多过程协同的系统耦合模拟预测、流域生态系统修复与三水融合调控、碳中和背景下的水资源利用与保护策略等。充分应用“物联网+区块链+大数据”技术，深入推进水生态环境管理业务化智慧平台建设，拓展动态监测、统计分析、趋势研判与环境风险防控、效果评估等应用场景，对水生态环境质量、污染防治攻坚战、美丽河湖建设等进行实时感知和智能分析研判，助力建设绿色智慧的数字水生态文明。

参考文献

安德森 L S，格林菲斯 M，2009. 欧盟《水框架指令》对中国的借鉴意义[J]. 人民长江，40（8）：50-53.

鲍淑君，翟正丽，高学睿，等，2013. 欧盟流域管理模式及其经验借鉴[J]. 人民黄河，35（3）：33-35，42.

鲍仙华，朱润非，肖青，2021. 上海市“三线一单”生态环境分区管控研究[M]. 北京：中国环境出版集团.

车国骊，田爱民，李扬，等，2012. 美国环境管理体系研究[J]. 世界农业，2：43-46.

陈昂，隋欣，廖文根，等，2016. 我国河流生态基流理论研究回顾[J]. 中国水利水电科学研究院学报，14（6）：401-411.

陈蓓，秦旭芝，梁鹏，等，2022. 广西地方生态环境标准体系研究[M]. 北京：科学出版社.

陈刚，李玲玲，2021. 日本环境政策研究（2017-2021）[M]. 北京：中国环境出版集团.

陈慧聪，王丽燕，2021. 广东省“十三五”期间清洁生产推行情况分析[J]. 环境保护与循环经济，（5）：8-11.

陈坤，2014. 长三角跨界水污染防治法律协调机制研究[M]. 厦门：厦门大学出版社.

陈平，邢冠华，吕怡兵，等，2011. 日本地表水环境质量标准体系构成分析[J]. 中国环境监测，27（S1）：68-73.

陈润羊，2022. 我国环境治理的基本关系与完善建议[J]. 环境保护，50（15）：35-38.

陈岩，王东，赵越，等，2010. 国家水污染防治规划体系回顾与思考[C]//中国水污染控制战略与政策创新研讨会论文集. 南京：中国环境科学学会，34-40.

陈艳卿，刘宪兵，黄翠芳，2010. 日本水环境管理标准与法规[J]. 环境保护，（23）：71-72.

程声通，2010. 水污染防治规划原理与方法[M]. 北京：化学工业出版社.

邓义祥，郑赛赛，李子成，等，2021. 污染物总量控制制度创新与未来发展的思考[J]. 环境科学研究，34（2）：382-388.

董战峰，毕粉粉，龙凤，2021. 论国家流域水环境经济政策创新的思路与重点方向[J]. 环境保护，49（7）：13-19.

董战峰，昌敦虎，郝春旭，等，2023. 全面推进美丽中国建设的环境经济政策创新研究[J]. 生态经济，39（12）：13-18.

范卓玮，邵天一，2022. 典型国家治水法律法规演进研究及相关建议[J]. 水利发展研究，22（8）：71-76.

符志友，张衍燊，冯承莲，等，2021. 我国水环境风险管理进展，挑战与战略对策研究[J]. 环境科学研究，34（7）：10.
葛察忠，董战峰，李晓亮，等，2019. 中国环境政策改革 40 年[M]. 北京：中国环境出版集团.
广东省地方史志编纂委员会，2001. 广东省志　环境保护志[M]. 广州：广东人民出版社.
广东省生态环境厅. 广东省生态环境状况公报[EB/OL]. [2023-05-08]. https：//gdee.gd.gov.cn/hjzkgb/index.html.
广东统计信息网. 广东统计年鉴[EB/OL]. [2023-10-31]. http：//stats.gd.gov.cn/gdtjnj/index.html.
郭少青，2016. 国外环境公共治理的制度实践与借鉴意义[J]. 国外社会科学，3：54-63.
韩冬梅，任晓鸿，2014. 美国水环境管理经验及对中国的启示[J]. 河北大学学报（哲学社会科学版），39（5）：118-123.
韩苏，2014. 发达国家环境保护对我国环保规划工作的启示[J]. 环境科学导刊，33（S1）：31-33.
郝天，桂萍，龚道孝，2021. 日本城市水系统发展历程[J]. 给水排水，57（1）：84-89.
河南省环境保护科学研究院，2019. 河南省地方环境保护标准制定探索与实践：污染物排放标准[M]. 北京：中国环境出版集团.
贺凯，2020. 日本下水道发展，污染控制策略及相关前沿水污染控制技术[EB/OL]. [2020-07-05]. http：//www.cnww1985.com/news/show-2811.aspx.
胡开明，陆嘉昂，冯彬，2022. 基于江苏生态环境承载力的环境标准体系研究[M]. 南京：河海大学出版社.
环境保护部环境保护对外合作中心，2018. 水环境管理国际经验研究之美国[M]. 北京：中国环境出版集团.
黄润秋，2023. 深入学习贯彻党的二十大精神　奋进建设人与自然和谐共生现代化新征程——在 2023 年全国生态环境保护工作会议上的工作报告[J]. 环境保护，51（4）：4-25.
贾宝杰，何淑芳，黄茁，等，2019. 国内外水环境标准体系对比研究[C]//中国水利学会 2019 学术年会论文集第三分册. 北京：中国水利水电出版社，5.
贾颖娜，赵柳依，黄燕，2016. 美国流域水环境治理模式及对中国的启示研究[J]. 环境科学与管理，41（1）：21-24.
江必新，张蕾，周洪双，2021. 构建生态文明法治体系[N]. 光明日报，12-29（10）.
蒋洪强，王金南，葛察忠，2008. 中国污染控制政策的评估及展望[J]. 生态环境，17（5）：2090-2095.
蒋金荷，马露露，2019. 我国环境治理 70 年回顾和展望：生态文明的视角[J]. 重庆理工大学学报（社会科学版），33（12）：27-36.
金小伟，王业耀，王备新，等，2017. 我国流域水生态完整性评价方法构建[J]. 中国环境监测，33（1）：75-81.
科技部，生态环境部，住房和城乡建设部，等，2022.“十四五”生态环境领域科技创新专项规划[R].
李爱年，周圣佑，2018. 我国环境保护法的发展：改革开放 40 年回顾与展望[J]. 环境保护，46（20）：26-30.
李朝晖，王明旭，赵卉卉，等，2023. 广东省“十四五”生态环境保护战略研究[M]. 北京：中国环境出版集团.

李贵宝，王圣瑞，2014. 我国湖泊水环境标准体系建设及其发展建议[J]. 环境保护，42（13）：33-35.
李涛，王洋洋，2021. 污染者付费原则在我国水环境管理中的应用[M]. 北京：中国经济出版社.
李涛，杨喆，2018. 美国流域水环境保护规划制度分析与启示[J]. 青海社会科学，231（3）：66-72.
李新科，余秋良，张司佳，2021. 广东省排污许可制的实践与思考[J]. 环境与可持续发展，46（1）：46-49.
李元实，郭倩倩，王占朝，2020. “三线一单”生态环境分区管控体系建设回顾与展望[J]. 环境影响评价，42（5）：1-4.
李志青，2017. 采取基于市场的环境经济政策[N]. 中国环境报，01-06（3）.
李志青，陈依佳，邓凡，等，2017. 广东省环境经济政策评估分析：2015-2016[J]. 中国环境管理，9（2）：57-62.
刘学之，王潇晖，智颖黎，2017. 欧盟环境行动规划发展及对我国的启示[J]. 环境保护，45（20）：65-69.
陆浩，别涛，王凤春，2017. 中华人民共和国水污染防治法解读[M]. 北京：中国法制出版社.
陆军，秦昌波，肖旸，等，2022. 新时代美丽中国的建设思路与战略任务研究[J]. 中国环境管理，14（6）：8-16.
吕忠梅，2021. 长江流域立法研究[M]. 北京：法律出版社.
罗育池，陈瑜，刘畅，等，2020. 水环境治理模式创新与关键对策——以广东省为例[J]. 环境保护科学，46（1）：25-29.
马乐宽，谢阳村，文宇立，等，2020. 重点流域水生态环境保护“十四五”规划编制思路与重点[J]. 中国环境管理，12（4）：40-44.
牛锐，何闽，陈春节，2021. 日本水源地保护的经验与启示[J]. 中国土地，431（12）：57-59.
潘涛，孙长虹，2011. 北京市水污染防治条例条文解读[M]. 北京：中国环境科学出版社.
彭文启，刘晓波，王雨春，等，2018. 流域水环境与生态学研究回顾与展望[J]. 水利学报，49（9）：1055-1067.
秦昌波，张培培，于雷，等，2021. “三线一单”生态环境分区管控体系：历程与展望[J]. 中国环境管理，13（5）：151-158.
曲格平，2013. 中国环境保护四十年回顾及思考（回顾篇）[J]. 环境保护，41（10）：10-17.
生态环境部，2023. 重点流域水生态环境保护规划[R].
生态环境部环境工程评估中心，2022. 环境影响评价相关法律法规（2022 年版）[M]. 北京：中国环境出版集团.
施问超，施则虎，2017. 国家环境保护标准研究[M]. 北京：合肥工业大学出版社.
石秋池，2018. 欧盟水框架指令及其执行情况[J]. 中国水利，22：53，66-67.
宋国君，2019. 环境政策分析（第二版）[M]. 北京：化学工业出版社.
宋爽，郭丽峰，张辉，等，2021. 流域-河口-近岸海域污染防治机制研究[J]. 海洋环境科学，40（6）：838-842.
孙福红，郭一丁，王雨春，等，2022. 我国水生态系统完整性研究的重大意义、现状、挑战与主要任务[J]. 环境科学研究，35（12）：2748-2757.

孙金华，陈静，朱乾德，2015. 国内外水法规比较研究[J]. 中国水利，2：46-51.

孙敏，张东敏，2022. 国外环境治理经验对我国环境治理的启示[J]. 经济研究导刊，11：156-158.

孙启宏，杨占红，高如泰，等，2022. 国家流域水污染控制与治理中长期发展战略研究[M]. 北京：科学出版社.

陶艳茹，苏海磊，李会仙，等，2021.《欧盟水框架指令》下的地表水环境管理体系及其对我国的启示[J]. 环境科学研究，34（5）：1267-1276.

田欣，刘露迪，闫楠，等，2023. 我国排污权交易制度运行进展、挑战与对策研究[J]. 中国环境管理，15（2）：66-72.

田英，赵钟楠，黄火键，等，2018. 典型发达国家水生态文明建设历程及启示[J]. 水利发展研究，18（4）：74-78.

王菲菲，赵永东，钱岩，等，2016. 国际水质基准对我国水质标准制修订工作的启示[J]. 环境工程技术学报，6（4）：331-335.

王金南，董战峰，蒋洪强，等，2019. 中国环境保护战略政策 70 年历史变迁与改革方向[J]. 环境科学研究，32（10）：1636-1644.

王金南，葛察忠，张勇，等，2003. 中国水污染防治体制与政策[M]. 北京：中国环境科学出版社.

王金南，陆军，吴舜泽，等，2011. 中国环境政策（第八卷）[M]. 北京：中国环境科学出版社.

王金南，秦昌波，雷宇，等，2016. 构建国家环境质量管理体系的战略思考[J]. 环境保护，44（11）：14-18.

王金南，秦昌波，万军，等，2021. 国家生态环境保护规划发展历程及展望[J]. 中国环境管理，13（5）：20-28.

王金南，万军，秦昌波，等，2022. 国家“十四五”生态环境保护规划研究：思路与框架[M]. 北京：中国环境出版集团.

王金南，王夏晖，2020. 推动生态产品价值实现是践行“两山”理念的时代任务与优先行动[J]. 环境保护，48（14）：9-13.

王谦，高红杰，2015. 我国城市水环境管理策略建议：对《水污染防治行动计划》的解读[J]. 环境保护科学，41（3）：4-7.

王艳，张镔麒，戴爱泉，等，2023. 基于陆海统筹的河口区生态环境管理对策研究[J]. 环境科学研究，36（4）：768-772.

文宇立，谢阳村，徐敏，等，2020. 构建适应新国土空间规划的流域空间管控体系[J]. 中国环境管理，12（5）：58-64.

吴丰昌，孟伟，2013. 中国环境基准体系中长期路线图[M]. 北京：科学出版社.

吴婧，张一心，2020. 中国环境管理：政策与制度[M]. 北京：化学工业出版社.

习近平，2022. 高举中国特色社会主义伟大旗帜　为全面建设社会主义现代化国家而团结奋斗——在中国共产党第二十次全国代表大会上的报告[J]. 中国人大，21：6-21.

谢阳村，张艳，路瑞，等，2013. 美国水环境保护战略规划经验与启示研究[J]. 环境科学与管理，38（11）：25-29.

徐敏，秦顺兴，马乐宽，等，2021. 水生态环境保护回顾与展望：从污染防治到三水统筹[J]. 中国环境管理，13（5）：69-78.

徐敏，王东，赵越，2012. 我国水污染防治发展历程回顾[J]. 环境保护，1：63-67.

徐敏，张涛，王东，等，2019. 中国水污染防治40年回顾与展望[J]. 中国环境管理，11（3）：65-71.

薛皓，肖春蕾，郭艺璇，2021. 基于自然的解决方案对中国生态保护修复工作的启示[J]. 中国地质调查，8（6）：96-104.

薛澜，王夏晖，张建宇，2021. 黄河流域保护与高质量发展立法策略研究[M]. 上海：上海人民出版社.

颜海娜，张雪帆，王露寒，2021. 数据何以赋能水环境跨部门协同治理[J]. 华南师范大学学报（社会科学版），4：115-126，207.

杨洪刚，2011. 中国环境政策工具的实施效果与优化选择[M]. 上海：复旦大学出版社.

姚瑞华，张晓丽，严冬，等，2021. 基于陆海统筹的海洋生态环境管理体系研究[J]. 中国环境管理，13（5）：79-84.

殷仁胜，马明和，慎先进，等，2019. 长江大保护：地方立法与政策实践[M]. 厦门：厦门大学出版社.

于雷，王成新，吴耀光，等，2022. 广州市“三线一单”生态环境分区管控研究[M]. 北京：中国环境出版集团.

余传林，郭倩温，凯茵，等，2022. 广东省水污染防治资金项目管理经验与思考[J]. 环境保护，50（21）：25-27.

余香英，张永波，罗育池，等，2022. 流域水环境综合整治规划理论方法与广东实践[M]. 北京：中国环境出版集团.

於方，曹国志，齐霁，等，2021. 生态环境风险管理与损害赔偿制度现状与展望[J]. 中国环境管理，13（5）：8.

詹国彬，陈健鹏，2020. 走向环境治理的多元共治模式：现实挑战与路径选择[J]. 政治学研究，2：65-75，127.

张笛，曹宏斌，赵赫，等，2022. 工业污染控制发展历程及趋势分析[J]. 环境工程，40（1）：1-7，206.

张栋，2012. 我国环境保护中公众参与制度研究[J]. 安全与环境工程，19（4）：8-11，26.

张建宇，2020. 从发展视角看环境治理体系现代化建设[N]. 中国环境报，06-24（3）.

张柯，2020. 基于生态文明建设的小流域治理与城乡融合发展浅见[J]. 中国水土保持，12：20-22.

张茜，陈慧敏，吕腾，等，2021. 我国流域水环境管理中职能部门协调机制研究综述[J]. 环境保护与循环经济，41（1）：92-95，104.

张茹，楼晨笛，张泽天，等，2022. 碳中和背景下的水资源利用与保护[J]. 工程科学与技术，54（1）：69-82.

张永波，王明旭，张宏峰，等，2017. 广东省“十三五”环境保护战略研究[M]. 北京：中国环境出版社.

张远，林佳宁，王慧，等，2020. 中国地表水环境质量标准研究[J]. 环境科学研究，33（11）：2523-2528.

赵进勇，于子铖，张晶，等，2022. 国内外河湖生态保护与修复技术标准进展综述[J]. 中国水利，6：32-37.

赵英民，2017. 我国水土污染防治形势与对策[J]. 中国人大，9：46-51.

郑军，李乐，郑静，2022. 欧美水生态环境管理历程和现状研究[J]. 中国生态文明，52（4）：70-75.

重点流域水污染防治规划编制组，2021. 流域水污染防治规划：方法与实践[M]. 北京：中国环境出版集团.

周林军，张芹，石利利，2019. 欧盟优先水污染物与环境质量标准制定及其对我国的借鉴作用[J]. 环境监控与预警，11（1）：1-9.

周全，董战峰，葛察忠，等，2022. 中国流域海域生态环境监管机构改革进展评估[J]. 环境保护，50（17）：63-67.

周骁然，2020. 环境标准法律制度研究[M]. 北京：中国社会科学出版社.

周羽化，武雪芳，2016. 中国水污染物排放标准 40 余年发展与思考[J]. 环境污染与防治，38（9）：99-104，110.

周羽化，原霞，宫玥，等，2013. 美国水污染物排放标准制订方法研究与启示[J]. 环境科学与技术，36（11）：175-180.

Adriane B M，Carlos J F，Hiroo C S，2023. Source-to-sea，integrated water resources management，and integrated coastal management approaches：integrative，complementary，or competing？[J]. Journal of Coastal Conservation，27：66.

Alireza T，Elkafi H，2022. A game-theoretic approach for pollution control initiatives[J]. International Journal of Production Economics，254：108651.

Andreen W L，2003. The evolution of water pollution control in the United States-state，local，and federal efforts，1789-1972：Part Ⅱ[J]. Stanford Environmental Law Journal，22：215-294.

Antonio M D，2023. Water democracy under European Union law：requiring participatory services management[J]. Utilities Policy，84：101648.

Benham B，Zeckoski R，2007. TMDL implementation：lessons lerrned[J]. Proceedings of the Water Environment Federation，5：428-442.

Brisbois M C，Rob C，2016. Power in collaborative approaches to governance for water：a systematic review[J]. Society & Natural Resources，29：775-790.

Deletic A，Wang H T，2019. Water pollution control for sustainable development[J]. Engineering，5（5）：839-840.

Dyrhauge H，2019. EU and European environmental policies from national to the global level and in time of crisis[J]. Journal of European Integration，41（8）：1089-1094.

European commission，2013. The 7th Enviroment Action Programme（EAP）[EB/OL]. [2013-11-20].https：//www.

eea.europa.eu/policy-documents/7th-environmental-action-programme.

Faust M，Backhaus T，Altenburger R，et al. 2019. Prioritisation of water pollutants：the EU project solutions proposes a methodological framework for the integration of mixture risk assessments into prioritisation procedures under the European water framework directive[J]. Environmental Sciences Europe，31（1）：66.

Feng W，Yang F，Liu J，2023. Water environment pollution and control in the dual-carbon background[J]. Water，15（17）：3082.

Finnveden G，Ekvall T，Arushanyan Y，et al. 2013. Policy instruments towards a sustainable waste management[J]. Sustainability，5（3）：841-881.

Flynn B，2014. Environmental policy in the EU：actors，institutions and processes[J]. Journal of Environmental Policy & Planning，16（4）：579-581.

Giakoumis T，Voulvoulis N，2018. The transition of EU water policy towards the water framework directive’s integrated river basin management paradigm[J]. Environmental Management，62（5）：819-831.

Hayat K，Ying D，Marcel F N，et al. 2023. Eco-innovations，green growth，and environmental taxes in EU countries：a panel quantile regression approach[J]. Environmental Science and Pollution Research International，30（49）：1-18.

Hoornbeek J，Hansen E，Ringquist E，et al. 2011. Implementing water pollution policy in the United States：total maximum daily loads and collaborative watershed management[J].Society & Natural Resources，26（4）：420-436.

Huitema D，Meijerink S，2017. The generation，diffusion，and impact of innovations in global water governance[J]. Journal of the Southwest，59：83-105.

International Commission for the Protection of the Rhine，2020. Assessment Rhine 2020[R]. Basel：International Commission for the Protection of the Rhine.

Iraldo F，Griesshammer R，Kahlenborn W，2020. The future of ecolabels[J]. The International Journal of Life Cycle Assessment，25：833-839.

Jha-Thakur U，Fischer T B，2016. 25 years of the UK EIA System：strengths，weaknesses，opportunities and threats[J]. Environmental Impact Assessment Review，61：19-26.

Kampragou E，Apostolaki S，Manoli E，et al. 2011. Towards the harmonization of water-related policies for managing drought risks across the EU[J]. Environmental Science & Policy，14：815-824.

Kevin A，Ekaterina R，Manuel E，2024. Size of government and willingness-to-pay for environmental policy：evidence from a cross-country survey[J]. Journal of Environmental Management，351：119601.

Kirsop-Taylor N，Russel D，Jensen A，2022. Urban governance and policy mixes for nature-based solutions and integrated water policy[J]. Journal of Environmental Policy & Planning，24（5）：498-512.

Lebo M E，Paerl H W，Peierls B L，2012. Evaluation of progress in achieving TMDL mandated nitrogen

reductions in the Neuse River basin，North Carolina[J]. Environmental Management，49（1）：253-266.
Mamouney L，2014. Shifting use of policy instruments for environmental problems：New South Wales，Australia，1979-2010[J]. Journal of Environmental Assessment Policy & Management，16（1）：875.
Matsuo T，2000. Japanese experiences in water pollution control and wastewater treatment technologies[J]. Water Science and Technology，42（12）：163-172.
Mingaleva Z，Chernova O，Mitrofanova I V，2023. Bibliometric analysis of research trends in water management aimed at increasing the sustainability of the socio-economic development of a region[J]. Water，15：3688.
Ministry of the Environment，Government of Japan，2018. The Fifth Basic Environment Plan（Cabinet decision on April 17，2018）[EB/OL]. [2018-04-17]. https：//www.env.go.jp/en/policy/index.html.
National Research Council，2008. Mississippi River water quality and the Clean Water Act：progress，challenges，and opportunities[M]. New York：National Academies Press.
Nesshover C，Assmuth T，Irvine K，et al. 2017. The science，policy and practice of nature-based solutions：an interdisciplinary perspective[J]. Science of the Total Environment，579：1215-1227.
Nnaji C C，Mama C N，Ekong C I，et al. 2016. A comparative evaluation of the water quality standards of different countries[J]. Asian Journal of Water，Environment and Pollution，13（2）：15-28.
Noda K，2015. Water pollution control history in Japan，effluent standards，and central-local government relations[J]. Water History，7：337-356.
Plater Z J B，Abrams R H，Graham R L，et al. 2016. Environmental law and policy：nature，law，and society[M]. New York：ASPEN Publishers.
Reuss M，2005. Ecology，planning，and river management in the United States：some historical reflections[J]. Ecology and Society，10（1）：34.
Richter S，Völker J，Borchardt D，et al. 2013. The water framework directive as an approach for integrated water resources management：results from the experiences in Germany on implementation，and future perspectives[J]. Environmental Earth Sciences，69：719-728.
Schroder N J S，2019. IWRM through WFD implementation? Drivers for integration in polycentric water governance systems[J]. Water，11（5）：1063.
Skabelund A，2017. Environmental histories of Japan[J]. The Journal of Asian Studies，76（2）：529-535.
Skjaerseth J B，Wettestad J，2008. EU emission trading—initiation，decision-making and implementation[M]. Burlingon：Ashgate Publishing Company.
Stefano-De L，Gilsanz J，Gil F V，2010. A methodology for the evaluation of water policies in European countries[J]. Environmental Management，45（6）：1363-1377.
Su J，Ji D F，Lin M，et al. 2017. Developing surface water quality standards in China[J]. Resources，

Conservation and Recycling，117：294-303.

Suwanteep K，Murayama T，Nishikizawa S，2016. Environmental impact assessment system in Thailand and its comparison with those in China and Japan[J]. Environmental Impact Assessment Review，58：12-24.

Tomozawa Y，2017. Bad water：nature，pollution，and politics in Japan，1870-1950[J]. East Asian Science，Technology and Society，11（3）：449-453.

US EPA，2019. FY 2018—2022 EPA Strategic Plan[EB/OL]. [2019-09-09]. https：//www.epa.gov/planandbudget/fy-2018-2022-epa-strategic-plan.

US EPA，2023. Water Quality Standards Regulations：California[EB/OL]. [2023-10-25]. https：//www.epa.gov/wqs-tech/water-quality-standards-regulations-california.

Voulvoulis N，Arpon K D，Giakoumis T，2017. The EU Water Framework Directive：from great expectations to problems with implementation[J]. Science of Total Environment，575：358-366.

Wang Y，2023. Non-governmental organization and its role in international water law—focusing on its participation in global water governance[J]. Science of Law Journal，2：28-35.

Warren L S，2003. American environmental history[M]. Oxford：Blackwell Publishers Ltd.

Wolf S，2013. Access to EU environmental information：EU compliance with Aarhus Convention[J]. ERA Forum，14：475-491.

Yamada K，2007. Diffuse pollution in Japan：issues and perspectives[J]. Water Science and Technology，56（1）：11-20.

Yamada Y，Mito Y，Nakashima S，2010. Organic pollution in dammed river water in a low-precipitation region of Japan[J]. Limnology，11（3）：267-272.

Zhao X，Wang H，Tang Z，et al. 2018. Amendment of water quality standards in China：viewpoint on strategic considerations[J]. Environmental Science and Pollution Research，25：3078-3092.

Zhou Y，Khu S T，Xi B D，et al. 2014. Status and challenges of water pollution problems in China：learning from the European experience[J]. Environmental Earth Sciences，72：1243-1254.

索　引

1.《广东省水污染防治条例》

https：//gdee.gd.gov.cn/dffagui/content/post_3150295.html

2.《小东江流域水污染物排放标准》（DB 44/2155—2019）

https：//gdee.gd.gov.cn/attachment/0/367/367223/2513518.pdf

3.《农村生活污水处理排放标准》（DB 44/2208—2019）

https：//gdee.gd.gov.cn/attachment/0/379/379780/3846391.pdf

4.《水污染物排放限值》（DB 44/26—2001）

https：//gdee.gd.gov.cn/attachment/0/386/386657/2900349.pdf

5.《广东省水生态环境保护“十四五”规划》

https：//gdee.gd.gov.cn/attachment/0/487/487029/3722283.pdf

6.《广东省“三线一单”生态环境分区管控方案》

https：//gdee.gd.gov.cn/zwxx_1/content/post_3846557.html